Public Administration and
Public Management Classics

CLASSIC TEXTBOOK SERIES

CLASSIC TEXTBOOK SERIES

公共行政与公共管理经典译丛

经典教材系列

Public Administration and Public Management Classics

公共行政导论

（第六版）

Introducing Public Administration

(Sixth Edition)

[美] 杰伊·M·沙夫里茨（Jay M. Shafritz）
E. W. 拉塞尔（E. W. Russell）
克里斯托弗·P·伯里克（Christopher P. Borick） 著

刘俊生 欧阳帆 金敏正 等 译
刘俊生 校

中国人民大学出版社

·北京·

《公共行政与公共管理经典译丛》

总　序

在当今社会，政府行政体系与市场体系成为控制社会、影响社会的最大的两股力量。理论研究和实践经验表明，政府公共行政与公共管理体系在创造和提升国家竞争优势方面具有不可替代的作用。一个民主的、负责任的、有能力的、高效率的、透明的政府行政管理体系，无论是对经济的发展还是对整个社会的可持续发展都是不可缺少的。

公共行政与公共管理作为一门学科，诞生于20世纪初发达的资本主义国家，现已有上百年的历史。在中国，公共行政与公共管理仍是一个正在发展中的新兴学科。公共行政和公共管理的教育也处在探索和发展阶段。因此，广大教师、学生、公务员急需贴近实践、具有实际操作性、能系统培养学生思考和解决实际问题能力的教材。我国公共行政与公共管理科学研究和教育的发展与繁荣，固然取决于多方面的努力，但一个重要的方面在于我们要以开放的态度，了解、研究、学习和借鉴国外发达国家研究和实践的成果；另一方面，我国正在进行大规模的政府行政改革，致力于建立与社会主义市场经济相适应的公共行政与公共管理体制，这同样需要了解、学习和借鉴发达国家在公共行政与公共管理方面的经验和教训。因此无论从我国公共行政与公共管理的教育发展和学科建设的需要，还是从我国政府改革的实践层面，全面系统地引进公共行政与公共管理经典著作都是时代赋予我们的职责。

出于上述几方面的考虑，我们组织翻译出版了这套《公共行政与公共管理经典译丛》。为了较为全面、系统地反映当代公共行政与公共管理理论与实践的发展，本套丛书分为六个系列：(1) 经典教材系列。引进这一系列图书的主要目的是适应国内公共行政与公共管理教育对教学参考及资料的需求。这个系列所选教材，内容全面系统、简明通俗，涵盖了公共行政与公共管理的主要知识领域，涉及公共行政与公共管理的一般理论、公共组织理论与管理、公共政策、公共财政与预算、公共部门人力资源管理、公共行政的伦理学等。这些教材都是国外大学通用的公共行政与公共管理教科书，多次再版，其作者皆为该领域最著名的教授，他们在自己的研究领域多次获奖，享有极高的声誉。(2) 公共管理实务系列。这一系列图书主要是针对实践中的公共管理者，目的是使公共管理者了解国外公共管理的知识、技术、方法，提高管理的能力和水平，内容涉及如何成为一个有效的公共管理者、如何开发管理技能、政府全面质量管理、政府标杆管理、绩效管理等。(3) 政府治理与改革系列。自20世纪80年代以来，世界各国均开展了大规模的政府再造运动，政府再造或改革成为公共行政与公共管理的热点和核心问题。这一系列选择了在这一领域极具影响的专家的著作，这些著作分析了政府再造的战略，向人们展示了政府治理的前景。(4) 学术前沿系列。这个系列选择了当代公共行政与公共管理领域有影响的学术流派，如新公共行政、批判主义的行政学、后现代行政学、公共行政的民主理论学派等的著作，以期国内公共行政与公共管理专业领域的学者和学生了解公共行政理论研究的最新发展。(5) 案例系列。本系列精心选择了公共管理各领域，如公共部门人力资源管理、组织发展、非营利组织管理等领域的案例教材，旨在为国内公共管理学科的案例教学提供参考。(6) 学术经典系列。本系列所选图书包括伍德罗·威尔逊、弗兰克·约翰逊·古德诺、伦纳德·怀特、赫伯特·A·西蒙、查尔斯·E·林德布洛姆等人的代表作，这些著作在公共行政学的发展历程中有着极其重要的影响，可以称得上是公共行政学发展的风向标。

总的来看，这套译丛体现了以下特点：(1) 系统性。基本上涵盖了公共行政与公共管理的主要领域。(2) 权威性。所选著作均是国外公共行政与公共管理的大师，或极具影响力的作者的著作。(3) 前沿性。反映了公共行政与公共管理研究领域最新的理论和学术主张。

在半个多世纪以前，公共行政大师罗伯特·达尔（Robert Dahl）在《行政学的三个问题》中曾这样讲道："从某一个国家的行政环境归纳出来的概论，不能够立刻予以普遍化，或被应用到另一个不同环境的行政管理上去。一个理论是否适用于另一个不同的场合，必须先把那个特殊场合加以研究之后才可以判定"。的确，在公共行政与公共管理领域，事实上并不存在放之四海而皆准的行政准则。按照建设有中国特色的社会主义的要求，立足于对中国特殊行政生态的了解，以开放的思想对待国际的经验，通过比较、鉴别、有选择的吸收，发展中国自己的公共行政与公共管理理论，并积极致力于实践，探索具有中国特色的公共行政体制及公共管理模式，是中国公共行政与公共管理发展的现实选择。

本套译丛于 1999 年底由中国人民大学出版社开始策划和组织出版工作，并成立了由该领域很多专家、学者组成的编辑委员会。中国人民大学政府管理与改革研究中心、国务院发展研究中心东方公共管理综合研究所给予了大力的支持和帮助。我国的一些留美学者和国内外有关方面的专家教授参与了原著的推荐工作。中国人民大学、北京大学、清华大学、厦门大学等许多该领域的中青年专家学者参与了本译丛的翻译工作。在此，谨向他们表示敬意和衷心的感谢。

《公共行政与公共管理经典译丛》编辑委员会

译者前言

《公共行政导论》一书，由当代美国公共行政和人事行政研究领域的著名专家、美国匹兹堡大学公共与国际事务研究生院教授沙夫里茨（Jay M. Shafritz）领衔著述。本书在全球公共行政领域特别是在美国公共行政学界有着较大影响，一再修订，现至第六版。本书的中文简体版正是根据最新的英文第六版翻译而成。

本书不仅深刻地阐述了公共行政的基本原理，而且全面地介绍了公共行政的前沿理论；不仅关注当代美国公共行政问题，而且放眼全球，时刻不忘引领读者关注当代世界各国公共行政问题；不仅研究联邦政府公共行政的运作，而且兼顾州政府和地方政府公共行政的运作；不仅分析当代公共行政的现实问题，而且还不时地回到过去寻找当代问题之古代渊源；不仅通过理论上的阐释追求学术上的完美性，而且试图通过案例分析、新闻报道和文摘等形式追求文体上的可阅读性；不仅对公共行政的基本概念给予清晰阐释，而且通过脚注的方式给读者解释了非本专业的但又有必要了解的其他学科的一些关键概念；不仅试图通过作者的观点启迪读者深入思考公共行政，而且列出诸多参考文献以方便有兴趣的读者进一步扩大其知识视野；不仅试图满足本科生通俗易懂的学习要求，而且试图满足研究生全面性和深刻性的学习愿望。总之，这是一本好书，一本兼顾理论和实践双重研究的值得一读的好书。

全书分为 14 章，分别探讨公共行政的不同主题。在此简要介绍各章主要观点，以便管窥一斑，先“睹”为快。

第 1 章“界定公共行政”，从政治、法律、管理和职业四个角度来认知公共行政。公共行政的政治背景使其具有了与私人行政不同的公共性特质，公共行政由法律创制且其本质是执行法律，公共行政是管理方法和技能在公共领域的应用，是提供公共服务的专门职业。作为学术领域的公共行政，习惯上追溯于威尔逊在 1887 年发表的《行政学研究》一文，虽然它最初仅构成政治学研究的一部分，但在 20 世纪下半叶成为了一个独立的研究领域。当代公共行政已经形成一门交叉学科。

第 2 章“公共政策及其执行的政治和文化环境”，分析政治与文化对公共过程（公共政策制定和公共行政）的影响。公共行政是公共政策之工具，同属公共过程（public processes）之要素。公共过程受到共和政制的天然限制，即受到相互制衡的法律约束。所有公共管理者都面对着两个相互竞争的政治机构，即内部的和外部的两个政治世界，同时生存于双重文化环境之中，即公共过程存在于自然形成的社会文化和自己培育的行政文化之中。

第 3 章“政府机构的持续性重组”，描述与环境不断调适的持续性行政改革。联邦制下的州和地方政府与联邦政府相平行，联邦政府由总统办事机构、行政部门和独立机构三类机构组成。政府机构虽由法律设定，但并非一成不变。20 世纪 30 年代的布朗洛委员会、40 年代的胡佛委员会以及 90 年代的全国绩效评估持续性地推动着政府机构重组运动。公共事务私有化是当代行政改革的主要趋势之一。行政改革一直是在法律指导下的改革，因为国会中微观管理者（micromanagers）的缘故，行政改革永远不能太过超前于立法意志。

第 4 章“府际关系”，阐述联邦制内部政府之间日常相互联系的复杂网络关系。美国宪法创设的联邦制，既包含政治和财政的体制，也包含行政和程序的体制，府际关系不像一块夹心蛋糕而更像一块大理石蛋糕，即府际关系不是掌控关系而是合作关系，这种合作在一定程度上导致某种混合。新一轮行政改革在调整府际关系方面的表现就是托管（mandate），其本质仍然是税收及其他资源的分享程度和分享方式的变革，因为各州对府际资助（intergovernmental funding）的依赖程度在提高。

第 5 章“荣誉、伦理与责任”，探讨公共官员的行为规范问题。荣誉（或信誉）先于伦理，并构成公共活动的基石。自古以来，只有那些被认为诚实的人才能在公共事务中得到信任。周期性的政府丑闻（无论它的代价多大）会对法治的民主概念造成极大的威胁。公共行政中存在着个人道德、职业道德、组织伦理和社会公德等不同层面的伦理。行政伦理试图确保公共官员避免运用公共职位谋取私利，行政责任则要求公共官员履行行政职责，要为民主、道义以及特定法令负责，在这个过程中，审计、监察、国会年度听证会、媒体和监督团体的监督是必不可少的。

第 6 章“管理和组织理论的演变”，简要回顾和归纳管理和组织理论的发展史。现代管理发端于古代军队组织，古代埃及和古代中国也早就产生了发达的行政组织，军队早先发展起来的组织原则后被文职组织所接受。虽然管理活动和组织行为源远流长，但管理和组织理论只有百年历史，其发展也非基于知识的积累，而是基于特定时期的理论模式（或称范式）。最初的理论就是古典组织理论，产生于19世纪末和20世纪初期，两次世界大战之间的行政理论模式被称为“正统时期”理论模式，认为行政是一门可以发现定律的科学，政治—行政二分法是其典型的思维方式。后来的组织理论视角（新古典主义、现代结构主义和系统理论等）本质上都是对古典理论的修正。各种理论流派相互补充而非相互否定。

第7章“组织行为”，探讨处于组织环境中的个人行为和团体行为以及它们之间的关系。人们工作于制度化的正式组织中，形成共享的信念、价值观和假设，非正式组织在此过程中自发形成，彼此相互产生影响。组织行为与激励有关，但激励取决于不同的人性假设，这种假设走过了“经济人”、“社会人”和“复杂人”的不同阶段。组织必须对环境作出反应，组织发展就是这种反应的有计划变革，但在公共部门尤难实行，因为公共部门属于典型的官僚制组织。这种常见的正式组织形式，虽有许多优势，但也产生许多消极的行为后果。后官僚制组织理论认为，未来社会更为灵活的组织形式将取代传统官僚制，但以层级为主要特征的传统官僚制也会有着极强的自卫能力。后现代主义的兴起和女性更多地加入组织可能会改变组织的文化。

第8章“管理主义与绩效管理”，深刻地揭示了新公共管理的精髓。“管理主义”（managerialism）一词很早就被用来指称控制工业社会的经济和政治精英，管理主义在当代的兴盛则始于20世纪80年代英国的行政改革。“新”管理主义用以描述官僚机构对其顾客更有回应性的努力，表现在管理项目的重新设计、授权他人和企业家精神三个方面。绩效管理由管理主义延伸出来，成为领导人的首要职责，它包括全面控制、审计和评估绩效的所有方面，与此紧密相关的是外包与（准商业的）契约概念。但公共产出难以界定，导致效率和效益无法量化，由此对绩效管理形成限制。引进全面质量管理，改变组织文化，重视长期改进公共服务质量，才是行政改革的根本所在。

第9章“战略管理和政府规制”，论述战略这一古老的军事艺术在当代公共行政中的运用以及实现战略的规制手段。战略管理是公共部门管理的一个新维度或者新视角，包括识别目标、设定时间、评估组织能力和组织环境、战略设计、战略执行和调整等方面的内容。远离政治中心、自治能力较强、规模较小、结果易于测量是公共部门易于引进战略管理方法的前提条件。为了促进对政府目标（如空气清洁、道路安全、健康卫生、社会公平等）实施战略管理，政府规制则成为最有效的工具之一。政府规制允许行政机构创设特别规则，以便创建一个更令人满意的社会。政府规制已经成为当代美国公共行政之重要基石。

第10章“领导”，揭示公共部门领导理论和公共过程中的领导行为。领导是在指挥和协调他人工作中运用（正式的或非正式的）权威的活动。正式权威来源于组织的等级结构，非正式权威则来源于个人的特定品质。领导理论研究途径包括特质研究途径、互动研究途径和情境研究途径，不同研究途径导出不同领导理论，这些理论之间虽有冲突，但更为重要的是相互补充。微观管理（micromanage）和过度管理（overmanage）也是领导过程中需要给予重视的两个问题。

第 11 章“人事管理和劳资关系”，阐述公共人事行政和集体谈判问题。人事行政包括招聘、选拔、培训、考核、薪酬、惩戒、辞退、退休等事务。选贤任能是人事行政最古老的职能，功绩制适用于当代公共部门中大多数雇员的选拔和晋升。选拔测试的合法性依赖于测试的有效性和预测工作成就的能力，并且在法庭挑战面前，测试者还不得不为测试的合法性辩护。人事部门应当扮演何种角色，是仅仅为公共部门提供人事服务，还是对公共部门中的劳资双方负有同等责任，仍然是有争论的。公共部门的集体谈判包含两个部分：一是劳资双方就工资、工时和其他雇用条件形成合同的协商过程；二是随后对所订合同的管理和解释。然而，公共部门集体谈判没有全国性的统一法律规定，州和地方政府在其实践中变化万千。

第 12 章“社会公平”，论述“每位公民有权享有政治系统的平等对待”这一原则在公共行政中的实现途径。本章论述的社会公平主要集中在平等雇用机会问题上，而平等雇用机会则是一个充满政治、文化和情感意味的观念。主张雇用机会平等的目的在于防止任何人因其种族、肤色、性别、宗教、年龄、民族、出身或党派而被恶意地排除在雇用机会之外，但其问题在于使政府陷入检查人民血统的事务中去了。弱势群体保护行动的善意反对者赞同平等，但认为在雇用中优先考虑种族和性别却是一种内在的歧视，而且也违反 1964 年的《民权法案》。现在的平等雇用观念已经深入到性骚扰、怀孕、生育、疾病、残疾等多个方面中。

第 13 章“公共财政管理”，分析公共部门预算及其执行、税收和财政赤字以及经济政策等。预算是公共机构最为重要的决策过程，同时宣扬着政策的偏好和计划的目标，阐述着政府全面服务的努力。预算分为针对财政年度的业务预算和针对长期项目的资本预算两种基本形式，预算执行则是一个专门技术过程。在财政收入中，普通税是传统的税种，超过 2/3 的联邦总收入主要由联邦个人所得税和几种保险基金组成（如社会保险），而州和地方财税收入系统有多样的税收来源（如财产税、所得税、销售税、使用者付费、彩票税和联邦拨款）。赤字财政是政府向公众的借款。出于政治目的，政治家更青睐借款，而非提高税收。经济政策通常包括财政政策、货币政策和那些与经济相关的公共政策（如能源政策、农业政策等）。

第 14 章“项目审计与项目评估”，论述账目审查的传统审计职能和绩效评估的现代审计职能。传统上，审计机构的基本任务是审查财政账目是否正确无误，但审计行为新近的应用已经超越了这一传统意义，新产生了管理审计、绩效审计或效率审计。由独立组织进行的审计试图综合各种因素进行综合审计，包括检查公共消费是否遵守法律、检查是否经济地高效地使用资源以及检查是否完成了预定的目标。项目评估与政策分析不是一回事，前者试图回答一项政策将会产生什么可能的效果的问题，而后者所涉及的标准则包括守法、效率和效益三个方面。

上述 14 章内容共同构成一个完整的公共行政理论框架。与美国同类书籍相比，本书内容更为丰富和全面，并且吸收了当代新公共管理运动的理论成果，如文化对行政的影响、荣誉与伦理的关系、管理主义、绩效审计等内容是美国同类书籍不曾探讨或者较少探讨的。与国内同类书籍相比，本书代表着先进的公共行政理论体系的建构，如四个视角的公共行政定义、公共过程的政治与文化环境、公共管理者的信誉、府际关系、社会公平、后现代公共行政、项目审计和评估等诸多主题是中国同类书籍不涉及或者较少涉及的。本书具有的故事引导、理论分析、实践改革、专题补充等教材编写模式也值得国内公共行政研究者借鉴。当然，本书是公共行政理论与美国公共行政实践相结合的产物，对中国的适用性及借鉴问题，相信读者会有自己的判断力。

本书翻译工作始于 2007 年，当时翻译的是本书第五版。参加第五版翻译的人员包括蔡燕青、丛小艺、崔雁、储凯、金敏正、雷思远、李丽娜、李林、李鹏、刘俊生、刘美琪、欧阳帆、王静婷、王坤娇、占兰英、赵红、郑文阳等。在本书第五版的翻译过程中，第六版于 2008 年出版，刘俊生在前述翻译工作的基础上对第六版进行了翻译，并统一校对了全书译稿。可见，本译著是集体劳动的成果。翻译是一项需要耐心和专业知识的艰苦工作，感谢各位译者牺牲了许多本应属于自己休闲的时间，付出了辛苦的劳动。感谢中国政法大学行政管理研究所的全体同仁，他们在本书翻译过程中提出了许多有益的建议或意见。感谢中国政法大学“211 工程”三期项目对本译著提供资助。感谢中国人民大学出版社公共管理出版分社刘晶社长及分社编辑和校对人员，正是他们一丝不苟的工作方使本书得以高质量地顺利出版。

由于水平所限，问题在所难免。万望读者不吝赐教，以便今后有机会得以改正。

刘俊生
L-j-sh-1@163. com

前 言

本书初版于 1997 年，这是第六版。本书的主要读者群，就是公共行政专业的师生们。我们已经获得六次机会为这些读者概述公共行政领域的知识。这一事实意味着，在讲授公共行政课程的大学教师中，有相当比例的人为他们的学生推荐选用了这本书，由此证明我们过去的努力是有成效的。他们对这本书的肯定，给我们带来了极大荣誉，同时，我们也感觉到肩上的担子是沉甸甸的。因此，我们的目标就是要保持高标准，使阅读本书的人和撰写本书的人双方都感到满意。

在本书初版前言中，我们曾声称要尝试写作一本可以同时满足本科生和研究生的书，对于本科生而言，它要足够通俗易懂；对于研究生来说，它又要足够全面详尽。现在可以荣幸地说：我们已经成功了——至少在出版商的角度上是如此。在审慎地研究了引文统计数据后，出版商邀请我们准备本书的第六版。

正如我们在本书初版中所言，公共行政是一个激动人心且令人着迷的研究领域，它提供了许多令人思考的真实材料。本书每章以一个有趣的主旨故事（也就是本章的引子）为开端，试图达到这种戏剧性的、激动人心的效果。这些故事分别强调了该学科不同的重要方面。这些内容涉及许多话题，包括袭击纽约世贸中心事件、体育场馆融资、“邦蒂号”的著名兵变、好莱坞电影的组织发展技术等。所有这些故事都有意义深远的公共政策和公共管理意涵，这些意涵将在各章进一步展开阐释。我们相信，它们能够引起许多令人兴奋的且有启发作用的课堂讨论。为达到这个目的，本书在每个主题故事后面提出一些“供讨论”的问题。

每章的内容随之以一种特定的次序展现开来，任何了解公共行政的人对这种次序的安排都不会感到陌生。本书尽最大的努力保持语言的生动性，这样会使学生和他们的教授们在回顾那些内容的过程中享受到乐趣。文中以注释形式出现的那些名词，都会在该页底部加以定义，并且章末的关键概念进一步补充完善了这些黑体名词的定义。①

读者也会在每章的结尾看到一份推荐书目的清单和相关网站的网址。相关章节的更多内容和信息都可以从这些图书或网站中找到，这样就方便了那些感兴趣的读者，无论他们是学生还是老师。②

本书也尽了最大努力以保证所选材料尽可能都是新近发生的，因而有大量关于重塑政府运动、私有化和合同外包的内容。因为美国公共行政正在受到越来越大的技术革新之影响，通信和信息管理正在重塑公共行政领域，所以本书增加了对这些方面的关注。

本版新增内容

- 所有的统计信息、表格、参考书目以及网站都做了恰当的更新。
- 乔治·W·布什第二任政府采取的那些积极性的新举措——尤其是与反恐战争和伊拉克战争相关的内容——已经被吸纳到本书相应章节中。
- 许多章节详细考察了 2005 年卡特里娜飓风对诸如金融管理、领导能力和社会公平等公共行政领域的影响。
- 新增了三个案例研究或者主旨故事。③

第 4 章：非法移民问题为什么会成为府际间的一个困境并且未来也会依然如故

第 8 章：这是管理还是公共关系？只有行政官员才明白是怎么回事

第 9 章：利用政府对工商企业的管制策略性地处理环境问题

- 如下各章增加了一些新的内容：

第 3 章：基于信任的首创精神

第 8 章：电子政务

从电子商务到电子政务

电子政务的两面性

网上公民

一站式政府

① 章末的关键概念，中文版已删除。——译者注

② 章末的推荐书目和相关网站的网址，中文版已删除，但保留了参考文献。——译者注

③ 章末的案例研究，中文版已删除。——译者注

技术与政府生产率

第 9 章：政府对健康、安全和经济公平的管制

独立管制机构

规则制定过程

州政府管制

职业认证（谁为注册会计师颁发“证书”?）

地方政府法规

分区

建筑规范

公共卫生（你想在薯条里看到蟑螂吗?）

第 11 章：人事外包

第 13 章：绝密预算：伊拉克战争背后的真实成本

还有“新闻报道”栏也是这次修订时增加的新内容，这些“报道”都是对当前公共行政活动情况的考察。设计这些“新闻报道”栏的目的在于，帮助读者了解公共行政学科中的那些理论和概念是如何在日常的公共行政实践中加以运用的。这些栏目的主题包括了对伊拉克战争进行的财务审计、对在公共场合进行哺乳喂养的规制和民主党控制的国会对立法机关监督功能的影响。类似地，本书也将“决策理论”栏用于比较不同职位对政策议题的影响。另外提醒注意，多数图片都附有长长的说明，这些说明会引出某些重要观点。①

第六版仍与修订后的教师手册/测试题集同步发行，它由穆伦堡学院的 Lanethea Mathew-Gardner、美国陆军学院的 Breena E. Coates 和罗伯特莫里斯大学的 Jeffrey K. Guiler 合作编写。

本书没有传统的脚注。如果著作或者作者在某章被提及，相应的引文注释将会出现在本书相应章的末尾的参考文献中。这是通常情况，例外的是那些非常知名且存在多个版本的著作或文献——如圣经和莎士比亚的戏剧——本书认为没有必要提供更多的参考文献信息。本书将大多数的长段引文放在文中的方框中，使之脱离正文的架构和节奏。这种非正式的格式在沙夫里茨等人著述的《政府人事管理》(New York：Marcel Dekker，1978—2001）一书的五个版本中应用得非常成功。有时，这种方法太过笨拙，以至于很难在正文的架构中将一篇参考文献放在引文中，但在附录②中可以找到这些引文的来源。

每本书的出版都欠着人情。我们希望对本书前五版的那些评审员们表达谢意——布拉德里大学的 Craig Curtis，科罗拉多州立大学丹佛分校的 Jane Hansberry，佐治亚大学的 Jared J. Llorens，西田纳西 A&M 大学的 Theo Edwin Maloy，密苏里大学圣路易斯分校的 Richard T. Middleton 和奥克兰大学的 Dale Nesbary——正是他们帮助我们筹备本书的第六版。我们也衷心感谢下列朋友对本书修订

① 图片及其说明在中文版中已删除。——译者注

② 原书附录在中文版中已删除。——译者注

提出有益建议：美利坚大学的 David H. Rosenbloom，布鲁金斯学会的 Albert C. Hyde，博伊斯州立大学的 Elizabeth Hecker，加利福尼亚州立大学海沃德分校的 Carol Edlund，东伊利诺伊州大学的 Richard Wandling，乔治梅森大学的 John Sacco，肯塔基州立大学的 Gashaw W. Lake，北卡罗来纳州立大学的 Michael L. Vasu，内华达-拉斯维加伊大学的 Christopher A. Simon，罗伯特莫里森大学的 Jeffrey K. Guiler，圣弗朗西斯科州立大学的 Katherine Naff，斯堡大学的 Curtis R. Berry，田纳西州立大学的 Ari Halachmi，阿拉巴马大学的 William H. Stewart，巴尔的摩大学的 Daniel Martin，缅因州大学 Kenneth L. Nichols，内布拉斯加大学奥马哈分校的 Gary S. Marshall，北卡罗来纳州立大学的 Gordon P. Whittaker，匹兹堡大学的 Donald Goldstein、Kevin Kearns、Jerome McKinney、Lou Picard 和 Harvey L. White，斯克兰顿大学的 Jean Wahl Harris，路易斯安那西南大学的 Sharon Ridgeway，托莱多大学的 David H. Davis，犹他州大学的 J. Steven Ott 和 Sandra J. Parkes，佛蒙特州大学的 Frank Bryan，西伊利诺伊大学的 Richard Crockett，克利斯多弗新港大学的 Robert E. Colvin，内华达大学拉斯维加斯分校的 William N. Thompson，乔治华盛顿大学的 Dwight S. Cropp，布拉德利大学的 Craig Curtis，本特利学院 Christine J. Brehan，得克萨斯 A&M 大学加尔维斯敦分校的 John Carhart，加州州立大学贝克斯菲尔德分校的 R. Steven Daniels，马立格罗夫学院的 Jeremy L. Eccles，威斯康星大学的 Anne M. Gurnack，瓦格纳学院的 Jeffrey Kraus，密苏里大学的 Michael E. Meagher，鲍尔州立大学的 Fred A. Meyer，Jr.，威尔明顿学院的 Norman H. Runge，特洛伊大学的 Samuel T. Shelton，圣地亚哥州立大学的 Robert Stock，加州州立大学的圣马科斯分校的 Pamela Stricker 和杰克逊维尔州立大学的 R. Lawson Veasey。

我们也要感谢《大众之声》（*Public Voices*）的主编 Marc Holzer，他允许我们以稍加改动的形式再版使用最初由 Jay M. Shafritz 和 Peter Foot 编写的《好莱坞战争题材影片的组织发展》一文。

我的同事们对本书的修订也提供了特别的帮助，在此我们由衷地对下列曾提供有益建议的同仁们表示感谢：美国陆军学院的 Breena Coates，罗伯特莫利斯大学的 Jeffery K. Guiler 和 Michele Cole，匹兹堡大学的 Paul A. Danczyk、David Young Miller 和 Sarah Pennock，以及南加州大学的 Gerald Caiden。Gerald Caiden 先生指导一个研究生班撰写了对本书非常有益的评论文章并将这些文章寄送给我们。在此我们也要感谢理海大学的 Sarah Niebler 和 Jill Batdorf 两位先生，他们针对本书召开的研讨会为我们提供了很大的帮助。

此书的撰写始于许多年前，它属于两个朋友的一项合作作品。我们两位作者生活在这个世界的两极：澳大利亚的墨尔本和美国宾夕法尼亚州的匹兹堡。在目前的这项合作中，又加入了一位来自宾夕法尼亚州阿伦敦的年轻同事。尽管有着代际差别且相隔很远，但相同的学术追求将我们联结在一起。事实上，我们这些作者们被不同的行政文化所滋养，但在想要表达的内容方面却完全一致。令人欣慰的是，我们曾经表达的内容已经为我们赢得了广泛的读者。并且我们希望本书以后的各个修订版会赢得更多读者的认可，这也是我们致力于承诺的。因此，为了进一步改进和提高质量，希望读者多多给本书提出批评和建议。

杰伊·M·沙夫里茨
E. W. 拉塞尔
克里斯托弗·P·伯里克

目　录

第 *1* 章

界定公共行政

引子：斯巴达勇士

2001 年 9 月 11 日上午 8 点 48 分，某投资公司的 35 岁职员亚当·梅布拉姆（Adam Mayblum）正在他位于纽约世贸中心北塔的第 87 层楼的办公室里工作。突然，楼上似乎有一个巨大的炸弹爆炸了——大楼像发生地震般摇晃，照明灯具纷纷坠落，多处天花板塌陷，纸张飞满空中。很快，房间内充满了烟雾，但电话依然是通的。梅布拉姆立即拨打家里电话给妻子留言，告诉她发生了爆炸，自己正在往外逃。然后，他脱下 T 恤衫撕成三块，将其中两块分给同事。他们把 T 恤衫布块儿放在水中浸湿，捂在脸上当作临时空气净化器，然后在弥漫的烟雾中一起向楼下跑去。

梅布拉姆一走下拥挤且烟雾弥漫的楼梯就立即用手机给父母打电话。稍后，他接到了妻妹的电话。每个带了手机的人都在与亲友通电话。梅布拉姆和朋友在 53 楼时碰见一个体格魁梧的人坐在楼梯间，他们要帮他，但他更愿意等待专业的救援。他们到达 44 楼时才看见上楼的消防员和警察。梅布拉姆拦下其中几位告诉他们 53 楼有一个人等待救援，在 87 楼还有一个朋友失踪了。

第二天，梅布拉姆发了一封 2 000 字的电子邮件给朋友，讲述自己惊险逃生的经历，最后有几千人收到了这封邮件。他在邮件中表达了自己让救援人员继续上楼的懊悔：“他们冒着死亡的危险上楼救人……我知道他们无论如何都会上去。但我仍为自己让他们快点上去救我的朋友而感到痛苦不已。”

梅布拉姆只是从地狱般的世贸中心大楼安全逃生出来的数千人中的一员。人们在逃生时，那些消防队员和救援人员却冲入了极度危险的大楼中。他们的勇敢精神可以用一句老话来概括：消防员不会逃离火灾现场而是冲入其中。总统里根和老布什的发言稿撰写人佩吉·努南（Peggy Noonan）曾写道：“扪心自问，我们付给了他们足够的薪水吗？你一定意识到了我们也许不能够支付他们足够的薪水，因为这类职业无论如何是与金钱无关的。”但如果它“与金钱无关”，那它和什么有关呢？答案是责任。

约2 500年前的“斯巴达勇士”是履行责任不畏牺牲的典范。300多名消防员的牺牲是令人震惊的，知道古代历史的人也许会联想到战斗中牺牲的300名斯巴达勇士。公元前480年，希腊的斯巴达勇士们阻止了波斯（现在的伊朗）人的入侵。他们占据了防御性的温泉关隘口，三天内击退了波斯人的数次大规模进攻。斯巴达勇士用生命为希腊联军赢得了战斗准备时间并最终击败敌军。

纽约市的消防员和古希腊斯巴达勇士二者间的相同点不仅仅是300这个数字，况且这个数字在这两种情况下也不是个准确数字。牺牲的343名消防员和136名救援人员（纽约市警员、港务局警员和私人保安等）曾并肩作战，而斯巴达勇士则与负责烧饭的志愿者和来自其他城市的多个小部队（包括来自塞斯比阿的约1 000名战士）并肩作战。这两个300的数字之所以产生共鸣，是因为在古希腊的那场战争中这300名斯巴达勇士在其他人都撤退时却战斗至死，而在“9·11”事件中这300名纽约市的消防队员也是在其他人都逃生时却冲进大楼展开救援行动。

社会可以接受在必要情况下牺牲很多战士，但不能接受牺牲很多消防员。消防员是和平主义的战士，他们扑灭火灾并挽救生命。以前，消防队员在工作中死亡只是偶尔发生的情况。2001年以前美国每年约有100名消防员牺牲，在纽约市最严重的火灾中也只有12名消防队员死亡，而9月11日的一天中就有343名消防队员牺牲，这在过去是不可想象的。

表1—1　　每年在履职中死亡的警察和消防员人数

年份	警察死亡数	消防员死亡数
1992	157	75
1993	153	77
1994	170	104
1995	172	96
1996	133	95
1997	163	94
1998	156	91
1999	134	112
2000	151	102

续前表

年份	警察死亡数	消防员死亡数
2001	230	446
2002	147	102
2003	146	111
2004	153	110
2005	145	106
2006	157	106

资料来源：Federal Emergency Management Agency/National Fire Data Center/National Law Enforcement Officers Memorial Fund。

消防队员和斯巴达勇士都遵守了职业道德规范，牺牲了自己。虽然相隔近 2 500 年，他们却在对抗相同的敌人，这个敌人就是来自于东方的独裁统治国家。它曾经试图扼杀古希腊处于萌芽状态的民主政治，现在则试图摧毁西方世界繁荣发展的民主政治。

希腊人赢得了战争之后在温泉关隘口立了一块英雄碑以纪念战死的斯巴达勇士。著名的古希腊抒情诗人西摩尼得斯（Simonides，公元前 556—前 468 年）负责撰写碑文，让希腊人吃惊的是西摩尼得斯仅写了两行文字，但就是这两行文字却成了西方文明历史中意义最深长且流传最久远的墓志铭：

> 异乡人啊，如果路过斯巴达，请告诉那儿的人，
> 我们忠实地履行了诺言故长眠于此。

我们终将会以一种适宜的方式纪念“9·11”事件中的死者。不过，那些逝去的消防队员、警察和其他救助人员已经有了自己的纪念方式，他们可以与斯巴达勇士共享“忠实地履行了诺言”的墓志铭，因为他们都勇敢地牺牲在自己的工作岗位上。

虽然在袭击中死亡的大约 3 000 人都在纽约，但是遭受袭击的是与亡者的家人一起哭泣的整个国家。这不仅仅是一栋综合性办公大楼的问题，那些在华尔街高耸入云的办公大楼代表着美国资本主义的力量。这种野蛮袭击伤害的是整个国家，因为这是攻击我们所有人的一种战争行为。在爆炸后的几天中，无辜伤亡的统计人数在不断增加，许多新闻媒体却在发表有关美国“希望和平”的无聊空谈。

当时无法确定一天后的废墟中是否有人仍活着，但其他州的救援队伍很快就赶来帮忙，联邦紧急事务管理署也在统一调度这些队伍和搜救犬。这些搜救犬训练有素，当发现活人时就发出狂吠声，当发现尸体时就发出低鸣声。但这些搜救犬大部分时间发出的都是低鸣声。尽管从废墟中找到幸存者的希望很小，但搜救队员仍然在努力，他们在废墟中无论是寻找遇难者的尸体还是援救幸存者都同样处于危险境地。

救援者的英雄事迹被广泛地传播开来，生还者讲述的有关救援队的英勇事迹也令人心碎。但所有的新闻报道都明显地忽略了一点，即这些训练有素的搜救专业人

士都是公共雇员，他们与支撑其组织的那些行政机构都是政府的组成部分。他们被当作英雄而给予赞美，实际上他们的身份就是官僚，他们是官僚们的代表，而人们经常将官僚们描绘为低效的和索取高报酬的形象。

这些平民英雄在“9·11”事件后受到高度关注，因为他们集中做了数倍于平时的工作。消防队员从大火中拯救生命即使不是每天发生也是经常发生，但这次却不同。这次他们救出了数千人，同时有几百名队员牺牲，这在他们的救援史上还是第一次。

世界各国的市民们总是在抱怨他们的政府，但灾祸一旦来临，无论是自然灾害还是恐怖袭击，人们都期待着立即获得政府的救援服务。当加州地震的时候，当密西西比河泛滥的时候，或当大西洋飓风在佛罗里达州肆虐的时候，志愿者们都无能为力，但是那些经过专业训练的人通常能够从突发洪水的河流中或者从突然失控的汽车中解救出受困者。不仅如此，受灾者还需要后续的帮助——从社会救助服务到灾后重建的低息贷款——这些通常只能从政府获得。突然之间，这些“官僚”变成了善良的天使。当危险潜行的时候，他们变成了现代版本的穿着光亮盔甲的中古骑士。在美国的大多数城市中拨打911，数分钟之内，政府官员就会出现在你的面前，随时准备为你冒生命危险。

然而，当我们的现代英雄无法达到人们对他们的高期望值时，公众的失望也是很明显的。2005年，在卡特里娜飓风肆虐的数个小时里，新奥尔良当地许多警官没有履行他们的抵御飓风并保护市民这一神圣职责，引起了全民的愤怒。怎么会有这么多曾经发誓要保护公众利益的警员在公众最需要他们的时候没有履行自己的职责呢？对于那些坚守岗位的新奥尔良警官而言，他们一定对有这种表现的同事感到十分失望。的确，玩忽职守的那些新奥尔良警官不是“斯巴达勇士”。

在纽约和新奥尔良肯定都有英雄，而且你所在的城市也有英雄，但是人们常常忽视了他们中的大部分人。现代的公共服务在很多领域都需要英雄精神。历史上，著名英雄都有公众喜好的特别技能，强健的身躯和杰出的军事才能在这类特别技能中最为常见。但也有其他类型的一些英雄，例如米开朗琪罗（Michelangelo）就是依靠一个凿子和一支画笔而成为意大利文艺复兴时期最伟大的英雄之一。

现代的英雄除警官式的和消防队员式的英雄外，还有那些大量默默无闻的英雄，如提供安全饮水的公共工程局的工程师们、暴风雪中整晚工作清扫路面积雪的路政处的驾驶员们和预防传染病的公共卫生官员们。这些看不见的英雄和他们穿制服的同事一样，经常用他们的手支撑着我们的生命。不仅如此，他们还维系着我们的现代文明生活。

有些政府雇员的工作不涉及生命和死亡的问题，他们致力于提高人们的生活品质。举例来说，激励学生进步的老师们，为孤儿寻找收养家庭的社工们，给社会带来数百份新工作的经济发展部门的官员们和革新政策以降低费用削减税负的公共管理的官员们，他们的行为虽然表现的不是身体上的勇敢，但他们的付出同样是高尚的。公共服务中有各式各样的英雄，只是一些我们能够看得见，而一些我们看不见。

讨论题

在你居住城市的第一反应者（警察、消防队员等）在2001年9月11日以后是否对恐怖袭击准备得更为充分？对卡特里娜飓风的反应是否改变了你对公共服务人员和公共服务职业的态度？

1.1 公共行政的各种定义

如果你满足于简单化定义，那么界定公共行政就很容易：它是政府的行为，即管理公共事务或执行公共政策。如此简单浅显的定义，尽管正确，却不能充分说明这项工作的重要性。想想埃德蒙·罗斯唐（Edmond Rostand）的戏剧《大鼻子情圣》（*Cyrano de Bergerac*）中的场景，有人侮辱西哈诺（Cyrano）的大鼻子而激起他与人决斗。但挑战者对大鼻子的侮辱之词是如此平凡无味，以致西哈诺在决斗时会训斥对手没有文学才智，说不出更有水平的话。定义公共行政也有相似的问题——尽管没有剑术决斗。

本书作者认为，介绍公共行政最重要的莫过于给予这个概念尽可能宽泛的定义。此外，我们如何能够探究公共行政的丰富和精妙？如何品味公共行政的历史意义、普遍的适用性和当前的发展状况？如何能够领会后面更为专业性的各章内容？当然，下面的讨论不可避免地是片面的，因为公共行政的范围很广，不可能只用一种定义包含其全部内容。因此本书在此列出其中的18个定义并把它们分为政治性定义、法律性定义、管理性定义和职业性定义四类。这种分类是从戴维·H·罗森布鲁姆①（David H. Rosenbloom）提出的管理、政治和法律三元视角扩展开来的。但即使列举这样一系列的定义，作者仍处在西哈诺的挑战者的这种不舒服的位置上。如果有才智，我们本该给出更有水平的定义。

1.1.1 公共行政的政治性定义

公共行政不能脱离其存在的政治环境，也正是这个政治环境才使公共行政具有公共性——即区别于私人行政或企业行政的特性。所以，公众行政的第一类定义集中在它的政治属性上。

公共行政就是政府的所作所为 白宫主厨为来访的国家元首②准备国宴菜单，农业部检查员在屠宰场检查牛肉，食品药品监督管理局的科学家决定食品生产者能

① 戴维·H·罗森布鲁姆（1943— ）：公共雇用立宪方面的主要权威专家。他将公共行政视为管理、政治和法律的交集，由此构成一种公共行政的分析范式，并且这种范式已经成为分析和教授这门学科的标准方法。

② 国家元首：政府的象征性领袖，如国王、皇后或国家总统都属于国家元首。它与执行官员——如总理、大臣和政府首脑——相对应。美国总统同时为国家元首和政府首脑，由同一人担任。

够安全合法地留在巧克力、爆米花和花生酱中啮齿类动物的毛发数量，这些都是公共行政。消防队员从将倒塌的房屋中救出孩子，停车计时器读表员在超时停放的车辆上粘贴通知单，州监狱官员为罪犯注射药液执行死刑，这些也是公共行政。天文学家探究延伸至遥远的外部太空，中央情报局探员破解来自可疑恐怖分子的信息，下水道清理员寻找并排除市政排水管中的阻塞物，这也都是公共行政。给穷人发放食品券①，减少屋主抵押贷款的利息，给波斯湾海岸飓风的撤离者送去热腾腾的食物，这些还是公共行政。

在世界各地，政府雇员所做的事情影响着普通市民的日常生活。这些事情从英雄的（如我们在纽约市看见的）到平凡的都有。通常这些行为都会给市民带来益处，但有时它们也不会。在大多数国家中的大部分时间里，公共行政人员关注公众的事务，如他们修建大桥和公路、清理垃圾、扑灭火灾、清扫大雪、喷射杀蚊剂和为不幸的人提供必要的社会服务。

作为一种职业，公共行政已经形成了自己的价值观念和道德标准。但是作为一种活动，它没有价值观念，它只不过是对社会的文化规范、信仰和现实权力的反映，只是政府在做政府要做的事——无论在任何政治文化背景下。德怀特·沃尔多②（Dwight Waldo）于 1955 年首次提出应当“根据环境来研究行政”的观点，因为“这使我们能够理解不同社会在行政方面的差异性。如果我们局限于根据行政自身的普遍性来分析研究行政，我们将无法解释它们之间存在的差异性”。因此，本质上相似的行政活动在不同的文化中就会有不同的效果，一个国家的例行海关检查与另一个国家的海关官员索贿并行存在于这个世界上，这并不令人惊讶。同样的活动在一个国家被诚实地完成（因为它的文化推崇诚实），而在另一个国家却出现腐败（因为它的文化认同官员腐败）。

公共行政是世界上所有官僚机构在工作时间的全部活动——无论这些活动是合法的还是非法的，是应该的还是不应该的，是高尚的还是卑劣的！英国科学家霍尔丹（J. B. S. Haldane）曾写道：“宇宙不仅像我们想象得那样奇妙，甚至比我们想象得更奇妙。”公共行政也是这样的，它不仅在活动范围上远远超出了人们的想象，而且对现代生活影响的广度和深度也是我们根本无法想象的。

公共行政既是直接的又是间接的 政府雇员为公众提供诸如不动产抵押借款保险、信件递送和电力供应等各种各样的服务是直接行政。政府付钱给私人承包商从而为公众提供物品和服务是间接行政。美国国家宇航局③（NASA）负责航天飞机的运行，但航天飞机却是由私人公司制造的。类似地，负责保护美国在伊拉克油田工作的建筑工人安全的监察员并不是来自美国军队，而是受雇于与国防部门签订合同的私人公司。我们会因这些员工受雇于私人公司的事实而把他们排除在公共行政

① 食品券：一项致力于改善穷人营养状况的福利项目。这个项目由农业部和国家及地方的福利组织管理，提供能够在很多杂货店购买食物的票券。

② 德怀特·沃尔多（1913—2000）：公共行政学科杰出的历史学家。

③ 国家宇航局：根据 1958 年的《国家航空航天法案》（National Aeronautics and Space Act of 1958）创建的联邦机构，负责进行航空问题研究和外部太空的探索。

领域之外吗？不会的。记住：政府机构必须雇用、评价和控制所有对其服务质量负责的官员和承包商——无论他们是制造火箭还是保护油田设备。

政府从古代就开始与私人承包商合作。例如在古代法国，负责管理和维护断头台的行刑手就是一个独立的承包商，他每砍100个人头就会获得一笔费用（真实的砍头费）。现在的趋势是加强政府职能的民营化①，其起始标志是20世纪80年代的美国里根政府时期和英国撒切尔政府时期，现在政府职能的民营化已经在世界范围内推广开来。这种趋势由于非营利组织的增加而得到加强，这些组织从政府合约（尤其是有关社会福利事业和研究项目合约）中获得大量资金。截至1995年，提供公共事业服务的民间非营利组织的40%经费预算来源于政府。据前任纽约市市长科莫（Mario Cuomo）称，美国天主教（Catholic）慈善机构在全国有1 400个社会服务组织，它的活动经费有2/3来自政府资金。相比之下，路德教（Lutheran）社会服务组织有54%的经费来自政府，基督教救世军（Salvation Army）组织有15%的经费来自政府。因此，民营化并没有削减世界公共行政的开支总量，它只是迫使公共行政改变了形式。

公共行政将范围扩展到了私人部门和非营利部门，这种不断扩张的属性赋予了治理新的含义。治理（governance）曾经是政府统治的同义词，现在已经演变为表示使用人际和组织的网络结构的含义，即通过各组织的共同努力来解决错综复杂的问题。所以，公共行政已经从单纯的间接行政转变为结构极其错综复杂的行政。

公共行政是公共决策循环中的一个阶段　公共决策永远不会结束。莎士比亚笔下的丹麦王子哈姆雷特优柔寡断，他挣扎于“生存还是死亡”的问题中。政府也永远面临着类似的问题，长期处于去做还是不去做的不安状态中。无论他们做什么或不做什么都是公共政策，所有这些决策（包括不做决策的决定）都是由那些掌握政治权力的人做出，而由官僚机构的政府官员执行。因此公共政策和公共行政是一个问题的两个方面，一个决定，另一个执行。它们互相依存，不能被分割。但由于政策制定是一个持续的过程，所以它并不随着执行②而结束。无论政府做什么，评论家们总会提出可以做得更好的方法，这种反馈可以是非正式的——从市民的抱怨到记者的调查——也可以采用一种正式组织形式或者法定政策评价程序。无论如何，新的决策必须做出，即使这个决策是避免做决定。

公共行政是实现公共利益　公共利益（public interest）是政客们鼓吹公共政策和项目时普遍使用的理由。几乎没有哪个游说团体③、公共管理者、议员或者行政

---

① 民营化：将原先由政府拥有或管理的财产（如公共土地）或职能（如垃圾清理、灭火）归还给私人部门的过程。

② 执行：将政府项目付诸行动，或将法令转变为合适的项目目标和流程从而提供服务和物品的所有过程。

③ 游说团体：任何试图影响立法或行政行为的个人、社团和组织。游说者可以是贸易协会、个体公司、善治政府公共利益团体或者其他级别的政府。这个词来源于立法大厅的休息室或者走廊，人们在那儿会见并游说立法者投票。很多游说者给立法者提供有价值的可靠的第一手资料。然而有些游说者也有过不合适的表现，他们经常为政治竞选提供金钱，为官员提供特别的照顾，以期在将来的某些问题上得到特别关照。

首长提出过“不符合公共利益”的项目。因为公共利益通常意味着普遍获益，这个词既适用于那些确实为了公益的长远政策，又适用于那些不是为了公益的模糊政策。很多著作都阐释了这个词语，因为它如果能够被准确地定义，就可以代表一种重要的学术观点，为政治家和行政官员提供巨大的指导。瓦尔特·李普曼①（Walter Lippmann）曾经写道：“假定一个人如果能够清楚地看见、理性地思考和慷慨无私地行动，那么他就会选择公共利益。”虽然明亮的眼睛和理性的头脑普遍存在，但还是很难找到慷慨无私的领导人。

20 世纪初期，彭德尔顿·赫林②（E. Pendleton Herring）对政府自由裁量权急剧增加而引发的问题进行了研究。他认为由立法机关通过的法律必然是立法机关妥协的产物，所以这些法律经常是含混不清的，需要进一步的解释。立法时不在场的官僚们此时需要对一般性的原则做出详细的解释，通过颁布补充性的条例和规则使法令具体化。“在整个立法过程中，官僚们的肩上担负着调解利益团体间的矛盾和达成有效可行的经济社会方面妥协的责任。”事实上，界定公共利益最终成了行政官员的工作，众多行政官员成为解释公共利益的无名氏。

赫林不仅对公共利益进行了探讨，而且对官僚和利益集团在公共政策制定过程中扮演的重要角色也进行了分析，准确地预见到许多在今天仍然被公共政策和公共行政学派研究的问题。赫林是政治学的集团理论（group theory）的重要支持者，该理论认为政府是各种集团利益的代表，他们之间的谈判妥协达成了政策结果。赫林认为，官僚的最基本任务就是与各种重要的利益团体建立工作关系，以使他们的利益问题能够得到更妥善的解决。

赫林希望行政官员扮演的角色是埃德蒙·伯克③（Edmund Burke）主张的受托人（trustee）角色，这样的受托人坚持自己的判断，不盲从立法机关的命令和选民的意见。伯克在其经典作品 1774 年《对布里斯托选民的演讲》（Speech to the Electors of Bristol）一文中告诉选民，“你们的代表对你们负责，不仅表现在他忠于职守，而且表现在他拥有独立的判断力；如果他为了你们的意见而放弃自己的判断，那么他就不是在为你们服务，而是背叛了你们。”很少有人会反对这种通过深邃的判断力促进公共利益的意愿。然而，有些人认为，赫林赞同的高级行政官员担当利益集团协调者角色的思想在本质上是非民主的。

公共行政是集体在做个人不能很好解决的事情 这是亚伯拉罕·林肯（Abraham Lincoln）对下面这句话的理解，“政府统治的合法目的……是去做人们需要完

---

① 瓦尔特·李普曼（1889—1974）：一名记者，不仅是政治评论家，也是政治哲学家，他开创性地分析了民意和外交政策。

② 彭德尔顿·赫林（1903—2004）：第二次世界大战之前公共行政领域最有影响力的学者之一。他的《国会前的集团代表》（*Group Representation Before Congress*）（1929 年）是研究压力集团的开创性著作。他的《公共行政和公共利益》（*Public Administration and the Public Interest*）（1936 年）仍然是研究政府机构和他们的正式或非正式选民之间关系的重要著作。

③ 埃德蒙·伯克（1729—1797）：英国政治学家，国会议员，被称为现代保守思想之父。

成但依靠他们分散的、个别的能力根本无法做或者不能做好的事情”。因此公共行政是集体精神成熟的表现。从个体的志愿服务（如灭火或照顾穷人）开始到政府的制度化行动，人们通过投票同意付税使得一次次的志愿活动能够成为政府职能。同样，集体行动是对“公地悲剧”①（tragedy of the commons）的一种补救，在“公地悲剧”中，实现个人利益的行为损害了土地和水等公共资源。在这种情况下，公共行政是协调个人行为以实现公共利益过程的核心。

21 世纪发达的通信引发了一场“期望增长的革命”，传统贫困国家的人们借此认识到他们相对于工业化国家是多么贫穷。富裕国家的人们虽然对他们支付的税金逐渐产生不满，但他们也从众多公共项目中受益。南卡罗来纳州议员欧内斯特·霍林斯（Ernest Hollings）经常讲述一个退伍军人的故事。这名退伍军人从朝鲜退伍回来，根据退伍军人法②（GI Bill）上了大学，通过联邦住宅管理局（Federal Housing Administration）的贷款购买了一套房屋，通过小企业管理局（Small Business Administration）的贷款开办了一个小企业，从田纳西流域管理局（Tennessee Valley Authority）获得电力供应，又从环境保护局（Environmental Protection Agency）的一个项目中获得清洁水。他的父母拿着社会保障金，退休后去了一个农场，从乡村电气化管理局（Rural Electrification Administration）获得电力供应，由美国农业部（U. S. Department of Agriculture）对他们的土壤进行检测。当他的父亲生病时，医疗保险使他们家免于破产，而他父亲在服用国家卫生研究院（National Institutes of Health）研制的药物后生命得以延续。他的孩子参加了学校午餐计划，学习了物理知识，在国家科学基金（National Science Foundation）项目中接受培训，并通过助学贷款进入大学继续深造。他开车走州际公路上班，把船停泊在由陆军工程兵团（Army Corps of Engineers）挖掘的航道上。当他的家遭受洪水灾害时，他搭乘美铁公司③（Amtrak）的火车到华盛顿哥伦比亚特区申请灾难救济，还去参观了史密森博物院（Smithsonian Institution）的博物馆。某天，他心情不好，就写了一封言辞愤慨的信给国会议员。“政府不要再烦我了！”他写道，“我讨厌给那些为不领情的人创设的所有项目纳税了。”

但是，在灾难来临的时候，人们都确实希望政府雇员能够把他们解救出来，就像在“9·11”事件中表现得那样。志愿者能够做一些简单的事情，如开车送步行的伤者到当地医院，然而只有接受过严格培训的公共服务专业人员才能够开展真正的救援工作。林肯认为，这些组织——警察和消防部门——创立的目的就是从事市民“他们自己根本不能做或者不能做得很好的工作”。

---

① 公地悲剧：一个讲述个人利益最大化并不能带来集体利益最大化的故事。牧民为了个人利益最大化，不断增加公共牧地上牛的数量，导致过度放牧，结果使公共牧地上再也不能放牧。公地悲剧蕴涵的道理适用于诸如污染和人口过剩一类的社会问题。

② 退伍军人法：颁布于 1944 年，提供低息、零首付的房屋抵押贷款和教育福利，意在使退伍军人接受大学教育，从工人阶级变成中产阶级。

③ 美铁公司：全国铁路客运公司（The National Railroad Passenger Corp.），成立于 1970 年的接受联邦补助的公司，提供城际间的铁路客运服务。

1.1.2 公共行政的法律性定义

公共行政是国家行为，它由立法机构创制、授权并受其约束。事实上，在很多社会中，例如在欧洲大陆国家，公共行政就是一个法律学科，一直设置在法学院。尽管公共行政在美国不是一个“法律”学科，但其基本原则是扎根在法律之中的。

公共行政就是执行法律 公共行政的天性就是执行公法①（public law），普通法（general law）的每次适用也必定是一次行政的活动。总之，没有法律根据的行政是不存在的。在美国，经过修正的1787年宪法是所有法律的基础，所有立法都必须服从宪法——或者在某种意义上至少不能违背宪法，否则就会受到美国联邦最高法院的纠正。创设机构或者创设项目的法律称为授权立法，也就是能够使一个机构或者项目合法地存在的法律。理论上，任何政府官员都不能做法律没有授权或者法定机构颁布的条例、规则没有授权的任何事情。在没有国会批准的情况下，美国总统能够自由支配多少国家资金？一分钱都不行。总统做的每件事情，如果涉及花费公款，都必须有法律依据。同样的，州长和市长需要拨款必须去找各自的立法机关。

尽管有很多人写过关于政府实施各种各样项目的书，但政府最终能够做的只有一件事情，那就是执行法律。当然，法律也经常会处在混乱状态，项目的法律依据或者特定机构的规定也会不断在法庭上受到质疑，既有反对者也有支持者。反对者希望宣布法律违宪和该项目无效，而支持者则希望该项目能够得到更为确切的执行。自罗斯福新政②（New Deal）以来，已经形成了对有争议法律的处理模式，即在法律通过后，反对者可以就法律的合法性起诉到法院，希望司法机关否决该法律。事实上，立法程序的最后一个阶段就是司法审查③（judicial review），即确认新法是否符合宪法规定。

公共行政就是执行法律。规定行政活动的方式、时间和地点的法律是行政法。美国的行政法没有规定有关行政机关的政策和行为的实体内容，相反，它关注的是行政机关行使权力的程序。例如，国会要求联邦机构如环境保护局在颁布影响市民的新规定前需要告知公众。如果该机构没有按照法律规定的方式和时间告知公众，法院可以宣布该规定违法。实践中，行政法渊源包括宪法条文、法律法规、法院判决和规范行政机关活动的执行细则。

公共行政是管制 公共行政就是政府告诉市民和企业可以做什么和不可以做什么。管制是政府最原始的职能之一。古巴比伦王国的汉摩拉比法典（the Code of Hammurabi）规定，“泥瓦匠修建的房屋如果倒塌砸死屋内居民，这个泥瓦匠要被处死”。尽管这不是一部严格意义上的现代建筑法律，但无论如何它为管制房屋的

---

① 公法：解决公民公共问题的法律，适用于所有人。与其对应的是私法，只对某些人或某些群体有影响。

② 罗斯福新政：富兰克林·D·罗斯福推行的民主计划和公共政策，他是1933—1945年的美国总统。

③ 司法审查：法院有权对执行活动、立法行为或者下级法院（或类似的司法团体，如仲裁陪审团）的判决进行审查，维持原判或者否决原判。

质量提供了一种有效的方法。

政府借助于管制，总是经常地掌控我们的生活或干预我们的生活。我们有了出生证明才是合法的正式出生——管制。我们到了一定年龄就必须上学——管制。我们没有国家颁发的资格证就不能从事很多职业——管制。最后，我们没有死亡证明就不是合法的死亡——管制。甚至这还没有结束，我们只能被埋葬在政府批准的墓地里，而且我们必须缴纳遗产税——管制。正如我们在第 9 章将要看到的，管制还可以用来作为实现政府战略目标的一个工具。从保护自然资源到控制人口肥胖的程度，公共行政人员将管制手段用于帮助人们达到他们所渴望达到的一系列目标。

公共行政是国王的恩赐　国王的恩赐是指统治当局决定赐予的任何物品、服务或荣誉，这是公共行政最早的含义。因为所有东西都是属于国王的，所以无论赐予贵族和农夫任何东西都是礼物。在现代社会中，这种传统公共行政的观点在君主独裁制国家仍然存在，医院、学校、公园等被宣扬为统治者赐予人民的礼物，人民应该感恩戴德。在代议制政府①（representative government）中，君主恩赐的最后痕迹还存在于建筑物或大桥的匾额上，表明该建筑是在史密斯市长或约翰州长任期内建造的。当然，当代议制政府崩溃时，君主独裁制作为一种公共行政模式随时可能出现。只有当统治者认为值得给予公民帮助时，公民才能获得诸如警察保护和社会福利等公共服务。

只要有恩赐需要分配，传统大城市的政治机器②（political machine）就会持续地运转。例如，马萨诸塞州的剑桥市在经济大萧条时期，民主党的政客走卒③（ward heeler）在每场大雪后可获得多达 50 枚的“雪徽章”（snow button）。一枚徽章表示徽章持有者可以在城市干一天铲雪的工作，每个地方选区④（ward）的失业人员都认为这是一份很好的赏赐福利。政客走卒处于恩惠食物链的最底端，这种恩赐必然收买了政客走卒的忠心，他们会投票给该党。“雪徽章”是一种历史的遗物，政治机器也是，因为社会福利在当代已经成为公民的一种权利和资格，这就使得这种政治机器显得多余。因此，福利国家⑤（welfare state）提供的广泛的公共服务已经把这种政治机器的非正式福利制度剔除出去了。没有了恩赐，这种政治机器就不能维系选民的忠心。

公共行政是盗窃（theft）　有人主张政府应当且仅应当提供警察保护和军队防务，除此之外，政府无论如何也不能以任何理由干涉公民的生活。在宣扬这种自由

---

① 代议制政府：一个由拥有实际权利的人民根据自己的利益选举立法机关的统治系统。

② 政治机器：历史上控制正式统治过程的非正式组织，整个统治过程贯穿着对选民的贿赂、施惠、胁迫和服务。政治机器通常服务于唯一政治人物——主人——他通过恩赐、威吓或关爱获得忠诚。这是一个贬义词汇，因为它是通过运转机器的人而不是民意达成政治控制的。

③ 政客走卒：地方政治人员；参与政党事务但不具有影响力的人物。走卒不值得受到尊重。这个词来源于跟在主人后面的狗，走卒以遵从主人的指示而闻名。

④ 地方选区：城市的一部分，通常作为城市议会选举的法定分区、公共服务的行政分区或是政党组织的一个部门。地方选区经常被进一步细分为更小的选区。

⑤ 福利国家：一种治理模式。这种模式表明，政府努力通过公共政策为所有公民提供广泛全面的经济和社会福利。

主义[①]（libertarianism）的知识分子中，艾恩·兰德（Ayn Rand）是最有影响力的人物之一。兰德是客观主义（objectivist）哲学家[②]，在其《源泉》（*The Fountainhead*）（1943）和《地球战栗》（*Atlas Shrugged*）（1957年）等小说中抨击了那些为公益而无私奉献的福利国家观念。在《资本主义：未知的理想》（*Capitalism: The Unknown Ideal*）（1966年）中，她写道："自由国家政府的唯一恰当职能是保护个人权利，也就是保护个人身体免受暴力伤害。"这种反政府[③]（reactionary）的态度和看法是一种极端形式的保守主义[④]（conservatism）。

保守派总是害怕含有财产重新分配的公共政策，如社会福利政策和旨在将财产利益从一个社会阶层转移给另一个社会阶层的政策都是受到保守派反对的政策。福利国家就是建立在财产重新分配理论基础上的，而财产重新分配的基本机制就是征税。不过，法律本身有时也能重新分配利益，例如税制漏洞[⑤]（tax loopholes）就会使一些人受益而另一些人利益受损，《民权法案》确立的平等就业机会政策也会使一些人获得经济利益而另一些人在理论上受损。财产再分配是政治学家西奥多·J·洛维（Theodore J. Lowi）提出的分配、调整和再分配三类国内公共政策中的一类。显然，社会中的某些阶层会更加支持财产再分配政策。正如亚历克西斯·德·托克维尔（Alexis de Tocqueville）[⑥] 在1835年所写的，"国家……当立法完全倾向于穷人时，就不可能期望在行政支出上有大量的资金；公共支出总是个重要问题，无论是因为那些投票给他们的人不须纳税，还是经过某种评估方式后无须纳税"。剧作家乔治·伯纳德·萧（George Bernard Shaw）更简洁地表达了这层意思："政府把彼得的财产分给了保罗，它就只能永远依靠保罗。"

那么在这种劫富济贫的罗宾汉游戏（Robin Hood game）中，究竟谁才是政府真正的盗窃者？正是那些当地的行政官员们！这就是为什么会有如此多的市民认为他们的财产不安全，认为盗窃是政府的重要职能。"政府管制干涉过多相当于夺取民众的财产"，这是一句永恒的法律格言。这种保守的态度与著名的无政府主义者皮埃尔·约瑟夫·普鲁东[⑦]（Pierre-Joseph Proudhon）在1851年写下的对所有政府的嘲讽十分相似："统治就是由那些既无权利又没知识和美德的人对公民进行看守、检查、侦探、指挥、立法、管制、判决、灌输、鼓吹、控制、评估、衡量、审核和命令。"

---

① 自由主义：一种政治学说，主张政府应当且仅应当提供警察保护和军队防务，它不能以任何理由干涉公民生活。

② 客观主义哲学家：持有推理和逻辑是获得知识的唯一方式、私利决定道德规范和资本主义必然在社会发展中获胜等观点的人。

③ 反政府：赞同过去的不再流行的思想和观点。这是一个形容沉醉于过去、对政治现状不满者的贬义词。

④ 保守主义：强调维持政治现状，只接受温和的变化。

⑤ 税制漏洞：税法中有意或无意的漏洞，造成了税收损失。

⑥ 亚历克西斯·德·托克维尔（1805—1859）：法国历史学家，在19世纪30年代早期访问过美国，回国后写了《美国民主》（*Democracy in America*）（1835年），对美国的政治体制进行了全面的描述，并对政治文化进行了经典的分析。

⑦ 皮埃尔·约瑟夫·普鲁东（1809—1865）：法国记者，无政府主义理论之父。

普鲁东至少有一点错了，因为行政官员确实有权依照法律做他们的事情，联邦最高法院 2005 年的一个判例就是明证。这个判例就是克罗诉新伦敦案（*Kelo v. New London*），一个关于行政官员是否有权力从民众那儿“取得”财产的一个有争议的案例。法院判决允许政府当局征用公民财产用于私人公司的经济项目，这就像允许政府征用公民的土地用于修路一样。因此，促进经济发展的地方机构如果要引进一家新的沃尔玛超市，就会让你出售个人财产，即使你希望保留财产所有权。

尽管政府的很多活动会被部分民众解释为像盗窃一样，但是比喻性的盗窃和实际的盗窃还是有差别的。就像虚构的英国特工詹姆斯·邦德（James Bond）被“允许杀人”一样，一些国家的政府官员认为他们的工作是被“允许盗窃”的——通常是经过诱惑受贿的途径。在发展中国家，这是很普遍的，因为这些国家的官僚们不能获得合理的报酬，他们别无选择只能选择卑劣的腐败手段。非规范化的收费制度使得腐败愈演愈烈，手段多多，如告诉市民“解决”违规停车罚单的问题或者加快建筑许可证批复的问题预计需要多少钱就可以办成。

1.1.3　公共行政的管理性定义

公共行政只是管理的一个分支，因此许多管理（工商管理或行政管理）学院都分为公共管理学院和工商管理学院——现在又增加了非营利部门管理学院。公共行政的合法性基础使其能够存在，但如果它没有了管理职能，许多公共事务都将无法进行。

公共行政是政府的执行功能　在民主国家，无论是共和制还是君主立宪制，正是政府机构将代表民意的议会立法付诸实施。亚历山大·汉密尔顿[①]（Alexander Hamilton）在《联邦党人文集》（*The Federalist*）的第 72 篇论文中写道：“政府的行政……它的最普通，也许是最准确的特征……就是限于执行具体性的任务，并且落实于执行部门的职权范围之内。”在专制国家，类似的行政部门却是在执行握有权力的那个独裁者的命令，但其执行过程却要比任何一种分权模式的执行过程有更多的相互联系和更大的行动活力。在美国，尽管行政、立法和司法三权分立，边界清楚，但是每一个权力体系都在试图影响其他权力体系，总统、州长或市长经常向国会、州立法机关或市议会提出新的议案。现代的各级政府首长都不会安静地待着，仅仅“执行”立法机关的意愿。他们都在积极地采取措施影响立法者的意愿，争取使自己渴望执行的议案得以立法通过，因为这样就能够通过媒体的宣传产生高度引人注目的抗争形象，经常性地使公众知道政府首长在做事情：他们为新的立法在抗争、为年度预算在抗争以及为赞同或反对各种利益集团在抗争。但公共行政的现实情况更多的是普通平凡的活动，并不太引人注目。政府首长能够做的大部分事

---

① 亚历山大·汉密尔顿（1755—1804）：美国独立战争期间乔治·华盛顿（George Washington）的助理秘书。他支持强有力的中央政府，签署了美国联邦宪法，合著了《联邦党人文集》，促成了宪法在他的家乡纽约获得通过。华盛顿任总统后，任命汉密尔顿为财政部部长。

情是执行现有的政策，处理既定的项目，维持官僚机构的运转。除非出了问题媒体开始评论或批判，公众几乎是不会看见这些工作的。

公共行政是特殊管理专业 管理既涉及那些对组织运转负责的人，也涉及组织运转过程本身——使用大量资源（如雇员和机器）以达成组织目标。高层管理人员（top managers）做出重要决策并对组织取得成功全面负责。在政府中，高层管理人员永远是社会的政治领袖，无论他们是通过选举、任命还是谋杀获得权力。当美国新任总统就职时，他将任命约 3 000 人担任高层管理人员负责政策的执行。尽管这些被任命为高层管理人员的人负有大量的管理职责，但他们很少有人是专业管理人员，也很少有人认为自己是管理专家，他们一般都是总统的老朋友、政党忠诚者、竞选支持者和利益集团的代表。

因而，掌握行政控制权的是那些行政官员们（真正的管理专家），它们大量地位于组织的中层，属于中层管理者（middle management）——正是他们负责执行和解释高层管理人员制定的政策，并负责各部门的日常运作。这些人通常都拥有如行政管理、工商管理等通才学科或者如公共健康、社会工作等专才学科的高等学位。他们把政府管理作为其毕生的工作。中层管理人员的典型职责就是监督和领导那些对其汇报工作的基层管理人员（first-level managers），而这些基层管理人员通过普通政府雇员对政策的执行负有最终的责任。这些中层管理人员，尽管其职责不同且专业背景有别，却构成一支专业化的公共行政队伍。他们作为政府官员努力地工作，投身于由政治领袖发动的一场场行政战役中。

文摘 1.1　圣·奥古斯丁（Saint Augustine）对公共行政和团伙犯罪的区分——仅仅是规模问题？

王国只不过是大规模的犯罪团伙？犯罪团伙只不过是小的王国？犯罪团伙就是一群人根据团伙契约联结在一起，听命于领袖，并根据约定分配抢夺来的战利品。

如果这种邪恶团伙能够从社会上各类意志消沉的人中吸收足够多的人加入的话，它就会侵占土地、建立基地、攻占城市和征服民众，然后它就会公开宣称自己是国家。……这是一个被捕获的海盗面对亚历山大大帝（Alexander the Great）时机智且真实的回答。国王问他："你如何看待自己在海上抢劫?"这个海盗带着一种天生的傲慢回答道："我和你一样，在实施抢劫！但是因为我只有几个手下，所以我被称为海盗；因为你有强大的军队，所以你被称为国王。"

资料来源：Saint Augustine，*Concerning the City of God Against the Pagans*（London：Penguin Books，1972）。查理·卓别林（Charlie Chaplin）后期的一部电影《凡尔杜先生》（*Monsieur Verdoux*）（1947 年）对这种现象作了精确的概括。剧中人物被指控为财谋杀一名妇女，他抱怨："杀一个人是坏蛋，杀几百万个人是英雄，杀无数个人则是圣人。"

公共行政是米老鼠 米老鼠是个与众不同的单纯无知的卡通老鼠的名字，它被作为贬义词时，常用来指责政府在很多方面的不当管理。当华特·迪斯尼（Walt Disney）的这只著名老鼠在 20 世纪 30 年代大红大紫时，它常常出现在各种卡通片中，它建造的一些东西（如房屋或船）很快就会倒塌，或者常会为了一点小事而惹来一大堆麻烦。所以，人们渐渐用米奇（Mickey）来指称那些只有一点点回报却付出了大量努力的事情，也用来指称官僚机构花费很多却成效不大的现象，还用来指代那些无用的、空洞的、愚蠢的或是让人有点愤怒的政策和法规。例如，罗纳德·里根（Ronald Reagan）总统在 1982 年抱怨道："美国联邦政府获得预算的程序大概是最不负责任的米老鼠式的安排，任何政府部门都有过切身体会。"他的抱怨就充分使用了米老鼠这个词。

米老鼠还经常意味着"红丝带"（red tape）。红丝带一词源于 19 世纪政府用红色的丝带系官方文件的这个事实，它是繁文缛节的象征。虽然现在这根带子没有了，但是它所代表的现实却依然存在。布鲁金斯学会（the Brookings Institution）的赫伯特·考夫曼（Herbert Kaufman）认为，这个词"用来指称各种各样使人困惑的组织运行习惯和程序"。组织创造并保留了这些看上去僵化的"运行习惯和程序"，因为它们在整体上促进了效率和公平——即使对很多具体情况而言并非如此。总而言之，"一个人的'红丝带'可能是另一个人宝贵的程序安全措施"。考夫曼总结道："红丝带被证明是我们政府机构运行的核心而不是多余的东西。"

公共行政是艺术而非科学——反之亦然 一些人具有行政的天赋，我们都遇到过具有这种天赋的行政人员，他们不仅自己永远都在有条理地工作而且擅长团结人们愉快地在一起工作。行政艺术是判断、观赏和情理，要求行政人员掌握理解和转化信息的技能。讨论公共行政实践究竟是科学还是艺术是没有任何意义的，因为它天生就是两者兼具。当然，你拥有越多的科学知识，你就越有可能成为一个行政高手（艺术家），但是"书本知识"不会让你成为一名高手，除非你首先拥有这种天赋。

在美国独立战争开始的时候，亨利·韦杰·哈勒克（Henry Wager Halleck）大概是在战争艺术和科学领域最博学的北方人。西点军校（West Point）使用他的著作《军事艺术和科学原理》（*Elements of Military Art and Science*）（1846 年）和国外军事教材的译本作为课本，他自己也在那里执教。人们给哈勒克起了个"老脑筋"（Old Brains）的绰号，当他被任命为陆军统帅时，获得了人们更多的尊敬。但是，尽管他了解所有的军事科学知识，却没有天赋成为实战中的领袖。他曾经官居美国陆军参谋长①（chief of staff），但他却不是一个伟大的将军。相反，尤利塞斯·S·格兰特（Ulysses S. Grant）将军虽然没有书本上的战略战术知识，但在独立战争中却是常胜将军，他告诉我们他的经验，即"判断力是最重要的"。他在自己的《回忆录》（*Memoirs*）（1885 年）中写道，他不相信自己的官军们"曾经发现了我从来没有学习过但却使用过的战略战术"。

你是更有可能成为"老脑筋"哈勒克还是更有可能成为格兰特？也就是说，你是只有科学没有天赋、擅长参谋②（staff）工作但不能指挥的人，还是只有天赋没有科学的典型的战场指挥官？仅仅有一个公共行政或是相关领域的硕士甚至是博士学位并不意味着你能成为一个高水平的行政人员，因为接受了高等教育并不总意味

---

① 参谋长：部队最高等级的军官。

② 参谋：协助主管履行职责的专业人士。一般来说，参谋人员没有决定、命令或是控制的权力。他们只是为执行者或是主管提出参考意见（可能被采用也可能不被采用）。

着拥有职业才能。如果你的目标是成为一个市长或是部门领导，你可能会希望避免忙于事务性工作，希望抽身出来并做一些其他事情！渐渐地通过做一些负有更大责任的重要工作努力证明你是高手，证明你能够处理并解决好一般性的行政问题。

所有的职业都是如此。通过把你真正想做的大事情分解成许多小事情来锻炼提高自己。传说组织理论家安东尼·杰伊（Antony Jay）写过建议给有远大追求的演员：如果你想成为一个杰出的演员，你必须只扮演杰出的角色——“在丹佛（Denver）演哈姆雷特（Hamlet）比在百老汇（Broadway）扮演雷欧提斯（Laertes）好多了”。你因此就可以知道“先领导一个小组织再领导一个大组织”的这种经历的重要性，问题的关键是你必须是领导人！当招聘委员会为一个重要组织挑选一名管理人员时，那些只有普通职员经历的人不太可能进入最终候选人名单。有权任命的人可能没有听说过历史上的哈勒克，但他们都见过哈勒克式的人物——并且不愿意在其组织的行政结构中安排一个这样的人。

1.1.4 公共行政的职业性定义

从事公共行政职业的喜悦之一就是经常有机会参与公共项目的分析和评价。虽然并非所有公共部门的工作人员都愿意参与政策、法律和管理实务的讨论，但他们都喜欢自己的工作。下面让我们来看看作为一种职业的公共行政。

公共行政是一种职业类别 世界各国的公共雇员（public employees）做着各种各样的工作，范围极其广泛，从脑部手术到大街清扫。在这个范围广阔的职业类别下，很多人甚至不认为自己是公共行政人员（public administrators），而是认为自己从事的是特定专业（内科医生、工程师或是教师）和特定职业（木匠、电工或是水暖工）。虽然从管理者的意义上来看他们可能不是行政人员，但是从为公众提供服务的意义上来看他们肯定是行政人员，无论他们是否意识到这点。在 2000 年，美国有超过 2 000 万的人在为地方政府、州政府和联邦政府工作，而他们中只有很小一部分人认为自己从事的是公共行政工作。他们只认为自己是警察、社会工作者或者林业警察，但是他们不可避免地同时也是公共行政人员。

1995 年，理查德·克劳斯纳（Richard Klausner）就任联邦政府的国家癌症研究院（National Cancer Institute）院长一职，他告诉《纽约时报》（*New York Times*）的记者说，“我不是一名行政官”，他坚称自己是“一名科学家和一名内科医生”。但是《纽约时报》是不会受克劳斯纳愚弄的，在介绍他时用了这样的大字标题：“新行政官并非‘一名行政官’”。即使像克劳斯纳这样的一些人拒绝使用行政官的称呼，但行政官就是行政官。

公共行政是一场文稿竞赛 官场中的人的升降起伏常常取决于他自己写作水平的高低。在这场文稿撰写的游戏中，文章写得最好的人往往成为最后的大赢家。据说，美国政府部门中没有一个优秀的人会自己撰写文稿。如果上司认为你很聪明，他会叫你替他写文稿，而你因为忙于给上司写文稿，也会叫一个更年轻的聪明人替你写你的文稿。当你的上司获得提升，你也会跟着获得提拔，当然，你也会提携那个替你撰写文稿的人。不要忘记，托马斯·杰斐逊（Thomas Jefferson）就是因为他是一名优秀文体家而获得了撰写《独立宣言》（*the Declaration of Independence*）这份工作的机会，而他最后能够成为总统也是因为他充分利用了这个写作的机会。20 世纪 30 年代，道格拉斯·麦克阿瑟将军（General Douglas Macarthur）担任美国陆军总司令时，一个年轻的上尉（后来是少校）德怀特·D·艾森豪威尔（Dwight D. Eisenhower）为他撰写报告和演讲稿，同事们都认为德怀特·D·艾森豪威尔军官会获得成功，因为他擅长写作。

口头表达能力虽然也很重要，但是因为大部分人更擅长说而不是写，所以书面材料在判断谁的主意更好时更具有决定性作用。所有组织都会重视在面对压力时能够简洁地用文字表达的人，当有重要机会来临时，这样的人就会获得成功。这就是公共行政为什么是一场文笔竞赛的原因：因为写作上的名气决定了你在行政上扮演成功者的角色还是失败者的角色。根据美国国务院（U. S. Department of State）的一份报告显示，相比所有其他能力，外事处（Foreign Service）“最重视起草文件的能力。我们不仅在招聘时看重这项能力，而且在晋升评估体系中也会非常重视这点。这个处奖赏性的工作就是那些撰写报告的工作”。唐纳德·P·沃里克（Donald P. Warwick）在他有关美国国务院官僚机构的分析文章中指出，“外事处按照通才绅士的经典模式提拔能够写出优美文章和措辞得体的人”。其他部门没有那么多“绅士”，同样愿意提拔能写“优美文章”的人。

如果你查阅乔治·W·布什（George W. Bush）政府中最有名且最有影响力成员的历史资料——副总统理查德·切尼（Richard Cheney）、国务卿康多莉扎·赖斯（Condoleezza Rice）和国防部长罗伯特·盖茨（Robert Gates）——你将会发现，当他们是低级官僚时，他们都是因为优秀的写作能力而获得了职务晋升。当然，人们都知道他们的上司布什总统不是一个擅长写作的人。但是他通过领导合作才能和出生于一个有巨大财富和影响力的政治世家弥补了这个缺陷。除非你有类似的出身，否则你别无选择，只能通过参与文笔竞赛以获得职位提升。

公共行政是崇高理想的实现途径　很多人选择公共服务职业是因为他们是理想主义者，他们相信并努力促进崇高理想的实现。贵族（noble）成为这里的关键词，因为传统意义的贵族（nobility）负有提供公共服务的义务。他们是武士阶层，接受在其位谋其政①（noblesse oblige）的贵族观念，所以他们必须英勇地保护弱者和不幸者。渐渐地，他们的职责从军事事务扩展到整个公共事务领域。高级政府职位曾经被认为是出身名门者、经济富裕者、或是有优越社会关系者的特权，现在也对那些天资聪颖但没有金钱和社会关系的人开放。

理想主义促使人们投身公共行政，因为它能够为这些人提供值得他们毕生去奉献并且让人兴奋的事情。在其他任何领域，没有个人财富的人都不可能迅速地获得如此大的权力，即使富裕家族的孩子们——如肯尼迪家族（Kennedys）和洛克菲勒家族（Rockefellers）——也因为和其他人一样的理由而想要进入公共服务领域。

---

① 在其位谋其政：一个法语词汇，表示贵族（或者是那些上层阶级）有服务社会的义务。

这是因为公共行政很有趣，它提供了自我满足感，而且更重要的是它同时实现了人们做有意义的工作和拥有权力的双重理想。人们问身为千万富翁的总统候选人约翰·F·肯尼迪（John F. Kennedy）为什么想当总统时，他坦白地回答："因为那是权力所在地。"

与公共行政联系在一起的理想主义远远超越了个体的一切内容。它的目标是神圣的，即要建一座"山巅之城"（a city upon a hill），一个完全适合全世界观摩参考的范例般的理想政治共同体。"山巅之城"一词来源于马萨诸塞湾殖民地（Massachusetts Bay Colony）的领袖约翰·温思罗普（John Winthrop）的话。他在1630年写道："必须考虑到，我们应该是一座山巅之城，人民的眼睛都在看着我们。"这是马萨诸塞州历史上一句名言，总统肯尼迪和里根都喜欢在演讲中引用。这也说明了公共行政的非宗教的虔诚因素如何让参与者通过比他们自身更伟大的信仰而获得满足感。

有这样一个古老的故事。一个检查员问三个砌砖工人他们正在做什么，第一个回答说，"我正在砌砖"；第二个回答说，"我正在砌一面墙"；第三个回答说，"我正在建一座大教堂"。他们都在做同样的工作，但是第三个工人发自内心地认为他在做一项伟大且高尚的工作。我们不能断定第三个砌砖工人的工作会干得更好，但是他的感觉会更好。并且因为他的感觉更好，他的工作很有可能会干得更好。他的理想主义和那些参与了许多改善社会的项目的人在高度的情感获得方面没有任何差异。使住宅区没有犯罪或是为城市所有人提供安全饮用水的目标与修建大教堂的目标一样有价值。

奇怪的是，这些在政府中只想为公民同胞们办好事的理想主义者怎么会被认为是盗贼和社会寄生虫的呢？持有这种看法的人，通常不是那些需要政府帮助的人，而是那些不要政府给予帮助的坚定的个人主义者①（rugged individualists）。很多谋求公共服务职业的人相信政府是解决社会问题的合法工具，他们希望驾驭着这部机器解决这些问题。如果不能从公共服务中获得乐趣，那么这种善行的好处又是什么呢？这种看法类似于16世纪的西班牙征服者伯尔纳·迪亚斯·德尔卡斯蒂洛（Bernal Díaz del Castillo）的看法，塞缪尔·埃利奥特·莫里森（Samuel Eliot Morison）引用了他的话，"我们来到这里（美洲），既是为了服务上帝，也是为了发家致富"。当今，公共行政的理想主义者知道获取金钱财富是不可能的，他们追求的财富就是体验工作的喜悦、个人的满足感和修建"山巅之城"的信仰。

公共行政是一个学术研究领域 公共行政研究的是公共部门管理的艺术和科学，不过它远远超越了管理所关注的范围，因为它将所有影响公共机构运转的政治、社会、文化和法律的环境纳入其关注范围。作为一个研究领域，它天生就属于综合性交叉学科，因为它融合了许多学科，如政治学、社会学、工商管理、心理

① 坚定的个人主义者：坚定地认为市民应当自己解决经济需求并且不能依赖政府提供生活必需品的人。粗鲁的利己主义者也反对温情主义的政府福利项目，认为没有考虑到这样会损伤穷人的人格。胡佛（Hoover）和里根（Reagan）两位总统最推崇这种主张。

学、法学、人类学、医学、林学等。确实，人们会认为公共行政如此多地来源于其他学科领域，以至于它留下的核心内容根本就不是一个适当的学术研究领域。由此引发的就是公共行政的合法性问题。但是，公共行政还是存在着由其各部分结合而成的核心内容（见图 1—1）。

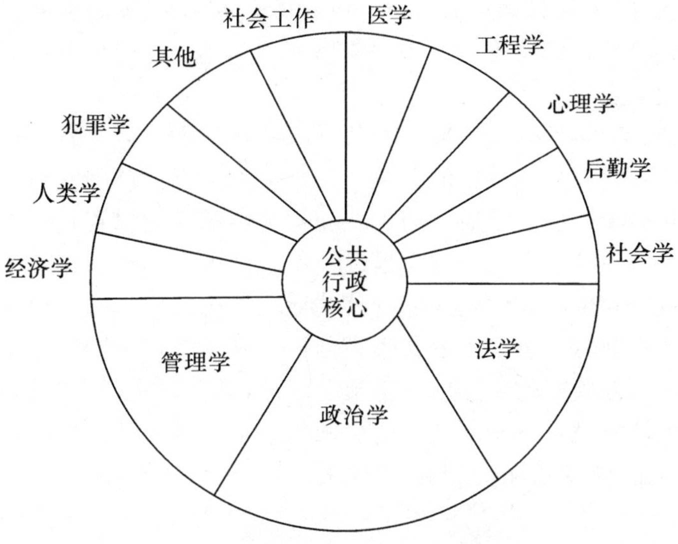

图 1—1 公共行政的交叉学科属性

尽管伍德罗·威尔逊①（Woodrow Wilson）和其他很多推动进步主义运动②（progressive movement）的人提出建立一门"行政科学"，但是这个正在演化生成的新的知识领域却是边界模糊的。虽然我们已经很难寻找到他们提出这个概念的确切日期，但可以确定的是，第一本真正的美国公共行政教科书是伦纳德·怀特③（Leonard White）于 1926 年出版的《公共行政研究导论》（*Introduction to the Study of Public Administration*）。

尽管威尔逊为公共行政成为一门学科和一种职业管理研究阐述了基本原理，但是怀特最清晰地界定了公共行政的最初研究目标。在怀特开创性的著作中，他提出了四个关键性假设奠定了公共行政的研究基础。

（1）无论联邦、州和地方政府，行政过程都是一样，都能够给予统一的研究。

（2）研究的基础是管理而不是法律。

（3）行政仍是艺术，但将其转变为科学的理想是可行的也是值得的。

（4）行政"已经成为并将继续是现代政府运作的核心"。

---

① 伍德罗·威尔逊（1856—1924）：政治学和历史学教授，曾担任普林斯顿大学校长（1902—1910）、新泽西州州长（1911—1913）和美国总统（1913—1921）。

② 进步主义运动：这个词来源于宗教概念，认为人类的状况可以获得持续性的改善。到 19 世纪末期，它指一种关注工业社会改革的政治文化运动，目的在于为个人提供更多民主参与政府管理的机会；同时它也关注科学和专业知识技能的运用，目的在于改善民众生活。

③ 伦纳德·怀特（1891—1958）：芝加哥大学教授，于 1926 年著有第一本公共行政教材，是对 19 世纪的美国政府进行了系统的规范性研究的创始人。总的来说，怀特是公共行政学科发展中的最重要的人物之一。

怀特的著作是卓越的，因为其影响持续了 40 多年（最后的第四版发行于 1955 年），同时也因为它不仅仅局限于公共行政的理论说明。他认识到，公共行政是一个必须与现实紧密结合的研究领域。事实上，大部分行政人员都没有接受过专业训练，但他们坚定地遵守行政是艺术这一信条。更为有趣的是，他的著作避开了政治—行政二分法（the politics-administration dichotomy）的潜在陷阱。他强调从管理方面界定公共行政，但留下了一个没有答案的问题："行政本身应当多大程度地参与到国家意图的表达中?"

作为一门独立的学术研究领域，公共行政一直备受争议。首先，公共行政只是政治学的子学科，没有受到足够的重视。在很多大学里，这门学科仍然只是政治学全部课程中的几门课而已。稍后，商学院和管理学院开始设置这个专业，以便将公共行政作为多种管理专业中的一种。最近十年，许多大学先后创建了独立的公共行政系和公共行政研究生院。但是，随着公共行政学科的成熟，它原先的各个构成部分也开始理智地逐渐分离出去。公共政策分析专家越来越认同政治学方法学者在数学上的精确严谨，公共财政研究由经济学家掌控，而那些核心的管理部分的要素则在向着公共管理领域漂移。渐渐地，这个领域似乎不是一门学科而是分散的各种知识要素的集合。这种现象不是刚刚发生的。1975 年，德怀特·沃尔多（Dwight Waldo）就公开谴责过："公共行政正面临着认同危机，它大规模地扩展其范围，却没有一个统一的核心。" 1/4 个世纪过去了，这种危机似乎没有缓和的迹象。

在回答"公共行政是不是一个真正的学术研究领域"这个问题时，人们的观点各不相同，既有赞同的，也有反对的。我们的观点与沃尔多保持一致，并且坚信，无论公共行政在统一性上有什么问题，它都肯定是一个真正的学术研究领域；同时我们坚信，它的各要素部分也能够充分地健康地成长和独立自主地发展。一门没有争议的学科必然是处于衰亡阶段的，因此公共行政的确是在非常健康地成长着。

公共行政是一个专业 公共行政用它独特的艺术和科学知识来解决社会问题。但它是否是一个专业，就如法律、医生、工程或是建筑专业那样？公共行政的专业地位可以通过专业特征检验予以判定。它是否具有传统专业共有的三个核心特征：

（1）用来为社会服务的一套理论知识体系和实务知识体系。

（2）通过对社会的贡献而不是纯私人利益的达成来衡量成功的一套理论标准。

（3）教育新成员和实施职业道德规范及适当制裁措施的一套专业活动控制体系。

尽管公共行政非常满足以上三条标准，但是它不像律师或者医生那样，能够通过证书和考试来控制人们执业。然而，公共行政活动和这些久已存在的专业活动一样，通过吸收不同领域的专业知识来解决问题和训练新的从业人员。尽管公共行政不是一门纯社会科学，但因为有人在从事这个领域的研究工作，所以它与那些传统研究领域没什么两样。就某个方面而言，它也许能取代很多专业。世上最早的专业人士是牧师，他们在传达神的意旨，据说这种人有一种"神的感召力"，为什么呢？因为传说上帝感召过他们。公共行政怀有打造"山巅之城"的完美理想，比现在的其他专业更接近原初的宗教专业主义观念。

1.2 公共行政的演进

前面讨论的这些定义没有一个是先天固有的。定义只是作者根据自己的生活经历给出的，那些结构上可能完全不同的定义，在本质上是在完成同样的工作。同样，公共行政本身也无须按照其过去的演化过程设计出固定的发展路径来，因为在任何演化过程中都似乎有无数种可能的结果。生物学家斯蒂芬·杰伊·古尔德（Stephen Jay Gould）在其一本书中介绍过加拿大落基山脉（Canadian Rockies）盛产动物化石的伯吉斯页岩（Burgess Shale），并指出动物进化具有很多种开始和结束的方式。古尔德说，“根据现在已有的伯吉斯证据来看，并没有什么能够保证哪种软体动物将来一定演化成功”。也就是说进化为人类的脊椎动物，在当时并不一定就能存活下来。古尔德认为，这种自然选择最令人烦恼的事情，就是它自身的随意性——很多进化历史都具有不可预测的特点。

公共行政的发展也是这样。我们现在拥有的行政机构本来很有可能是完全不同的，人类研究了解公共行政实践的方式和公共行政定义的方式也本来很有可能发生令人吃惊的变化。例如，如果希腊人坚持认为行政是规模宏大的家庭管理，公共行政也许就会发展成为一个女性从事的职业。罗马人借鉴吸收了希腊人很多的科学文化知识，也许会模仿这种方式。如果古希腊和古罗马世界形成男人只适合打仗和干体力活的观念，则女性就很有可能发展形成慈善的母系社会。还有第三种可能，那就是宦官统治。（这不是笑话！）

在过去的2 000多年里，直到进入20世纪，宦官——生殖器官被阉割的男性——也是可选择的一类行政人员。为什么？因为他们失去了生殖器官意味着他们值得信赖——首先是指在伺候统治者的王后和嫔妃方面，其次是指在处理统治者的家庭杂务方面。实践证明，宦官是特别有效和忠诚的行政官员，因为宦官通常很小就离开了家，他们知道生存的唯一方法就是让那个能够使他们富裕并且能够保护他们的人认为他们做得很好。宦官自成一套服务体系。帝国在其边界虏获数以千计的小男孩，然后阉割他们，很多人在残忍的手术中死去，而幸存者才会成为宫廷太监。这是宦官来源的主要途径。在宫廷里面，他们可以爬到最高行政职位。宦官是古代叙利亚、波斯、中国和罗马的统治者最信任的仆人阶层。在盛行任人唯亲（雇用亲戚）的世纪里，他们能够赢得统治者的信任，升官发财。尽管基督教的拜占庭帝国使用了大量的宦官担任政府职务，但是西方基督教世界却没有发生过这种情况。

传统的宦官政府在一个世纪前的中国和奥斯曼帝国仍然存在。因此，根据大部分有记载的历史来看，国家通过宦官来处理行政事务是一种“正常”情况。这种方式所具有的优点——绝对的忠诚和冷漠——是不应该被嘲讽的。幸运的是，现在我们可以在政府官员中慢慢地灌输高标准的道德要求，而再也不用送阉割技师去华盛顿、白厅①（Whitehall）和克里姆林宫②（Kremlin）了。

1.2.1 核心内容

但是，即使公共行政沿着另外一条完全不同的路径发展，其核心内容都是不会变的。尽管在细节上还存在争议，就学科的关键主题还是达成了广泛的一致意见。因此，公共行政概论性质的教科书都有着与本书后面相似的章节，只是呈现的方式不同而已。学者们几乎一致认为，组织理论、官僚行为、人事管理、公共财政和预算、政策分析、方案评价和行政伦理等内容对了解这门学科是必须掌握的核心内容。这些基本内容本书中都有。

本书的一个基本假设是，如果不能理解公共行政的政治特性就不能很好地理解公共行政。公共行政中的所有人都必须接受他们的政治使命——既不能佯称自我也不能佯称公众，只能像企业管理那样运作公共部门，提供公共服务。行政人员必须慎重地面对公共行政的政治属性。正如阻止酗酒的第一步，就是让酒鬼承认他是个酗酒者，即使他现在停止了喝酒也还是酒鬼一样，将公共行政立于现实基础的第一步，就是公共管理者承认公共部门管理天生就是一个政治过程。

公共行政越来越成为一门跨政府的学科。然而，在美国有太多的用于导论性课程的教科书，都将研究范围武断地局限于全国性政府。如果参加课程的人员是在联邦政府工作的那一小部分公共行政人员，那么使用这种教材是适合的。美国只有一个联邦政府，却有 80 000 多个州、县、大都市和地方的政府单位，这些单位的行政人员既有地位显赫的政府官员，也有不被人注意的灭蚊区的执行人员。2004 年，美国州政府和地方政府的雇员总数超过 1 660 万，而联邦政府的文职雇员总数却只有 270 万人（见表 1—2）。在美国，大部分公共行政专业的学生都将进入州政府或地方政府工作，这个专业中的外国留学生也同样期望掌握行政技能以报效自己的祖国，还有一些人会进入非营利组织工作。冷战的结束使西方主导的公共行政在世界范围内获得了前所未有的迅速扩展，因此本书在很大程度上采用了通用模式——既适合于所有层次（联邦、州和地方）上的美国学生，也会对其他国家和文化背景下的学生提供真正的帮助。

表 1—2　　2006 年政府雇用情况

政府级别	雇员数目	每月支付薪水总额
联邦政府	2 720 688	139.8 亿美元
州政府	5 127 796	168 亿美元
地方政府	11 885 145	440 亿美元

资料来源：U. S Bureau of the Census Annual Survey of Government Employment，2006，http://www.census.gov/govs/www/apes.html。

* 每月支付的薪水数额来源于 2006 年 3 月的薪金册。

---

① 白厅：位于伦敦特拉法加（Trafalgar）和国会广场（Parliament Squares）之间的地区，历史上（自亨利八世）政府大楼都集中于此，因此它用来指代英国行政机构的最高级官员。

② 克里姆林宫：莫斯科城堡，俄国政府的主要官员都在此办公。

大多数导论性公共行政教科书的内容都具有普遍适用性。公共行政存在着统一性的整体（一般性公共行政），它大于其各个部分（部门性公共行政）的总和。导论性公共行政的通用模式的核心内容应当按照这样一种方式来组织材料：它既适用于美国联邦制内的不同政治体制又适用于世界上其他国家的不同政治体制。确实，在当代，只有在最广泛意义上跨政府的公共行政教科书才可能是全面而综合的。像总统和部长这样的一些中央政府领导人，他们发表的重要演讲几乎都会提到亚洲、欧洲和其他任何地方的政府政策和实践。这些最新迹象表明，美国公共行政专业的学生迫切需要培养一种更开阔的国际视野。

这不是一本教人“如何去做”的书，也不是写给那些希望通过几节课就很容易地成为公共行政专家的人。这是一本揭示行政“是什么”的书，是写给那些正在从事或希望从事公共部门管理职业的人，他们需要了解或考察公共部门的行政实践究竟是个什么样子。行政过程的“具体细节”在不同部门的表现非常不一样，由于各个部门的行政受不同法规和习俗的影响，试图为任何一个特定过程指明“一条正确的道路”都会是徒劳无益的。相反，过程性的章节（人事、预算、战略管理等）则主要关注这些研究对象的历史演变、基本理论和未来趋势。借助于这些知识或信息，那些用功的读者将会形成一个观念性基础，这将有助于他们将来迅速地理解和掌握不同部门的那些差别很大的具体过程细节。

1.2.2 这是一场冒险活动

美国海军曾经使用过这样一句招兵标语：“这不只是一份工作，而是一场冒险活动。”这句话同样适用于公共行政。公共服务职业通常是一个人一生中能够从事的最激动人心的职业。瓦尔特·李普曼（Walter Lippmann）通过观察发现，“私人生活的喜悦”被过分高估了，“真相是，人一旦感受到公共生活的激动人心之处及其重要性，就很少有人能够离开它”。一个人来到中心城市，无论是为了拓展政府职能还是为了收缩政府职能，这都是一个有价值的个人追求，一次伟大的个人冒险——在首都、州首府、市政厅或者小区委员会工作，都具有同样的价值和冒险性。公共服务就像冒险，不分机关规模大小。

不从事或者不打算从事公共服务职业的人，也不会去看这本书。本书接下来的内容不是行政指南，而是行政探索——行政领域的内容太广泛了，根本无法压缩在一本书甚至是一百本书中。在一场公共行政冒险活动的旅程中，你将遭遇的情况就在这里，包括学会如何修理政府机器、发现现代战略管理的古老秘密、琢磨公共人事行政的神秘规则、参与到预算过程的政治中以及考察所有行政行为的道德状况。公共行政不仅有数以百万计的演员，还是一幕已经上演了 5 000 多年的剧目。作者的目标是，通过给予一些必要的看待这个神奇世界的历史整体观和提醒你前方存在的危险和机会，从而使你能够在时而野蛮时而温顺的公共部门的旅行更加顺利。祝你旅途愉快！

参考文献

Cuomo, Mario. (1995). *Reason to Believe*. New York: Simon and Schuster.

Edelman, Murray. (1964). *The Symbolic Uses of Politics*. Urbana: University of Illinois Press.

Friedman, Thomas L. (1998). "Desperado Democracies," *New York Times* (July 14).

Galbraith, John Kenneth. (1956). *American Capitalism*. Boston: Houghton Mifflin.

Gould, Stephen Jay. (1989). *Wonderful Life: The Burgess Shale and the Nature of History*. New York: Norton.

Haldane, J. B. S. (1928). *Possible Worlds and Other Essays*. New York: Harper.

Halleck, Henry W. (1863). *Elements of Military Art and Science*, 3rd ed. New York: Appleton.

Herring, E. Pendleton. (1936). *Public Administration and the Public Interest*. New York: McGraw-Hill.

Irving, Clive, ed. (1995). *In Their Name: Dedicated to the Brave and the Innocent—Oklahoma City, April 1995*. New York: Random House.

Jay, Antony. (1967). *Management and Machiavelli*. New York: Holt, Rinehart and Winston.

Kaufman, Herbert. (1977). *Red Tape: Its Origins, Uses, and Abuses*. Washington: Brookings Institution.

Kirschbaum, Erik. (2003). "Iran Asks(Why Are Earthquakes So Deadly?") Reuters (December 30).

Kugler, Sara. (2001). "One WTC Survivor's E-Mail Touches Hundreds Worldwide," Associated Press (December 25).

Lippmann, Walter. (1955). *The Public Philosophy*. Boston: Little, Brown.

Lowi, Theodore J. (1969). *The End of Liberalism*. New York: Norton.

Martin, Daniel W. (1988). "The Fading Legacy of Woodrow Wilson," *Public Administration Review* 48 (March-April).

Morison, Samuel Eliot. (1974). *The European Discovery of America: The Southern Voyages*. New York: Oxford University Press.

Noonan, Peggy. (2001). "Courage Under Fire," *The Wall Street Journal* (October 5).

O'Neill, Tip. (1994). *All Politics Is Local and Other Rules of the Game*. New York: Times Books.

Rosenbloom, David H. (1990). *Public Administration*, 2nd ed. New York: Random House.

Rossiter, Clinton, and James Lare, eds. (1963). *The Essential Lippmann: A Political Philosophy for Liberal Democracy*. New York: Random House.

Shaw, George Bernard. (1944). *Everybody's Political What's What?* New York: Dodd, Mead.

Tocqueville, Alexis de. (1835; translation 1899). *Democracy in America*. New York: Appleton.

U. S. Department of State. (1970). *Diplomacy for the 70s*. Washington: U. S. Department of State.

Van Riper, Paul. (1983). "The American Administrative State: Wilson and the Founders—An Unorthodox View." *Public Administration Review* 43 (November-December).

Waldo, Dwight. (1955). *The Study of Administration*. New York: Random House.

——. (1975). "Education for Public Administration in the Seventies." In *American Public Administration: Past, Present, Future*, ed. Frederick C. Mosher. Tuscaloosa: University of Alabama Press.

Warwick, Donald P. (1975). *A Theory of Public Bureaucracy: Politics, Personality, and Organization in the State Department*. Cambridge, MA: Harvard University Press.

Wilson, Woodrow. (1887). "The Study of Administration," *Political Science Quarterly* 2 (June); reprinted 50 (December 1941).

Winthrop, Robert C. (1971). *Life and Letters of John Winthrop*. New York: Da Capo Press.

Woodward, Bob. (2002). *Bush at War*. New York: Simon and Schuster.

第 2 章

公共政策及其执行的政治和文化环境

引子：美国如果要发动战争，那么应当由谁来决定？

战争决策大概是一个国家最重要的公共政策决定了。美国宪法（第 1 节第 8 款）明确赋予国会“宣战”的权力。但是，作为三军统帅的总统，却必然地拥有调动军事力量进行作战的权力。美国宪法的第 3 节第 2 款规定：“当发动战争时，总统将是美国陆军、海军和若干州预备役部队的总司令。”曾经真正行使总司令指挥军队权力的总统是在 1812 年战争中的詹姆斯·麦迪逊(James Madison)，他在马里兰州的布莱登斯堡直接指挥美国军队迎战英国人，但美国军队被彻底地击败，英国人随后进军华盛顿，烧毁了白宫、国会大厦和其他大多数的公共建筑。自那以后，没有在职总统想要亲自率领军队打仗。

但是，自那以后，许多美国总统却派出自己的军队去攻打其他国家，不用等待甚至不用请求国会履行其“宣战”的宪法责任，正式的宣战似乎迅速地变成了外交史上的遗迹。宣战产生于国家认为有必要将他们的军事行动与盗匪、海盗和私掠船（被政府授权用来攻击敌人的海盗船）的行动区分开来之时，即在对敌行动开始之前公布一份正式的意图声明——宣战——即与另一个国家开战的声明。1907 年，这种惯例被《对敌开战的海牙公约》(the Hague Convention Relative to the Opening of Hostilities)正式确定下来。公约规定，签订者一方有国际义务通过带有正式宣战意思的方式宣布，一个合法国家要对另一个国家采取敌对行动。正式的意味着“合法的”。下面就是一份一战时期的宣战书：

> 我匈牙利帝国首相于1914年7月23日在贝尔格莱德提交照会给塞尔维亚政府，由于高贵的塞尔维亚政府对此没有给予满意的回答，匈牙利帝国和皇室政府迫于保护自身安全、合法权利和利益，不得不诉诸武力，因此我匈牙利帝国将与塞尔维亚开战。

这些有礼貌且优雅的文字引发了迄今为止世界上最为惨烈的大屠杀。1941年12月8日，英国使用同样的外交辞令对日宣战，时任首相温斯顿·丘吉尔（Winston Churchill）不得不为宣战的原因辩护时，他这样回应：“当你不得不杀死一个人时，表现得礼貌一些不费吹灰之力。”

第二次世界大战是美国国会实际行使对外宣战权的最后一次战争。1941年12月8日，也就是日本偷袭珍珠港的次日，美国上下两院应富兰克林·D·罗斯福（Franklin D. Roosevelt）总统的请求紧急召开联席会议。总统说：

> 昨天，也就是1941年12月7日——这是个罪大恶极的日子——美利坚合众国突然遭到日本帝国海军和空军有预谋的袭击……
>
> 我请求国会，自1941年12月7日这个星期天遭受日本无缘无故的和鬼鬼祟祟的袭击之日起，对日本帝国宣战。

珍珠港是美国太平洋舰队驻夏威夷总部所在地，这次偷袭导致约5 000美军人员伤亡，其中约半数死亡。日本的这次袭击激怒了美国公众，不仅因为袭击使人感到震惊（这在战争中会想到），而且因为这是偷袭，当时还没有处在交战状态。事实上，日本特使当时就在华盛顿，并以一种至诚的善意态度就解决美日分歧问题在进行谈判。而日本人已经在发起攻击的前一个半小时通告美国人要交战，但由于译码上存在的困难，战争的情报直到这次攻击已经顺利开始都一直未能送达总部。这个时间差带来的却是体面的突然袭击和卑鄙的突然袭击之间的区分。那么，珍珠港事件又是怎么引发了美国对德国纳粹宣战的呢？因为德国与日本在1937年签署了一个防御性的联盟条约，由于存在这么一个条约，所以在日本袭击珍珠港后，就不再需要德国对美宣战（假如美国攻击了日本，德国就需要对美宣战）。很清楚，日本的袭击是侵略行为，德国对美宣战既无必要（就像已经证明的那样），也是愚蠢的。

二战期间大量使用了正式的宣战，这是最近被广泛运用的一次，但随着朝鲜战争的爆发，事情开始实质性地变得混乱。1950年6月25日爆发的朝鲜战争，是在共产主义的朝鲜和非共产主义的韩国之间进行的。美国试图干涉这场战争，对苏维埃国家来说，这意味着美国决定阻止共产主义的传播。在美国的鼓励下，联合国安全理事会（在苏联临时缺席的情况下）要求成员国援助韩国。因此，由美国军队和其他来自超过12个国家的小分遣队，打着联合国的旗号，参加到了这场被称为

“警察行动”（police action）的战争中。

1956—1975年爆发的越南战争，是在非共产主义的越南共和国（南越南）和共产主义的越南民主共和国（北越南）间进行的一场战争，最终结果是北越南战胜南越南，这两个国家于1976年7月2日合并为共产主义的越南社会主义共和国。美国在艾森豪威尔执政期间，先是向南越南提供财政支援，军事援助则开始于1961年约翰·F·肯尼迪（John F. Kennedy）执政期间。到1963年，南越南已有美国的16 000名军事“顾问”。1964年的《东京湾决议》（the Gulf of Tonkin Resolution）允许林登·B·约翰逊（Lyndon B. Johnson）政府扩大美国的干涉，尽管约翰逊曾经于1964年10月21日在俄亥俄州的阿克伦成的竞选演说中公开承诺：“我们不会将我们的美国小伙子派出到离家九千或一万英里以外的亚洲，让他们去干一些本来应该由亚洲小伙子们自己干的事情。”

随着《东京湾协议》的签订，美国国会批准约翰逊政府可以在越南战争扩大时动用美国大量的军事力量。这个授权基于这样的前提：美国船只在东京湾受到了北越南海军船只的攻击，约翰逊政府视其为道义和法律上的宣战。不久，反战人士公开谴责这是一起欺骗行为，因为没有可靠证据表明在东京湾美国政府曾遭到过攻击。事实上，芭芭拉·W·塔奇曼（Barbara W. Tuchman）在《愚蠢进行曲》（*The March of Folly*）（1984年）一书中写道：“在第二轮冲突当中，雷达和声呐技术员带来许多混乱不堪的证据，约翰逊总统私下里说：‘这些无知的愚蠢的士兵们只是在对着飞鱼射击。’开战的原因就这么多。”不过，最初却几乎没有什么人反对，众议院获得一致通过，参议院也只有两张反对票。赞成决议的参议员雅各布·K·贾维茨（Jacob K. Javits）后来在《谁制造了战争》（*Who Makes War*）（1973年）一书中写道：“在投票支持总统拥有无限权力时，大多数国会成员都认为，他们是在支持对我军所受到的攻击进行反击并阻止在亚洲发生一场大规模战争，而不是授权发起战争。”

表2—1　　宣战与未宣战的战争

宣战的战争	未宣战的战争
1812年战争	朝鲜战争，1950—1953年
墨西哥战争，1846年	越南战争，1962—1974年
西班牙—美国战争，1898年	格林纳达入侵，1983年
一战，1917年	巴拿马的军事干涉，1989年
二战，1941年	波斯湾战争，1990—1991年
	反恐战争，2001年至今
	伊拉克战争，2003年至今

截至1968年，美国约有超过150万人卷入越南这场在美国历史上最不受欢迎的国外战争中。这场战争的直接结果是共和党人理查德·M·尼克松（Richard M. Nixon）接手了民主党人对白宫的控制权。尼克松政府的越南政策是号召南越南人逐步从美国人手中接管所有的战斗。在美国人撤离的时候，南越南与北越南还僵

持了一阵子，但随着美国军队的减少，北越南变得更有战斗力并取得了更多的胜利。最终，北越南在 1975 年 1 月的攻击行动，导致南越南在 4 月前无条件投降。在越南战争中，有 58 000 多名美军士兵阵亡，另有 150 000 人受伤。

由于越南战争的不愉快经历，国会通过了《1973 年战争权决议案》（War Powers Resolution of 1973），该决议案试图分清在没有宣战而动用军事力量的情况下，总统和国会各自作用的范围。"在任何情况下"，总统在动用军队之前应当同国会商议，并要在 48 小时内报告国会。军事力量的调动限于 60 日内终结（总统可延长 30 日），除非国会在那段时间内宣战，授予总统调动军队的特殊权力，这时可从 60 日期限延长至 90 日期限，或者由于美国受到攻击使得总统与国会无法见面。在 60 日期满前的任何时候，国会可以根据两院通过的共同决议案命令总统撤回美国军队。

在某种意义上说，《1973 年战争权决议案》是一个不成功的决议案，因为它未能解决总统不理睬国会而独自行动这一问题。例如，乔治・H・W・布什（George H. W. Bush）总统在巴拿马军事干涉和波斯湾战争中没有正式要求国会同意便派出了军队。在波斯湾战争中，虽然国会在最后时刻（1991 年 1 月 12 日）赋予了他动用军队进行战争的合法权力（布什于 1991 年 1 月 15 日开战），但是他声称他并不需要国会赋予这一权力——宪法赋予他三军统帅的权力就已经足够了。

另一方面，为了避免在战争权方面与国会引起争议，总统们在军事活动方面还是比在其他方面更多地回应国会。例如，里根政府在明显得不到国会和公众支持的情况下从黎巴嫩撤军，克林顿政府在 1999 年为迫使塞尔维亚从科索沃撤军而对塞尔维亚进行大规模的空中轰炸活动，他一开始便坚持不采取地面进攻是因为他知道空中轰炸也不能得到国会的全力支持。

如果可以像布什总统那样，派出 500 000 人的军队穿过半个地球去为一个我们没有条约义务去守护的国家打仗，那么，与总统的这种权力相比，国会行使宣战的宪法权力还剩下什么呢？回答是国会从未有过多少权力。早在 1845—1849 年担任美国总统的詹姆斯・K・波尔克（James K. Polk）就认为，国会拥有"宣战"权是一种错觉。1846 年，当墨西哥拒绝美国提议购买新墨西哥和加利福尼亚地盘的要求时，波尔克就派军挑起战争，墨西哥被迫迎战但以失败告终，它丧失的土地（美国支付了 1 500 万美元）成为现在美国的加利福尼亚州、内华达州、犹他州和新墨西哥与亚利桑那州的大部分。约翰・昆西・亚当斯（John Quincy Adams）总统为国会概括这种情况时说："由美国总统宣布战争，现在已经成为一个不可撤销的先例，而地球上的其他任何地方却都是由国家宣战。"

所以，2001 年 9 月 11 日美国遭受袭击后，布什总统立即宣称美国将"处于战争状态"而不需要由国会来宣布，就没有什么新奇的了。此外，传统的宣战被认为是一个主权国家给另一个主权国家的体面的意向通知，所以把宣战用在某个跨越数十个国家并带有不少分支组织的犯罪团伙身上实在是没有什么意义。

2001 年 9 月 18 日，总统签署了国会两院通过的"军事授权"决议案，以此取代宣战。虽然布什对取得国会议员的支持感到很高兴，并承诺"会继续同国会密切协商"，但同时他也宣称——就像他的父亲在海湾战争期间做的一样——他不需要国会的支持。“在签署的这个决议中，关于总统调动军队的宪法权力，我维持了行政部门的长期立场。”

事实上，总统在军事方面总是有独断权，而这种独断权只能由总统对政治的判断和国会通过削减资金来阻止总统行动的最终能力加以调和。所以，如果美国要发动战争而要由谁来决定的这个问题的答案很简单：由总统一人来决定。既然由总统一人决定，那么总统就要一力承担军事努力失败而附加带来的政治结果，因为这些军事努力最终会因战败、花费太多、死伤太多、时间太长等而使公众清醒过来。当然，不论如何定义，只要军事努力成功了，总统就会因远见和智慧而获得政治荣誉。

讨论题

为什么大家通常认为旨在抑制总统发动战争权的《1973年战争权决议案》是一个失败的决议案？如果总统在战时有事实上的独断权，那么平时又是什么使美国不能屈服于独裁政府，而这种独裁政府正是许多其他国家的命运？

2.1 什么是公共政策？

人世间的事情总是先处在混乱状态，然后才会有政策。“上帝说：‘要有光。’于是就有了光。”（《创世纪》第一章第三节）便是一个政策决定。政策创造的是有序的结构和方向感。公共行政无法存在于一个政策真空中，领导者想做点事情，哪怕就是维持现状，①（status quo）也需要一个行政控制结构，公共行政一定需要这样的行政结构。可见，所有公共行政与生俱来就是一个政策工具——无论这个工具好用、不好用或者起不到一点作用。

任何政策都是一个决定，公共政策是政府对要做或不做的事情作出的决定，其实质是政府对政治问题作出的反应。公共政策的执行包含着一系列活动，首先要创建执行政策的公共部门或机构，这些部门或机构成立后反过来又要给组织员工制定政策以指导他们怎样把所有的公共政策付诸实施。

政策是分等级的，概括性的政策由高层制定，然后按照组织层级从高到低依次将概括性政策逐渐地具体化，直到最底部的基层办事员将政策实施到每个目标对象上。例如，美国总统位于外交政策制定金字塔的顶端，在他下面的十几层中有成千上万的办事员分布在成千上万的大使馆和领事馆等签证②（visa）部门中制定政策——更确切地说，是作出决定——作出关于谁可以合法进入美国的决定。毫无疑问，基层的政策决定受到诸多法律和规则的约束和影响。但是对基层官员来说——

① 现状：事情现存的状态。这个术语通常用来描述被设计来维持现存权力分配的政策。

② 签证：一种文件，通常以在护照上盖章的形式，允许一个国家的公民到访另一个国家。

迈克尔·利普斯基（Michael Lipsky）称之为街头官僚①（street-level bureaucrats）——他们的任何判断，都是在作出政策决定。如果你处在接受政策决定的最底端，无论是签证申请者还是收到来自警官交通罚单的驾车者，这个政策对你来说是如此的真实，就好像它是来自政策制定等级的更高层次一样。

2.1.1 共和国的公共政策制定

在一个政治共同体中，统治者就是政策的制定者。在传统社会中，这个统治者（帝王）就是君主（政治老板）。在美国，人民是统治者，政府则是人民的代理人。在1916年的演讲中，伍德罗·威尔逊总统委婉地问道："美国代表什么？如果她只能代表一个东西的话，那么她一定是代表着我们自治人民的至高无上的地位。"人民的这种至高无上性就是民主的真实含义。

但是，民主不是一个简单的或不变的概念，相反，它是一种关于人民和政府之间关系的不断演化的观念。就像许多与政府有关的事情一样，民主也始于古希腊。古希腊的民主由男性公民精英集团所制定的规则构成，而这些人的福利则由那些大量的在政治上受到压制的女人和奴隶来维持（若你是个女人，你的境况一定不尽如人意；而如果你是一个奴隶，那情况就更惨了）。到18世纪，普遍性的或世界性的民主发展导致了民主观念的革命性变革，民主号召把所有权力置于人民手中——尽管开始只是在白人手中。建设一个不仅仅是以人民的名义来行使权力，而是真正将权力赋予人民的国家，在这方面仍然存在问题。这正是强烈反对奴隶制度的亚伯拉罕·林肯总统在他1863年葛底斯堡演讲（1863 Gettysburg Address）中提到的："……这个属于人民的政府，由人民管理的政府，为人民而设的政府，它永远不会在地球上灭亡。"

在当代，同"人民"有关的问题是，有那么多恶劣的政客都以人民的名义做了太多卑劣的事情。"民主"（democracy）这个术语经常被那些极权政体（totalitarian regimes）和他们所谓的"人民民主"（people's democracies）所利用，在这种情况下，一个应该为全体人民所拥有的民主政体经常会成为一个人的极权专制主义。所以，就像隐形眼镜必须戴在人的眼球上一样，民主也必须时常处在守护者的注视之下。民主一词已经被广泛使用，不同的制度都被冠以民主制度，致使民主这个术语在政治辩论中已经失去了其本来的意义，但它没有失去活力。

美国的奠基者们②（founders）对古代雅典的自由男性公民的所谓的"绝对"（pure）民主持怀疑态度。就像亚里士多德③（Aristotle）所警告的那样，历史上，

---

① 街头官僚：真正同人民最接近的公共官员，他们几乎一直同人民保持着联系，例如警官、福利社会工作者和老师等。

② 奠基者们：一个不精确的习语，意指那些在宣布美国从英国独立，参加独立战争，撰写、修改美国宪法中起着主要作用的人。

③ 亚里士多德：公元前384—前322年的希腊哲学家，他发起了逻辑学、自然科学和政治学的研究。这位柏拉图的学生，是亚历山大大帝童年时期的家庭教师。

这些绝对民主一次又一次被那些蛊惑人心的政客①（demagogues）所俘虏并退化成为独裁暴政。约翰·亚当斯在 1814 年的一封信中写道："记住，民主长不了，不久后它就耗损、用尽并谋杀了自己。从来没有过自杀未遂的民主。"这种对"暴徒"的正当恐惧导致了奠基者创造了共和政体②（republic），这种政府形式距民主政府仅一步之遥，但它可以保护人民不被他们自己的热情所伤害。

温斯顿·丘吉尔于 1947 年在国会下院发表评论时，说明了处理民主观念和现实会遭遇挫折："没有人会伪称民主制是完美的或明智的。事实上，人们也说过，民主制，除了所有其他已经不断试验过的政体形式以外，是最糟糕的政体形式。"

虽然奠基者们明确地拒绝了绝对民主的治理结构，但他们还是想设计出一种与古希腊城邦不同的可以在大范围内发挥作用的治理结构。就像詹姆斯·麦迪逊（James Madison）在《联邦党人文集》第 14 篇中写的那样："在民主政体中，人们亲自监督和管理政府；在共和体制中，他们聚集起来，并通过他们的代表人和代理人来管理政府。因此，民主政体可以在小场所适用，而共和政体则可以扩张到很广阔的地方。"然而，奠基者们都知道历史上许多共和政体，例如罗马共和政体就被君主专制所取代。因此，当班杰明·富兰克林（Benjamin Franklin）被问到 1787 年制宪会议③（Constitutional Convention of 1787）孕育出哪种政府时，他回答道："共和政体，如果能保住的话。"他知道"保住"与"确定下来"还远得很。

在共和政体中，立法机关，无论是下院还是国会④（Congress）都是至高无上的。毕竟，它拥有不胜枚举的权力，并且行政和司法部门都应该执行或实施它所制定的法律。正如麦迪逊在《联邦党人文集》第 51 篇中写的那样："在共和国政府中，立法权力必须占据支配地位。"富兰克林·D·罗斯福（Franklin D. Roosevelt）总统在 1937 年 7 月 23 日的新闻发布会上，换了一种说法："总统的责任是建议而国会的特权是决定。"然而，从第二次世界大战开始这个系统便反常运行直到最近才恢复正常。由于热战和冷战（hot and cold wars）的需要，总统的权力异常地强于国会。随着冷战的结束，没有必要再重塑战争领导人，权力关系看来回到了"正常"状态。至少，在 2001 年 9 月 11 日和反恐战争之前是这样。

---

① 蛊惑人心的政客：被谴责为追求或为获得权力而使用设计好的理由来博取大众的感情的政治领导人，批评家们可能认为这些理由被夸大其词和虚假伪造。这个术语被固定下来，并且从来就是一个贬义词，除非是在直接带修辞性的谈论某个政治领导人的权力时使用这个词。这个术语来源于希腊单词"demagogos"，意思是"人民的领导人"，是历史最悠久的绰号，意指成功的反对党政治家。

② 共和政体：拉丁词，意思是"公共的东西"；国家和它的公共机构构成了政府，在政府中主权属于人民，人民选举代理人来代表他们作出政治决策。美国就是共和政体。

③ 1787 年制宪会议：从 1787 年 5 月 25 日至 9 月 18 日在费城召开的会议，在这次会议中来自美国不同州的 55 位代表设计了美国宪法。这次会议本来是要修订联邦条款，但是在乔治·华盛顿的主持下，会议抛弃了联邦条款转而设计了美国统治的整个新框架。

④ 国会：美国政府的立法部门。国会根据宪法第 1 节第 1 款创建，这一款规定："此处的立法权力应当由美国的国会授予，国会由参议院和众议院构成。"

2.1.2　行政权力

许多政治官员，不论是市长、州长还是总统，都会经常基于公共利益的原因，尝试着为自己攫取比宪法批准的更多的政策制定权力。在共和国政府中，一个政治官员究竟能够在多大程度上背离法律意志或宪法的授权？这通常由政治官员拥有的政治力量所决定，这种政治力量表现为广泛的选举授权、政治官员所在党派对立法权的控制以及民意测验结果。力量强大的政治官员能够对他们支持的政策投入更多。但是，一个政治官员到底应当拥有多少或者被允许拥有多少力量才是理想的呢？幸运的是，我们可以借助关于行政权力的三个著名的理论来回答这个问题。这些主张或观点都是由美国历届总统总结出来的，它可以应用于任何政治官员，不论是总统、州长还是市长，并且适合于任何立宪体制。这就是限制观、特权论和服务论。

限制观（The Restricted View）　这是美国总统威廉·霍华德·塔夫脱[①]（William Howard Taft）所赞成的有限总统权力的观点。作为一个极端保守分子，塔夫脱坚持认为"总统不能够行使这样的权力：不能够被公正和合理溯源的某些特别授权，或者没有被明确授权所暗示和包含的正当和必要的权力"。此外（与接下来的西奥多·罗斯福的服务论直接相反），"不存在总统可以行使的未定义的多余权力，无论行使这样权力是否看上去为了公共利益"。塔夫脱把总统视为国会的代理人——但绝不是一个自由的代理人。从宪法角度来看，塔夫脱是一个严格的宪法解释者[②]（strict constructionist）。他轻视那些坚持认为存在权力剩余（residuum of power）的人，因为他清楚地看到，在明确的授权之外，没有任何权力剩余。作为一个管理者，他感到他的政治双手被绑在了公职限制上，但他对这种束缚感到高兴。直到今天，他依然是所有那些守法的公共管理者的榜样，只有在拥有这种权力的时候，他们才会着手通过制定公共政策解决新的公共问题，若没有这样的权力，就不采取行动，只能眼睁睁地看着其管理领域的糟糕状况，这时他们会相当强烈地感受到他们也是"这种体制"的受害者。

特权论（The Prerogative Theory）　这是亚伯拉罕·林肯总统赞成的、约翰·洛克[③]（John Locke）在《政府论次讲》（*Second Treatise of Government*）（1690年）中支持的行政权力理论。他们认为，在一定条件下，行政首长应有特别的权力（extraordinary power）保护国家："有许多事情是法律绝不会涉及的，这些事情就

---

① 威廉·霍华德·塔夫脱（1857—1930）：唯一的一位身兼美国总统（1909—1913）和最高法院的首席大法官（1921—1930）的人。321磅的塔夫脱也保持着美国总统体重之最。

② 严格的宪法解释者：认为应当照字面意思准确地理解美国宪法的人。相反，宽松的宪法解释者认为，为反映时代变化，应当不拘泥于字面意思来理解美国宪法。

③ 约翰·洛克（1632—1704）：英国医师和哲学家，他关于统治本质的著作对开国者有着深远影响。有人认为，创立了不同于英国的最重要的哲学基本原理的独立宣言的第一部分就是托马斯·杰斐逊对约翰·洛克最基本原理的重述。

必须取决于拥有行政权力的行政首长的判断力。”正像林肯认为的，这种权力不仅可以超越法律界限而且可以抗衡宪法。根据此观点，总统甚至可以行使独断权（dictatorial powers），至少是在短时间内可以。林肯在1864年的一封信中解释了这一理论：

> 宪法是一个国家的基本法，我曾宣誓以我最大的能力并借助于必要的手段去保护宪法，这也赋予我保护政府也就是保护国家的职责。在履行这个职责的过程中，有没有可能失去了国家却保护了宪法？根据一般规律，生命和肢体是受保护的，然而经常要切掉一只手臂来保住性命，但却从来不会牺牲生命来保住手臂。我认为，为了保护国家，违宪措施可以成为保护宪法不可缺少的部分而变成合法的。

林肯的这种态度在美国南北战争时期得到了高度的赞扬。但是，在后来的总统们寻求这种特殊权力时，即使他们是出于国家安全和行政特权[①]（executive privilege）的考虑，他们的行动仍被最高法院“叫停”。例如，当富兰克林·D·罗斯福在大萧条时期试图扩大州政府的权力范围时，他的许多尝试被最高法院拒绝了，因为最高法院认为他的动机是要超越宪法建立起来的行政权力的界限。同样的，在朝鲜战争期间，哈利·S·杜鲁门（Harry S. Truman）试图运用行政权力对劳工和产业施加影响也被多疑的司法部门阻止了。随着20世纪50年代朝鲜战争的爆发，杜鲁门颁布了一项指挥商务部部长接管和经营国有钢铁工厂的行政命令，因为这些钢厂出现的劳资纠纷威胁到战争生产问题。但最高法院在杨斯顿钢铁公司诉索耶案（*Youngstown Sheet and Tube Co. v. Sawyer*）（1952年）中作出回应，坚持认为杜鲁门超越了他拥有的宪法权力。20年之后，最高法院在美国诉尼克松案（*United States v. Nixon*）（1974年）中拒绝了理查德·M·尼克松（Richard M. Nixon）总统对宪法赋予总统绝对的不用审查的行政特权的请求——准确地说，是在司法审判中不用对传票[②]（subpoena）作出回应的权利。法院坚持认为，“三权分立学说和高层交流的机密性需要都不能使总统在任何情况下绝对无限地免于司法程序”。最高法院允许总统在军事、外交或者安全事务等领域拥有有限的行政特权，这些领域的机密程度取决于总统履行宪法授权的能力。正是这个决定迫使尼克松将在椭圆形办公室[③]（Oval Office）进行犯罪活动的录音带交给了水门特别检察官[④]（special prosecutor）。事后，尼克松总统又被迫在1974年辞去了总统职务。

---

① 行政特权：总统要求行政部门对国会或国会委员会和法院隐瞒信息，以便保护行政部门之间秘密交流或保护国家利益。即使宪法没有明确授予行政部门隐瞒信息的行政特权，但是总统从共和国建立时便对此提出了要求。

② 传票：由法官签发的书面命令，要求特定的人在特定时间内出现在指定地点，或者是在法庭权限内为一个案子作证人，或者是带些材料给法庭。

③ 椭圆形办公室：美国总统的椭圆形白宫办公室。椭圆形办公室是白宫西厢的组成部分，其本身建于20世纪30年代，但是这个术语一直到尼克松执政时才开始广泛使用，在那之前，总统办公厅依然只被称为“总统办公厅”。

④ 特别检察官：在一个案子中被指派调查证据的检察官，如果需要的话，负责对涉及拥有司法权的普通检察官利益冲突的案子提起诉讼。

特权论并不是在任何时候都适用的理论，只适用于非常特殊的全国紧急状态时期，既然如此，总统便只能在国会已经顺从（就像在内战期间）或国会不了解情况（就像在越南战争期间）的战争期间“逃脱惩罚”。就像在反恐战争和伊拉克战争时期，布什总统究竟应该有多大的特权，已经成为国会和民众争论的主要焦点。要记住，重要的是这种行政权力论被平静地保留了下来以支持领导人在看到国家经历危机时所作出的努力，或者，这种行政权力论被无原则的机会主义者或蛊惑人心的政客们利用以便用来抑制共和政体，这两种情况可能会交替出现。

服务论（The Stewardship Theory） 这是西奥多·罗斯福（Theodore Roosevelt）总统的观点。因为总统代表和接受委托掌握着全体人民的利益，所以他应该可以在没有被宪法或法令所明确禁止的公共利益方面自由地采取任何行动。虽然他只在离职后的 1913 年出版的自传中清楚论述了这一理论，但是他在执政时也确实是这么做的。例如，他未经国会允许便派出美国海军战舰进行环球巡航演习，然后他告诉国会，如果想把战舰召回来，国会必须拨款为战舰返航购买燃料。罗斯福坚持认为，“每位行政首长……都是人民的服务员，他们应当积极主动地和毅然决然地尽自己所能为人民服务”。罗斯福觉得，总体上，他可以在法律禁令和特定宪法或法令规定的义务之间的模糊地带自由地做他想做的事情。

这三种行政领导模式依然广泛地存在于我们身边。当然，除了在专制政权下，林肯和洛克的特权论不是很明显。但是，反恐战争可能会迫使未来的美国总统随着连续性的灾难袭击而临时失去某些宪法特权。虽然林肯的例子是万不得已时的最后尝试，但在所有的政治和组织中更常见的情况是从限制观到服务论的连续统一体，这个连续体的一头是拘泥字义主义者（塔夫脱派），另一头则是服务员（泰迪·罗斯福派）。领导者的选择要么是在政策发起方面消极懈怠，即基本上是保持现状；要么是在政策方面积极主动①（proactive）并走在持续变化和改革的最前线；或者是在两者之间，这常常是适合于大多数政治领袖和行政首长所待的地方，也就是说，他们只在有限数量的事务上积极主动。

2.2 政策制定过程

一个新的政策建议经常会以政策文件（policy paper）的方式呈现给公众，这种文件就是为支持（或反对）某一特定公共政策所进行辩论而准备的。政治候选人会针对他们的选民所关注的重要问题而写出许多政策文件，因而政治竞选经常会演变成为一场相互对立的政策文件的战争。这些对立政策的现代战场经常是在电脑空间里，在政治候选人的网站上。这种网站不仅替候选人做宣传，也替候选人的政策做宣传。因此这些网站上经常有一些白皮书②（white papers），这些白皮书是关于候

① 主动：一种管理风格，鼓励为自己的顾客或自己的道德价值而冒险，与之相反的是被动风格。

② 白皮书：任何官方（或自称）政府政策的正式声明，包括相关背景文件。

选人在各种问题上所持的见解及为什么有此见解的声明。理论上，投票者们可以广泛阅读有关一系列政策问题的有思想深度的文件。他们可能还会产生幻觉，认为这些文件是候选人写的。而事实上，几乎没有人阅读这些文件，因为大部分投票者满足于候选人在电视上接受记者采访的原声播出[①]（sound bites），而这种方式与政策文件相比，提供的信息更少。

但是，不论反对或支持某一特定政策的辩论是多么机敏和详细，媒体都倾向于把这些辩论提炼为几句话。这样，一个有关死刑效用的极有见地的评论就沦为了判断候选人“支持”或“反对”死刑。投票者喜欢想当然地认为他们所喜爱的候选人已经想好了他们政策立场的细节问题，因此，这样的政策文件，它的存在比它是否被读过更为重要。但是，还是由倡导者团体和学者们所写出的政策文件——与政治竞选无关——更加深刻并更受欢迎。

文摘 2.1　　如何将战争变为案例研究

研究政策制定过程经常要借助案例研究来进行，即对某个专门主题深入地进行分析。正是历史提供了对随着时间而演变的事物的一种动态的、不断运动和变化的认识和理解。大多数的传统新闻故事都使用案例研究方式，因此新闻记者都懂得，一个故事应当包括案例研究的所有基本元素：“人物、事件、原因、时间、地点和过程。”

战争很适合案例研究，因为每场战争都有一个开始、过程和结束。事实上，第一批案例研究就是考察战斗和战争的。修昔底德（Thucydide）的《伯罗奔尼撒战争史》（*History of the Peloponnesian War*）（公元前 404 年）就是这些军事案例研究的起源。陆军大学和参谋总部很久以前便运用案例研究方法来评估战斗和研究将才。现在，同样的技术被广泛用在民间背景下来检查政策建议是如何变成了法律，方案是如何被执行的和特殊利益是如何影响政策发展的。

大学里，在工商管理和公共行政课程中经常用案例研究方法。一个完整的课程包括回顾和评论管理的处境和实际状况的案例研究（通常有一本案例汇编）。该课程的目标是人工灌输经验。任何服务多年的经理都有机会度过充满“案例”的一生。案例研究课程会压缩时间和经验，尽管每个案例在许多年后都可能会扩展，但让学生学习过很多案例后，一个相对年轻的学生就可以获得有多年经验的经理的很多见解和智慧。这在理论上会使他们的智慧超越他们的年龄，以至于雇主们非常喜欢雇用他们。

现在的政策文件都是成文的，但还有一个不成文（口头）政策文件的古老传统。在《圣经》中，当摩西对法老说（《出埃及记》第五章第一节）“让我的人民离开”时，在荷马的《伊利亚特》（*The Iliad*）中，当尤利塞斯（Ulysses）告诉正围攻特洛伊的希腊人要建造特洛伊木马（Trojan horse）时，他们甚至没有文件就出台了政策。现在依然有一个很强的口头政策文件传统，人们发现，摩西和尤利塞斯的现代版本就是正在竞选路上发表演说的演讲者们——他们或者是为官职而竞选或者是代表公共利益群体做演说。在每天的每一小时里，你都可以发现这种口头政策文件，演说的传统地点是在电视上或者在广播脱口秀中。在那里，在任何一天，最

① 原声播出：概括了候选人信仰的政治竞选口号或简短声明。如果他们承诺的多于给予的，这样过于单纯的政策声明就会事与愿违。1988 年乔治·H·W·布什在上任时放话说，“看着我的嘴唇，不会增加新税金”，但是在他执政的不到两年的时间内，他被迫食言并同意增加税金。

紧迫的公共政策问题都在被仔细剖析、批判或支持。学术上的政策文件被发表在专业杂志上，但却很少有人看，而脱口秀主持人虽然很少发表这种政策性论文并且很可能是相对无知的，但他们却有着广泛的影响力。

因为公共政策制定涉及如此多的方面、如此多的参与者和如此多的问题，所以很难把它当作一件简单的事情来处理。当然，政策不是一件明确有形的可触摸的东西，而是一个永不完结的无形过程。这个过程可由公共政策制定的周期循环加以说明（见图 2—1）。这个概念模型将公共政策过程理解为由一系列不断循环的阶段所组成：(1) 议程设定（或者是政策问题识别）；(2) 政策决定或不决定；(3) 执行；(4) 方案评估或者影响分析；(5) 可能导致政策修改或终结的反馈。这个过程形成一个完整的周期，它被称为“公共政策制定周期”。审视这个过程就会发现，公共行政既处于这个过程的中心，又表现出这个过程每个阶段的特征。

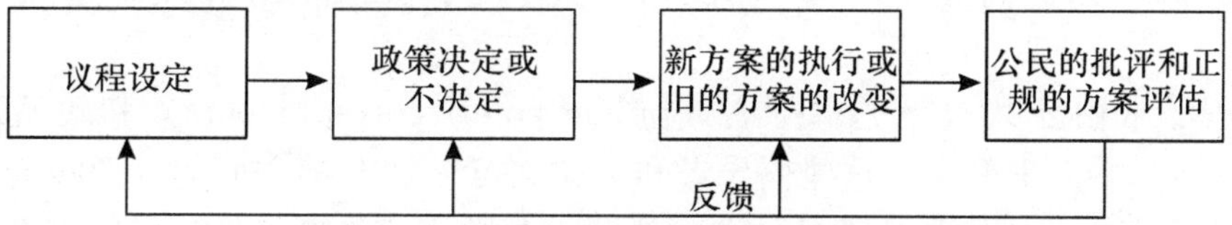

图 2—1　政策制定的周期循环

2.2.1　议程设定

议程设定（agenda setting）是一个建议或议题通过各种政治渠道获得了立法机关或者法院等政治机构的关注而进入政策考虑的过程。这个定义中已经提到了两种最主要的议程来源——行政首长和立法者。行政首长和立法者在竞选公职时提出了许多政策，他们的委托人期望他们能将委托人自己所支持的政策设定为法律。此外，政府的行政部门也经常会提出立法建议，有时候，这些建议会和行政首长的立法建议合并在一起。

议程设定过程经常会广泛地利用大众传播媒体来报道相对不为人知或不被支持的议题，通过媒体公开来增加关心这个议题的人数，这样就会迫使市政厅或者国会这些公共机构采取行动。其中一个例子可以追溯到 1955 年，当时一位名叫罗莎·帕克斯（Rosa Parks）的非裔美国妇女，因在阿拉巴马州蒙哥马利市拒绝坐在公共汽车后面的座位上而被拘留，这次冲突引发了现代公民权力运动。小马丁·路德·金（Martin Luther King Jr.）博士随后利用了非暴力的策略来对抗南方种族隔离政策，从而唤起全国其他地区很多人的同情和支持，这导致了具有里程碑意义的公民权利法在国会得以通过。当这些非暴力的示威者变为暴力者时，情况反而会变得更好——因为它能更好地利用电视媒体，这样可以保证更多的观众了解事情的起因。20 世纪 80 年代开始，反堕胎（意思是反对流产）组织利用示威者在提供流产服务的卫生机构前的示威来唤起全国对这个问题的关注。这些活动经常自然而然地变成暴力活动，这样反而可以更好地利用电视媒体报道这些问题。道理很清楚，这些一旦对准电视新闻摄像机便变成暴力者或者至少变得争吵不休的“非暴力”示威者的人，很有可能会登上六点钟新闻。这种将议题提上公共政策议程的途径，被历史学家丹尼尔·布尔斯廷（Daniel Boorstin）称为假事件（pseudo-events），因为它们是“非自发的、预谋的或者人为制造的‘新闻’，这些新闻的主要目的是使造成这个‘事件’的个人或起因获得公众的注意”。

当一个政策议题保持着高度的视觉冲击力，电视媒体在推动此议题进入政府议程方面的重要性就是显而易见的。例如，空气污染和水污染就具有十足的视觉冲击力，这使得环境保护问题在 20 世纪 60 年代末 70 年代初全面进入了政府的关注范围。从加利福尼亚曾经质朴的海岸堆满了被石油盖体的海洋哺乳动物的尸体到俄亥俄州克利夫兰市燃烧着的火河（石油浮在水面上并引起燃烧），这些环境破坏的惊人画面直接驱使环境保护问题进入了公众视野并最终进入了国会大厅。

议程经常由公共政策的倡导者（public policy entrepreneurs）和政治活动家（political actors）来设定，这些倡导者和活动家可能拥有某方面的专业技能，他们会从专业角度主动提出和处理各种政治议题。这样，某些参议员就可以借助技术专家的力量而提出具体的议题，这些技术专家如果受到尊重的话，就会“迫使”同事们提供所关注问题的线索。一名雇员也可能会变成某一问题的专家，以至于他在处理问题时会极大地影响立法。因此，公共政策倡导者可以是政治环境中的任何人，只要其所拥有的专业技能和行为可以影响到议题。

议程设定并非局限于职业政治家（professional politicians），任何人都可以进行政策议程设定。联邦法官可以基于关押犯人的地方过于拥挤而判决州监狱违反宪法，因此强迫州立法机关通过拨款建立新监狱来解决这个问题。公民组织可以如此关注一个议题以至于他们收集了足够的登记投票者的签名来使这个议题成为下届选举投票的主张。公益法律事务所可以挑战一个政府机构行为的合法性并强迫法院去

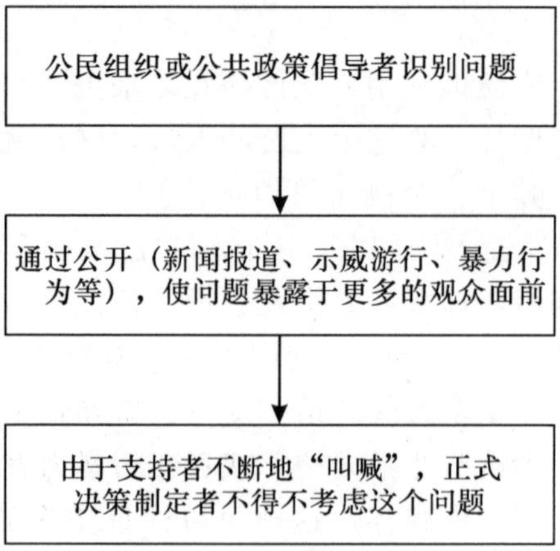

图 2—2　议程设定过程

查明它的合宪性。还有，利益集团可以让它的成千上万的员工给立法代表写信（或者发 email），要求对某个争议问题采取行动。虽然只有很少的地方——例如立法机关、法院或者管制委员会——可以正式设定议程，但是议程却可以通过无数个途径显现出来，就像人们的愿望一样，会不停地冒出来。

安东尼·唐斯[①]（Anthony Downs）发展出一种议题关注周期模型，他试图运用这个模型解释许多政策问题在政治议程上的发展方式。这个周期的假设是公众的注意力很少会持续集中在某个问题上，而不管这个问题的客观本性是什么。唐斯的议题关注周期模型包括如下五个步骤：

（1）前问题阶段（令人不快的社会问题出现但还未引起公众注意）。

（2）惊恐地发现和强烈的关心（戏剧性的事件刺激公众的注意力，伴随着解决问题的高涨热情）。

（3）认识到变革的成本（公众逐渐意识到实现有意义变革的困难性）。

（4）公众兴趣递减（人们逐渐变得气馁或厌烦，或有新问题需要关注）。

（5）后问题阶段（虽然问题并未解决，但是已从国家议程中排除）。

政策分析家约翰·金顿（John Kingdon）认为，“如果安东尼·唐斯是对的，那么问题经常会从公众视野中消失则是因为短时间内的觉醒和乐观会被解决问题的财政成本和社会成本意识所代替。随着人们意识到将要产生的牺牲、混乱和成本，他们就会失去解决这个问题的热情”。例如，在克林顿第一次执政的早期，出现了进行国家医疗保险系统改革的极大热情和支持。但是随着人们对该问题关注的日益增加，被引向了财政成本和执行困难，当政治领导人和公众都对这个依然很严重的问题——至少将近 4 400 万美国人没有医疗保险——失去了热情，这个问题也就从人们的视野中消失了。

2.2.2　决策

公共政策制定是政府决定处理或不处理某一特定问题或事情的整个过程，是一个永不结束的过程。19 世纪英国政治家沙利斯伯利（Salisbury）侯爵对此有过最好的评论：“永远没有固定不变的政策，因为政策就像所有的有机体一样，永远都在发展之中。”

对公共政策制定机制的解释有两种截然相反的理论。第一种理论可以被称为理性决策方法。这种方法通常认为是由哈罗德·D·拉斯韦尔[②]（Harold D. Lasswell）

---

① 安东尼·唐斯（1930—　）：经济学家和政策分析家，他主要的功绩是在他的《民主的经济理论》（*An Economic Theory of Democracy*）（1957 年）一书中建立了公共选择经济学的知识框架。他的关于官僚制的经典著作《官僚制内幕》（*Inside Bureaucracy*）（1967 年），试图从经济方面论证官僚制政府的正当性，并想要发展能够在预言官僚机构和官僚的行为方面有所帮助的规则和主张。

② 哈罗德·D·拉斯韦尔（1902—1978）：最有影响力和最多产的社会科学家之一。虽然他在社会传播、心理学（他是将弗洛伊德理论应用于政治学的先驱）、政治科学、社会学和法律领域作出了重大贡献，但他不朽的贡献很可能是他在发展政策科学概念和方法论方面所做的先驱工作。

提出的，他在《政治科学的未来》（*The Future of Political Science*）一书中，假定每个决策都有七个不同阶段：

（1）信息阶段：收集信息。

（2）倡议或建议阶段：设计能够影响结果的那些活动。

（3）法令阶段：制定清晰的标准。

（4）援引阶段：在法令和具体情况之间建立相互联系。

（5）实施阶段：法令被执行。

（6）评价阶段：评估实施效果是否达到目标。

（7）终止阶段：处理那些随着法令的生效而应该出现的事情（权利）。

当然，这些步骤和所有其他类似的步骤都有一个现实问题，那就是决策都不可能完全按照这些步骤来实现。因为，无论人们希望自己有多么理性，都不可能有任何人可以收集全部信息并考虑到每一种具体情况。因此，决策制定者运用的是1978年获得诺贝尔经济学奖的赫伯特·西蒙（Herbert Simon）所称的“有限理性”（bounded rationality），即人们的决策是在限制条件内进行的。西蒙坚称，“一个单独隔离的个体的行为是不可能达到高水平理性的。要寻找的备选方案是如此之多，要评估的信息是如此广泛，即使要接近客观理性也是很难想象的”。因此，人类依据令人满意的而非最全面的信息来作出决策。西蒙创造了一个新词，即“最低限度的满意”（satisfice）。他认为，当决策制定者接收了可以作为决策基础的令人满意的和足够数量的信息时，他们就会达到最低限度的满意。这样，在现实世界中，我们被迫拒绝“全面理性”方法，并追求“最低限度的满意”而不是“最大化的满意”。

查尔斯·E·林德布洛姆①（Charles E. Lindblom）不仅否定了这种理性方法，而且创立了渐进决策方法，这是第二种决策制定理论。在他最著名的“渐进决策科学”（The Science of Muddling Through）一文中，林德布洛姆并不看好政府决策过程的理性模型。他否决了大部分决策是在理性（完全信息）过程中制定的观点，相反的，他把这样的决策——事实上是指整个政策制定过程——看作是由若干独立的小的渐进决策组成，而这些小的渐进决策是回应短期内的政治环境而作出的。林德布洛姆的理论，在本质上坚持决策制定更多地被事件和环境所控制而非被那些处在政策制定位置上的人的意志力所控制。渐进主义虽然支离破碎，不连贯，但作为一个政策过程，它却是现实生活中唯一真实可行的路线。因为渐进主义“聚焦于政策制定者十分熟悉的和较为深刻的经验分析，这样可以大量减少不同的政策选项的数量，和需要分析的复杂因素的数量”。并且，林德布洛姆坚信，渐进主义与美国民主的多元本质更和谐。在这种民主下，个体可以自由联合追求共同利益，他们之间的争辩“反而常常确保了对整个社会不同价值观的尊重，这种尊重超过了对知识进行综合的任何努力”。

① 查尔斯·E·林德布洛姆（1917— ）：耶鲁大学的政治科学家，他从20世纪50年代就一直坚称渐进主义是理解公共政策是如何制定的最可行方式。

文摘 2.2　　渐进主义的七个理由

为什么把重点放在与现实紧密相关的备选方案上有助于理性计算？

首先，与现实相距甚远的备选方案的后果往往更加难以预知。

其次……人们不能够精确地预见自己将来的需求……可以肯定的是，他们能够排除许多不需要的备选方案而无须对这些方案进行实际检验……但是，想要知道剩下的备选方案哪个更为合意却更加困难……

第三，因为个人有许多目标，其中一些同另一些相冲突……微小调整会对目标达成有所改变，这就是个人行动中的渐进主义，并且这个逻辑同样适用于社会行动。

第四，渐进主义有助于考证个人选择的结果，这与隔离单一变量在原理上保持一致。个人采取行动之后的结果可以同变化之前的情形相比较，并且一个特定选择同一个特定变化之间的关系更易判定。

第五，渐进主义有助于确保控制。渐进性改变使得发布命令的上级有机会发布相当详细的命令或者详细地检查下级的行为。作为一般性事件，对发布命令的上级来说，改变的程度越大，便越难以对下级进行检查，甚至难以给出比空白支票稍多一些的指导。

第六，渐进主义是可逆的。当出现问题时，可以很容易地得到补救。

第七，渐进主义准许运行中的组织继续存在和连续的改变。试图通过立法来保证急剧变化的安全性通常都会遭到失败，因为运行中的组织有自己的规范和标准，它抵制突然性的大规模改变。

资料来源：Robert A. Dahl and Charles E. Lindblom，*Politics*，*Economics*，*and Welfare*（Chicago：University of Chicago Press，1953）。

理性模型和渐进模型经常被视作一个统一体的两端，它们都是将决策制定过程概念化的两个有用的知识工具。此外，还有一种将二者结合起来的折中模型，这就是阿米泰·埃茨奥尼①（Amitai Etzioni）提出的混合扫描模型（mixed scanning）。埃茨奥尼提倡同时用渐进主义和全面理性主义的方法来寻求近期问题的解决方案。例如，一个负责评估欧洲政治发展的外交政策分析家，可以广泛地扫描最近欧洲的发展（用理性决策方法），但是仅仅关注那些自上次扫描以来发生变化的政治问题（渐进决策方式）。用这种方式，通过只从细节上处理一些真正需要关注的问题，分析家可以节省很多时间。

决策理论

理性决策 VS. 渐进决策

理性主义	渐进主义
考虑所有方案和手段	仅考虑少数几个方案和手段
决定是组织评估的结果	决定是谈判协商的结果
主要变革定期进行	变革是随时间逐渐发生的
决策具有前瞻性	决策具有反应性
决策远离政治压力	政治考量在决策中占据重要地位

① 阿米泰·埃茨奥尼（1929—　）：社会学家，他早期对组织理论的研究引导他走向对国际政治一体化和社群主义的分析。

上表提供了理性决策方法和渐进决策方法的一系列关键特性。每种方法都有其优点和缺点，这时考虑环境因素就更有意义，某种方法在特定环境中也许更为有利。尤其重要的是，作为公共政策的制定工具，你能够区分什么样的情境对理性主义或者渐进主义具有更为明显的优势吗？

2.2.3 一个深谋远虑的决策者——行不通

格雷汉姆・T・艾利森（Graham T. Allison）在其有关政府决策制定方面的经典著作《决策的实质：解释古巴导弹危机》（*Essence of Decision*：*Explaining the Cuban Missile Crisis*）（1971 年）中提供了一个公共政策制定概念模型的著名案例。它表明，只由"一个深谋远虑的决策制定者"（a single calculating decision maker）——例如完全掌控着政府机关和政府官员的总统——来制定政策的观点是不充分的。相反，艾利森利用约翰・F・肯尼迪（John F. Kennedy）1962 年古巴导弹危机[①]（Cuban Missile Crisis）来证明不同官僚机构（如国务院、国防部、国家安全委员会）有着不同的看法，它们在政策方面有很大争议。虽然艾利森的观点并不新奇，但是他帮助我们明确了如何按照三种不同决策模型思考外交政策的制定过程。他坚信，"一个深谋远虑的决策者"这种传统主导模型，含混的部分比它能说得清楚的部分还要多。艾利森称这种模型为理性行动者模型（Rational Actor Model）或者模型一号，并认为这种模型应当由另外两种模型来补充完善。艾利森的模型二号是组织过程模型（Organizational Processes Model），这种模型大致认为，政府活动可以被理解为按照标准作业程序运行的大型组织的产出。艾利森将模型三号称为政府政治模型（Governmental Politics Model），这种模型在本质上认为，决定是在不同集团和个人之间讨价还价的过程中达成的结果，而这些集团和个人有着不同的政治观点和不同的政治利益。因此，外交方针决策并非是什么对国家有益的理性计算的结果，而是折中妥协——经常是内部讨价还价相互让步的结果。

但是在现实中，所有这些模型至多是政策书呆子们[②]（policy wonks）的斗智游戏。政治巨头们和烦恼的议员们的现实世界，与其说是一个智慧竞技场不如说是一个赤手空拳的政治竞技场。政治竞技场上的决策更多是受对情况的感知的影响，而不是受对客观现实的理性观念的影响。这种差别，远远比悲观者看到杯子里有一半是空的而乐观者看到杯子里有一半是满的之间的差别还要大。决策舞台上的一个参与者可能会认为，某个方案对国家利益来说是必不可少的，而另外一个参与者却

---

① 古巴导弹危机：1962 年发生在美国和苏联之间的冲突，因苏联在古巴布置导弹而发生。约翰・F・肯尼迪总统要求苏联撤出导弹，从海上封锁古巴，并等待苏联的反应。最终，苏联撤走导弹，但以美国承诺不会入侵古巴和签订美国也会从土耳其撤走核导弹的协议为条件。国务卿迪安・鲁斯克（Dean Rusk）对这场危机做了精辟的总结："我们剑拔弩张，其他人则在隔岸观火。"（《星期六晚邮报》，1962-10-08。）

② 政策书呆子们：这里指情不自禁地分析公共政策过程的专家。"书呆子"是一个俚语，意指学习刻苦或只知道学习的学生。

同样坚定地认为，这只不过是卑劣的官僚主义者在浪费纳税人的钱。

政策制定者会用两种智慧来进行思考：一是用其智能来处理复杂问题，二是用其所拥有的同眼下问题相关的信息和经验来处理复杂问题。在对任何既定问题表明态度之前，这两种智慧都通过了意识形态倾向和个人偏见的过滤。这样，政治决策很少会基于个案的客观价值来制定，因为个案只有在政治决策制定者有足够智慧来考虑它并在意识形态上和政治上已经预先倾向于支持它时，才会在政治决策制定者心中产生价值。

最后要说的是，政府的政策过程不只是关于平等或正义的过程，而在本质上是关于权力的过程。这些政治掮客，无论是民主者还是独裁者，他们一旦运用权力，一旦制定法律，或者一旦设置项目，都会转向公共行政人员，通过他们使得自己的愿望和权力成为现实。如果没有这些行政人员来执行他们的命令，这些政治掮客便会一无所成。

政策分析家一直在对理性模型或者渐进模型两者必选其一的决策方式进行批判。戴博拉·斯通（Deborah Stone）提出一种模型，这种模型坚持认为，政治社群和城邦国家能够较好地处理那些具有模棱两可的且不完全的信息——这些信息经常被“高级幕僚”所“歪曲”——的决策问题，但不是用那种“看到客观事实”的理性模型进行决策。当理性模型不适用于分析充满矛盾的现实生活时，城邦模型便替代了它们。斯通对这两个模型的比较如下表所示。提醒注意城邦模型是如何与公众更加协调和更加融合的。

表 2—2　　理性分析模型与城邦模型比较

理性分析模型	城邦模型
政府目标明确清楚	政府目标模糊不清且某些目标是秘密的
在整个分析和决策过程中保持目标不变	随着政治局势的变化，随时改变或修订目标
设法想象和考虑尽可能多的备选方案	将不满意的那些方案从议程表中排除出去，使你的首选方案看上去似乎是唯一可行和可能的方案 只关注因果链条上的某个环节，忽视那些实施起来有政治难度的或者需要高成本的政策方案
清楚地说明每个备选方案的不同行动步骤	运用修辞手法将不同备选方案加以融合，看上去不像是作出一个可能会引起强烈反对的那种明确的决定
尽可能精确和完整地评估每个行动步骤的成本和收益	从无穷多的结果中选择出那些会让你的首选行动步骤看起来“最好”的成本和收益结果
选出能够使决策目标所定义的整体福利最大化的那些行动步骤	选出对选民伤害最小但却能够描绘出你的决策为广大民众创造出最大社会利益的那些行动步骤

资料来源：此表改编自 Deborah Stone，*Policy Paradox*：*The Art of Political Decision Making*（New York：W. W. Norton & Co.，1997）。

2.2.4　执行

执行（implementation）是将政府方案实施生效的过程，即将合法的指令，无论是行政命令还是立法机关通过的制定法[①]（statute），转换成能够提供服务或生产产品的项目计划和组织体系的整个过程。执行是公共行政的行动部分，属于政策过程所固有的阶段。设计师们常说“细节为王”，执行也是这样。一项法律得以通过后，将它付诸实施的过程需要无数个小决策，这些小决策在必要时还要对它进行修改。正如卡特（Carter）总统的国家安全助理兹比格涅夫·布热津斯基（Zbigniew Brzezinski）所说的：“政策制定者被事件和信息所淹没……大量决策制定都是在执行中由官僚们来完成，这通常会曲解法律或政策的本意。”

“曲解”（distort）是一个严厉的字眼，它暗含着故意的改变。但是，多数行政执行者都表现得很真诚，几乎没有故意曲解。但是，摩擦大量存在也是事实。这个概念被普鲁士将军卡尔·冯·克劳塞维茨（Karl von Clausewitz）表达得很清楚，他认为无论一项活动被计划得多好，现实中的拖延、误解等将使得它的执行不可避免地达不到理想状态。随着军队的出现，摩擦就已经在公共行政和国际事务[②]（international affairs）管理的各个方面成为一种普遍公认的现象。

虽然执行明显处于公共行政的中心，但直到最近才有人去研究它。作为公共行政的一个新焦点，最早对执行进行研究的主要是杰弗里·普雷斯曼（Jeffrey Pressman）和阿隆·韦达夫斯基（Aaron Wildavsky）二人，他们在1973年对加利福尼亚奥克兰市的联邦项目执行进行研究。他们长长的著作标题告诉了我们故事的一部分：《执行：华盛顿的巨大期望如何在奥克兰受挫，或者联邦项目的动作为何如此令人惊奇；正如两位富有同情心的试图在被摧毁的希望基础上建立道德观的观察者所说的，这是一个经济开发行政的传奇故事》。普雷斯曼和韦达夫斯基在他们里程碑式的书中所谈到的内容看来是过于简单化了——政策计划者和分析家并不考虑操作或执行的困难。此书的目标是要考虑如何能在政策和执行之间达成一种更紧密的联系，书中有很大篇幅是解释政策分析如何达到此目标的——公平地说，这是一个要必须综合完成的目标。

普雷斯曼和韦达夫斯基把执行定义为“在设定目标和完成此目标的行动之间进行互动的过程”和“在因果链条上打造系列连环以便获取希望结果的能力”。这个定义常常提醒人们注意在目标设定和目标执行之间的互动，这有助于阐明执行在根本意义上是政治性的活动。在此种意义上讲，执行的各类活动逐渐使谁获得什么[③]（who gets what）、什么时候获得以及如何从政府获得等事实显现出来。就像立法者一样，行政人员和在执行过程中与其进行互动的人员，对项目目标行使权力并影响项目的投入和产出。执行涉及行政人员、利益团体和其他持有各种各样价值观的参与者，他们动员权力资源，结成联盟，有意识地谋划策略，并且参加到那些意在确保他们观点产生影响的战略行动中。这种情形可能不同于国会和其他立法机构，但是政治过程的基本要素都已经显现了出来。

---

① 制定法：被立法机关通过的法律，与判例法相对。

② 国际事务：这个术语被宽泛地作为国际政治的同义词。它几乎可以包括所有在本质上不被国内所专有的事情。

③ 谁获得什么：这是有关政治的真实定义，由哈罗德·拉斯韦尔在1936年的经典著作的题目“政治：谁获得什么、什么时候获得以及如何获得”中提出。

永远不要忘记，政策项目执行的结果必定要在每天的行政生活中创造出无数琐事。政策分析家查尔斯·O·琼斯（Charles O. Jones）认为，执行涵盖了“那些指导项目生效的一系列活动”，包括“将项目语言翻译成能够让人接受的并且是可行的指示”，并创造合适的组织结构和程序。琼斯定义的主要优点，就是明确指向日常事务和组织结构的其他方面在执行中的功能。为了节省时间和精力，同样为了促进对顾客的平等待遇，组织发展了标准操作程序①（standard operating procedures）。这些程序外加其他正式的决策规则②（decision rules），极大地降低了行政人员工作的繁杂性，这样会使他们几乎不用思考就可以作出选择。想要理解执行过程是如何影响项目产出的任何努力，都忽视了数不清的程序和简单决策规则的综合性影响。执行总是有意识的战略活动和日常繁琐工作的混合体。

2.2.5　评估

评估就是评价。项目评估（program evaluation）就是通过对政府活动进行系统检查，以便判定项目实施的短期和长期效果。项目评估与管理评估（management evaluation）（又称组织评估）不同，因为后者仅限于对项目内在的行政程序进行评估。虽然项目评估也运用管理的和组织的资料，但其主攻方向必定是对整个项目的目标及其产生的影响进行评估。因此，治安项目更关心警察局对犯罪控制的整体效果而非警察局的管理，福利项目则更关心福利机构与服务对象打交道的效果而非福利机构的内部行政。

效率③（efficiency）和效能④（effectiveness）两个概念是项目评估经常用到的评价标准，同时，这两个概念也将审计（audits）⑤ 和评估有效地区分开来。审计主要是财政账单的稽核，通常是与控制相连接，以便确保公共资金的每分钱都被合理使用，每项规则都被严格遵守。审计这种执法管理手段，正在逐渐地被项目评估这种更加综合的管理工具所代替。我们依然期望项目能够被公共部门高效地加以管理，就像我们期望公共部门对公共资金和收入负有完全财政责任一样。但是仅有效率是不够的。当 个工作单位朝着错误的目标前进，它的效率便是可怕的。正因为如此，如果评估本身是有效的话，那么它也必定能够处理效能和相关性的问题。要求项目对问题（当然是适当的问题）产生影响或作用并非不合理，简单地说，项目评估最基本的目的就是分析该项目对其目标问题所产生的影响或作用。

项目评估，虽然经常由政府行政部门和立法机构承担，但有时为了回应公民团

---

① 标准操作程序：组织实现它们目标的固定程序。

② 决策规则：在决策制定遇到不确定性时的明确指示。例如薪酬办公室的决策规则之一，就是员工工作拖沓十分钟以上一个小时之内便要扣除他一小时的薪金。

③ 效率：执行能力和速度。历史上，美国人一直在质疑高效政府，他们认为公共事务的高效管理最终会腐蚀政治自由。

④ 效能：组织完成预定目标或目的的程度。近来，效能也指组织的整体绩效。

⑤ 审计：政府预算过程的最后阶段，对公共机构的运作过程进行评估，尤其是对它的财政往来情况进行检查，以便决定这个机构是否是根据法律来花钱、是否以最有效率的方式来花钱以及是否按照所期望的结果来花钱。

体的请求，也会由法院来承担。当政府的三个常规机构的评估工作过于繁忙时，所谓的“政府第四机构”（新闻机构）也可以承担，它通过对管理失当的公共机构进行曝光的方式来评估。但是，新闻界的评估经常会趋向于浅薄或表面化，以至于不能起到引导改革的作用，尽管他们的曝光的确为其他机构努力做到全面评估提供了推动力。

反馈 当评估信息为后续决策提供新的改进事项建议的时候，公共政策周期就会循环下去。这就是反馈，即新信息回到了最初的来源地。反馈能够促使新的改进意见进入政策议程，或者修订已经进入议程的那些议题。不过不要忘记，政策周期循环中的每件事情都会受到政治的影响，因为整个循环过程发生在政治环境中（见之前的图 2—1）。

反馈就其是一种声音来讲是有效的，制定目标和作出决策的人必须听听这些声音。有时反馈是以对低效服务或劣质产品抱怨的形式出现的，有时是以公民投票把无赖赶出去[①]（to throw the rascals out）这种无声的方式出现的。

2.3 权力——外部视角

权力（power）是指运用权威影响他人的能力或权利。传统的权力观点就是中华人民共和国的缔造者毛泽东的“枪杆子里面出政权”的观点，新近的权力观点则认为，权力在那些资金雄厚的大型公司和实力强大的游说者的支票本中。无论是拥有传统权力的人还是拥有拉拢大型竞选活动经费的现代权力的人，他们不是在直接制定公共政策就是在深刻影响着公共政策。不管他们是用枪还是用支票本来攫取权力，都离不开当地当时的具体情况。世界就是由庞大的权力等级系统[②]（hierarchy）组成：政治领导拥有影响下属的权力，经理拥有影响员工的权力，家长拥有影响孩子的权力。我们都受制于各种各样的权力，这些权力迫使我们工作或学习，并防止我们偏离这些权力所期望的规范。

形象化地理解行政首长的权力环境的最好方法之一，就是对施加于机构身上的诸多压力进行一个力场分析（force analysis）。力场理论源自物理学，心理学借用了此概念，用来解释特定时刻的个人行为是如何由其个性导致的，而个性是与环境所带来的心理压力相互作用的。组织分析家将力场理论由个人推广到构成组织部分的群体中。力场分析理论，就是系统化地检测组织场（组织环境）中各方权力产生的力量，这有助于理解为什么组织会做出那样的行为。那些想了解为什么政府或公共机构会做出一些看似非理性的或者矛盾的事情的人，只要借助力场分析理论就能看得很清楚了。比如，联邦政府制定了一系列抑制吸烟的法律法规，又是阻止人们

① 把无赖赶出去：经常能够听到的在野党的一句竞选口号。有时它的真实意思是，到了该换换无赖的时候了。

② 等级系统：将一切人、物或者思想按照等级或者阶层进行划分排序。行政结构就是典型的等级系统，在这种等级系统中，每个下属都必须接受并服从上级的命令。

吸烟，又是禁止香烟电视广告，还要求在香烟产品上写上健康警告，但同时，政府又鼓励美国农民种植烟草，鼓励美国公司将烟草销售到海外。由此可以看出，联邦政府在鼓励烟草产业的同时又反对利用烟草。

这些相互矛盾的政策，表面上看起来很愚蠢。健康的压力促使政府决定建立缩减烟草使用的制度，但同时商业的压力又促使政府决心建立从烟草中获利的制度，而后者总是胜出。将这种令人讨厌的烟草引进欧洲的，不是别人而正是克里斯托弗·哥伦布（Christopher Columbus）。数百年来，烟草已经成为殖民地和后来成立的美国共和政体的经济基础的主要组成部分。早在 20 世纪 60 年代，政府就发现了烟草存在着健康危险。但在那时，根据消费税①（excise tax）的规定，它的税收量是很高的，对于联邦政府和地方政府来说，由于公众健康的原因而禁止烟草销售，意味着必须提高其他领域的税收。除此之外，就像禁止酒精流通一样，一旦烟草被禁止流通，黑市烟草马上就会取代原来的市场，从而使得烟草的税收利益被不法走私者获得。

这一切都展示了政府和民众是如何沉溺于那些上瘾的东西。作为公民的我们，也沉迷于这样的一种感觉中：我们依靠烟民为其恶习不断地纳税，然后他们安逸地早早死去而没有享受到他们本该享受的那份社会保障和退休金。具有多么伟大的自我牺牲精神的爱国者们！酗酒者同样也是这样的爱国者。在这里，公共选择经济学②（public choice economics）在起作用。烟民（或酗酒者）作为自主消费者，在产品市场和观念市场上会作出明智的（或愚蠢的）选择。如果你认为这是非理性的，那么你就对了，但这也是政治。为了要弄明白为什么行政经常是非理性的，就必须关注美国政府的某些根基。

2.3.1 多元主义

多元主义（pluralism）始于美国政府固有的多元性这一事实，即美国政府由多元机构并行构成的事实。首先，美国宪法要求权力分立，即权力分配在政府的三个机构中，以便于这些机构相互监督。从理论上说，这种三权分立抑制了专制集权的可能性。美国宪法包含了政府的立法、行政和司法三个机构各自的条款，宪法在对这三个机构的授权方面有着重大区别。第一条分配立法权，授权议会行使“所有立法权”，第二条授予总统“行政权”，第三条规定“美国的司法权由联邦最高法院以及国会所设立和任命的地方法院共同行使”。法官路易斯·D·布兰德斯（Louis D. Brandeis）曾引述美国最高法院在 1926 年迈尔斯诉联邦政府一案中的观点：“权力分立原则在 1787 年制宪会议上被采用。该原则不在于促进效率，而在于阻止权

---

① 消费税：对汽油或烟草等产品在制造、销售或消费过程中征收的一种税。

② 公共选择经济学：公共行政和政治的一种研究方法，即基于微观经济理论，把公民看成是政府产品和服务的消费者。它通过建立一个市场体系，让政府机构在给公民提供产品和服务过程中相互竞争，试图对公民需求作出最大化的行政回应。这可能会替代当前的部分制度。公共选择经济学家们批评说，在现有制度下，大部分行政机构在有组织的压力集团的影响下，实际上充当着垄断者的角色，它们无法真正代表所有公民的个人需求。

力的任意滥用，目的不在于避免摩擦，而是将政府的权力分散在三个部门，通过不可避免的摩擦事件，挽救人民免于独裁政治。”布兰德斯提到的摩擦不是克劳塞维茨所指的执行中的固有摩擦，而是由于权力独立引发冲突造成的摩擦。

文摘 2.3　　詹姆斯·麦迪逊论天使和三权分立

用野心来牵制野心，用野心来挫败野心。人们利益的保障必须与其所在的国家的宪法权利联系在一起。权力分配制度是人本性的反映，这种制度安排必须能够有效控制政府权力的滥用。政府除了是人性最伟大的反映之外还能是什么？如果人类是天使，政府就没有存在的必要。如果由天使来统治人类，那么也就没有必要对政府进行内部和外部的控制。组建一个由人管理人的政府，最大的困难在于：你必须首先使政府能够控制被统治者，其次是使它控制自己。依靠人民权力来控制政府，无疑是最基本的做法，但是经验教会人类必须采取其他辅助预防措施。

资料来源：James Madison，*The Federalist*，No. 51（1788）。

其次，美国的政治进程本质上是多元化的，强调竞争性团体在社会中的作用。多元主义认为，随着大多数公众因对个人利益理解上的变化会转移其忠诚对象，权力就会从一个团体转移到另一个团体。在《谁在统治》（*Who Governs*）一书中，罗伯特·达尔（Robert Dahl）建立了多元论的关键原则。根据达尔的说法，多元论包括不同程度的公民政治参与，并通过公民个人来影响特定地区公共政策的制定。然而，根据权力精英理论[①]（power-elite theory），如果民主被定义为普遍的公共事务参与，那么多元理论作为对现代美国政府的解释就不够充分。按照这种看法，多元论很少提供直接的参与。因为精英结构是封闭性的、金字塔式的、间接的和无回应性的。社会因此被划分成两个阶级：少数的统治者和多数的被统治者。因此多元论是隐蔽的精英论，而不是在大众社会中维持民主的一种务实的解决途径。

那些赞成精英理论的人，经常有一种偏执性的政治倾向，即相信存在着全国性共谋在对抗他们这些人。例如，认为艾滋病是由政府“发明”出来进而用以打击他们的那些同性恋者，认为毒品流行受到政府鼓励进而用来伤害他们身体的那些非洲裔美国人，认为联邦政府正在共谋没收公民手中的枪械武器的那些右翼民兵组织成员，以及认为共产主义的威胁已经到了要推翻国家政权的边缘的那些政客，特别是冷战时期的那些政客们，他们都具有某种偏执的倾向。卡特里娜飓风来袭时，社会上就已经议论纷纷，认为有关政府预防措施的失败和反应迟钝是有意根除大批在新奥尔良的非裔美国人计划的一部分。

这种观点在1965年首先被历史学家理查德·霍夫施塔特（Richard Hofstadter）在其《美国政治的偏执风格》（*The Paranoid Style in American Politics*）中得到确认：

---

① 权力精英理论：一种信念，即美国基本上是由政治、军事和企业三类精英所统治且这些精英拥有的决策权本质上优先于民主过程的信念。C·莱特·米尔斯（C. Wright Mills）（1916—1962）在《权力精英》（*The Power Elite*）中写道：“在这三个权力控制领域中，任何一个领域中的领导人物（军阀、公司头目或政治领导人）都倾向于联合起来形成美国的权力精英。”米尔斯同时代的大多数研究美国精英统治的人员都对米尔斯的著作作出了贡献，是米尔斯成就的基础。

政治偏执狂与临床偏执狂的重要区别是：尽管他们都易于头脑发热、多疑、过于积极、浮夸以及感觉世界末日就要到来，但临床偏执狂认为，其生活所在的那个充满敌意和阴谋的世界是直接针对他个人的，而政治偏执狂则认为，这个世界是直接针对一个国家、一种文化以及一种不只影响他自身还影响成千上万其他人的生活方式。

对当代美国政治中的偏执风格最具有重大意义的例证，也许就是牵涉到布什总统领导伊拉克战争的行为。伊拉克战争始于 2003 年，布什总统在阐述这场战争的正当性时，片面地断言，伊拉克拥有大规模杀伤性武器（核武器、生物武器和化学武器）以及伊拉克正处在对抗美国及其同盟国的边缘上。在联军占领了伊拉克之后，没有发现伊拉克拥有这样的武器，这时，布什的劲敌开始了一浪高过一浪的反击，认为总统在故意撒谎以赢得公众对这场战争的认可。他们中的大多数人认为，总统为发动一场大规模的战争而有意识地给了国会和美国民众一个虚假的理由。布什与其支持者们则辩护说，问题恰恰在于情报的不完整或缺失。此外，他们还争辩说，还有许多其他的理由可以说明战争是无可非议的。不过，仍然有相当比例的美国民众和世界民众相信布什是有意识地在撒谎。这不就是一个工作中偏执风格的例证吗？

最后，多元主义具有文化的维度。那些拥护这一论点的人认为，一个民族的全部福利是由保存下来的民族文化所提供的，而不是由鼓励对文化实施综合或者混合之后形成的文化所提供的。这与社会同化主义形成对比，他们认为，所有的移民应该在国家熔炉①（melting pot）里融合以达到统一。但是研究成果一致表明，这与实际不相符。历史学家卡尔·戴格勒（Carl N. Degler）写道："熔炉这一隐喻不够准确，会产生误导。一个更准确的比喻应该是色拉盘，因为尽管色拉是一个整体，但莴苣依然能和菊苣相区分，西红柿也能和卷心菜相区分。"近年来，这一说法不再那么流行，已经在政治的花言巧语中被马赛克图像所代替。后来也不再使用这个术语，但在 1995 年，白宫发言人纽特·金里奇（Newt Gingrich）复活了熔炉这个概念，他宣称美国文明是一种独特的文明，移民变得"文明"的方式就是要接受"熔炉"这个主流价值观。

2.3.2　集团理论

多元主义的重要价值和集团在民主政治过程中的重要作用，在两千多年前就已经被认可。亚里士多德曾指出，政治联盟既重要又普遍，因为集团成员从中可以获得"优势"。詹姆斯·麦迪逊（James Madison）是第一个明确提及美国政治进程中

① 熔炉：社会学术语，暗含着每次成功移民美国的潮流都要融入美国的一般社会中，是一种在理想状态下应该发生的融合现象。这个术语起源于以色列赞格威尔（Zangwill）（1864—1926）的戏剧《熔炉》（1908 年），在剧本中他写道："美国是上帝的坩埚，是融化和改革欧洲所有民族的伟大熔炉。"这句话成为几个世纪以来移民美国的同化象征。

的各类集团的人，他在这方面的著名研究是在《联邦党人文集》第10篇（1787年）中对组织内的派系斗争进行了讨论。在麦迪逊看来，集团内化于人性之中，它的诱因是难以驱除的。因此，唯一的选择就是控制集团压力所产生的效果和权力。更多有关集团理论的详细讨论，可以追溯到约翰·C·卡尔霍恩（John C. Calhoun）1853年的专著《政府专论》（*A Disquisition on Government*）。他在书中提到，当讨论如何实质性地保护少数人的利益时，理想的治理必须协调好所有的利益群体，因为他们都代表着公民的合法利益。如果所有集团在某种同等水平上参与决策过程，那么所有个人利益将由政策制定者认可。

现代集团理论在阿瑟·F·本特利[①]（Arthur F. Bentley）、大卫·B·杜鲁门[②]（David B. Truman）和厄尔·莱瑟姆[③]（Earl Latham）那里得到了极大发展。莱瑟姆把立法机关看成是集团斗争的裁判员，负责“批准成功联盟的胜利，并以法律的形式将屈服、妥协以及征服记录下来”。尽管官僚机构的功能不尽相同，但是这些机构就像“留在战区的占领军，负责维持由胜利者联军制定的规则”。莱瑟姆的描述主要是针对那些管制机构，不过他也看到，尽管一般规则已经确立，但官僚机构已经被那些失败的、为采取更为有利行动的集团联盟所淹没。结果是“行政机构经常被要求或者被迫解释它们的行动为什么有利于它们被授权管制的那些集团”。

莱瑟姆根据发展阶段把集团划分成三种类型：可能集团、觉醒集团和组织集团。可能集团（incipient group）是指“存在利益但这种利益还未被潜在成员认识到”的集团；觉醒集团（conscious group）是指“存在共同体意识但还没有被组织起来”的集团；组织集团（organized group）是指“已经确立目标和正式的机构以实现共同利益”的有意识的集团。莱瑟姆的可能集团和觉醒集团与杜鲁门的潜在集团本质上是相同的。潜在集团（potential group）是指始终存在，但只有当某个问题的行为需求没有得到满足时才会形成的集团。

潜在集团概念确保官僚机构决策过程的诚实性（也许是平衡），它为新集团的出现提供了可能性，也为某些议题也许影响政策制定提供了可能性。潜在集团概念也可作为对声称集团理论是非民主的观点的一种抗辩。一旦潜在集团概念和有组织

---

① 阿瑟·F·本特利（1870—1957）：政治学家，政治行为分析的先驱者之一，创建了现代利益集团理论。本特利在《政治过程》（*The Process of Government*）（1908年）一书中阐述道，政治分析必须把关注重心由统治形式转移到个体在集团中的行为上，因为集团是促使个体达到政治、经济和社会欲望的行动机制。他的学说在当时并没有得到人们的重视，直到杜鲁门重新发现并宣传以后，这一学说才引起人们的关注。

② 大卫·B·杜鲁门（1913—2003）：政治学家，利益集团理论最具影响力的人物之一。杜鲁门的主要著作《政府过程》（*The Governmental Process*）（1951年），把集团的相互作用看作公共政策的真正决定因素和正确的研究重点。杜鲁门把利益集团定义为：“在其成员所持的共同态度的基础上，对社会上其他集团提出要求的团体。当它提出的要求被任何政府机关所通过，它就变成公共利益集团。”集团压力是通过建立问题介入和影响的途径来确定的。杜鲁门指出，对比立法机关，行政过程提供了许多问题的介入渠道。杜鲁门为集团理论提供了圆满的描述，并分析了集团是如何介入、作用并影响整个政治系统。

③ 厄尔·莱瑟姆（1907—1977）：集团理论家，他的《集团的政治基础》（*The Group Basis of Politics*）（1952年）一书影响深远，因为他提出如下观点：政府就像各种各样试图介入到公共政策的制定过程的私人组织一样，其本身也是一个集团。莱瑟姆赋予政府和其他组织集团相同的角色和对权力的同等关注。因此，由于政府有着自己的目标，所以它在集团冲突之间不仅仅充当着裁判员的角色。

集团的积极角色联合起来，这种主张就会出现，用杜鲁门的话说，"政府机关会以不同的方式考虑各种社会利益"（见图 2—3）。

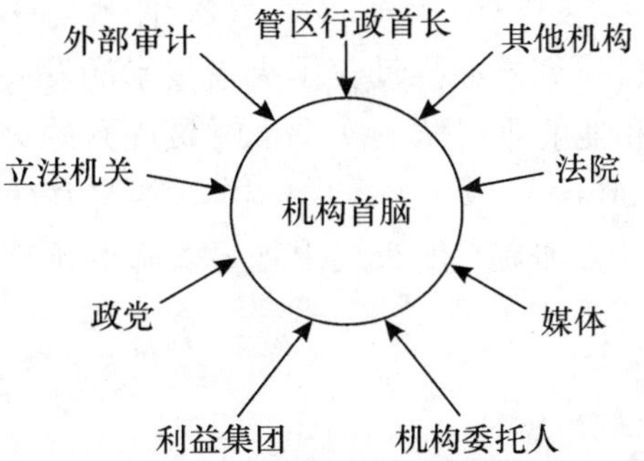

图 2—3 公共机构管理中的典型外部影响力量

有关这个理论的问题到此为止。问题是，根据政治学家西奥多·J·洛维的观点，许多公权力被各类私人利益集团分割打包，结果导致一个弱小的和分散的政府，不能履行长期发展规划。实力强大的利益集团总是努力促进私人目标的实现，但却不参与竞争从而促进公共利益的实现。政府不是在价值冲突之间作出艰难的选择，而是变成一家利益控股公司。这些利益通过在每个议题领域中的利益集团、相关政府机构和特定立法委员会①（committees）的联盟而实现。强化这种情形的正是这个铁三角，即由政府机构、利益集团和对其共同利益领域拥有管辖权的立法委员会或小组委员会三者相互支持构成的牢固的三角关系。这样的联盟不断地交换信息、服务和金钱（金钱交换的形式包括从利益集团到立法委员会委员的竞争捐款和从委员会到机构的预算核准两种）。作为一个整体，它们倾向于控制各自所关心领域的政策制定。这种三角关系被认为过于强大，以至于其他作为代表公共利益而被选举出来或被任命控制行政政策的机构或人员，都被当成妨碍公共事务而被明令禁止（见图 2—4）。

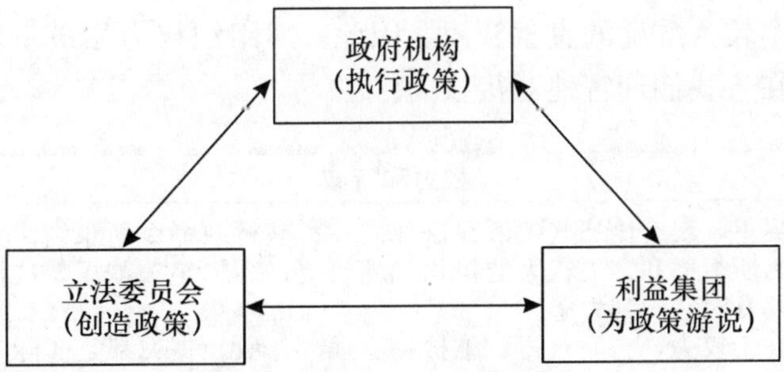

图 2—4 铁三角

所有政府机构的兴衰史都是被建立或者被解散的历史，政府机构的兴衰反映着政府对千变万化的外部环境的回应，而这种外部环境由一般历史趋势和日常政治角

① 立法委员会：立法机构的亚部门，它们在各自的议事堂为议会准备法律草案，或者在各自议事堂指导立法调研工作。多数的长期委员会（全委会）进一步分为不同的小组委员会，由这些小组研究立法、组织听证会并向全委会报告其建议。只有全委会才能向立法机构提交立法草案。

力所组成。美国航空航天局就是一个很好的例子。它兴起于 1958 年，是美国对冷战时期太空竞赛的产物，而冷战肯定是一般历史趋向，杜鲁门政府时期冷战专家的政治角力允许纳粹战犯，如德国火箭科学家沃纳·冯·布劳恩（Wernher von Braun），在早期空间项目研究方面推动美国火箭技术的发展。不说道德和伦理，对美国来说，冯·布劳恩和他的难民队确实是当时最优秀的火箭科学家。有时，行政需要就像军事需要①（military necessity）一样，要求力量强大。现在，这种需要在冷战结束后已经减少，美国航空航天局出现显著降低预算和雇员数量的行为也就不足为奇了。

2.4 权力——内部视角

乔治·奥威尔，20 世纪最精明的政治观察家之一，却在一件事情上犯了大错。他在其小说《1984》中写道，“权力不是手段而是结果”，并且“权力目标就是权力”。奥威尔提出了这种有深远影响的看法，而他唯一的大型组织经验，却只是来自 20 世纪 20 年代时在缅甸殖民地当了几年的警察，以及第二次世界大战时期在英国广播电台（BBC）做了一年不起眼的工作。他憎恨这种大型组织固有的且微妙的官僚政治，很大程度上是因为他发现了二战时期的欧洲法西斯主义的罪恶。的确，他在 1984 年创造“老大哥”②（Big Brother）这个词，就是这种憎恨的最好表现。奥威尔是一位了不起的政治作家，因为他是一位伟大的文体家。但他对权力的分析和蔑视，却导致他的理论在公共管理中难以加以实践，因为公共管理实质上就是权力的行使。

就权力而言，有一点是确定无疑的，那就是我们都了解它。从开始上学那一天起，我们便开始接触组织权力。当读到三年级时，大多数人对于组织权力的基本概念，已经有了一个较为准确的直觉领悟。因此，对组织权力的最新理解，不在于我们了解权力，而在于我们理智地对待权力。

文摘 2.4　　权力和行政

在行政的世界里，没有比那些生活在法律之中、被行政命令所束缚、不断地与法庭打交道、被无能为力所折磨和丧失权力的机构和项目更加悲惨绝望的了。这样的机构和项目为敌人所蔑视，朋友对它感到失望。

行政的生命在于权力，它的获得、维护、增强、分散和丧失都是实际工作者和研究人员无法忽视的课题……虽然权力只是在行政中必须给予权衡考虑的事项之一，但是在所有事项当中，权力是理论上最容易被忽视的事项，是实践中忽视它最容易带来危险的事项。

资料来源：Norton E. Long，“Power and Administration，” *Public Administration Review*，Autumn 1949。

---

① 军事需要：对违犯战争法的行为给予辩解的一种理由。

② “老大哥”：此词来源于乔治·奥威尔（1903—1950）的小说《1984》（1949 年），他将政府形象地描绘成老大哥，庞大而又喜欢四处干涉，监视和控制着我们生活的方方面面。此词已经演变成指代任何潜在威胁的权力。

关于权力和政治的讨论，要追溯到古代的亚里士多德和其他作家，并且所有政治理论都与权力的行使联系在一起。古老的政治理论，如今常被运用到相对较新的组织理论上，所以那些把自己的视野局限在现代作家的理论成果上的人，就是给自己戴上了知识的眼罩。请记住人们常说的一句话，那些能够晋升至高位并掌控国家最大机构的人，就是“天生的政治家”。尼可洛·马基雅维利（Niccolo Machiavelli）是意大利文艺复兴时期最著名的管理学者和政治分析家，他在 1513 年撰写的《君主论》（*The Prince*）一书中，对那些想成为领导者的人提出了忠告。在所有提倡实用而非道德行为的“教你如何成功”的书籍里，《君主论》一书是它们的先驱。1967 年，英国广播电台行政主管安东尼·杰伊（Antony Jay），通过自己的畅销书《管理与马基雅维利》，向现代读者大众重新介绍了马基雅维利的观点。在书中，杰伊将马基雅维利有关统治国家的那些见解，应用到如何处理有关组织权力和组织政治中的问题。杰伊总结道，马基雅维利的那些原理，就像 450 年前一样，依然有效，因为这些原理已经“扎根于人性之中”。根据杰伊的观点，“新生的管理科学事实上只是古老的治理艺术在当代的延续。当你在学习管理理论的同时学习政治理论、研究管理史的同时研究政治史的时候，你就会意识到，你只不过是在学习和研究同一个学科的两个十分相似的分支。”

平民百姓也包括学者都不太愿意谈论权力。对很多人来说，权力不是礼貌交谈的话题。包括奥威尔在内的我们许多人，经常把权力等同于强制、残忍、非道德的行为以及操纵、共谋和镇压的力量。哈佛社会学家罗萨贝斯·莫斯·肯特（Rosabeth Moss Kanter）认为，“权力在美国是一个肮脏的字眼。相对于谈论权力，谈论金钱就来得容易些，而谈论性就更加的容易一些”。但是，我们还是必须谈论权力。

2.4.1　组织目标

传统观念认为，组织是一种机构，其主要作用是实现组织存在的目标，而这些目标是由合法权威机构制定的，例如由当选官员或委任的机构首长制定。因此，组织管理者的主要任务是，如何通过设计和管理组织，以便高效地达到他们所宣称的目标，而组织成员的个人偏好受到正式规则、权威和理性行为准则的限制。但是，当组织被看成是个体和联盟[①]（coalition）的复杂系统，并且系统的每个部分都有着自己的利益、信仰、价值观、偏好、想法和目标的时候，关于组织的这些假定也许就是天真和不切实际的。这些联盟——恰恰就像政治集团理论描述的那样——相互之间为争夺稀缺的组织资源而不断地竞争。当集团之间的斗争，例如汽车制造商和环境保护者为制定或者如何实施新的清洁空气法规而展开斗争时，就经常会吸引公众的注意力，此时组织内的竞争虽然真真切切存在着但就不那么引人注意。公众

① 联盟：为推动立法或者选举候选人而临时加入的政治参与者。经常发生这样的情况，联盟中的这些参与者在许多问题上经常南辕北辙，但他们却能够把分歧搁在一边，在共同利益驱使下，推动（或赢得）目前棘手问题的解决。

可能没有意识到，国土安全部内部机构之间为争夺控制一个新成立的代理机构，而上演了一场激烈的争夺赛，像这种组织内部机构之间的小规模争斗是一种相当普遍的现象。在资源匮乏而个人又充满欲望的现实之下，冲突是不可避免的。通过权力和政治活动获取并维持一种权势或影响力，是在竞争和冲突时使用的主要"武器"。在组织内部，影响力这种武器由某些因素决定，这些因素涵盖了从雇员在既定领域里的知识和能力到吸收合适人选的技能这个广泛范围的诸多因素。所以，想要完全了解一个组织，我们必须超越它所建立的正式目标，并且要真正地认识到，权力、政治和影响力对组织生命来说是至关重要的和永久的事实。

事实上，组织目标很少由合法的权威机构制定，而是产生于个体与短暂联盟之间持续性操纵和讨价还价的过程中。一般而言，就像外部政治一样，联盟也容易随着问题的转移而发生改变。因此，组织目标随着联盟内部权力均衡的改变而变化。组织目标与组织权力和政治以同样的方式起着重要作用，因为这些目标为谁获得哪部分资金的资源分配方案提供"官方"的理由和合法性。

2.4.2 内部权力关系

权力关系是组织的永久特征，主要是因为专业化创立了许多相互依赖的单位，这些单位规模不等，重要程度不同，为获得稀缺资源彼此之间相互竞争。组织理论学家杰弗里·普费福（Jeffrey Pfeffer）在其著作《组织权力》（*Power in Organizations*）中强调："那些在组织中有责任履行更加重要的任务的个人和单位，在获得和行使组织权力方面都具有天然的优势。……权力首先是一种结构现象，人们也应该这样来理解权力。"

权力与依赖相关。较低级别的组织成员有自己的武器库——如专业知识和个人魅力——能使其他人依赖于他的资源。经典戏剧中的一种常用手法，就是让那些地位低下的仆人能够运用自己的聪明才智获得社会地位较高的人的认可。有些人像第一夫人或在组织中"免受惩罚"那样被对待，就是因为他们拥有一技之长，这些技能赋予了他们特殊背景下的权力，这就是人人都了解的知识化的作用。最现成的例子就是，电影和电视连续剧《风流医生俏护士》（*M* A* S* H**）里的人物华凯（Hawkeye）和特雷珀（Trapper），如果不是因为战场上急需外科医生，他们早就会因为他们的风流举动而被军事法庭审判。

传统组织理论高度重视"合法权力"（按照组织层级从上到下配置的权力）和正式的规则（由掌权的那些人颁布和执行），确保组织行为是针对实现既定的组织目标。这种"结构主义者"倾向于把权力界定为权威的同义词。相反，其他人则认为，在今天的组织世界中，完成任务所需要的权力和随着职位所带来的权力（授权）这两者之间的差距越来越大。例如，罗萨贝斯·莫斯·肯特（Rosabeth Moss Kanter）在其《管理过程中的权力失效》（*Power Failure in Management Circuits*）一文中，识别了组织中对缺乏权力尤其敏感的三类职位：一线主管、专业人员以及高层管理人员。不过，她认真地区分了"权力"与"支配、控制和压迫"之间的不同。她主要关注的问题是，在较高组织层次，“没有适当关注后果的惩罚权、阻止权、存货处理权、削减开支权、解雇权等”权力都在增加，但用于积极完成工作的权力却没有增加。那些意识到自己的权力正在逐渐丧失以及认为自己的下属不再像以前那样尊重他们的管理者，都倾向于使用更多的控制或惩罚形式的影响力。因此，大型组织中的无能为力的感觉（或察觉到无能为力），可能比拥有权力更具有实质性的意义。授权只是获取组织权力的来源之一。权力，对所有职位都一样，存在于四面八方，不只是存在于等级制的上下结构中。

其他形式的权力和影响力，常常会胜过基于权力带来的那种影响力。例如，对稀缺资源（办公空间、自由支配资金、当前的准确信息和做工程所需的时间和技巧）的控制、容易接近有权势的人（重要的客户或当事人、理事成员、拥有正式权威的人或控制稀缺资源的人）、强有力的联盟核心、“执行组织规则”的能力（知道怎样完成一件事或阻止别人完成一件事）以及可信度（确定某人的话值得信任）等都是不同于正式权力的重要影响力。史学家理查德·E·诺伊施塔特(Richard E. Neustadt）在有关总统职位的划时代分析著作《总统权力》（*Presidential Power*）中，断言总统的真正权力是非正式的权力，其本质就是一种说服的权力。诺伊施塔特引述哈里·S·杜鲁门总统考虑让德怀特·D·艾森豪威尔(Dwight D. Eisenhower）将军成为总统时的话：“他将会坐在这里，命令别人做这做那，但什么都不会发生。可怜的人——这可一点都不像军队，他会感觉很沮丧。”

新闻报道

迪克·切尼和创造权力

随着迪克·切尼（Dick Cheney）的第二个任期临近结束，几乎所有的观察家都认为，处于第二个任期的乔治·W·布什总统已经为副总统行使权力安排了一个前所未有的角色。正像我们在本章中已经注意到的，权力与依赖性高度相关。组织中缺少正式权力的那些人，能够利用自己所擅长的很多不同工具使得别人依赖于他们。副总统除了主持参议院工作和在参议院决断不分胜负的选票事项以外，宪法没有赋予这个职位更多的权力，因此副总统的角色经常被看成是政治荒原。富兰克林·D·罗斯福的首位副总统对其职务和权力十分清醒，他的一句名言经常被引用：“副总统顶不上一壶暖尿（a pitcher of warm piss)。”尽管副总统也许拥有有限影响力的历史，但切尼从未忘记，总统替身只不过是在等待总统死亡的过程中消磨时间罢了。

切尼从任职的第一天起，就运用其强有力的政治技能和多年的从政经验在白宫最大可能地发挥着作用。乔治·W·布什唯一的选举经验来自于他担任六年得克萨斯州州长的经历，但切尼副总统的广阔背景却成为这位第 43 任总统的无价资本。不过，就在切尼用知识使得自己在布什的白宫中获得影响力时，他的这种使布什最大化地依赖于他的技能也使他自己通过政治权力的方式得到了最大回报。2007 年，华盛顿邮报刊登了一系列文章，十分详细地报道了切尼的这些技能和策略。在巴顿·格尔曼（Barton Gellman）和乔·贝克尔（Jo Becker）的这些文章中，披露了切尼在重新定义副总统职务的时候，使用了怎样的办法和策略。为了开发他的权力，切尼养成一个习惯，那就是成为会议上最后一位向总统提出建议的人。在别人都离开的时候，副总统总是留下来与总统待在一起，以便对某个问题或事情做出决定性的说明。切尼还有一种习惯性做法，那就是要前瞻性地减轻总统的某些工作负担，而这些工作正是总统已经给予关注的事情。从阅读冗长的情报总结和详细的立法草案开始，副总统就像布什的过滤系统一样在工作着。切尼看过这些原始文件后，会让他的办公室整理出反映他对这个问题基本看法的简短摘要，然后再送给总统。在利用各种各样的策略确立自己对总统的重要作用的同时，切尼还试图在行政办公室的那些较低级别官员身上巩固他的权力。从没有预先通知就突然出现在较低级别官员的会议上，到要求这些官员只向他汇报工作，切尼在割断直通布什政府的向上管道方面做得非常成功。

最后，迪克·切尼拥有的史无前例的副总统权力也许只是历史的例外，未来的副总统们，可能会滑回到准备参加国葬的那种更为传统的角色上去，或者只是在深夜脱口秀上发挥为主持人起到点睛之笔的作用。但是，切尼建立起来的这种副总统职务模式，将会成为想要超越“一壶暖尿”作用的并具有创新精神的任何一位副总统的典范。

杰弗里·普费福把权力定义为“让别人按照自己的想法完成某件事的能力，这是一种影响别人的潜在能力”。这种定义对于理解组织具有若干优点。首先，它强调权力的相对性。正如普费福指出的，“权力处在特定环境或关系中。一般说来，一个人并没有‘有权’或‘无权’之分，仅仅是在特定的社会关系里获得其他社会成员尊敬的程度不同而已”。“完成事的方式”是普费福所用的一个短语，它提醒人们，冲突和权力的运用贯穿于方法、手段、路径或者“领地”的选择过程中。方式并非局限于与结果相对立的意义上。这个观点很重要，因为权力通常是一种组织现象，是组织专业化的一种结果。例如，那些竞争性的组织联盟通常都是围绕职业而形成的，如医院的护士团体和医师团体的联盟、大学里的社会学家团体和数学家团体的联盟以及受过商业学校教育的专业人员团体和从“逆境中磨炼成才”的通才团体的联盟，都是竞争性的组织联盟。组织成员的不同职业、教育背景、性别、年龄等都会引发组织冲突，但这些冲突一般不会影响目标，它们主要集中在与专业、学科、性别、年龄组等“权利”相关的问题上，可以用来锻炼对“专业权利”的感知，控制做事的方法，或者来保护自己的“领地”和地位。这点是重要的，因为它重新对组织行为和决定常常是“非理性的”这一点加以强调，而不一定是指向组织正式宣称目标的实现（见图 2—5）。

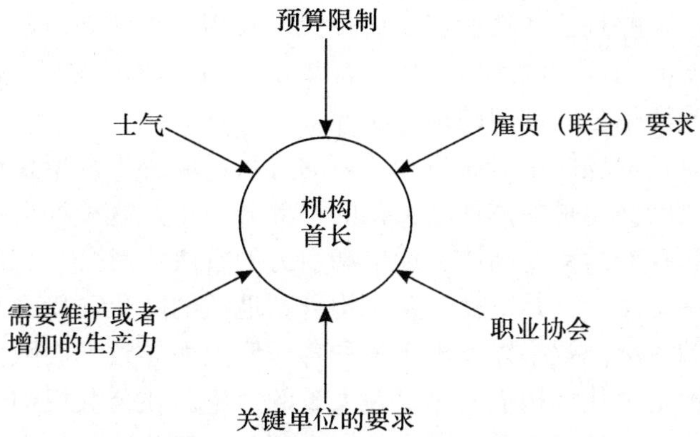

图 2—5　公共机构管理者的典型内部压力

所有那些有意成为管理者的人，都应该意识到个人沉迷于权力的危险性。一提到“权力”这个词，大部分听到的人会立刻想起阿克顿（Acton）勋爵①在 1887 年发表的一个观点：“权力倾向于腐败，绝对权力则绝对地导致腐败。”有关掌控权力的最好建议，或许要数杜鲁门在《直言相告》（*Plain Speaking*）里所说到的：“如果一个人能够接受这样的想法，即权力是短暂的，那么他的想法就对了。但如果他把自己当成是权力的源头，那么他将会把自己毁灭掉。”

2.5　公共组织文化

行政体系是同时期社会文化的组成部分，它们发展并孕育了自己的组织文化。我们从儿童时期开始，就凭着本能应对来自这个世界的不同事情。我们在学校、家庭（每个相对封闭的组织）中的行为与在街头这个外部世界中的行为是不同的。这是对于不同文化产生不同行为的肯定。因此，我们在街头和朋友的谈话，与我们和家长或者老师的谈话是不同的。这使我们逐步地接受了现实，那就是，每当我们加入到另外的组织中，不管是为了工作、礼拜甚至举重，我们都希望，并且经常是热切地希望，去学习新的行话和接受新的组织文化。公共组织的“两种文化”是一种简单化的说法，公共组织文化几乎是无限多样化的。然而，它们有着共同的地方：它们都与外部整体文化环境进行互动交流。但在这个意义上，我们可以这样说，所有的公共组织必须处理两种文化：它们独特的内部文化和共同的外部文化。

2.5.1　外部文化环境

人们经常会以一种错误的方式来理解或判断公共管理，即公共部门系统经常被错误地看成是与工业管理系统相似的东西。私人部门仅仅在一部分管理功能上表现

① 阿克顿勋爵：（1834—1904）英国史学家，原名叫约翰·达尔伯格（John Dahlberg）。

得与公共部门相似，并且这些功能有多少相似以及相似程度如何，取决于行政权力运作的政治化程度的高低。因此，若离开行政权力的政治环境——政治文化，就不可能真正地理解或评估公共部门的运作状况。

任何共同体对其治理体系的品质和活力的看法，取决于其所在地域政治文化这个决定性因素。政治文化是整体社会文化的一部分，正是这种社会文化决定着共同体对其政治进程和政府活动的品质、风格和活力的看法。对公共官僚机构的激进变革进行解释的唯一方法，就是审视公共机构管辖地域的文化环境。官僚机构活动的质量借助于公民满意度、效率以及出于各种各样原因而导致的腐败情况来测量，当然，有关质量管理是由什么构成的仍存在大量的争论。在公共机构活动的质量与方式中，评论家和公共官员可以决定其中的一小部分，但关键的决定性因素仍是这个共同体的政治意愿。这种政治意愿决定着适用于任何特定公共问题的价值和资源，有助于明确公民权[①]（citizenship）的义务，并且确立行政官员可能参与活动的范围。

即使当腐败盛行时，也正是政治文化对这种不诚实行为规定了范围和方向。例如，詹姆斯·Q·威尔逊（James Q. Wilson）在《多样化的警察行为》（*Varieties of Police Behavior*）一书中研究了警察[②]（police）在八个社区的运作方式，从而证明，警察行为反映出的不是某种抽象的质量标准或者专业标准，而是社区暗含或潜在的某些愿望。因此，无论警察是极为宽大仁慈，还是对未成年人的法律行为严格苛求，都依赖于他们对社区关怀的理解程度。威尔逊认为，如果维护秩序是警察部门的首要职责的话，那么警察就具有“守门人”（watchman）的表现风格。这时，警察活动就容易忽略一些不构成“严重”犯罪的违法行为，例如较轻的交通肇事、赌博活动和不合法的教会赌博性游戏。当然，所有这些作为或者不作为的轻微违法行为也偶尔会受到打击。警察定期关闭那些非法赌博业务的运营场所，以回应警察局局长或市长的政治需要。“守门人”风格的关键职责就是维护秩序，确保社区的安宁祥和和各类组织的稳定运转。只有在出现骚动或暴动的情况下，法律的考量和官方的执行命令才是至高无上的。当然，在那些安详的令人满意的社区中，标准的警察运作程序也会趋向于更加地墨守成规和条文主义。

文化价值观和行政 尽管社区的政治文化很少被明确地表达出来，它仍然会起着解释来源的作用。政治文化，通过确定适用于任何特定问题的价值，确保了在采取行政行动之前，决策过程已经充分地考虑了这种价值体系的要求。价值是如何影响行政活动的，乔治·奥威尔在他1936年的《猎象记》（Shooting an Elephant）一文中给予了说明。20世纪20年代，奥威尔是一名代表英国殖民政府在缅甸工作的

① 公民权：市民和国家之间的动态关系。公民权概念涉及市民可能做什么（如表决）、必须做什么（纳税）和可以拒绝做什么（誓死效忠）。这个概念越来越多地涉及市民的利益或权利，市民有权对政府提出要求。在有些行政领域，公民权是指一种在公共部门就业的要求。对国家忠诚并具有长期居留权的人才能拥有公民权。

② 警察：州和地方政府的准军事组织，其最基本的职责包括维护公共秩序和安全（如果有必要的话，通过使用武力）、调查和逮捕被指控犯有刑事罪行的人、保障公民之间的合作。警察这个术语，当用来指所有执法人员时，通常意指自治城市和自治地方的执法人员。县官员是县治安官，州官员通常被叫做州警察、州警官或者公路巡警。

警务人员。在缅甸，受过训练的大象被用于拖动沉重的木材。一天，一头被驯化的大象突然发狂，到处乱窜乱撞，危及人的生命。这种情况下，奥威尔打算前去击毙大象，因为制伏发疯的大象是地方警察的工作。但当奥威尔和当地围观者到达那里时，大象却安静了下来，正在吃着草，已经不会对任何人构成危险。这时，蜂拥而至的人群都在看着这名作为帝国代表的孤独警长，希望他能够果断行动，射杀危害人生命的这头大象。“阁下（主人）一定要像阁下那样行动，看上去要刚毅，知道自己的想法，做事情当机立断。”当地盛行的文化希望奥威尔把大象击毙。奥威尔说他感觉自己像是“一个荒唐的木偶”，由着“当地土著居民的意愿来回摆布”。最终他还是击毙了这头大象，但他的做法事实上并非出于公共安全的原因，而“纯粹是为了避免被当成是一个傻瓜”。是文化逼他这样做的。当然，今天的态度会完全不同，并且几乎不能想象世界上任何地方的警察会被逼去杀死任何濒临灭绝的物种，更不用说是击毙一头不存在威胁的大象。

美国地域辽阔，且呈现地域多样性，尽管存在整体上的美国政治文化，但它的影响与不同的州和地区的当地政治亚文化的影响相比，通常要小一些。不同政治文化的来源，例如种族、民族和宗教，都是与产生独特政治文化（例如落基山脉西部或南部腹地的政治文化）的历史政治行为模式结合在一起的。所有的政治文化都在不断变化，有些变化比其他变化来得更为迅速。德国和日本的当代政治文化，与其在二战之前或者二战期间典型的法西斯主义①文化，有着天壤之别。冷战过后，东欧的共产主义国家几乎在一夜之间就发现自己处在新的政治文化之中。美国政治文化历史地看是非常稳定的，但 1861—1865 年的内战时期明显是个例外。

2.5.2　内部文化环境

组织文化（存在于组织内部的文化）是一个类似于社会文化的翻版，只不过是范围小了一些罢了。组织文化由价值、信念、假设和观念等一些无形的东西组成，正是这些信念和态度模式对组织产生影响，这种影响遍及组织的各个环节（尽管有不同程度和不同强度），并会持续相当长的一段时间，决定着组织中和组织周围成员的行为。

组织文化是通过个人的社会化过程（个人适应文化的过程）传递给组织新成员的，即通过一套仪式和互动模式得以维持和传输，通过群体规范②（norms）、组织的奖励和控制系统得以实施和再强化。在可观察到的组织活动背后，始终存在着一股看不见摸不着的力量，这就是组织文化，正如基尔曼（Kilmann）和其他人所言，“文化之于组织，正如性格之于个人，是一种隐藏在背后但具有统合力量的基石，正是这个基石为人们提供意义、方向和动力”。

---

① 法西斯主义：一种政治哲学，主张独裁统治，推行等级组织，具有强烈的政党理念，通过暴力、威胁和权力的独断专行来维持一个极权和人数众多的社会。

② 规范：社会对基本责任、行为和成员在组织角色中的思维模式的要求和期望。

组织文化，是通过那些占统治地位的或者早期的组织“塑造者”或“英雄们”的态度和行为，通过组织的工作性质，通过新成员的态度、价值和“行动意愿”，而被创造出来的，是通过经常被提及的故事、传说以及正式或者非正式的社会化进程得以传播的。组织文化提供理解事件的框架，界定行为的期待，充当组织成员承诺的来源和中心，并形成组织“控制机制”（即通过群体规范控制成员行为）。不过，虽然强大的组织文化可以控制组织行为，但它也可以阻止组织为适应变化的环境而作出必要的改变。

由于组织文化能够帮助理解和预测组织在不同环境下的行为方式，它在构建组织理性方面特别有用。文化模式类似于基因遗传，一旦你知道了基本的假设模式，你就可以预测组织在不同环境下的行为方式。最重要的是，如果组织文化导致机构运作的低效，就有必要设法改变或祛除文化中的那些问题要素。例如，当情报工作出现错误时，2001 年 9 月 11 日的恐怖袭击就成功了。参议院和众议院在 2002 年举行听证会，对美国联邦调查局（FBI）组织文化的创建和培养进行了严厉批评，因为机构内部的分歧和合作问题没有得到应有的重视。更具体地说，听证会呼吁重视美国联邦调查局的文化建设和与此相类似的美国中央情报局的文化建设，这些部门先前的文化没有能够促进情报部门官员和执法部门官员之间的相互作用和相互影响。

在卡特里娜飓风带来灾难性的后果之后，人们才对联邦紧急事务管理局（FEMA）的组织文化所造成的破坏性影响给予了足够的关注。当时由迈克尔·布朗（Michael Brown）领导联邦紧急事务管理局，在这场灾难中，该局在组织文化方面的诸多缺陷充分地暴露了出来。在 2003 年 1 月布什总统委任布朗担任局长之前，他在应急管理方面的经验非常有限。这种经验的缺乏体现在他疏远了美国联邦紧急事务管理局的许多雇员，这些雇员对布朗产生不满，认为他不具备领导该机构的能力，认为他不愿意跟预算缩减作斗争，因为预算的缩减会削弱该机构应对灾难的能力。

每片雪花不一样，每个组织的文化也都是不同的。在一些组织中适用的文化，在另外一些组织中就未必适用，所以不同组织的基本假设是有区别的。所有组织文化都是在诸多因素影响下形成的，这些因素包括该组织所处的社会文化、所需要的技术和竞争对手等。有些组织有着强大、统一和渗透性的文化，而另外一些组织的文化则相对较弱，在不同功能领域或地理范围中还会产生“亚文化”。这种现象最常见的例子就是，总部办公室的文化要比驻外办事处的文化来得更加正式一些。

尽管“组织文化”和“工厂文化”这样的用语，可以在 20 世纪 50 年代的为数不多的一些管理书籍中找到，例如艾利特·雅克（Elliott Jacques）的《变革中的工厂文化》（*The Changing Culture of a Factory*）和小威廉·H·怀特（William H. Whyte Jr.）的关于公司相似性研究的书《组织人》（*Organization Man*）中就提到相关概念，但是直到 20 世纪 70 年代末，学习管理或者组织的学生很少会去关注组织文化的本质和内容。然而今天，组织文化已经成为公共管理领域最热门的议题之一。它是如此的热门，以至于一旦哪里出现组织上的故障，人们就开始叫嚣，说“这是文化问题”。

2.5.3　职业社会化

在 20 世纪 60 年代至 70 年代初期，论述组织和职业社会化（professional socialization）进程的一些书受到了广泛关注。和早期著作一样，他们假定组织文化或者职业文化的存在，并进而探究有关个人和文化之间的关联性问题。在这些著作中，霍华德·索尔·贝克尔（Howard Saul Becker）等人所著的《穿白大褂的男孩们》（*Boys in White*）以及赫伯特·考夫曼（Herbert Kaufman）所著的《天狗》（*The Forest Ranger*）是最受欢迎的两本著作，前者以编年体的形式记载了通过社会化使医科学生符合医生职业要求的过程，后者是关于一项美国林务局在流动的守林人之间如何建构“服从的意志和能力”的研究。然而，不得不重申的是，这些早期著作并没有讨论诸如文化是如何形成和变化的、文化是如何影响领导的以及文化和战略计划（确定组织方向）之间的关联性等重要问题。相反，它们更多关注的是将雇员社会化到既有组织文化的过程，以及既有文化对组织成员的影响。由于没有关注文化对结果的影响，因此有可能会忽略一些重要问题。例如，了解联邦调查局特工是如何被社会化到这个机构中的固然很重要，但也许更为重要的是，当恐怖袭击已成事实，首先要了解组织文化是如何强调对犯罪行为进行检查的，而非首先了解如何阻止恐怖活动的发生。

在 20 世纪 70 年代末期，组织文化的研究取向出现转变，焦点更多地集中在象征意义的文化上，这与之前的组织文化研究取向截然不同。象征或标志是一些类似旗帜或者图形之类的东西，它承载着比其本身固有内容更为广泛（或者不同）的含义。比如说，星条旗就是一种象征，因为它象征着价值、传统和情感。象征也可以是一些文字（IBM 的著名标志“Think”）、词组（Semper fidelis，这是美国海军陆战队的座右铭“永远忠诚”）和组织结构。因为最高或者第七层楼是美国国务院高级官员的办公所在地，所以政策常被说成是来自“第七楼”，而非来自什么特殊的官员。同样，白宫这栋建筑也可以被视为一种象征，记者和政治评论员经常以“白宫说”这些或那些来阐述事情。这栋建筑会说话，因为它是当今总统官僚机关的建筑化身。因而，这栋大楼通过新闻宣传稿、新闻会议、或深或浅的背景简介和故意透漏消息①（leaks）等方式来讲话。虽然总统是最主要也是最受期待的发言人，但还有其他数百人也在那里工作，他们也会发出自己的声音。

有关组织英雄和宗教仪式的浪漫故事也具有象征的意义，只要这些故事承载着超出其固有内容的含义。军事奖章和其他类型的因为非凡成就而授予的组织奖励，就是这方面的较为典型的例子。当拿破仑政府的一位官员把军事奖章描述为“华而

① 透漏消息：为获取公共利益，政府里的人故意透漏机要或机密信息，使官僚对手困窘，或者帮助记者揭露不称职或欺骗公众的政府官员。

不实的装饰品”时，拿破仑回应道，“既然你高兴把它们称作装饰品，那么人类就是被这些‘装饰品’所征服的”。聪明的管理者会制造出许多的机会使用象征性标志来激励、启发和感谢其雇员。

2.5.4 象征管理

对象征物的熟练运用以及象征行为的戏剧性展示①（dramaturgy），是管理组织中人的一项基本构成要素。就管理而言，尽管这种对象征物的运用可能是有意识或者无意识的，但它不可避免地存在于组织中。象征性的行为通常容易辨别，因为它具有一种显而易见的但华而不实的行为举止②（beau geste）之特征。它们构成人们日常生活方式和言行举止不可分割的组成部分。当一个组织的主管在拥挤的电梯里与一位低职位雇员偶遇时说道：“你的工作进展得都还好吧？”这位主管并不是真的希望对方就这个问题作出回答。这些话仅仅只是一种交流方式，只有象征性的意义。如果雇员真的回答了问题，而不是简单地回答：“很好，谢谢您！”这就会显得很不恰当，且问话的主管也会感到恼怒和惊讶。在这类情况下，语言由交流的手段变成了一种象征，一种带有与其本身内容不同意思的东西。

在20世纪70年代，象征管理（symbolic management）还只是受到有限的关注，但到20世纪80年代初期，组织文化（以及象征主义）观点出现了转折。接着，几乎在一夜之间，组织文化成为与管理实务人员和管理研究人员相关的各类图书、报纸和期刊中的一个十分热门的话题。组织文化作为一种观点，出现的时间还不长，相关的资料也不多，只有少数组织文化主题得到广泛认同，这就是：

(1) 存在着组织文化。

(2) 组织文化各不相同。

(3) 组织文化是一种社会地建构起来的观念。

(4) 组织文化为其成员提供了一种理解和产生事件和象征符号的方式。

(5) 由于组织文化具有非正式的赞同或反对某种行为的能力，所以它可以成为控制组织的一个强有力的工具。

每个组织都有其自身独特的文化，这种独特文化决定着这个组织对同样事情作出反应的方式。在五角大楼，你可能经常会被告知，同样的话在不同组织部门中意思极不相同。一个很好的例子就是，美国国防部对“安全”这个词的使用。如果陆军被告知要保证某栋特定大楼的安全，他们就会在每一个出入口部署警卫；如果海军陆战队接到同样的指令，他们就会攻击这座大楼，直到里面的每一个人都投降；空军则是通过与物主谈判一个三年租期来完成保卫大楼的使命。

---

① 戏剧性展示：一种用行动或戏剧性的表演来展示他们的组织或政治角色的方式。那些努力想让自身看起来或听起来更像参议院或总统的政治候选人，其实就表现出一种剧作艺术。当然，如果他们必须那样努力地去做才能看起来或听起来像候选人，那么他们本身可能就不具备这样的素质。关于演员的一条传统忠告是：一定要诚实。如果你能假装诚实，你就已经掌握了真谛。

② 华而不实的行为举止：高贵或者客气的姿态。

因为同样的话语在不同的组织文化背景下会得出截然不同的结论，所有想成为管理者的人都必须意识到，组织文化不只是我们生活于其中的某种简单的东西。犹他大学教授 J·史蒂文·奥特（J. Steven Ott）在《组织文化观》（*The Organizational Culture Perspective*）一书中，对此种观点进行了详细的阐述。管理者必须将组织文化当作其在组织中评判、理解和工作的参照框架。所以，即使词汇可能都一样，管理者也应当有效地学会一种新的语言以理解组织背景下的词语意思，任何一个不懂得以组织方式行动或说话的人，都是在按照自己的意思独自行动或说话，而不是在管理。

参考文献

The 9/11 Commission. (2004). *The 9/11 Commission Report: Final Report of the National Commission on Terrorist Attacks Upon the United States*. United States Government Printing Office: Washington, DC.

Becker, H. S., et al. (1961). *Boys in White: Student Culture in Medical School*. Chicago: University of Chicago Press.

Bell, Daniel. (1960). *End of Ideology: On the Exhaustion of Political Ideas in the Fifties*. Glencoe, IL: Free Press.

Bemis, Samuel Flagg. (1956). *John Quincy Adams and the Union*. New York: Knopf.

Boorstin, Daniel J. (1961). *The Image: A Guide to Pseudo-Events in America*. New York: Atheneum.

Congressional Research Service. (1993). The Intelligence Community and 9/11: Congressional Hearings and the Status of the Investigation. www. fas. org/irp/crs/RL31650. pdf.

Dahl, Robert A., and Charles E. Lindblom. (1953). *Politics, Economics, and Welfare*. Chicago: University of Chicago Press.

Degler, Carl. (1970). *Out of Our Past*. New York: Harper and Row.

Downs, Anthony. (1972). "Up and Down with Ecology—The Issue-Attention Cycle." *Public Interest* 28 (summer).

Easton, David. (1963). *A Systems Analysis of Political Life*. New York: Atherton.

Etzioni, Amitai. (1967). "Mixed Scanning: A 'Third' Approach to Decision Making." *Public Administration Review* (December).

Galbraith, John Kenneth. (1956). *American Capitalism*. Boston: Houghton Mifflin.

Gingrich, Newt. (1995). *To Renew America*. New York: HarperCollins.

Hofstadter, Richard. (1965). *The Paranoid Style in American Politics*. New York: Knopf.

Jaques, Elliott. (1951). *The Changing Culture of a Factory*. London: Tavistock Institute.

Jones, Charles O. (1977). *An Introduction to the Study of Public Policy*, 2nd ed. North Scituate, MA: Duxbury Press.

Joseph, Peter. (1974). *Good Times: An Oral History of America in the Nineteen Sixties*. New York: William Morrow.

Kanter, Rosabeth Moss. (1979). "Power Failure in Management Circuits." *Harvard Business Review* (July-August).

Kaufman, Herbert. (1960). *The Forest Ranger*. Baltimore: Johns Hopkins University Press.

Kilmann, R. H., et al., eds. (1985). *Gaining Control of the Corporate Culture*. San Francisco: Jossey-Bass.

Kingdon, John W. (1995). *Agendas, Alternatives, and Public Policies*, 2nd ed. New York: Longman.

Lasswell, Harold D. (1963). *The Future of Political Science*. New York: Atherton.

——. (1936). *Politics: Who Gets What, When How*. New York: Smith.

Latham, Earl. (1952). *The Group Basis of Politics*. Ithaca, NY: Cornell University Press.

Lindblom, Charles E. (1959). "The Science of Muddling Through." *Public Administration Review* (spring).

Lipsky, Michael. (1980). *Street-Level Bureaucracy*. New York: Russell Sage Foundation.

Lowi, Theodore, J. (1979). *The End of Liberalism*, 2nd ed. New York: Norton.

Markham, Felix. (1964). *Napoleon*. New York: New American Library.

Miller, Merle. (1974). *Plain Speaking: An Oral Biography of Harry S. Truman.* New York: Berkley.

Mills, C. Wright. (1956). *The Power Elite*. New York: Oxford University Press.

Orwell, George. (1946). *Shooting an Elephant and Other Essays*. New York: Harcourt, Brace.

Ott, J. Steven. (1989). *Organizational Cultural Perspective*. Pacific Grove, CA: Brooks/Cole.

Peters, Charles. (1993). "Tilting at Windmills." *The Washington Monthly* 25(November).

Pfeffer, Jeffrey. (1981). *Power in Organizations*. Marshfield, MA: Pitman.

Pressman, Jeffrey, and Aaron Wildavsky. (1973). *Implementation*. Berkeley: University of California Press.

Romzek, Barbara S., and Melvin J. Dubnick. (1987). "Accountability in the Public Sector: Lessons from the *Challenger* Tragedy," *Public Administration Review* 47(May-June).

Sheldon, Michael. (1991). *Orwell*. New York: HarperCollins.

Taft, William Howard. (1916). *Our Chief Magistrate and His Powers*. New York: Columbia University Press.

Whyte, William H., Jr. (1956). *The Organization Man*. New York: Simon and Schuster.

Wilson, James Q. (1968). *Varieties of Police Behavior*. Cambridge, MA: Harvard University Press.

Woodward, Bob, and Carl Bernstein. (1974). *All the President's Men*. New York: Simon and Schuster.

第 3 章

政府机构的持续性重组

引子：新封建主义

1958 年，经济学家约翰·肯尼思·加尔布雷思（John Kenneth Galbraith）出版了《富裕社会》（*The Affluent Society*）一书，他在书中认为，美国社会的主要问题并不在于资源缺乏，而在于“私人的富裕和公共的不洁”（private affluence and public squalor）二者并行不悖地长期存在于社会中。

现在，这种趋势变得更为明显。新闻工作者们，例如迈克尔·林德（Michael Lind），正在观察着一种“新封建主义”（new feudalism）现象，即“颠覆在过去的千年中逐渐走向由政府提供诸如治安、公用道路、运输网络以及公立学校等基本公共物品的趋势”的现象。林德断言，“在美国——与任何其他工业化国家都不太一样——这些公共物品正在再一次地变成私人的奢侈品”。

当公共服务恶化的时候——尤其是在城市地区公共服务恶化时——那些有钱的人，通过支付费用的办法摆脱了服务恶化的困扰。他们将孩子送到私立学校，雇用私家警察，每晚都以地道的封建传统习俗隐没于封闭的小区内，而这些小区门口的守卫时刻检查着所有试图进入小区人员的身份。我们现在谈论的对象并不仅仅是有着看门人的公寓大楼，还有数百万居住在城市郊区“封闭式社区”（gated community）里的公民，这些社区里有着自己的私家警察、私有街道以及私家花园。

这种在加利福尼亚、得克萨斯、亚利桑那、佛罗里达以及弗吉尼亚这几个州内已经非常普及和流行多时的封闭式私人居住社区，如雨后春笋般地在整个美国发展起来，它模仿的正是在上述阳光地带①的退休者中十分受欢迎的无所不包的这种微型城市（minicities）居住模式。但令人新奇的是，所有年龄层的中等收入和高收入家庭正在选择这种居住模式，缴纳高额费用（社区费用），服从严格的环境管制，以走向美好的生活，远离城市病。据估计超过700万美国人已经居住在这种封闭式社区里，预计这个数字在接下来的十年中将会翻番。具有讽刺意味的是，按照政治分析家蒂莫西·艾甘（Timothy Egan）所说，“环境保护、枪械控制、高度管制——恰恰是国会中的共和党党员们试图要在全国从总体上废除的东西——却在共和党人占优势的地区中表现得非常的明显”。

这些新式封建主义者（new-fashioned feudalists），在外部世界方面都会毫无疑问的是自由主义者，但在封闭式私人微型城市社区的内部世界中，他们却又出人意料地持有社会主义观念。他们愿意接受各种各样的社区规制——从枪械控制到对房子外部油漆颜色的限制、草坪养护标准以及禁止在车库上方放置篮球筐，而他们在别的环境中可能会质疑这些规定违宪。业主们必须遵守共同的要求，包括携带特殊的身份证明，接待访客数量多于规定数量时要获得许可，并为各种各样的服务，如垃圾收集、收看有线电视节目以及占用网球场等支付使用者费用。

新封建主义远远地扩展到了看家护院之外。中世纪时期，地处西欧的莱茵河由许多军阀控制，他们为了对自己所控制的那一段河流收取通行费，在河畔建了许多城堡。现在的电子“城堡”正在对道路交通中类似于私有的财产征收使用费。例如，加利福尼亚州私营交通公司，获得州政府的批准，在现有的堵塞严重的南加州高速公路的中间地带，耗资1.28亿美元修建了一条10英里长的四车道公路。这条公路的建成无疑改善了原来公路上几乎每天上下班交通拥堵的状况，但它并不是免费的，使用者必须在他们汽车的挡风玻璃上安装一个异频雷达收发器以便于电子监视器——即城堡——识别他们何时进出这条公路。电脑会定期给驾驶员开出电子账单或邮寄一份老式的纸质清单，要求支付通行费用。任何试图避开这些无声岗哨的人将会被拍下其驾驶执照牌并面临州政府批准的罚款，罚款额度最高可达300美元。

吉罗德·S·普费福（Gerald S. Pfeffer）是管理这条新公路的公司经理，他解释了公司的宗旨：“我们是私营企业填补政府服务——联邦公路快运——空白的另一种范例。”但是批评家们抱怨说这条高速公路是精英们的，因为只有可以支付2.5美元高峰期使用费的人们才可以开着他们的名贵汽车飞驰，而那些无力承担来回一次每天额外付出5美元——每年超过1 000美元——的人们必须和穷人们一起在破旧的免费公共公路上缓慢前进。普费福认为，这没有什么不对的，“你得到了为其付费的东西——大美利坚公路”。事实上，美国征收公路和桥梁使用费已经有了很长时间并且已经很普遍，但不同之处在于，这里有人在为获取利润而不是为替政府更好地实施管理而收取通行费。

① 阳光地带，sunbelt，指从弗吉尼亚州至加利福尼亚州南部的美国南部地区。——译者注

显然，许多公民觉得为享有私家警察、街道以及花园而花掉的费用或可能出现的人身限制是值得的。问题在于，丧失的却是更大共同体的意识。住在富裕地区的公民们，不大可能投票支持那些为他们并不使用的公共服务而支付费用的提案。例如传统的公立学校、公共公园以及公用道路。事实上，加利福尼亚州议会专门批准了私有道路，因为他们意识到为新的公用道路缴纳附加税无法得到公众充分的支持。

这股私营服务的潮流正在滚滚而来，其结果就是那些没有办法选择“私有化”服务的公民之需求可能会被忽视。而且因为居住在这些孤立封闭社区里的主要是白人，他们占据压倒性的多数，这导致政治统一体的进一步割据。这里的根本问题是，如果一些公民可以花钱让自己脱离普遍存在的公共问题，那么给我们其余人留下的公共服务是哪种呢？过去通常是“最主要的”（较富有的）公民会出面努力解决社区问题，因为不管怎样，他们是其中的一分子，但是现在他们只会躲在自己的院墙里。

居住在大城市中心区的人们，甚至可以通过创建一个“商业开发区”——即一个由该中心区内业主所有人缴税来负担的准政府（quasi-government），为自己购买到更好的公共服务。全国范围内有成千上万个这样的区域，为其居民提供额外的公共卫生、治安以及其他服务。因此，纽约市的许多富人小区更为清洁和安全，因为这里的居民有能力为私人环境卫生服务以及私家警察服务支付费用。

由此导致的美国社区的割据状况，在卡特里娜飓风来临时新奥尔良市的疏散过程中，表现得再为明显不过了。城市贫民们排队站在那个超级穹顶（Superdome）和会议中心外面的情景历历在目，由此关于政府最基本服务的供给方面的问题再次引起人们的关注。封建时代用护城河将民众与封建城堡隔离开来，与此不同的只是，超级穹顶外的民众被一条洪水深沟围困其中。

新封建主义只是公共部门逐渐私营化的一个方面，在这里，公民们购买他们能够负担得起的“公共”服务的数量，这原本也是他们的权利。私营化的另一个方面是政府自己将公共职能外包给私人来供给。这样，垃圾收集起来了，公共建筑清理了，街道修缮了，但这并不是公共雇员做的，而是与政府有外包协议的私营部门雇员做的。这通常没有那么昂贵，因为这些雇员们所获得的薪酬通常比公共雇员低——尤其是考虑到附加福利的时候更是如此。

传统的政府机器，即承载着公共目标达成的行政机构，正因为其总是不能有效地解决逐渐降低费用与提供更多公共服务这两种要求之间的矛盾，而越来越多地遭到愤怒的民众的质疑。在这个时候，私营化粉墨登场，即使有其封建的特性，还是被某些人看作是降低政府全部成本的一种途径，但也被另一些人看作是减少针对贫民服务的一种手段，此外还仍然被一些人看作是从总体上消除大政府诸多构成部分的一种方式，也许这就是私有化的综合效果。无论如何看待私营化，以及私营化尽管存在着持续的社会割据危险，但私营化仍是 21 世纪政府机构再造中最重要的工具之一。

讨论题

为什么住在封闭式社区里的那些居民不太愿意涉足公民事务？对公众支持增加

税收和改善公共服务来说，这种封闭式社区的发展趋势意味着什么？

3.1 政府机构为何物？

政府机构就是一种组织结合体，它由实施法律授权任务和提供公共服务的全国性政府、州政府和地方政府共同组合而成，也必然包括政府集中管理的结构安排。在所有行政辖区内，行政部门的组织及其重组，都是政府机构的永恒问题。

3.1.1 调整机构

1733年英国诗人亚历山大·蒲柏（Alexander Pope）这样写道：

> 政体如何，愚人多虑；
> 其实好坏，全在治理。

这两行来自蒲柏诗体作品《人论》（*An Essay on Man*）的诗句，由于亚历山大·汉密尔顿（Alexander Hamilton）在《联邦党人文集》第68篇（1788年）中劳神费心的特意引用而闻名。汉密尔顿虽谴责这种观点为“政治上的异端邪说”，但接着却承认，“我们断言，对好政府（a good government）的真正考验在于其创造良好行政（a good administration）的才能和意向”。从那以后，对治理效能的检验就一直是基于汉密尔顿的“良好行政”之理想。政府创设来实现其意志的机构，必须由其公共行政的产出质量来评价。但是许多汉密尔顿同代的以及当代的政治分析家却认为，无论质量多好，只有数量才是公共行政中最关键的事情。巴里·戈德沃特（Barry Goldwater）议员，虽在1964年总统大选中败北，但他发出的警告却仍能够常常引起共鸣：“如果政府大得足够给你任何想要的东西，那它也会大得足以拿走你的任何东西。”

与汉密尔顿同时期的托马斯·潘恩（Thomas Paine）经常写小册子宣传美国独立战争，他在《普通常识》（*Common Sense*）中写道，“每个国家中的社会都是上帝的赐福，但是政府在最好的情况下也只是必要之恶（a necessary evil），而在最坏的情况下它完全是不可忍受的祸害”。这无疑反映了现代美国共和党的观点。事实上，共和党在1994年的中期选举中控制了美国国会后实施的一个政纲，也与潘恩的论点仅在枝节上有一些区别。它可以用“管得最少的政府就是最好的政府”的格言来概括。这一格言来自于托马斯·杰斐逊（Thomas Jefferson）、托马斯·潘恩以及许多其他的在政府问题上的怀疑主义者们。新英格兰作家亨利·大卫·梭罗（Henry David Thoreau）也用这一格言作为其著名的1849年短文《不合作主义》（Civil Disobedience）的开篇语。

但是，如果这么多仁慈、聪明的人都坚决相信政府应该“最小”，那政府是怎样且为什么发展到如此之大的呢？就其最基本的任务即汉密尔顿阐述的“良好行政”而言，机构是否增长得过大了呢？本章的任务就是要审视政府机构及其行政效果的优与劣。永远铭记，无论如何，大多数有关政府再造以及重塑最好的公共行政的争论，都不是关于从根本上改变统治制度的性质而是关于调整机构的争论。用汽车作个比喻，这不是要重新发明汽车，而是要使用更少和更便宜的部件来降低这部车百公里的耗油量。

3.1.2　政府机构的增增减减

每当政府寻求解决重大问题时，随之而来的便是创设新的机构。例如 20 世纪 50 年代兴起的公民权利运动便产生了民权委员会（Commission on Civil Rights）（1957 年创设）以及平等就业机会委员会（Equal Employment Opportunity Commission）（1964 年创设）。20 世纪 60 年代兴起的环境运动产生了环境保护署（Environmental Protection Agency）（1970 年创设）。对 2001 年发生在世界贸易中心的恐怖主义者发动的战争创建了国土安全部（Department of Homeland Security）。政府机构一旦建立，就趋于长时间维持且不易改变。这些机构会发展出支持它们事业的选民，它们也会常常提出新的目标以强化其获得的支持。例如，平等就业机会委员会最初只是处理工作场所歧视方面的问题，而现在，当联邦法院重新解释歧视定义的时候，该委员会也成了工作场所性骚扰禁令在全国范围内的主要执行者（详见第 12 章）。

在政府机构工作，也存在着职业稳定性问题。机构有所增加，也会有所减少。例如，民航委员会（Civil Aeronautics Board）由联邦政府在 1938 年创设，其任务是管制航空工业，随着放松经济管制运动的出现，该委员会于 1985 年被撤销。技术评估局（Office of Technology Assessment）创设于 1972 年，作为国会在技术相关问题上政策选择的客观信息来源的支持机构而存在，但到 1995 年，该局由于新选举的共和党控制的国会削减开支而被撤销。1996 年，内政部（Department of the Interior）所属的矿业局（Bereau of Mines）的 1 200 名雇员受到不公平的对待。这个有着 85 年历史的机构被国会撤销了，因为国会关心的是节省超大预算问题而非超大劳工（big labor）组织①问题。但是，即便政府的一部分机构被裁减掉，它也很少被完全丢弃。例如，矿业局中从事煤炭开采安全工作的雇员转到了能源部（Department of Energy）所属的石化能源部门（Fossil Energy Division）中。而且即使那些强烈地鼓吹撤销商务部（Department of Commerce）的人们，也认为保留国家气象局（National Weather Service）和人口统计局（Bureau of the Census）会比较明智，即便采用按比例缩减的形式。

在美国，全国性政府机构天生保守得多，因此比起许多其他类似的更小一些的

① 超大劳工组织：即美国主要的工会及其联盟。

民主国家，如英国、澳大利亚以及新西兰，美国政府机构的变革则谨慎得多。无论变革多么艰难，政府机构的基本构成部分并非不可改变，它们可以而且应该随着社会需求的改变而改变。关于政府机构，人们常问到的一个问题，那就是由 1994 年 12 月接受政党提名担任白宫发言人的纽乌特·金里奇（Newt Gingrich）在其演讲中提出的问题："每当你看到庞大的政府官僚机构，这是否就是不可改变的过去的必然遗物呢，又或许这是一个实现巨大转变的机会，可以用更低的成本来提供更好的服务、创造更多的机会呢?"这是众多问题中的一个，但是这些问题都只有一个可能的答案：每个人都想要"更好的服务"和"更低的成本"。但是你是否愿意修理政府这台机器从而以更低的成本得到更好的服务呢?

3.2 美国政府的行政体系

宪法规定基本的政治架构和法律架构，并为政府运转确定基本规则。詹姆斯·麦迪逊在《联邦党人文集》第 57 篇（1788 年）中写道："每部政治宪法的目的，首先就是或者应该首先是，为统治者得到具有最高智慧和最高德行的人（men），用以辨别并追求这个社会的共同利益；其次，就是当他们继续获得公众信任时，采取最有效的预防措施来保证他们的美德。"尽管麦迪逊断言宪法之首要目标是寻找合适的"人"，但假如现在来写的话，他必然会重新考虑这个词语，他无疑会使用例如人民（people）、个人（individuals）或者人们（persons）这样一些中性的词语。但是这远远不够，因为在所有当代宪政体制中统治者的首要任务是行政。因此应该用"行政官"（administrator）替代麦迪逊政治哲学中的"人"（men），因为正是行政官们在实施宪法，这也是对伍德罗·威尔逊"实施宪法比制定宪法更为困难"这一著名论点作出的一种有力的和明确的回应。一般都认为，麦迪逊是宪法的主要制定者，但是如果他活着看到其作品产生了什么状况，就应该会更多地关注宪法的实施。

宪法，以"我们美利坚合众国的人民"的著名开篇词，宣称了权力的来源是与国家相对的人民，并以此为基础把权力授予政府的不同部门，由此构成政府体系。它通过监督和制衡[①]（check an balances）体系限制每个部门拥有的权力。更重要的是，它否定全国性政府的某些权力，从而为各州及其人民保留了这些权力。

美国政治就是围绕宪法发展成长起来的，并且因此而被"宪法化"（constitutionalized）。许多国内政治问题最终用宪法条款解决，例如公民权、犯罪、色情、堕胎以及弹劾等，这里仅列举了一些众所周知的例子。只有外交事务领域才基本上摆脱了宪法条款的束缚，尽管反恐战争也逐渐给美国法院提出了有关囚犯权利的一些问题。在处理政府和政治问题中，美国人很可能提出的第一个问题就是"合宪

① 监督和制衡：防止任何权力绝对化的一种立宪设计主张，即通过国内不同来源的权力相互进行监督和制衡。美国宪法通常被描述为监督和制衡体系，例如，它允许总统通过否决一项议案来监督国会，允许国会通过推翻否决或拒绝批准条约或批准联邦政府的提名等方式来监督总统，最高法院则可以通过宣告国会通过的法律或总统采取的行动违宪来监督两者。

吗?”之后才会根据他们自身优势考虑政策期望和政府安排。1819 年，最高法院在麦卡洛克诉马里兰州案（*McCulloch v. Maryland*）中，对如何判断某事是否合宪问题给出了这样的解释：“假设结果是合法的，假设事情是属于宪法范围之内的，并且所有手段都是适当的，手段与结果之间明显匹配，这些手段都是不被禁止的且与宪法字意及精神相符合，即这些手段就是合宪的。这样，这件事情就是合宪的。”

与英国发展了几百年的议会内阁制不同，美国的政府体制是在特定时刻为了特定目的而创设的。1787 年制宪会议（Constitutional Convention）的确是世界首次政府再造运动，政府有意地被设计成低效体制。这是由于美国人曾经处于英国统治之下，他们历来对一个过分有效的政府持怀疑态度，认为对公共事务过度有效的管理最终会侵蚀政治自由。首席大法官沃伦·博格（Warren Burger）在为美国移民局诉查德哈案（*Immigration and Naturalization Service v. Chadha*）（1893 年）撰写的判决书中，提出了这样一个观点：

> 从制宪会议、同时期的著作和争论中可以明确看出，制定者们把其他价值定得高于效率……我们通常认为，制宪会议作出的抉择给政府过程增加了负担，似乎使得政府不灵活和低效，甚至是似乎不可行的，但是这些艰难的抉择是由当时生活在一种允许政府专制而不受监督的政体之下的人们有意识地作出的。

当美国最高法院在查德哈案中宣称，“认为国会或总统可以避免遇到那些遵守明确的宪法准则时经常遇到的烦琐和延误的观点在宪法或本庭决议中都得不到支持”时，说明美国最高法院重申了低效的价值。法院无异议地一致申明，他们支持繁文缛节，支持那些即便我们不想被保护也要保护我们的珍贵的程序措施，支持法律的延期。而且他们也正如其在查德哈案中所声明的那样去做了，因为“尽管存在着延误、拖沓以及可能的误用等瑕疵，我们迄今为止还没有找到一条比通过使权力的实施受制于宪法中阐明的精心设置的制约更好的道路来捍卫自由”。

3.2.1　行政部门

浏览一下美国政府的组织结构图，就立即可以发现，政府体系中最复杂的部分存在于行政部门，其他两个部门比较起来显得很小，只有为数不多的几个二级机构（见图 3—1）。尽管权力分立导致的低效因其捍卫了基本自由而被高度尊重，但这不能成为组织中的各个机构低效的借口。事实上，在过去的一个世纪中，美国公共行政改革的重心就是在总体低效的系统内创设高效的二级机构。

尽管行政部门的结构最为复杂，但从政府机构配置的角度看，其他两个部门也十分有趣。例如，美国最高法院对整个联邦法院系统负有最终的行政责任。此外，大部分公民都知道立法部门包括参议院和众议院，但可能没有多少人认识到其他的一些重要机构也设在这个部门中，从国会建筑院、美国植物园到国会图书馆和联邦审计总局（GAO）。这最后一个机构十分重要，它允许国会对行政部门实施财政监

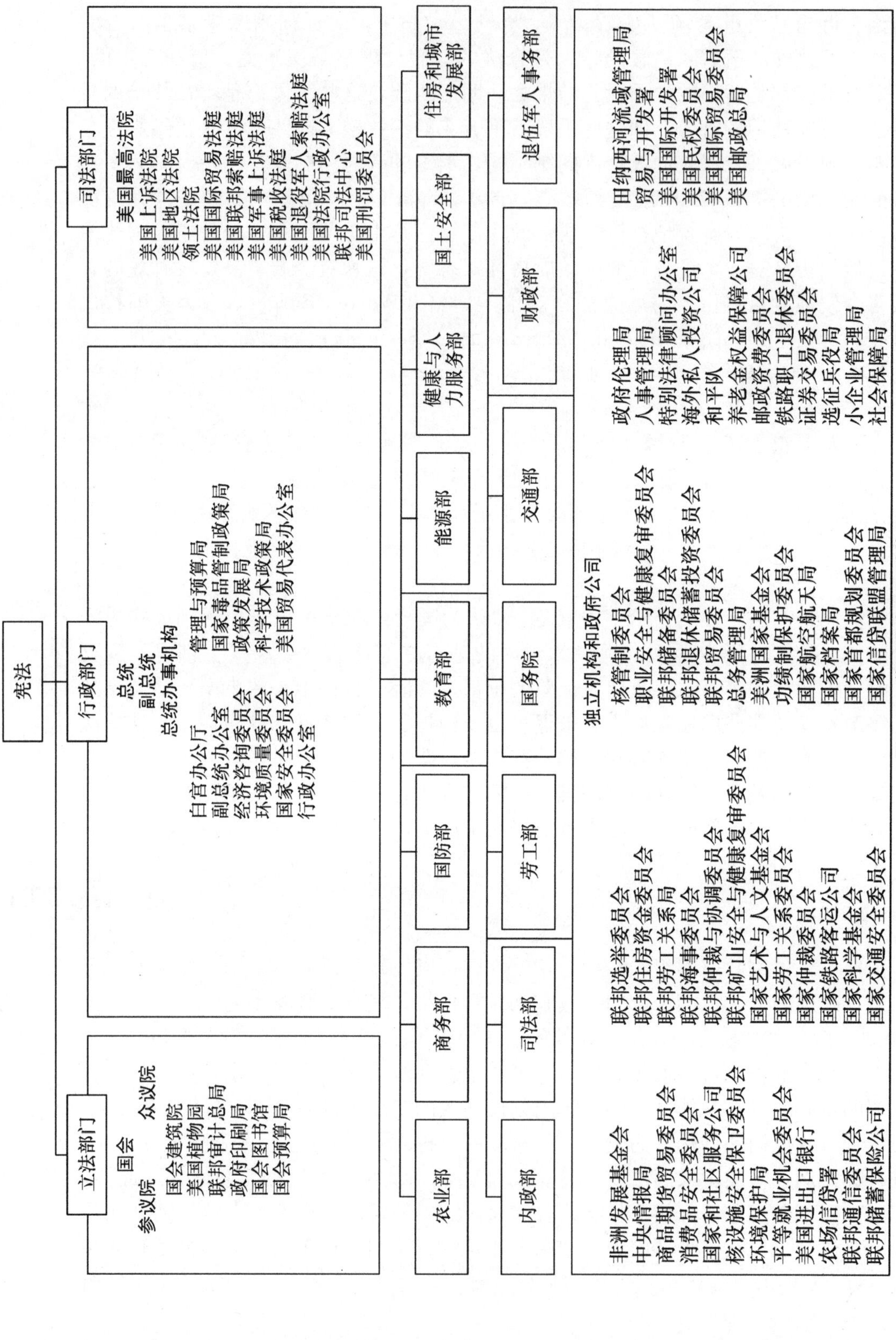

图3—1 美国政府组织结构图

资料来源：*U.S. Government Manual 2003/2004*.

督。如果将GAO的职能设置在行政部门内部的话，那么它的作用就被大大地降低了，因为这种情形在基于英国议会制①（parliamentary system）的那些民主国家中经常见到（第14章将会对GAO的工作进行更详细的探讨）。

行政部门由总统领导，它包括那些负责执行通过立宪和立法两种途径制定的国家政策的机构。在行政部门中，有三种主要的组织类型：行政办公机构、行政各部和独立公共机构。

行政办公机构（Executive Office Agencies）　总统办事机构（The Executive Office of the President，EOP）是由总统的高端参谋辅助机构组成的综合性行政机构，旨在为总统履行各类职责提供帮助和咨询。正如人们可能猜想到的那样，它包括那些承担履行政策、制订计划以及分配资源等综合性职能的机构，例如管理与预算局（Office of Management and Budget）、经济咨询委员会（Council of Economic Advisors）、国家安全委员会（National Security Council）等。但是某些机构的存在只是为了表明国家优先解决的重大事项，例如国家毒品管制政策局（Office of National Drug Control Policy）以及环境质量委员会（Council on Environmental Quality）等。

行政各部　美国联邦政府行政机关共有15个行政部门②（departments），这就是总统的内阁部门，由此构成一个内阁团体。内阁的存在与运行依赖于习惯而非宪法条款，其主要成员，即联邦行政部门的部长们，由总统提名，但他们必须经参议院批准。内阁形成一个独立团体，是因为乔治·华盛顿（George Washington）总统认为，与各部部长会面协商是非常有效的一种方式。尽管后来所有的总统也认为与内阁会面协商事情仍然必要，但是他们对这个团体及其成员的态度却发生了很大改变。有的总统会为日常事务正式地召集内阁，而有的总统们则仅仅听取内阁阁员们的建议和依赖于内阁的配合。总统内阁与英国议会制下的内阁不同，美国行政权力由宪法授予总统而并不与作为团体的内阁分享。有关亚伯拉罕·林肯的一个故事可以很好地说明这一点。在南北战争期间，他召集内阁一起来讨论有关战争政策的一项紧急事务。为了了解内阁阁员们的态度，他要求投票。阁员们都投了“否决”票，而林肯自己则投了“赞成”票。但是，作为总统，他宣布“赞成者占多数”。

目前，内阁成员由15位行政部门的部长构成，其中的最新成员就是国土安全部部长。各行政部门的二级机构在内阁中没有代表，但从早期开始，总统就授予其

① 议会制：一种统治手段，权力集中于议会，从其成员中选出首相以及他或她的内阁官员。政府——即首相及其内阁——只要控制了议会的多数则保持着权力。当政府丧失其多数（丧失了信任投票），必须在规定时期内（或在英国的实践中至少每五年）举行选举。议会制（世界上大多数民主国家采用的制度）和美国制二者之间的主要区别在于（1）议会制政府丧失议会多数的支持则很容易更迭并且（2）议会制缺乏监督和制衡。议会和行政部门同处于议会制中。首相代表着议会，并通过议会，代表着选民。对于他（或她）的权力的监督经常只有他（或她）所属的政党失去多数席位这种可能的方式。

② 部门：一个用法上容易混淆的词语。它可以指称美国政府内阁级的机构，同时也可以指称政府的行政、立法或司法三个部门。它也被用于统称所有行政分支机构，例如海军部（Department of the Navy）隶属于国防部（Department of Defense）。

他的一些人参加或参与内阁会议的特权。如近年来，美国驻联合国大使和管理与预算局局长已被赋予部长级内阁地位，以表明他们所履行职能的重要性。但是，并非所有内阁阁员的地位都是平等的。如国务院、国防部、财政部和司法部等构成了所谓的“核心”内阁，这些部门及其部长们在各种行政工作中都会比内阁其他成员更为引人注目，影响力也更大。尽管所有内阁部长在等级和薪水方面都平等，但那些核心内阁部门的关键使命，使得这些核心阁员在声誉、权力和知名度等方面较其他阁员或者“外围”阁员们有着更大的优势。

但无论好坏，按照爱德华·韦斯班德（Edward Weisband）和托马斯·M·弗兰克（Thomas M. Frank）的说法，“美国的内阁会议，尽管偶尔也会进入作出重大决策的场合，但是至少在21世纪，它似乎可有可无，索然无味，内阁之间存在着故意不交换信息的现象，这构成他们之间互不协商过程的一部分”。总统的内阁从未像一个整体团队发挥过作用。美国政府体制要求内阁部长们同时对总统及国会（二者之间利益冲突）负责，这样就使得整体的内阁团队几乎不可能存在。

美国联邦政府部门是根据可能需要全国性政府解决的问题而作出合理精巧的设计。但是这些问题并非联邦政府层级所需要解决的全部问题，这些部门所代表的问题只是在可能相互抵触的众多问题中按照优先顺序作出的选择。例如，联邦政府没有设置环境部（Department of the Environment），这意味着环境问题必须借由其他各个部门来表达和处理。克林顿（Clinton）政府提议建立环境部这样的一个新部门时，国会中的少数派反对党①（loyal opposition）不但反对这一提案，还尝试着废止可能由这样的一个部门负责实施的众多环境保护立法提案。

独立公共机构 美国联邦政府的第三类行政机构包括独立机构和政府公司，涵盖范围较广，既有经营公共事务的公司②（corporation），例如美国邮政总局、美国进出口银行和国家铁路客运公司，又有十分重要的管制机构，例如环境保护局和美国民权委员会，还包括承担着重要功能的基金会，例如国家科学基金会和非洲发展基金会。

管制委员会③（commission）是由国会设立的对美国经济生活的某个方面进行规制的独立机构，其中有证券交易委员会（SEC）和联邦通信委员会（FCC）。当然，这样的机构并不是独立于美国政府之外的，它们还是在国会所制定并修正的那些法律之下运转，受其约束。独立机构和管制委员会可以分成两种类型：一类是受总统直接监督指导并因此对总统负责的机构，另一类是不受总统直接监督指导并因此不对其负责的机构。

---

① 少数派反对党：在两党制中，不掌握政权（在野）但是从整体上来看忠于国家利益的党派。

② 经营公共事务的公司：根据州或联邦法律成立的作为合法实体或法人存在的组织。它可以是公营的（由政府设立）或私营的（由个人设立），而且可能是为了开展一项业务或者履行多项功能而创立。它可能由政府所有或一些个人所有，或者它可能是一个“共有公司”（public owned corporation），后者即由在开放的股票市场，诸如纽约证券交易所购买企业股票的普通公众所有。

③ 委员会：负责履行某项政府职能的特设性的或者永久性的机构。委员会机构可能会被用于：（1）当要求由两党联合统治时；（2）当其职能具有准司法性质时；（3）当对各个种族、国内各地区、不同技能的人具有广泛代表性被认为是非常重要时。

除了少数例外情况，独立行政机构的首长总是由总统提名经国会批准而任命的。这些行政首长随总统的意愿而供职，总统随时可以免除其职务。此外，这些机构必须向隶属于总统办事机构的管理与预算局（OMB）提交其预算要求，以便审查和批准。中央情报局、环境保护局、总务管理局以及小企业管理局等机构都属于这类独立行政机构。

政府公司（Government corporation）既包括属于政府所有的那些公司，也包括负责处理某项自负盈亏事业的政府机构。自负盈亏的政府机构一般符合下列条件：

（1）该类机构处理的事务在本质上是商业化的。

（2）该类机构能够有自己的财政收入。

（3）该类机构的任务，要求它比正常的政府机构具有更大的灵活性。

例如，圣劳伦斯航道开发公司（Saint Lawrence Seaway Development Corporation）、联邦储蓄保险公司（Federal Deposit Insurance Corporation）、国家铁路客运公司和田纳西河流域管理局（Tennessee Valley Authority）等都属于联邦政府公司。在州和市一级，公司（通常采用不同的名称，例如管理局）经营诸如收费公路、机场和港口一类的事务。正如将在本章后面所讨论的那样，已经存在着解散政府公司或出售政府公司给私人部门的做法，尤其在共和党执政时期曾经大力推进这种做法。

3.3　州及地方政府机构

联邦以下各级政府分别与联邦政府单独比较来看，每个州政府和地方政府比联邦政府都要小，但是州政府和地方政府合起来则要比联邦政府大得多（见表 3—1），仅公共雇员数量这个指标就能够很好地说明了这一点。联邦政府，不包括军队，有大约 270 万名文职雇员，但是州政府及地方政府雇员总数则超过了 1 700 万。州及地方的政府机构在立法、行政以及司法部门的设置上与联邦模式相似。美国宪法第十条修正案即《民权法案》的最后一部分规定，“举凡宪法未授予合众国政府行使，而又不禁止各州行使的各种权力，均保留给各州政府或人民行使之”。这意味着举凡联邦政府无法根据宪法为人民做的事情，州政府及其以下政府或机构就应该或者可以去做。值得关注的是，联邦宪法没有提到市、县或者任何其他的地方政府形式，它们都是其所在州的产物，它们的权力来源于州法律，并且州赋予地方的那些东西也可能会被收回。

表 3—1　　美国政府数目

政府类型	数量
全国性政府	1
州政府	50

续前表

政府类型	数量
县政府	3 034
自治城市政府	19 429
乡/镇政府	16 504
学区政府	13 506
特区政府	35 052
政府总计	87 576

资料来源：*Statistical Abstract of the United States*（2007）Table 416. http://www.census.gov/compendia/statab/tables/07s0416.xls。

州法律优先于地方法律是狄龙规则（Dillon's rule）的本质所在，这一著名规则因约翰·F·狄龙（John F. Dillon）法官1911年在其《自治团体法评述》（*Commentaries on the Law of Municipal Corporation*）中给予明确的阐释而得名。狄龙规则描述了由州法院发展起来用以确定授予地方政府权力的性质和范围的标准。它认为自治团体法人只享有如下权力：（1）在城市宪章中被明确授予的权力；（2）必然暗示于或者必然附带于那些正式赋予权力之中的权力；（3）对自治团体公开宣称的目的所必不可少的权力。"任何正当的、合理的、实质性的怀疑"都将导致否定自治团体所拥有的权力。尽管一些州已经放松了对狄龙规则的适用，尤其是在对待那些实行地方自治①（home rule）的城市政府，不过最高法院在审理特伦顿市诉新泽西州案（*City of Trenton v. State of New Jersey*）（1913年）时还是支持了狄龙规则的这一本质要求。

3.3.1 州政府

州长是州政府的行政首脑，由选举产生。通常州长的职责与美国总统的职责相似，只是范围更小了一些，不过所有州长只拥有州宪法授予该职务的那些权力。有些州对行政权力作了更为严厉的限制，而有些州却给予州长更多的权力，例如某些州长拥有项目否决权②（item veto），这比美国总统拥有的权力还要大。在所有的州内，州长职务任期都是四年，但阿肯色州、新罕布什尔州、罗得岛州、佛蒙特州除外，这些州的州长职务的任期是两年。当前有38个州对其州长的每届任职时间作出了限制，其中大多数任期是两年、三年或四年。从某种意义上来说，将一个州的行政首脑称为州长属于用词不当。实际情况是，大多数州宪法规定将行政权力授予一个行政领导小组（a plural executive），这一点与美国总统享有的行政权力截然不同，也就是说州长通常必须与其他独立选举出的行政部门官员共享权力，例如州务卿、总检察长、财政厅长、审计长（或审计官）。因此，州长作为其新举措的说客

① 地方自治：自治团体具有制定、修改自己宪章的能力和权力。它产生于20世纪早期的城市改革运动，这一运动旨在消除州政治对城市政治的不良影响。地方自治也是一种法律或宪法体制，其细节因州而异。

② 项目否决权：否定立法机关法案中的独立项目的行政权力，又称单项否决权（line-item veto）。

以及作为其所在政党的领袖的这种非正式权力，通常比职位带来的正式权力还要有用得多。然而，州长的管理工作所需肩负的责任可以用公司中薪酬最高的执行官的管理工作所肩负的责任作比喻，例如在财政收入方面，半数以上的州与美国顶级的100个公司相当，大部分州相当于《财富》500强①（Fortune 500）中的前200名。

副州长也是州的选举官员，他们可能会在州长无法完成职务任期时接替州长职务。这一职务与联邦政府中副总统的职务类似，不同之处在于，在许多州内，副州长是独立选举出来的，因此有可能和州长隶属于不同的政党。在两位官员是政治上的对手的情况下——尤其是像加利福尼亚州那样，在州长不在州内期间授予副州长一部分州长享有的权力，这有时会导致一些摩擦。亚利桑那州、缅因州、新罕布什尔州、新泽西州、俄勒冈州、西弗吉尼亚州以及怀俄明州没有设副州长职位，其中有四个州的制度安排是由州参议院议长接任州长职位，其余三个州的制度安排是由州务卿接任州长职位。

有个故事讲的是美国前总统卡尔文·柯立芝（Calvin Coolidge）任马萨诸塞州副州长期间的事情。他在一次宴会上遇到一位女士，这位女士问他："你做什么工作?"

他回答说："我是副州长。"

女士说："真有意思，你得告诉我副州长是做什么工作的。"

然后柯立芝回答说："我已经告诉了呀。"柯立芝是出了名的守口如瓶的人。他对副州长职务有限职责的总结源于实际情况。

文摘3.1　统治者的含义

统治者（gubernatorial）是用来指称与州长（governor）职务有关内容的一个生僻词，它来自于希腊语中Kybernan，意为"引航"。罗马人从希腊人处借用为"guberno"，之后法国人接受了它并以"governor"将之穿过英吉利海峡进行传播。该词用作形容词时，它又回到了其拉丁语的词根"gubernatorial"（统治的）。

3.3.2　县政府

县是州政府行政分权化的基本单元。尽管县通常由选举出的董事会或委员会进行管理，但目前却在开展一项针对县行政官员或行政首长（有时是选举出来的）的运动。同样是县（county），在不同的州有不同的称呼，路易斯安那州称之为parish，而阿拉斯加州则称之为borough。2002年，美国有3 043个县政府。每个州自己决定州内县的数量。县政府选举产生的官员们有着一系列混乱的称呼，正如佛罗里达州的戴德县（Dade County）委员哈维·鲁温（Harvey Ruvin）在1989年所说，县官员"在加利福尼亚州是督察，在得克萨斯州是法官，在路易斯安那州是陪审员，在新泽西州是拥有终身职务的人，在纽约州是县立法委员，在戴德县是委

① 《财富》500强：《财富》杂志自1955年开始出版发布的关于美国最大的500家公司的实力排行榜（基于总收入）。

员。如果我告诉来自纽约的人我是一名委员，他们会认为我是捕狗员。所以公众和媒体聚焦于州长和市长身上也就不足为怪了”。

县城是一个县的首府，即法院和行政部门所在地。美国大部分的县城都位于县的地理中心，所以从县里最远的地方骑马到县政府也不会超过一天的时间，这就解释了为什么会有如此多的县。现在几乎没有人骑马去政府部门，因此合并县似乎很有意义，这样就可以从使用更少的办事员、治安官、法官等人员的措施中实现行政节约。但是哪个办事员、治安官或者法官会悄然退职呢？政府机构改革的难题通常可以用这样的话来概括：“你不能从这里到达那里！”当然，为了加强政府与民众的紧密联系，需要更多的民主控制形式，这样就会设立多种多样的不同管理机构。然而，改革者经常会提出这样的问题：合并政府的改革带来的收益是否会抵得上多个政府引发的额外支出？一个显著的例子就是最近肯塔基州的杰斐逊县（Jefferson County）和路易斯维尔市（Louisville）合并为一个大都市政府。有关城市政府概念本章稍后会给予分析。

坦尼斯·简斯·萨伦特（Tanis Janes Salant）对县的治理体制进行了如下的分类：

（1）委员会制（Commission Form）。县政府最常见的体制是选举产生的县委员会或县议会，这些委员会或议会拥有立法权（例如制订条例、征收某些税以及通过预算），也拥有司法权和行政权（例如实施地方、州以及联邦的政策，任命县政府雇员以及监督道路管理工作）。然而，那些依据宪法独立选举出的官员也同样负有行政责任，这些官员包括县长、财政官、法医、法院书记员、审计官、估税官以及检察官等。

（2）委员会—行政官（Commission-Administrator）。这种体制有三种基本的形式，其中也有一些另外依据宪法独立选举出来的官员。大约有 786 个县采用的是这些形式。

A. 议会—经理制（Council Manager）。县议会或县委员会是立法机构，由其任命一位县政经理，由该经理负责履行行政职能，例如任命部门领导、雇用职员、实施规划、编制预算方案以及提出条例草案。

B. 首席行政官制（Chief Administrative Officer）。县议会或县委员会是立法机构和准行政机构，由其任命一名行政首长来监督和协调县里各个部门的工作，负责编制预算、制订法令和监督计划的实施，但不任命各部门领导。

C. 县行政助理制（County Administrative Assistant）。县议会或县委员会是立法和行政机构，由其任命一名行政助理以协助委员会履行职责。

（3）议会—执行官（Council-Executive）。县执行官由民众单独选举产生，负责实施特定的行政职能。县议会或县委员会仍是立法机构，但执行官可以否决由县议会或委员会制定的法令，议会或委员会也拥有通过特定的多数票表决予以推翻的权力。县执行官的权力和职责与强市长—议会制模式下的市长的权力和职责非常相似。大约 383 个县属于这种体制。

3.3.3　市政府

市政（municipal）起源于地方政府所关心的某些事务，譬如市政债券或城市公园之类的事务。这意味着它处理那些事情是州的内部事务，因此反对国际社会对这些事务的干涉。市政一词来源于拉丁语 municipium，意指古罗马帝国内部的一个自治体。城市（city）就是由其所在州特许的市自治体。一个行政区域在获得城市宪章①（city charter）的资格之前，必须满足州内各方面的要求，例如它拥有的人口数必须多于州规定的最低水平。

市议会是市政府（municipal government）的立法部门，一院制②（unicameral）是其一种典型形式。市议会议员的职责虽然非常广泛，但是几乎在所有情况下，通过法令（地方法律）和控制支出是其最重要的两项职责。

市长是选举出来的城市自治团体的最高行政官员，是主持这个城市相关仪式的首席官员。在大多数中等城市和小城市，市长这一职位是一个兼职性的工作，并且有可能是直选产生的。城市越小，选举越有可能超乎党派，市议会也越有可能从其成员中挑选一位市长，这位市长则作为议会的各平等成员之首来主持工作。许多大城市的市长们都举国闻名，但市长们从来没有能够从市政大厅直接跳跃到白宫去的，也就是说市长们从未获得过主要政党的总统候选人提名。

在美国政府以及美国政治思想中，对城市长期以来都存在着一种偏见。例如，托马斯·杰弗逊在他 1787 年 12 月 20 日写给詹姆斯·麦迪逊的信中表达了一种普遍性的看法："我认为，我们的政府依然会在许多世纪里保持着良好德行，只要这个社会一直以农业为主，只要在美国任何地方还有未开垦的土地，这种情况就会一直持续下去。当政府以大城市方式相互争相发展起来的时候，如同欧洲那样，那么这些政府也会像欧洲的城市政府那样变得腐败。"在州政府及联邦政府的政策中，对城市形成更为实质性伤害的政策就是，没有让城市居民在国会及州的立法机构中获得公平分配的议员代表名额。这种不公正待遇一直持续到 1962 年，以贝克诉凯尔案（*Baker v. Carr*）为开端，最高法院作出了一系列判决，最终结束了偏向于农村地区的议席分配③（apportionment）制度，城市最终获得了政治上的平等。

---

① 城市宪章：详尽阐述城市自治团体的目的和权力的文献。城市自治团体必须像任何其他的团体一样拥有一部宪章以便于运转。市政府只能履行宪章中规定的职能、行使其规定的权力。虽然某些特殊的州允许地方自治，但城市可以制定和修改其宪章。此外，有的州的地方自治受到州法律阐明的法定宪章的限制。

② 一院制：只有单一院的议会，不同于两院制有两个院——典型的是有一个众议院和一个参议院。内布拉斯加州是唯一设立一院制议会的州。

③ 议席分配：决定从特定的管辖区域内派出多少议员进入立法机构。美国宪法规定每个州分配两名参议员以及至少一名众议员。在保证上述最少名额的基础上，众议员名额则在各州之间根据人口进行分配。这种分配方式在每隔十年的人口普查之后都会进行调整。按照 1929 年《议席分配法案》（Apportionment Act）的规定，国会将众议院席位总数固定为 435 个，每次人口普查后，国会为每个州分配恰当的议席数量，各州自身则按此执行。再分配的实际过程是一个州法律的问题，但有一个关键例外，即 1967 年国会禁止所有在众议院中占据一个以上席位的州实行在逃选举（at-large elections）。

3.3.4 镇和特区

镇（towns）是都市人口的聚集中心，它比村（village）大但比市（city）小。一般而言，镇所在州赋予其的法定权力比市要小。新英格兰镇（New England town）兼具市和县的两种角色，它通常涵盖一个或更多的城区加上周边的农村地区。镇民大会（town meeting）是一种自治方式，仅适用于最小的、其所有居民都具备通过开会来决定当地公共政策的资格的区域内。88%的新英格兰州内都市也以镇民大会作为其治理机构。记者罗伯特·普里尔（Robert Preer）认为，如今的市政会议很可能被镇上的特殊利益集团和官僚阶层所控制，出席率很低。即便法定人数仅规定为登记选民的1%或2%，会议也经常会因为达不到法定人数而被取消。“由于参加会议的人通常都是政府雇员及其家人和朋友，因此加薪和升迁很容易就获得通过。”普里尔总结说现代市政会议是“国家政治的缩影，在市政会议和国家政治中，权力从麻木和散漫的公众转移到了特殊利益集团、大众传媒以及一个官僚—技术专家的精英阶层。”

特区（special districts）是典型地履行单一政府职能并跨越传统政治边界的一种地方政府体制，例如交通运输区、消防区、图书馆区、水区、排水区等都属于特区。特区是非常实用的设置，因此它的数量增长迅速。1942年，在美国全国仅有8 299个特区，现在有超过35 000个特区——还不包括学区。它们占据了所有美国政府实体的1/3还多。

学区（school districts）是为其服务区域内的所有儿童提供地方公立教育的特区。学区典型的治理主体是选举产生的学区委员会，它通常雇用一名专业型的主管来管理整个系统。学区通常有其自己的捐税稽征机关，并且在行政、财政以及政治等许多其他方面都区别于其他地方政府。由于合并两个或更多学区的现象在不断涌现，故学区的总数在持续地缩减。1942年有超过108 000个学区，现在则少于14 000个。

3.3.5 地方政府治理结构

大多数地方政府的领导阶层都是由选举产生的兼职志愿者组成，这是一种不可阻挡的发展趋势。中等规模和小规模的地方政府中，有成千上万的公民担任着选任或委任的无薪（或象征性支付薪酬）的议会、委员会以及理事会成员。通常由这些业余成员组成的委员会任命一名全职的专家型经理负责政府日常事务的管理。议会—经理制的市政制度是自治市政府的一种治理模式，它由选举出的市议会任命一名专家型的城市经理来管理城市政府。在县一级体制中，县—经理制（county-manager system）县政制度也有基本相同的治理结构。

市经理（a city manager）是地方政府的议会—经理治理体制中的最高行政首长。与其他类型政府的首脑不同，市经理是按照议会的意愿来工作的、由任命产生的最高行政官员。这一概念起源于20世纪具有进步思想的改革者，他们想要用市政专家来取代政治首领[①]（bossism）。在实际行动上，他们提出了最高行政首长的概念，这样的行政首长拥有那些关键性的行政权力，例如行政官员的任命权和撤职权，但是不具有例如否决权等性质的任何政治权力。市经理之于城市正如董事会之于公司。以制度为前提的行政与政治二分法（记住伍德罗·威尔逊），通过将所有政策制定以及政治职责都交予市议会的方法，其本质上是在地方一级取消传统意义上的权力分立。通过（1）设立一个小型议会，一般有5～9个成员，由普遍性的且超乎党派的选举产生，而且（2）允许议会雇用并解雇这位市经理以及由经理为实施共同体的政策而选择的那些专家们，从而确保议会的决策能力。

目前的议会—经理制也会常常偏离其传统模式。许多城市，尤其是那些较大的城市，都有大量的议会、政党选举以及独立选举的市长，有些议员并非全部是从选举地区[②]（ward）或行政地区中当选的。事实上，近来联邦法院的某些判决也要求某些城市举行选区选举，因为在逃选举[③]使得少数派候选人当选更为困难。在某些较大的城市，这种制度的一种变体发展了起来，即利用首席行政官管理城市的制度，而这位首席行政官通常由市长任命。

议会—经理制，因为其对某些社会问题回应无力而受到一些政治学家的批判，但又因为其对公共利益的有效管理而受到了公共管理学家的支持。然而，即便城市经理提供了有效的公共管理，重要的是要牢记其是在一个特殊的政治环境下工作。最好的经理是能够巧妙地平衡政治压力和提供服务两个方面的要求，也就是说，他应该是能够应付公众真实需求的那种类型的人。

市长—议会制（mayor-council system）也是城市政府的一种治理模式，它由独立选举产生的行政首长（市长）和通常由党派的选区选举产生的城市立法机关（议会）共同组成。如果市长职位是由单独的全市选举产生，并且市长拥有诸如否决、任命及撤销等权力，则相应治理体制被称为强市长制（a strong mayor system）；如果市长职位不具备这些权力，则相应治理体制被称为弱市长制（a week mayor system）。这种划分没有考虑到现任市长拥有的所有非正式的权力——而仅仅考虑到这一职位所拥有的正式权力。因此，按照弱市长制下拥有的实际权力，有的人可能成为一名强市长。

3.3.6 大城市政府

从地理范围来看，当今美国的大城市覆盖了广袤的区域。这些大城市，可能有

---

① 政治首领：地方政府的一种非正式体制，其公共权力集中在称为政治首领的中心人物手上，他有可能没有担任正式的政府公职。权力借助政治机器的作用而集中，由此产生了等级，等级借助恩赐及政府施舍的作用得以维持，从而确保服从首领的意愿。南北战争后，这是美国城市政府的主流体制，也是美国城市改革运动的主要目标。如今几乎没有真正的首领存在了。

② 选举地区：市的一个区，通常作为城市议会选举的立法区，如同公共服务的行政区或者政党组织的一个单位，选区通常会进一步划分成管区。

③ 在逃选举：有一位或更多的议会候选人并且由辖区内所有选民参与的选举。它不同于立法区限定选民仅选举一位候选人来代表其所在地区的选举。

一个古老的市中心以及延伸数英里的市郊，市郊与市中心通过高速公路以及别的城市交通方式相连接。这样的带有许多卫星城的大城市或大都市治理，有若干模式可供选择。例如，可以用一个单一的地方政府覆盖整个地区并为所有公民提供服务，这是一种集中治理模式。而在另一个极端，却有可能是完全分散的治理模式，即有许多郊区地方政府，甚至在古老的市中心内也存在分散的地方政府。在这两者之间还存在着经过各种妥协而产生的不同可能模式，例如佛罗里达州迈阿密达德（Miami-Dade）县的两级政府，职能在总的大城市政府和特定地区两者间进行了划分；而在加利福尼亚州施行多年的莱克伍德计划（Likewood Plan），则提供了另一种模式，即在县内保留地方政府，不过它们需要承担许多县里的服务。

大城市选择什么样的政府机构才算合适，这取决于不同的价值观。通常，较富有的且占主导地位的白人居民更愿意退到郊区并生活在分散的地方政府体制之下，这可以避免在那些老化的都市基础设施方面支出更多成本，减少在较贫困地区维持治安和福利支出的社会成本。但是分散的地方政府缺乏动力来投资可以造福所有人的社会资本，例如更新公交系统、博物馆、公园以及水土保持。

当政府权威高度分散于众多小政府时，很难解决诸如交通和经济发展方面的地区性事务。布鲁金斯学会（Brookings Institution）2003 年的一项研究，把宾夕法尼亚州大部分的经济和环境问题都归因于全国最分散的地方政府体制之一（见文摘 3.2）。

文摘 3.2　　政府分散化：宾夕法尼亚州的故事

宾夕法尼亚州因许多东西而闻名。从其独立大厅、葛底斯堡、福吉谷等历史财富到其烹制的芝士牛排及椒盐软饼这样的美味佳肴，宾夕法尼亚拥有许多突出的特质。对那些有兴趣研究地方政府的人来说，宾夕法尼亚最为知名的是其非常分散化的地方治理体制。根据人口统计局（Census Bureau）的说法，宾夕法尼亚州有 2 630 个地方政府，大概州内每 4 760位居民就拥有一个政府。虽然足够多的地方政府可以在政府和被治理者之间建立一种密切的关系，但是这一体制的分散化性质因为其无法处理州内面临的许多问题而受到了越来越多的抨击。

华盛顿特区布鲁金斯学会 2003 年的一项研究，发现宾夕法尼亚州高度分权化的政府结构不利于经济发展、交通以及环境保护的战略规划——因此定位该州具有“竞争劣势”。数以千计的小政府和当局对商业发展计划、开放性交谈和以公共基础设施为依托的增长的阻碍作用尤为明显。分散化的影响在土地管理方面体现得最为明显。联邦法律将土地使用权授予了2 566个市，将这些重要的决定权放到了一个驾驭能力十分有限的政府层级。虽然州内外的许多分析家都提醒公众注意分散化带来的问题，但是自 1956 年以来仅有 9 次城市合并而且州内计划规则的变化非常有限。即便有着对分散化的弊病收集的证据，宾夕法尼亚州仍不愿意作出任何变动来转移离它们更近的政府层级的权力。

资料来源：Adapted from Brookings Institution，Back to Prosperity：A Competitive Agenda for Renewing Pennsylvania，December 2003. http://www.brookings.edu/es/urban/publications/pa.htm。

相反地，并非巧合的是，北美最完善的运输系统之一出现在加拿大的多伦多市，多伦多地铁提供了一个强大的大都市政府交通运输能力。当然，许多较富有的美国人更愿意生活在没有地方政府存在的地方，依靠私人企业为他们的社区服务，远离城市问题并同时摆脱城市支出和城市政治。这是某些人喜欢的一种选择，但这种一定程度上无拘无束的生活方式并不适用于每个人。调整大城市政府工作的主要途径就是通过政府委员会（a council of government，COG）的形式进行。这些自愿合作的体制化讨论会提供了许多便利，尤其在综合计划和联合谋求区域方案的联邦拨款方面。在第 4 章中将对 COG 进行深入的探讨。

3.3.7 州及地方政府的持续性改革

在进步主义的改革运动（progressive reform movement）结束之后，留下了一些改革研究机构，这些机构持续地推动着州政府和地方政府机构的改革。在 20 世纪初，市政研究所（municipal research bureaus）——私人性质的非营利善政组织——在大多数主要城市都建立起来了。这次“研究所运动”，强调实地调查以及城市改革中科学方法的运用，这和早期的改革实践中简单化的“赶走恶棍”（throw the rascals out）策略形成了鲜明对比。1906 年成立的纽约市政研究所率先开始对浪费的市政支出（重复报账、得到报酬但却不认真地工作等）进行调查，当调查结果公布之后，社会反响强烈，真正的行政改革随之而来。之后，费城、辛辛那提、芝加哥、密尔沃基、堪萨斯、旧金山市以及其他地方都仿效了纽约市政研究所（现在称为公共管理研究所）的调查方法。

研究所运动是最初用于发展的媒介，随后是倡导实施许多我们今天视为理所当然的行政革新，例如执行预算、统一会计标准、功绩制选拔与人员配置程序、退休制度、犯罪统计和在职培训。这次运动是许多早期公共管理学术研究的根源所在。事实上，说公共行政学科在其早期几乎完全是由与各种研究所有关的学者创建的并不夸张。现在，该运动由地方善政组织，例如致力于有效率及有回应性地实施政府政策的宾夕法尼亚经济联盟（Pennsylvania Economy League），来继续进行着。

3.4 联邦政府机构改革

所有这些皆起源于 1066 年英格兰的征服。征服者威廉一世（William the Conqueror）任命了若干委员，负责对其新王国的资产进行清点。这份报告被称为“末日审判书”（Doomsday Book）（因为其调查结果无法上诉，如同末日的审判），这个委员会是当今皇家委员会或总统委员会（调查团）的先驱。从那时起，总理和总统就采用这些方法来调查公众关心的事务并提出改进建议。组织一个强回应性的、受人尊敬的、可能主观的但却博学的公民团体，来检查并报告全国性问题或大灾难，公众非常满意这样的方式。

事实证明这种委员会是当今总统的便利工具，当总统面对诸如犯罪、色情或城市骚乱等这类棘手问题的时候，可以不费吹灰之力地指定一个委员会负责调查问题，以作出他关注选民疾苦的姿态，这种做法具有立竿见影的效果。就这点而言，这一姿态之外是否还具有超出其本身的含义或诚意无关紧要。六个月或一年以后，即在委员会得出报告的时候，注意力将会转移到别的事务上去，这时就可以安然地搁置或缩减原来的那些建议。

这样的委员会（或调查团）经常会被用于政府机构的调整，并且这种方法在不断地演变，势不可挡地向前推进，如同现在鸟类被看作是恐龙类动物的残存一样，当代的绩效评估也可以追溯到“末日审判书”。两者都是被统治者试图用来估计当前形势，从而使得它能够被更好地重新定位。征服者威廉一世利用其估价重构了英格兰的税收制度，而后来的一位威廉——总统威廉·杰斐逊·克林顿（William Jefferson Clinton）——也利用其评价尝试着再造政府。

文摘 3.3　怎样创立机构：本杰明·富兰克林在殖民统治下的费城创建了消防局

我曾撰写过一篇有关家庭着火引起各种事故以及各种疏忽情况的文章，提醒大家要留心注意这些事故和情况，并提出了避免出现这些事故的措施。读者们大多认为这是一篇有意义的文章。不久后，它引起了成立消防队的一项计划，该项计划很快就得到实施。在火灾来临时，消防队有准备地去灭火，并且在转移和保护财产方面相互帮助。团队成员很快就确定了，共计 30 人。我们的协议条款，要求每位成员将一定数量的皮革手提包和沉重的背包与篓筐（用于包装和运输物品），保持始终有序和适合使用的状态，这是要带到火灾现场去的东西；并且我们决定每个月选一个晚上开一次碰头会，以我们曾碰到过的火灾为主题进行讨论或交流思想，因为这会有益于我们在类似场景中的行动。

这一机构的效果很快就显现出来，比我们原先考虑只要一个消防队多得多的人希望加入，我们建议他们成立另外一个团队，他们也这样做了。并且，这种情况还在继续着，一个接着一个的新团队成立了，直到消防团队变得如此庞大以至于大多数有产业的居民都被囊括其中。在我现在写这篇文章的时候，虽然我率先创立的称为联合消防队（Union Fire Company）的团队已经有超过 50 年的历史了，但它仍然存在并活跃着。除了我以及另一位比我大一岁的成员之外，第一批成员都已故去。缺席每月一次例会的成员要支付少量的罚款，这些罚款用于购买消防车、云梯、消防钩以及其他的对每个团队有用的东西。因此，我怀疑世上是否有城市可以提供比这更好的制止火灾萌芽的手段，并且事实上，自从这些机构建立之后，城市因火灾而遭受的损失从未超过一栋或两栋房子，因为火势通常是在起火的房子半毁之前早已被扑灭。

资料来源：*The Autobiography of Benjamin Franklin*（New York：Washington Square Press，1955）。

3.4.1　布朗洛委员会

20 世纪 90 年代，政府再造运动的出现又一次使得重组成为美国公共行政实践和文献的流行主题。然而，政府重组的经典例证——那个时至今日仍然具有最重大意义的例证——就是由总统行政管理委员会（President's Committee on the Administrative Management）于 1936—1937 年建议实施的行政部门重组。这个委员会通常被叫做布朗洛委员会（The Brownlow Committee），以其主席路易斯·布朗洛（Louis Brownlow）的名字命名，他是城市管理职业化发展的重要人物之一。该委员会的其他两名成员是来自芝加哥大学的查尔斯·梅里亚姆（Charles Merriam）和来自哥伦比亚大学和纽约市公共管理研究所的卢瑟·古利克（Luther Gulick）。

罗斯福新政时期，政府机构增长迅速，甚至几乎没有时间制订扩张计划。很多人相信，新政期间存在着许多没有经过认真构思也没有卓越地实施的组织设计，这样的组织设计既不经济又无效率。这些拙劣的组织设计，通常会反映出行政部门和立法部门两者之间明显的政治冲突。总统办公室和国会两者都有意地造成了这个问题，通过在新的组织或机构中仅仅针对政治目标来制订计划，而没有将管理因素纳入考虑范围。这场控制组织的持久战由布朗洛委员会来解决——它从管理视角提供了有关政府组织的首次正式评估。

1937 年 1 月，布朗洛委员会向罗斯福总统提交了报告。委员会在该报告中提出的核心建议其实很简单，即报告指出的“总统需要帮助”，需要那些“不喜欢抛头露面”的专业技术人员。不过，近年来，对专业人员的这种特殊偏好似乎伴随着当今总统都亲自撰写演讲稿的公众信念一起消逝了。

文摘 3.4　布朗洛委员会希望总统助理不要抛头露面

总统需要帮助，但其现有直属工作人员完全不具备这种能力。总统应该有少数行政助理，这些人将在与政府的管理机构和行政部门相处的过程中直接担任总统的助理。这些助理，数量上可能不超过 6 个，但不包括总统现有的负责与公众、国会、报纸杂志等媒体周旋的秘书。这些助理本身无权作出任何决定或者发布命令，不能介入总统和部门首脑之间，也并非在任何事务上都协助总统。他们的职能应该是，当影响到政府管理工作的任何事情呈交给总统以便采取行动的时候，帮助他迅速地、毫不拖延地获得由任何行政部门掌握的有关信息，从而指导他作出负责任的决定；并且在决定作出以后，协助他确保每个相关行政部门和机构都被立即通知到这个决定。我们认为，他们在协助总统时的有效性将与他们有节制地履行职能的能力成正比。他们应待在幕后，不发布命令，不作决定，不公开发表言论。这些职位上的人应该由总统在政府内外谨慎选择。他们应该是总统个人信任的人，并且他们的性格和态度应是不会为其自身利益而行使权力。他们应具备高水平的工作能力、充沛的精力以及不喜欢抛头露面的品质。

资料来源：President's Committee on Administrative Management，*Administrative Management in the Government of the United States*，January 8，1937（Washington：U. S. Government Printing Office，1937）。

总体而言，布朗洛委员会主张行政部门实施重大重组。总统同意重组决定，并于 1938 年将重组立法建议提交给国会。但是国会否决了这项法案，因为当时正处在总统试图“挤兑”——扩大行政权并由此控制——最高法院，国会担心总统职位拥有太多的权力。次年，总统重新提交了一份修改幅度很大的重组法，国会终于在 1939 年通过了《重组法案》（Reorganization Act）。总统办事机构就是根据这个法律而创设的，其中包括了从财政部分离出来的预算局（后为管理与预算局）。这个法律还授权总统制订将来的重组计划，但后来的计划遭到了国会的否决。

布朗洛报告、总统办事机构和布朗洛委员会提出的许多其他已经最终变成法律的主张，尽管起初曾引起激烈的争论，但这些主要建议已经经历了时间的检验。当代的学者们现在意识到关于公共行政的发展有着不同的思想学派。古德诺①（Frank J. Goodnow）支持的行政管理学派，将政府的角色和功能差不多视为仅仅是为执行活动提供一些机会。相反，由布鲁金斯学会主任威洛比（William F. Wil-

① 弗兰克 · J · 古德诺（1859—1939）：一位进步主义改革运动的领袖人物，也是美国政治学会的创始人之一以及首任会长（1903 年）。现在古德诺最为著名的则是和伍德罗 · 威尔逊一起，作为公共行政中政治—行政二分法的主要代表人物。

loughby）所支持的立法管理学派，则将行政与立法部门的关系，尤其是对其所负的责任看作是核心问题。后一个学派相信，在“执行”和“行政”所含意义与宪法将行政权主要授予国会所具有的含义，这两者之间存在着很大的差别。关于行政还是立法谁对政府机构有着更多权力的争论，与在 20 世纪 90 年代中期的总统和国会因政府机构的规模和管理范围而产生的预算之争，二者一脉相承。

当国会正在讨论布朗洛委员会的各种建议之时，各种反对在国会支出方面扩张总统“行政”权力的力量参与到他们的争论之中。刘易斯·梅里亚姆（Lewis Meriam）在 1939 年撰写的《联邦政府之重组》（*Reorganization of the National Government*）就是在这方面最具说服力的著作之一。当布朗洛委员会为总统扩张权力而辩护时，梅里亚姆对此提出了警告。在谈到“注意希特勒在宪政框架中掌权”后，他警告读者说，“给予总统过大的权力，就像我们已经知道的那样”，这种做法可能起不到“维护民主政体”的作用，反而会“危害民主政体”。

40 年后，布朗洛委员会唯一健在的成员，承认梅里亚姆的观点是正确的。后来的理查德·M·尼克松（Richard M. Nixon）滥用总统膨胀的权力，正是布朗洛委员会帮助实现的。鉴于此，史蒂芬·布隆伯格（Stephen Blumberg）引用卢瑟·古利克的说法，“20 世纪 30 年代，我们都假设所有的管理，尤其是公共管理，都在宽阔而有力的且载满合乎伦理价值观的河流中涌动。到尼克松出现为止，之前是我们太盲目了还是太天真了?”在 1972—1974 年最终导致尼克松辞职的水门（Watergate）事件中的尼克松对美国政府宪政的破坏，与已成为 20 世纪独裁标志的对共和政府的破坏，仅仅只有程度上的区别。

具有讽刺意味的是，尼克松试图通过创立管理与预算局而扩张总统权力，但却走向了反面。国会对尼克松的言行不一的预算感到不安，便成立了一个与之平行的国会预算局，这样立法部门也有了自己的财政预算研究机构，当然假定这个机构将计算出值得信赖的数值。由此可见，在宪政制衡的游戏中，常常用成立新的政府机构的办法来牵制意欲成为君王的人。

3.4.2 胡佛委员会

第一届胡佛委员会（the Hoover Commissions，1947—1949），正式的叫法是政府行政部门组织委员会（Commission on Organization of the Executive Branch of the Government），由前总统赫伯特·胡佛（Herbert Hoover）任主席，专司减少二战期间成立的政府机构的数量之职责。然而，它不仅没有建议减少机构数量，相反，它发现了“行政机构处于无序状态，使得政府行政部门内部运转不能够保持一致”，并建议政府致力于通过机构重组使各个部门目标保持一致，从而加强行政部门的力量。委员会并没有呼吁减少机构数量，而是积极号召提高总统办事机构（EOP）的管理能力。委员会建议：（1）赋予总统对这些机构及其人员进行处理的自由裁量权；（2）加强预算局的职能；（3）创立隶属于 EOP 的人事局；（4）设立白宫幕僚长（我们现在称之为办公厅主任）负责总统与其下属之间的联络，通过这四种办法增强总统办事机构的能力。大家都认为该委员会取得了巨大成功，这是因为其建议的 72%（273 项中之 196 项）都被采纳，包括 1949 年《重组法案》的通过以及 1953 年健康、教育和福利部的成立。

第二届胡佛委员会（1953—1955），仍然由胡佛任主席，继续其重组政府的工作。一个委员会，在四年后几乎是全盘恢复，重振旗鼓，重操旧业，这在美国公共行政史上实属罕见。这届胡佛委员会认为，联邦政府已经膨胀得超过其应有的适当规模，应当终止这种状况，因此建议取消那些由政府提供的与私人企业相互竞争的非必需的机构和活动。与第一届委员会形成对比，第二届委员会的建议很少被实施。在一个 18 卷的文件集中，前总统及其 11 名委员会的委员们，缜密地论证了一系列政府活动都应移交给私营部门。然而美国国会不这样认为，因此该委员会的建议实际上徒劳无功。在 20 世纪 50 年代中期，并没有实施大规模私营化的政治意愿。这只是一面倒在尘土中的旗帜，一直未能被捡起来并高高举起。这种情况直到 20 世纪 80 年代里根任职时期方有所改变，而且在 1994 年随着共和党控制了国会而变得更加引人注目。

3.4.3 阿什委员会

尼克松总统的行政组织咨询委员会，由立顿工业公司（Litton Industries）的罗伊·阿什（Roy Ash）担任主席，引导了预算局转变为管理与预算局的改革。阿什委员会（The Ash Council）在 1971 年呼吁内阁机构大幅度重组的建议显得格外的雄心勃勃，尼克松总统原本打算在他 1973 年开始的第二届任期内实施这一重组计划，但是迫使他于次年辞职的水门事件（见第 14 章）使得他在第二届任期中止之前，未能实施国内的那些重大政策措施。

3.4.4 总统私营部门成本控制调查委员会

如果根据未带来成效的 18 卷成果来衡量第二届胡佛委员会的成就的话，那么就可以根据 36 个工作组的 47 份报告的成果来衡量 1982 年的总统私营部门成本控制调查委员会（The President's Private Sector Survey on Cost Control，PPSSCC）的成就，二者有大致相似的研究结果。综合报告单独占 2 卷共 650 页。和第二届胡佛委员会一样，里根总统也是基于一种思想观念而任命委员会成员的，这种观念假定，私营部门的某些工作技巧可以用在华盛顿的事情上面，把公共事务搞好，这是人类的一种古老的坚定信念，人们总是以极大的热忱不断地将其付诸现实，但实施效果十分有限。PPSSCC 由企业家彼得·格瑞丝（J. Peter Grace）担任主席，委员会的各种小组委员会也由来自许多大企业的商界人士组成。

现在看来 PPSSCC，后来被称为格瑞丝委员会（Grace Commission），从一开始就注定命运不济。首要的问题是格瑞丝本人。他屈尊为一个被误入歧途、多方面都错误百出的政府做咨询工作，为人谦逊，牺牲了许多本应属于他休息的时间，在接受无数媒体的采访中，尽管讲的都是真心话，但他仍给媒体留下一个年老的、脾气暴躁的、企业家长的形象。其次的问题是该委员会不重视现代管理的核心准则之一——雇员参与准则。当格瑞丝安排 2 000 名私营部门志愿者参加到这次庞大的管理情况评估中的时候，委员会的专门小组忽视了技术专家们的意见，而这些专家在官僚机构内部和国会内部随处可以找到，可以很容易地得到他们的意见。

官僚机构改革史专家唐纳德·萨瓦（Donald Savoie）报告说，美国审计总局和国会预算局两家都系统地评估了该委员会的报告，当它们论证说，报告中的那些节约财政开支的建议所针对的情况很多都不存在，委员所依据的事实实际上很多根本就不是事实，这种结论“破坏了该委员会的信誉度”。然而这“没能阻止里根政府赞同委员会的结论，并宣布他们将坚定不移地推进这些结论的贯彻实施”。但这仅是掩饰其工作不足的一次极好的公共关系实战演习。在委员会的建议中，可能得到过分夸奖且真正得到贯彻的建议，就是应该给联邦雇员发放用于公务外出的团体信用卡的建议。尽管这确实为雇员节约了时间，因为以前用于完成凭证费用报销需要花费一定的时间，但这一建议可不值约 7 500 万美元这个价（这些经费全部来源于私营部门的捐赠）。

3.4.5 再造政府

最近的政府再造运动（reinventing government movement）兴盛于 1992 年，戴维·奥斯本（David Osborne）和特德·盖布勒（Ted Gaebler）以该标题命名的著作，对这场运动起到推波助澜的作用。美国公共生活中长期受到进步主义改革运动和管理主义的时髦倾向这两种思想的影响，再造政府运动正是这两种倾向交汇的结果。再造在逻辑上是进步主义运动持续性改进宗旨的继续。这一年或者说眼下最流行的管理倾向就是实施综合绩效审计，这是为企业组织或者政府运行发展出一种全新战略视野时在逻辑上的先行步骤。翌年或者未来将会有新的管理倾向，但它仍将停留在进步主义传统的范围之内。

如同每个新生代都在撰写自己的历史一样，每一代新的管理者也都以自己的方式理解何谓“最好的管理方式”，即便这种方式意味着多条途径的管理方式。其实，这里真正的新内容，就是所有层级的政府都被迫因某些事件而改变它们运行的基本方式。他们必须认真地重新考虑——意味着再造——他们怎样去处理公务，因为他们再也无法简单地做他们一直在做的事情，一会儿是重组运动，一会儿是建立新的公共关系，这样做的目的仅在于安抚其批评者。简单来说，再造的直接动力，其实就是来自于由抗税和“里根革命”（Reagan revolution）的双重作用而导致的资金匮乏。

到 1980 年，抗税运动迫使 38 个州降低了税率或者至少是稳定了税率。之后，“里根革命”开始了，但这却使得州及地方财政状况更加不稳定。里根政府，伴随着其在国家财政和税收政策方面的激进改革，重新规定国内优先发展的事务并削减联邦项目，尤其是对州及地方政府的投入旨在解决社会问题的那些项目。正如里根常说的那样，“政府不是我们解决问题的方法，政府本身就是问题之所在”。换言之，伴随着由减税而非扩大福利计划所带来的全面经济繁荣，国家整体福利将会更好。

需要乃发明之母。最近的政府再造运动开始于 20 世纪 80 年代早期，旨在解决由抗税和“里根革命”导致的税收下降。1992 年，奥斯本和盖布勒撰写了《再造政府》(*Reinventing Government*) 一书。20 世纪 80 年代，许多州和地方政府一直都在处理这次危机，它们做了很多事情，这本书实际上就是对这些事情进行了分门别类的总结。时任阿肯色州州长的比尔·克林顿 (Bill Clinton) 十分赞同这本书的观点。当选总统后，他委托全国绩效评估委员会寻求这些同类的政府革新措施，因为出于同样的资金匮乏之原因，联邦政府当时遭遇了最高纪录的财政赤字。只有通过缩小 (理解为再造) 政府才能够减少赤字。

若联邦政府参加再造政府赛，那么副总统戈尔就是这场比赛中驭马的骑师。这本身就不太正常，因为从美国历史来看，副总统肩负的宪法责任 (除非等到总统辞世或被弹劾) 就是主持美国国会会议 (除了国会试图指控总统的时候) 或者在参议院投票出现平局时投票。不过，近几年的总统，已趋向于给他们的副总统分配国内国外政策的重大任务。当然，让副总统来玩总统的试探性气球① (trial balloon)，始终是总统在气球爆裂时免受批评家责难的有效方式。

3.4.6 戈尔报告

1993 年，比尔·克林顿总统发起了由副总统负责的全国绩效评估 (National Performance Review) 研究，一项旨在促使联邦政府更加高效的为期半年的研究，他的措辞为人们所熟知：“我们的目标在于使整个联邦政府降低开支，提高效率，改变国家官僚机构中骄傲自满、不思进取的现象，增强主动性和责任心。我们力图重新设计、塑造和振兴整个联邦政府。”与联邦政府上一次重大的管理改革运动 (格瑞丝委员会) 有着显而易见的区别，戈尔报告 (the Gore Report) 主要由联邦官僚机构内的智囊来进行研究和撰稿。

全国绩效评估委员会提出了针对具体机构的 258 个建议，涉及联邦政府各个行政部门，以及总统办公室下属的办事机构。此外，委员会还提出建议，应针对一些更受关注的问题进行更加深入的评估，例如“已经陈旧的”联邦政府在全国各地的办事机构、过时项目的终止、非生产性补贴的废除、失败方案的重新设计、联邦政府与州及地方政府间关系的重新界定，以及行政部门和立法部门之间关系的重振。无论个人对这项改革方案的成就持乐观态度抑或悲观态度，其目标似乎是正确的，而且最终放开手脚进行再造的美国联邦政府的前景看起来也令人振奋。

然而，里根执政下的格瑞丝报告 (Grace Report) 却是一次可怜的失败，该报

① 试探性气球：有意泄露可能颁布的政策，以了解公众的反应。该词源于气象实践中用发送气球的方式来考察天气状况。如果公众反应怀有敌意，有关新政策的主张则可以悄然结束 (或削弱)。

告的哲学假设是：只有私营企业管理人员才能解决政府问题。两次再造措施的实施结果迥然不同。再造政府的国家伙伴（National Partnership for Reinventing Government）是借用来的联邦职业官员，正是这些专业性人员从事重塑政府的工作。克林顿重塑政府报告说，到 1998 年为止，共节约了 1 370 亿美元，政府中职位减少了 351 000 个，在政府机构中设立了 340 个再造研究室。重塑政府的核心主题是，在劳工和管理层之间（职业健康和安全是关键）、在管制机构和被管制企业之间，以及在政府机构之间建立合作的而不是冲突的伙伴关系。一切都是为了共同目标——即纳税人的钱发挥最大效用、更好地服务顾客以及提供更好的雇员工作场所。

表 3—2　　联邦官僚机构改革的主要委员会

名称	主席	年份	总统	结果
布朗洛委员会	路易斯·布朗洛	1936	罗斯福	增强了总统对官僚机构的控制
第一届胡佛委员会	赫伯特·胡佛	1947—1949	杜鲁门	强化总统办事机构并增强了机构管理
第二届胡佛委员会	赫伯特·胡佛	1953—1955	艾森豪威尔	没有什么重大事件
阿什委员会	罗伊·阿什	1971	尼克松	预算署改为管理与预算局
格瑞丝委员会	彼得·格瑞丝	1982	里根	官僚机构的一些较小的调整
全国绩效评估委员会	阿尔·戈尔	1993	克林顿	更加流畅的顾客为尊的官僚机构

3.4.7　再造的终结

然而，还应该说，戈尔报告与其先驱者之不同在于，它聚焦于许多特定方案及其细节，完全如同一份传统的管理咨询报告。这次再造的不足之处在于，在那些采用了新的基本原则的官僚机构中所实现的那些改变还缺乏深度和彻底性，即它在努力调整现有制度，但却没有从根本上改变这些制度。全国绩效评估委员会的一些建议，例如铁路退休职工委员会（Railroad Retirement Board）应进行再造，听起来十分的熟悉；而另外一些建议，例如应该评估健康与人力服务部的管理工作，似乎也像是一个俄罗斯套娃①，一个评估包含着关于另一个评估的建议。

与之形成鲜明对比的，是在过去十年中英国、澳大利亚以及新西兰的政府机构发生的改变。这些改变也包括基本原则的改变，而且比全国绩效评估委员会的那些改变要剧烈得多。事实上，全国绩效评估委员会关于特定政府机构的建议相对较少一些——考虑到在评估之后原封不动留下来的组织以待改日再战，并且改革一旦尘埃落定，这些组织也就不会再理睬那些他们曾经反对过的评估建议。

① Russia Matryoshka doll，一层套着一层的最多可达十多层的俄罗斯特制圆柱形木制玩具。——译者注

副总统戈尔在 2000 年总统大选中的失败结束了这场再造运动。但那个时候，在克林顿政府八年的改革推动下，委员会亟须对自身进行再造。其主张也受到那些认为其原则与公共行政传统价值不符的人以及那些认为其主张不够激进的人的双重攻击。在克林顿执政的第二个任期内，国会中共和党占据多数，再造工作变得更像空谈而没有实际行动。共和党的再造思想包括授权和私营化两个方面。因此，共和党占据多数的国会（还有克林顿的支持）将国民福利项目移交出去（具体问题将在第 4 章进行讨论），而且私营化也成为继任的布什政府的口号。再造已经成为一个被克林顿—戈尔玷污的词语。然而许多改革不可避免地将由布什政府来完成，似乎相当肯定的是没有什么“会被再造”。

3.4.8　微观管理者

伍德罗·威尔逊在其 1887 年发表的著名论文《行政学研究》中写道，“行政的领域是一种事务性领域……就像会计方法是社会生活的一部分一样，行政事务也是政治生活的一部分”，但是“行政问题不是政治问题”。这已经被布朗洛委员会所主张的行政机构应该有更强的管理能力的建议所制度化。但是正如罗森布鲁姆（David H. Rosenbloom）教授所观察到的那样，国会“在 1946 年为其在当代联邦行政中的角色建立法律和制度基础”，以此来回应更强大同时也更具管理能力的总统。因此，当杜鲁门，一个民主党人，在共和党占据国会多数时担任总统，形成了一个分割的政府①（divided government），由此产生这种四重奏的法律问题，并播下了微观管理②（micromanagement）的种子：

（1）1946 年的《行政程序法案》（Administrative Procedure Act，APA）是一部调整联邦机构运行方式以保护政府的顾客及普通民众的基本法律。APA 规定了行政机构应在何种条件下（a）公布它们的工作信息，（b）制定规章，（c）参与裁决，以及（d）接受司法审查。于是，行政机构从某种形式的法律授权开始将其对该授权的解读转化为决策、规章说明、对惩罚和实施条款的声明。APA 要求规章在生效前应公开 30 日，而且该行政机构应给予任何利益相关人请求颁布、修正或者撤销一项规章的权利。实际上，APA 规定了布告过程及解释时间，在制定规章方面，规定只要其制定的规章与授权的法律相符，则赋予行政规章制定者们享有和立法机关同样的特权。

（2）1946 年的《立法部门重组法案》（Legislative Reorganization Act）是一部关于立法机构改革的法律。它的施行大大减少了参议院和众议院常设委员会的数量，大量地扩展了立法资料服务中心（现在称为美国国会研究中心）的规模，推动建立了一支职业化的无党派委员会职员队伍，并增加了独立成员的职位数量。这是

---

① 分割的政府：由不同的政治党派控制立法和行政部门的政府。

② 微观管理：一个贬义词，意指决策者过分密切地监督方案实施。当国会将详细的调整计划规则写进法律时——这样便否定了直线管理者任何实际的行政裁量权，国会被指责为微观管理。任何不允许下属拥有任何实际权力或职责的管理者都是微观管理者。

国会首次尝试建立一个高效的职员系统以减少其在信息方面对行政机构的依赖。

(3) 1946 年的《侵权赔偿法案》(Tort Claims Act) 是一部使得联邦机构为其侵权行为——针对他人所进行的可以成为民事诉讼缘由的法定损害担负责任的法律。

(4) 1946 年的《就业法案》(Employment Act) 是一部创立了隶属于总统办事机构的经济咨询委员会并且宣称联邦政府应负责保持经济稳定增长并且推动全面就业的法律。

这些法律的综合性效果在于解除对众多微观管理者的束缚。这些国会成员们，以前在政策监督方面受到很大的限制，现在则有了代表其选民来深究行政琐事的机会。《行政程序法案》创建的规则制定程序为议员影响分配给自己选民所在地区的建设经费的相关规则提供了诸种可能性，《立法部门重组法案》给国会配备足够的人手使他们得以开展有特定政治目的的监督工作；《侵权赔偿法案》意味着国会可以有效地游说机构纠正对选民的不公；《就业法案》意味着为把联邦资金注入选定的国会选区提供无限的理由。当某兵工厂处于一个有影响的国会选区内时，国防部会被迫向该兵工厂购买较其需要的更多的武器装备，这时我们就可以看到前述的那种过程。罗森布鲁姆讽刺地说，"将政党分肥政治转化为真正的国家经济政策是个不小的成就"。对许多美国人来说，国会成员就是把腊肉带回家的人，但就其本质来说，带回家的这种腊肉是不干净的。当然，这种情况也许正在改变。

所有这些事情都表明，国会从未像布朗洛委员会希望的那样在政治与行政二者之间划清界限。然而，这两者无论如何都不是互不相干的。那么又是什么让大家认为政府再造运动——通过把满腹牢骚的公民变为愉快的顾客从而努力将政治抽离行政——将会改变这种形势呢？

许多小的问题行政部门自身可以解决，如它可以让社会保障局（Social Security Administration）在合理时间内接听电话解决问题，可以要求国内税收局（Internal Revenue Service）的稽核员们对纳税人彬彬有礼。但是与国会决定社会保障资金总量以及税收标准的权力相比，这些并不重要。国会成员们几乎不愿意为那些模糊的效率思想而放弃他们的微观管理才能，他们要给选民带去腊肉，要为自己再次当选的前景考虑。议会的成员们依靠官僚机构的繁文缛节及其创造的那些为选民服务的机会来发展自己，这便是议会监察专员①（ombudsman/ombudswoman）运动从未在美国深入开展起来的原因，专员的这种监察职责在美国则是由那些选举出的代表们愉快地甚至是兴高采烈地履行的。这就是议员们为什么让其职员们花大量的时间去做这些事情，因为这是再次当选的关键。

实际上，所有这些结论都十分简单明了，那就是再造政府的同时必须同样再造国会，再造州政府的同时必须再造州议会。议会的机构和行政部门的机构之间存在

---

① 议会监察专员：一种官员，其工作职责为调查与公共服务有关的公民申诉并确保该申诉将引起在原来的服务提供者级别之上的官员们的关注。这个词语是瑞典语，意指国王的代表。现在，许多国家的各个管辖层级上都有议会监察专员。在美国地方、州及联邦政府，许多议会监察专员的职责都由他们各自的议会成员个别履行。

着的密切关系，在公共行政研究中，没有什么事情比这件事情更加显而易见。按照行政分析家哈罗德·塞德曼（Harold Seidman）的说法，“在设计行政部门结构时，就像设计航空器时忽略空气动力学规律那样，忽略国会动力学规律”。因此，“看起来似乎是行政部门结构古怪和异常的事情，通常不过是国会内部管辖冲突的一种反映。国会的机构和行政部门的机构是相互关联的并构成了单一体系的两个部分”。英国的议会制度及其他国家的议会制度正是因为不存在这个问题，才能够在再造之路上走得更远一些，因为在他们的那种制度下，行政和立法在政策目标上是一体的。

3.5　私营化的压力

和克林顿政府希望再造政府相似，乔治·W·布什政府也希望将大部分政府事务私营化——并作出了要将多达 425 000 个联邦职位推向私营部门的重大承诺。按照艾伦·中岛（Ellen Nakashima）的说法，“这一变动将扩大契约公司的数量，影子政府（a shadow-government）的员工数量，估计比强大的联邦政府 1 800 000 名文职员工数量的三倍还要多”。这样做的理由，布什政府管理与预算局局长小米切尔·丹尼尔斯（Mitchell E. Daniels Jr.）解释说，“不是把职责从公共部门转移到私营部门。这样做的目的在于使纳税人的钱花得最合理”。请注意，这场私营化运动的基本原理直接来自于 1955 年第二届胡佛委员会的报告。

对于公共行政来说，现在没有什么比私营化这个不散的幽灵更具挑战性，事实上是更具威胁性。的确，对许多政治右派而言，再造实际上等同于私营化。私营化大致上有两种类型。第一种类型的私营化在开篇引子中已经论述过了，由一种具备“公共”性质的私人提供服务，比如私家守卫以及私有庄园。说这些服务是公共的，只是从它们可以为任何付得起钱的人所利用的意义上来说的。第二种类型的私营化，是把之前政府占有的私营部门财产或履行的私营部门职责归还给私营部门的过程。保守的共和党人尤其倾向于支持将这些由私营部门可以成本较低或者效率更高地履行（就他们看来）的政府职能私营化。一些极端地鼓吹将政府职能完全私营化的人，甚至要将社会保障、教育以及公共卫生归还给私营部门。

将私营化称之为“一场运动”，也可能稍微有点用词不当，但是公共行政理论家们以及公共部门工作者们显然都敏锐地觉察到了“契约外包”（contracting out）的频率在逐渐加快，并觉察到了同时发生的与之相关的其他变化。除了“契约外包”这种公私伙伴关系的工具之外，抑或还有其他工具，这些工具都是将公共产品及服务的生产从公共部门的供给当中转移或分离出去。私营化是一种广泛且长期的发展趋势，通常由强烈且富有感染力的保守思想推动以减少政府开支，将政府资产或行为转移（或归还）给私营企业，并由此来提高政府的效率和效益。

私营化几乎总是以公共部门与私营部门在工作效率和产出率方面的对比假设为依据的。公共部门管理者们通常要负有举证责任，来解释为何他们并不亚于私营企业管理者，并说明为何在面临着私营部门替代时他们要保留其职责。也许对于当今的公共管理者来说，没有什么比发展管理评估工具更重要的责任了，因为这是为了使那些批评家们确信公共部门的项目和计划都得到了有效率和有效益的管理所必需的东西。

政府私营化大体上有以下三种基本形式或类型：

（1）政府资产的出售（例如将铁路出售给公司或者将公共住房出售给房客）。

（2）私人投资公共设施（例如加利福尼亚州或弗吉尼亚州的收费高速公路）。

（3）私人提供服务（例如废物收集或退休金）。

3.5.1 私营化战略

对于那些担心、怀疑或猜疑政府正在膨胀的人们而言，私营化就成为他们的一种理想的管理理念。对于那些希望缩减政府规模的人们而言，私营化同样是一种理想的工具。做正确的事情，这紧扣着政府再造运动的首要原则——即政府的职能在于促进并且掌舵（设定方向）而不是划桨（做工作）。回顾布什总统在 2005 年国情咨文中对部分私营化社会保障的论证，它表明了目标在于掌舵而不是划桨。

然而，有时私营化意味着政府既不掌舵也不划桨，即政府会简单地完全退出某种活动。例如一些人坚信在生育控制、性教育、广播或艺术方面，政府绝对不应该发挥作用。如果这些活动要全部开展的话，也应该由普通公民主动去开展。但剧作家亚瑟·米勒[①]（Authur Miller）对此有不同看法，他在为政府支持剧院而辩护的时候讲述了这样一个故事。一位观众问他，“我生产鞋子。如果公众不能买完我生产的鞋子，我为何不去请求政府支持呢？”针对这个完全正当的问题，米勒无法找出一个符合逻辑的且合理的答案。于是他用一个问题作出了回答：“你能说我是一个古希腊的鞋匠吗？”诚然，米勒并不赞成政府控制文化，但是他觉得，就像很多人感觉的那样，政府有义务来增强其文化理念——且通常通过资助文化事业来做到这点。

政治分析家萨瓦斯（E. S. Savas）概括了私营化的以下四个战略，实施这些战略就会“停止并逆转政府增长”。

（1）减载战略：指政府退出物品和服务的供给，并允许通过市场或根据个人意愿来安排供给。

（2）替代性服务战略：指政府在其中扮演相对有限角色的一种制度安排，它包括以自愿或自助方式提供服务，也包括竞争性市场、特许经营、抵用券、授权以及契约的制度安排。

（3）使用者付费战略：指强行要求使用者为物品及服务付费。萨瓦斯认为，在任何可能的情况下，为了将服务的真实成本暴露在阳光下从而增加替代性服务发展的机会，政府都应该这样做。

（4）竞争战略：指恢复竞争并将政府垄断降到最低限度的战略。萨瓦斯坚持认

---

① 亚瑟·米勒（1915—2005）：以《推销员之死》而成为普利策奖获得者（1949 年）。

为，这“是一种需要有意识规划的战略，这种战略要有意识地创造可替代产品和服务，并将选择权交于公众，政府还要培育消费者对环境的敏感性和良好的心理态度”。

实施服务的私营化，通常是期望其带来一个或多个好处，如降低成本、改善服务质量、短期尝试昂贵的专门服务、免除服务启动资金、获得具有更大弹性的服务政策（通过降低劳工和设备的刚性）、更好的回应顾客需求以及更好的控制。此外，有时基于某些观点也会寻求私营化，即认为政府不应该提供私人营利或非营利部门能够并且愿意提供的那些物品和服务，政府应该将其自身限制在私营部门不能或者不愿意提供的那些活动中。

私营化同样存在着可能被误用或者滥用的局限性问题。政策分析家约翰·多纳休（John Donahue）认为私营化带来的是喜忧参半的局面。喜的是，私营化虽然并非“万能的补救措施”，但它的确带来了一些“通过让私营部门参与进来而使得公共事业机构更加高效和更加负责的真正机会”。忧的是，政治压力可能会很容易地“造成在私营化有意义的地方却保留了公共部门职能，却将那些留给政府可能会更好的任务私营化”。

3.5.2　军队的私营化

军队是政府最基本的单位，其创立通常早于它所服务的政府。不要忘记，正是乔治·华盛顿领导的大陆军（the Continental Army），帮助美国人真正实现了美利坚合众国的独立。但是传统类型的军队正在迅速衰退。直到最近，军队履行了许多自给职能，从洗床单到挖厕所，军队生活的基本方面都由军队成员自己来处理。但这些基本的后勤工作正在越来越多地由私营的非军人机构来处理。尽管通常认为这种“契约外包”服务成本低、效益高，但近年来对这一实践仍然存在着不少的批评。

美国在伊拉克战争中就引入了私营化，但这种做法已经受到极其严厉的批评。如第 1 章所述，美国利用私人承包商向重建伊拉克破旧基础设施和石油工业的建筑工人们提供保安服务。从 2004 年开始随着暴动不断升级，私人保安部队在战场上所扮演的角色一直受到批评。2005 年，美国公共广播公司（PBS）在纪录片栏目《前线》（*Frontline*）中指出，美国军队成员已经报告了由数量超过 20 000 的私人保安人员所引起的大量问题。军队的抱怨表达了他们的观点，他们认为私人承包商缺乏责任心且与司令部之间没有明确关系。在现役军人与私人承包商之间更是存在着情感上的割裂，这源于这两者之间具有相似的风险程度和地位，但在工资标准方面却存在着天壤之别。布鲁金斯学会的研究员彼得·辛格（Peter Singer）指出，“存在着无法抑制的不满……人们开始意识到了来自军队的抵制”。然而，随着军队面临着逐渐下降的征募率以及对人员的需求仍然很大，似乎军队职能的私营化仍然可能会保持下去。

在各种形式的私营化中存在着各种各样的问题，虽然这些潜在问题或许有些区别，但仍有证据显示私营化会导致腐败。其原因在于，私营化对政治影响的敏感性、对合约执行及其产出的监督存在着困难、对服务机构控制的弱化以及愿意或能够提供服务的竞争者的数量有限。哈利伯顿公司（Halliburton Corporation）成为这些关注的众矢之的。这家位于得克萨斯的建筑公司获得了联邦政府在伊拉克重建项目的多个合约。特别是，哈利伯顿公司曾拿到了帮助伊拉克恢复石油生产的价值 70 多亿美元的一份合约，该合约的签订引起的争议，不仅因为迪克·切尼（Dick Cheney）曾是该公司的 CEO，还因为该合约没有邀请别的公司投标就授予了哈利伯顿公司。《华盛顿邮报》（*The Washington Post*）报道说，美国陆军工程兵团负责民事缔约的最高长官邦纳蒂尼·格林豪斯（Bunnatine H. Greenhouse）证实，哈利伯顿下属的凯洛格布朗根公司（Kellogg Brown & Root，KBR）在其没有投标的重建伊拉克石油基础设施的合约条款方面，被给予了大得不正常的控制权。格林豪斯声称，“我可以明确地说，与授予 KBR 的合约相关的滥用权力，是我在职业生涯过程中所经历的最明目张胆和最不成体统的滥用权力”。火上浇油的是，国防合约审计局（Defense Contract Audit Agency）发布的 2005 年报告，对哈利伯顿公司记入国防部支出中的 800 多万美元提出了质疑。

事实上，正是诸如此类的问题促使许多私人公司在提供服务时把“公开化”（publicization）放在了首位。早在 20 世纪初期，市政研究所的进步主义改革者们就大力提倡政府应把由自己来提供的诸如街道铺设和有轨电车线路等服务作为保持公共责任的途径。

美国州县市雇员联合会（American Federation of State，County，and Municipal Employee，AFSCME）是私营化最强烈的反对者之一，他们公布了大量的事例来证明私营化导致了低绩效、欺诈、贿赂以及贪污。AFSCME 以及其他的政府雇员工会都在为保留其成员的工作岗位而斗争。在纽约、费城、印第安纳波利斯以及其他主要的地区，政府雇员工会被迫证明他们在价格和质量方面可以与私营部门竞争。这是一个需要讨论的问题，这个事实对公共雇员工会的激烈运动起到了冷却作用，抑制了其增加薪酬的要求，并降低了其罢工的可能性。

3.5.3 非营利策略

下棋时策略就是一种把戏，比如牺牲卒，借此来获得后面棋路的优势。各个层级的政府越来越多地使用非营利组织来达到这样的战略目标。以前由政府履行的服务职能正被移交给这些非营利组织——私营化，因为它们是私营机构——这样政府既可以省钱又可以摆脱始终困扰着他们的那些寻求改善贫穷和不幸人们生活的社会福利项目。

非营利部门是一种独特的民主现象。从某些方面来说，非营利部门是经济回应中最具资本主义特征的组织，面对市场失灵①（marketplace failure）状况，针对这

① 市场失灵：自由市场无力提供所需的社会服务。

种经济空白点，它采用志愿者[①]（volunteers）和慈善捐助的方式对此作出反应。相反，更社会主义化的经济制度倾向于通过税收支持的政府项目和服务来满足类似的社会需求。非营利为税收支持的政府行为提供了一种有弹性的替代方案。

非营利组织在许多方面只是一种观念而非一个特定实体——而且它可以用多种方式加以阐释。不过，非营利组织的首要特性，还是其组织和运行都是为了公共的或社会的目标（例如减少贫穷）而不是为了私人利益的目标（例如股东投资的收益）。第二个特性，是其大部分财力及人力资源都依赖于志愿者及其行动。尽管一般的理解与之相反，即非营利组织可以从其活动和方案中实现利润，而且它们可以经营商业类型的企业，这也在其定义范围之内，但这还是一种误解，因为这些利润还是必须返回到机构的运行中去的。

从大型的国际宗教组织和准全国性的连锁医院到小型的、地方性的、有着共同兴趣、目标或者关注的人们的并未联合起来的社团，非营利组织在规模和结构上都有很大变动。从相对狭窄的立法视角来看，可以说非营利组织实际上是由法律、规则以及免税准则来规定的一种组织。从免税的角度来看，非营利组织有两种基本的形式：

（1）直接参与宗教、教育以及社会福利项目的由公众资助的慈善组织。

（2）常常支持其他免税组织项目的私人基金会。

里根政府重新将这个国家聚焦于自愿地、非政府地回应社会问题的力量之上。里根的政策也是基于问题识别和行动责任应被归还给地方社区的假定之基础上而制定的，这样就可以在政府缩小传统资金来源范围并减少部门获取传统资金来源机会的同时，增加社区对非营利组织的信赖。在美利坚合众国的历史上，第三部门[②]（third sector）从未被要求用更少的钱做更多的事情。

第一个布什政府并没有认识到非营利部门较少联合的特点。实际上，在布什1988年的总统竞选中最令人记忆犹新的就是“万点光明”（thousand points of light）这个词，布什相信一个崭新的更为无私的时代已经到来，创造“万点光明”一词用来指称遍布全国的志愿组织和布什的这种无私时代到来的信念之关联。在1988年共和党全国大会上发表政党提名演讲时，布什首次使用了这个对美国生活中的志愿服务及慈善的比喻。在他的就职演说中，他进一步将“点”定义为“所有行善的、像星星一样洒满全国的社区组织”。曾为布什撰写了政党提名演讲稿的佩吉·努南，在其回忆录《变革见闻》(*What I Saw at the Revolution*)（1990年）中说道，“万点光明……成为布什进入遍布全国的组织之援助体系的捷径，但在某些圈子里它也成为被嘲笑的对象，或至少是被善意讽刺的对象”。最初公众和新闻界对“万点”的确切含义感到困惑。这个比喻需要作如此多的解释以至于它成为布什

---

① 志愿者：不因强制或要求而提供服务的人，一般没有报酬。然而，随着志愿部门的增加，对志愿者的界定似乎正在发生变化。例如，志愿救护车服务和救火部门现在为志愿者的待命时间以及/或者出动支付报酬。只要他们救护车服务的工作不是他们收入的主要来源，这些拿薪水的人仍被称为志愿者或者是带薪志愿者。

② 第三部门：所有的既不适合定位于公共部门（政府）也不适合定位于私营部门（企业）的组织，一般用于指称非营利组织或将其解决公共部门及私营部门忽略的那些事务和问题的行为制度化的组织。

演讲方式中搞笑句法的一个标志。

在私人慈善组织和联邦政府之间，比尔·克林顿总统开辟出了一片有趣的中间地带，并由此形成克林顿的政治特征之一。1993 年，克林顿签署《国家及社区服务信托法案》(National and Community Service Trust Act)，依据该法案创立了国家及社区服务公司（Corporation for National and Community Service)。这个法律将范围广泛的国内社区服务计划纳入到一个名为全美志工服务团（AmeriCorps）的中央政府组织保护之下。全美志工服务团的成员们服务于 3 000 多个非营利的公共机构以及遍布全国的基于信任的社区组织。举个例子，一个自愿参加全美志工服务团的个人有可能被安排到诸如基督教阿帕拉契项目（Christian Appalachia Project）中去，这是安排在肯塔基州西部贫困地区的一个家园建设项目。

即使有着像全美志工服务团这样的项目，但国家对于政府更为直接地资助社会项目的做法，仍然趋向于禁止。本质的问题在于，非营利组织因其拥有自己的慈善目标和积极性很高的员工（通常是志愿者）而成为一条向立法委托项目提供资金的便捷途径。在这些实例中，与公共出资人的分包合约关系，使得非营利组织至少间接地对公众负责。在许多情况下，非营利组织董事会决策与公用事业的决策非常相似：非营利组织董事会可以在法律框架内自由地决策。

3.5.4 基于信任的首创精神

乔治·W·布什政府更加热衷于通过非营利机构——尤其是宗教组织——来提供社会服务。布什甚至创设了基于信任的社区行动办公室（Office of Faith-Based and Community Initiatives）来推动这项事业。五个政府部门——卫生和公共服务部、住房和城市建设部、司法部、教育部以及劳工部——都成立了促进信任活动中心。在布什的倡议中，争议最多的是一项政策，即允许宗教组织争取获得联邦政府资助以提供社会服务事业，例如为了贫民的戒毒康复和健康咨询诊疗。有人批评布什方案中的这个政策通过给宗教组织提供直接的政府拨款来混淆教会和国家之间的分隔，但是大多数基于信任的行动都保持得像 2005 年时那样完整无缺。事实上，卡特里娜飓风的灾害再次提醒人们，注意基于信任的组织和联邦政府两者之间的关系。在联邦紧急事务管理局（FEMA）致力于救助飓风受难者的同时，许多宗教组织迅速地用避难所和救助站填补了空白。作为对这些活动的回应，在宗教组织是否有资格接受联邦资助的问题上形成了新的争论。

在对布什政府创设的基于信任行动的论战中，联邦资金问题始终处于论战的焦点和核心地位。批评家们认为，这有可能违背宪法第一修正案设立的条款，因为该条款规定，“国会不得立法侵犯有关宗教创设的问题”。这个条款构成美国政教分离（separation of church and state）之基础。不过，最高法院在埃弗森诉教育委员会案（*Everson v. Board of Education*）（1947 年）中认为，政府资助宗教学校用校车接送学生的做法并不违反这个条款，在沃尔兹诉纽约市税务局案（*Walz v. Tax Com-mission of the City of New York*）（1970 年）中，同样认为宗教组织财产的免税情形也不违反该条款。渐渐地，最高法院在对待宗教问题上采取一种“善意的中立”（benevolent neutrality）态度。凡目的或最初效果在于促进或者抑制宗教活动的政府行为以及可能过分地卷入宗教活动的政府行为，都被最高法院予以禁止。

伴随这个条款而产生的一个持续性的问题，就是许多社区当地的福利机构和教育机构传统上一直由私人资助的宗教团体举办，这是一个早在罗斯福新政时期就讨论过的问题。最高法院在 2007 年海因诉自由宗教基金会案（*Hein v. Freedom from Religion Foundation*）中，关于联邦政府资助宗教团体是否破坏了第一修正案中所谓的政教“分离之墙”（wall of separation）的问题，裁定纳税人没有资格提出终止联邦政府资助的诉讼。对于小布什政府而言，政府资助问题到最高法院作出这个裁定之前一直是一个潜在的问题。不过，自从这个案件以五票对四票的结果被裁定以来，随着接下来几年法院人员构成的变化，最高法院对这个议题的争论可能还有更多的话要讲。

3.5.5　志愿主义和博爱主义

非营利管理、第三部门组织以及独立部门项目只是过去的施舍、博爱以及社会行动这些概念在当今的新的表达方式。施舍、博爱是过去的观念，但它们正在怎样影响当今社会却是新的内容。在一个以营利为最高目的的国家里，仍然存在着一个无孔不入的非营利部门，这既难以理解，又不可避免。在其他大多数国家中，志愿主义在人们生活中所扮演的角色不如其在美国所扮演的角色那样重要。

西方的志愿主义传统来源于两种不同的意识形态倾向（ideological streams）：

（1）古希腊罗马传统中对共同体、公民以及社会责任的重视。古希腊罗马的思想体系依赖于社会改革的理论基础，社会改革旨在解决共同体的社会问题从而提高共同体内所有居民的生活质量。

（2）基督教相信，与更有影响力者之间的关系影响着人们的选择和决策。因此我们的目标不是改变人的命运而是减轻他人的痛苦，尤其是贫穷的人。在基督传统中，一个人帮助他人不仅是出于对自己或朋友的关心而是因为神指示他去那样做。神告诉我们要像爱自己那样爱我们的朋友：一个人爱自己的朋友是因为他首先爱上帝，因此想要服从上帝的指示。

今天，这两种截然不同的历史上的意识形态的论题仍然清晰明显。举例来说，我们可以分为帮助同病相怜的人（cause advocacy）和帮助某人（case advocacy）两种情况，前者意味着领导社会改革，后者则意味着对需要帮助的某个人或者有限团体的某些人提供个性化服务。在美国非营利部门的历史中，这两种思想的影响无数次地以各种各样的方式重演。注意它在以下两种类型的志愿主义的定义中是如何表现出来的。

（1）博爱（Philanthropy）：即献出金钱或自我来解决社会问题，这是一种发展意义上的对未来的投资，是一种防止未来发生不幸或再次发生不幸的尝试。

（2）善举（Charity）：即解除或减轻特定痛苦，这是一种怜悯或同情的行为。

我们倾向于把志愿行动的这两种类型看作是非营利体系中的互补因素。我们需要博爱，也同样需要善举。然而情况却并不总是这样，例如一位热情的慈善家安德鲁·卡内基（Andrew Carnegie）就憎恶善举。“对人类来说，把富人的数百万金钱扔进大海也好过将其用来支持那些懒人、醉汉、小人……实际上，这样花钱滋生了那些人们期望减少或消除的恶行。”然而遵循基督教慈善传统，贫民所、慈善医院、孤儿院以及诸如安贫小姊妹会（Little Sisters of the Poor）、救世军（Salvation Army）、国际红十字会（International Red Cross）和数不胜数的其他的慈善组织，已经帮助减轻了无数的人类苦难。

因为这个国家是以个人主义和多元主义民主思想为基础建立起来的，我们对国内基本问题（例如贫穷、健康、儿童养育、住房、精神疾病、无家可归以及不平等就业机会）如何处理的基本主张，也正在回归到其历史上的稳定状态，即共同体层次的问题解决。我们解决国内问题的基本途径从个体和家庭层次的解决发展到共同体解决问题（像农村城市化那样），到大规模的国家干预，然后又回到共同体解决问题。这种回归一半是对罗斯福“新政”和约翰逊“伟大社会”（Great Society）的许多社会项目已被察觉的失败的一种消极反应。由此我们进入了一个新的世纪，这里慈善和社会行动责任之间的联系再一次表明了从国家指导向地方控制的转变。

从社会服务的提供到大都市和谐运行的维护，地方机构现在都为许多非营利组织提供继续生存的条件或者说决定着非营利组织的最终命运。即使不是在实际中而是在感觉上，公共部门的角色和责任的确缩小了。邻里之间的那种无论在顺境中还是在逆境里都互相帮助的谷仓聚会（barn-raising）式的开拓精神，已经成为了国内公共政策改革的基础。还责于民，允许并要求社区来决定什么样的本地问题应予以解决，这已经成为一种新潮流。

直到最近，慈善仍主要局限在富人们的一种业余活动上。20 世纪，那些实业巨子/强盗资本家们及其家族在获得财富以后，有可能为这项或那项公共改良项目捐款。安德鲁·卡内基是这类传统的慈善家中最为典型的范例。他在世时捐款超过了35 000 万美元，相当于现在的 60 亿美元。但是，21 世纪对社会责任和税法的不同观念，已经将慈善活动从对单个的个人或家庭的无私关怀转变为一项巨大无比的事业，并成为影响和维护经济和社会的一个主要部分。

诚然，富有阶层的人们以及所有具有经济财力的人们出于社会期待的目的捐出他们的金钱、时间、精力以及财产。但是，拥有这些慈善资金的最大份额的组织当属各类基金会，因为基金会的捐赠人享有税收优惠。因此，更好地利用基金会，可以有效地增加慈善资金的总量，这样更有利于行善。

既然慈善很大程度上已被制度化，其角色就从随意施舍或随意发展社区的努力变为有计划地努力寻找那些可以专注的事业，如在某些地区减少贫穷、控制世界人口增长率和保存史前古器物这些珍品等，这样的例子不胜枚举。慈善事业的大规模性质使其变得官僚化。为慈善事业而仅仅进行富有情感的呼吁已经不能满足要求了，必须要写出综合性方案，还要通过策略性的运作以获得不同层次的审批，在这个过程中，无论是申请组织还是审批组织，通常都是相当复杂的官僚机构。因此，尽管非营利组织在努力地做政府迄今没能做好的事情，成为政府的替代物，但它已经变得比政府更像政府。

参考文献

American Federation of State, County, and Municipal Employees. (1984). *Passing the Bucks: The Contracting Out of Public Services*. Washington: AFSCME.

Blair, Tony. (1998). "Third Way, Better Way." *Washington Post National Weekly* (October 5).

Blumberg, Stephen. (1981). "Seven Decades of Public Administration: A Tribute to Luther Gulick." *Public Administration Review* 41 (March-April).

Brownlow, Louis. (1958). *A Passion for Anonymity: The Autobiography of Louis Brownlow*. Chicago: University of Chicago Press.

Carnegie, Andrew. (1900). *The Gospel of Wealth*. New York: Century.

Donahue, John M. (1989). *The Privatization Decision*. New York: Basic Books.

Egan, Timothy. (1995). "Many Seek Security in Private Communities." *New York Times* (September 3).

Goodnow, Frank J. (1900). *Politics and Administration: A Study in Governments*. New York: Russell and Russell.

Gore, Al. (1993). *From Red Tape to Results: Creating a Government that Works Better and Costs Less*. Report of the National Performance Review. Washington: Government Printing Office.

Kaufman, Herbert. (1976). *Are Government Organizations Immortal?* Washington: Brookings Institution.

Kettner, P. M., and L. L. Martin. (1987). *Purchase of Service Contracting*. Beverly Hills, CA: Sage.

Lind, Michael. (1995). "To Have and Have Not: Notes on the Progress of the American Class War." *Harper's* (June).

Marlin, J. (1984). *Contracting for Municipal Services*. New York: Wiley.

McKenzie, Evan. (1994). *Privatopia: Homeowner Associations and the Rise of Residential Private Government*. New Haven, CT: Yale University Press.

Meriam, Lewis. (1939). *Reorganization of the National Government: What Does It Involve?* Washington: Brookings Institution.

Miller, Arthur. (1995). "To Newt on Art." *The Nation* (July 31/August 7).

Morgan, D. R., and R. E. England. (1988). "The Two Faces of Privatization." *Public Administration Review* 48.

Mosher, Frederick C. (1967). *Government Reorganization: Cases and Commentary*. Indianapolis: Bobbs-Merrill.

Nakashima, Ellen. (2001). "Bush Opens 40,000 Federal Workers' Jobs to Competition." *Washington Post* (June 8).

Osborne, David, and Ted Gaebler. (1992). *Reinventing Government*. Reading, MA: Addison-Wesley.

Pollitt, Christopher. (1996). "Antistatist Reforms and New Administrative Directions: Public Administration in the United Kingdom." *Public Administration Review* 56 (January-February).

Preer, Robert. (1986). "Town Meetings Don't Work." *Washington Post* (June 13).

Public Broadcasting System. (2005). *Frontline: Private Warriors*. Airdate: June 21, 2005.

Rehfuss, J. A. (1989). *Contracting Out in Government*. San Francisco: Jossey-Bass.

Rosenbloom, David H. (1993). "Have an Administrative Rx? Don't Forget the Politics!" *Public Administration Review* 53 (November-December).

Ross, Bernard H. (1998). "Metropolitan Organization," *International Encyclopedia of Public Policy and Administration*, ed. Jay M. Shafritz. Boulder, CO: Westview Press.

Salant, Tanis Janes. (1998). "County," *International Encyclopedia of Public Policy and Administration*, ed. Jay M. Shafritz. Boulder, CO: Westview Press.

Savas, E. S. (1982). *Privatizing the Public Sector: How to Shrink Government*. Chatham, NJ: Chatham House.

Savoie, Donald J. (1994). *Thatcher Reagan Mulroney: In Search of a New Bureaucracy*. Pittsburgh: University of Pittsburgh Press.

Seidman, Harold. (1980). *Politics, Position, and Power: The Dynamics of Federal Organization*, 3rd ed. New York: Oxford University Press.

Szanton, Peter L., ed. (1981). *Federal Reorganization: What Have We Learned?* Chatham, NJ: Chatham House.

Wallsten, Peter, and Tom Hamburger. (2006). *One Party Country: The Republican Plan for Dominance in the 21st Century*. Hoboken, NJ: Wiley.

Wallsten, Peter, and Tom Hamburger. (2006). "The GOP Knows You Don't Like Anchovies," *Los Angeles Times* (June 28).

Weisband, Edward, and Thomas M. Frank. (1975). *Resignation in Protest*. New York: Viking Press.

Witte, Griff. (2005). "Democrats Criticize Payments to KBR. Pentagon Auditors Question More than $1 Billion in Iraq Costs." *Washington Post* (June 28).

第 4 章

府际关系

引子：委托代理的时代

这是美国的一个躁动不安时期，联邦制下的许多州都在抱怨说，华盛顿的中央政府即便没有违背宪法条文的字面意思也违背了宪法精神。州权利观念已经复苏，各州强烈地感受到联邦插手各州事务既是压制性的又是低效的，共和国的理想最好是通过规模更小、干涉更少的全国性政府来实现。类似情况曾发生在 19 世纪 60 年代早期，20 世纪 90 年代中期再度出现。前者中有关府际关系的争端，其解决过程始于亚伯拉罕·林肯当选之时，最终以南北战争的方式结束。在后者中，公众则采取投票选举由纽乌特·金里奇（Newt Gingrich）领导的共和党主导国会的方式来解决这些问题。

众议院议长金里奇不是林肯，但是两个人都必须处理有关美国联邦制本质上的核心问题。林肯特意说过，分权（将权力归还给各州）只能走到目前这一步——南方 11 州退出联邦却走得太远了。130 多年以后，金里奇和他的伙伴们特意说，集权化已经走得太远了——现在已经到了断然地朝着别的方向迈进的时候了。

战争，无论它们是骇人听闻的、致命的、毫无必要的或者是其他什么情况，但都是了不起的集权工具。20 世纪的两次世界大战，按照克劳塞维茨的观点都是全民动员整体参与的战争，已经成为有史以来构建政府集权统治的最伟大的发动机。战时政府，不但告诉征召入伍的士兵他们将在何时、何地以及以何种方式去战斗，而且也有计划地系统地管制其后方，将人们如何生活规定得十分详细：他们能够烧多少燃料、可以吃多少食物、甚至规定他们只能在哪里工作。

过去的一个世纪以来，无论是军事的危机还是经济的危机，大多数情况下，国家都是通过扩大中央政府的职能来应对危机。有时候，这样的集权举措是温和的，就像罗斯福在20世纪30年代的美国提出“新政”的时候或克莱门特·艾德礼（Clement Attlee）带领工党在20世纪40年代的英国通过建立国民健康服务局（National Health Service）施行了公费医疗制度的时候一样。若将集权与希特勒时期的德国联系在一起，那么集权已被证明是有害的。随着外部威胁的减少，世界各国都对国内要求更大自由给予了更多的思考，这构成了世界范围的普遍现象，它既受到冷战结束的影响，也受到之前被抑制的民族主义的复苏之驱动。

从平稳变动的角度来看，即使在那些最稳定的国家里同样存在着类似的民族主义运动。如苏格兰和威尔士的民族主义者想从大不列颠中央政府那里得到更大的自治权，几十年来魁北克一直提出除非它获得更大的自治权，否则将脱离加拿大。在美国，对州权利的要求也已经复苏。州权利（states' rights）这个短语，在以前是作为反对联邦公民权利立法的代名词而使用，现在却成了那些争取削弱联邦政府权力并增强各州权力的人使用的简略表达方式。这一削弱全国性政府权力、削弱总统或总理权力、并随之增强立法部门和地方政府权力的多方位的国际性运动，正是外部威胁减少的直接结果。战时，无论热战还是冷战，政治领袖总是想得到特别的权力和衷心的服从。和平削弱了他们及其下属的权力。没有了团结在总司令周围的必要，美国国内政局趋向于重回由立法部门而非行政部门控制的政府——至少在国内事务方面是如此。反恐战争，并不是全面战争，已经改变了这种情况。这是美国政府在19世纪的大部分时间里（南北战争是作为主要的例外时期）的一种正常状态。

在美国力推的新一轮委托代理（devolution）的运动中，托管（mandate）是其核心词语，含有委托和命令两层含义。通常，这个词指的是有意识的公众或选民对一项公共计划、政党或者个别政治家的支持。以压倒性优势赢得选举的美国总统就可以感受到，当选就是推行他们政策建议的一次“托管”（委托）。但是，托管这个词还有另一个同样重要的含义，意味着命令，是指某一层级的政府要求另一层级的政府来开设一个项目，或者为这个项目支付费用，这样的要求可能是依据法律而为，也有可能是形成为所考虑项目或者其他项目提供部分或全面财政支持的先决条件。联邦政府可以借助于通过法律的办法来命令州政府减少大气污染，州政府可以借助于通过法律的办法来命令市政府回收垃圾。这些托管都是不折不扣的命令。有些行政区和选区逐渐对这种托管（命令）产生了不满情绪，委托代理运动的兴起正是缘于此。在美国，这些行政区引证它们是主权国家的这一“事实”，认为它们无须忍受这种行政上的暴政。

各州政府要求联邦政府在这个或那个项目上采取行动或予以财政支持，但却同时抱怨联邦政府管制它们使用其资金，损害了它们的主权，这种状况正是由伪善（hypocrisy）造成的。打个比方，这就像一个长大成人的孩子要求其父母有义务为他支付这个或那个，同时又坚持认为他应被当成独立的成年人来看待一样。无论是各州抑或这样的孩子都不可能两者兼得。就像莎士比亚笔下的李尔王（King Lear）无奈地承认，“逆子无情甚于蛇蝎”。但是在美国，谁是那个孩子呢？联邦政府是各州的产物（即使不是孩子）。然而，各州却像年迈的李尔王一样，曾放弃它们的主权而“缔造了一个十分完美的联邦”。当事情不够完美时，它们就抱怨。但这不是那个协议的内容。1787 年制宪会议上制定的协议中是“更完美的”——而非完美。那些可能会对各州建议“别发牢骚，做点和年龄相称的事情”的人没有领会到这一点。牢骚、抱怨、虚伪正是无休止的府际妥协中固有的和有益的部分。此外，抱怨通常会带来实际的变化。

联邦制中不同层级政府需要相互妥协，假如某项政府职能不能只在一个层级得以履行，那它就能够被转移到另一个层级上，来看看这样做是否能够得到更好的履行，这就是不同层级政府需要相互让步的一个例证。福利项目就是一个可以很好地说明这种在不同政府层级间跳来跳去的一个项目。1935 年通过《社会保障法案》（Social Security Act）时，它涵括了帮助孤独母子或母女的一个小型项目，这就是抚养孩子家庭援助（Aid to Families with Dependent Children，AFDC）项目的起源，这个项目就需要联邦政府联合各州在福利事业方面支出抚养费。对那些与单亲或者符合各州要求标准的亲属一起生活的孩子们，AFDC 为他们提供各州管理之下的联邦经费。但该计划备受争议，因为其被指不仅增加了非婚生子女的数量，还助长了父亲们抛弃家庭以便合乎 AFDC 的条件。1995 年，接受 AFDC 的人数从 1955 年的 200 多万增长到超过 1 300 万（见表 4—1）。

表 4—1　美国福利领受人数量（1980—2006 年）　单位：万

年份	领受福利的家庭数	领受福利的个人数
1980	371.2	1 077.4
1985	370.1	1 085.5
1990	405.7	1 169.5
1995	479.1	1 341.8
1996	443.4	1 232.1
1997	374.0	1 037.6
1998	305.0	834.7
1999	255.4	682.8
2000	221.9	579.0
2001	211.0	542.0
2002	204.8	506.9
2003	204.8	493.2
2004	198.7	474.8
2005	189.4	447.1
2006	178.1	416.6

注：1996 年通过《福利改革法案》之后，福利领受人数量大幅度减少。
资料来源：The Department of Health and Human Services（2007），
http://www.acf.dhhs.gov/programs/ofa/caseload/2006/2006_family_tan.htm。

共和党控制的国会宣称，这一制度制造了“福利皇后”（welfare queens）——因非婚生子而享受AFDC福利的妇女们——和由福利制度产生的世代贫穷怪圈。于是，他们在1995年决定对此采取行动，通过将这个难题扔给各州而变革这项制度。福利最初就是一个地方性问题，县济贫农场或济贫院的传统可以追溯到16世纪的英格兰。各州将以50种不同的智慧来决定谁在何种条件下应获得新式福利，但花在AFDC上面的巨额经费成了一个障碍因素。大部分联邦的附加条件事实上都将解除，而且各州总体上得到的经费也将比以前少，但是它们在如何支出这些经费方面则有了大得多的自主权。于是，1996年国会通过了一项《福利改革法案》，并由克林顿总统签署后而成为法律，该法撤销了AFDC在政府优惠福利计划方面的规定。各州——在联邦政府的鼓励之下——同时开始改革福利方案并设法通过促使父亲们更负责地抚养孩子来阻止福利领受人数的增加。简言之，这个问题难度太大，国会想放弃它并且要把它扔回各州。啊，这就是联邦制！

在就业机会充足时，即使没有改革，我们也可以预料到福利名册的长度将会缩短。但是，还有其他更持久的因素仍在发挥着作用，即还存在着这样的一些因素，它预示着名册不会随着适度的经济衰退而“自动”增长。首先，委托代理意味着福利制度不再是过去的那种模式了，更重要的是，它不再是一种权利资格了。按照芭芭拉·沃达（Barbara Vobejda）和朱迪斯·哈弗曼（Judith Havemann）的说法，在至少30个州内，人们申请福利时，福利管理者们会积极地想办法阻止他们的申请。“福利办公室鼓励申请人向亲属寻求帮助而不是申请联邦资助，并通过开出一次性的应急支票来取代每月的补助，或者会要求申请人在得到他们第一份福利之前要用几个星期的时间来找工作”。这又引起了诸多问题，如“他们是否已经依靠自身力量找到了工作？这些工作是否起初就并非真正需要他们？或者在申请孩子真正需要的帮助时他们是否受到了惊吓或威胁？”

现在，这种牵制策略十分常见。加利福尼亚、堪萨斯、佛罗里达、俄勒冈以及纽约等，还有其他各州，都会设法引导申请人找工作或给他们一次性的现金支付（这样他们就不能在规定时间内反复申请了）。这导致形成了第二个新的关键因素。传统的福利办事处（welfare office）正在逐渐发展成为一种新的行政机构。雷切尔·L·斯沃兹（Rachel L. Swarns）说，在纽约城里，“就业服务中心（job centers）正在取代福利办事处，理财师正在取代社会工作者，而且整个官僚机构都正在转变为家庭独立管理局（the Family Independent Administration）。其实还是那些工作人员在同样的办公楼里办公，但是这个城市已经被一种横扫全国的莫名狂热所感染。马萨诸塞州公共福利部现在变成了过渡性援助部，佛罗里达州的福利项目现在变成了工作及收益经济自给项目（Work and Gain Economic Self-Sufficient Program）”。1998年，美国公共福利协会（American Public Welfare Association，社会服务机构的代表）在其成立了66年之后决定将其名称改为美国公共人力服务协会（American Public Services Association），这种术语的变化显示出福利政策方面的重大变化。委托代理也许尚未在事实上扼杀福利制度，但的确在名义上已经扼杀了福利制度。

福利制度只是委托代理时代正在怎样将我们带回到革命时代的那些最初原则上的一例。在开国元勋中，亚历山大·汉密尔顿是建立富有活力的联邦政府的权威人士，在其撰写的《联邦党人文集》第 17 篇（1787 年）中谈到他的一种强烈感受，即实质性的地方问题“决不能成为联邦司法权渴望关注的问题”，他认为，“在各种联邦委员会中，不大可能会发生篡夺地方权力的事情……因为行使那些权力的企图存在着诸多困难；而且具有那些权力，对于全国性政府的尊严、价值和名声来说，也毫无作用”。福利国家的倒退有利于联邦政府的“尊严”和“名声”吗？在政治分析家加雷斯·G·库克（Gareth G. Cook）看来，至少有一件事情是可以确定的：“委托代理是贯穿于共和党几乎所有引人注目的国内行动之主题……不论是巡警在大街上巡逻、保护环境或者为学校里的贫困学生提供午餐，共和党的解决方式就是委托代理”。

讨论题

为什么在冷战之后委托代理会成为一个世界范围内的普遍现象？自 1996 年《福利改革法案》中止了福利制度中权利资格规定以来，福利政策中主要的差异是什么？

4.1　联邦制的演进

历史清楚地表明，形成联邦制政府的首要因素，就是普遍存在的外部威胁。部落、村庄、城市、殖民地或州联合在一起成为自愿联盟，以保护其自身安全。然而，并非所有这样形成的联盟制度就一定是联邦制。像美国那种真正的联邦制必须具备如下特征：

（1）有一部划分中央政府及其成员国政府之间权力的成文宪法，并由这部宪法分别给予这些政府实质性的权力。

（2）政府的各个层级，通过其自身的设置，直接对其公民行使权力（不同于邦联，在邦联中，仅由中央政府以下的那些政府直接对公民行使权力，而中央政府仅对这些亚国家政府行使权力）。

（3）任何层级的政府或普通的立法程序，都不能单方面地对宪法规定的授权进行变更。

4.1.1　联盟和邦联

最初仅有联盟（alliance），即承诺在发生战争或危机时互相帮助的国家之联合。联盟所涉及的不仅仅是合作以及实力的增强，而且通常直接指向实际存在的或潜在的敌人以及实际存在的或潜在的武力的使用。联盟成立所依据的协议通常正式地体现为条约，但联盟也有可能基于心照不宣的或者非正式的协议而成立。联盟可以在实力相当且涉及相互安全保证的国家之间形成，也可以在实力不均等的国家之间形成——在这种情况下实力较强的国家通常会给实力较弱的国家提供单方面的安全保证。对实力较弱的国家而言，这始终是一种危险的状况，过于频繁的保护意愿就会变成一种接管和兼并的愿望。联盟在期限、成员数量以及成员间拥有共同利益的程度等方面有差异，共同利益越大，联盟就可能更稳固、更持久。

然后是邦联（confederation），即把解决某些问题上的权力委托给中央政府的一组独立国家之同盟体。在邦联中，中央政府受到刻意的限制，它被设计成天生的威信不高，而且很少有独立的权力。1781—1789 年，美国就是一个邦联。中央政府在处理诸如谢伊斯叛乱①（Shay's Rebellion）之类的问题以及州际贸易方面的问题时太过无能，于是 1787 年召开制宪会议来讨论邦联政府不胜任的问题。出乎许多推选他们去参加会议的人们的意外，代表们建议的不是邦联制的改进——如人们所期待的那样——而是建议建立一种崭新的全国性政府模式。

4.1.2 定义府际关系

最后，当政府间需要一种更为牢固的结合时，联邦制随之产生，这是一种全国性政府与其成员国政府或州政府分享权力的治理制度，其中，全国性政府起着决定性作用。府际关系（intergovernmental relations）就是活动着的联邦主义，是联邦制内政府间日常相互关系的复杂网络，是较高级别的政府与较低级别的政府分享税收以及其他资源的一种政治的、财政的或行政的过程，当然这个过程通常还伴随产生一些特殊情况，即较低级别的政府要想从较高级别的政府那儿获得援助就必须满足某些先决条件。

府际关系在本质上就是一套政策和机制的集合体，凭借它，不同层级政府间的相互影响和相互联系得以实现和维持，以共同服务于所在地理区域内的民众。这种关系反映着将不同层级政府联系起来的基本宪法架构，也反映着同时期的相对权力、财政优势、种族划分、地理因素等一些动态的因素。英国上议院的老威廉·皮特②（William Pitt）在 1763 年的著名言论很好地抓住了这种宪法框架的实质：

> 贫穷之夫，寓其寒舍，傲视王军。寒舍或许单薄——顶在摇颤——风可穿堂——雹可入侵——雨可洒进——但英王不能入内！英王全军不得跨越那残舍之门槛！

---

① 谢伊斯叛乱：由独立战争中的军官丹尼尔·谢伊斯（Daniel Shays，1747—1825）在新英格兰地区领导的一次武装叛乱（1786—1787），旨在主张农民对所背负的债务与赋税的抗议。这次叛乱不仅从未形成真正的军事威胁，而且以失败告终，但其重要作用在于，增加了人们对邦联条例在处理内乱并因此形成更强的全国性政府方面无能为力的关注。

② 老威廉·皮特（1708—1778）：查塔姆（Chatham）首位伯爵，以其在英国下议院的领导地位而被称为“伟大的下院议员”，匹兹堡市（Pittsburgh）即以他的字名命名。历史学家称其为“老威廉·皮特”，是因为与其同名的儿子后来成为了英国首相。

在今天的美国，“国王”——联邦政府——只有在这个“贫穷之夫”触犯了众所周知的“联邦法律”而且联邦官员们获得了搜查或逮捕令之时，才会介入。同样，只有地方官员才能获得地方罪犯的逮捕令。这就是 1963 年肯尼迪总统遇刺事件①（assassination）的调查为什么必须由得克萨斯州达拉斯市的地方警察来展开之原因，因为从法律角度来看，肯尼迪恰恰是地方谋杀的受害者。在 1963 年，抢劫一个由联邦机构承保的银行（大部分都如此）的行为则是联邦罪行，但刺杀总统却不是联邦罪行。现在也是这样！在地方警察把这项调查搞得一团糟，并且还漫不经心地搞出一个阴谋论专题调研之后，国会则将威胁或攻击总统、副总统或其直系亲属的行为规定为联邦犯罪。问题的要害，在于联邦制内不同层级政府总是履行着在宪法上分离的某些相似职能，如这起案件的调查职能，而每一层级政府都有着宪法上的局限性。

对于每个行政官员来讲，了解府际关系是极其重要的事情，因为这种关系限定了他所在行政世界的范围和领域。这不仅仅是领域边界的问题，尽管所有政治单元的边界都已经由法律、宪法以及协议加以确定，但对这些法律、宪法和协议进行研究才能理解府际关系的核心。这等同于职能配置问题，因为大多数国家都认为有必要区分全国性、区域性及地方性的事务并以各种方式将这些事务配置到不同层级的政府中。这种配置，即谁来做哪些工作以及使用哪些资源的问题，正是府际关系的核心和实质。

4.2 基本协议

府际关系之关键所在，就是成立政府所依据的基本协议（the fundamental settlement）或条约（accord），正是这种基本协议或条约构成并塑造着各个政府之环境。这些条约最终不会是单方面的——它们必定包含着许多共同体之间的一个协议。联邦制，就像大多数制度形态，是解决政治组织某种问题的一种办法。能够存活下来的联邦制，包容了区域性或子系统的多样性，从而增强联邦力量。美利坚合众国以及欧洲共同体都提供了一种协议的范例，协议的条款决定了相关政府的性质、范围和权力。

4.2.1 宪法

美国 1789 年宪法（Constitution）是一部最古老的成文宪法，一直实施至今，这样的一份经过精心起草的文献，就其好处和效力来说，构成世界上其他国家的持

---

① 肯尼迪总统遇刺事件：对某人的蓄意谋杀，尤其是指出于政治目的对杰出政治人物的谋杀。最早的刺客是 13 世纪的穆斯林，他们的主要目标就是刺杀基督教十字军以及其他的政治对手。刺杀是一种让人们远离公职的历史悠久的但并不光彩的方式。总统林肯、加菲尔德（Carfield）、麦肯利（Mckinley）以及肯尼迪都被暗杀了；总统西奥多·罗斯福（Theodore Roosevelt）、富兰克林·罗斯福、杜鲁门、福特以及里根则在各种未遂的暗杀中死里逃生。

久性范例。“我们美利坚合众国的人民”，即是这部文献著名的开篇词，它宣称权力的来源是与国家相对的人民，然后它将权力分配给政府的各个部门（branches）并由此构建了政府。它限制所有部门可能拥有的权力，允许各个部门制衡其他部门。最重要的是，它拒绝将某些权力授予全国性政府，而是将其保留给各州及其人民。除了其作为法律所拥有的效力以及其作为国家档案馆中一张已经逐渐褪色的羊皮纸的存在之外，美国宪法还是国家的象征，是美国人的自由和治理的首要标志；尤其是它体现了美国人民200多年来坚守其共和政体的集体政治意愿。然而，就像1907年任纽约州州长的查尔斯·埃文斯·休斯（Charles Evans Hughes）所说，由于受司法审查（judicial review）的本性所决定，宪法最终还是“（最高法院）的，法官说它什么样它就是什么样”。就像托马斯·杰弗逊于1819年9月6日愤怒地写给法官斯宾塞·罗恩（Spencer Roane）的信中所说，宪法“只不过是法官手中的一块蜡，他们可能会扭曲并将其塑造成任何他们想要的形式”。

1787—1788年发表在《联邦党人文集》中的85篇论文，是对美国宪法及其理论的经典评注。许多政治学家将它们看作是以美国方式撰写的最重要的政治理论著作——一个可以列入政治哲学经典之作的美国思想的产物。这些论文最初是由亚历山大·汉密尔顿、詹姆斯·麦迪逊以及约翰·杰伊（John Jay）（他们都使用了普布利乌斯[①]这个笔名）为了促使纽约州批准新宪法而撰写的文章。这些论文反映出，在有限政府的代表人物麦迪逊以及推崇建立富有活力的全国性政府的代表人物汉密尔顿二者的观点之间，美国人如何在制度中实现其平衡的天赋。这些论文，反映的是那些想建设更为强大国民政府的少数美国人之思想，而这种政府并非后革命一代（the postrevolutionary generation）中的大多数人所期望的那种政府。

杰伊只写了为数不多的几篇联邦党人论文。他是美国首任首席大法官，但他却认为这份工作没什么意义，然后辞职并去担任纽约州州长。他的辞职产生了有益的影响，因为他给后来的一位有作为的首席大法官腾出了职位，这就是约翰·马歇尔（John Marshall），他曾经是南北战争中的一名战士，后来担任最高法院第三任首席大法官，而且大家几乎一致认为他是对确立法院独立权力贡献最大的人。1801—1835年，他领导了为法院成为宪法的最终裁决者而进行的斗争，并且凭借其顽强的意志和法律的巧妙安排，使得联邦法院对其他两个部门的权力真正地形成制约。

马歇尔通过范围广泛的一系列裁决，促进形成了美国风格的联邦制。例如，1819年在麦克洛克诉马里兰案（*McCulloch v. Maryland*）中，最高法院肯定了由宪法的“必要和适当条款”[②]（necessary and proper clause）授予国会默示的权力（implied powers），肯定了全国性政府在履行宪法分配给它的职能时的至上权力，并确立了府际免税原则。法院宣称，“课税权等于毁灭权”（the power to tax is the

---

① 普布利乌斯（Publius）：古罗马人，因其对共和政府的贡献而著名。18世纪晚期，政治作家普遍采用反映他们政治见解的有着古代渊源的笔名。

② 必要和适当条款：美国宪法第1章第8条的条款（有时称为弹性条款），由此国会可以制定所有的“必要和适当的”法律以履行其职责。

power to destroy)，认为美利坚合众国银行不应受到马里兰州课税的约束。“毁灭”，确切地说，就是马里兰州议会想要加害该银行，它把“超级银行”(Monster Bank)看作特权精英阶层的工具，是仍让人憎恶的英国利益集团的工具，于是专门通过一项对该银行在马里兰州开业进行征税的法律，以期削弱该银行的经营能力。

4.2.2 欧盟

有时基本协议瞬间产生，就像由美国宪法创设出美国联邦制那样；有时它在一系列条约基础之上演变生成，就像欧盟(European Union)那样。不过欧盟仍处于演变之中，有可能最后它会变成一个“欧洲合众国”，正如1946年温斯顿·丘吉尔(Winston Churchill)所设想的那样；也有可能在战斗(无论热战或冷战)阵营中分裂，就像它在20世纪那样。请记住，美国联邦制的历程并非一帆风顺。南北战争就是一次大的挫折。当然，战后联盟却比以前更加牢固。在《自由而战的呐喊》(*Battle Cry of Freedom*)(1988年)一书中，历史学家詹姆斯·M·麦克弗森(James M. McPherson)提醒我们，“在1861年之前，‘United States’还通常作为复数名词使用，即‘合众国是一个共和国’(the United States are a republic)。战争标志着United States向单数名词的转变”。南北战争以后，我们才如《效忠誓词》(Pledge of Allegiance)说的那样，是“上帝保佑的一个不可分割的国家”。这场战争一次性且永久性地解决了分割性问题。

政治一体化(political integration)是一个进程的结果，这个进程或以和平的方式或以强制的方式进行，它合并某些政治共同体以创建一个新的政治共同体——一个人们通常认为比传统民族国家要大的共同体。外交政策分析家恩斯特·哈斯(Ernst Haas)在《欧洲的统一》(*The Uniting of Europe*)(1958年)一书中，就将一体化描述成这样的一个进程，在这个进程中，需要“说服一些不同国家背景下的政治活动家们朝着一个新的中心去改变他们的忠诚、期望以及政治活动，这个新中心下的机构享有或要求享有对先前已存在的民族国家的管辖权”。这个进程在欧盟中发挥了作用并在共同体朝着建立一个新的政治实体方向发展的过程中继续发挥作用。为了生根成长，这个新的共同体必须唤起自已经联成一体的独立单位的人们对它的忠诚。2005年夏天，法国选民否定了一份欧盟宪法草案，这标志着欧盟在创造忠诚方面面临挑战。如果继续发生类似的不团结行为，就会产生分裂。关于当时针对欧洲一体化的运动，我们所不了解的是它会走多远或者它是否会持续下去。但是如果欧洲一体化没有一个正式的战略性结构，那就不会有一个府际关系的框架体系。

4.3 美国的联邦制

美国宪法是界定美国联邦制以及界定美国府际关系永久性特性的基本协议。和许多国家的宪法一样，美国宪法不仅正式条款可以修正，其含义也能随最高法院判例而不断地演变。但是，它还是从根本上规定着这个体系中的那些相对不变的因素，并以此指导着美国的府际关系。

宪法规定着以下最基本的三个方面：

（1）创设联邦制——即包含着全国性政府和州政府的制度体系。

（2）将某些职能配置给全国性政府。

（3）某些原则体现在对宪法及《民权法案》① (Bill of Rights) 的解释中，这些解释为最高法院审判留出余地，随着时间的推移，这极大地改变了国家和州政府各自的权力和职责边界。

如果我们在联邦制中长大，习惯于既属于一个州又属于一个国家的情况，很难想象住在一个没有州的国家里会是什么样子。然而，这就是诸如法国和新西兰等国家的情况，他们实行单一制，有一个统一的政府，所有的重大决策都在全国性政府这一层级作出。

4.3.1 政府的三种类型

可以将不同国家的政府划分为三种主要的类型：单一制政府、联邦制政府以及邦联（见表 4—2）。每种类型都有优劣之处，而且一个很有趣的研究是，将政府制度从其中一种类型转向另一种类型时会产生什么影响，譬如新西兰 1879 年废除了联邦制并转向了单一制政府。在当今的澳大利亚，少数民族中相当一部分人想要废除联邦制，废除州政府，并且可能会引入更少支出和更多数量的一个新型区域性政府层级。

表 4—2　　政府类型

类型	举例
单一制政府 没有州政府，所有重要权力都由全国性政府执掌	丹麦　日本　法国　新西兰
联邦制政府 有一个全国性政府以及数个州政府，它们之间分享权力	澳大利亚　印度　巴西　墨西哥　加拿大　瑞士　德国　美国
邦联 权力归“主权”国家政府所有，此外一个全能政府拥有某些限定权力	欧盟　独联体（前苏联）

有时，改革动力会将政府推向另一个方向。例如，英国正式的称呼是联合王国，但它正向联邦制结构转变，只要苏格兰和威尔士拥有它们自己的享有广泛权力的立法机构。

① 《民权法案》：美国宪法最初十个修正案的统称。1788 年通过的宪法中只说明了一些特定的个人权利，它生效后不久，十个修正案——称为《民权法案》——加入宪法中以确保基本的个人自由。

单一制政府的优势　单一制政府的确具有某些意义非凡的强项。与联邦制或邦联制相比，单一制政府通常具有以下四个主要优势：

(1) 国策明确：中央政府有权制定政策，不需要与国内各州协商或斗争。

(2) 责任[①]（accountability）清晰：选民们很清楚，哪一层级的政府对某个特殊问题或职能负责。[想要花钱的议员们必须明确这一点，议员们不可能因为失败而把责任推卸[②]（buck）给其他层级的政府。]

(3) 避免了立法机构、官僚机构以及项目的重复建设，在直接成本——更细微的但不太真实的无须重复的成本——方面实现重大节约。

(4) 不同层级政府（纵向财政不平衡）之间的筹款和支出的公平性问题确实不再发生。

联邦制政府的优势　单一制政府也有着相当大的缺陷，该缺陷反过来对应着联邦制的主要优势。这些优势包括以下几个方面：

(1) 联邦制有着范围广泛的多样性政策，而且有更多的政策实验机会。

(2) 许多争论问题而非立即对问题作出规定的做法，可能会引发深思熟虑的可行性更高的政策产出。这种渐进主义（incrementalism）的政策制定取向被看作民主不可缺的东西。

(3) 联邦制必定会考虑不同民族或文化类群——比如魁北克的法裔加拿大人——的利益，他们在特定州内占优势且想要寻求鲜明的文化或社会政策。(如魁北克和波斯尼亚的例子表明，联邦中的成员也有可能无法实现许多人的民族主义愿望。)

(4) 大国总是存在这样的危险：就某些距离首都遥远的区域性中心内的适当民主参与而言，单一制政府可能太过遥远，而联邦制鼓励——实际上是要求——区域参与治理。

(5) 单一制政府还存在着这样的危险：更为强大的地区、规模更大的种族群体或者实力更强的利益集团给少数民族或实力较弱的群体带来的可能不是帮助而是威胁。

在《联邦党人文集》第 10 篇中，詹姆斯·麦迪逊讨论了这样的一些内讧摩擦问题及它们对政治制度构成的威胁。麦迪逊虽然担心政党利益和压力集团可能会动摇政府，但是他相信，全面的代议制政府，加之权力在职能上的分立以及地域上的分离，足可防止这个问题的产生。

邦联　邦联制的中央政府天生缺乏权威。起初，美国就是一个邦联制国家。《邦联条例》（Articles of Confederation）规定了新成立的美国政府的最初框架，于

---

① 责任：某人必须对法定上级或者组织上级负责的范围——为其大多数社会行为或在其特殊组织地位上的行为负责。选举产生的政治官员们理论上对选民的政治主权负责。从这个意义上说，任命的官员们——从档案管理员到内阁部长——比选举的官员们所负的责任少。前者主要对其组织上级负责，而后者必须对其选民负责。

② 责任推卸：避开某个问题或责任即为责任推卸。杜鲁门总统因其在办公桌上放着一块“推卸责任止于此”的牌子而著称。Buck 是一个源于扑克牌的术语，指的是放在下一个发牌的玩家面前的记分牌。许多辖区的官僚们用它指空白的便笺，即他们用来像推卸责任的便条一样相互传递的纸张。

1781年生效，并于1789年被美国宪法所取代。条例声称国家进入了“坚固的友谊联盟”时代，这是一种“共同防御、保障自由以及保障它们共同的普遍福利措施的永久性联合”。条例创建了一个软弱无能的中央政府，这样的政府无法强迫各州尊重协议，无法管理州际事务及对外贸易，既不能直接向人民收税又不能强迫各州为全国性政府的支出付账，还不能创造出国家统一和国家意图的氛围。中央权威的缺失，直接导致了诸如国家货币贬值、各州之间的贸易战以及效果不佳的外交政策之类的问题。不过，它也提供了各州合作的经验，从这些经验中产生了需要出现一个更强大的联盟的意识。

所有的邦联，例如现在的欧盟和独联体（前苏维埃联盟），都提出了同样的问题：它们走的是哪条道路？它们会像美国那样演变为一个更坚固的联邦体系吗？或者它们遵循着美国南部邦联①（Confederate States of America）或莱茵邦联②（Confederation of the Rhine）的路线，然后瓦解分裂开来并被新的治理结构所取代？

4.4 府际关系的结构

与府际关系结构相关的永恒问题有：政府的哪个层级可以全面负责哪项职能？当不同层级政府在分担职能时，在国家、州及地方政府之间如何划分每项职能呢？为地方政府提供资金的税收，应该由支出它们的政府还是由在征税方面最成功的更高层级的政府来征收呢？全国性政府的目标应该是通过再分配税收来降低国内最富裕和最贫困地区之间的差别吗？

如前所述，解答这些问题的最佳文本就是宪法本身。举例说明，宪法第1条第8款赋予了全国性政府管制“各州之间”贸易的权力。同样的，宪法也详细说明了在各州事务上联邦干预的限度，包括限制联邦政府对州际贸易征税的能力（第1条第9款）。这种规定为各级政府在相互关系中什么能做、什么不能做提供了一种框架性指导。

虽然宪法的确为府际关系提供了框架性指导，但是文件也确实没有规定政府之间应该如何相处的所有细节。实际上，宪法在设计不同层级政府的均衡方面特别模糊不清，在这方面，美国第十修正案最为明显不过了。在人权法的这个最后的修正案中，我们被告知“本宪法未授予合众国、也未禁止各州行使的权力，保留给各州行使，或保留给人民行使之”。这一通常被称为保留权力条款的修正案，在全国性政府和州政府之间诸多关于权力均衡的争论中处于核心位置。近两百年来，一大批法律和法院判例都在试着确定第十修正案的真正含义，但到目前为止，这句话还在

① 美国南部邦联：想从合众国分裂出去的11个州成立的短暂联盟。但1861—1865年的南北战争决定了它们不能这样做。那些州，按照字母顺序，分别是阿拉巴马、阿肯色、佛罗里达、佐治亚、路易斯安那、密西西比、北加利福尼亚、南加利福尼亚、田纳西、得克萨斯以及弗吉尼亚。

② 莱茵邦联：1806—1813年，莱茵河流域地区的较小的德语国家的联合。

继续地制造问题，由其产生的问题与由其解决的问题的数量一样多。甚至最高法院都承认，第十修正案对于府际关系的指导作用，在本质上可以看成是“同语反复的”，或者说是车轱辘话。但是，与全国性政府相比，州政府的权力已大为扩张，对于那些为此寻求宪法辩护的人们而言，第十修正案简直就是“圣杯”。问问鲍勃·多尔（Bob Dole）就行。在他参加1996年的总统竞选时，他随身带着一份第十修正案的复印件，以表示其反对联邦扩张其对各州支出的控制权。

府际关系的结构总是被设计用来调节各种利益共同体的，无论是社会的、民族的还是政治的共同体都是这样，因为对于共同体的认同来说，政府边界常常具有或者即将获得某些象征性的含义。无论我们这里谈到的认同感意味着什么，但这对美洲人或欧洲人、卢森堡人或得克萨斯人、伦敦人或旧金山人都是适用的。举例来说，美国各地常常创设消防区、图书馆区或校区，由于规模经济①（economies of scale）这样明显的理由，这些特区要为各种例如市镇的这样一些复合目的行政区的公民服务，这些特区性质的共同体就可能会对那些志愿消防队或者高中运动队形成一种强烈的认同感。

4.4.1 多元主义的影响

有时，共同体会受到某个族群的支配，以至于影响到它们与其他层级政府之间的府际关系。因此，魁北克人，由于其强烈的法国文化认同感，使得他们能够从加拿大全国性政府那里获得某些特殊利益。相反，在其他国家里，那些受种族支配的共同体则抱怨说，因为他们的少数种族身份，他们从全国性政府手中得到的资源较少。有时，国家政策甚至鼓励政治性的种族聚居。例如，美国就曾长期使用改变选区（gerrymandering）的手腕，即重新划分选区以增加执政党派的政治机会，反对根据地理上的紧密性来设立选区。“改变选区”这个术语首次出现在1811年，当时马萨诸塞州的州长厄尔布里杰·格里（Elbridge Gerry）勉强签署了一项重划选区的法律，设立了一个形状上像沙罗曼蛇的地区。

1986年，最高法院在戴维斯诉班得莫案（*Davis V. Bandemer*）中，判决为本党利益而改划选区的做法是违宪的，因为“按照这样的方式来设计选举制度，将会持续性降低一个选民或一个选民团体对整个政治过程的影响”。这个判例掀起了一股积极地改变选区和重新划分学区的热潮，这样可以使少数种族选票得以联合，从而使少数种族成员有可能赢得下次选举，其结果是更多少数种族尤其是非裔美国人比以往更多地被选进国会。由此带来的结果，就是按照接近于他们所占的人口比例来分配代表名额。和所有其他成员一样，他们参加到政治战争中去，以便把资源带给他们所在选区内的无数政府。但是，在1995年路易斯安那州诉海斯案（*Louisiana v. Hays*）中，最高法院判决如果种族成为划分国会选区的“支配性因素”的话，那么这样划分的国会选区就是违宪的，看来最高法院试图对这种情况给予严格

① 规模经济：通过规模较大而非较小的单位来做事以节约成本，这种方式减少了整体的平均成本。

限制。然而，最高法院也没有说种族完全不能成为一个因素。

4.4.2 大理石花纹蛋糕的比喻

没有从事过或研究过公共行政的人，通常对府际关系的复杂性毫无所知。这并不仅仅是在不同层级政府间分配工作的问题，即把地方性问题分配给地方政府，把全国性问题分配给联邦政府，因为大多数问题都会同时牵涉到国家、区域和地方。联邦制通常给人的印象就像一个分层蛋糕（a layer cake），每个层级的政府都整齐地铺在另一层级的政府之上，但这种印象是不真实的。事实是，它更像一个带有大理石花纹的蛋糕（a marble cake）。这一比喻指的是，各个层级政府之间的合作关系产生了一种混合行为，这与较为传统的分层蛋糕型联邦制的观点相反，因为传统观点认为，政府的三个层级完全是或几乎完全是独立的。大理石花纹型蛋糕联邦制通常与莫顿·格罗津斯①（Morton Grodzins）这个人有关，他找到描述这种情况的经典例证，就是县政府的卫生官员，称为公共卫生专家，这些公共卫生专家们由州政府按照联邦政府的功绩制标准来任命，其基本薪水来自州及联邦资金，县为他们提供办公室和办公设施并且支付他们的部分费用。

> 要明确指出这些公共卫生专家是为哪级政府工作常常是不可能的。他按照联邦标准履行监察食品清洁标准的职责；但是当他监察没有进入州际贸易的商品时，他执行的是州法律；而且有点不正常的是，当他检查从生产地穿越州界线进入县内的牛奶时，他还在为州政府工作；发放伤寒免疫血清时他就是联邦及州官员；执行工业卫生标准时他就是州官员；检查城市水供应时他就是州及地方官员；并且（完成一个循环），要求城市的小贩们采用更加卫生的途径来处理他们的垃圾时他就是地方官员。

公共卫生专家们的这些情况，也可以用于描述无数个其他的公共部门职位，如巴士司机、警官以及教师，他们都被卷入府际迷宫之中。因此，比如公共交通、法律实施以及教育政策等都应成为各个层级政府关注的对象，这就需要各个层级政府中那些明智的立法者来领会怎样使其立法与其他层级政府正在实施的法律相适应，而且各个层级政府的官员们会发现，如何把他们的工作和在其他层级政府从事类似职务的人们的工作协调起来，成为他们的一项主要任务。现代国家有着非常复杂的规则和程序、不计其数的委员会，为了从这种非常复杂的机构中获得最优产出而频繁地召开各种会议也就不足为奇了。

4.5 动态的联邦制

在联邦制下的府际关系中，正式权力结构、角色结构以及关系结构，很像一棵

---

① 莫顿·格罗津斯（1917—1964）：芝加哥大学的一位政治学家。

老树的干和枝。它在风中摇曳，叶子纷纷落落，而且有时在一场暴风雨中所有的树枝都落下了。树干越硬，一场暴风雨（比如南北战争）把它整个连根拔起的可能性就越大。如果树干柔韧性较强，它会适应并改变以抵御暴风雨——而且会因为这次经历而更加强壮。

在近代政治史上，有的邦联体系彻底解体了。苏维埃社会主义共和国联盟以及南斯拉夫是最显著的例子。其他的譬如马来西亚在失去一个主要部分（新加坡）后仍保存了下来。还有一些，像加拿大曾经多次几乎失去一个非常重要的部分（魁北克）。

在美国，府际关系的发展经历了一系列主要的阶段。

4.5.1 二元联邦主义

二元联邦主义（dual federalism）是 19 世纪的概念，意味着联邦政府和州政府的职责在理论上是相互区别的并且在职能上是相互分离的，但现在不是这样的。按照这种哲学——存在于 19 世纪，当时各个层级政府可能而且的确装作别的层级不存在——对立的警官们可以骑马穿越美国西部。由于行政辖区之间缺少合作，逃犯仅仅“穿越州界线”就可以躲避追捕。

有些分析家认为，1933 年实施的“新政”结束了这种联邦制，但后来的里根政府至少在言辞上寻求最终要回归的那种制度正是这种二元联邦制。英国历史学家詹姆斯·布赖斯（James Bryce）在 19 世纪 80 年代访问美国并对其政治制度进行考察，在他 1891 年的著作《美国联邦》（*The American Commonwealth*）中，精辟地表达了二元联邦主义的基本观点：

> 美国联邦的典型特征和特别的好处，就是向我们展现了在同一片土地上的两个政府，在行为上仍然有区别且相互独立。这就像有两套机器在运行的大工厂，它们转动的轮子看起来混成一体，它们的机器纵横交错，然而每个都做着自己的工作，而不去触碰或妨碍另一个。

二元联邦主义从未真正被抛弃，它只是被两个世纪的联邦立法和司法实践大规模地改造了。实际上，在 1997 年，最高法院在普林茨诉合众国案（*Printz v. United States*）中仍然认为，“宪法毋庸置疑地建立了一种‘二元主权’制度”。

4.5.2 合作联邦主义

合作联邦主义（cooperative federalism），指国家、州以及地方政府是合作的、互动的代理人，联合起来工作以解决共同的问题，而非互相冲突，甚至相互怀有敌意，这样的竞争对手追求着可能相互冲突的结果。在 20 世纪 30—50 年代之间，尽管那时府际关系还存在着冲突和竞争，呈现复杂性，但也很明显，府际之间一直存在着某些合作，所以合作成为那个时期的突出特征。统称为“新政”的大萧条时期的应急财政安排，二战期间联邦、州及地方政府之间在管理民防方面的合作，以及其他战时方案，都是美国合作联邦主义值得一提的例证。

“新政”时期的经济重建计划，涉及许多新的联邦对州拨款项目，这些项目旨在提供就业岗位。在这个时期内，使用联邦支出来创造需求的概念——水泵启动式财政①（pump priming）——引出了联邦政府作为州政府项目的塑型者的全新定位。这是英国经济学家约翰·梅纳德·凯恩斯②（John Maynard Keynes）的经济对策，他号召在经济衰退时期财政通过借钱在市政工程、防务、福利等方面实现支出从而刺激经济。从理论上来说，通过这种支出而产生的繁荣将会增加税收，税收反过来可以偿还借债。

合作联邦主义还有一个横向维度：州对州的互动与关系。这类州际互动关系可以有多种形式，包括州际协议③（interstate compacts）以及为特殊目的而设立的委员会：流域管理、交通运输、罪犯引渡④（extradition）、保护森林资源和野生动物、公园及游乐园管理。地方政府之间的横向联系同样数目众多。城市常常与各个邻近的地方政府（甚至与私人供应商）订立服务合同。1954 年南加州的莱克伍德方案（the Lakewood plan）就是美国地方间订立服务合同的最著名的例子。按照这个方案，莱克伍德市同洛杉矶县订立了一个范围相当广泛的一揽子服务合同。

文摘 4.1　　一种水泵启动式财政方法

假设财政部以旧瓶装满钞票，然后以此旧瓶，选择适宜深度埋于废弃不用的煤矿中，再用垃圾把煤矿塞满，然后把该区域之开采权租给私人，出租以后，即不闻不问，让私人企业把这些钞票再挖出来……如果能够这样办，失业问题就没有了；而且影响所涉及的社会之真实所得与资本财富，大概要比现在大许多，当然大兴土木要比较合理些，但是有政治上或实际上的困难，使政府不能从事于此，则以上所提对策，也聊胜于无。

资料来源：John Maynard Keynes，*The General Theory of Employment，Interest，and Money*（Cambridge：Cambridge University Press，1936）。

4.5.3 创造性联邦主义

创造性联邦主义（creative federalism），这个术语用来指林登·B·约翰逊（Lyndon B. Johnson）政府处理府际关系的方式，其特点是在府际项目的管理中，各个层级政府（以及私营部门）之间的联合规划及决策。这一时期的许多项目都把重点放在城市——大都市，而且非常关注反贫穷的问题。创造性联邦主义，寻求通

① 水泵启动式财政：在经济衰退时期用以刺激经济的政府支出。

② 约翰·梅纳德·凯恩斯（1883—1946）：英国经济学家，写出了 20 世纪最有影响力的经济学著作《就业、利息和货币通论》（*The General Theory of Employment，Interest，and Money*）（1936）。凯恩斯创立了一个称为凯恩斯经济学的学派，这一学派号召用政府的财政和货币政策来积极地影响资本主义经济，此外，还建立了现代宏观经济理论的框架。

③ 州际协议：两个或更多的州达成的管理联合计划的正式约定，一般都需要经过美国国会的批准。虽然宪法第 1 条第 10 款要求州际合同须经过国会批准，但实际上许多小问题上的协定都忽略了这种要求。其最初的目的就是为了防止各州形成可能危及国家统一的地区性联盟。

④ 罪犯引渡：一个国家或州交出一个被另一个国家或州起诉或判决了某项罪行的人。

过将穷人融入美国主流社会的方式来发展非凡的“大社会”① (Great Society)，其余成果体现在给予州和地方政府无条件的授权方案以及联邦通常完全越过州政府而直接给予城市的授权的迅速增多。包括“起步教育计划”② (Head Start) 以及“向贫困开战”③ (War on Poverty) 之类的大社会方案，都是建立在这样的概念的基础之上，那就是由联邦授权州及地方决定是否开展活动及如何发展。但是，各州首府及市议会大厅，并不太接受那种认为所有的智慧都掌握在华盛顿手中的观点。尼克松政府试着改变这种平衡。

4.5.4　新联邦主义

新联邦主义 (new federalism)，是尼克松总统将自主权归还给各州而同时维持一定水平联邦资金的一次尝试。从 1972 年以后，新联邦主义包括通过公式计算来设定总体拨款水平，但是允许州及地方政府在其自己地区内使用资金享有实质性的自由。“新联邦主义”一词起源于自由共和党人试图找出一个针对大家认为由新政建立起来的中央集权国家的替代方案的活动，但是这个替代方案没有意识到有必要建立高效的全国性政府。在尼克松执政时期，新联邦主义指的是联邦一级的授权管理方式，表现为诸如“一般收入分享” (general revenue sharing) (见下节) 之类的方案以及联邦对 10 个地理上相邻的各有共同区域中心的区域进行分散化管理。

里根执政时期发展的新联邦主义，并不认同尼克松联邦分散化管理区域的方式，并转为发展联邦政府和州政府之间的直接关系。其意图是将权力和责任返还给各州，并且大大减少联邦政府在从社区心理健康到犯罪预防等国内项目中的作用。这让人想起了 19 世纪在美国占据上风的二元联邦主义。

4.5.5　新新联邦主义

里根政府在府际安排上提出了新的政策目标。这就是所谓的——用尼克松的话来说——“新新联邦主义” (new new federalism)。然而，它在本质上是尼克松倡议的新联邦主义的一种延伸，从这个角度来看它是有意义的。里根及其顾问们认为，全国性政府的许多活动，尤其是在社会项目方面的许多支出，是浪费和没有必要的。于是他们将注意力转向了削减联邦拨款，试着将职责转“回”到各州去，并远离华盛顿。1986 年，里根总统的工作班子还结束了将一部分联邦税收毫无限制

① 大社会：20 世纪 60 年代约翰逊政府国内政策的标签，其前提是相信社会及经济问题可以通过新的联邦方案来解决。这是约翰逊想要复苏存在于社会变动中的联邦改革的一种尝试，这种社会变动体现在激进运动、新政以及公平施政 (Fair Deal) 之中。

② 起步教育计划：旨在为贫困家庭的孩子提供幼儿园之前的早期教育的一项联邦方案。全国都有起步教育计划中心，它们不仅提供学前教育指导，还提供健康、社会、营养以及心理服务。

③ 向贫困开战：它是约翰逊政府用来指代 20 世纪 60 年代的那些大社会方案的短语，那些方案的目的在于消除美国的贫穷根源及影响。

地分发给州政府，即“一般收入分享”方案。

由于里根成功地大幅削减了从华盛顿到州及地方政府的可用资金，国内各辖区除了削减或关闭设施及项目、或为那些它们想要保留的目标寻找更有生机的资助方式之外，别无选择。在某些方面，奥斯本和盖布勒在《政府再造》(*Reinventing Government*)(1992)一书中，记载的州及地方政府的企业家精神就是基于里根政府的政策施加给它们的财政需求而产生的创造性学术成果。由于削减了对州及地方的援助，里根和布什政府的政策方向对美国穷人产生了很大的影响，他们无法顺畅地表达对华盛顿的一种不舒服①(malaise)的感觉。于是克林顿政府执政初期公众对政府的信任降到历史最低水平——公众尤其对诸如福利和犯罪问题的府际关系不满。

于是，历史像它惯常地那样不断重现。1994 年选举产生的共和党国会，1995 年宣称它们决定创建——还能有什么别的吗——一种新联邦主义。但是，在时政记者艾伦·埃伦霍尔特(Alan Ehrenhalt)看来，“称之为新新联邦主义更为准确——尼克松复苏了艾森豪威尔大约 40 年前关于国家的观念，里根复苏了尼克松，而 1995 年又复苏了里根”。埃伦霍尔特认为，1995 年共和党关于联邦主义的说法是“华盛顿应该管理少一点而各州应该多一点的非常简单的观念的第四个现代阶段”。现在，你们可能会想到“变得越多，不变的就越多”这句话，这种现在已经陈腐的言论最早是由 19 世纪的法国记者阿尔芬斯·卡尔(Alphonse Karr)在 1849 年 1 月的《黄蜂》(*Les Guépes*)——巴黎的一份关于府际关系的讽刺性评论杂志——上说的一句话。

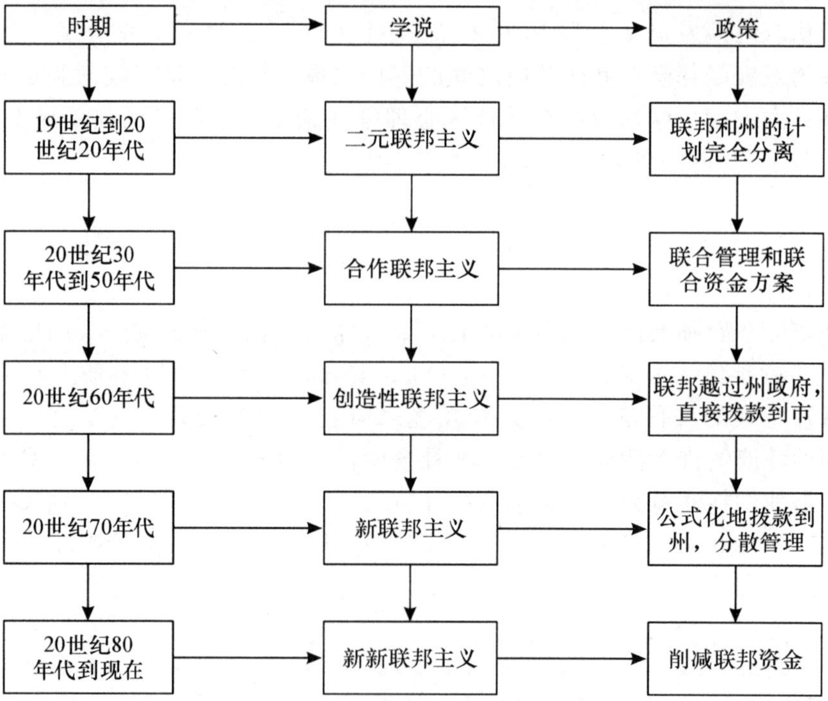

图 4—1 府际关系学说的演进

① 不舒服：指生病时感觉不明确的医学术语，用于别的情形下表示一种不是由某种特殊来源产生并且没有表现出某种特有征兆的无精打采或无效。“malaise”是卡特总统发现美国存在着政治上的不稳定因素时所说的话。

4.6　府际管理

我们经常无法“看见”府际关系，就像我们无法看见政府体系的其他方面一样。但是，有时府际管理（intergovernmental management）却会浮出水面，显露出来。遗憾的是，这种时候总是与诸如加州的大地震或者对纽约世贸中心或者俄克拉荷马城内联邦大楼的恐怖袭击之类的大悲剧相联系。在这样的一些情况下，各个层级的政府确实都在现场。第一个到达的是地方警察和消防员，相应的州级机构如国民警卫队[①]（National Guard）作为他们的补充，联邦政府则由联邦调查局（Federal Bureau of Investigation，FBI）（涉及爆炸犯罪）和联邦紧急事务管理局（Federal Emergency Management Agency，FEMA）代表。联邦紧急事务管理局计划和协调应急预备并回应所有层级政府和所有类型的紧急事件——包括民事和军事的，它是在这样的灾难之后决定各类政府应该做什么的组织。

美国政治中的政治对话总是充满着府际管理问题。竞选总统或国会议员的政客们，只喜欢告诉选民们，一旦他们当选，将会针对犯罪或教育做些什么。但是，这些只是联邦政府关注的边缘性事务。州和地方警察负责实施法律。FBI 虽然在打击犯罪方面给公众留下深刻印象，但实际上它所起到的作用比较小。州及地方政府雇用了 50 多万穿制服的警官，而 FBI 只有大约 1 万名特别探员。教育是地方学校董事会的领域，联邦政府做不了什么实际的事情，根本原因在于他们只能针对少部分的特殊项目经费有所作为，对于教育中的其他问题只能是说说而已。而且联邦官员们，和想要做联邦官员的人们，把太多的时间花在谈论这样一些热点问题上，那就是公众通常认为的如果联邦政府涉足其中，那么情况确会有显著改观的那些问题，比如给三年级学生布置更多的家庭作业或者告诉青少年在婚前不要有性行为这样简单的问题。然而，政客们可能会认为公众天真，复杂的府际管理问题并没有简单的答案。

过去有关府际关系的讨论，一方面集中于法律和结构问题，而另一方面则集中于联邦财政关系问题。虽然这些问题本质上固然重要，却都是由联邦拨款计划的各种原则和类型自身的构造来为联邦—州—地方的互动设定基本参数。然而，公共行政研究中的另外一支力量则强调府际关系的其他维度——即围绕联邦顺利运转所需要的管理过程中的那些问题。

从这个角度看，关键问题包括联邦制中对执行的关注和问题的解决、协调的性质、复合组织设置中的责任以及关心任职水平和能力建设（经济进步所需的物质和人力基础设施的改善）。

---

① 国民警卫队：各州的武装力量，经常用于国内紧急状态，如发生重大火灾或水灾。国民警卫队通常情况下由各州州长指挥，但这些各州独立的国民警卫队，在任何时候都可以通过国会而为联邦征调使用。一旦如此，他们就不再受各州节制。国民警卫队组建于 1916 年，在那时之前，每个州都有一个志愿自卫队（a volunteer militia）。

每位希望成功地管理具有府际性质项目的政府官员都必须了解这些问题。府际管理中存在的最为普遍性的危险就是这样一种不良倾向，即把较高层级政府的项目转化为“微观管理”的倾向。国会为项目管理制定细则，并将其形成法律条文，使一线管理人员失去了任何实质性的行政自主权，因而被指责具有微观管理倾向。但是，当管理者拒绝给予下属权力与责任时，其实他就是一名微观管理者。甚至联邦法院也玩起了微观管理的游戏。例如《纽约》（*New York*）杂志报道，联邦法院要求纽约市政府应该每年投入 20 万美元用来为城市监狱的囚犯免费提供英文和西班牙文的报纸。他们还提出，每年花费 40 万美元来清洗每个城市监狱的窗户，一年至少清洗四次。

4.6.1 栅栏式联邦主义

人的身体依赖于各种系统的综合性相互作用，从心血管系统到呼吸系统，再到神经系统，每一个系统都至关重要。同理，联邦政府也是由几个相互影响的系统建立起来的。相对于人体系统来说，这些系统的可预测性不强，但是却一样地相互影响而且至关重要。常被用来比喻这种系统过程的就是栅栏式联邦主义（picket fence federalism）这个概念，它意味着各个层级的政府官员在府际管理项目上都具有相当大的影响力。在公共住房、职业教育、健康、医疗、高等教育等领域，国家、州和地方政府的公务员及项目专家代表着栅栏上的尖桩，他们在日常工作中相互交流，属于相同的专业机构，拥有相同的专业背景，而那些位于垂直权力结构中的主要政府官员（市长、州长、总统等）相当于栅栏上的横梁，专家与这些官员之间容易发生冲突，但他们也在试图协调关系。这个比喻最早是由曾经担任北卡罗来纳州州长的特利·桑福德（Terry Sanford）在《风暴掠过美国》（*Storm Over the States*）一书中提出来的。

4.6.2 政府委员会和府际协议

任何通过区域途径来解决关于计划、发展、交通、环境等问题的多功能合作安排，都会对该区域产生整体性的影响，这种制度安排倾向于视为“政府委员会”（Councils of Governments，COG），即使“委员会”一词在此并不是它的本意。政府委员会是由各州建立的一种典型的次州级区域规划机构，它们主要负责区域性项目的审核，这些项目包括联邦资金申请、区域发展计划以及其他专门安排。政府委员会的组成成员主要是该区域各相关部门指派的有政策制定权的代表。从 20 世纪 80 年代起，一些政府委员会通过作为地方政府的承包商以及服务提供者承担起了更为积极的角色。例如，阿拉巴马州的里县和拉塞尔县的政府委员会就帮助政府成立了一个废品管理机构，与一个拥有垃圾填埋场的私人公司就一项垃圾填埋合同进行谈判。一位叫艾琳·夏纳罕（Eileen Shanahan）的记者说，政府委员会有着“转变为等同于多元功能性特区拥有实际权力的区域型实体”的趋势。

政府委员会以及区域政府间的其他合作安排也显示出其价值，如在土地使用管理领域，就表现得越来越显著。城市的急剧扩张在诸多领域对国家发展构成严峻挑战，于是各州政府开始采取激励机制，引导城市与农村在实现发展的过程中建立和谐的伙伴关系。例如，威斯康星州政府规定，地方政府只有与其农村邻居合作，参与到府际协议（intergovernmental agreement）中来，才能够获得州政府提供的规划拨款。解决由城市扩张带来的一系列问题的最有效方式，也许是将地方政府合并，或者把土地使用管理权完全转到县级政府，但是这些方式在政治上是行不通的。所以，各州更愿意继续劝说地方政府进行合作，而不是生硬地把它们合并到一起。

最后，即使各州成功地使城市参与到政府委员会中来，这种合作伙伴关系的志愿性质使得它们在本质上只是顾问委员会。它们拥有的独立财政资源少之又少。博纳德·H·罗斯（Bernard H. Ross）将其比喻成联合国的会员大会，因为这两个机构都“能争论、讨论和提出建议，但是不能对其中任何成员实施行动”。

4.6.3　托管躁狂症

没有什么能比托管（mandate）更快地让府际关系变味（托管的性质与范围在本章的关键词中已经给予阐述）。很难断定究竟有多少托管对特定行政辖区产生影响。例如，据记者艾黎克·普里（Eric Pooley）所说，纽约州长托管救济办公室（the New York State Governor's Office of Mandate Relief）在 1992 年共发布了 1 700 条州政府和联邦政府的托管命令。但是，《纽约时报》发现，1994 年仅州政府一级就有 3 200 条对地方政府产生重大影响的托管命令。很明显，此处的界定存在着一个主要问题，肯定将不同的东西计算在内了。

理解所有的托管问题，唯一的方法就是观察它们属于什么种类。首先，它们是否是直接的托管命令（包括对于违规者的民事或刑事处罚），还是仅仅规定获得救济的条件？如果是后者的话，它们不应当被纳入托管命令的范畴。因为，如果你不需要救济的话，它们不会对你产生任何影响。你所要用到的仍然是前者——与这些救济相关的直接托管命令。其次，要看它们是实体上的还是程序上的。实体性托管命令对要实施的项目作出了种类和质量上的要求，例如它规定一个学校午餐项目必须达到国家特定的营养标准。程序性托管命令要求权力行使者按照法定程序行使权力，但是依据新的规定，人事录用必须要遵循机会均等原则，正式会议及记录必须对民众公开。实体性托管命令的成本很高，而很多程序性托管命令几乎没有成本，或者只是一次性成本。

某些托管命令只不过是约束手段，但这种约束会造成伤害，就像当州法律指定免征地方财产税的政府组织、宗教组织和非营利组织的财产种类的时候，或者当州限制针对退伍军人或退休公民的财产税或增税的时候，它们所造成的伤害那样。

有些托管命令立刻就会牵涉到某些项目，不是涉及一个项目而是众多项目。实际上，这些所谓的交叉托管命令在所有州和联邦援助项目中都能找到。举例来说，如果接受联邦资金，你就要受到1934年《反回扣法案》(Anti-Kick-back Act) [又称"克普兰德法案"(the Copeland Act)] 的约束，该法案禁止从雇员或承包商那里讹诈金钱。

文摘4.2　　网际行销与府际关系

如果你和数量不断增加的大学生拥有一样的购物习惯，那么很有可能你是通过诸如亚马逊网站之类的网络公司购买的这本书。根据美国商务部统计，2004年网络销售总额估计达到了692亿美元，比2003年增加了23.5个百分点。虽然只占全国销售总额的2%，但很明显，互联网正在变成国家经济的一块基石。网络销售是如何成为政府收入的来源之一的呢？在大多数州内，当你购买产品或服务时，你得缴纳营业税。但是，如果你在网上购物的话，很有可能完全不用缴纳营业税。这是因为1992年美国最高法院规定网络零售商无须向它们没有实体形式存在于其中的州支付营业税。所以，如果某个公司在你所处州内没有零售店或者运输中心的话，你的网上购物将是免税的。虽然这种情形对你来说很好，但它却使许多州的税收来源受到限制。从2005年开始，在所有州中，只有5个州征收某种形式的营业税。按照全国州长联合会和全国州议会联合会的说法，2003年未交税的网络销售使得州及地方政府遭受的损失介于155亿美元到161亿美元之间。毫不奇怪，各州急于找个办法把它们的钱弄回来。然而，州的致富之路必须通过华盛顿特区。那是因为宪法给予了联邦政府控制州际贸易的权力。没有国会的决议，或者联邦法院改变心意，各州不能对网络销售征税。2000—2003年之间，国会研究了允许州及地方政府对网络购物征税的立法，但是议案在到达参议院或者众议院之前就已经无疾而终。假定华盛顿不大可能发生变化，各州已经开始了一项新的府际合作战略。

2005年，18个州加入了营业税精简工程（Streamlined Sales Tax Project）下的一个联盟。在这一倡议下，各州用它们团结的力量尝试着说服零售商们志愿地征收营业税。从2005年10月开始，许多网络卖家将会按照买家所在州的实际税率来征收营业税，然后把所得税收提交给这个州。作为回报，各州免除电子商务在过去的在线销售中可能欠下的一年税款。随着各州能够从新制度产生的收入中获益，这个工程有着更大的目标，即迫使国会通过允许各州直接对网络销售征税的法律。由于精简营业税工程可能包含的复杂性，国会更有可能在迅速增长的零售领域支持某种形式的统一。

资料来源：改编自 http://www.streamlinedsalestax.org 上找到的资料。

虽然可以对托管命令进行分类，但是对所有公共政策和公共行政来说，它们构成一个整体，因此不可能真正精确地计算其数量——最初没有建立一个分类体系以明确某项托管命令所代表的含义。不存在托管命令统计沙皇[①]（czar）。只有数不胜数的团体，诸如美国市长会议（U.S. Conference of Mayors）和府际关系咨询委员会[②]（Advisory Commission on Intergovernmental Relations），进行了不计其数的研究，它们都得出这样的结论，即托管命令多得数都数不清。

---

① 沙皇：以前俄国的独裁君主；称呼所有在某件事上被授予了极大权力的高级别官员的绰号——例如能源沙皇和住宅沙皇。

② 府际关系咨询委员会：1959年由国会创立的全国性的且两党支持的组织。该委员会尝试着手促进联邦制下不同层级政府间以及职能部门间的合作关系。然而，该委员会成为了国会内部预算战争的牺牲品。它被逐步淘汰并最终于1996年底被解散。

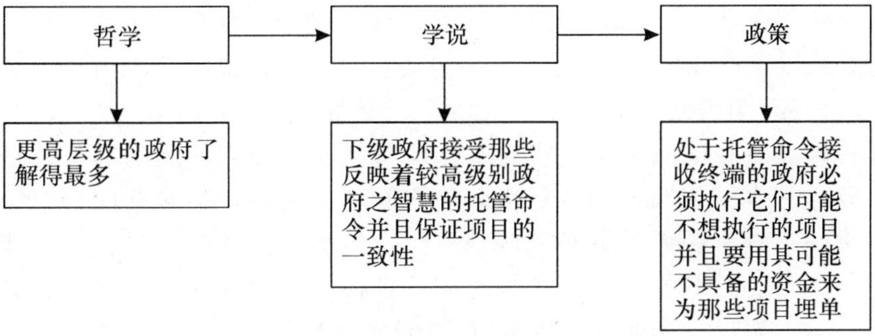

图 4—2 托管命令的学说

4.6.4 托管与反恐战争

反恐战争（the war on terrorism）开始于 2001 年 9 月 11 日，同时也使得托管命令激增，要求州及地方政府削减其税收，因为当时经济不景气。2001 年成立的交通安全局（Transportation Security Agency）定期提醒机场检查自身安全状况以提高其安全系数。但是，它并没有告诉机场怎样筹集资金来给付当地警察的加班费。据戴尔·鲁萨考夫（Dale Russakoff）和雷内·桑切斯（Rene Sanchez）在《华盛顿邮报》的报道，当 2003 年国土安全部将反恐提上日程时，洛杉矶市已经将每周 100 万美元的资金投入到额外的安保工作中，并由此产生了巨额财政赤字，于是为了避免更多的开支，市政府向州政府申请国民警卫队来保障机场安全。而其所在州——加利福尼亚州政府，原本就已经有令人震惊的财政赤字，只好向机场派遣了 50 名国民警卫人员。当市政府在努力避免更多开支时，州政府只能把这“每周 10 万美元的款项支出从其他项目中挤出来”。

这种问题并不仅存在于加利福尼亚州。在 2003 年 2 月召开的全国州长协会（National Governors Association）会议上，州长们一致认为，国土安全开支是一项最新的“无资金托管命令”（unfunded mandate），所以希望能得到联邦政府的帮助，确切来说，是得到联邦拨款。

为了解决这个问题，至少是象征性地应付这个问题，国会于 1995 年通过了《无资金托管命令改革法案》（Unfunded Mandate Reform Act）。该法案认为，如果将一项超过 5 000 万美元的财政托管强加于某个州、地方政府或者美洲印第安人部落政府，那么未来的法律草案[①]（bill）将会出现混乱。但是这个要求总因多数人反对而被撤销，因此，这个法对于停止当前的无资金托管命令并没有起到任何作用。它只是提醒国会将来在作出托管命令时注意其实施方式。于是，国会预算局[②]承担起了对将来的托管命令进行开支估算的任务。这样，新的国会预算局自身就执行了

① 法律草案：正式地提交审议的立法建议，也即未完成的立法。草案通过并签署成为法律，也就变成法案。

② 国会预算局：美国国会的一个保障机构，根据 1974 年通过的《预算与扣压拨款控制法》而成立，旨在为国会提供基本预算数据和可替代的财政、预算以及项目的政策问题分析，独立于行政部门，也独立于管理与预算局。

一项无资金托管命令。所以在1995年2月，该机构当时的负责人罗伯特·赖肖尔（Robert Reischauer）就告知国会拨款小组委员会，该局需要710万美元的资金来完成这项新任务。他的机构不能执行无资金托管命令！

府际管理具有政府间关系变化的多样性特征，因为它们之间的关系是一种动态关系，既包括高层级政府与低层级政府之间动态关系，也包括同一层级政府之间的动态关系。这种关系的分布领域很广泛，包括政治谈判、过去卖马式的讨价还价、法律争辩、财政操纵等。随着时间的推移，政治智慧与经济实力会改变政府的态势，这时候就会引起某些感情上的创伤，甚至有人希望恢复以前的关系。但是，我们建议公共行政的研究者们，最好从一个超然和公正的立场出发，去评价其政府对此事的立场，确认所有政府的立场及其独立性的兴衰变化，并且要求那些能够"在采取行动前审查势态"（sniff the wind）的管理者作出适当的回应。

4.6.5 治理的转变

1999年，全国公共行政学会（NAPA）成立了一个重大问题工作组，以便认定那些最有可能会在21世纪初影响国家发展的公共行政领域的问题。他们得出的结果是：美国以及整个世界的治理正在经历"根本性的转型"，并对公共行政人员产生着重要影响。具体来说，公共行政人员将面临以下问题：（1）政府与社会的关系变得越来越复杂；（2）国家责任在面对国际体系以及地方体系两个方向上都发生了改变；（3）需要更强的能力来管理这些关系。该项目的主要研究人员唐·凯特尔（Don Kettl）认为，"各级政府都发现它们有了新的责任，但是却没有能力去有效地实施管理职能"。虽然政府依旧是以"人民"的名义行使正式权力的唯一角色，但是向非营利性组织与营利性企业授权已经成为它的责任。原本就已经很复杂的府际管理，在公私关系越来越重要的情况下面临着更大的压力。地方公共行政人员不仅要与州和联邦政府的官员进行协调，而且要与私人合约者或者非营利组织等非政府组织展开合作。毋庸置疑，随着公共行政人员为那些他们无法掌控的行为受到指责或者赞扬，这种多维度的关系就产生了责任与义务问题。

4.7 财政联邦主义——绕着钱转

在18世纪联邦制初期，把国家与州政府建成一个整体的政策安排被认为是不切实际的空想。地理上的隔离，慢得可怜的交通系统，相对清晰的职能划分，这些条件使得各级政府很少与其他层级的政府发生联系。

20世纪出现的以下几个因素彻底改变了这种局面。首先，世界大战与冷战的激励性效果，使国家指导与规划的重要性更加彻底地显现出来。其次，交通和通信领域的革命永远地终结了各州往日享有的完全自治地位。最后，20世纪30年代的“新政”和60年代的民事权利与反贫穷项目等法律性文件规定这些全国认可的价值必须在全国范围内一致地实施。这些根本性变革产生的综合效果，就是形成一个新的观念，即国家制定政策，各州执行政策，由此取代了传统的和一贯的国家与州政府的运行方式。

但是，如果中央政府的决策对于州政府来说既不合适又难以承担，那该怎么办呢？当然，有时候联邦法院会要求州政府执行基于联邦法律和宪法作出的司法解释的政策和行动。例如，联邦法院要求州政府整合所有学校［必要的话，实施用公共汽车接送学生①（busing）的政策］，要求州政府缓解监狱的拥挤状态，如果这种拥挤已经成为一种残忍而非常态的惩罚②（cruel and unusual punishment）的话。但是，依据宪法第十修正案的规定，联邦政府并没有权力去干预州政府的基层决策。所以，更多的情况是，联邦政府把资金补贴与特殊的政治目的捆绑在一起，即把财政引导作为一种实现联邦目标的重要途径。财政安排已经成为府际关系的首要工具，通过这一工具，国家的政策能够通过各州来有效地实施。

4.7.1 财政联邦主义理论

财政联邦主义涉及那些存在于联邦系统内的两个或两个以上政府之间的财政关系（见表4—3）。财政联邦主义理论或者说复合政府财政理论提出了这样一个问题：在一个多级（联邦）政府系统里，怎样才能实现财政关系在政府间的最优安排？

表4—3 联邦对州及地方政府的援助

年份	总额（以百万美元为单位）	占联邦经费的百分比（%）
1980	91 385	15.5
1985	105 852	11.2
1990	135 325	10.8
1995	224 991	14.8
2000	284 659	15.9
2001	317 250	17.0
2002	351 550	16.9
2003	387 281	17.9
2004	406 330	17.7

① 用公共汽车接送学生：用公共汽车接送孩子到距离较远的学校上学，否则孩子们会上其他学校，以实现废除种族隔离的目的。通常联邦法院命令用公共汽车接送孩子上学，以之作为对过去种族歧视做法的补救措施。希望孩子在附近学校入学的家长们从心底里反对这种方式，而且因此成了“白人迁出”中心城市的主要因素。法院经常将它作为政府的一个实例，因为用公共汽车接送孩子上学，作为美国历史上最具争议的国内政策之一，从未得到过国会的明确批准。

② 残忍而非常态的惩罚：这是第八修正案禁止的刑罚，第八修正案不仅禁止政府施加野蛮的惩罚，而且就像美国最高法院宣称的那样，还禁止社会“不断进化的合理行为标准”会将其判断为“过激”的惩罚措施。

续前表

年份	总额 （以百万美元为单位）	占联邦经费的百分比（%）
2005	426 243	17.2
2006（est.）	449 227	16.6

资料来源：United States Bureau of the Census，http://www. census. gov/compendia/statab/tables/07s0421. xls。

公共部门有三个基本的经济问题需要解决：

（1）如何实现收入的最合理分配？

（2）如何维持高就业率和稳定的物价？

（3）如何建立最有效的资源分配体系？

财政联邦主义假定，一个联邦形式的政府在解决这些问题上是最有效的，因为它的灵活性可以使得一些问题在全国或者中央层级得到解决，而另一些问题可以在地方或者区域层级得到有效处理。该理论认为，前两个问题即实现收入的最合理分配和维持高就业率和稳定的物价，是中央政府最有能力去解决的问题，而自治的区域政府和地方政府能更有效地处理第三个问题，即资源分配问题，因为这些政府部门比中央政府更熟悉本地需求以及市民对于公共服务的期盼。尽管如此，中央政府在为地方政府提供补助津贴时，仍要求地方政府把这笔资金投入到符合联邦需求的项目中，以此来实现全国平均的或最低的服务水平（如教育），或者因其惠及相邻地区而对该地区的居民作出相应的补偿。

理论上，一个负责任的政府应该只让议员们对设立什么项目进行表决，而此前他们已经为这些项目的税赋进行了投票。议员们应该对选民负责，而这些选民可以直接评价他们“买来”的服务或者项目是否与他们在投票时预期的相吻合，或者是否使他们为之缴纳的税款物有所值。但是在一个大国，不同的社区和团体对于服务的需求可能会有很大的差异，不同的纳税者缴纳税款的能力也有很大的差别。从联邦角度讲，这个问题有以下几个关注焦点：在同一地理区域内，为什么会有两个甚至更多的政府？如何说服选民为不同层级的税收机关缴纳两次或者多次的税款？如何说服纳税人同意把他们缴纳的税款用于其他社区或者用于某些不太明确的目标（这些目标只是对在遥远的另外一个城市的某个官员有意义）？

对待这些问题的态度，反映着一个生活在民主联邦社会的市民的信任水平。如果这种信任水平是高的，那么对共同的国家意志的领悟力也是高的，就像在一个“受欢迎的”（popular）战争如第二次世界大战中，或者大社会项目初期那样，市民们时刻相信并支持政治家和官员们的决定，并同意把税款用在任何一个有利于实现国家目标的地方。但是，如果对政治家和官员的信任程度很低的话，市民们就会要求政府证明那些花钱的项目是公平而且必要的。一个联邦民主国家，如果对政治领袖高度信任、拥有诚实和高效的官僚体系以及明确表达的国家远景，那它就是一个充满信心的和成功的联邦民主国家，这样的国家将会拥有更大的空间和能力实施重新分配项目，实现伟大的目标。如果没有这样一个社会的话，那么这种重新分配和其他目标的实现也许会很难。

还有一个关于财政联邦主义的同样重要的问题，即为什么美国的市民不能更多地留下自己的钱（意思是降低联邦税率），而是要先向联邦政府缴纳税款，然后由联邦政府以津贴或者服务的形式返还？这个问题也经常在国会和总统选举中被提出来。答案很简单，就是并非所有州在财政上都是平等的。如果某一个州有更多穷人，那么从其他州收上来的联邦福利基金会补贴他们。例如，假如没有这种体制的话，特拉华州和康涅狄格州会把他们的税收款转移到密西西比和亚拉巴马两个州的贫民身上吗？联邦政府把资金投入军事基地，投入解决南方各州的气候问题，这些投入为全国民众带来了利益，即使佐治亚州的地方经济有可能使他们获益更多。尽管基地与码头建在南方，但是这些防御工事的承包人也获益良多。实际上，为了让国防系统获得更多的支持，五角大楼[①]（Pentagon）设法从来自尽可能多的国会选区的公司获取产品和服务。国家航空航天局曾经表示，为了获得国会的支持，航天飞机几乎是 50 个州共同建造的。

财政联邦主义政治：国土安全基金案例

在财政联邦主义游戏中，谁赢谁输通常是由原始政治（raw politics）来决定的。在 2006 财政年度中，国土安全部给州及地方政府分配了 25 亿美元。表 4—4 说明了原始政治在这种分配中扮演的角色。

* *

表 4—4

整体经费（前十个州）	人均经费（前十个州）
1. 加利福尼亚	1. 佛蒙特
2. 纽约	2. 北达科他
3. 佛罗里达	3. 怀俄明
4. 得克萨斯	4. 华盛顿
5. 伊利诺伊	5. 特拉华
6. 哥伦比亚特区	6. 内布拉斯加
7. 新泽西	7. 南达科他
8. 宾夕法尼亚	8. 佛罗里达
9. 密歇根	9. 爱达荷
10. 佐治亚	10. 蒙大拿

请注意，大州得到的钱的总数最多，小州人均得到的钱最多，因为分配方案偏袒小州，为什么呢？可能是因为，正如经济学家保罗·克鲁格曼（Paul Krugman）认为的那样，“正是小州对选举人团的偏爱，才使得布什尽管失掉民众投票仍可能入主白宫。很难不去怀疑这种方案——在国家安全方面绝对没有任何意义——正是因为其迎合了那些选区而被采纳”（《纽约时报》，2003 年 4 月 1 日）。还能用别的理由来解释为何怀俄明州的每个公民得到的防卫拨款真的两倍于纽约州公民或者三倍于加利福尼亚州的公民吗？

资料来源：Congressional Research Service（2006）*Department of Homeland Security Grants to State and Local Governments FY 2003 to FY 2006*，http://www.fas.org/sgp/crs/homesec/RL33770.pdf。

* *

由于国防工程承包商们在一旁游说，联邦政府证明其对各州采取的征税措施是

① 五角大楼：美国国防部的标志性建筑。

正当的，以一种非平均方式分配这些资金也是正当的，因为这样做将有利于推动国家福利政策、国防政策、节约能源政策和环境保护政策等。在这一过程中，一些州成为赢家，而另一些州则成为输家。尽管没有人否认这些既定项目不能被管理得更好，或者能更有经济效益地运作，但是所有这些再分配项目之所以存在，是因为那些代表市民利益的法律制定者认为这些项目代表了公众利益。国会成员不能做到两全其美，他们既要声称议员不能为选区选民争取太多的地方经费，而同时又要张牙舞爪地把利益带回自己的选区。幸运的是，一种比以往更为普遍认同的事实正在逐渐显现出来。

4.7.2 补贴项目

按规则或者按类别进行补贴（grant），是将联邦资金转移到州的最主要途径。补贴其实就是一种府际资金（或其他资产）的转移。新政以来，州和地方政府愈来愈多地依靠联邦补贴来完成几乎所有种类的项目。几乎从建国到现在，联邦补贴一直都是为州、地方、公立或私立教育、研究机构或个人提供资金以支持那些联邦政府认为有利于广泛应用的项目。近年来，补贴已经涉及人文艺术和自然科学。所有这些补贴都有可能产生争论，补贴是通过联邦政府补贴决策机构进行的，公众作为一个整体，在认为什么才是有用的和什么才符合国家利益方面会产生争论。

“资助金”（grant-in-aid）这个术语，意指联邦或州为地方政府那些有特殊目的的项目提供资金，这些项目通常要按照规定的标准和条件接受补贴发放部门和机构的监督和审核。联邦资助金的功能之一，就是通过提供联邦资金的形式指导州或地方资金运用到具有全国效应的目的上，前提是该辖区必须筹措一定比例的配套资金。联邦政府通过有效地监控受援方资金的使用来保证该援助符合联邦目的和精神。资助金同时也有另外的公共政策性内涵，因为一个接受联邦资金的辖区也必须接受联邦的“附加条件”或者诱导指标。所以，所有联邦受援方必须遵守联邦标准，例如关于人员和合约人选择上的平等受雇机会。

历史上，最常见的补贴形式是“单项拨款”（categorical）——即只能被使用于特定目的的补贴。但是，自从尼克松政府以来，出现一种给州更多资金自行裁量权的综合性补贴的趋势。该趋势在20世纪90年代中期显著加速，因为共和党控制的国会旨在通过削弱对补贴项目的选区监督和永久性削减执行这些监督的联邦人员来降低联邦政府的规模和重要性。对公共行政人员来说，财政联邦主义，首先也是最主要的，是复杂的府际财政补贴制度中的政治和行政。

联邦政府通过成百上千的项目向州分配补贴，其中一半是关于公共医疗补贴①（Medicaid）的，20%是关于基础设施建设的，如交通（详见文摘4.3）、水资源和

① 公共医疗补贴：联邦援助的由州执行和管理的、为某些低收入的需要保健和医疗的人群提供医疗保险的项目。由《社会保障法案》的1965年修正案批准，它只覆盖了被福利现金支付方案覆盖的人群中某个类别的成员——老人、盲人、残疾人以及有尚未独立子女、但父母中有一人不在的家庭中的成员、无行为能力的人以及失业者。在有限的条件下，各州也可以把公共医疗补助覆盖到21岁以下的人群。虽然受范围广泛的联邦指导方针的支配，州可以决定覆盖率、资格条件、给医疗保健的提供方支付的款项，以及管理这一项目的方式。

污水处理，剩余的涉及各种各样的社会和劳工市场项目。20世纪70年代，尼克松政府引进综合地方补贴，削弱专项性补贴，以此来回应一些批评，如过分严格地限制联邦资金的使用方式会导致州政府降低为极端机械化的角色，这样做不符合各州与其权力相对应的地位等。综合性地方补贴的分配符合涉及广泛功能性领域的各种项目的法定原则，很大程度上是由接受方自行裁决。例如，由住房和城镇发展部门管理的社区发展综合补贴项目为在城市、农村、印度居民区和美国领土上的社区和经济发展项目提供资金。综合性补贴的本质是允许辖区分配资金用以他们选择的方式增补其他资源。由此带来的问题是，华盛顿失去了绝对控制权，比起受到更多联邦约束的方式，资金的使用可能更加不明智。

文摘4.3　　交通补贴隐藏着什么？

2005年8月，布什总统签署了《安全的、负责任的、灵活高效的交通运输公平法案——传统的用户》(Safe, Accountable, Flexible and Efficient Transportation Equity Act——Legacy for Users)，简称SAFETEA-LU。尽管其尴尬的名称也许不能令人兴奋，但该法的内容正是联邦政府与州及地方政府财政关系中最梦寐以求的一些资源。总而言之，为了各种各样的运输方面的目标，SAFETEA-LU将把2 860亿美元分派到50个州。绝大部分的拨款都是与公路建设及公共交通工程挂钩的，按照设计好的为州及地方政府提供资金的方案，在五年多的时间里灵活地分配。但是，即便该法中的大部分经费都将按照某种方案来分配，在国会通过该法时仍然加入了许多特别的“专项”工程。例如，法律给加利福尼亚唐纳德·里根高速公路的美化工程拨款230万美元；400万美元给了俄亥俄州沃伦市的国家帕卡德博物馆以及密歇根州迪尔本市的亨利·福特博物馆的工程；240万美元给了路易斯安那州的雷德河国家野生动物保护区的游客中心；120万美元用于在蓝岭音乐中心安装照明设施和台阶并配置一个判读器。可能在联邦“腊肉”的分配中最大的赢家是阿拉斯加州。这部法律直接分配了2亿5千万美元来修建连接凯契根(Kitchikan)(人口14 000)到格雷维纳岛(Gravina)(人口50)的大桥。而且，仅仅是为了锦上添花，国会投放了附加的300万美元来支付一部关于阿拉斯加州怎样把钱花在高速公路上的纪录片。总之，“市民反对政府浪费”(Citizens Against Government Waste)这个非营利组织估计运输法为特别项目支出的240亿美元，只有8%多一点变为了专款预算。

资料来源：改编自*The Washington Post*，“Road Bill Reflects the Power of Pork: White House Drops Effort to Rein In Hill,” Thursday, August 11, 2005, page A01; and Citizens Against Government Waste, http://www.cagw.org/site/PageServer?pagename=reports_highwaybill。

4.7.3　从收缩性到强制性的联邦主义

政治学家迪尔·赖特(Deil S. Wright)采用一系列不同的东西来比喻联邦主义，每个比喻都是对美国联邦主义每个时期府际行政状况的简短叙述。他注意到，美国正在远离里根政府时期鼓舞人心的“收缩性联邦主义”(contractive federalism)，里根以削减联邦援助而著称。现在，赖特发现美国正在进入一个“强制—拼贴性”联邦主义时期。所谓强制(coercive)指的是没有经费的托管命令而产生的项目持续性问题，所谓拼贴(collage)指的是现代联邦主义就像萨尔瓦多·达利(Salvador Dali)的画(超现实景色中正在融化的时钟)，两者都缺少“主题的连贯性”。其中有太多因素在起作用(许多再造因素)，太多冲突性的政治行为体在府际体系中扮演角色，以至于只能用“万花筒”来描述当前的现状。

表4—5　　府际关系的不同阶段

阶段描述	联邦制比喻	相应的时间段
冲突	千层蛋糕联邦主义	19世纪—20世纪30年代
合作	大理石花纹蛋糕联邦主义	20世纪30—50年代
集中	水龙头（集中的或槽型的）	20世纪40—60年代
创造性的	开花（激增的和融合的）	20世纪50—60年代
竞争性的	栅栏（分裂联邦主义）	20世纪60—70年代
计算的	正面（对抗式联邦主义）	20世纪70—80年代
收缩的	事实上的伸缩式和马鞭式联邦主义	20世纪80—90年代
强制—拼贴	万花筒般的联邦主义	20世纪90年代—?

资料来源：改编自 Deil S. Wright，*Understanding Intergovernmental Relations*，3rd ed.（Pacific Grove，CA：Brooks/Cole，1988）。赖特于1995年修订。

一些美国联邦内部问题的国际化，使得所有这些问题变得更加复杂。例如北美洲自由贸易区协定，允许加拿大发起对保护州内啤酒和其他酒类的优先权的挑战。现在美国六罐一箱的啤酒和加拿大六罐一箱的啤酒在美国各州中的地位相等。但是，这个事件的意义在于州法律可能被国际条约所废弃。这让酿酒师、葡萄酒商和州立法者们大吃一惊。

4.8　委托代理革命

通过联邦和州之间的财政关系问题清楚展现出来的府际关系困境，一直以来都是联邦制民主国家的关键问题。唯一可以肯定的是，各州一直沉迷于府际间财政关系。而问题仍然在于，各州政治领袖将会逐渐减少这种关注度，还是继续纵容这种痴迷习惯。在这个问题面前，既有好消息也有坏消息。好消息是许多州政府好像真正沉湎于委托代理革命。1994年底，所有的共和党州长和当选的州长们在弗吉尼亚州的威廉斯堡（该州的殖民地首府）会面。代表着明显是多数州（30个州）的绝对多数人口（70%），他们发表了“威廉斯堡决议”，要求归还自新政开始收归到华盛顿的权力。他们说，宏伟的事业适合在这个地方发展起来，这个1775年帕特里克·亨利（Patrick Henry）说过“要么给我自由要么取走我性命”的地方。加利福尼亚州州长皮特·威尔逊（Pete Wilson）说，“州不是联邦政府的殖民地”。威斯康星州州长汤米·汤普森（Tommy Thompson）也说过，他们绝不能向华盛顿“屈膝称臣”。

坏消息则是这些说法多少有点虚伪。毕竟，他们所谓的“决议”实质上是为了在不受联邦附加条件的约束下获得联邦资金。但是这些“附加条件”具有重要的公共政策的含义，如确保居住在各州的所有居民享受相对平等的待遇。目前这种委托代理运动趋势与西泽罗丝叛乱（Sagebrush Rebellion）相似。这个术语第一次出现于20世纪80年代，包括了各种各样的不满——根本不是叛乱——而是美国西部各州的一些民众针对联邦政府的管理和联邦在其边界内使用土地而产生的不满。总的来说，他们认为各州在土地控制和使用上应该拥有更大的权力。政府的反驳是这些土地是国家的财产，只能由全国性政府机关的代表依法管理。根据历史学家罗伯特·休斯（Robert Hughes）在《抱怨的文化》（*The Culture of Complaint*）一书中所说，美国西部“是一个不信任大政府的有主见的人单干的地方。但是，它的大部分——如亚利桑那州——不是边缘地或偶然地，而是总是且完全地为其经济上的生存依赖于华盛顿的财政支持”。因此，“如果没有政府资金在水利工程上的巨大支出，西南各州绝不可能以现有的人口密度确定下来。他们不是约翰·韦恩（John Wayne），而是美国发展中的福利皇后（Welfare Queen）”。

新闻报道

反冲！各州在委托代理运动中反败为胜

将权力从联邦政府返回到各州政府和地方政府手中的运动，已经持续了一代人的时间。从里根总统到小布什总统，历届政府一直都在寻求办法，以便将权力从华盛顿转移出来，放回到各州首府。尽管在人们看来这场运动授权于州政府，但授权州政府处理的事务通常被认为更适合联邦政府处理，从这一意义上说，“委托代理”已将日益增加的压力放在了州政府的肩上。具有讽刺意味的是，当各州政府掌握了主动权以处理当代许多热点问题时，它们的这种积极努力的结果反而使得全国性政府在解决问题时更具前瞻性。这种新型关系的一个最具典型性的例证，可以在政府处理全球气候变暖问题中窥见一斑。

从十年前开始，联邦政府在反全球气候变暖的过程中一直没有起什么作用。在小布什政府时期，联邦政府在采取更为积极性的政策以减少碳排放量的要求方面一直迟疑不前。联邦政府的这种不积极态度，使得许多州政府进入了这个政策空白地带。从马萨诸塞州到加利福尼亚州，都已经颁布法律，通过诸如节约能源和开发可替代燃料等办法，抑制和减少碳排放量。各州政府在尝试着改善气候变化的同时，也在努力迫使联邦政府在这方面采取行动。许多州充分利用了联邦法院的作用，他们对联邦环境保护局（EPA）提起诉讼，因为按照《清洁空气法案》（Clean Air Act）的规定，控制碳排放是该局的职能之一。在对马萨诸塞州诉环境保护局案（*Massachusetts v. EPA*）的判决中，最高法院认为，根据《清洁空气法案》的规定，联邦环境保护局拥有对温室气体污染物进行规制的权力，而且对于没有根据《清洁空气法案》对来自于机动车辆的温室气体排放进行规制的行为，该局也未证明其行为的正当性和合法性。通过这个判决，各州成功地迫使联邦政府进入它曾经在很大程度上已经放弃了的这个政策领域，这在府际关系转换方面起到了实质性的推动作用。

但是，这些西部各州，尤其是共和党执政的各州，不愿意提及华盛顿在促进和帮助他们在发展经济方面的作用。这些州内的联邦土地也同样多地属于这个国家的其他人。当西部各州的政治领袖们迅速地声称他们对联邦土地拥有自己的"权利"时，其他各州的民众也同样迅速地表示，这些土地是整个国家为其付出代价的，是整个国家通过战争获得的。

由山艾树叛乱（Sagebrush Rebellion）引发的最新问题，是有人要将吉福德·平肖①（Gifford Pinchot）的节约资源概念重新激活，使其适用于资源的合理使用。但是，现代的合理利用资源运动不是传统的节约资源，而是那些提倡更有经济效益发展公共土地的人的借口。他们通过主张公共土地用途多样化的合法性反过来对付现在的环境保护措施。达到该种反转效应的一个法律伎俩，就是通过当地土地使用条例来宣称郡县至上的权力。这使得当地官员和联邦土地管理者之间产生了相当大的冲突。这里唯一可以肯定的是，当有人算计联邦西部广袤的土地时，就会立即出现大量的诉讼。

府际关系是个复杂网络，没有一条简单途径可以实现委托代理的希求。即使一个完全赞同委托代理主张的全国性政府，也会发现很难将权力和土地归还给各州。这就需要付出比达成威廉姆斯堡决议和发生山艾树叛乱更多的努力，更不用说撤销存在了两个多世纪的中央立法体系了。事实上，在一些情况下，各州自身充当了反对弱化中央权威运动的先锋。在威廉姆斯堡决议和山艾树叛乱中有一股有趣的逆流，许多位于美国东北部的州政府联合起来，不是反对联邦干预而是因在地区环境保护问题上缺乏联邦支持而斗争。《基督教科学箴言报》（*Christian Science Monitor*）报道，纽约、新泽西州、宾夕法尼亚州和马萨诸塞州被联邦环境保护局于2005年3月颁布的汞排放标准激怒，将联邦政府告上法庭，因为新的联邦规定不足以满足《清洁空气法案》的要求。仅仅两年前，9个东北部的州联合起来，挑战联邦环境保护局关于从新的清洁空气排放标准中赦免上千个工业废气排放源的规定，其中包括燃煤电厂。在这两个例子中，各州联合起来促使中央政府增加其在州和地方层级的规制活动。

4.8.1 公共选择解决方案

20世纪80年代的里根革命，一直被共和党主导的国会持续到90年代，其间伴随着公共行政愈来愈信奉的公共选择理论（public-choice theory）。该理论反对源于新政的福利经济学的观点，即当私有市场失败时，政府应该介入并有效地实现公民利益，而最适宜于这样做的政府层级就是联邦政府。

公共选择理论十分质疑这样的政府决策是否真正代表大多数人的愿望。更应强调的是，公共选择理论贬斥说，政府基本上是无效率的，完全缺乏良好行政的动

① 吉福德·平肖（1865—1946）：美国第一位职业林务官，公认是他发明了"保守主义"（conservation）这一术语。他曾两次担任宾夕法尼亚州州长（1923—1927年；1931—1935年）。他作为罗斯福总统的伙伴，把保守主义变成了全国问题，从而举世闻名。

力，除非牵涉到扩张它们自己的项目或者增加它们的预算。公共选择的提倡者认为，更好的解决办法是将政府的行动（或开支）尽可能放在最低层级，也就是说放在地方政府层级。也就是说，地方政府会提供更多的试验机会、真实的竞争机遇和改革措施。在地方层级上，市民能够“用脚投票”，即如果市民能够获得恰当的信息，就能够轻易地把他们所缴的各种税收与获得的服务质量进行比较。然后他们就能通过否决预算提案，投票让大笔花钱的人下台，或者甚至迁居他地——或者用根本不迁入来抵制无效率或回应性差的政府。因此，公共选择提倡者提出的委托代理办法就是增加选民个人手中的自由裁量权，最大化“使用者付费体系”（无论为垃圾处理付费还是支付州立公园露营场地费）以及把（与学校或住房有关的）支付凭单交给消费者，而不是迫使他们使用特定的政府服务或公共设施。

新闻报道

有效的府际关系

通过阅读本章，你可能会发现，有无数的故障一直在折磨着美国联邦制政府。这就是对具有高度分权政治架构国家之生活的真实写照。尽管美国府际关系中存在诸多问题，但也有各级政府良好合作的诸多例证，它们在这个体制中有效地合作并共同发挥作用。这是2007年的一个例证，当时美国国务院和众多的州政府机关一起合作为全国儿童们的抚养问题提供帮助。

当代美国生活中存在着一个令人遗憾的事实，那就是许多父亲和少数母亲无力支付其孩子们的抚养费。每年法院判决支付的抚养费达百万美元，但那些“赖账”父母们不愿承担对其孩子们的财政给付义务。为迫使这些父母承担其孩子们的抚养费，各州都定期从他们的个人工资中扣钱，但这种办法仍不能够充分地筹措到所有那些应该支付给孩子们的抚养费。因此有必要采取其他的措施，一项府际间的措施安排就是为全国的孩子们取得他们的抚养费。

多年来，国务院和各州机关通力合作，努力为失足儿童筹措抚养费。根据护照否决项目（Passport Denial Program，PDP），州政府给国务院提交一份欠缴孩子抚养费5 000美元以上的父母的名单。然后，将这个名单与申请护照或者更新护照的个人一一对照。一旦发现申请或更新护照的人欠缴抚养费，这位护照申请人就必须偿清孩子抚养费的所有欠款，否则就不能办国外旅行护照。多年来，护照否决项目在所有的50个州展开实施，为孩子们的抚养费提供了一笔稳定的但并不引人注目的款项。

就在这时，国务院决定，美国人到北美洲的地方如加拿大和加勒比海群岛旅行需要办理护照。这一新的护照规定，反映着“9·11”事件之后全球环境下事关国家安全的问题。当成千上万的人为了到巴哈马群岛度蜜月或者周末到蒙特利尔度假而申请护照时，对国务院的官员来讲，很清楚的是，某些没有料想到的收益从这项新规定中源源而来。尤其是，有大批的人首次获得护照，他们为全国孩子们提供的抚养费实属一种意外收获。仅 2007 年上半年，护照否决项目就为孩子们筹得 25 000 000 美元的抚养费，还有一些数目庞大的一次性付款。例如，一名男子为了获得到多米尼加共和国旅行的护照而一次支付了 45 849 美元的抚养费，而一位音乐家为了到国外参加演出而一次支付了 46 000 美元。还有一种情形，会使人们对无论何地的拳击手的智商产生怀疑，内华达的一名拳击手，为了得到护照而支付了 39 000 美元的抚养费，万万没有想到他会把护照弄丢，他在新的儿童抚养债务中再次付出 89 000 美元。最后，即使这种笨拙的美国府际措施，也仍然能够在与那些赖账的父亲和为数不多的赖账的母亲的斗争中找到一个很好的出气办法。

资料来源：改编自 the Associated Press，"Passport Rules Snag Child Support Cash，" Tuesday，August，14，2007。

4.8.2 竞相杀价的竞争

当然彻底的委托代理就是让政府完全脱离特定的活动。诚然，如第 3 章讨论的那样，私有化在这里扮演着重要角色。但是，那些想要将福利制度的许多方面都进行私有化的人，一直在依靠私人慈善捐助，来填补降低政府开支和维持穷人实际生命需要二者间的空白。然而，正是这些受到批评的福利方案，最初却是因为私营的慈善团体被证明低效而设计的。

尽管是慈善事业，但是在福利项目委托代理中的真正问题就是"竞相杀价的竞争"（the race to the bottom）问题。在这场竞赛中，州及县不断降低福利待遇，以抑制州外贫民通过迁入而获得比原居住地更多的慷慨援助的这种做法。那些"慷慨"的州憎恨那些"吝啬"的州，因为后者一直在有效地迁出它们的贫民。但是，正如明尼苏达州州长阿恩·卡尔森（Arne Carlson）所言，"我们不想从事这种进口生意，我们将设计一系列政策，确保照顾明尼苏达州的人民，但我们不做补贴印第安纳州盖瑞市的生意"。这是府际福利困境中的难题。一个州建立负责任的福利制度，是为了保证本州人的福利，结果是对外州人形成福利方面的吸引力。但是，通过福利待遇方面的"竞相杀价的竞争"，各州一直在抑制州外贫民迁入的行为。参议员丹尼尔·帕特里克·莫伊尼汉（Daniel Patrick Moynihan）给出了一个解释："委托代理革命背后隐藏的问题，无论怎样掩饰，就是对社会福利的资助正在大规模收回。其结果就是形成一场竞相杀价的竞争。因为被剥夺了相应的联邦资金的各州，只能相互竞争，通过剥夺对其州内从属人口的援助来减少支出。"

州之间已经有了很大差别。在取消联邦配套资金的要求（对各州来说，这实际上是一项应得的权利）的情况下，联邦福利基金的大量拨款，可能使这个差别越来越大。因为福利的资格条件是由州决定的（与举国一致相对比），待遇方面的差别就会增大很多。现在许多州提供低水平福利待遇，反之另一些州却保持相当实惠的福利待遇，但也极大地缩短了一个人能够接受政府资助的时间。现在的这种大规模拨款改革，允许它们不提供福利待遇。正如该问题所呈现的，府际关系的核心问题可能受制于严酷的现实。可以这样概括，府际财政安排最终决定着——对于庞大数量的公民而言——谁吃饭和谁挨饿。

参考文献

Arrandale, Tom. (1994). "The Sagebrush Gang Rides Again," *Governing* (March).

Bennett, Clay. (2007). "When Illegal Migrants Flood a City." *Christian Science Monitor* (July 31).

Boyle, Phillip, and Gordon P. Whitaker. (2001). "Educating for the New Public Service: Implications of the Transformation of Governance." *Journal of Public Affairs Education* 7 (October 2001).

Cannon, Angie. (2001). "Final Words from Flight 93," *U. S. News & World Report* (October 29).

Cohen, Richard. (1995). "States Aren't Saints, Either," *Washington Post National Weekly* (April 9).

Cook, Gareth G. (1995). "Devolution Chic: Why Sending Power to the States Could Make a Monkey Out of Uncle Sam," *Washington Monthly* (April).

Ehrenhalt, Alan. (1995). "The Locust in the Garden of Government," *Governing* (March).

Elazar, Daniel J. (1962). *The American Partnership: Intergovernmental Cooperation in the 19th Century United States*. Chicago: University of Chicago Press.

Furtwangler, Albert. (1984). *The Authority of Publius: A Reading of the Federalist Papers*. Ithaca, NY: Cornell University Press.

Greenhouse, Linda. (2007). "Justices Say E. P. A. has Power to Act on Harmful Gases," New York Times, (April 3).

Grodzins, Morton. (1966). *The American System*, ed. Daniel J. Elazar. Chicago: Rand McNally.

Helvarg, David. (1994). *The War Against the Greens: The Wise Use Movement, the New Right, and Anti-Environmental Violence*. San Francisco: Sierra Club Books.

Hughes, Robert. (1993). *The Culture of Complaint*. New York: Oxford University Press.

Jones, Timothy, and Janine Tyne. (1994). "Printz v. United States: An Aassault upon the Brady Act or a Tenth Amendment Fortification?" *St. John's Journal of Legal Commentary* 10.

Kettl, Donald F. (2000). "The Transformation of Governance: Globalization, Devolution, and the Role of Government," *Public Administration Review* 60.

Larkin, John. (1995). "Mandate Protesters to Gain Limited Relief," *Public Administration Times* (March 1).

Lloyd, Alan. (1974). *The Scorching of Washington: The War of 1812*. Washington, DC: Robert B. Luce.

Marando, Vincent, and Patricia S. Florestano. (1990). "Intergovernmental Management: The State of the Discipline." In *Public Administration: The State of the Discipline*, eds. Naomi B. Lynn and Aaron Wildavsky. Chatham, NJ: Chatham House.

McCurdy, Howard E. (1984). "Public Ownership of Land and the 'Sagebrush Rebellion,'" *Policy Studies Journal* 12 (March).

McDonald, Forrest. (1985). *Novus Ordo Seclorum: The Intellectual Origins of the Constitution*. Lawrence: University Press of Kansas.

Miller, Sara B. (2005). "Northeast Battles Its Status as US 'Tailpipe,'" *Christian Science Monitor* (April 1).

Moynihan, Daniel Patrick. (1995). "The Devolution Revolution," *New York Times* (August 6).

National Conference of State Legislatures. (2007). "2007 Enacted State Legislation Related to Immigrants and Immigration," (August 15).

Passel, Jeffrey. (2007). "Estimates of the Size and Characteristics of the Undocumented Population," Pew Hispanic Center (March 21).

Pooley, Eric. (1995). "Things That Make Rudy Nuts: The Mayor's Real Top Ten List: Unfunded Federal, State, and Judicial Mandates That Push the City into the Red," *New York* (January 30).

Popper, Frank J. (1984). "The Timely End of the Sagebrush Rebellion," *Public Interest* 76 (Summer).

Rainwater, Lee, and William Yancey. (1967). *The Moynihan Report and the Politics of Controversy*. Cambridge, MA: MIT Press.

Ross, Bernard H. (1998). "Metropolitan Organization." *International Encyclopedia of Public Policy and Administration*, ed. Jay M. Shafritz. Boulder, CO: Westview Press.

Russakoff, Dale, and Rene Sanchez. (2003). "Begging, Borrowing for Security: Homeland Burden Grows for Cash-Strapped States, Cities," *Washington Post* (April 1).

Sanford, Terry. (1967). *Storm Over the States*. New York: McGraw-Hill.

Shanahan, Eileen. (1991). "Going It Jointly: Regional Solutions for Local Problems," *Governing* (August).

Swarns, Rachel L. (1998). "A New Broom Needs a New Handle: Welfare as We Know It Goes Incognito," *New York Times* (July 5).

Swartz, Thomas R., and John E. Peck, eds. (1990). *The Changing Face of Fiscal Federalism*. Armonk, NY: M. E. Sharpe.

Thompson, Mark. (2005). "Why Did FEMA and Its Chief, Michael Brown, Fail Their Biggest Test?" *Time Magazine* (September 19).

Vobejda, Barbara. (1995). "Will There Be a Race to the Bottom on Welfare?" *Washington Post National Weekly* (September 18-24).

Vobejda, Barbara, and Judith Havemann. (1998). "States' Welfare Shift: Stop It Before It Starts," *Washington Post* (August 12).

White, Leonard D. (1948). The Federalists. New York: Macmillan. Wikstrom, Nelson. (1985). *Councils of Governments: A Study of Political Incrementalism*. Chicago: Nelson-Hall.

Wikstrom, Nelson. (1985). *Councils of Governments: A Study of Political Incrementalism*. Chicago: Nelson-Hall.

Wills, Garry. (1981). *Explaining America: The Federalist*. Garden City, NY: Doubleday.

Wright, Deil S. (1988). *Understanding Intergovernmental Relations*, 3rd ed. Pacific Grove, CA: Brooks/Cole.

第 5 章

荣誉、伦理与责任

引子：马基雅维利，杰出的公共行政伦理学家

自其出生至今的五个多世纪以来，尼科洛·马基雅维利（Niccolo Machiavelli，1469—1527）始终是被引用、解读和阐述得最多的，同时也是被误解最深的公共政策顾问。威廉·莎士比亚（William Shakespeare）在 1592 年撰写《理查德三世》（*Richard Ⅲ*）的时候，就能够想当然地认为他的读者们熟知马基雅维利邪恶的名声。因此，莎士比亚让其主人公自称邪恶到可以“把危险的马基雅维利主义引入学校中”。在莎士比亚时代，大量的剧本和文学作品都用马基雅维利来指代类似的邪恶事物，这种现象一直延续至今。

这种评价是不公正的。马基雅维利是一个非常善良的人。事实上，作为公共行政人员和政策分析人员，他堪称典范。马基雅维利出生于一个没落的古代贵族家庭，接受过良好的教育，1498 年成为佛罗伦萨的政府官员，担任大使职务。他是一个诚实、可靠、合格的官员。但是他的职位是君主恩赐的（那时还没有绩效考核制度），因此在 1512 年的政变风波中，他失去了工作甚至差点丧命。此后，他靠父亲留下的微薄地产勉强维持生计。

马基雅维利最大的愿望是回到他深爱的佛罗伦萨市政府工作，而佛罗伦萨当时由梅迪奇（Medici）家族掌控。因此，他像很多在野的政务官员一样，撰写了一本（事实上是几本）著作向未来的统治者证明他的价值。据传记作家朱塞佩·普利佐里尼

(Giuseppe Prezzolini) 记载，马基雅维利在其最著名的私人信件中（时间是 1513 年 12 月 10 日）表达了这样一个愿望，"如果梅迪奇家族看了《君主论》(*The Prince*) 这本书，他们会明白我已经用了 15 年研究治国之术。"他甚至证明自己作为一名过去的以及将来的雇员的可靠性："我的贫穷证明了我的正直和善良。"

尽管不断努力，但马基雅维利始终没有得到他梦寐以求的政府工作，他只能白天在田间劳作，晚上写书，这些书都堪称意大利文艺复兴时期最好的政治学书籍。《君主论》(1532 年）和《论李维》(*The Discourses*)（1531 年）是重要的政治和军事书籍，书中强调为达目的可以不择手段，因此马基雅维利主义①（Machiavellianism）代表了狡猾多变、愤世嫉俗和残酷无情的行为。马基雅维利在《君主论》中真正想表达的是，人们以结果的优劣来判断君主的好坏，即"如果君主以创建和发展国家为目标，那么他所采取的一切手段都将是被敬仰和被表彰的"。作为一名一流的政策顾问，马基雅维利提出了一整套君主政治行为准则以实现政治昌盛。书中的引言概括了他的方法论："我长期地反复思考和仔细检查这门伟大的艺术，现在我将思考的结果……全部呈现于这本小书中。"马基雅维利就获得权力、维持权力和发展权力提供了一整套思想和方法：

● 要么仁慈对人，要么残暴对人，因为人们会为很小的伤害而复仇，当面对重大伤害时他们却无能为力了。要么把潜在的社团组织或是政治竞争对手变成你的合作伙伴，要么烧死或杀死他们，因为如果不予理睬，他们会在你最不注意的时候，像条蛇一样在你的背部咬上一口。

● 君主应当把遭人谴责的事情留给官员，而把那些施恩的事情留给自己。好消息由君主昭告天下，以便最大化公众效应，坏消息则由低级助手宣布。

● 君主必须假定所有人都是邪恶的，并且他们一旦有机会就会表现出邪恶的本性，君主应在此假定基础上建构国家和创制法律。马基雅维利的一个读者詹姆斯·麦迪逊（James Madison）也在《联邦党人文集》的第 51 篇写有类似的话："野心需由野心来抑制。"美国宪法相互制衡的制度在一定程度上体现了马基雅维利的思想。

● 那些取得巨大成就的君主都经常撒谎，善于欺骗他人。曾被统治者欺骗的人们对这点可能觉得很熟悉，如总统理查德·尼克松说，"我不是个骗子"，总统比尔·克林顿告诉国民，"我和那个女人之间没有性关系"。

如果撒谎的政客有一个忠实的拥护者，那么他一定是创作了《君主论》的马基雅维利。"君主必须知道如何妥善地掩饰自己的本性，知道如何成为一个大伪君子和伪善者。因为人的头脑是如此简单，又有如此多的迫切需求，因此永远有人被

---

① 马基雅维利主义：指的是尼可洛·马基雅维利（1469—1527）的学说，他是意大利文艺复兴时期的政治学家，著有《君主论》(1532 年)，该书是给即将成为君主的人的建议，是所有成功学书籍的先驱。书中所有的分析判断都是建立在如何获得、使用和维持政治权力这一基础上的。马基雅维利没有道德原则的态度和公正中立的分析导致他在遭受激烈的批评的同时也被广泛学习模仿。尽管他的名字已经成为政治阴谋的代名词，世上却没有任何一个作家能够就冰冷残酷的政治权力进行思考并给出明智的建议。

骗。”马基雅维利心中的理想君主并不是传统意义上的君子，君主的话并不可信。马基雅维利的建议是，“当这样做就会违背其利益的时候，当约束自己的理由不再存在的时候，就不要再信守承诺”。正是这一点使人们怀疑，马基雅维利不仅不是一个君子，而且这本书也不适合君子阅读。

马基雅维利的建议没有考虑道德因素，背离了当时的社会环境，在那时，君主表现出道德高尚才是明智之举或者说是必需的。然而，这也是基本合乎伦理的，因为撒谎是为了国家好。马基雅维利的谎言理论源于柏拉图（Plato）在《理想国》（*Republic*）第三册中提出的高贵的谎言（noble lie），柏拉图在书中宣称社会的保护者为了维护社会秩序必须撒谎。

但是很遗憾，马基雅维利的书籍并没有如其所愿，使他得到工作、脱离贫困。他的手稿只是在朋友圈中传阅。《君主论》直到他死后五年才得以出版。这之后才引起轰动。马基雅维利在死后才获得了巨大的成功。就像现代的说唱歌手，因为评论家对其歌词的谴责而越来越有名气，马基雅维利也因为当时的罗马天主教、新教和共和党三大主要政治派系都对他进行公开谴责而臭名昭著。

他受到公众的抨击是如此的广泛，以致《君主论》获得了更广泛的传阅——在一定程度上是一种误读。试图发现邪恶的读者找到了这本书，但是更加细微和更加现代的阅读则会发现越来越少的邪恶性和越来越多的实践性。马基雅维利关于如何成为统治者的这本书，是所有“成功学”书籍的始祖，这些书宣扬实际行动而不是伦理原则。1967 年，英国广播公司（BBC）执行官安东尼·杰（Antony Jay）在面向现代读者的畅销书《管理与马基雅维利》（*Management and Machiavelli*）中引用了马基雅维利的观点，将马基雅维利治理国家的方法用来解决组织中的权力问题和政治问题。他认为马基雅维利的方法在现代和在 450 年前一样有效，因为它们都是“植根于人类的天性”。根据杰的观点，“现代管理科学实际上是古代统治艺术的延续”。所以，“当你学习管理理论的同时学习政治理论，学习管理思想史的同时学习政治思想史时，你将会发现你只是在学习同一门学科的两个非常相似的分支”。

讨论题

为什么马基雅维利对于理解公共政策制定和行政实践中的权力机制至关重要？当前的哪些公众人物效仿了马基雅维利并特意撰写论著进而影响了公共政策，并且/或者取得了公职？

5.1　荣誉的起源与本质

现代荣誉（honor）的概念起源于古希腊和古罗马。罗马贵族卢修斯·奎克提乌斯·辛辛纳塔斯（Lucius Quinctius Cincinnatus）是值得敬重的公职人员的典型代表，他象征着共和精神和个人诚信。公元前 458 年，罗马受到军事攻击，元老院任命农场主辛辛纳塔斯为指挥官去处理这一紧急情况。传说中他的确是弃农从戎。他在16天内击退敌人，随后辞去独裁政府的职务，返乡耕地。从那时起，政客们就总是虚情假意地宣称他们多么渴望像辛辛纳塔斯一样，辞去官职回家种田。这是美国政治史上的主旋律。直到20世纪，人们仍然认为对公众宣称自己渴望获得政治权力的做法从政治上看是不妥当的。民众期望政客在担任公职之前，一直都是安于在农田专心耕种的。

乔治·华盛顿是世界上少数几个辛辛纳塔斯式的人物之一。确实，拜伦勋爵（Lord Byron）［乔治·诺艾尔·戈登（George Noel Gordon）］在其1814年出版的《拿破仑颂》（*Ode to Napoleon Bonaparte*）中，称华盛顿为"西方的辛辛纳塔斯"。加里·威尔斯（Garry Wills）在《辛辛纳塔斯：乔治·华盛顿和启蒙运动》（*Cincinnatus*：*George Washington and the Enlightenment*）（1984）一书中写道（1783年12月23日革命战争即将结束，乔治·华盛顿时任将军一职），"他最后一次发表公众演讲时说，'我现在已经完成了任务，我要离开伟大的军事舞台……我在这里交出我所获得的授权，辞去所有公共职务'。在那一刻，古代传奇人物辛辛纳塔斯——应罗马人的号召放弃耕田而拯救国家，当危险过去时又重回农田——复活成真实的现代政治人物"。辛辛纳塔斯的故事在今天依然与我们相伴。现代的公众们也许从来没有听说过古罗马，却会在不经意间提起辛辛纳塔斯。例如，E.G.布朗（E.G.Brown）在《里根和现实》（*Reagan and Reality*）中描写罗纳德·里根（Ronald Reagan）："我们的开国者无法预见的一件事……即国家是由那些职业政治家们所治理的，他们是通过获选连任取得既得利益的。他们或许想象一个同伴在任满两个任期后，期待着回到农场。"现代的任期限制运动的核心，是试图通过立法规定辛辛纳塔斯式的行为——将政客们"送回农场"。当然，辛辛纳塔斯和华盛顿两个人都不是纯粹的农民。他们都有很大的庄园，有奴隶干重体力活。现代政治领导人不仅没有奴隶，也不再会有农场。离开公职后，他们没有荣耀奢华的地方可以隐退，因此他们需要更努力地工作以便留在职场中。

莎士比亚笔下的马克·安东尼（Marc Antony）是对的。我们"都是可敬的人"。我们的文化从我们幼年时期就开始反复灌输荣誉的概念。我们关于荣誉的大部分概念都来自对家人或邻居行为的观察学习，其余的则来自于媒体。很多人是通过电影第一次意识到荣誉。由约翰·福特（John Ford）等人拍摄的西部片教会美国人"西部准则"。他们教会你，人的承诺是极为神圣的，因此不要轻易作出承诺；教会你当受到严重侮辱时，可以采取暴力行为；还教会你……总而言之，保护弱者——这些理念源自中世纪的骑士精神。

之后，"西部"太空片，如《星际旅行》（*Star Trek*）和《星球大战》（*Star Wars*），教会下一代星际间的荣誉概念，这当然与中世纪精神没有什么区别。有些事情一千多年来都不曾发生变化。因此，年轻人依然是通过听和看我们文化中的英雄故事来了解什么是光荣。作为荣誉概念的传递者，《星际旅行》只是8世纪的《贝奥武夫》（*Beowulf*）或是11世纪的《罗兰之歌》（*Song of Roland*）的现代版本。荣誉一直都是影响人类行为的重要因素。它经常比生命本身还重要。美国的奠基者在 1776 年《独立宣言》(*Declaration of Independence*) 中的最后一句话是，“为支持此宣言，以神赐之州之屏障为坚固依靠，吾等相互托付生命、财产与荣誉”。他们的生命并非神圣不可侵犯，他们的财富也并非神圣不可侵犯，但是他们的荣誉却是神圣不可侵犯的。

5.1.1　国家荣誉

荣誉曾经专用于贵族，从 18 世纪才开始迅速平民化。随着专制政府的减少，国家荣誉（曾经只是君主个人关心的问题）开始成为影响全体民众的事情。没有哪个实用主义者比总统伍德罗·威尔逊更重视国家荣誉（national honor)。1916 年，他断言：“国家荣誉比国家安逸更重要；是的，也比国家生命本身更重要。”因此，民主国家的市民就如同没有防御力量的少女，可能会以“宁死不屈”为座右铭。这个观念甚至比戏剧还要夸张。在第二次世界大战时，法国因在 1940 年的春天迅速向德国投降而蒙羞。他们不愿意与纳粹在巴黎的街道上进行战斗，他们不愿意看到他们美丽的城市被毁坏。但是预见到德国人即将入侵的英国人，却宁可牺牲伦敦也要保卫祖国。1940 年 6 月 4 日，温斯顿·丘吉尔在敦刻尔克大撤退（Dunkirk evacuation）后，立即告诉国会下议院，“无论代价是什么，我们都要保卫我们的国土，我们要战斗在海滨，我们要战斗在陆地，我们要战斗在田野和街道，我们要战斗在山岭；我们永远不投降”，他确实就是这样想的。后来他在自己的战后回忆录《光荣时刻》(*Their Finest Hour*)（1949）中写道，“我们已经准备不惜采取任何手段。我打算使用‘一命换一命’的口号”。自杀性的？也许是——尽管如此却仍然是光荣的。当将军查尔斯·戴高乐（Charles de Gaulle）逃到英国而不是投降时，人们问他为什么到那里。他回答，“我来这里挽回法国的荣誉”。他究竟是成功的还是失败的，现在仍有争议。(至少他尝试努力了!)

美国参加越南战争，也可以从国家荣誉的角度来解释。随着战争花费超过美国国民承受的限度，国家领导人努力试图寻找一种方式让美国军队能够离开越南，同时又维持美国强大尊严的世界强权形象。即使越南战争的胜利遥遥无期，美国仍然一边派使者谈和，一边继续向战场派遣军队。1973 年，理查德·M·尼克松总统发表全国演讲，“我们现在已经达成一致意见，光荣地结束战争，让越南和东南亚恢复和平”。最终，有人会说尼克松的协议给美国既没有带来真正的和平，也没有带来真正的荣誉。然而，对使美国走出越战这一泥潭的任何方案而言，最重要和最关键的是维护荣誉。

5.1.2　为何荣誉先于伦理

荣誉先于伦理，是因为一个没有荣誉感的人就没有伦理标准，而且不知道用什么方式可以变得有道德。荣誉是公共事务的本质；因为在古代，人们只信赖有荣誉的人并由其负责公共事务。当然，荣誉概念是有一定环境背景的，它总是受主流社会团体和政治文化的影响。美国律师梅尔文·M·贝利（Melvin M. Belli）讲述的一个故事证明了这一点。在 20 世纪 50 年代初期，贝利代表电影明星埃洛·弗林（Errol Flynn）去巴黎，因其客户弗林与一家法国公司就电影收益分成问题有一些法律纠纷。当贝利到达时，负责这个案件的法国律师告诉他，结果已经确定无疑了："我们给了法官 20 万法郎，这个案子稳操胜券。"贝利大声质疑，如果另一方给法官 30 万法郎结果会怎样，法国律师愤慨地告诉他，"先生，我们是在和一位令人敬重的法官打交道。他是一个讲信义的人。他不会收受双方贿赂"。法国法官对荣誉的概念不同于想象中的美国法官，美国法官会在收取双方的贿赂后，根据是非曲直来裁决案件。哪位法官更有道德一些呢？

5.1.3 荣誉的多面性

荣誉包括很多方面。最显而易见的一种是依照职权（ex officio）行事，这是一个拉丁语的词组，意思是"凭借官职"行事。很多人因为担任某个官职而在董事会、委员会和理事会等机构担任某一职务。例如，一个城市的市长可能是该城市的大学信托理事会的荣誉委员。因此，"尊敬的"（honorable）是用于很多政府官员的一种称谓形式，如法官、市长和美国国会的议员。在这里，尊敬的并不一定代表个人荣誉或诚实正直，而仅仅代表现任的（或过去的）职务。所以，理查德·M·尼克松即使在 1974 年做了不光彩的事并被迫辞去总统职务，按照正式的称呼他仍然是"尊敬的"。还有其他临时担任公职的那些小恶棍们也依旧是"尊敬的"。

荣誉还代表着外界对一个人名声的评价。在商业领域中，无论是个人的还是组织的声誉，都是非常有价值的资产。确实，在出售企业时，经常能因为其在社会中的无形商誉①（goodwill）而卖出比其账面价值更高的价格。

莎士比亚经常提到职业名声和荣誉的问题。在《理查二世》（*Richard II*）第一幕第一场中，诺福克公爵（the Duke of Norfolk）被指控叛国，他对这种纯粹的诬陷如何伤害名声和个人荣誉作出阐述，并以此对叛国指控作出回应：

> 无瑕的名誉是世间最纯粹的珍宝。
> 失去了名誉，
> 人类不过是一些镀金的壤土，染色的黏土。
> 忠贞的胸膛里一颗勇敢的心灵，
> 就像藏在十重枷锁的箱中的珠玉。
> 我的荣誉就是我的生命，二者融为一体；
> 取去我的荣誉，我的生命也就不再存在。

---

① 商誉：企业的名声和商业信誉。商誉一般按照企业出售时比企业的有形资产、应收款和其他财产的总和高的价值来衡量。

这就是“无暇名誉”的来源。这也是一个警示，对他人荣誉的攻击就是对其生命的攻击——从职业的角度来看是如此。但是，这种外界声誉仅仅比那种依据职权的荣誉前进了一小步。真正的荣誉，始于个人的诚实和正直。这超越了本杰明·富兰克林在其《贫穷理查德之年鉴》(*Poor Richard's Almanac*) 中的著名训诫：“诚实是最好的策略。”想想看，富兰克林的建议是多么的利己主义——不过，这似乎来自于塞万提斯 (Cervantes) 的《堂吉诃德》(*Don Quixote*)。荣誉不是为了自身价值而存在，它只是最佳策略——众多选择中的一个而已。但是，真正的荣誉不同于策略性荣誉，它是一个君子的根本。有荣誉的人是诚实可信的。这才真正是荣誉的核心。诚信的人履行自己规定的原则和价值，最重要的是他们言出必行。言出必行的人用自己的全部信念和声誉来履行诺言。有时，这几乎是愚蠢的，例如名扬四海的亚伯拉罕·林肯为了按时归还一本书而在雪地中步行几英里。但诚实守信在行政领域是非常重要的。一个人把事情告诉另一个人，事情才能开展。真诚的沟通是组织正常运转所必需的，组织事实上就是一个信息处理机构。这也就是为什么重荣誉讲诚信的规则首先在军队中形成。因为生命甚至整个战斗都依靠准确的信息来传达命令，所以逐步灌输诚信的道德观念是至关重要的。这在今天依然是真理。如果一名官员被认为是不诚实的，那么他的上级就不会信任他。

诚实正直的另一个更微妙的意思是完整的力量或者品性。据说屹立的建筑物都具有结构上的完整性。对诚实守信行为的长时间观察证明，有品性的人有着庄严的举止[①] (gravitas)，就如英国人所说的，“根基”(bottom) ——意思是他们具有坚定的信仰，不会轻易动摇。因此那些诚实正直的人能够辨别是非，知道自己的核心信念，明白哪些能做、哪些不能做，而不会受外界压力的影响。

最后，如果人们认为政府官员具有坚定的信念和正义感，这会帮助官员们免于其他政治责任。总统乔治·W·布什就是这种情况的很好的例证。多次民意调查的结果都显示，大部分美国人认为布什拥有坚定的信念和信仰。尽管大部分公众并不支持他的很多决策和政策取向（如伊拉克问题、社会保障问题），但大部分美国人总的来说还是赞许布什的人品的。公众对官员人品的偏好，使公众包容了官员的决策失误和管理不当。虽然紧随克林顿时代 (Clinton-era) 的伦理挑战之后，但布什讲诚信的声誉帮助他获得了公众的支持，即使公众对他的很多重要决策非常憎恶。

5.1.4　制度价值

诚实的政府官员们，知道他们要履行民众要求的特殊伦理义务。他们谨慎地使用自己的权力，约翰·罗尔 (John Rohr) 称此为“制度价值”(regime values)。在宪政国家，无论是在成文宪法国家如美国，还是在非成文宪法国家如英国，这些

① 庄严的举止：言行举止端庄稳重。政治家如果想担任要职就必须表现出一定的端庄稳重。

价值都由宪法确立。对于一个诚实正直的人而言，誓死“保护美利坚合众国宪法免受国内外敌人的侵犯”是一个非常严肃认真的事情。因此，根据罗尔的观点，宪法“是官僚伦理的伦理基础”。那些为伦理和荣誉赢得声誉的高级行政官员们，遵守着一种新潮的在其位谋其政（noblesse oblige）之信条。这个词组渊源于古代贵族负有领导战争的义务，他们通过身体上的冒险证明自己的勇气，也从而证明自己的信誉和勇猛——即在荣誉的领域（战场上）证明自己是多么的值得尊敬。

共和政府没有了传统的贵族，而是由高级官员和选举产生的官员担任领导角色。官员只要担任公职，市民们就会期望他们承担伦理和职业责任，类似于古代的战斗责任，以保护他们的市民、政权和宪政。他们必须足够英勇以承担工作和生活中的职责。日后成为美国最高法院法官①的路易斯·布兰戴斯（Louis Brandeis）在1910年的格拉威斯-巴林杰案中指出，政府官员们，“除非他们遵守如下美德——刚毅、诚实、勇敢、承担职责、接受批评、不怕误解（人做了英雄的事情却经常会被误解），否则并不值得人们尊敬和爱戴”。人们常说，经理的工资比工人高是因为他们的工作必须作出决策和承担责任。公共管理者生活在更具有风险性的环境中。他们不仅必须承担管理责任，还必须承担职业的、声誉的、有时甚至是生活的风险，以保护政体的价值。这纯粹是一个荣誉的问题。

管理者和雇员都经常会丧失自己的荣誉——或者他们原先就没拥有过它。丧失的形式很多，但丧失荣誉和诚信的两种最常见形式就是腐败和撒谎。

5.2 政府中的腐败

政府中一再发生的丑闻②（scandals）和官员争斗的情况，无论他们要付出多大代价，都极大地威胁到法制的民主观念。当政府官员为一己私利而滥用其职权时，那么法制就不存在了，事实上是又回归到了暴政。人民代表们通过自我扩张而产生腐败，非法地将自己置于法律之上。而且，政府官员的不道德行为会对民主国家中人人平等的要求具有极大的破坏性。正如乔治·奥威尔（George Orwell）所著的《动物庄园》（*Animal Farm*）一书中所描绘的猪一样，它无法接受“所有动物都平等”的思想，这些自利的政府官员实际上是在说，“我们中的一些人比其他人更平等啊”。当你想到他们不仅拿着高薪占据清闲的职位，而且还“贪婪地攫取”多于自己的那份东西，这种猪一样的形象就会在你脑中持续。

5.2.1 贿赂

腐败也会损害经济权利。想想看，在竞争激烈的政府购买过程中发生贿赂

① an associate justice，也可译为副大法官。——译者注

② 丑闻：在宗教上，指占据要职者所犯的罪行。这个词语被推广适用于职位所有者对职位责任进行贬低的任何行为的指控。

(bribery) 会怎么样。当通过贿赂非法签订合同，那些失败的竞争者就是被限制公平和公正地参与竞标过程的权利。公众以高效和低价方式来采购的权利也受到了腐蚀。这种腐败糟蹋经济利益。这些贪婪地拿着高薪占据清闲职位的极少数人，否定他人进入公平经济竞争体系的权利。

当然，全面地看，贿赂在任何政治体系中都是一个重要因素。它补充了各种政府官员的薪酬。尤其是在那些薪酬低得不合理的公共部门，这种情况就更为普遍。例如，一些警察、报关员、房屋验收员，如果没有这样一份非正式的补充薪水，那么他们就无法维持自己的生活水准。此外，这种补充薪酬也避免了莽撞地提高税收的需要，这种提高税收的方式虽然能够合法提高这些官员的薪酬水平，但在政治上却不受欢迎。系统性的贿赂允许工商企业的经营者们，依靠政府官员们的自由处置权，使这种关系保持稳定，这对其业务的顺利运行至关重要。有许多规定是用来管理工商企业运行的安全保障或资格条件的，但毕竟这些规则可能并不是普遍适用的、合理实施的或在经济上行得通的。新闻媒体偶尔揭发贿赂，这样会导致选民对政治疏离，也反过来鼓励了犬儒主义并减少了对政府民主过程的支持。尽管对贿赂情况的细节在说法上可能有所不同，但贿赂普遍地存在于许多社会中通常是没有争议的，除了那些最天真和最腐败的社会。贿赂甚至是外交政策的一个重要和古老的工具。当然，美国并不需要为了影响外国政府对某个国际事件的支持而去贿赂它。通过给予或撤回军事或经济援助就可以获得同样的效果。

表 5—1　　根据联邦法律判决公共腐败罪的美国政府官员数

	1980 年	1985 年	1990 年	1995 年	1998 年	1999 年	2000 年	2001 年	2002 年	2003 年	2004 年
联邦官员	131	470	583	438	414	460	422	414	429	421	389
州官员	51	66	79	61	58	80	91	61	132	87	81
地方官员	168	221	225	191	264	219	183	184	262	119	252

资料来源：*Statistical Abstract of the United States* (Washington, DC: Government Printing Office, 2007)。

5.2.2　水门事件

社会幽默是这个社会政治腐败的显示器。例如许多分析家预测，一旦最受欢迎的、最主流的和最适合大众欣赏的美国喜剧演员约翰尼·卡森 (Johnny Carson) 在其《今夜秀》(*Tonight Show*) 节目中，开始讲他坚信美国总统是不诚实的玩笑，尼克松总统最终将会因水门事件 (Watergate) 的丑闻而被迫辞职。玩笑就是一个前导，因为大多数观众——即大多数美国人——都接受了这个玩笑中的假设。喜剧演员并不主导公共舆论，但是他们必然是公共舆论的反映。在今天的俄罗斯，同样如此。《纽约时报》专栏作家托马斯·L·佛里德曼 (Thomas L. Friedman) 写道，"腐败直达领导层"。他的这个说法的前导性玩笑，就是通常说的这么一个笑话："一个男人从郊外开车到莫斯科，并将他的新车停在红场上克里姆林宫司帕斯基城门外，警察过来告诉这个男人，‘哎，你不能在这里停车。这是咱们领袖们要通过的门’，‘别担心，我锁好车了。’”

表 5—2　水门事件时间表

1969 年	1 月 20 日	尼克松正式就任总统。
1970 年	7 月 23 日	尼克松批准使用非法手段收集示威者和政敌的情报。
1971 年	2 月	尼克松开始秘密录制总统办公室的谈话
1972 年	3 月 30 日	约翰·米切尔（John Mitchell），尼克松竞选连任委员会总干事，批准了一项非法进入并窃听民主党全国委员会水门总部的计划。
	5 月 27 日	第一次潜入水门大厦
	6 月 17 日	第二次潜入水门大厦。五个尼克松的竞选代理人被捕。 尼克松的律师赫伯·卡姆巴克（Herbert Kalmbach）开始秘密向水门大厦潜入者付款；一年的时间内，450 000 美元的竞选费用用于封口费。
	8 月 29 日	尼克松宣布，由白宫顾问约翰·W·迪安（John W. Dean）领导一个调查委员会对水门大厦闯入一案进行调查："我可以明确地声明，他的调查会证明在现在被雇用的白宫员工中，在这个行政系统中，没有人卷入这个异乎寻常的事件。如果你试图掩盖此事，这才会真正造成伤害。"迪安过后证明在尼克松发表声明前，他从未听说过什么"调查"。
	9 月 15 日	水门大厦闯入者被起诉。
	10 月 10 日	《华盛顿邮报》记者鲍勃·伍德沃德（Bob Woodward）和卡尔·伯恩斯坦（Carl Bernstein）透露，水门大厦闯入事件是大规模政治间谍运动和为了总统连任而进行破坏的一部分，是由白宫和总统连任委员会办公室所指挥的。
	11 月 7 日	尼克松以压倒性的优势连任，赢得了除马萨诸塞州之外的所有州的胜利。不久后，汽车保险杆上的贴纸都写着："不要责怪我，我来自马萨诸塞州。"
1973 年	1 月	水门大厦闯入者被审判和定罪。
	2 月 7 日	参议院投票决定调查水门事件和其他的 1972 年竞选舞弊行为。
	3 月 22 日	尼克松告诉约翰·米切尔："我要你阻止这件事情——让他们用第五修正案做辩护，把事实掩盖起来，或者用其他任何方法都行。"
	4 月 30 日	尼克松宣布白宫陆军空军参谋长 H. R. 霍尔德曼（H. R. Haldeman）、白宫内务顾问约翰·D·埃利希曼（John D. Ehrlichman）和总检察长理查德·G·克兰丁斯特（Richard G. Kleindienst）辞职，同时宣布解除白宫顾问约翰·迪安的职务（他刚刚向司法部告发了尼克松想要掩盖事实一事）。尼克松告诉整个国家："我们必须维护白宫的诚实……在白宫中没有粉饰。"
	5 月 17 日	电视转播的参议院水门事件听证会开始。
	5 月 18 日	阿奇博尔德·考克斯（Archibald Cox）被任命为特别检察官。

	6 月 25 日	约翰·迪安告诉参议院水门事件委员会："我开始时告诉过总统在他任职时有癌症在滋长，如果癌症不被去掉……总统本人就会被它杀死。"
	7 月 16 日	白宫助理亚历山大·巴特菲尔德（Alexander Butterfield）泄露白宫有录音系统。
	7 月 25 日	尼克松拒绝交出特别检察官索要的磁带，因为这会侵犯政府部门的特权。
	10 月 20 日	尼克松命令解除特别检察官考克斯的职务。
	10 月 23 日	在经受了"狂风暴雨"般的批评后，尼克松屈服于公众的压力，同意交出部分磁带。
	10 月 30 日	众议院司法委员会开始了弹劾调查。
	11 月 1 日	休斯敦律师利昂·贾沃斯基（Leon Jaworski）被任命为新的特别检察官。
1974 年	3 月 1 日	大陪审团以掩盖水门事件为由指控了七位前白宫助理。
	5 月 24 日	特别检察官利昂·贾沃斯基向最高法院提起诉讼，要求对其开出的索要更多磁带的传票进行裁决。
	7 月 24 日	最高法院裁决尼克松必须交出磁带。
	7 月 27 日	众议院司法委员会投票表决弹劾。
	8 月 5 日	尼克松交出证明他一开始便对事实进行掩盖的磁带。
	8 月 9 日	尼克松辞职。
	9 月 8 日	尼克松被他的继任者杰拉德·福特（Gerald R. Ford）总统特赦。
2005 年	6 月 1 日	联邦调查局前副局长马克·费尔特（Mark Felt）承认，他就是伍德沃德和伯恩斯坦的线人，即"深喉"。

5.3　为国家而撒谎

撒谎（lying）声名最大的政府官员是一位大使——级别最高的外交官，作为国家某位首脑的私人代表被派往另一个国家。亨利·沃顿爵士（Sir Henry Wotton，1568—1693），伊丽莎白一世派驻威尼斯的大使，在众多的智者中，第一个写出"大使就是为了自己国家利益而被派遣到国外撒谎的诚实者"的名言。人们通常不太信任大使能够把谎撒得够好，所以其政府会故意给他们传递错误的信息以确保其不真实的表现能够看起来更加忠诚一些。因此，1941 年驻美国的日本大使并不知道即将发生的对珍珠港的袭击，1941 年驻苏联的德国大使也并不知道即将到来的入侵，1961 年美国驻联合国大使艾德莱·斯蒂文森（Adlai Stevenson）对猪湾登陆也一无所知。

文摘 5.1　　诚实的谋财之道与不诚实的谋财之道之区别

这些日子，人人都在谈论坦慕尼协会（Tammany）的人利用不正当手段而变得富有，但是没有人想过划分诚实的谋财之道（honest graft）与不诚实的谋财之道（dishonest graft）之间的区别。事实上，二者截然不同。是的，我们中的许多人的确通过政治活动而变得富有了。我自己就是这样。我在这种游戏中赚了一大笔钱，并且我每天都在变得更加富有。但是，我的办法并非不诚实的谋财之道——敲诈的赌徒、小酒馆的主人、目无法纪者等——而且这些不诚实的人也未能从政治中致富。

诚实的谋财之道是存在的，我就是这方面的一个成功例子。我可以将我的奥秘归纳为一句话："我看见并抓住了机会。"

让我用实例来说明。我所在政党在这个城市里执政，而且它将要实施许多公共项目，做一些重大改进。好了，有人给我透露消息，说他们将在某处建一座新公园。

我看到并抓住了机会。我去到那个地方并买下了附近所有我能买下的土地。然后，这个或那个委员会将其计划公布于众，然后很多人蜂拥来买我的土地，而没有人会注意到之前发生的事情。

要一个好价钱，从我的投资和远见中获利，这不是绝对诚实的吗？当然是的。那么，这就是诚实的谋财之道。

资料来源：William Riordon，*Plunkitt of Tammany Hall*（New York：McClure，Phillips，1905）。

尼可洛·马基雅维利在所著的《君主论》里写道："君主有必要知道如何很好地掩饰自己的本性，如何去做一个伪君子。"正是这些话使得人们怀疑马基雅维利不是一位绅士。一位真正的绅士必须要绝对守信。而不守信则"证明"了他不是一位绅士——他没有信誉。因此，就精神的勇气而言，说谎行为是不可饶恕的，这就像怯懦行为就肉体的勇气而言是不可饶恕的一样。当然，只有在谎言被识破的情况下才会那样。

5.3.1　脏手困境

在什么情况下，公众满意的结果能够证明撒谎手段的正当性呢？在什么情况下，为了更大的政治利益可以接受作恶行为呢？"脏手困境"（dirty hands dilemma）这个词组能够生动地说明这个问题。当政府官员做出了被普遍认为不利于公益之行为时，他们就弄脏了自己的手。做了坏事但却导致了好的结果，从这个意义上来说就是一种困境。这样，政府官员就需要决定，他们是否愿意因为能够感知到的好事而参与做坏事。当然，禁止他们做坏事是一条普遍规则。这样，脏手困境实际上是能够认识到的职业义务与作为日常生活标准的长期伦理义务之间紧张关系的产物。

马基雅维利根本没有把这视为一个问题。他认为，当政府官员为实现公共利益而履行他们的职业角色和责任时，日常生活道德标准便不适用于其行为了。正像马基雅维利在《论李维》中所表达的那样："因行为而受到谴责时，因结果却应宽恕之。"但是，我们能够把一个人从其行政角色中分离出来吗？要作道德判断的话，那就必须对官员们所担任的职务或者所在政府机构作出道德判断。我们不应当将普通是非标准应用于一个仅仅作为官僚机构职员而行动的人所面临的非常形势。有些人争辩说，将政府官员角色同暂时控制这个角色的人混淆起来是错误的，伦理准则仍然适用于评判任何犯错人的行为，无论那个人是否是政府官员。一个人不能用自己在组织中所处的位置作为借口，而不受基本伦理规范的约束。坏事就是坏事，无论背景如何。政府官员应当对他们不合伦理的行为负责，即使这些行为是以公共利益的名义做出的，或者是由那些自称为专家或纯粹职员的人实施的。

在公共行政中，脏手困境所表现出来的最普通形式无疑就是撒谎。撒谎可以表现为很多形式：直接撒谎、夸张、遗漏、回避、欺骗、口是心非等。

政府官员是否有讲实话的特殊义务？其职权是否允许他们有特殊借口不讲实话？也许有人会说，既然知情是民主的基石，那么公众了解信息便是民主政府的先决条件。因此，公民天生就有权利知道公共问题的真相，以便以投票者和选民的身份作出正确的决定。当政府官员决定弄脏他们的手时，无论是通过直接说谎或遗漏或回避或任何方式，他们都是在剥夺公众的知情权。因此，基于民主的内在需要，政府官员有说实话的特殊义务。

另一方面，也许还有人会说，民主国家的政府官员有时可以免除讲实话的一般义务，因为有时会有威胁到政府和人民的可怕情况和危机时期。在这种情况下，允许政府官员为了公共利益而隐瞒公众。换句话说，当政府官员宣誓履职时，曾经发誓要用他们的职权做任何事来保证政府的存在和公众的安全。这正是公职的本质，然后，这就成为那些为公共利益撒谎的政府官员的理由了，因为从本质上说，公共利益就是官员们被要求去保护的东西。如果在战争或危机时期的这种保护导致官员们撒谎，那就让他们撒谎吧。他们只是在履行他们的职位所要求的职责。有关是否要原谅官员们的谎言的争论已经有很长的历史了。最早的例子出现在柏拉图的《理想国》中，这本书首次创造了“高贵的谎言”（royal lie）这个术语，意指为公共利益而说谎。

5.3.2　性谎言

评论家查尔斯·杜德利·沃尔纳（Charles Dudley Warner）（1829—1900）在1871年写道：“政治产生了奇怪的伙伴。”他指的是，政治常常会迫使不可能成为伙伴的两个人为共同的目标而需要一起工作——不是指政治家必须与陌生人同床共枕。然而，这些充满政治激情的人却都是经常在激情方面出问题。美国总统也不例外。新近挖掘出来的例子包括约翰·F·肯尼迪（John F. Kennedy）总统和林登·B·约翰逊（Lyndon B. Johnson）总统与情人们的大量幽会，历史学家们详细记载并充分证明了这些情况。约翰逊总统甚至觉得在这方面自己可以与已故的肯尼迪总统有一比。根据传记作家罗伯特·达利克（Robert Dalleck）的记录，作为总统的约翰逊自夸道，“我不经意间得来的女人比他（肯尼迪）有意交往的女人还要多”。比尔·克林顿是在任期内被迫承认不忠的总统，从这个意义上来看，他是独一无二的。

有关成年男人性行为的谎言，仍一直没有受到公共行政教科书的关注。但是，在1998年，克林顿总统改变了这种状况，他说了一个又一个关于他在总统办公室遇到莫妮卡·莱温斯基（Monica Lewinsky）的谎言，最终他承认与这位白宫实习生有过一段“不合适”的关系。如果不是美国最高法院的介入，所有这些不会引起公众注意，所有的谎言也不会公之于众。

1998 年，在克林顿诉琼斯案（*William Jefferson Clinton v. Paula Corbin Jones*）中，最高法院判决在民事诉讼中要求金钱赔偿的公民个人，可以就现任总统在其任职前发生的行为提起诉讼，这个判决最终成为一个关乎总统职位的最重要的现代判决。琼斯声称，克林顿早年在阿肯色州担任州长时就对她进行性侵犯。克林顿强烈要求法院在他离职后再审，他声称行政首长除了在极其特殊的情况下，否则不应当因为要为民事诉讼进行辩护而增加压力和分散精力。

在等待陪审团多数裁决的过程中，约翰·保罗·史蒂文斯（John Paul Stevens）法官驳回克林顿的请求，并断定，让琼斯案这样继续下去则会引起一系列对这位总统或对其他总统的别的诉讼，这种情况是不大可能发生的，并且无论如何，史蒂文斯注意到，再继续下去似乎会妨碍总统履行职务的能力的情况下，初级法院的法官可能会永远拖延下去。当时，法院的法官们和公众都不清楚的是，克林顿在琼斯案的宣誓证词中有关莱温斯基的证言，会在日后引发一场足以威胁到他总统职位的政治风暴。最高法院允许对现任总统提起民事诉讼的裁决，是否会导致将来从政治和法律上与总统进行斗争，这还不得而知。但是，现实中永远存在着那些实力超强、资金充足的政治对手，他们急切地想给总统在民事诉讼誓词中设圈套，最高法院可能低估了这种情况。

尽管莱温斯基对克林顿总统的激情以文件形式得以详细地记录，但她似乎肯定地缺乏一种“默默无闻的激情”，就像布朗洛委员会为白宫助手规定的“默默无闻”那样（见第 3 章），总统的那些更为稳重的情人们用她们的缄默来示范的那种激情。因为，莱温斯基将她于 1995 年 22 岁做白宫无薪实习生时开始与克林顿发生的事情告诉了众多的人，证据开始显示她在琼斯案件的宣誓证词中撒了谎。琼斯的律师搜寻她的证词以支撑他们的论点，即克林顿一直是个玩弄女性的男人。

1998 年初，莱温斯基同她的“朋友”琳达·特里普（Linda Tripp）进行的关于她和克林顿总统关系的电话谈话的录音带出现时，发生了两件事。一件是特别检察官［肯·斯塔尔（Ken Starr)］——早先国会授权他调查据称克林顿在其他事情上的不法行为——寻求并获得了克林顿任命的总检察长允许将调查扩大到总统在琼斯案证词中可能作出的伪证；第二件事情是，总统多次在众多听众面前特意否认他与莱温斯基之间有过性关系。毫无疑问，如果没有物证可用来支持莱温斯基对大陪审团作出的关于她和总统都在琼斯案的作证中撒谎的证词，他在这件事情上还会继续撒谎。证据就是莱温斯基的一条沾上了总统精液的裙子。在宣布物证存在之前，白宫坚持说，事情的真相是莱温斯基妄想着和总统发生关系——她只是一个政治星迷的孩子，并没有牢牢抓住什么事实。但是，在裙子精液的 DNA 与新抽检的总统的 DNA 比对之后，所有的怀疑都终止了。在为此撒谎长达 7 个月之后，总统知道了针对他撒谎的 DNA 证据，在大陪审团面前并随后在一次电视讲话中向全国承认了他和莱温斯基曾有过“不正当的关系”。

促使总统陷入法律麻烦的，并不是他各种各样的不忠诚，而是对这种不忠诚进行的狡辩。在招供之后，白宫的方针认为，因为整个丑闻事件与性有关，所以尚未上升到弹劾的行为。就像水门事件，并非原初“罪行”而是对谎言的掩盖——导致尼克松辞职以及克林顿遭弹劾。虽然有些人声称，对成人间的性撒谎只是一种礼貌，但一旦政党对大陪审团宣誓讲出“真相，所有的真相，仅仅是真相”，这种问题的事态就完全不一样了。如果美国总统被免除了法律义务——而未尽这些法律义务的许多普通人被送入了联邦监狱，那么该怎么说美国的法律制度呢？这个问题是如此棘手，而克林顿的行为又是如此鲁莽，从而使得在 1998 年的秋天，众议院以作伪证和妨碍司法为由提起弹劾案。1999 年初，参议院审判了克林顿，并宣告其无罪，因为远远没达到宪法规定的弹劾所需的 2/3 的选票。克林顿依然是总统，因为许多相信他犯有所控罪行的参议员认为，为性的问题而撒谎太过细小，不足以成为弹劾总统的理由。

5.4　伦理的层次结构

公共行政人员经常面临着许多相互冲突的职责和义务。当享有合法“控制权”（holds）的各方要求一个人执行相互排斥的行为时，这种冲突就会发生。例如，一位年轻经理，如果必须带他的孩子到医院进行急性阑尾切除手术，那他在这个时候就不能够参加同时在某地召开的一个“重要的”（big）会议。当这种冲突发生时，大多数人会援引角色义务的层级理论，使得某些角色优先于其他角色。对于大多数父亲来说，孩子的生命比商务会议来得重要，而无论这个会议有多么的“重要”。然而，现实生活并不总是这么清楚明晰，在工作中，角色冲突是常见的困境之一。

“纽伦堡抗辩”（Nuremberg defense）是那些被发现为他们的政治或军事上的上级实施非法行为的人们经常使用的借口：“我只是奉命行事”。这个术语和这种策略，来自于第二次世界大战结束以后在德国纽伦堡对纳粹高层领导人的战争罪行而进行的审判。这种抗辩的谬误在于，没有哪一个士兵（或者文职官员）可以被要求去服从明显非法的命令。事实上，正如越南战争中的米莱①（My Lai）大屠杀曾显示出的那样，士兵（或者文职官员）具有违抗非法命令的积极义务。幸运的是，很少有官员需要担忧战争罪行。但是，用不正当手段操纵交通罚单、对某人强行进行税务稽核或者迫使员工购买政治宴会的门票等，这些情况又怎么样呢？同样的问题，筹码较小罢了！

5.4.1　伦理的四个层次

公共行政中存在着一个伦理等级层次，不同等级层次的伦理都有着自己的职责

① 米莱：越南南部村落，该村数百名老人、妇女和儿童于 1968 年被美国中将威廉·卡利（William Calley）所指挥的部队杀害。虽然有几名士兵提起投诉，但美军一直试图忽略或掩盖这一暴行。直到国会质询和新闻报道以后，此事才被迫展开全面调查，最终导致对卡利的军事审判。

规定。

第一层次的伦理是个人品德（personal morality）——基本的是非观。它是我们个人经历的一部分，取决于父母的影响、宗教信仰、文化、社会习俗以及自己的亲身经历等因素。

第二层次的伦理是职业道德（professional ethics）。公共行政人员逐渐认可一套职业规范和准则，以强制他们以某种“职业的”方式进行活动。这些准则是由诸如美国公共行政学会和国际城市管理协会等专业协会所编纂的。然而，有些职业，例如法律和医学，当它们在公共行政的范围内运行时，同样拥有它们自己独立的职业规范。

第三层次的伦理是组织伦理（organizational ethics）。每个组织都有包括正式和非正式道德行为规则的环境或文化。公共组织典型地具有许多这样的规则。公法、行政命令、机构的规则和章程都可以作为正式组织的伦理行为规则。

第四层次的伦理是社会公德（social ethics）。社会公德的要求使得特定社会中的成员要以既能保护个人又要促进作为一个整体的群体发展的方式来行动。就它们隐藏于特定社会的法律中的角度而言，社会公德是正式的；就它们作为个人社会意识的一部分的角度而言，它又是非正式的。

5.4.2 伊朗门事件

为了说明责任和不同层次道德义务之冲突本质，让我们从总体上考察一下伊朗门事件（the Iran-Contra Affair）和奥利弗·诺思（Oliver North）的特别行动。

伊朗门丑闻发生于1986年秋季，当时的里根政府秘密以高价出售武器给伊朗政府［于是后来伊朗通过调停①（good office）来获得黎巴嫩释放美国人质的结果］，并利用“所得收益”资助尼加拉瓜的堪查斯②（Contras）。因为对伊朗出售武器是非法的，超出国会规定的界限，资助堪查斯也是非法的，并且与美国在谈判中所表达的政策相左，更不要说为了释放人质交易武器，于是争论演变成丑闻。由于伊朗—堪查斯行动主要由国家安全委员会负责实施，而他们没有得到国防部和国务院的正式批准，所以该事件使人们对里根政府外交政策的一致性提出了质疑。

作为该方案的主要运作者，海军陆战队奥利弗·诺思中校被派到白宫国家安全委员会执行此事。诺思由此成为我们责任冲突案例研究中的重要角色。诺思也承认，他认为有必要就伊朗—堪查斯的武器交易一事向国会撒谎，以进一步达到他所谓的国家安全目标。因此，通过监督对伊朗非法销售武器，并将交易所得利润违法资助堪查斯。诺思认为，一项责任高于另外一项责任。他辩解说他对国会的撒谎对于国家安全来说是必要的。诺思违反组织伦理和社会公德的正式规则，向勘查斯非法提供军事援助，并向国会撒谎掩饰。但是，他却争辩说，他用其所采取的行动坚持了个

---

① 调停：客观公正地利用某人的公职地位或职务来帮助他人解决分歧。打圆场的另一种提法。

② 堪查斯：美国在尼加拉瓜支持的“民主抵抗运动”。堪查斯反对桑地诺共产主义政府，他们在1990年民选政府取代桑地诺政权以后就解散了。

人品德和对国家的责任感。在他个人层次上对何谓是非的解读和组织与社会层次上对何谓是非的解读之间，诺思选择了前者而不是后者。对许多人来说，他因为这样做而成了英雄，但对于另外的许多人来说，他的行为是犯罪的且违宪的。

5.4.3　超法律辩护

当诺思的秘书，佛恩·霍尔（Fawn Hall）被叫去为国会 1987 年关于丑闻的听证会作证时，她说道，“我感到不安，但有时候，就像我以前说过的那样，我相信诺思中校，他这样做必定有其非常坚定且正当的理由，而且有时候，我认为不得不越过成文法才能成事”。以她的行事风格，霍尔女士用古代的超法律（a higher law）思想来为诺思辩护。这种思想认为，不管国家法律是什么，存在着我们对国家负有法律之上的更大义务之情况。

文摘 5.2　托马斯·杰弗逊论超法律

对成文法的严格遵守无疑是一个良好公民的责任，但并非最高等级的；具有必要性、自我保存性、能够在危难之中拯救国家的超法律，才具有更高的被遵守的义务。严格坚守成文法在失去国家的同时，也会失去法律本身，连同自由、财产以及所有与我们共享这些的那些人们；于是荒谬地把目标牺牲给了工具。

资料来源：Thomas Jefferson，Letter to John B. Colvin，September 20，1810。

对于法院或立法者们不可能或不愿意修改的现有法律或者法律解释，那些希望对此进行抨击的人们，通常会诉诸这种超法律。1850 年 3 月 11 日，在参议院的一个著名演讲中，纽约的威廉·亨利·苏华德（William Henry Seward）在反对奴隶制时，坚称“存在一种高于宪法的法律控制着我们的权力”。历史上的殉道者们，都主张一种无视国家政权的超法律，从而实现他们的殉道。这一观点的典型代表是在索福克勒斯公元前 4 世纪的戏剧《安提戈涅》（*Antigone*）中，剧中的女主角公然反抗国王，宣称还有超法律为她辩护，并“逼迫”国王将她处死。由于任何国家的法院都只会实施该国国内的法律，诉诸超法律总是冒险的。美国人中诉诸超法律并最终落得身陷囹圄下场的先例有亨利·大卫·梭罗（Henry David Thoreau）、马丁·路德·金（Martin Luther King）以及越南战争的反对者们。诺思被定罪并将入狱，除非对他的定罪从立法技术上被推翻。这样，他就可以不用遭受一点服刑之苦而拥有作为殉道者的所有荣誉。

诺思的案例表明，存在着多层次的伦理和道德，而各个层次都有其自身的义务和职责规定，因此，责任会相互冲突。作为一名公共行政人员，最困难的就是应对处于利益相关者的相互冲突的主张以及不同层次伦理这二者之间的责任冲突。

5.5　荣誉、行为和伦理之准则

正是荣誉准则（a code of honor）使得亚历山大·汉密尔顿（《联邦党人文集》

的作者之一和美国首位财政部长）于1803年与见阿伦·伯尔（Aaron Burr）（当时的美国副总统）进行决斗（十步射击），最终结果是汉密尔顿死亡。决斗的主角经常会是白宫的主人。安德鲁·杰克逊（Andrew Jackson）也因这种情况而声名狼藉——即使不是作为总统。现在，签有保证书的决斗一旦有了争议，则由法院或者庸俗小报来裁决。为荣誉而决斗的方式尚未消失，只是采取了新的形式。在荣誉事件中，不变的因素通常仍然是有关生死的事情。

5.5.1 决斗的新形式

决斗从未走出人们的视线，它只是采取了新的形式，适应了新的环境和技术。在1955年的经典电影《阿飞正传》（*Rebel Without a Cause*）中，詹姆斯·狄恩（James Dean）被要求决斗，武器是汽车。他和挑战者开车高速驶向悬崖，第一个跳出汽车的人是"懦夫"。后来，狄恩就发生过的事情向他父亲作出解释："爸爸，我说过，这是有关荣誉的问题，记得吗？他们叫我懦夫。你知道吗，懦夫？我不得不跳出来，因为如果我没有跳出来的话，我就永远不能再次面对那些孩子们。我钻进他们的一辆车里，而巴兹（Buzz），就是——那些孩子中的一个——他钻进另一辆车里，我们必须把车开得飞快然后跳出来，明白吗，在汽车到达悬崖尽头前，我成功地跳了出来，但巴兹没有，他掉下悬崖死了。"

鲁莽的少年进行的决斗常是报纸新闻的材料来源。少年帮的成员，以前用拳头或刀打架，现在用廉价的手枪或自动武器。一个无礼的评论甚或一个"表情"都事关荣誉，常常导致要以快速的射击捍卫荣誉。那些不按帮会行为准则行动的人将会承担后果。并不是所有为荣誉而战的人都是绅士，但是没有准备为荣誉而死的人绝不会成为绅士。

5.5.2 光荣的行为

我们仍然希望领袖们能够光荣地——即负责任地——行动，而且当他们不这样做时我们就会鄙视他们。几乎每个人都知道1912年的泰坦尼克号灾难。在这场灾难中，许多世界上最富有的人都平静地走向死亡，把救生艇让给了妇女和小孩。泰坦尼克遵循了"伯肯黑德演练"（Birkenhead Drill）的传统，在1852年，当伯肯黑德驱逐舰正在下沉时，船长要求男人坚守阵地，妇女和小孩可以使用救生艇。400多个男人，包括船长，都随驱逐舰葬身海底。从那以后，"妇女和小孩优先"就成为海上航行的非正式规则，因为没有哪一个有着荣誉感的男人可以对它提出质疑。而且，一艘船的船长，对船上所有生命负责，从荣誉角度来考虑，则习惯上是最后一个离开他的沉没的船只的人。因此，在1991年，当一艘希腊的游轮"海洋号"，在南非海岸附近的海域沉没时，亚尼斯·埃拉纳斯（Yiannis Avranas）船长就在第一批弃船逃亡的人中间，数百名乘客，其中有许多老人，被留在船上自力更生，这震惊了世界（最后，南非的军队用直升机营救了所有的人）。当问到他为什么那么迅速就丢弃了他的船时，亚尼斯船长怯懦的告诉记者："当我命令弃船以后，我什么时候离开都无关紧要，弃船是针对每个人的，如果有人想留下来，他们可以留下来。"但他的怯懦行为，从道义上来说，与那种为其领导的数百名雇员留下解雇通知书和空白工资单但却为自己制造了黄金降落伞的经理没什么区别。罗伯特·S·麦克纳马拉（Robert S. McNamara）的耻辱也是相似的，因为他在越南战争中从正在沉没的船中逃出，而留下了成千上万的他所在国家的孩子，这些 18～19 岁应征入伍的男孩就这样死去了。正如莎士比亚自信地说出的那样，领导"应该由更加强韧的材料来打造"。

最近，新奥尔良警察局的成员们在卡特里娜飓风之后所表现出来的行为，引起了许多对当代荣誉角色的思考。2005 年 9 月，当他们的城市正在经历最悲惨日子的时候，许多新奥尔良州的警察，要么上缴徽章，要么不报到上班。想想警官们"保护新奥尔良公民的生命和财产"的宣誓，他们的行为在本质上只会被看作是可耻的。我们想象得出在那种糟糕工作环境下继续工作的警员们，在这种时候被他们的同事所抛弃，会有何感受。危机时的抛弃是一种最可耻的形式，因为这正是行为规范的核心所在。对一些人来说，至少包括新奥尔良州的一些警察，他们遵守道德规范的承诺没有坚固到可以超过其个人利益。然而，与那些愿意为履行职责而献出一切的人相比，那些没能遵守荣誉准则的少数人显得如此苍白。

荣誉准则起源于有关人类面对危险、诱惑和权贵时应该如何行为的古代戒律。许多仍然被看作荣誉行为重要因素的戒律都包含在圣经十诫中。因此，毋杀人，毋偷窃，毋妄证，毋偷邻居妻等，依旧是可敬的行为。随着生活变得更加复杂，牧师、石匠和勇士等各不相同的职业发展出了自己的准则。勇士准则，既是最著名又是最重要的，因为那些现在有一种传统荣誉感的人，最终会从中世纪武士、18 世纪的军人和海军军官以及 19 世纪的英国绅士身上获得这些情感。

但是，武士和绅士的荣誉是高度阶层化的。记住，他们首先并非因为他们对（女人和马匹！）温和而被称为绅士，而是因为他们的基因血统（拉丁语中的 gentilis，"关于氏族的"），他们的教养。甚至今天，那些模仿上流社会举止的有礼貌的人们，都被称为"有良好教养"的人——似乎他们就是上流社会的人！绅士们有义务只对自己所在阶层的他人光荣地行动。因此，如果一个普通人，如果厌恶亚历山大·汉密尔顿的面孔，向他发起决斗的挑战，汉密尔顿没有义务去接受。谢绝并不是耻辱。可是，绅士在自己所在阶层的成员面前总是不得不维护自己的名誉、声望及荣誉。按照罗宾·吉尔摩（Robin Gilmour）的说法，传统荣誉之于绅士，"意味着偿还赌债，但不偿还小商贩的账单；意味着如有必要的话蒙蔽丈夫，但玩纸牌时不对他作弊；意味着不受惩罚地侮辱仆人，他只在冒险决斗时享有平等地位。一个人为所有稀奇古怪准则辩护的勇气的试验场，测试着绅士时刻准备用生命来捍卫他的荣誉的决心"。

5.5.3 "深喉"的行为光荣吗？

有时，光荣的行为与合乎道德的行动之间似乎不太一致。2005 年，随着马克·费尔特在水门事件丑闻中担任线人“深喉”的事情被披露出来，维持荣誉和道德的行动之间的冲突受到的公众关注日益增加。在非法闯入的水门事件调查期间，美国联邦调查局的副局长费尔特，向《华盛顿邮报》的记者鲍勃·伍德沃德和卡尔·伯恩斯坦提供了有关尼克松政府极力掩盖他们卷入非法行动的详细情况。费尔特提供的信息，在帮助伍德沃德和伯恩斯坦披露白宫在水门事件中所扮演的角色并导致尼克松史无前例地辞去总统职务中，被证明是极其关键的。

虽然许多人会认为，在这个历史事件中，费尔特的角色是勇气可嘉的，这是为更大的国家利益服务，但费尔特自己却对他的行为的光荣性怀有疑虑。在将其已被找寻了很久的真实身份向公众揭露的过程中，费尔特对联邦调查局将会怎样看待他在水门事件中的角色表示出高度关注。在揭露“深喉”真实身份的《浮华世界》（*Vanity Fair*）杂志中，作者约翰·D·奥康纳（John D. O'Connor）写道，费尔特“在应该将自己看作是一个正派的人还是一个背叛者的问题上，其内心似乎一直都在挣扎着”。他继续说：“我很清楚，在他的内心深处，他仍然对他的行为感到不安，但他也清楚，这一历史事件迫使他那样做：与一种要阻挠他所在的机构追寻真相的行政意愿相抗衡。”

从许多费尔特的同龄人对其揭露行为的反应可以看出，他对被视为背叛者的担忧是有根据的。前尼克松的演讲稿撰写人和电视评论员帕特·布坎南（Pat Buchanan）说，“我根本不认为他是个英雄……一个被赋予了无上光荣的男人，一个联邦调查局的副局长，在深夜里把他从合法调查中获得的资料偷偷摸摸地发给了《华盛顿邮报》”。相反，参议院水门事件委员会的高级法律顾问特里·伦茨纳（Terry Lenzner）认为，“费尔特成为深喉的原因，是他感觉到联邦调查局局长 L. 帕特里克格雷参与了掩盖行动，而这将会损坏联邦调查局的声誉。他是最优秀的联邦调查局成员。他的动机就是他要保卫联邦调查局，而他做到了”。显然，一个人眼中的叛徒是另一个人眼中的英雄。

5.5.4 行为标准

现在，许多文职政府机构都制定有关合乎伦理行为的行为标准和正式指导方针，其目标是确保雇员不会利用官职谋取私利。一般情况下，各种被禁止的行为都是为了确保雇员正确地行事，以杜绝他们从公职中获取私利的任何细小情况的存在可能。行为标准通常被用于明示这些显而易见的禁忌。例如，英国内阁办公厅创建了一份文件，其原意旨在帮助那些新任内阁部长们。“大臣程序问题”（Questions of Procedure for Ministers）第 55 节提出了意料之中的劝告，即大臣们“有义务不去要求或指导文官去做他们不应该做的事情”。标准通常是一个国家正式法律的构成部分。因此，违反者会遭到严厉的惩罚——即使不会像军事条款那样严格。例如，在本章前述的乔治·华盛顿·普伦基特所描述的那种诚实的谋财之道，现在在美国的大部分行政辖区都是非法的。但是既然它以前是合法的且相当普遍，可以推测，我们正在取得伦理上的进步。

虽然行为标准（standards of conduct）总是与某个特定的组织相关，但伦理准则（codes of ethics）的适用范围却非常广泛，包括了整个职业或工作类别。伦理准则是对某种职业的实践者表明他们赞同的职业行为标准的陈述，通常不具有法律约束，所以作为对行为的约束，往往不会被特别严肃地对待。但当政治竞争中的一方或另一方的不正当行为被攻击或辩护说越过或遵守了某种职业规则的时候，伦理准则就会成为重要因素。职业团体还躲在这些准则背后，将之作为一种保护（或批评）某个易受到公众攻击的成员之方式。里根总统采取了“如果人们将进入政府工作，他们就不需要伦理准则了，他们应当自己确定他们的行为是无可指责的”。但是，有的人仅仅在确定什么是合乎伦理的行为时都还需要帮助，这是个问题。因此，准则是有用的，但是标准却可以送你入狱。

决策理论

行为标准 v. 伦理准则

行为标准	伦理准则
由政府创设	由职业协会创设
非常具体	普遍通用
适用于官僚们	适用于职业成员
常常是强制实施	很少强制执行
对违反者施予法律惩罚	可能施予职业制裁

5.6　挑战问责

问责（accountability）是一个人必须对上级——法定的或组织的上级——负责的范围，对其在整个社会上或者在特定组织中的职位上的活动负责。选任产生的公共官员，从理论上说是对选民的政治主权负责。从这个意义上讲，委任产生的官员们——从档案管理员到内阁部长们——比选任官员们应负的责任要少。前者主要对他们的上司负责，而后者则必须对他们管辖范围内的人民负责。

行政问责（administrative accountability）是要求官员对一般民主和道德观念负责以及对特定法律授权负责时所担负的行政责任（administrative responsibility）。政治学家卡尔·弗里德里克（Carl J. Friedrich，1901—1984）和赫尔曼·芬纳（Herman Finer，1898—1969）率先阐述了行政问责的两条基本途径。弗里德里克认为，行政责任可以通过职业精神、职业标准或规则确保从官僚内部得以实现，因为现代政策日益增长的复杂性要求广泛的政策上的专业知识以及行政官僚的职业能力。而芬纳则认为，行政责任可以通过立法或公众的监督确保从官僚内部得以实现，因为内部权力或监督最终会导致腐败。这两种途径之间的紧张关系现在仍在继续。因此，挑战问责，就是为了在是要完全信任政府官员会把他们最好的职业辨别力用在公共利益上面还是要通过立法委员会或执行评估机构来近距离地观察他们从而限制他们行使职责的能力这两者之间寻求一个平衡点。

因为我们渴望着民主政府的架构，所以我们需要思考民主政府和公共行政之间的纽带是如何连接的，它们之间的关系是如何运行的。如果我们是民主政体中的公共行政人员而不是专制机构中的齿轮，什么事情是我们必须做的，什么事情是我们必须避免做的?

这个问题的答案就是，民主政体下的公共行政人员在法治范围内工作，在法治的治理体系中，最高权威就是平等适用于所有人的一整套法律（与之相反的是人治，当权者个人的心血来潮可以决定任何问题）。向往“一个法治（the rule of law）而非人治（the rule of men）政府”的思想，可以追溯到亚里士多德，美国最早提及它的是 1779 年马萨诸塞州的宪法。在马伯里诉麦迪逊案（*Marbury v. Madison*）（1803 年）中，马歇尔曾经说明这个简明的法律思想：“合众国政府被宣称为法治政府，而非人治政府。但如果公民既定法律权利被侵犯却得不到法律的救济，那这样的政府当然配不上‘法治政府’这一崇高称号。”法治以及随之而来的没有人能够凌驾于法律之上的思想都始终是必不可少的现代观念。当福特接替尼克松（他因为在“水门丑闻”中的非法行为而被迫辞职）时，他就在宣誓就职（1974 年 8 月 9 日）中向全国宣布：“我亲爱的美国公民们，我们国家漫长的梦魇结束了。我们的宪法起作用了，我们伟大的共和国是一个法治政府而非人治政府。”对许多公民而言，他们很难接受一个月后福特对尼克松的赦免①（pardon），所以在他们获得首次投票机会的时候，就让福特下台了。在现在，这就叫问责。

在民主社会中，我们要求行政官员在民主问责体系内工作，要对这个复杂制衡体系作出回应，并且受到官方审计师、大众传媒以及公众监督者和揭发者的约束（正如芬纳提倡的那样）。但是，他们最终要独自为自己的伦理和荣誉行为负责（如同弗里德里克主张的那样）。我们常常（但并非一直）会罢免那些忽视对民主政体负责的公共行政官员的职务。有的时候，就像在联邦调查局的 J·埃德加·胡佛（J. Edgar Hoover）的案例中那样，民主社会中也会存在凌驾于法律之上的公共行政官员。但他们最终也会丧失权位——哪怕只是因为他们最终死亡。

有时，我们有意识地创设一些似乎享有“超法律”（above the law）地位的公共机构。安全部门有时看似具有这种特性，虚构的英国秘密特工詹姆斯·邦德的“杀人特许证”就是这方面的最好例证。情报机构经常具有某种神秘的性质——也许是因为他们与小说中的行为有关。这一点甚至影响到了总统。小阿瑟·施莱辛格

---

① 赦免：一种对于犯罪行为的法律惩罚从轻发落的行政许可。这种情况可能会发生在控告或判定有罪之前或者之后。美国总统拥有对攻击联邦者的绝对赦免权，除非是在弹劾案的审判过程中。一项优先于起诉的赦免会停止所有的刑事诉讼。这种情况就发生在 1974 年杰拉尔德·福特总统对于理查德·M·尼克松的所有违法行为的赦免中，这项赦免是对尼克松“担任总统期间已经承认，又或可能承认，又或者参与而未承认的所有行为”的赦免。

(M. Schlesinger Jr.) 在他的《一千个日夜》(*A Thousand Days*)(1965 年) 中，引用肯尼迪总统的话："如果有人过来告诉我有关最低工资额方面的问题，我会毫不犹豫地否决他们的意见。但是你经常会想当然地认为，军事和情报人员拥有一些普通人不可能拥有的秘密技能。"直到 20 世纪 70 年代，国会才正式地实施了由合适的立法审查委员会对美国情报机构的政策和行动的审查，当时有关联邦调查局和中央情报局滥用其行动授权的报告，促使国会两院都设立了可以系统地正式监督行政部门的委员会。在世界上的大多数地方都运用的议会制，拥有少得多的可监督机会，这是因为最终指挥情报机构的首相们领导政府的行政和立法部门。

然而，在民主社会中，更为一般化的情况则是公共行政滥用权力成为被谴责的主要对象，并且可能成为耻辱和免职的主要理由。但是，在世界上的大多数社会中，担任官职从而成为一名公共行政人员，就是为了能够任意地 (arbitrary) 作决定[①]，能够给亲友提供好处，能够接收贿赂，能够做出任何不合乎伦理的——甚至是不人道的——行为。所以我们必须要问，什么样的法律制度安排、惯例和伦理价值，能够在本质上区分民主与专制的公共行政？在真正民主的社会里——与那些徒有其名的民主社会相对——有一个宪法的、法律的以及程序要求的框架，在这一框架下，公共行政人员受到来自民主的立法机构、独立的法院和其他与政府有一定距离的机构之严格监控和监督。这将会使绝大部分公共行政人员具有接受监督的准备，即他们必须公开地工作，不只是期待，还要欣然接受来自于民选代表和其他以促使公共责任发挥作用为任的人员之监督。

5.6.1　宪法和法律的约束

不管喜欢与否，公共行政人员常常要在某种法律框架内工作。在欧洲，特别是在德国，他们在公共行政方面制定的法律实在是包罗万象，因此在正常情况下，一个人若没有正式的法律学位就不能被任命为高级官员。在世界上的其他国家，法律学位通常并不是必需的，但是把握和理解宪法和行政法则是必需的。对美国的公共行政人员来说，宪法充当着一个环绕其工作领域周围的无形篱笆。那些具体的法律，更加详细地描述和规定着公共行政人员可以对什么人做些什么事以及何时、怎样去做这些事。

为什么公共行政人员应该理解宪法？戴维·H·罗森布鲁姆认为有三个理由：

(1) 公共行政必须从内心深处秉持民主政府理念，通过管理与政治的途径行政，以便与宪法原则和价值保持一致。

(2) 美国的许多公共行政人员都宣誓拥护宪法，这也许比日常行政职能更加重要。

---

① 任意地作决定：基于个人判断上的决定，这些决定不符合普遍接受的程序规定，因此对那些试图对别人解释这些决定或者在相似环境下复制它们的人来说，它们的理由似乎不充分。

（3）公共行政人员的行为若违反宪法，他们个人也许要对民事损害赔偿负责。

正如罗森布鲁姆强调的那样，正确地理解宪法绝非易事，因为其当代的含义不仅包括宪法文本字面上的意义，而且包括判例法①（case law）的意义和广泛的解释，这些解释来源于从法律、哲学、道德和政治等方面对应当怎样适用宪法问题所作出的思考。

公共行政官员，无论是在诸如健康、民防、教育或者其他政策领域工作，都需要坚持这样一种意识，那就是宪法借由过去的特定裁决和判例法来影响他们能做的事情，也可能是因为在普遍意义上他们打算做的事情可能会与《权利法》或者其他的基本宪法规则相冲突。例如，在伍德诉斯特里克兰案（*Wood v. Strickland*）（1975 年）中，最高法院认为，一个学校董事会成员（同时隐含其他公共雇员），“如果他以前知道（或者有理由相信他应当知道）他在其职务性责任的范围内采取的行动将会侵犯学生享有的相关宪法权利，或者说他怀着剥夺学生宪法权利或造成其他伤害的恶意采取了这次行动”，那他不能被免除对损害应负的责任。

除了宪法赋予行政人员的一般性约束和一般性自由以外，那些创建管理机构并且规制特定政策领域的法律，也同样应该在行政人员的头脑中占有重要地位。有时候，民主监督框架中的法律构成要素，可能需要总统和国会委员会与官员们一起努力来设计一些立法，以便用于指导未来行政。他们都明白，若法律的规定模棱两可或者不太具体，那么在撰写规则或司法解释时就可能会去立法程序记录②（legislative history）中寻找根据，以便弄清国会当时的立法意图。这些立法记录，特别是委员会的报告，通常包括对法律含义以及立法意图的唯一的完整解释。因此，国会成员、他们的职员以及其他利益集团都常常试着影响这些立法记录，以便帮助形成执行机构最终实施法律的方式或者形成法院最终解释法律的方式。有时，在对法案的立法辩论中，立法机关的成员都会特别讨论这一法案想要或者不想要达到的目的，这样接下来的立法记录就能够更好地成为日后立法意图③（legislative intent）解释的指南。

亚瑟·摩根（Arthur E. Morgan），曾任田纳西河流域管理局的首任局长，他曾描述在其担任该职之后，罗斯福总统是怎样允许他会见参众两院正在设计授权法规的会议委员会④（conference committee）并与他们一起工作的。他们讨论的范围扩展到拟建机构的委员会的组成及其权力和政策。在讨论过程中，摩根能够成功地提出对有关他将会工作很多年的这个机构的法规的更改建议。很少有公共行政官员享有这种罕见的特权。对大部分人而言，他们必须在别人制定的框架内工作，同时希望这个框架能够给未来可能出现的需求提供一个范围，这种需求可能出现在许多

---

① 判例法：所有记载下来的司法判例和行政机构的决议。

② 立法程序记录：描述美国国会立法行为的书面记录。

③ 立法意图：以某法规的立法记录解释该法规隐藏着的真实含义。

④ 会议委员会：旨在调和立法两院代表间关于某项法案条文的分歧而召开的会议。除非所有议会间的分歧最终得以调和，否则这一法案不会通过。会议委员会程序有时会对一项法案具有戏剧化的影响。正如里根总统曾经说过，“你知道，如果一个橙子和一个苹果去参加会议委员会，最终可能会出来一个梨”（《纽约时报》，1982-12-18）。

年后，这时的情况可能与原先预期的情况处于完全不同的背景中。

5.6.2 过度问责

人们通常认为，有关行政事务的第一个谚语，由拿破仑的外交大臣查尔斯-莫里斯·德·塔列朗德（Charles-Maurice de Talleyrand）提出，即“最重要的是，不要太多热情（zeal）”。以过分关注细枝末节为形式的这种过度热情，通常导致现代组织能力低下和不胜任。这种不正常的热情，有些是由畸形人格引起的，但是真正的罪魁祸首，是对治理规则和章程正式授权的过度热情。许多必要的热情是有益的。没人可以抱怨守时的必要性规定。但是，一旦为实现组织的主要功能而广泛地确立各种标准程序，一个不可避免的趋势就是其中的细节也会被覆盖其中。然后，为这些细节花去的时间比它们值得花的时间要多得多。

举例来说，1993年，美国联邦审计总局报告说，“每年，军方都花掉大约2千万美元运输并储存50万件物品，这些物品所值比运输或存储这些物品的过程的支出要少得多”。例如，一个美国在欧洲的军事基地将价值几美元的螺栓或尼龙绳返还给俄亥俄州的国防部仓库，这样来处理这些小物品要花费40美元，卖掉或扔掉这些物品要省得多。但规则中没有条款规定可以用这种方式来处置不需要的物品，因为这种做法将会赋予雇员个人太多的裁量权。正式组织以防止盗窃为由规定了许多这种不经济的做法。

彼得·德鲁克（Peter Drucker）认为，责任缠身的组织，以政府最为典型，内在地使它不像它应该胜任的那样有能力，应创设新的规程来应对可能发生的或者以前曾经发生的那些流弊。因为，个人曾经显示出他们自己无能力对组织特定资产负责，他们拥有的裁量权就会被剥夺掉，取而代之的就是不带感情色彩的、冷漠的以及有的时候缺乏理性的程序。责任被设置于程序之中而不是个人头脑中，其基本原理就是最诚实行政太过重要了，不能将其留给个人自由裁量。正是因为政府试图为它们控制的所有事情都指定好责任，才导致了与私营部门内相似的职能相比，公共行政活动贵得惊人。按照德鲁克的观点，政府必须始终忍受这种额外的支出——并非产生于一些不必要的繁文缛节的影响，而是由于政府中的“一点点的不诚实”，就是一种迅速地传染给整个机体的腐蚀性疾病。担心这种腐化是相当合理的。因此，政府的“官僚机构”及其相关的高额费用不能而且也不应该被消灭。

尽管永远不能完全地根除问责的高额费用，但却可以排除或减轻其相关程序的某些机能障碍。那些高水平管理的组织，常常通过曲解、忽略或颠覆组织的各种规章制度，排除或减轻这些机能障碍。规章制度拒绝赋予主管们的自由裁量权，可以借由某些行政运作技巧得以恢复。当那些制度对完成任务起着关键作用的弹性自由拒绝正式地给予直线管理人员的时候，它总是借由行政技巧来非正式地获取。这种观点不仅在无数的实证研究中得以证明，同样也受到了美国大众文化的支持和尊崇。这个国家有着惊人的对观看有关战争及其他暴力行为的电影和电视节目的嗜好。正如受到这种娱乐风格充分影响的爱好者们所解释的那样，若在你的队伍里没有任何搜寻能人（scrounger）的话，你就无法取得军事行动的成功——至少不能取得像好莱坞版本的第二次世界大战那样的成功。搜寻能人是这样的一名团队成员，他被派去获取那些不能通过官方渠道获得的为完成任务所需的所有必要条件。只要这些搜寻能人们获得了成功，他们采用什么方法弄到那些必要的东西则无关紧要，而且官方也不会有任何抱怨。似乎这场战争能够胜利，在很大程度上是因为我们的搜寻能人比起对方的搜寻能人更擅长克服组织上的约束。

在实现组织使命的过程中，管理者运用过度热情并因此越过适当的自由裁量范围，这会带来显而易见的危险，而且这种危险已被人们充分地认识到了。这是存在于所有管理委托中的一种内在的和必不可少的风险。不合理的约束只会加剧危险并增大挫折。当上级的要求既非反映行政智慧也非反映行政经验时，这样的要求可能会降低管理效能，因此必须克服它们。还有更加明显的证据表明，组织中的上级，由于担心存在形式上的过失或法定的过失，就会阻止其下属描述他们完成任务的详细过程。按照公共行政学者赫伯特·考夫曼的说法，行政首长们“也许会采取抑制下级反馈其行政行为的策略，因为他们知道，根据法律和道德，他们应该制止下级这样的行为，但他们却私下里支持这样的行为”。因此，更有经验的同事告知新任的警官们，在他们在工作环境中有效地工作并生存之前，他们必须忘记警察学院里学到的东西。所有新任的公共管理者都必须经过行政的现实政治①（realpolitik）的在职学习的历练，他们从违规的不幸后果中吸取教训，而这些规章只有在有人违反了以后才会被发现。尽管这些起初看上去是把不必要的且没有根据的一些创伤强加给无辜的个人，但在清白行政以及组织准则的学习和组织文化的灌输中，这却是个人走向成熟的一个里程碑。

5.6.3 避免问责

公众确实期望行政首长们能够对其选择的下属的行为负责，不论首长是否真的知晓这一行为。这种期望基于这样的一种信念之上，即对下属的选择和对其行为的监控是行政首长之责任。原始礼节性的佯装或权谋式的虚构，不会比机关行政首长定期承担全部责任看起来更为真实。尽管行政首长可以将难题委托给他人处理，这样他可以落个逍遥自在，一旦情况变糟，狡猾的领导则将责任归咎于这种委托状况，但是现代的行政首长们很少会拙劣到推卸责任。适当的策略就可以为这种糟糕的局势承担所有责任。自相矛盾的是，在承担所有责任的过程中，行政首长们似乎从中解脱了。政治学家穆雷·埃德尔曼（Murray Edelman）注意到，每当出现这种情况，所有的参与者都势必体验到“一种满意感，并且相信责任已经被承担起来了，承担责任的人也已经准确地确定了。它再次传递了这样的信息，即负有责任的

① 现实政治：源自德语单词，现在引入到英语中，意指现实主义的政治，一种不允许会扰乱某人判断的理想化的思考或感情用事的强制命令。这个单词用来描述一种过于愤世嫉俗的方式，这种方式几乎不给人类利他主义留下空间，它总是在另一个行为者的陈述或是正当理由的背后寻找隐藏的动机。从其极端意义上来说，它认为不应允许任何道德价值去影响个人对其自身利益或爱国主义的专心的追逐。它也作出了绝对的假设，即所有对手将以这种方式行动。

人是这位领导，下属也知道这位领导能够应对这种局面，并且他值得跟随。”然而，这种情况被证明实际上是不存在的。它“显然并不意味着行政首长将为下属的错误而受到处罚或者下属将不会受到处罚”。

这就是尼克松总统在 1973 年春季首次向全国发表关于水门事件的讲话时使用的策略。他勇敢地声明，白宫官员的所有可能非法的行为都是他的责任，并且他对此负全责。当然，尼克松并不想暗示——在那个时候——他应该为下属的违法而受到惩罚。1987 年，里根对伊朗门事件担起全责时也没有这样的暗示。1998 年 8 月 17 日，比尔·克林顿在对全国的电视演讲中说，他对他的妻子、内阁、职员及国民为关于自己与白宫实习生莫妮卡·莱温斯基的不正当关系撒谎负全责。他认为这样就足以停止对其弹劾调查，但克林顿的这种期望存在的时间十分短暂。那些较低级别的政府官员们，依然在运用他们的职务只是仪式性的或象征性的这种说辞加以诡辩。当然，他们承担的风险就是立法机构将会充分彻底地调查情况以揭露出所有的恶行。

5.7 立法机关的监督

宪法和法律框架本身就意味着对公共行政人员的自由裁量行为施以一种消极的民主控制，而那些强有力的民选代表们则会施以更为积极的控制，还不存在对这种积极控制的替代性方案。美国国会（或州的立法机关或市议会）监督行政部门活动的主要原因，就是确定法律是否正被忠实地履行。毕竟，总统负有宪法规定的“保证使法律得以切实执行”的义务（第 2 条第 3 款规定）。在“相互制约与平衡”（checks and balances）的体系中，国会的监督被设计来检验它执行得怎样。

5.7.1 听证

监督（oversight）有多种形式。最常见的是国会举办的机构预算申请年度听证会（hearings），在这个听证会上，机构必须证明自己的活动符合国会的要求。参众两院都举行预算听证会。但是，只有参议院举行有关批准诸如内阁部长及最高法院被提名的候选人等主要官员的听证会。

任何国会成员都可以发起调查（investigation）。这类调查中的许多内容都是事关具体选民利益的一些小问题。但是，如果某些意义重大的问题需要作更大的调查时，相应的委员会或者小组委员总是有权发起进一步的调查。监督职能的履行，主要通过要求官员宣誓证词的听证会程序、通过咨询报告和通过调查结果对外公布的方式得以实施。委员会通过如水门事件、伊朗门事件等丑闻和类似于是否可以允许男同性恋者参军等事件的调查，说明民主政府的这些机构扮演着多么重要和关键的角色。因而，那些占据着国会委员会主席这些重要职位的人确实会产生强有力的影响。

事实上，整个国会永远地就是一个现任的大陪审团[1]（grand jury），始终等待了解行政部门的一些不当行为，这样就可以举行听证会[2]（hearings），传唤证人。有些国会成员热衷于其监督事务，他们不厌其烦地通过环游世界（使用政府费用）来查看联邦方案和政策的运行情况。这些访问被讥讽地称为公费旅游（junkets），但这的确是监督过程的一个重要部分。除非国会的一些成员能够访问欧洲并对形势作全面的调查，否则他们总是无法理解为什么投票通过在北约的美国军队费用的必要性。

新闻报道

民主党人的反击战

战利品归胜利者。这句历史悠久的谚语，对于那些赢得选举胜利者会获得许多显著实惠的政界来说，仍然是相当准确的。尽管人们通常认为政治战利品是以政治任命或者预算分配的形式出现的，但是也还存在着一些不太显而易见的形式。因为你已经阅读过本章的内容，所以你会明白，国会施予行政部门的监督也是真正落入多数党手中的一个战利品。在 2006 年的中期选举中，民主党赢得了参议院和众议院的多数席位，从多年来参众两院的少数地位中解放了出来。以他们新获得的权力地位，民主党人有机会释放被布什政府压抑了多年的郁闷，国会日益增强就自己所关心问题而开展的监督活动。

在新一届国会于 2007 年 1 月 3 日宣誓任职后不久，民主党委员会议长，就开始对布什政府的理政方案发起国会听证会。例如，在新民主党议长——加利福尼亚的亨利·韦克斯曼（Henry A. Waxman）的领导下，众议院政府改革与监督委员会（the House Committee on Oversight and Government Reform）对布什政府操纵气候变化科学事件进行了审查。众议院听证会揭露了布什政府一直在努力干涉政府全球气候变暖研究工作之真相，由此将公众注意力引向总统的效忠者们以前曾经使用过的那些令人难堪的卑鄙伎俩。

尽管有关气候变化的听证会证明了民主党人是如何运用议会监督手段来检查布什政府的，但正是伊拉克战争问题使得民主党人获得了其努力监督的最大成就。民主党在国会占据少数席位的时候，共和党委员会的议长们紧紧捆绑着民主党人的手，拒绝将布什政府在伊拉克战争政策中的诸多问题进入议会监督程序。但是一旦占据多数席位，民主党的领袖们就开始发起大量的矛头直接指向这场战争的议会监督。从情报失误到战争基金管理不善，2007 年初的国会听证会将公众的注意力吸

---

① 大陪审团：挑选来审查针对被告人证据的一组公民，以此审查来决定是否有足够的证据审判被告人——起诉或不起诉。一个大陪审团经常由 12～23 位成员组成，并且是秘密进行的，以保护那些不受起诉的人的名誉。大陪审团一方面被指责成为公诉人便于操纵的工具，另一方面因为保护那些被诬告的人的权利而被赞扬。

② 听证会：一个听取证人证词的立法委员会会议。在立法听证会上，证人通常包括专家、政府官员和受法案影响的那些人的代表。传票权可以用于传唤那些不情愿的证人。公众和新闻记者可以参加公开的听证会但是不允许参加保密的（行政）听证会。

引到了总统有关伊拉克战争的诸多失败政策上。虽然民主党并未运用自己掌握的立法权直接插手战争基金问题和战争功能的执行问题，但是其发起的国会听证会已经将更大的公众压力施予处于十面埋伏中的布什政府，并且为更具积极性的议会监督功能在未来的发展确定了基调。

当然，监督职能也可能会被滥用，特别是当其被用来为党派利益服务时。这类政治监督通常发生在政府的行政和立法机构被相互对立的政党掣肘时，因此其目的可能就是为了使行政陷入一种尴尬的境地。这里有两个有关这种监督的著名例证：1973—1974年间民主党发起的水门事件听证会，促使共和党总统理查德·尼克松在1974年辞职；以及在1995—1996年间，共和党发起的白水事件听证会（Whitewater hearings），旨在为难民主党总统比尔·克林顿。当然，一项监督活动，是为了实现好政府（good government）之利益还是党派伎俩游戏中的一场演出，都被观察者看在眼里。

2005年，国会对行政部门和司法部门的监督都展现给了国民。首先，桑德拉·戴·奥康纳的辞职和首席大法官威廉·伦奎斯特（William Rehnquist）的辞世为总统带来了对最高法院提名的机会。尽管共和党掌控的参议院帮助约翰·罗伯茨（John Roberts）和塞缪尔·阿利托（Samuel Alito）两人顺利进入法院，但这个批准过程仍显示出立法监督的一个关键方面。其次，政府机构未能充分地解决卡特里娜飓风的余波，使得民众要求国会就这件事情举行听证会。当国会成员结束“暑假”回到华盛顿的时候，许多的国会委员会宣布举行有关政府对卡特里娜的回应的听证会。亚利桑那州的参议员约翰·麦凯恩（John MaCain）在《达拉斯晨报》（*Dallas Morning News*）的采访中声明：“很清楚，存在一种对这件事情积极监督的情绪，因为人们正在要求这样做。”这次的情况与以往的如水门事件和白水事件的听证会有所区别，不同之处在于共和党控制的国会将调查指向了他们自己的一位成员——布什总统。

5.7.2 个案调查

个案调查（casework）这个术语，是指由议员及其工作人员应选民的要求并代表选民而提供的各种服务。例如，美国的众议员可能被要求去调查社会保障支票被耽误了时间的原因，或去调查一个退伍军人的福利申请为何会遭到驳回。个案调查是一种重要手段，通过这种手段，议员们可以保持对官僚机构的监督并用选民来巩固他们的政治基础。

个案调查可以给议员们带来很多好处。首先，它成本低廉且没有争议。仅以一小部分工作人员的时间为代价，政治家就可以使选民满意。几年内会处理成千上万的个案，这将在未来选举日给予他们很大的回报。当然，总会存在着议员们不能解决的选民问题。但从公共关系的角度来看，如果问题被处理得迅速机智，该个案仍然会获得净收益。即使“顾客”没有从官僚机构中得到他们想要的结果，得到了公平对待的感觉也是很有效的。

机构的行政人员也可以从良好个案调查服务中获益。对选民问题的回应性解决将会使议员更能接受来年的预算要求。而且，对相似个案调查的投诉，可以显示出要在数量激增前需要加以改正的行政问题。自然地，在行政处理和特别处理之间有着一条细微的界线，精明的行政人员必须按照这条界线指明的方向走下去。

文摘 5.3　　运行中的个案调查

我将给大家讲述我拜访的某位农村选民，并震惊地听到他说他正在考虑投票给我对手的经历。我提醒他，在我担任检控律师、乡村法官、众议员以及参议员期间，曾经为他做过很多事。我还记得，我是如何争取把公路一直修到他的农场的；当他在第一次世界大战中受伤的时候，我是如何到法国的一所军队医院里去看望他的；在他退役以后，我又是如何帮助他得到退伍老兵福利保障的，例如从农场信用基金管理局为他安排贷款；当他的农场和房屋被洪水冲毁的时候，我又是如何为他争取救灾贷款的。

"你怎么能想着把票投给我的对手呢?"在列举了很多我为他做的事后，我提醒他，"想必你记得所有我为你做过的事情吧!"

"是的，"他说，"我记得。但是最近你究竟为我做了什么呢?"

资料来源：Alben W. Barkley，*That Reminds Me*（Garden City，NY：Doubleday，1954）。巴克利是杜鲁门时期的副总统。

参考文献

Belli, Melvin M. (1973). Review of *The Finest Judges Money Can Buy* by Charles Ashman in the *New York Times Book Review* (November 18).

——. (1976). My Life on Trial. New York: Morrow.

Berman, Larry. (1982). *Planning a Tragedy: The Americanization of the War in Vietnam*. New York: Norton.

Brown, E. G. (1970). *Reagan and Reality*. New York: Praeger.

Dallek, Robert. (1998). *Flawed Giant: Lyndon Johnson and His Times*. New York: Oxford University Press.

Downs, G., and P. D. Larkey. (1986). *The Search for Government Efficiency*. New York: Random House.

Drucker, Peter F. (1969). "The Sickness of Government," *Public Interest* 14 (Winter).

Dynes, Michael, and David Walker. (1995). *The New British State*. London: Times Books.

Finer, Herman. (1941). "Administrative Responsibility in Democratic Government," *Public Administration Review* 1.

Friedrich, Carl J. (1940). "The Nature of Administrative Responsibility." In Carl J. Friedrich, ed., *Public Policy*. Cambridge, MA: Harvard University Press.

Gillman, Todd J., and Robert Dodge. (2005). "Congress Quick to Demand Answers on Response to Katrina," *Dallas Morning News* (September 6).

Gilmour, Robin. (1981). *The Idea of the Gentleman in the Victorian Novel*. London: George Allen and Unwin.

Halberstam, David. (1972). *The Best and the Brightest*. New York: Random House.

Howard, Philip K. (1995). *The Death of Common Sense*. New York: Random House.

Jos, Philip H., Mark E. Tompkins, and Steven W. Hays. (1989). "In Praise of Difficult People: A Portrait of the Committed Whistleblower," *Public Administration Review* 49 (November - December).

Kaplan, Fred. (1983). *The Wizards of Armageddon*. New York: Simon and Schuster.

Kearns, Doris. (1976). *Lyndon Johnson and the American Dream*. New York: Harper and Row.

Madsen, Peter, and Jay M. Shafritz, eds. (1992). *Essentials of Government Ethics*. New York: Meridian Books.

Miceli, Marcia, and Janet Near. (1992). *Blowing the Whistle*. New York: Lexington Books.

Miller, Merle. (1973). *Plain Speaking: An Oral Biography of Harry S. Truman*. New York: Berkeley.

Morgan, Arthur E. (1974). *The Making of the TVA*. New York: Prometheus Books.

Mustafa, Husain, and Anthony A. Salomone. (1971). "Administrative Circumvention of Public Policy," *Midwest Review of Public Administration* 5, No. 1.

O'Connor, John D. (2005). "I'm the Guy They Called Deep Throat," *Vanity Fair* (June).

Orwell, George. (1946). *Animal Farm*. New York: Harcourt, Brace.

Popkin, James. (1993). "Wasteline: By the Book," *U. S. News & World Report* (May 24).

Rohr, John. (1986). *Ethics for Bureaucrats*, 2nd ed. New York: Marcel Dekker.

Romzek, Barbara, and Melvin J. Dubnick. (1987). "Accountability in the Public Sector," *Public Administration Review* (May-June).

Rosenbloom, David H. (1993a). "Have an Administrative Rx? Don't Forget the Politics!" *Public Administration Review* 53 (November-December).

——. (1993b). *Public Administration*, 3rd ed. New York: McGraw-Hill.

Sayre, W. (1948). "The Triumph of Techniques Over Purpose," *Public Administration Review* 8 (Spring).

Slater, Philip E., and Warren Bennis. (1964). "Democracy Is Inevitable," *Harvard Business Review* 42 (March-April).

Steffens, Lincoln. (1904). *The Shame of the Cities*. New York: Sagamore Press.

Stevenson, Richard. (1992). "U. S. Judge Orders $7.5 Million Award to Whistleblower," *New York Times* (July 7).

Thompson, Dennis F. (1985). "The Possibility of Administrative Ethics," *Public Administration Review* (September-October).

Twain, Mark. (1899). *A Connecticut Yankee in King Arthur's Court*. New York: Harper.

Williams, Charles. (1993). *The Last Great Frenchman*. New York: Little, Brown.

Wills, Garry. (1984). *Cincinnatus: George Washington and the Enlightenment*. New York: Doubleday.

第 6 章

管理和组织理论的演变

引子：摩西成就了第一个管理顾问

圣经里有这样一个场景：摩西（《出埃及记》第 18 章）领着以色列人走出埃及土地。而现在……

> 摩西（Moses）坐着为民众作判决，而民众却从早到晚一直站在摩西身边。
>
> 当摩西的岳父看到摩西对民众所做的一切，他说："你对民众做了什么，为什么你自己一个人坐着，而民众却从早到晚一直站着？"
>
> 摩西对他的岳父说："因为民众……当他们有矛盾时，他们来找我；而我在他们之间作裁判……"

摩西，一个有效的和具有超凡魅力的领导，却不能委派他的代表来执行工作。他所创造的"制度"使他不能下放自己的权力。每天都有几千人向他报告工作。管理的工作量越来越大，许多以色列人也不情愿从早到晚一直站在那里等着向摩西报告并与他交流工作。最后，当摩西的岳父叶忒罗（Jethro）建议摩西重新组建一个更有效率的组织时，他成为第一个知名的管理顾问。首先，他指出问题所在：

> 摩西的岳父指出，"你所做的事不是很好。最后你和跟

随你的民众必然承受不了这样的制度。因为这些事对你来说太多了，你不可能一个人就把这些事都处理好”。

“听我的忠告，我会为你提供咨询的，你应该教给他们法律，告诉他们该在哪个范围内行事。”

这就是现代官僚组织的起源。一整套对民众都适用的法律和规章意味着，相似的问题用相似的办法来处理。当一个共同问题重复出现时，组织不需要每次都去“创造一种方法”来处理。叶忒罗接着颁布了适用所有各级组织的最基本的准则。这些准则在今天仍然被各个大型组织使用，不管该组织是军事的或民间的，抑或是私人的或公共的组织。

“更进一步，你应该从这些民众中选出有能力的人……让这些人来分层管理，从管理几千人、几百人、五十几个人到只管理十几个人：

然后让他们在任何时候为民众作判决。但是，必须让他们把每一件重要的事都向你报告，而其他小事他们可以自己处理。这样的结果是，他们与你一同分担管理重任，你也可以变得轻松一点。

如果你做了上述这些事，你可以承受管理重担更久一些。”

在圣经的这三节中，我们可以找到所有大规模公司的起源。从那以后，叶忒罗的建议“让这些人来分层管理，从管理几千人、几百人、五十几个人到管理十几个人”，被古罗马军队、早期的天主教教堂以及所有的主要组织所遵循和使用。20 世纪早期，“科学管理之父”弗雷德里克·泰勒（Frederick Taylor）认为，把每一件重要事情告诉组织领导，即“例外管理”（management by exception）——这意味着如果事情进展顺利，那么就不需要去打扰上一级组织。这其实就是叶忒罗的建议。叶忒罗接着指出使用这些建议的好处：对于不下放权力的领导，本质问题不是他没有能力，而是在大型组织里，没有任何一个人在不下放或分享权力的情况下，可以承受这样沉重的管理负担。如果不采取这些建议，一个相当有能力的领导会在力求处理所有事情的过程中逐渐变得无能。

摩西是否听取了这些好意见呢？

最后摩西听取了他岳父的忠告，并且付诸行动。

摩西从所有以色列人中选出有能力的人，并让他们当民众的首领来管理几千人、几百人、五十几个人，直到管理十几个人。

然后，这些首领在任何时候都为民众作判决。他们把重要的事情报告给摩西，但他们独自处理一些小事情。

摩西听取了这位顾问的建议，成为更能胜任的领导。他只需要处理重要问题，因为他采用了这样一个制度：“所有小事情都让别人来处理。”不仅摩西使自己变得更能胜任，他的机构改革使他的助手们也变得更能胜任。用现代管理术语来说，摩西再造了部落的管理方式。

这样，这位管理顾问使摩西从一位过度集权型领导变成一位授权型领导，那么他本人的结局如何呢？我们所知道的是，摩西让他的岳父离开，叶忒罗回到了他自己的土地上。从此，他从圣经和历史中消失。这只是告诉我们，即使在圣经时代，所有的管理顾问最后都将变得不受欢迎。但对于叶忒罗，管理咨询顾问让他变得更糟糕。在其后的圣经中（《申命记》第1章第9—18节），在摩西给以色列人的年度报告中，摩西详细地阐述他采纳叶忒罗的意见而进行重组的计划，但像现代管理者一样，他根本没有给予这位提供建议者任何荣誉。这不是不公平。毕竟顾问的职责——他被雇用的首要原因是让雇用他的人形象变得更好些。顾问最后要做的事是拿着他自己赚的钱消失在雇用者的视线里。

讨论题

叶忒罗所创造的组织原则在今天还可行吗？是否集权的领导（或者不愿意授权的领导）最后必然走向失败？

6.1 公共管理的起源

文明与行政总是在彼此促进中发展。在古代，一个城市是因有为防守而建造的城墙而存在。即使在当代，许多自治市①（municipalities）会给予某些人一把通向城市的钥匙，以此来纪念那个时代——唯一可以通向城市的路径是经过城墙那个封锁的大门。这意味着，一旦原始的部落聚集到城市——即当他们逐渐文明化（指居住在城市）——他们必须有效地组织起来，增加自己的势力来保卫自己，预防攻击或者战争。这就需要一个复杂的行政系统。没有城墙的城市只是在近代才有可能存在，即当一个完善的国家主权能够在大范围内实现和平时，这种无围墙城市才可能存在。

文摘 6.1　好好听！

古埃及人都是拥有高技能的管理者——否则他们怎么可能修造金字塔？这有一个关于他们智慧的例子——一个流传了4 000年对主管人的忠告。在当代所有的工业心理学书本里依然可以找到这个忠告：

当你在倾听请愿者的发言时，请保持冷静。在他们起身之前或者在他们说明他们为什么来请愿之前，请不要打断他们。并不是说所有的请愿都可以通过，只是因为倾听可以抚慰请愿者的心灵。

4 000多年来，这些忠告依然没有过时。

资料来源：John A. Wilson，*The Culture of Ancient Egypt*（Chicago：University of Chicago Press，1951）。

① 自治市：又称地方政府。这个词来自于拉丁文。在拉丁文里，自治市是指在罗马帝国的任何自治组织。

因此，管理①（management）职业开始出现，并发展出军职②（profession of arms）。从某种程度上来说，世界史就是一部战争史，同时也是一部公共行政史——因为没有一个有效的公共行政系统在背后支撑，国家之间的战争是不可能发生的。因此，军官成了第一批公共行政人员。超越家庭的社会只有随着政府成员阶层的成长才有可能存在。因此，最初的军队里充斥着许多管理人员。

慢慢地，这些管理者掌握了组织技能来控制庞大的军队和统治大范围的地区。这些早期的军事技能成为行政过程中最基本的要素。在古代军队里，等级组织③（hierarchy）、人事管理、后方勤务④（logistics）以及联络技术得到了很高程度地发展。即使改革（reform）也是起源于军队。毕竟这意味着，为再次攻击——对另一支军队或者另一个管理难题——而需要再次（the"re"）地组织起部队（the"form"）。在现代战略思想上，几乎每一个核心词汇都被古代中国的孙子⑤（Sun-Tzu）所预知。战略（strategy）这个词本身来自古希腊，是指"将军的策略"。

公共行政与其起源领域军事组织关系密切，以至于如果没有军事组织的存在，公共行政将无从谈起。下一次，你看到一个组织的标语（例如新罕布什尔的"不自由，毋宁死"）印在它的信头上时，请记住，"质量第一"或其他某些空洞无物的激励性口号，都能够从苏格兰高地氏族的战斗口号中找到其起源。如果你没得到最初想要的战绩而寻找撤退地方的时候，请记住，一旦敌人突破第一道防线，撤退的地方就是战士们有准备地加强防御的地方。如果你在军队的后方梯队里，因为法国的战斗编队是平行的军事编队，法国人用梯子的横档来形容这种编队，法国人将会因之而受到惩罚，那么你可以用这样的事实来慰藉自己。而如果你钟爱一个特殊的税法漏洞，请记住，漏洞可以是堡垒上的一个小孔儿，士兵往外射击的小孔，也有可能是成为士兵逃跑通道的大洞，这依赖于不同的环境。当然，特殊税法漏洞仍然是逃税的好办法。

6.1.1　古罗马的持续性影响

詹姆斯·伯纳姆（James Burnham）在他的名著《管理革命》（*The Managerial Revolution*）中指出，当大公司的控制权从公司所有者手中转到职业管理者手中时，就产生了新的社会管理阶层，他们是专门的技术管理者，而不是拥有财富的人。但伯纳姆的这一说法落后了，因为 2 000 年前，在古罗马帝国的军队里，管理的权力从财富和权力的所有者手中转移到职业的管理者手中的情况就已经出现了。

---

① 管理：这个词有两个含义：(1) 负责经营组织的人；(2) 经营过程——利用众多资源以完成组织目标的过程。

② 军职：战争艺术与科学的实践；职业军官的职业。

③ 等级组织：来自上层的关于人员、事情、观点的命令。行政组织是典型的等级组织。在行政组织里，每一个等级都有下属阶层，但同样要接受来自上层的命令。

④ 后方勤务：科学地、技巧性地转移军队力量和保持军队的供给充足；那些详细目录、产品以及交通工具保证人员和物品在适当的时候和适当的地区的及时供给。

⑤ 孙子（公元前 4 世纪）：古代中国作家，他的著作——《孙子兵法》自从在 18 世纪后期第一次在欧洲国家出版后，深刻地影响着西方军事分析家们。

军事史学家约翰·基根（John Keegan）曾指出："罗马百夫长们（centurions），来自于最优秀的士兵阶层，形成了历史上第一批为人所知的专业战斗官员。"这些中间管理阶层把罗马统治世界五个世纪的管理技能和准则一代代地传承下来。他们都是管理者，贵族[①]（patrician）统治阶级拥有对这些人的现实控制权。他们由于对古罗马军队的忠诚而受到鼓励，也因其职业、稳定的薪水以及对于优秀行为而带来额外的退休金而感到自豪。这就是现代功绩制[②]（merit system）的起点。西方世界直到拿破仑[③]（Napoléon）将功绩制用于法国革命，宣布在市民和军队里，"职业对天才敞开"才再次看到他们钟爱的功绩制的实践。在古罗马，报酬和养老金是维持军队的关键——奥古斯都·恺撒皇帝为此创设了第一个文职机构，负责筹集税款以维持罗马军团的必要费用。因而在军队之外，诞生了市民的公共管理机构。奥古斯都·恺撒皇帝[④]（Augustus Caesar）也因此炫耀地说："我发现罗马时，它是一座砖城。但当我离开时，它已经成为一座大理石城。"虽然这句话出自恺撒皇帝，这同样是市政公共工程[⑤]（public works）管理者的心里话。

尽管许多古老王国，如埃及和中国的行政机构已经变得十分的精细复杂，但现代西方世界公共组织的核心特征却首先出现在古罗马帝国。罗马政府是独立的，独立于任何政治领导人或国王，不被任何人所"独占"。首先，罗马政府的公共财政与其领导人的私人资金是分开的。其次，罗马政府采用"金字塔式"（集权化的等级组织）的组织结构。在组织结构的上层是中央政府，接着是省，最后是主教辖区。这样的组织结构在今天依然使用着，并为人们所熟悉。最后，罗马政府发明并建立了几个专业化机构，这些单位成为现代公共行政系统的核心组织。他们分设有军事、财政、法院和警察[⑥]（police）这些组织机构。这样的专业化组织还包括运输、健康、教育、农业和商务方面的机构。

在古罗马时代，年轻的小伙子们把从军作为他们进入更大公共组织或者更高级别政府机构的必要前提。事实上，在罗马共和国时代，候选人的条件之一就是必须有十年以上的从军经历。军队不仅仅是年轻人增加趣味的组织，而且在公共组织中，它是唯一提供系统化培训的社会组织。谁能把自己的才能向司令部和管理者展示，谁就理所当然地被视为合法的候选人。这一现象在今天依然存在。大部分美国总统和无数较低级别的政治家都把他们的从军经历作为他们政治生涯的起点。你的

---

① 贵族：古罗马时代上层阶级的成员，如一个高级别组织或管理阶层的成员。与其相对的是平民，即来自低下阶层的人民。

② 功绩制：政府成员的组成制度，这意味着，党派在选举、晋升以及保留政府成员方面不起任何作用。它还意味着政府选出最合格的个人给予任命和提升的努力是永不停止的。

③ 拿破仑（1769—1821）：出生于科西嘉岛的法国将军和独裁者。1799年法国的军事政变后他开始统治法国，直到1815年在滑铁卢战役中战败，他一直控制着欧洲的政治与军事。

④ 奥古斯都·恺撒皇帝（公元前63年—公元前14年）：朱丽斯·恺撒的侄子。奥古斯都·恺撒的叔父在公元前44年被暗杀后不久，内战就爆发。他在内战中打败他的对手安东尼和马库斯，成为罗马帝国的第一任皇帝。

⑤ 公共工程：政府主办的建筑工程的通用术语。

⑥ 警察：准军事的国家和地方政府组织，其主要功能是维持公共秩序和安全（在特殊情况下，使用武力）、调查和逮捕被指控犯罪的嫌疑人、保证全体公民相互之间的合作。但是，国家的警察权力与其刑事司法系统是相分离的。它是政府管制公共卫生、安全和道德等领域的合法基础。

国会议员曾经在军队服役过吗？

当阿肯色州的政府官员比尔·克林顿宣布参加 1992 年的总统选举时，他作为候选人的合法性受到质疑，因为克林顿不仅缺乏从军经历，而且在越南战争时期，他还刻意逃避从军义务。虽然许多反对越南战争者认为克林顿合法地逃避征兵，相比于为这场不受欢迎的战争服务，是受尊重的行为，但是在克林顿当总统期间，他没有从军的经历依然对他很好地作为最重要的三军统帅①（commander in chief）造成很大困难。即使是那些曾经在军队服役过的候选人，也因为他们在服役过程中的欠佳表现而备受指责。约翰·克里（John Kerry）竞选总统的计划因一些在越南战争时期跟随他的士兵对他的英勇表示怀疑而被破坏。因此，古罗马时期把年轻时期服务于军队的经历作为成年后从事公共服务的前提这一做法，依然深深地影响着现代的美国政治与行政。

6.1.2　公共行政的军事传统

世界史可以看作是一部公共行政组织的兴衰史。相比于其他帝国来说，那些曾经兴起并持续繁荣一定时间的古老帝国较其对手们采用了更加合理的行政组织。每个社会都不会缺少勇敢的战士，但是如果没有得到管理者支持，他们将无用武之地，因为是管理者给他们提供了衣食住行。据记载，“战争的中坚力量是金钱”这句名言，是由古罗马演说家马尔库斯·图留斯·西塞罗②（Marcus Tullius Cicero）第一个说出来的。尽管他说这话时，这已经是个老套的观点了。

罗马、埃及、波斯以及在这之前的其他帝国，之所以能统治古代的世界，是因为：第一，这些帝国有一套能使其战士比那些敌对的军事组织更有效率的组织化制度；第二，即使不存在公正的税赋，这些帝国的军队依然由一个复杂的行政体系有规律地负责供给和支撑其运作。罗马帝国也是直到它的军队沦落为雇佣军团以及军队补给和税赋基础遭到破坏才逐渐衰落。拿破仑曾说，“要使军队前行，只要满足他们的温饱问题即可。”但拿破仑这次错了，因为军队不是如其所说的那样。相反，军队可以前行，因为有税赋征收者的大力支持，因为有管理者为他们建造通行的道路。固定的报酬要求遵守纪律，严格的纪律使暴徒变成军人。而拥有一支服从于国家首脑的纪律严明的军队是文明社会的前提。有效率的公共行政与一支有效率的军队哪个先出现？这就是经典的“鸡与蛋”的问题。古罗马的兴衰历史证明，两者同时存在。

在古罗马时期和当代欧洲，起初的官僚们都身着跟军队相似的制服。毕竟，传统上为统治者服务的人员都穿着特殊服装③（livery）。这意味着穿制服的人是为其

---

① 三军统帅：该词出现在美国宪法第三节第三条，“总统担任美国陆军、海军以及被召入为美国实际服役时的各州国民军的统帅”。

② 马尔库斯·图留斯·西塞罗（公元前 106—公元前 43 年）：古罗马议员，被奥古斯都·恺撒的追随者所杀害。因为西塞罗是共和主义者，而奥古斯都是位血腥的独裁者。但这绝不影响奥古斯都作为一名优秀统治者的声誉。因为纵观历史，公共行政人员经常把屠杀作为他们的管理工具。直至近代，血腥的屠杀才变得不那么受欢迎。

③ 特殊服装：仆人的统一制服。同一组织成员身着的任何相同的、可以鉴别的服饰——例如领带、围巾或者颜色鲜明的运动夹克。

他人服务的，而非自由身。从这一意义上来说，政府行政人员依然可以被视为仆人，他们是公众的仆人，因为他们也要履行义务和责任，而非完全自由。事实上，直到20世纪初期，在欧洲，其他许多政府成员（大部分是著名的外交家）也认同制服这种制度。

胜利的战士和成功的管理者，作为风险承担者，都受到不同程度的尊重并得到不成比例的奖赏。真的，虽然具体的风险和奖赏不同，但他们在本质上却是相同的。他们都必须将其事业或偶尔也会将其身体的重要部分置于风险上，即“冒着会失败或受伤害的危险”（on the line），以便达到国家目的或组织目的。让我们再次注意军队的语言，因为最初，“前线”（the line）这个词是指与敌方作战的分界线。这就是为什么在今天，前线指挥官（line officers）依然是那些为组织存在而忠实地履行职责的人。这就是古罗马军官与现代的消防队长、侦探班长、初等学校校长们之间的直接联系。前线的生活依然是一种日常的奋斗。

6.2 管理原则的发展

独裁或者传统的管理方式是典型的军事管理模式，这一模式同样能民用化。处于独裁主义下的管理者非常重视秩序、精确性、连贯性以及服从性。对于他们来说，来自组织的权力是最具权威性的。他们之间的关系是分等级的，这种关系主要取决于统治及依赖。这种独裁模式逐渐让位于少集权、多参与的管理模式，这一转变并不是因为管理发展成为一种对工人更有利的模式，而是因为实践证明，与独裁相比，参与管理模式在处理复杂问题上更具竞争力。当然，这一变化并没有改变这样的事实——在早期，独裁是最具竞争力的管理方式。因此，在任何时候判断组织竞争力，必须认清与市场上的其他组织相比，该组织的竞争力是高还是低。例如在股票市场上，必须了解该组织的股票价格与其他组织的股票价格之间的差别。

从古代起，军队就发展出一些原则，遵循这些原则就会更好地管理其独裁组织。虽然每个地方的作战原则不一样，但是它们包含着相同的基本原理。那些能民用的原理已经合并入管理原则（management principles）中。因此，那些曾经是军事管理的概念——例如控制幅度①（span of control）和统一指挥②（unity of command）都已经民用化了。

6.2.1 军事原则与民用原则的比较

没有一种通向管理才智的捷径③（royal road）。没有能被大家普遍接受的管理

---

① 控制幅度：管理者或者机构的责任范围。控制幅度意味着一个管理者管理的下属数量。

② 统一指挥：组织内的任何一个人都需要向单一的上级负责。

③ 捷径：即简单方法。公元前300年，古希腊数学家欧几里得按照他的推理，告诉善于算术转化的埃及的托勒密一世，没有通向几何学的简单方法。到现在依然没有这样的方法。

原则。但是，这些各式各样的原则有一个相同来源——作战原则。尽管这些观念追溯到古代时期，但为了便于比较，这里只运用美国陆军现在所用的九条作战原则。

（1）目标（objective）：给任何一项军事行动确定一个清晰的、确定的和可到达的目标。

（2）攻击性（offensive）：夺取战争的主动权。

（3）集中兵力（mass）：集中主要战斗力量于关键地点和关键时刻。

（4）节省兵力（economy of force）：分配较小的精锐作战部队到次要战场。

（5）机动性（maneuver）：灵活地运用作战力量使敌人处于不利地位。

（6）统一指挥（unity of command）：确保每一个目标在一位负责任的指挥官的指挥下统一行动。

（7）安全性（security）：不能允许敌人获得任何优势。

（8）出其不意（surprise）：在某个时间和地点以敌人措手不及的方式突袭敌人。

（9）简单性（simplicity）：使用清晰的而不复杂的计划和清晰而简明的命令，确保士兵明白。

这九项原则并不是在任何情况下都那么重要。但在任何一个大规模战役中，这些原则都发挥着作用，而哪些原则起主导作用则取决于战场的发展情况。这些原则实质上是相互联系和相互加强的。随着数千年战争的发展，这些原则演化生成代表着战争科学中的精华部分。但这些原则只是指挥员的工具。如果他在执行任务时比较精明地运用这些原则，那么胜利、提升以及称赞接踵而来。如果他在执行任务时只是比较笨拙地运用，那么他将被停职或者失宠。因此，战争（或者管理）原则并不只是为有经验的军官所掌握，它们同样给那些没有经验的军官提供指南。军事史学家约翰·基根（John Keegan）把这些原则说成是，“对那些不聪明的人说的话”。

关于管理原则的论述有许多种版本。以下是迦特琳·塞克勒-赫德森[①]（Catheryn Seckler-Hudson）在 1955 年所论述的，当时她是美国大学政府与公共行政学院的院长。她在其著作《组织和管理》（*Organization and Management*）中阐述了管理的 12 项原则，这 12 项原则是来自于公共行政与工商管理的相关著作。这本书还警醒我们：“管理原则并不是永恒不变的，也不是仅仅被机械运用就可以的。”

（1）政策应当明确，并且应当分别告知负责实施该项政策的人。

（2）工作应当适当地分割开来、系统地给予规划和制定程序。

（3）应当精确地配置任务和责任，并确保下属清楚这些任务和责任。

（4）负责实施政策的人应当开发和运用适当的方法和程序。

（5）应当按照有效性和重要性公正地分配人力、物力和财力等资源。

（6）与责任相匹配的权力应当授予需要开展工作和需要作决定的人。

（7）应当建立起便于开展工作的适当的组织结构关系。

① 迦特琳·塞克勒-赫德森（1902—1963）：公共管理基本技术研究方面的先驱，在公共部门计划、预算和组织等方面著有许多开拓性著作。

(8) 有效率、高质量的领导阶层应当领导每个组织及其分支机构。

(9) 统一的指挥和统一的意图应当贯穿整个组织。

(10) 应当确保资源利用和生产结果的持续性责任。

(11) 应当有效地协调组织内部的所有个人和团队之间的关系。

(12) 持续性思考与组织有关的任何事情，这应该成为日常工作的一部分。

最著名的公共行政学者之一迦特琳·塞克勒-赫德森所阐述这些原则，代表着20世纪中期公共行政学界多数人的观点。但是，当这12项原则与军事原则相比较的时候，这些原则显得模糊不清和摇摆不定——很难对领导提供什么指导（事实上，在那本阐述这12项原则的书中，该书作者对这些原则花费了很多心思，给予许多附加说明）。导致这一结果的其中部分原因是，这些原则是为管理者而非为领导者提供指导方针的。塞克勒-赫德森总结的这些原则和方针试图包含管理者和领导者所需要的全部原则，以至于太过复杂反而显得那么模糊不清和摇摆不定。赫伯特·西蒙①（Herbert Simon）在1946年发表的《行政谚语》（The Proverbs of Administration）一文中抨击了这些原则，他也因此开始赢得名声。那时，这些原则已经极大地影响着公共行政思维，他公然指责指导当时公共行政的所有这些原则。西蒙发现，他那个时代的管理原则是不一致的或相互矛盾的，而且不能适用于管理者所碰到的大多数公共组织的情况。他指出，这些原则仅仅是些谚语而别无他用。西蒙在后来的回忆录中指出，这篇文章“确立了我在公共管理领域持续和永恒的影响力”，它“大部分来自于逻辑思维和这些原则自身的互相矛盾。发现这些原则的矛盾性并不需要管理或组织的经验”。

西蒙对这些原则的批判在这一点上是非常正确的。任何原则，无论军事原则还是管理原则，并不意味着教条。拿破仑曾经警告我们“没有任何军事原则是绝对的，是不允许有例外的”。但是，原则依然非常有用。正如伯纳德·布罗迪②（Bernard Brodie）所说，“也许好的做法是，弄清每项原则的基本含义，思考这一系列有限数目原则（通常少于12个）的重要意义，并将工商企业普遍适用的某些观念传播给那些忙于执行的人（忙于执行计划而忽略这些原则背后思想之有效性的人）”。

军事原则和民用原则的显著差别在于军事原则比民用原则更具政策导向和领导导向。民用原则似乎沉溺于常规性行政工作，反对通过创新开辟新天地，而军事原则具有更强的前瞻性和适当的攻击性。但令人奇怪的是，攻击性行为（aggression）在当代管理思维中，再一次受到欢迎。例如，在20世纪90年代开展了重塑政府运动和全面质量管理运动，人们能够发现，那种强调战略的军事方法大行其道。军事原则不仅在古代受欢迎，在现代它依然显得很有朝气，当然这是相对于呆板的管理原则而言的。在与常识一起运用并注重经验的时候，这些作战原则可能对公共管理者极其有用，这让他们在与浪费、欺诈以及滥用这三位一体的邪恶行为进行着不间

① 赫伯特·西蒙（1916—2001）：1978年诺贝尔经济学奖获得者，他因管理决策的开拓性著作而获此殊荣。

② 伯纳德·布罗迪（1910—1978）：美国人，他是首位阐述核战争理论的重要学者。

断斗争的过程显得更有价值。对于那些被迫与私人部门组织进行竞争的公共部门组织而言，这也是完全正确的。制造“敌人”的竞争使得目标更为清晰。作战机器（如美国陆战队）与管理机器之不同，本质上就是目标之不同。

6.2.2　原则的获得

用于管理的这些原则的获得，不管是军用原则或者民用原则，都是管理职业发展过程中的重要一步。这是为什么呢？因为管理曾经被认为是一种艺术活动，原则的获得使得管理成为一种科学活动。曾经是瑞士银行职员的安托万-亨利·约米尼（Antoine-Henri Jomini），在拿破仑时代摇身一变成为一名将军，他写了十几本书来解释为什么一些将军（主要是指拿破仑）和一些军队（主要是指法国军队）总是比他们的敌人更多地取得成功。答案就是他们能够掌握科学的战略原则。约米尼在他的十多本主要著作中论证，胜利是属于那些直觉地遵守原则的人，而这些原则是从历史事件和多年来跟随拿破仑作战的经验中总结出来的。概而言之，胜利是属于这样的将军们，他们能够将主要军事力量放在一场对敌作战的决定性战役上。然而，约米尼依然敏锐地意识到，艺术在科学活动中所发挥的重要作用。正如他在《战争艺术》（*The Art of War*）中写道：“通常情况下，决定哪场战役对整场战争具有决定性作用是比较简单的，但是决定在哪个时刻发起这场具有决定性作用的战役并不是那么简单。因此在这种情况下，天赋与经验起着决定性作用，而理论的作用则很小。”

尽管足够简单到依靠常识就可以理解的水平，但约米尼的原理仍产生了巨大的影响。因为，约米尼是 19 世纪的军事理论学家，并且他的观点被广泛传播。他的基本学说与观点，就是战争管理可以经过传授而学会，即通过学习军事原则和这些原则在具体情况下如何运用而学会［今天将这种技术称为“个案研究”① （case study）方法］。由于关于战争的许多环节不仅仅是作战而已，还包括诸如计划、培训以及后勤服务等，因此并不是如我们所想象的那样把这些原则简单地运用于管理之中就可以了。约米尼生逢其时，因为从 19 世纪中期开始出现大规模的工业企业，特别是铁路，工业企业的活动范围与管理大型军队十分相似。

19 世纪晚期，工商管理作为一门学科开始逐渐浮现出来，这时候，似乎通过学习管理原则来教授管理变得十分自然。但是，发展与传授原则的这些早期努力却是独裁主义的。原则的获得与传授是基于这样的一种观念假定，即所有指导方针与创新均来自高层管理者，即掌握权力的人是原则与创新之来源，尽管他未必是组织中所有思想的独享者，但他却是组织原则与创新的唯一的智力源泉。所以，组织的成功或者失败是由老板的聪明与否所决定的。当然，如果老板们按原则行事，他们就会显得更有效率，但是他们却也内在地受其能力所限制。

---

① 个案研究：一种研究设计，即将研究聚焦于某个对象并对其进行深度分析。这种研究方法尤其适用于理解那种随时间而变化的动态过程。

从20世纪早期开始，关于管理的教科书以及自我提升和“如何成功”的书开始泛滥，直到现在这股热潮还未退去。这些书都把原则的获得作为其内容的一部分。因此，下一次当你看到畅销书的作者提供一个新的管理体系时，请你意识到该书作者是受约米尼的影响，即使作者本人也没意识到这一点，因为这些畅销书或者即将成为畅销书的作者都是基于这样一种信念假定之上的，即管理是一项可以传授或教会的技能。

6.3 何谓组织理论？

“组织”是一群人为了实现共同目标（至少是一个）而一起工作所组成的群体，而“理论”则是用于陈述或预测某些事情的一个或一组命题。组织理论（organization theory）是用于描述群体和个人在不同的组织制度安排中如何行事。无论对管理者或者领导者来说，组织理论都是非常重要的知识。毫不夸张地说，整个世界就是在组织理论的基础上被统治着。这在人类最先组织起来进行打猎、战争甚至是家庭生活时就已经被证明是事实。的确，组织理论的最新进展就是对世界的最新学习与研究的成果。

直到20世纪，知识的财富和传统才被运用到与冒险的企业家和精明的政治家相关的领域，这一领域曾经被人类本能的直觉艺术所控制。人类的直觉艺术意味着我们做事情凭感觉而非先前正式的学习。在任何时代，任何领域的领导者运用组织理论如同运用口头演说能力一样的自然。在任何情况下，他们都无须刻意学习组织理论。17世纪加勒比海的海盗船船长、18世纪美洲殖民地的革命领导者和19世纪晚期美国主张扩大参政权的领导者等，都是组织理论专家。因为，如果没有深入地理解组织理论（恰恰是潜意识的），即如何组织和调动群体，他们不可能成为这些运动的领导者。

组织理论一直存在于军队所提倡的独裁主义模式中。尽管组织理论的许多预设前提能够被古人所理解，但并未形成一个知识领域。直到工业革命[①]（industrial revolution）促进了全国性（与地方相比较而言）工业企业和各类机构蓬勃地发展起来，在人们发现组织理论有助于管理这些组织这一实际用途以后，组织理论才成为一个自觉的知识领域。当领导人开始不能有效地管理逐渐大型化的组织出现的问题时，有关如何有效地管理和安排大型组织的研究就变得很重要，而工商企业界提供了对这种有效管理的探索。如果商业社会曾经有过这样的提倡者，那么这些提倡者一定是工业管理学的先驱们。这些先驱们认为，在对“最好方法”的持续性研究中，可以找到通向更加繁荣的道路。他们在为社会提供一套抽象的指导理论，指导那些知道他们要到哪儿去但却不完全知道怎样才能到达那里的人。他们已经懂得了，社会心理学家库尔特·勒温（Kurt Lewin）在若干年后发表的观点，即“没有

① 工业革命：一个极其通用的术语，意指从农业经济向工业经济的社会变迁。西方世界的工业革命开始于18世纪的英国。

哪一种东西比一套好理论更有实用性”。对首枚原子弹的评价也就是对美国首次登月航行的评价：这既是一项组织的成就，也是一项工程技术和科学的成就。更为新近的组织理论是否跟得上工业和科学技术发展取得的成就呢？或许吧。但当与“原始的”独裁主义管理相比而言，组织理论的发展当然是跟得上步伐的。许多基本的东西一如既往，没有变化，像既定的东西一样仍然保留了下来。物理学规律和地心引力原理并没有随着知识的流行和技术的进步而变化，同样的，人类的基本社会特性与身体特征也没有跟着变化。就像那些要建造太空船的人们需要从学习艾萨克·牛顿（Isaac Newton）的物理学开始一样，那些想要管理和构思组织的人们需要从学习弗雷德里克·泰勒（Frederick Taylor）、英国经济学家亚当·斯密（Aadm Smith）、法国工程师亨利·法约尔（Henri Fayol）的理论开始。未来是建立在从过去延续下来的那些东西的基础之上的。

阿拉伯半岛的劳伦斯（T. E. Lawrence）曾经说过：“以 2 000 年的历史作为借鉴，我们没有理由打不好仗。”同样的，我们可以对组织理论作出这样的断定：以 4 000年的历史作为借鉴，我们没有理由组织不好。

尽管我们很有兴趣深入地研究古人智慧，但有关组织理论起源的研究，大多数理论家认为，18 世纪英国的工厂制度①（the factory system）的开端是复杂经济组织的源头，因此也是组织理论学科的源头。

6.3.1 古典组织理论

古典组织理论（classical organization），如同其名字隐含的意义一样，是最早对组织进行阐述的理论。这种传统的组织理论依然是其他组织理论学派得以建立的基石。虽然它的基本原理和假设扎根于 18 世纪时期的工业革命之中，扎根于机械工程学、工业工程学以及经济学基础之上，但是这些基本原理和假设在当代依然没有变化。它们只是发展、精炼和更加复杂而已。因此，对于古典组织理论的理解与掌握是非常重要的，并不仅仅因为其历史价值，更重要的是因为后来的分析与理论都是由其奠基的。

组织理论的基本信条（tenets）可以概括如下：

（1）组织的存在是为了完成生产任务并达到经济的目标。

（2）存在着一种用于组织生产的最有效方法，通过系统的科学探究可以获得之。

（3）通过专业化和劳动分工可以使生产效益极大化。

（4）人和组织都是根据理性经济原则而行动的。

任何理论的演进都必定是在具体的生态环境中进行的。早期管理理论家们的关于组织如何运作或者应该怎样运作的观点，都是对当时社会价值观的反映。当然，组织理论在早期是比较粗糙的，进入 20 世纪以后才发展得较为精细，也逐渐地得以完善。在美国和欧洲的产业工人开始享有作为组织公民的有限“权利”之前，他

① 工厂制度：一种生产过程，即众多个体工人专业化地从事一项庞大工作中的各不相同的工作环节之生产过程。

们还不被视为个体的人，而是工业机器中可以更换的零件。只有在这台工业机器不能完全由钢体所组成时，它们的部分零件才会用肉体来代替。

动力机器的出现以及由此带来的现代工厂制度，使得现在的经济组织和生产组织概念开始出现。动力设备的价格非常昂贵。生产工人不能购买和使用他们自己的设备，因为他们曾经有过自己的工具。工业革命早期曾有一个用于被解雇工人的令人难忘的语词，那就是“得到布袋”（get the sack）。这个语词，按照字面意思，被解雇的工人会得到一个装他工具用的布袋。慢慢地，没有自己的工具和没有任何特殊技能的工人们，就不得不聚集到这种设备的所在地——工厂来工作。昂贵的设备需要生产出足够的产量来证明其占有和维护成本是值得的。

在工厂制度下，组织的成功来源于组织良好的生产体系，这种体系能够保证机器的有效运转并有效地控制成本。工业工程师和机械工程师以及他们的机器，都是生产的关键因素。组织结构和生产体系都需要充分地利用机器的优势。人们通常认为，组织应该像机器一样运作，把人力、财力和机器作为它的组成部分。就像工业工程师期待设计“最好”的机器使工厂更多产出一样，工业和机器工程师似的思维支配着有关组织生产的“最好方法”的理论。因此，早期的组织理论是关于正式组织结构解剖学的理论。这就是古典组织的生成环境，它塑造和影响着古典组织理论的信条。

6.3.2 亚当·斯密和针厂

机器和劳动力集中于工厂、专业化劳动分工、职业化管理以及工厂设备的经济回收率，都是苏格兰经济学家亚当·斯密（Adam Smith，1723—1790）在其著作《国富论》（*A Inquiry into the Nature and Causes of the Wealth of Nations*）中研究发现的。亚当·斯密和蒸汽机的发明者詹姆斯·瓦特（James Watt，1736—1819），被认为是为推动世界工业化进程作出贡献最大的两个人。

文摘 6.2　　看不见的手

每个人都想最大限度地使用他们的资金，使他们的生产具有最高的价值。他们并不是为了促进公共利益的增长，也不知道他们能在多大程度上促进公共利益的增长，只是为了增加他们自己的所得。他们被一只看不见的手所指引，导致他们所达到的目标中有一部分不是他们原先的目标。人们通过追求自己的利益，在一定程度上也促进社会利益的增长，而且增长程度比他们自己原本希望的更大。

资料来源：Adam Smith，*The Wealth of Nations*（1776）。

斯密是经济学①（economics）理论学科的“鼻祖”，他提出自由放任②（laissez-faire）的资本主义理论。但斯密在《国富论》第一章“论分工”中，却主要讨

① 经济学：是关于人们或者国家如何利用有限资源来满足无限需求的学问，以及如何在竞争的市场环境下分配有限资源。

② 自由放任：政府管理的放任主义模式，它强调经济自由主义，使看不见的手能够发挥最大作用。

论针厂（a pin factory）这种最适宜的企业组织，这是为什么呢？因为劳动力分工是“看不见的手”这种市场机制的支柱之一。在竞争的市场环境下，市场机制使最大的回报流向最有效率的企业和工人。

传统的制针工人一天只能制作几枚针。但当工人们被组织到工厂，每个人只做其中的一道工序，那么一天可以制作几千枚针。虽然工厂制度在古时代就被知晓，但斯密的“论分工”一章——恰好在工业革命的黎明到来之时——依然是关于工厂制度的基本经济原理的最有影响力和最著名的论述。举个例子，公元前 370 年，色诺芬（Xenophon）描述过一个鞋厂的劳动分工。但是直到最近的几个世纪，即斯密 1776 年的《国富论》才彻底改变了人们对于经济与组织的思考。因此，传统上，1776 年被认为是作为应用科学和理论学科的组织理论的起点时间。当然，1776 年容易被人们记住，还因为其他一些重要事件。

所有的正式组织，不管是斯密的 18 世纪的工厂，还是最复杂的现代公司，都会产生劳动要素的倍增效应，因为企业组织使劳动者的生产总和大于劳动者自己生产的各部分之和。如果独立工作，斯密的制针工人最多一天能做几枚针，但是当他们组成团队，一天可以做几千枚针。因此，严密的组织意味着 2 加 2 并不是等于 4，也许会等于 100。

文摘 6.3　　亚当·斯密论“劳动分工”

按照现在的经营方法，不但这种作业（制针作业）全部已经成为专门职业，而且这种职业被分成若干部门……一个人抽铁线，一个人拉直，一个人切截，一个人削尖线的一端，一个人打磨另一端，以便装上圆头。要做圆头，就需要有两三种不同的操作。装圆头，涂白色，乃至包装，都是专门化的。这样，针的制造分为 18 种操作……我见过一个这种小厂，只雇用 10 个工人，因此在这一个工厂中，有几个工人担任两三种操作。像这样一个小厂的工人，虽很穷困，他们必要的机械设备也很简陋，但他们如果勤勉努力，一日也能成针 12 磅。从每磅中等针有 4 000 枚计，这 10 个工人每天就可成针 48 000 千枚，即每人一天可成针 4 800 枚。如果他们各自独立工作，不专习一种特殊业务，那么他们不论是谁，一天都造不出 20 枚针，说不定每天连一枚针也制造不出来……在其他各种工艺及制造业中，劳动分工的效果跟这种简单工厂是一样的。

资料来源：Adam Smith, *The Wealth of Nations* (1776)。

戏剧作家乔治·萧伯纳（George Bernard）在他的著作《每个人的政治是怎么回事》（*Everybody's Political What's What*）中也提到劳动分工这一现象：“50 多年前，我参与一个至少有 1 000 人的游行，但是游行队伍却被 20 个仅手握木棍而没有其他致命武装的苍白紧张的警察所驱散，游行的人们在绝望的混乱和恐慌中四下逃窜。1 000 多人中，没有人知道该怎么做或者其他人会怎么做。所以除了那些被抓获的或者头部受到伤害的人不能逃离之外，其他人都选择了逃跑。”由于被有效地组织起来，警察的力量倍增。“20 个警察中的每一个人都有一套制服、一个头盔和一个武器，而且可以依赖其他 19 个有统一着装、头盔、武器的同伴的合作。这是对互不信任和处于无政府状态组织的可预期行为的胜利。”这是良好组织对不良组织的一种胜利。游行队伍的领导者组织人员去游行，却没有对警察出现时该如何行动作出指导。在缺少领导以及组织的情况下，他们只能选择逃跑。

军队用力量倍增器（force multiplier）这个术语，来指称任何可以使战士们在战斗中更有效率的新技术。机关枪是一个力量倍增器，因为它意味着一个拥有机关枪的士兵与100个握有传统步枪的士兵的效率是一样的。在文字处理上，现代计算机和文字处理器也是效率倍增器，因为一个文字处理器的工作者与十几个传统的打字员的效率是一样的。但是正如斯密和萧伯纳所指出的，技术并不是效率倍增器的唯一方法。有效的组织与任何机器一样，也是效率倍增器，而且比机器的成本更低。

6.4 科学管理的起源

传统等级组织的基本问题在于其依赖于各级监督者（supervisors）的层层监督，而对这种文化的适应是确保传统等级组织取得成功的关键。在稳定的环境下，经过适当训练的军官和工厂管理者是有效的。但是，在法国大革命[①]（French Revolution）、拿破仑时代以及工业革命时期，军队的事务和工厂的生产变得不那么稳定，那么就需要变革制度来弥补等级组织的这种僵化。在稳定环境下能够胜任的军官和管理者，在激烈动荡的环境下却无法胜任。不管是在决斗场（战场）上还是在工厂车间，他们都无法应对竞争，不能够在那个时代创新组织关键结构之变革，不能够确立起组织参谋之观念。

当传统的等级组织依然允许领导者扩充其范围的时候，这种组织却依然依赖于高端领导人有限的能力与知识。因此，那些拥有伟大想法的最优秀的顾问们，在这种组织中，都将无用武之地。参谋概念就是为了克服思想单一性和时间有限性的本质缺陷而发展起来的。

6.4.1 参谋原则

“参谋”（staff）指的是两个相互支持的想法，是在军事和民间组织系统中逐渐发展起来的。当管理功能逐渐变得复杂化和开始分化的时候，管理者开始雇用助理，起初是秘书和文员，进而是人事专业人员和采购专业人员。在这之后出现了参谋原则（或参谋概念），并由此在较大规模的组织中创设出一个专门机构，其首要任务是创新、计划以及把计划付诸实施。

参谋观念起源于工业革命（以及拿破仑时代的军事组织），并迅速向公共和私人组织蔓延。这种观念最早产生于军队，可以追溯到亚历山大大帝时期的古希腊军

---

① 法国大革命：法国持续性政治骚乱，以1789年7月14日巴黎公民们捣毁巴士底狱（一个监狱）为始端，从那以后，政治骚乱持续不断。

队。尽管将军总会有随从官员[①]（aides-de-camp），但现代的军事总参谋部还是主要起源于普鲁士军队在 19 世纪中期的改革，从那时开始，普鲁士军队从无效率的军队转变为欧洲最先进的军事部队。普鲁士人与后来的德国人，虽然并不是完全相同，但他们都因为他们的参谋部所具有的高效率（如果不是因为他们的道德准则）而受到军事分析家的推崇。参谋部由那些有知识有水平且有能力的官员组成，这些官员在他们职业生涯的早期就被选中，然后他们大部分的职业生涯在总计划部门工作，即总参谋部。参谋部制定战略和战术，以便在未来的战争中能够使用。直到 19 世纪晚期，所有主要军事组织，包括美国和日本，都不同程度地采纳德国参谋部的理念。

总参谋部这个概念——修改后使用可以反映不同的情况——很快就被新兴的工业组织和政府组织所采纳。在 19 世纪晚期，美国的工业工程师们开始声称，如果工作被科学地界定，工人的工作效率会更高。那么谁会成为工作的界定者呢？应该是民间的那些与军事总参谋角色相当的那些人。他们的工作是进行研究以及制订计划，以便保证其组织比其他组织更有竞争力。因此，科学管理（scientific management）起源于工程学——这使科学管理与我们的老朋友约米尼（Jomini）发生了联系。19 世纪美国建造铁路、运河、海港以及桥梁的工程学家都来自于一个伟大的学校——西点军校（West Point）。在西点军校，从过去到现在，约米尼所传播的原则依然是学生学习的内容。被管理史学家认为是第一本呼唤科学管理的专业论文是《作为经济学家的工程师》（The Engineer as an Economist），它是由亨利·汤尼[②]（Henry R. Towne）在 1886 年美国机械工程师协会主办的杂志上发表的。19 世纪的工程师，不管他们是否在西点军校接受过教育，都知道好原则（good principles）的重要性。

6.4.2　泰勒的影响

弗雷德里克·温斯洛·泰勒（Frederick Winslow Taylor）是公认的科学管理运动之父。泰勒开创性地进行了“时间与动作研究”[③]（time-and-motion studies），这也就是后来所谓的“泰勒主义”或“泰勒制”。泰勒主义后来被称为科学管理，它并不是某项单一创新，而是泰勒及其助手为了提高工厂的效率和机器的生产速度而创立的一系列方法和组织制度。泰勒认为，对于任何一项具体工作，都存在着一种“最好的方法”。泰勒的科学管理方法，在于通过特定挑选出来的工人发现最快、最有效率和最省力（不使人疲劳）的工作方法，从而提高工厂产量。

1910 年，美国发生的一系列事件使科学管理迅速蔓延。某些东部铁路公司向美国州际商务委员会[④]（Interstate Commerce Commission）提出增加货物运输的费

---

① 随从官员：担任将军的个人助手的年轻军官。

② 亨利·汤尼（1844—1924）：科学管理最早的倡导者，他早于弗雷德里克·W·泰勒，并极大地影响了泰勒。

③ 时间与动作研究：通过各种不同的试验方法，为工作设立时间标准。

④ 美国州际商务委员会（ICC）：协调州际交通运输的联邦机构，成立于 1887 年，于 1996 年被撤销。

用。非常受欢迎的律师路易斯·布兰代斯（Louis D. Brandeis），后来成为最高法院的大法官，他用下面的证据来对抗铁路部门。在出庭时，他让法庭传唤了曾“制度化”圣达菲铁路的咨询顾问哈林顿·埃默森[①]（Harrington Emerson），以证明铁路部门并不需要增加运输费用，即通过运用布兰代斯要求使用的科学管理，铁路部门一天可以节约一百万美元。根据历史学家赫罗尔德·斯米迪（Herold Smiddy）和莱昂内尔·瑙姆（Lionel Naum）所说：“曾经引以为豪的铁路系统的工业成就，与那些完美无暇的美国企业相比，还是逊色一点。全国各地企业的领导人突然认识到了这一点。正是他们的这种觉醒引发了对管理运动的广泛关注并大力推动管理运动的发展。”科学管理的出现，就像1957年苏联人造地球卫星的出现一样具有极其深远的影响，只是比地球卫星的知名度低了一点而已。就像人们所说的“科学管理是铁路运营的最好方法”。

刚开始，泰勒认为“科学管理”听起来太过学术化而不太情愿使用这个名词。但是，美国州际商务委员会举行的听证会解释说，全国范围内的科学管理运动正在开展，而泰勒是这一运动的领导者。泰勒对于商业管理和公共行政领域都有深远的影响，甚至是革命性的影响。泰勒的著作和名声使得这个国家信心大增，致使全国都认为，通过智囊专家运用科学原理，就能够系统地规划和控制组织的运行。

当泰勒宣称“对无效率的矫正依赖于系统地管理而非要找到一些杰出或者非凡的人物”时，他实际上是重复了约米尼的观点。约米尼认为，那些希望成为拿破仑的人，如果能够采用他总结出来的那些原则，也就能像这位传奇将军一样的有能力。泰勒在努力“证明，最好的管理是一门真正的科学，它是建立在阐述清楚的法律、规则和原则的基础上的”。泰勒以及他那个时代所有真正的科学管理者，都在沿用约米尼学习战争的方法并且把它运用到管理中。

许多不熟悉约米尼的人认为，克劳塞维茨（Clausewitz）才是19世纪最出色的军事理论家。毕竟，克劳塞维茨的经典著作《战争论》（*On War*）于1832年就出版了。这是事实，但是书本出版与被阅读的时间并未保持一致。克劳塞维茨直到20世纪早期，他的书被翻译后才逐渐产生了影响力。幸运的是，泰勒的运气不错。他的经典著作《科学管理原理》（*The Principles of Scientific Management*）在1911年出版时就已经大受欢迎，而且直到今天，仍然一版再版。不幸的是，泰勒于1915年去世，所以他只有短短几年的时间来享受自己取得的成就。但是，泰勒依然比克劳塞维茨成功，克劳塞维茨的著作在他去世后一年才问世。作者逝世后其作品才能给予出版，这样的作品通常会被认为是很有价值的。

1912年，泰勒向调查泰勒和其他工场管理系统的众议院特殊委员会（Special Committee of the House of Representatives to Investigate the Taylor and Other Systems of Shop Management）阐述了自己的观点，之后，泰勒制开始在公共部门广

---

① 哈林顿·埃默森（1853—1931）：美国最早的管理顾问之一。他因提倡减少“肆意的和无谓的浪费”而被称为是“效率的领头羊”。

泛地流行开来。泰勒对其科学管理原理的完整阐述主要集中在“管理职责”（duties of management）上：

（1）用系统、科学的方法取代传统、经验的方法来测评和管理个人的工作。

（2）对工人的挑选和持续培训进行科学研究，确保他们在工作中掌握最佳工作方法。

（3）谋求工人的合作，最大限度地使用科学管理原理。

（4）清晰地划分工人和管理者之间的工作角色和责任。

泰勒的“管理职责”在今天看来是显而易见的，但是在 1912 年却是革命性的变化。泰勒在他的著作《科学管理原理》中指出，“科学管理并不是什么重要发现，也不是什么新奇的事件”，但科学管理“仍是一些要素的结合，这样的结合在以前是没有出现过的。也就是说，通过对原有知识的收集、分析、组合和分类来寻找规律或形成规则，它也构成一门科学”。

文摘 6.4　　福尔摩斯开创科学管理的先例

咨询顾问最初是法律这个不太引人注目领域里的专家。19 世纪晚期，咨询者这一术语已经延伸到医学领域。那个年代，柯南·道尔（Conan Doyle，1859—1930）是一个非常努力的英国内科医生，但他的病人并不多，也因此有很多空闲时间。这使他有时间写关于侦探的新型小说。通过现代科技与古代逻辑思维的结合，侦探对付犯罪就像医生对付疾病一样。柯南·道尔把爱丁堡大学的医学院教授约瑟夫·贝尔（Joseph Bell）博士作为小说主角的原形。约瑟夫·贝尔博士是个非常有名的顾问或者咨询者，他可以从病人的着装、身体姿势、肤色以及畸形器官推测出病人的职业。

歇洛克·福尔摩斯（Sherlock Holmes）因此诞生——全世界最早的顾问侦探。并不需要很多警察，福尔摩斯可以为私人解决问题或者为警察提供咨询。在 1887 年出版的长篇小说《血字的研究》（*A Study in Scarlet*）中，是这样介绍福尔摩斯的特殊职业的：“在伦敦，我们有许多政府侦探，当然私人组织也有许多侦探。当这些同事有问题时，他们会过来找我，我会设法使他们找到线索。他们把所有证据提供给我时，我就可以在我的犯罪史知识的帮助下给他们以提示。”

福尔摩斯和他的朋友约翰·H·沃森（John H. Watson）医生（据说是福尔摩斯所有故事的作者）的第一次不寻常行为，发生在 19 世纪 80 年代末期，这在时间上与科学管理理论的首次提出大致是一致的。为了更好地欣赏这种快乐巧合的重要性，我们必须首先欣赏福尔摩斯在那个年代的影响力。他是个大人物，影响非常大，如同猫王（Elvis）、披头士（甲壳虫）合唱队和哈里波特一样。福尔摩斯吸引了全世界的注意，以至于在数十个故事章节以后，柯南·道尔让福尔摩斯死去时，在众人的要求下，他被迫让福尔摩斯复活。

福尔摩斯使顾问侦探这个职业变得很受欢迎，因为福尔摩斯使人们知道顾问是什么以及顾问可以做什么。如果小说中的警察需要请来小说里的福尔摩斯帮他们分析和解决案件，那么现实生活中的公司就可以雇用顾问来解决管理问题。这些顾问有许多精彩的科学管理方法，可以与福尔摩斯媲美。在福尔摩斯阴影下生活的科学管理者，如果想得到公众和顾客的支持，他们需要与顾问保持相互信任的关系。弗兰克·B·吉尔布雷斯（Frank B. Gilbreth）是介绍管理顾问角色的第一人。弗兰克·B·吉尔布雷斯家庭回忆录《买一打更便宜》（*Cheaper by the Dozen*）（1948 年），由他的两个孩子小弗兰克（Frank Jr.）以及欧内斯廷（Ernestine）所著，这本书指出，科学管理的传播者需要扮演这样的角色：“他们需要走进工厂，就像蔡斯（Zeis）在德国工作一样，或者是如同皮尔斯箭头（Pierce Arrow）汽车厂落户在这个国家一样，并且他们声称他们可以提高 1/4 的产量，当然他们必须实现他们的承诺。”

就像弗雷德里克·W·泰勒一样，优秀的科学管理的传播者们可以向人们展示，在搬不同重量的煤炭时，使用不同大小的铁铲可以使工人更有效率。福尔摩斯就是因为他把解决神秘问题的方法告诉公众，而受到大家的认可。福尔摩斯在《波宫秘史》（*A Scandal in Bohemia*）（1891 年）中告诉我们，对付罪犯是一门科学——“你明白，但不能观察到”以及“在没有掌握证据之前就下结论，是非常致命的错误”。他的技艺远远地超出他在警察局的那些同事，这些同事都还使用旧的侦探方法，例如包抄普通嫌疑犯。就像福尔摩斯在《四签名》（*The Sign of the Four*）（1889 年）里声称的那样，“侦探是，或者应该是一门精湛的技术，它不能感情用事”。同样的，泰勒和弗兰克·B·吉尔布雷斯为了找到解决组织和生产问题的科学方法时，采用的是非正式规则。

从福尔摩斯的职业中，我们可以得出，柯南·道尔的顾问侦探小说为科学管理理论和管理顾问职业的产生扫清道路。福尔摩斯使人们逐渐接受科学管理。在这之前它们之间还没有什么关联，这就像福尔摩斯在《福尔摩斯回忆录》（1894 年）的“银色马”（Silver Blaze）中所说的，“它就像夜犬一样令人好奇”。

> 罗斯中校回答：“其实这只犬在夜间什么事都没有做。”
> 福尔摩斯总结道：“那就是件令人好奇的事情。”

这个关联就是如此。若没有戴着猎帽、吸着烟的福尔摩斯，科学管理顾问也即推广现代科学管理方法的人则会需要更长的时间才能融合到商业管理和公共行政中。

资料来源：由杰弗里·吉勒（Jeffrey K. Guiler）（罗伯特莫里斯大学）和 杰伊·M·沙夫里茨（Jay M. Shafritz）共同完成这篇文章。

6.4.3 法约尔的一般管理理论

尽管斯密、泰勒以及其他一些人的思想依然深深地影响着组织的设计与管理，但法国的首席工程师亨利·法约尔（Henri Fayol，1841—1925）却是首次对综合性管理理论进行阐述的人。当泰勒被私人雇用去改进技术时，法约尔已在做总结管理要素和使管理组织诸要素理论化的工作。法约尔的主要作品《一般行政与工业管理》（*Administration Industrielle et Générale*）早在 1916 年就在法国出版，但直到康斯坦斯·史托尔（Constance Storr）的英文译本《一般管理和工业管理》（*General and Industrial Management*）于 1949 年在美国出版时，法约尔的思想才在美国社会产生影响。从那时开始，法约尔的主要理论被广泛认可，并且人们普遍认为，他的作品与泰勒的作品一样重要。

法约尔认为，他的经营理论对于任何形式的组织都可适用。法约尔的经营理论将经营区分为 6 项职能：（1）技术职能（产品的生产）；（2）商业职能（买、卖以及交换行为）；（3）财政职能（筹措和使用资金）；（4）安全职能（财产和人员的保护）；（5）会计职能；（6）管理职能（协调、控制、组织、计划和指挥）。但法约尔主要强调最后一项职能，即管理职能。法约尔提出一般管理的 14 项原则：劳动分工，权力和责任，纪律，统一指挥，统一领导，个人利益服从整体利益，人员报酬，集权，等级链①（scalar chains），秩序，公平，人员稳定，首创精神，团体精

① 等级链：组织中从顶到底的监督者链条。

神[①] (esprit de corps)。

法约尔第一个解释了为什么在金科玉律和道德教规制上还需要管理原则："在刚听到那些永恒的道德原则……不能够充分地指导管理者时，你也许会觉得很奇怪。……原因在于，超法律的宗教信仰或者道德原则只是面对个人或者面对某些不是整个世界的利益，而管理原则瞄向的却是个人之间交流的成功和某些经济利益的满足。就因为道德原则与管理原则的目标不一样，所以他们的作用也不一样。"

6.5　正统时期

科学管理已经并且还在持续地影响着公共行政的发展，这是毋庸置疑的。德怀特·沃尔多（Dwight Waldo)、文森特·奥斯特罗姆（Vincent Ostrom)、尼古拉斯·亨利（Nicholas Henry）以及霍华德·迈克迪（Howard McCurdy）等那些研究公共行政发展史的专家们，都把公共行政理论在两次世界大战之间的发展称为"正统时期"（period of orthodoxy)。正统时期的理论认为，政府工作应该分为政策制定和执行两部分（伍德罗·威尔逊的政治—行政二分法)，而且行政是一门科学，能够发现（科学管理）原理。这种二分法，对于公共行政的发展起着非常重要的作用。当然，如果没有科学管理的发展，这种二分法是无用武之地的。

政治应该与行政相分离的观点很快地被罗斯福新政和第二次世界大战所抛弃。当抵抗萧条和镇压的行动主要是经济和军事行动时，这同样是巨大的管理任务。那几年的经验认为，公共行政的这种传统智慧[②]（conventional wisdom）是有问题的。在新政和二战时期，进步主义改革运动产生的政治—行政二分法丧失了其生存环境，因为行政不可能像企业那样采用价值中立的态度，也不可能将其适用于政府过程。尽管经过许多改革者的努力，但政府依然不是企业，也不是价值中立的。

很快，政治—行政二分法遭到各个方面的攻击。戴维·E·利连撒尔（David E. Lilienthal)，曾担任田纳西河流域管理局（联邦政府控制洪水和协调田纳西水域电力的部门）主席，在谈他经历的著述中，认为政府的政策计划过程是一项透明的政治活动。这对民主社会而言，必然是有益的和健康的。

6.5.1　保罗·阿普尔比的论战

保罗·阿普尔比（Paul Appleby)，新政时期卓越的行政官，也是锡拉丘兹大学麦克斯韦尔学院的院长。他撰写了那个时代最精巧的论战作品。他坚称，这种不

---

① 团体精神：群体精神或道德，也就是传统上士兵融入其军事单位的那种自豪感。

② 传统智慧：传统智慧通常都被认为是正确的。但是，大部分作者使用这个词是为了形容那些看似是正确的，其实却是错误的行为。约翰·肯尼斯·加尔布雷思（John Kenneth Galbraith）在《富足社会》（*The Affluent Society*）(1958 年）中写道："后代对于习惯传统智慧的人是非常刻薄的，后代所做的就是埋葬之，忽略之。"自此之后，这个词开始流传开来。

关心政治的政府过程理论是与美国历史经验背道而驰的。在其著作《大民主》（*Big Democracy*）中，阿普尔比有力地粉碎了关于“公共行政自身包含政治与行政相分离”的理论。他认为，政治可以从行政中分离出来的观点是一种神话。政治介入行政，这是一种善行而非恶行（许多进步主义改革者坚称这是恶行），因为这就像对官僚部门滥用权力进行的一项检查一样自然。将来，那些研究行政的政治分支和政治问题的人，不要再以政治－行政二分法为错误的开端或不恰当的前提，而应该以阿普尔比的“政府的不同源起于政府就是政治”如此简明扼要的观点作为前提。

6.5.2 卢瑟·古利克的 POSDCORB

两次世界大战之间的“正统理论”的第二个信条，就是管理是一门科学，它可以发现科学管理的原理，这种思想至今依然影响着我们的思维。科学管理的影响也依然在扩散，泰勒的科学管理通过发明更快、更有效率、更少疲劳的生产方法来增加产量。一旦“最好的方法”被发现，科学管理者的工作任务就是把这种方法运用于他的组织。古典组织理论就是从这一观点延伸而来的。如果存在着一种“最好的方法”来完成生产任务，那么也一定存在着一种“最好的方法”来完成社会组织的任何事务——包括组建公司。人们普遍认为，社会组织原理是存在的，需要我们用精密的科学观察和分析来发掘它。因此，曾经用于完成生产任务的“最好方法”逐渐被用于解决社会组织的问题。

众所周知，卢瑟·古利克①（Luther Gulick）的《组织理论评注》（Notes on the Theory of Organization）一文无疑对这类组织管理“原则”作了最好的总结。1937 年，古利克和厄威克出版了一本《行政科学论文集》（*Papers on the Science of Administration*），也即原本是准备提交给布朗洛委员会的评核报告。总之，这些论文都是围绕组织理论发展状况而展开的研究成果。以下是古利克发表的 POSDCORB 这一著名理论，即管理的七项职责。

(1) 计划（planning）：明确指出需要完成的事情以及用什么方法来完成组织目标。

(2) 组织（organizing）：构建组织的正式权力结构以便组织和协调各级人员完成既定目标。

(3) 人事（staffing）：与引进人才、培训员工以及创造良好的工作条件相关的所有人事职责。

(4) 指挥（directing）：不断地作决定并将之转化为特殊性或一般性的命令，而且还要作为领导者把这些决定付诸实施。

---

① 卢瑟·古利克（1892—1993）：在美国，也许是最受尊重的公共行政改革者、研究者以及从业者。古利克（通常被称为美国公共行政学家的泰斗或元老），参与各个级别政府的新预算、人事、管理系统的发展与运用。他是公共行政研究所、美国公共行政学会以及全国公共行政研究院的创始人。

（5）协调（coordinating）：将各种各样的工作相互联系起来的所有重要职责。

（6）报告（reporting）：向上级报告工作时期知情工作的进展情况，也包括通过报告、研究、调查等方式使他自己及其下属获知工作进展情况。

（7）预算（budgeting）：通过财政计划、会计以及控制使所有工作花费处于预算范围内。

古利克指出并形成正统公共行政的一个关键性区别，即将管理与行政研究聚焦于上层管理角色。古利克的组织观念——POSDCORB，也是从上层管理出发的。但是这种狭窄的视野逐渐受到挑战。甚至正当古利克在写书的时候，他的"科学"管理方法就正在受到人文主义方法的挑战，而且这种挑战越来越大。虽然这不是在突然之间就会明朗化的，但是人际关系理论和行为科学①（behavioral science）方法在管理领域的运用与古利克理论是同一时代的。但这些理论对于那个时代而言，是超前的。

6.6 官僚制的多重含义

正如摩西故事里所阐述的，现代国家的官僚机构（官员的等级体系）起源于古代。从那以后，大多数的大型组织，不管是公共还是私人组织，都有等级结构。因此，官僚制成为组织理论所关注的核心内容之一。在论述这个核心内容之前，先来看看"官僚制"（bureaucracy）这个术语自身所包含的多重含义。

6.6.1 所有政府机关

首先，"官僚制"一词指政府机关或政府机构这个整体。由这些机构组成一个国家的永久性政府，若不考虑政治领导层的更替，正是这些机构持续地履行着那些公共职能。现代西方式的官僚制起源于欧洲，因为那时的欧洲社会，在中央集权的专制体制下，政府事务逐渐复杂化，使得国王需要把他的权力下放给他的那些代理人。美国官僚制从未真正地从欧洲的非民主起源中摆脱出来。因此，政治家们依然可以抨击这种"反应迟钝"的官僚制，并从中享受到乐趣。同时，那些"好政府"（good government）的团体总是坚决地认为，政治家们一旦当选，他们就使这台官僚机器过分地回应那些特殊利益集团②（interests）的需求，而不是独自离开这台

① 行为科学：用于指称那些借助于实验工具来研究人和动物行为的所有学科之总术语。这个短语是在 20 世纪 50 年代初期由福特基金会和芝加哥大学的研究人员提出并得以广泛使用的。福特基金会用这个术语来说明它们为社会科学的跨学科研究提供基金支持，芝加哥大学的研究人员用这个术语来寻求联邦基金对其研究工作的支持。这个术语还与麦卡锡主义时期相关，麦卡锡主义认为，社会科学研究也许与社会主义相混淆了。

② 利益集团：分享共同事业的一群人，与其他团体或利益集团进行政治竞争的团体。例如，石油利益集团要为石油行业减税，消费者利益集团希望制定保护消费者权益的新法来对抗商业利益集团，而商业利益集团则认为保护消费者权益的法律越少越好。

机器让其公正地实施那些它所负责的项目。

6.6.2 所有公务人员

其次，“官僚制”一词还指政府的所有公务人员，包括高层的和基层的公务人员，也包括选举的或者任命的公务人员。因此，财政部的部长是官僚，财政部地位低下的秘书也是官僚。人们通常认为，官僚就是坐在办公桌前代表民众处理文件的那些人。其实，大多数官僚都在积极地处理着许多琐碎的事情。他们可以是警察、教师、消防人员、科学家和宇航员。尽管许多官僚需要注意着装，整天坐在办公桌前做事——其中有些人是整理文件——但他们并不是代表全部的官僚，还有一些其他类别的官僚，例如卫生人员和道路维修工人。只是摆弄文件的那些人，在结束一天的工作后，着装依然较为干净整洁。

6.6.3 普遍的抨击

再次，“官僚制”一词还用于抨击任何低效率组织，尽管这种低效率通常是由繁文缛节[①]（red tape）的程序所造成。我们都听过这些笑话。人们将有故障的火箭形象地称之为“人民的服务员”（the civil servant），因为它即使不能工作，你也不可以点燃[②]（fire）它。一位女士在其最近故去的丈夫的邮箱收到一张她丈夫的选民登记卡，这位女士负责任地通知选举办公室丈夫已故的消息，但她很快就又收到一张送给她丈夫的缺席选票。这里还有一个故事，说的是一位侦探被派去查一查华盛顿的哪个机构可能会被破坏的事。他回来报告说，“设想的计划毫无希望。美国人已经做好了准备。因为我们进行两次以上的破坏，每个机构都已经配备了充足的人员而且都在准确无误地处理着同样的事务”。这些故事都是真实的。一些火箭不能工作，一些代理机构把信（甚至是支票）寄给死者。这种现象的重复出现是正常的。但是这并不意味着，政府组织都是无效率的。一些政府机构因为高效率而获得很好的名声。但我们不会经常听说这样的机构，因为日常的高效率不会引起公众的注意，相反低效率会造成长久的负面影响。例如，美国国家航空航天局是一个高效率的组织，也因此获得很多褒奖，但是1986年和2003年的事故却造成长久的负面影响。不过，不管是在美国国家航空航天局还是在邮政局或者你所在城市，高效率地运转是对政府的要求。另外，对低效率的认知使得“官僚制”一词有了另外一种含义。

---

① 繁文缛节：指过多的程序和过分地关注规章的现象。它源起一种红色的丝带，在19世纪，机关职员用这种红色丝带捆系政府文件。这种丝带虽然现在不见了，但它所代表的那种习惯做法却继承了下来。赫伯特·考夫曼在《红丝带：起源、使用和滥用》（*Red Tape：Its Origins，Uses and Abuses*）（1977年）一书中认为，这个术语“用来指花样繁多的各种组织习惯和特征”。毕竟，“一个人的‘繁文缛节’也许就是另外一个人珍贵的程序保障”。考夫曼总结说：“红丝带被证明是我们规章制度的核心而非我们规章制度上多余的东西。”

② 英文中的fire一词具有点火和解雇两重含义。——译者注

6.6.4　马克斯·韦伯的组织结构安排

最后，“官僚制”一词还意味着一套特殊的组织结构排列。对官僚制从结构方面给予的定义——这是对官僚制的这一主题作进一步研究的起点——影响最大的是德国社会学家马克斯·韦伯[①]（Max Weber）给出的定义。韦伯运用“理想型”（ideal type）研究方法从现实世界中抽象出官僚制的核心特征，以此来刻画高度发达的官僚组织形态。这种“理想型”，既不是对现实的描述，也不是对规范偏爱的陈述，它只是确认或识别用于刻画官僚制的那些变量和特征。这样的一些特征并不是在任何指定组织中都会呈现出来，但这并不意味着那个组织就不是官僚制组织，它或许是一个不成熟的而非高度发达的官僚制组织。不过，也许可以得出这样的结论，对于缺少这些官僚制特征的那些组织而言，既不能合情合理地称其为官僚制组织，也不能期望它能够形成官僚制组织的行为模式。

韦伯的理想型官僚组织（ideal type of bureaucracy）具有以下特点：

（1）官员作为独立个体是自由的。对于权威的服从，仅限于非人格化的法定义务。

（2）官员的职务等级界限明确。在传统的等级链条里，每个官员都清楚地知道自己所处的位置。

（3）每个职务的职责都以书面形式明确地记载下来。

（4）官员自由地、非被迫地选择和维持契约关系。除了在军队和监狱组织中，奴隶性质的官员——曾经在土耳其帝国和古代中国盛行的官僚制，其本质上是相互矛盾的。

（5）官员的任用以技术资格为基础。在大多数情况下，通过任命部门、大学或者两者共同组织的考试来测定这些技术资格。

（6）官员根据他们的级别享有领取薪水的权利和领取养老金的权利。尽管官员可以自愿离开组织，但组织只有在特殊情况下才有权终止其任用。

（7）职务是官员唯一或至少是主要的职业。

（8）职业体系必不可少。尽管晋升的依据是资历和业绩，但其前提必定是基于上级的判断。

（9）官员既不拥有所在机关的财产权，也不拥有任何对机关附属资源的主张权。

（10）官员的行为必须受制于系统的控制和严格的纪律。

尽管在社会科学文献中，韦伯对于官僚制组织的结构阐述（首次于 1922 年发表）可以说是最全面的论证，但这并不意味着它就很完整。例如，安东尼·唐斯（Anthony Downs）在《官僚制内幕》（*Inside Bureaucracy*）一书中指出，韦伯对

---

① 马克斯·韦伯（1864—1920）：德国社会学家，对理想官僚制进行了深入的研究，并由此构成对此主题作进一步研究的起点，故至今仍然很有影响。韦伯还开拓性地提出了新教伦理概念、个人魅力权威概念和价值中立的社会研究方法。

于官僚制组织的界定至少需要加上两个要素。首先，这个组织必须是大型组织。根据唐斯所说，“如果一个组织的最高领导层不能够认识 1/2 以上的员工，那么可以说该组织是个大型组织”。其次，不能通过自愿的等价物①（quid pro quo）交换而“直接或间接”地估计组织的大部分产出。第二个要素是经济学家路德维希·冯·米塞斯（Ludwig von Mises）所指出的。米塞斯指出，政府官僚制组织的工作是“没有货币价值的”，但这并不是说“成功地处理公共事务毫无价值，而是说在市场上它是没有价值的。因为它的价值不能通过市场交换而直接反映在货币上”。

官僚制的定义可以平等地运用于公共部门组织和私人部门组织。但是，公共部门官僚制与私人部门官僚制的生存环境是不一样的。“第三部门”——非营利组织，如医院、大学、基金会等经常被划分为公共组织，因为它们没有自由市场竞争的压力。总之，官僚制是组织的特殊形式，而公共部门是一种特殊的官僚制组织。因此，如果组织中的人员按等级排列，而且需要遵守很多规则纪律，那么这个组织就是官僚制组织。

6.7 新古典组织理论

在组织理论文献中，对于新古典主义（neoclassicism）并没有一个明确的定义。从理论视角来看，新古典主义的含义是对古典组织理论的批判和改变，特别是在最小化有关组织成员的人性、行政机构之间的协调、组织内外的联系以及组织决策过程所产生的诸多问题方面表现得尤为明显。古典组织理论学派主要是在第二次世界大战之前，而新古典组织理论学派主要是出现在二战之后，它是通过对古典组织理论的抨击而引起人们注意的。他们期望通过“修正”来解决古典组织理论的弊端，而“修正”的方法主要是来自于行为科学研究中的相关发现。

新古典学派之所以重要，原因有二。首先，它使组织理论的发展摆脱了古典学派过于单一的理论学说。新古典组织理论改变了古典理论学派的一些基本原理——在古典学派一枝独秀时，这些原理发挥着主导作用。在当时，组织理论和古典组织理论其实就是同一种理论。其次，在攻击古典组织理论的过程中，新古典主义所提倡的理论逐渐成为许多学派建立的基础，或者成为其后组织理论的基础。因此，新古典学派成为“权力与政治”、“组织文化”和“系统理论”学派的主要先行者。

6.7.1 西蒙的影响

赫伯特·A·西蒙是新古典组织理论中最有影响力的学者。他是第一个攻击由法约尔、古利克和其他一些学者所提出的那些管理原则的学者。其观点在本章的前

① 等价物：拉丁语，意思是“某种物品的替换物”——刚开始是指用一种商品交换另一种商品。在政治学中，它是指采取某种行动，是因为有事先允诺的某种行动作为回报。

面部分已经论述过，他认为这些原则更像是谚语。西蒙还有这样的一个坚定的信念，即政策制定应该成为一门新“行政科学”的中心内容。西蒙指出，组织理论事实上是有关人类有限理性[①]（bounded rationality）的理论，而有限理性人追求满意度[②]（satisfice），因为他们不具有最大化理性的能力。他还首次区分“程序化”与“非程序化”的组织决策之间的区别，并特别强调管理信息系统的重要性。他关于行政科学和决策制定的著作有两个主要贡献：第一，在有关改进组织决策的“科学”发展方面，他是先驱。通过像作业研究和计算机技术这样的一些定量方法，可以提高组织决策过程的科学性。第二，在行政组织决策过程的研究方面，他是领导者，这一点或许会更加重要。

6.7.2　社会学的影响

新古典组织理论的主要基调之一，就是组织不会也不能够脱离其存在环境而成为一个自给自足的孤岛。也许正如人们所期待的那样，正是社会学家们首次对“开放性”组织（从理论上讲）进行了重要研究。这些分析家们的职业特性要求他们具有更为广阔的视野。菲利普·塞尔兹尼克（Philip Selznick）就是这样的一位研究人员。他在 1948 年发表于《美国社会学评论》（*American Sociological Review*）的《组织理论的根基》（*Foundations of the Theory of Organization*）一文中指出，我们可以运用纯理性方法来解释和设计组织，但是这样的组织无法解决组织中的一部分非理性行为问题。与古典理论相比，塞尔兹尼克认为，组织是由许多个人组成的，而不是由一些可以控制的管理位置所组成的，这些成员的目标也可能与组织的正式目标不一致。新古典主义者，例如西蒙和塞尔兹尼克，使组织理论开放化。在这之后，组织理论变得学科多元化，它逐渐向社会学理论、人类文化学、政治科学、工商管理、经济学以及公共行政开放。

表 6—1　古典组织理论年表

1776 年	亚当·斯密的《国富论》讨论了针厂的最佳组织模式。这成为有关工厂制度和劳动分工的经济学原理的最著名和最有影响力的论述。
1832 年	查尔斯·巴比奇（Charles Babbage）的《论机器和制造业经济》（*On the Economy of Machinery and Manufactures*）提出许多科学管理运动的主张，包括了像劳动分工在内的“基本管理原则”。
1855 年	丹尼尔·C·麦卡勒姆（Daniel C. McCallum），纽约伊利铁路公司的主管，在他的年度报告中提出了六项基本管理原则，其中的首项原则是善于将内部生成的数据用于管理。
1885 年	亨利·迈卡夫（Henry Metcalfe）船长，军队机械库的管理者，在其所著的《制造业的成本、车间管理以及公共和私人行政》（*The Cost of Manufactures and the Administration of Workshops, Public and Private*）一书中断言，存在一门“行政科学”，通过用心的观察可以发现其基本原理。

① 有限理性：人们制定政策的“限度”。因为对于任何问题的理性研究都不可能全面，因此根据最佳信息，人们制定最满意的决策。

② 满意度：追求满意以及要根据大量的信息来作决定。西蒙运用“满意度”来解释“有限理性”理论。

1886 年 亨利·汤尼的文章《作为经济学家的工程师》，刊登于美国机械工程师协会主办的杂志上，倡导科学管理运动。

1903 年 弗雷德里克·W·泰勒的《工场管理》（*Shop Management*）一书出版。

1904 年 弗兰克·B·吉尔布雷斯和莉莲·M·吉尔布雷斯结婚。他们共同促进了许多工作的进展——时间与动作研究、科学管理以及运用心理学的发展，当然他们也养育了 12 个小孩。

1910 年 路易斯·布兰代斯，弗雷德里克·W·泰勒的助理（后来成为最高法院的大法官）。他在美国州际商务委员会举行的东部铁路费用案件的听证会上指出，不应该增加铁路公司的收费，因为如果铁路公司使用科学管理方法，他们一天可以节约一百万美元。布兰代斯由此使“科学管理”这个词大受欢迎。

1911 年 弗雷德里克·W·泰勒的《科学管理原理》一书出版。

1912 年 哈林顿·埃默森的《十二项效率原则》（*The Twelve Principles of Efficiency*）一书出版，书中提出建立一个相互依赖和协调的管理体系。

1916 年 在法国，亨利·法约尔的《工业管理和一般管理》一书出版，这是第一次阐述综合性管理理论。

1922 年 马克斯·韦伯的官僚制理论在其逝世后出版。韦伯用“理想型”来刻画高度发达的官僚制组织。

1931 年 詹姆斯·穆尼（James Mooney）和艾伦·赖莱（Alan Reiley）在《前进中的工业》（*Onward Industry*）（1939 年重新出版更名为《组织原理》）中指出，现在新发现的“组织原理”其实在古代就被大家所知晓。

1937 年 卢瑟·古利克的《组织理论评注》，使用一种简便记忆方法（POSDCORB）来概括主管们的职责要素。

资料来源：改编自 Jay M. Shafritz and J. Steven Ott，*Classics of Organization Theory*，5th edition（Fort Worth，TX：Harcourt Brace，2001）。

6.8 “现代的”结构组织理论

当提及一个组织的结构时，通常是指构成组织的那些职位与职位群（单位）之间相对稳定的关系。结构组织理论（structural organization theory）主要关注垂直方向和水平方向上的分化状况。垂直分化指组织权威的等级层次和协调，水平分化是指诸如生产线或服务线、地理位置或技术之间的分化。组织图（organization chart）是组织结构理论者的常用“工具”。

6.8.1 基本假设

“现代”（modern）这个标记主要用于区分更为近期的结构组织理论作者与二战以前的如泰勒和韦伯等古典组织理论学者。管理分析家李·鲍曼（Lee Bolman）和特伦斯·迪尔（Terrence Deal）建立了“现代”组织结构理论学派的基本假设：

（1）组织是理性的机构，其最初目的是实现既定目标。通过定义清晰的规章制度和正式权力可以形成理性的组织行为，而组织控制与协调则是维持组织理性之关键。

(2) 对于任何组织而言，都存在着一个“最好”或至少是最合适的结构，这需要根据组织既定目标、组织周围的环境条件（例如市场、竞争程度、政府调控范围）、产品或服务的性质（管理咨询公司与公共注册会计事务所各自的“最好”结构在本质上是不一样的）以及生产过程的技术（煤炭公司与电脑微型配件公司各自的“最好结构”也是不一样的）等因素来决定。

(3) 专业化和劳动分工可以提高生产的质量和数量，特别是在要求高技能运作和专业中更是如此。

(4) 大部分的组织问题都来源于结构瑕疵，因此可以通过改变结构来解决组织问题。

6.8.2 机械系统和有机系统

人们在对组织进行设计时，碰到的首要问题就是组织结构。组织应该是怎样的？组织该如何运作？组织该如何处理日常的结构问题，如专业化、分工化、控制幅度以及不同部门的控制与协调等。关于结构组织理论的一个著名案例，是由两个英国研究者——伦敦塔维斯托克学院的汤姆·波恩斯（Tom Burns）和 G. M. 斯托克（G. M. Stalker）提供的。他们在检测英国和苏格兰电力企业的快速技术变革时，创立了“机械系统”（mechanistic systems）和“有机系统”（organic systems）组织理论。

波恩斯和斯托克指出，稳定的组织需要“机械”的组织形式，即传统的等级形式、依赖正式的规则和制度、垂直的信息以及决策制定过程的固定化等。但是，大部分动态的环境——环境处于变化当中，需要“有机的”组织形式，即少僵化、多参与、更多依赖员工来确定和重新去调整他们的职位和关系。例如技术创新，即有机系统的重要组成部分需要支持创新的组织环境和管理系统。这两种组织的作用是不一样的。监督者和管理者发现，与有机组织（具有不稳定性）相比，在应付环境变化时，机械组织给予他们更多的安全感。因此，两种组织系统也许适合于各自特定的情境。

6.9 系统理论

第二次世界大战以来，社会科学家不断地使用系统分析[①]（systems analysis）来证明他们关于人类行为的主张。管理领域也不例外，因为从某种程度上讲，它处理的是人力资源问题，可以称之为一门社会科学。

系统理论（systems theory）认为，组织是由一系列动态的、错综复杂的而又

① 系统分析：在社会单元（如组织一样小或者如国家一样大）里，严格地收集、处理、评价资料以找到更“最好的方法”来改进组织功能。当然，它也可以帮助我们选择更好的方法（在可供选择的办法中）。

相互联系的要素所组成，包括输入、生产、输出、反馈以及组织生存和与组织发生相联系的环境等。系统中任何要素的变化都会导致其他要素的变化。要素之间的相互关系是复杂的、动态的（处于变化中）以及不可预知的。因此，当管理活动决定改变组织的其中一个要素时，那么组织系统会产生某些不可预料的影响。系统理论者把组织的决策过程、信息以及控制系统视为他们分析的重点，来研究这些要素之间的相互关系。

与古典组织理论的单向性和简单性相比，系统组织理论在研究组织原因与结果之间的关系方面，具有多面性和复杂性。古典主义者认为组织是静态（没有变化）的组织，而系统理论者则认为组织与环境要素之间的相互关系一直处于变化状态。因而，组织并不是静态的，而是一直处于动态平衡当中的。维持组织动态平衡的关键，在切斯特·I·巴纳德[①]（Chester I. Barnard）于 1938 年出版的经典著作《经理的职能》（*The Functions of the Executive*）中就有介绍。巴纳德认为，组织是个相互协调的系统。因此，“经理的职能”是在组织需求与员工需求中，维持组织的动态平衡。为了达到组织的动态平衡，管理者必须注意正式组织与非正式组织之间的关系。巴纳德对于非正式组织的角色和重要性的研究，为实证研究（empirical research）提供了一个全面的理论基础。

6.9.1 控制论

组织作为适应型系统，是环境的内在组成部分。如果组织想生存，必须随着环境的变化而变化；当然，组织的任何决策和行动都会对环境产生影响。诺伯特·维纳（Norbert Winner）的组织模型——适应型系统，就是来自于他 1948 出版的著作《控制论》（*Cybernetics*）。适应型系统是系统理论的基本理论基础。控制一词来自于希腊词“舵手”。维纳使用控制论这个词，意味着对动物和机械处理系统中的控制结构和功能以及信息进行多学科的研究。支撑控制论的基本概念是自我调节——通过作用于可以识别问题的生物的、社会的或者技术的系统，然后反馈到组织，以达到自动地自我调节。二战时期，数学家维纳研究防空系统时，创造了控制论这个概念。这个简单系统模型，已经被系统理论学者广泛使用很多年了，并且发展出许多变种，在信息管理系统的发展与使用方面更是如此。

对于复杂变量之间规律的研究，更多地依赖于定量的分析方法和工具。系统分析方法主要是对原因与结果之间的关系进行研究，这起源于哲学体系（逻辑—实证主义）。从这一方面看，系统理论方法与泰勒的科学管理方法是很相似的。泰勒使用定量科学方法来得到“最好的方法”，而系统理论学者运用定量科学方法来识别原因—结果关系和找到最好的解决方法。从这一意义上讲，这两种理论的分析方法和目的是极其相似的。因此系统分析方法通常被称为管理科学（management sci-

① 切斯特·I·巴纳德（1886—1961）：贝尔公司的经理，毕业于哈佛商学院，其著名的关于组织的社会学分析，激励和预示着二战后的行为革命。

ences）或者行政科学（administrative sciences）。但是，没有人会把它称为“科学管理”（scientific management）。

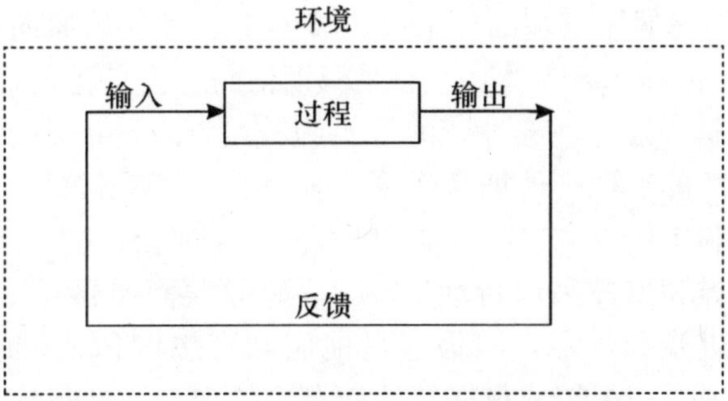

图 6—1　维纳的控制论适应型系统的组织模型

系统思维方法是非常重要的，因为这个世界是错综复杂的系统集合体。没有任何事情是独自发生的。你通过视觉系统来读这一页，而你需要通过你的神经系统和肌肉来翻到下一页——这与你的视觉系统是相互联系的，否则你怎样知道该翻页了呢？世界中的系统是无穷的，以至于其他理论——混沌理论（chaos theory）——已经发展成为一种用来解释“为什么有些事情是无法解释的”这个问题的理论。混沌理论认为，系统最小组成部分发生的最小变化可能会引起巨大的影响。在天气预报中，我们把它称为蝴蝶效应（Butterfly Effect）。詹姆斯·格雷克（James Gleick）认为，这就是“一只蝴蝶在今天搅动北京的空气，这可能会影响下个月纽约的暴风雨系统”。混沌理论试图去解释，不管是天气还是组织，系统最小的要素是如何产生巨大影响的。这一切都由本杰明·富兰克林总结在 1758 年出版的《穷理查历书》（*Poor Richard's Almanac*）一书中：

由于缺了一颗钉，只好少了那个马铁蹄；
由于缺了一个马铁蹄，只好少了那匹马；
由于缺了一匹马，只好少了那名骑兵；
由于缺了一名骑兵，结果输了那场战役；
由于输了一场战役，最后输了整个国家；
这一切，只是因为当初缺了一颗马蹄钉。

6.9.2　学习型组织

美国麻省理工大学教授彼得·圣吉（Peter Senge）的著作《第五项修炼》（*The Fifth Discipline*）成为 20 世纪 90 年代最有影响力的“系统理论”作品。彼得·圣吉试图打破“世界是由分离的、没有关系的部分所组成的这一观点。如果我们废弃这一观点，‘学习型组织’就可以建立起来”。“学习型组织”（learning organizations）是彼得·圣吉用于形容这样的组织：“在这种组织里，人们会最大限度地使用和发挥他们的能力以到达他们真正想要的结果；在这种组织里会产生新的、广阔的思维方式；在这种组织里可以释放集体的期望；在这种组织里，人们持续性学习一些关于如何学习的知识。”当然，彼得·圣吉独特的系统分析方法是建立在参与基础之上的，同时也是建立在马斯洛的思想基础之上的。事实上，圣吉的通向“学习型组织”的成功之路①（yellow brick road）本质上就是马斯洛的自我实现②（self-actualization）的路线。

彼得·圣吉认为，五种新的“组织技术”（component technologies）会逐渐导致学习型组织的出现。他把这些技术改写为“五项修炼”：（1）超越自我——人如何对待生活和工作；（2）改善心智模式——我们的假设或者想象“影响着我们如何理解这个世界和怎样采取行动”；（3）建立共同愿景——因为“当有共同愿景时，我们会追求进步和学习，因为这是他们知道想做什么，而不是被告诉该做什么”；（4）团队学习——组织成员搁置他们自己的观点，参与到组织的讨论中；（5）系统思考——这种一体化原则使每个人都融入统一的理论和行动中。因此，没有对系统理论的理解与掌握，个人或者组织都不能得到发展。

6.9.3 复杂的适应性系统

在富兰克林、维纳、格雷克、圣吉等学者发表了“很小的变化会引起较大的反应”这种理论后，公共行政人员开始转向对复杂的适应性系统（complex adaptive systems，CAS）进行研究。在“9·11”恐怖袭击后，公共行政的学者们逐渐意识到，组织应该是一个能够对快速变化的环境和威胁作出适当反应的系统。正如前面提到的那样，复杂系统的中心是各种变化之间的非线性联系。这意味着，组织的一小部分的变化可能会引起另一部分的巨大变化（例如蝴蝶效应）。在国土安全领域，将一名深受喜爱的外勤特工调离出反恐怖主义组织，就可能影响该组织的士气。在低落的士气下，这个组织就不可能很好地完成任务。因此，这导致恐怖计划（会导致很多人失去生命）不能被发现。这个例子说明，一个相对较小的善意行为可能会导致严重的消极后果。但是，我们怎样才能预测这种不可预知的后果？虽然非常困难，但是相关的方法，例如实验方法和计算机模型在预测“当细小变化发生时会产生什么后果”中的运用，让我们看到了希望。当然，这些方法在组织管理中的运用并不全面，因此我们需要时间来等待更多的组织来使用这些方法。

参考文献

Appleby,Paul.(1945).*Big Democracy*.New York:Knopf.

① 成功之路（黄砖路）：已经明确标记好的道路。例如，1939年电影《绿野仙踪》（*The Wizard of Oz*）中为多萝西提供的路线。

② 自我实现：马斯洛需要层次的最高级别。在自我实现层级，一个人从理论上达到自我实现，成为他想成为的人。自我实现的重要意义在马斯洛之前就已经得到重视。19世纪诗人罗伯特在描述自我实现的意义时说：“一个人的自我实现应该超过他所拥有的，或者是达到天堂的需求。”

Barker, Ernest. (1944). *The Development of Public ervices in Western Europe, 1660—1930*. London: Oxford University Press.

Bolman, L. G., and T. E. Deal. (1984). *Modern Approaches to Understanding and Managing Organizations*. San Francisco: Jossey-Bass.

Brodie, Bernard. (1973). *War and Politics*. New York: Oxford University Press.

Burnham, James. (1941). *The Managerial Revolution*. New York: John Day.

Burns, T., and G. M. Stalker. (1961). *The Management of Innovation*. London: Tavistock Publications.

Byrne, John A. (1993). *The Whiz Kids: The Founding Fathers of American Business-and the Legacy They Left Us*. New York: Doubleday.

Downs, Anthony. (1967). *Inside Bureaucracy*. Boston: Little, Brown.

Drucker, Peter F. (1950). *The New Society: The Anatomy of the Industrial Order*. New York: Harper.

Gerth, H. H., and C. Wright Mills, eds. (1946). *From Max Weber: Essays in Sociology*. New York: Oxford University Press.

Gladden, E. N. (1972). *A History of Public Administration*, 2 vols. London: Frank Cass.

Gleick, James. (1987). *Chaos: Making a New Science*. New York: Viking.

Grant, Michael. (1991). *The Founders of the Western World: A History of Greece and Rome*. New York: Charles Scribner's.

Gulick, Luther, and Lyndall Urwick. (1937). *Papers on the Science of Administration*. New York: Institute of Public Administration.

Handel, Michael I. (1992). *Masters of War: Sun-Tzu, Clausewitz, and Jomini*. London: Frank Cass.

Henry, Nicholas. (1975). *Public Administration and Public Affairs*. Englewood Cliffs, NJ: Prentice Hall.

Jomini, Antoine-Henri. (1862). *The Art of War*. Philadelphia: Lippincott.

——. (1805). *Treatise on Great Military Operations*. New York: Van Nostrand.

Keegan, John. (1993). *A History of Warfare*. New York: Knopf.

Kennedy, Paul. (1987). *The Rise and Fall of the Great Powers*. New York: Random House.

Kuhn, T. S. (1970). *The Structure of Scientific Revolutions*, 2nd ed., enlarged. Chicago: University of Chicago Press.

Lilienthal, David E. (1944). *TVA: Democracy on the March*. New York: Harper & Bros.

Livingston, J. Sterling. "Pygmalion in Management." *Harvard Business Review* (July-August 1969).

Marini, Frank E. (1971). *Toward a New Public Administration*. San Francisco: Chandler.

Marrow, Alfred J. (1969). *The Practical Theorist: The Life and Works of Kurt Lewin*. New York: Basic Books.

McCurdy, Howard E. (1986). *Public Administration: A Bibliographic Guide to the Literature*. New York: Marcel Dekker.

Mises, Ludwig von. (1944). *Bureaucracy*. New Haven, CT: Yale University Press.

Osborne, David, and Ted Gaebler. (1992). *Reinventing Government*. Reading, MA: Addison-Wesley.

Ostrom, Vincent. (1974). *The Intellectual Crisis in American Public Administration*, rev. ed. Tuscaloosa: University of Alabama Press.

Ott, J. Steven. (1989). *The Organizational Culture Perspective*. Pacific Grove, CA: Brooks/Cole.

Seckler-Hudson, Catheryn. (1955). *Organization and Management: Theory and Practice*. Washington, DC: The American University Press.

Senge, Peter M. (1994). *The Fifth Discipline: The Art and Practice of the Learning Organization*. New York: Doubleday.

Shaw, George Bernard. (1944). *Everybody's Political What's What*. New York: Dodd, Mead.

Simon, Herbert A. (1991). *Models of My Life*. New York: Basic Books.

——. (1946). "The Proverbs of Administration." *Public Administration Review* (Winter).

Smiddy, Harold F., and Lionel Naum. (1954). "Evolution of a Science of Managing in America," *Management Science* 1 (October).

Taylor, Frederick W. (1911). *The Principles of Scientific Management*. New York: Harper.

Waldo, Dwight. (1948). *The Administrative State: A Study of the Political Theory of American Public Administration*. New York: Ronald Press.

Wiener, Norbert. (1948). *Cybernetics*. Cambridge, MA: MIT Press.

Wilson, John A. (1951). *The Culture of Ancient Egypt*. Chicago: University of Chicago Press.

Wren, Daniel A. (1987). *The Evolution of Management Thought*, 3rd ed. New York: Wiley.

第 7 章

组织行为

引子：好莱坞的组织发展：从《硫磺岛浴血战》到《魔鬼女大兵》

黛米·摩尔（Demi Moore）和约翰·韦恩（John Wayne）两位演员看起来可能并没有共同之处，但这两个人却都在与组织行为有关的故事影片中饰演了角色。在 1997 年的电影《魔鬼女大兵》（*G. I. Jane*）中，摩尔参加了一个自称为海豹突击队（海陆空特种作战小队）的特别小组，被锻炼成为一个完全胜任的战斗团队的一名成员，还亲身经历了一次假想发生在利比亚海上任务的“真实”行动。摩尔在电影中所做的事情与约翰·韦恩在二战电影《硫磺岛浴血战》（*The Sands of Iwo Jima*）（1949 年）和《浴血火海》（*Flying Leathernecks*）（1951 年）中所做的事情并无多大差异。韦恩在前一部电影中扮演陆战队步兵小队的一名中士，在后一部电影中则是海军战斗机中队的一名指挥官。在这两部电影中，他都把那些难以驾驭并且极度精力充沛的年轻孩子们训练成为高效的、纪律严明的战斗力量。他作为长者，拥有更加成熟的个性，通过榜样和指导来教育这些孩子们。当因他手下的一位小伙子辜负了团队的期望而使某人不可避免地死去时，他在事后会送去那种慈父般的安慰，从而使这些孩子们下决心再也不把事情搞糟。“许多小伙子都会犯错，但是我想，如果我们都犯错误，那就会随之带来一大堆的麻烦。我们犯了一个错误，而某位小伙子没有离开——永远地，他不会离开。”他说着，眼睛湿润了，他那压抑的声音使这些话听起来更加辛酸。韦恩总是令人印象深刻，就像此时的他，在快要落泪的时候却很有男子气概地忍住了。

从韦恩的表演中得到启发，摩尔在《魔鬼女大兵》的大部分情节中，也很“男人”地抑制住她的眼泪，尤其是在一场残酷的模拟战俘讯问中更是如此。尽管她双手被绑在背后，但仍然野蛮地踢向那个嗜虐成性的讯问者的阴部（至少是暂时地以此方式否认这个讯问者的男性优势），并且爆发出一长串难听的谩骂，彻底地表现出她可以像最强硬的家伙一样使用兵营中恶俗的言语，她由此最终被接受成为海豹突击队中的一员。从此以后，她指挥的士兵们都乐于跟随她到任何地方。关键是她的行动——她的榜样——就同韦恩一样，把她的队员们铸造成一支高效团队，尽管他们以前缺乏团队凝聚力。《魔鬼女大兵》和许多其他的战争电影，比如约翰·韦恩那些作品一样，展示了组织发展是如何成为并且一直作为军事训练的固有的一部分。

当然，即使摩尔剪了平头，她也不会是新约翰·韦恩。毕竟，她没有成就战争电影的事业，也没有成为富有侵略性的美国军人的象征。韦恩在 1949 年的《硫磺岛浴血战》中扮演史赛克（Stryker）中士，首次成为美国军人的象征。韦恩通过他刻画的一个强硬的严格纪律信奉者的形象赢得了他的第一个奥斯卡提名。在这部电影中，由于其严厉的训练方法，这个步兵小队的士兵们都非常讨厌他，直到电影末尾，他们才意识到正是他残酷的训练使他们成为高效的作战小队，从而拯救了他们大多数人的性命。按照劳伦斯·修德（Lawrence Suid）在其《勇气与荣誉：伟大的美国战争电影》（*Guts and Glory*：*Great American War Movies*）一书中所言，韦恩自己把《硫磺岛浴血战》的情节描述为“一位善良的英国住宿学校教师瞿斯（Chips）先生参军打仗的故事，即一个男人带领 8 个男孩并且使他们成为男人的故事”。不过，兰迪·罗伯茨（Randy Roberts）和詹姆斯·奥尔森（James Olson）在《约翰·韦恩：美国人》（*John Wayne*：*American*）一书中补充道：“如果有人能够想象瞿斯先生用来复枪那粗大的枪托将学生下巴打裂，那么这种比较就是恰当的”。

这部电影得到美国海军陆战队的全面合作，数千名演员的大部分都是真正的海军陆战队队员。虽然它经常受到那些“严肃的”评论家的嘲弄，然而这部电影却还是成为 20 世纪最具影响力的电影作品之一。它告诉了整整一代美国人，什么是领导者，尤其是小团队的领导者，史赛克在即将行动前的那标志性的喊声——“备马”和“准备射击”——仍然经常能在军队和普通百姓中听得到。比如新闻记者帕特·布坎南（Pat Buchanan），他从未在军队中服役过，却在其竞选 1996 年共和党的总统提名这一不走运的政治战役中经常使用此类措词。众议院的发言人，佐治亚州的纽乌特·金里奇（Newt Gingrich）在《决战》（*Showdown*）杂志中对伊丽莎白·德鲁（Elizabeth Drew）说，《硫磺岛浴血战》是“影响我一生的电影”。史赛克的领导模式——使团队成员变得坚强和更加有效（尽管他们会因此而怨恨他）——成为金里奇公开承认曾经使用的策略，即他在 1994 年运用这一策略使其共和党反对派成功地发起对众议院的激烈抨击。

韦恩在多部电影——如《浴血火海》（1951 年）和导演约翰·福特（John

Ford）的美国骑兵三部曲：《要塞风云》（*Fort Apache*）（1948 年）、《黄金骑兵队》（*She Wore a Yellow Ribbon*）（1949 年）和《边疆铁骑军》（*Rio Grande*）（1950 年）——中扮演了相似的角色，扮演年轻人的领导者，塑造了外表冷漠而内心热情的领导人形象。但有一个例外，那就是他在电影《牛仔队》（*The Cowboys*）（1971 年）中以不同的形象重新塑造了史赛克的角色。在这部电影中，他扮演得克萨斯州的一位大农场主，他必须让那些未经训练的男孩子们把他的牛群赶到几百公里外的一个铁路终点站。但是在努力促进组织发展这一情节上本质是一致的，即使这些男孩们能够胜任手边的工作。在这两部电影中，男孩们一开始都不喜欢他，但是后来他们认识到他的方式可以帮助他们渡过难关而渐渐喜欢上了他。在这两个故事中，韦恩都被杀害了——在《硫磺岛浴血战》中，当美国国旗在硫磺岛升起的时候，韦恩被日本的狙击手杀害了；而在《牛仔队》中，被由布鲁斯·邓恩（Bruce Dern）扮演的那个卑劣的偷牛贼杀害了。在这两个故事中，团队即使没有了他仍然能够很好地运行，因为他已经把他们训练、培养和发展成非常优秀的团队。在《硫磺岛浴血战》中，这个小队仍旧保卫着岛屿，正像海军战团赞歌提醒我们的那样，“从蒙特祖玛的山上到的黎波里的海岸线”，同样的事情继续发生着。在电影《牛仔队》中，这个团队已经意识到他们在他的训练之下，已经足够强大到可以单独行动，去把牲畜从盗贼手中夺回来并且杀死强盗们。在这两个故事中，韦恩就像《旧约全书》中的摩西，使他的人们接近了“福地”（promised land）却在达成目标之前死去了。他们必须在没有他的情况下继续前进，同时由于他们从他身上学到的一切，也已经能够达成目标。正是韦恩这种令人尊敬的一面使他本人、他的角色和他的电影令人感动至深并且经久不衰。

但是，真实的约翰·韦恩却一点也不像“约翰·韦恩”。这些电影以及美国大众想象中的男主角原型却并不是一位英雄，而且恰恰相反，是地地道道的冒名勇士。不同于同期的许多电影明星，如克拉克·盖博（Clark Gable）、罗伯特·泰勒（Robert Taylor）、詹姆斯·斯图尔特（James Stewart）、蒂龙·鲍尔（Tyrone Power）、亨利·方达（Henry Fonda）、葛伦·福特（Glenn Ford）和斯特林·海登（Sterling Hayden）等，这里只是随便提几位，他们放弃好莱坞已建立的事业而带着荣誉投身于二战之中——而韦恩却尽一切努力避免在战争期间服役。他不只是一位重要的公众人物，也是一位活跃的、狡猾的、多次成功的逃兵役者。他只是安排电影制片厂宣称，他正在进行的工作对于战争来说也是必不可少的。不过，到 1943 年，韦恩决定为国效力，前提是他能够获得委派为导演（但现时为海军军官）约翰·福特（John Ford）的海军摄影组工作。但福特并不能接受他，因为那时所有的类似职位都被冻结了。据福特的孙子丹·福特（Dan Ford）说：“韦恩尝试了其他渠道，但未能得到批准。唯一能让他加入这项服务的途径就是以士兵的身份应募入伍。”韦恩解释说：“我认为花两年的时间拣烟头是在浪费时间。我认为如果留在好莱坞可以为战争出更多力。”

韦恩的事业在战争期间达到鼎盛期，当许多其他的大明星身穿制服面对敌人时，韦恩却面对着镜头。因为韦恩拒绝服役，电影业的许多人都不能原谅韦恩。政治分析家盖瑞·韦尔斯（Garry Wills）写道：“一些人甚至声称韦恩也不能原谅自己——当他晚年极力促进美国进行朝鲜和越南战争时，这种补偿性的极端爱国主义，就是一种赎罪。如果真的如此，那还是不够的。这个男人号召其他后裔子孙去牺牲他们的生命，如果他们拒绝的话，就说他们‘软弱’，没骨气。”

尽管如此，韦恩的个人荣誉和爱国主义使他在战后时期成为并维持着组织发展的民族偶像地位。尽管韦恩在《硫磺岛浴血战》中的表演非常精彩，但电影手法仍属陈词滥调。这个严酷的父亲般的主人，他将易犯错的“男孩们”护在自己的双臂下，并使他们成为真正的男人，这种戏剧性的手法远在古希腊《荷马》作品中就可以找到。它之所以成为众多战争电影中标准的情节手法，是因它自身可以很好的服务于故事主线，即符合从开始、过程和结尾讲述故事这样简洁的过程。《硫磺岛浴血战》只是这类作品的主要代表作，其他战争电影几乎拥有相同的情节结构，包括：《同心协力》（*Gung Ho!*）（1943 年），主演伦道夫·斯科特（Randolph Scott）；《战斗召唤》（*Battle Cry*）（1954 年），主演范·赫夫林（Van Heflin）；《轻舟英雄》（*Cockleshell Heroes*）（1956 年），主演约瑟·费瑞尔（José Ferrer）；《格拉斯哥流浪者》（*Darby's Rangers*）（1958 年），主演詹姆斯·加纳（James Garner）；《十二金刚》（*The Dirty Dozen*）（1967 年），主演李·马文（Lee Marvin）；《魔鬼兵团》（*The Devil's Brigade*）（1968 年），主演威廉·霍尔登（William Holden）；《加利波利》（*Gallipoli*）（1981 年），主演梅尔·吉布森（Mel Gibson）；《战火云霄》（*Heartbreak Ridge*）（1986 年），主演克林特·伊斯特伍德（Clint Eastwood）；《末代武士》（*The Last Samurai*）（2003 年），主演汤姆·克鲁斯（Tom Cruise）。

这些电影都运用了三幕模式法。首先，具有不同个性的成员被组成一个团队，而这个团队看起来就是一群个人主义者的集合，作为整体无法发挥作用。几乎总是这样，这个团队在种族上是不同的，以代表社会中的构成与紧张。所以通常都是由大学生、伐木工、“陷入绝境”的孩子、农民和城市的异教徒（这些角色明显指的是波兰人、意大利人或者犹太人）。后来，正如美国社会那样，种族变得更加多元，西班牙裔美国人、亚裔美国人和非洲裔美国人都会出现。第一“幕”往往是各种类型人渐渐抛弃他们各种随意的个性，在父亲般教练的严厉而又善意的引导之下，把他们塑造成为一个团队，团队的座右铭可能与大仲马 1844 年的《三剑客》（*Three Musketeers*）（1844 年）中的一样“我为人人和人人为我”。

第二幕就是这支队伍像团队一样的演习训练，同样重要的是在度假休息时也像团队。这个情节的目的是，使团队成员认识到无论在酒吧打架还是在场地演习他们都是一个集体。正是集体的冒险、分担共同的压力和危险，最终让个人联结成为战斗团队（同样的缘由，隐居和户外冒险仍旧是平民团队发展的流行方式。一起喝酒、一起爬山将使他们以一种更加合作的方式履行他们日常工作中的平凡责任）。一旦团队已经形成，这些年轻的战士们就意识到，他们最初讨厌的艰苦训练是为了他们好，而他们已经准备好第三幕：战斗。

第三幕证实了前两幕是有效的。它“检验”了那些训练工作的成效。当不可避免地失去生命时，纪律和团队工作被证明是在挽救生命和争取时间。父亲般的形象——不管是约翰·韦恩还是伦道夫·斯科特——当他把他们带入危险并且帮助他们完成作为军人或者炮灰的使命时，没有比这更像一位父亲了。

遵守这种三幕法原则的电影是如此的流行，其原因之一就是他让观众感觉真实。尽管他们确实是在对大众洗脑，但是电影中关于军队如何教导和训练新兵却是真实的，从表面上看，所有国家都如此。因而这种电影题材代表着一种组织发展的时间测试方法。当然，问题是这种特别残忍的方法并不能够普遍地运用。企业的一线管理者（相当于军队中的中士）不可能要求一名出错的工人马上做50个俯卧撑。在工业界，这种惩罚必须更是心理方面的而非生理上的。

到此为止，我们已经讨论了战争电影中低端组织发展问题。尽管如此小单元的情节已经为角色发展和观众认同提供了最大机会，但仍然存在着高端组织发展问题，即在指挥层面的组织发展。把它演绎得最好的电影包括：《巴顿将军》（*Patton*）（1970年），主演乔治·C·斯科特（George C. Scott）；《晴空血战史》（*Twelve O'Clock High*）（1949年），主演格里高利·派克（Gregory Peck）。在这两部电影中，新的将军们负责一个大军团，而这个军团的执行力不足。然而，虽然他们是将军，不是军官，他们也使用了与约翰·韦恩扮演的史赛克中士同样的手段去改变那种导致组织运转失败和前任指挥官被解雇的机能失调之组织文化。当斯科特与派克使用其将军权威来对他们脱离正轨的组织施行严厉的纪律制度时，他们在更高一级的组织层面上遵从了史赛克的范例和技巧。同时也取得了同样的结果：一个能迸发更高士气和成功运行的高效团队。

这篇短小的议论文的核心，在于阐述各个时期的军队——尤其是美国战争电影——已经显示对组织发展的精确理解，但这远在组织发展成为现代管理教育的正式构成要素之前就已出现。也许韦恩的史赛克军士并不是某些组织发展的和善协助者或顾问的理想人选，但是他——更真正地——懂得军事训练。尽管没用拥有行为科学方面或公共行政方面的高级学位，但他和他的战友们，追溯到古罗马军团时期或者更早的军人们，却知道如何逐渐实行有计划的组织变迁。接受更高教育是非常好的一件事，但有时你只需待在家中观看一堆古老战争电影也可以学到。

讨论题

组织发展“三幕法”中的每一幕，为何对于理解军队和民间是如何使这些过程发挥作用来说都是必须的？是不是组织发展仅限于战争电影，或是在其他电影中也可以发现这类例子？

7.1　组织行为

组织行为（organizational behavior）研究包括行为科学的方方面面，而行为科学（behavioral sciences）聚焦于对组织中人的行为的理解。公共行政研究者总是对政府组织中人的行为感兴趣。但是有关对人在工作中行为的基本假设从古到今都没有显著改变。雨果·斯特伯格[①]（Hugo Münsterberg）倡导说，利用传统专制主义的、军国主义的和“爸爸知道最好的”一系列对待工作组织的态度，将来自于实验的心理学成果应用到实际问题中去。他试图使新雇员的能力与公司的工作要求相匹配，积极地影响雇员对工作和公司的态度，并试图发现心理状态对雇员生产力的影响。斯特伯格在第一次世界大战前的这种研究途径，正是20世纪50年代怎样将行为科学应用于组织中的典型特征。

与斯特伯格传统的组织行为观点形成鲜明的对比，20世纪60年代出现一种新的应用行为科学。它致力于寻找诸如组织如何激励其员工成长和发展等诸多问题的答案，因为它坚信，组织的创造力、弹性和美好前景会伴随组织成员的成长和发展自然而然地到来。组织和成员关系之本质被重新定义为相互依赖而非单方面依靠。相反的，在斯特伯格年代的管理者，并不相信和谐共存是组织与雇员之间的“正确”（right）关系。

一直以来，人们对官僚机构成员的行为都是相当感兴趣的。毕竟，正如前一章所探讨的，组织理论的根本目的，就是创造一种能够调节组织内部人员行为的机制。然而，直到大约1960年，随着道格拉斯·麦格雷戈（Douglas McGregor）的《企业中人性面》（*The Human Side of Enterprise*）问世，关于组织员工与组织的关系的基本假设才真正开始有所改变。这种研究组织的新方法将兴趣集中于成员、团队、两者之间的关系以及组织环境上。它建立在以下几点假设之上：

（1）创建组织的最终目标是为人服务。

（2）组织与成员之间互相需要、相互依存（组织需要思想、活力和聪明才智，而人们需要职业、工资和工作机会）。

（3）当个人需要与组织需求不相匹配时，一方或者双方都会受损；个人被利用或者试图去利用组织，或者两种情况同时发生。

（4）个人与组织之间匹配良好将会使双方都受益，因为个人得到了有意义的和满意的工作，组织获得了使其兴盛的人才和能量。

把之前家长式的权威观与这些假设相比很具有启发性。当引进新技术时，家长式的权威观就会给新技术的投入和运行制定许多新规则，而不去关心工人们如何看待这些改变。工人们在变革中是没有发言权的，即使有时会出现一些“路德派分子”[②]（Luddites），他们很快也会被压制下去。与这种“命令就是命令”的方法相比，现代组织行为者如何考虑引进新技术呢？他们会马上考虑和计划一个具体实施办法：

（1）吸收各个层面的人参与新技术的引进过程，从而最大限度地减少变革给他们带来的恐惧。

（2）最大限度地减小变革给组织弱势群体（比如老工人、技术不熟练者或者年轻工人）带来的负面影响。

---

① 雨果·斯特伯格（1863—1916）：心理学家，出生于德国，后来在美国的哈佛大学工作，被称为工业心理学或应用心理学之父。

② 路德派分子：指19世纪早期的英国工人们，他们捣毁了在工厂中将要取代他们的纺织机器；在著名的尼德·路德之后，这个术语现在泛指为了保住饭碗而破坏高技术设备的任何人。

（3）由现会员选举或指派[①]（co-opt）非正式和正式（通常是工会）领导人，尤其是那些可能起到对抗作用的领导人。

（4）为那些不会将变革与他们个人目标视作一致的员工，设计一些备选方案。

由于现代观点非常尊重个人，并给雇员提供最大数量的准确信息，所以他们可以基于可靠信息对其未来作出决定。

可以假定，斯特伯格的传统观点，在许多较不复杂的组织中仍然是适用的，这些组织仍坚持认为个人与组织相适应。连同弗雷德里克·泰勒和其他人的古典组织理论，应用行为科学的组织角色，其主要任务就是帮助组织寻找并塑造员工，使这些员工成为组织这台机器的人力零件。

因此，在适当的环境下，人员和组织将会共同成长和成功。个人与组织并不必然是敌对者。管理者可以学会释放以前被压制的能量和创造力。要做到这一点，两个最重要"工具"就是团体动力学和组织发展。

7.1.1　团体动力理论

在工业革命初期，工场组织（workplace organizations）就是基于专业化和劳动分工这些基本原则而建立起来的（参阅亚当·斯密有关针厂的论述）。在今天的复杂组织中，几乎没有工作可以从开始到完成都由一个人来做。专业化使一个组织能更系统地利用人们的技能和勤奋，并使他们的知识和能力集中于有限数量的任务中，即最小化雇员的学习曲线[②]（learning curves）。

履行不同专门职责的雇员，组织化地聚集为各种工作团体（work groups），这些团体再组成不同的车间或科室，进而再组成部门，组成为公司等。工作团体吸引着具有相似背景的成员，比如相似的专业训练、社交生活以及作为会计、老师、工程师或电脑程序员的经历。所有这些共同背景使人们在社会化中形成共同的价值观、信仰和行为体系。我们学习像律师、教师或者会计师那样思考和行动，像弗吉尼亚人或南加利福尼亚人那样思考和行动。

几乎所有团体，特别是那些目的明确、专业化和制度化的团体，都会发展出它们自己的一整套行为规则，形成诸如组织环境的特性和与其他团体恰当关系等诸多假定。所有团体都希望它们的成员遵守这些准则。组织通过奖励其所期望的行为，惩罚不利于生产的行为，从而实现组织计划的目标。事实上，所有的组织都试图通过奖惩结合来激励员工。强化[③]（reinforcement）理论就是假定人们在工作中寻求

---

① 由现会员选举或指派：指吸收那些潜在的持不同意见的组织成员进入组织政策制定过程中，以防止这些因素成为组织或者其使命的威胁。关于它的经典分析见于菲利普·塞尔思尼克（Philip Selznick）的《TVA 和草根阶层》（*TVA and the Grass Roots*）（1949 年）。

② 学习曲线：在工作中能够获得最佳效率的时间。当工人们重复做一个新的工作时，根据可被描绘成一条曲线的图表显示，每个单位的劳动的产出数量会降低。

③ 强化：用一种特别方式表现出来的激励机制。当个人获得其渴望的奖励时，这种奖励视一些指定行为的执行情况而定，正面的强化就发生了。当个人工作以避免一个不想要的结果时，负面的强化就发生了。

奖赏而试图避免惩罚的理论。

对团体规则的接受和坚持，使人们可以知道从彼此之间可以期待什么，并且可以预测在不同情境下其他成员会做什么。规则使成员们在固定的和可预测的方式中行为。因此，通过使共有期望制度化，组织更加稳定。然而，必须记住的是，绝对的服从标准会导致绝对的一致。这会伤害甚至破坏个人主义，甚至会导致趋同思维(groupthink)。这里潜在的破坏不仅局限于在组织中工作的个人。绝对的一致会导致组织僵化，从而使组织整体完成任务的能力下降。

当团体在组织中被逐渐制度化，例如成为生产小组或是行政部门，其共享的信念、价值和假设这些标准就会构成这个有凝聚力的组织及其组织亚文化的实质内容。大部分团体的亚文化与整个组织的文化是相似的，但是也包含一些由于事件、环境和个性的影响而形成的独特因素。考虑到团体所需要的基本忠诚和他们所满足成员归属的需要，很容易理解为什么自己人集团和外人集团以及“我们和他们”、“我们对他们”等感情在组织中是如此具有生活的特色。

团体动力学（group dynamics）是组织行为学的一个子域，它关心团体性质、团体如何发展以及团体与个人或与其他团体的相互影响。“团体”（group）这个术语，在学术上通常是指一个最初级团体，小到其成员之间可以面对面地互动，成员之间相互关系长期存在直至可以形成一些私人关系、感情、认同感或归属感。初级团体有两种基本类型：正式的和非正式的。

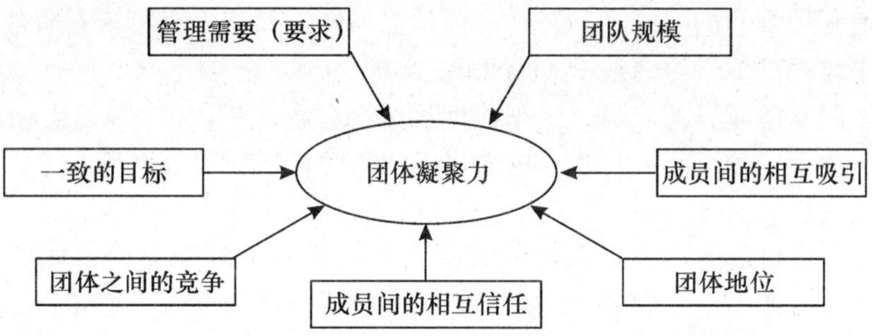

图 7—1 团体凝聚力的组成元素

正式团体（formal groups）是由一个较大的组织正式创设的，通常都是为了完成某项任务而设。雇员们基于他们在组织中的地位而被分配到这些正式团体中。正式团体有两种基本类型。第一种就是命令型团体（command groups），它在正式组织图中有明确的说明，包括管理者和直接向他报告的员工。这种类型的团体是组织结构的基本构架，其成员包括传达室职员到较小行政部门的雇员再到整个组织总部的雇员。第二种就是任务型团体（task groups），即被正式任命的以工作为导向的短期团体。在这种团体中，成员一起工作以完成某项特殊的项目或任务，然后就解散。某些任务小组①（task force）或临时委员会就是很好的例证。

① 任务小组：在一个较大组织中的一个临时跨部门团队，承担着完成某个特定目标的任务。当问题涉及多个政府部门时，任务小组在政府中也经常被运用。

非正式团体（informal groups）是由在工作条件下自发形成关系和交往模式的个人所组成，其成员主要是那些自愿发生联系并且满足社交需求的雇员。尽管工作中的非正式团体可能会有目标和任务（比如种族团体、保龄球俱乐部或是午餐会发言团），它们存在的主要原因是友情、归属感和共同爱好。尽管非正式团体很少被正式批准，但它们对于组织的工作来说是极其重要的。它们的准则、价值观、信仰和期望对与工作相关的行为和态度有非常重要的影响。切斯特·巴纳德在《经理的职能》一书中为非正式团体的重要意义作了经典的论述：

> 尽管与有意识的正式组织相比，非正式组织是在无意识的社会过程中形成的，它有两类重要的作用：（1）它建立了某种态度、理解、习俗、习惯和制度；（2）它创造了正式组织产生的条件。

对组织行为的研究人员和实践者而言，组织中所有类型的团体它们内部发生了什么（为什么会发生）以及不同团体之间发生了什么，都是非常重要和有趣的。

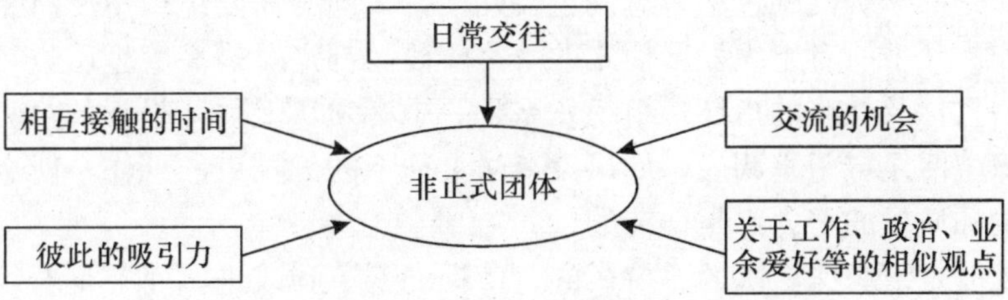

图 7—2　导致非正式团体产生的因素

7.1.2　组织发展

当法国外籍军团在 20 世纪早期占领大部分北非沙漠时，有一句“前进或是死亡”的口号，意思是说一个军团士兵只有在纵队中不掉队才能够生存下来。所有组织应该在墙上贴上相似的口号：“变革或是死亡”。这里的主旨是说，如果社会有机体没有持续不断地变革、革新，也即真正地进行再造，那么它会像孤独的老兵一样必死无疑。

组织发展（Organization Development，OD）意味着有计划地进行组织变革。组织存在于一个不断变化的环境中，必须对无论是内部环境还是外部环境进行回应，否则就会失去活力。组织发展顾问、应用行为学专家的责任就是去促进这种改变，即用他们所具有的行为科学知识来促进组织改进。这些顾问可以是已经为组织工作的内部人员，也可以是组织外部的独立咨询师。通常最急需的变革，就是引进一种慈善管理哲学。更加合适的目标，可能就是培育相互信任的组织氛围，从而促进交流沟通或是改进参与机制，这将会大大地激发生产力。任何组织要想生存或者仅仅为了保持良好状态，都必须定期地祛除那些使它不适的因素。

组织发展本身不是一种哲学。而是一种增进组织效能的方法或策略。作为一个过程，它并没有价值偏向，但是它经常与这样一种思想联系在一起，那就是效率是通过把个人发展的愿望与组织目标相结合而得到的。没有那种可以简单地应用到所有组织中的那种组织发展的通用模式。组织发展顾问的基本任务，就是使那些通常可用的组织发展技术中的恰当部分适用于其组织问题的直接请求中。这就是为什么组织发展顾问必须精通现代管理中的行为科学研究成果。因为没有任何教科书中会用一个被纠正了的具体组织问题进行案例学习，这些顾问们必须准备好利用他们的专业背景即时应对。组织发展的建议，像公共行政的许多其他部分一样，包含很大的艺术成分。

公共部门中的组织发展过程执行起来更加困难，因为，必须首先赞同引入组织发展的高层管理是一个支离破碎的群体，它由政务官、事务官、立法委员会、客户群体等组成。一线管理者也会产生敌意。人事部门担任组织发展的角色，往往意味着会深深地介入传统直线特权当中，因此，在人事部门对组织发展的关注被看作是一种支持而非威胁之前，还会需要一段时间做一些其他的事情。

最高管理层，若突然决定用充分的雇员参与和合作的组织氛围取代高度结构化的专制权威的组织氛围，那就可能会在雇员中产生巨大的震惊和怀疑。所有关于组织氛围或文化的改变，都必须很好地提前计划并且渐进地实施。组织发展并不能一蹴而就，而是一个缓慢的过程，起码也要几个月，同时需要组织中所有主要人员的奉献和合作。几乎所有组织发展模式的第一阶段，都是对最高管理层进行基本的有关组织发展目标及战略的指导。组织发展是一个必须从上往下推行的过程。当领导层者为组织生活设定了基调后，如果没有从上往下的无拘束的合作，所有改变组织生活的步调和质量的努力都是徒劳的。

组织发展是组织深层次的、持久的、广泛的变革和改进，而不是对组织的细枝末节的肤浅变革。对于广泛而又长久的组织变革的关注，引发了组织发展的实践者对组织文化的巨大兴趣，但直到 20 世纪 80 年代组织文化才成为管理话题流行开来。组织发展顾问开发出许多改进组织的策略和技术，大部分都是运用干预措施①（interventions），而这些措施都是由局外人（常被称为变革代理人）加以实施的。一些最普通的策略包括组织诊断、过程咨询②（process consultation）、团队建设（多种方式）、行为研究、数据反馈、工作扩大化③（job enlargement）、工作丰富化④（job enrichment）和冲突管理。但是每一位顾问都有他自己首选的策略。

组织发展运动的起源，通常可以追溯到霍桑实验（Hawthorne studies）。但对行为导向的组织变革过程的确切理解，则出自于敏感性训练（T—团体⑤）（T-group）运动。这项活动开始于 1946 年，库尔特·勒温（Kurt Lewin）和他的同事们共同合作，带领一个专题研究组去帮助改进新英格兰地区康涅狄格州的种族关系和社区领导，在晚上的职员大会中，他们讨论了专题研究组参与者的行为和事件的

---

① 干预措施：一种外部因素介入持续发展的系统，比如一个组织，以便帮助它表现得更好。

② 过程咨询：组织发展顾问的干预性活动。

③ 工作扩大化：增加额外的但是相同的任务到工作中。

④ 工作丰富化：增加不同的职责到工作中，使工作处于更高水平且更容易使人实现自我满足。

⑤ T—团体：一个训练团体。组织发展技术的领袖权威克里斯·阿吉里斯（Chris Argyris）指出："T—团体经验是被设计了用来为个人提供最大可能的机会去表现自己的行为，发出反馈或者接受反馈，实验新的行为，并且发展持续不断的对自己和别人的认知能力和接受能力。"

原动力。许多研究组的参与者要求加入晚上讨论，这个过程的最终结果导致了 T—团队技术的创建和制度化。尽管早期 T—团队主要强调个人成长和发展，但它很快被改变后适用于组织。T—团队成为一种方法，通过这种方法，组织成员学会了如何诚实和直接地就事实和情感进行沟通（从人际关系的角度看，情感就是事实）。因此 T—团队成为增加组织效率的核心战略，它通过促进人际交流（比如反馈），减少对抗（和僵化）或者是通过改进员工的应对办法（processes）来增进组织效率。这里的应对（coping）有两重意思，即积极地应对工作和积极地应对同事。

但是，T—团体必须成为更为系统全面的方法论的一部分。调查研究方法，当它与反馈/交流（T—团体）技术相结合，并且运用于有计划地组织变革时，会发展出组织变革的行为研究模式（action research model）——这种行为研究模式便是组织发展实践者和理论家的主要依据。行为研究模式是通过使用外部咨询以及培养组织成员对于问题和解决方法的心理所有权[1]（psychological ownership）来识别组织改进需求的过程。简而言之，行为研究主要包括以下方面：

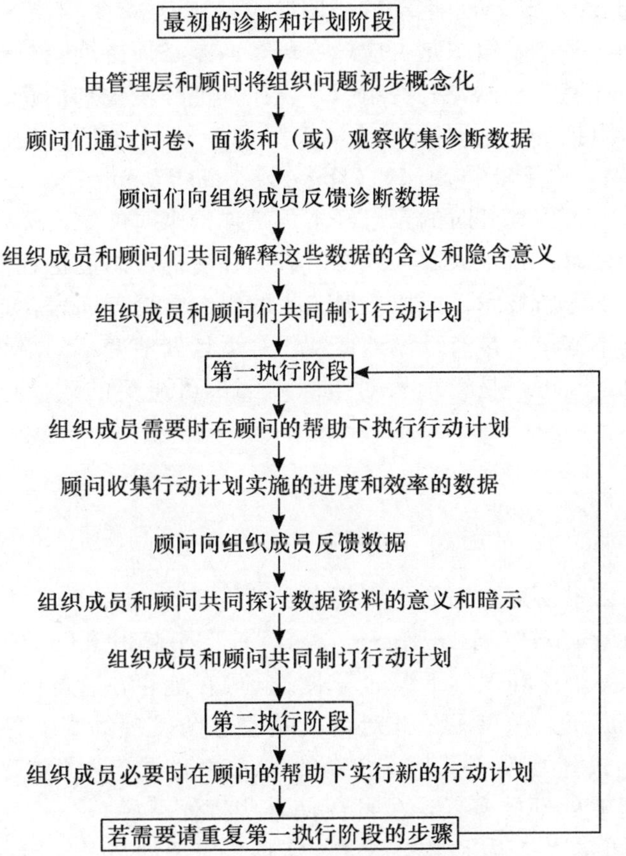

图 7—3 组织发展行为研究模型

资料来源：改编自 J. Steven Ott，ed.，*Classic Readings in Organizational Behavior*，2nd ed.（Belmont，CA：Wadsworth，1996）。

① 心理所有权：是指对于一种无形事物，例如组织变革的努力，在情感上相关或负有义务。

（1）通过书面问卷或面谈收集组织诊断数据（澄清问题）。

（2）向回答问卷和接受面谈的组织成员系统化地反馈信息。

（3）讨论这些信息对组织成员意味着什么以及它对组织意味什么。用于明确这些“诊断”是否准确，并且激发改善现状的行动所需求的心理所有权。

（4）利用咨询者的知识和技能以及内部成员的观点共同形成一项改进计划。

（5）如果需要，重复上述的过程。

长期的组织发展之成功的关键就是最后一步，即如果有需要就要重复。勒温因其关于社会变革必须被视作解冻、改变、再冻结的三步论断而闻名于世。如果你仅仅关注变革的这个过程，那么变革至多昙花一现。组织必须把改变置于适当的位置来观察它是否真正奏效。这个过程之所以称为行为研究是因为它所实验的对象，即组织，一直处在运转当中。当勒温说“解冻”时，他的意思是说开放组织进行变革。“再冻结”的过程是指凝结这些变化，然后观察这些变化是否是一种进步。这种致力于持续不断的改进之组织发展就是第 8 章所要讨论的全面质量管理（total quality management，TQM）运动的初期形式。

最后的问题，并不是组织是否应该变革，而是必须持续变革来回应其生存于其中的不断变化的环境。当然，有些组织环境比其他环境更加活跃。但是改变，无论快慢，总是不可阻挡的。托马斯·沃尔夫（Thomas Wolfe）最好的一句话，就是他 1940 年的小说《你不能再回家》（*You Can't Go Home Again*）的名字。仅仅由于一段时间的流逝，你离开时的家已经不再是你回来时的家。你曾住过的家，就像你曾工作过的办公室，每一天都在改变。人们在变老，态度也在变化，并且无论我们做什么都是在学习新技术。所以，对未来的组织管理者而言，这个问题并不会改变：是变革还是不变革，是有计划地变革还是无计划地变革。组织发展作为一种有计划的变革工具，只不过是管理者对组织内部不可避免的改变进行控制和指导的工具。

7.1.3 个性的影响

克里斯·阿吉里斯是杰出的组织现象分析学家，他在 1957 年出版了《个性与组织》（*Personality and Organization*）后，首次引起世人的关注。在书中，他声称在成年人的成熟个性和现代组织的需求之间内在地存在着冲突。简而言之，就是大部分组织都把成年人像孩子一样对待。随着这个发现的真实性越来越明显，组织对待雇员的方式开始改变了。一个新的信条演化而来，那就是组织应当给予其成员所有他们能够处理的责任，由此促使某些责任下放。

尽管这与对更高生产力和效率的关注实现了完美的契合，但内在个性问题并非如此过时以至于被忽视。毕竟，在平等就业机会和劳动力多元化的时代，强调个性对组织的作用可能是危险的。谁会需要因雇员的文化传统受到内在具有压制性的组织和对多元文化环境不敏感的管理者的“攻击”（attached）而提起的控告或诉讼呢？

尽管如此，组织分析家们仍然不顾可能会由多元化带来的危险，再次开始重新审视个性的作用。同时，他们开始发表一些令某些人有点不舒服的观点。他们并不否定阿吉里斯那些关于成年人和组织的说法，但他们认为不同类型的成年人适应不同的组织，早些年曾因其固有的好胜心和对固有权威的蔑视而著称的英雄们，可能并不适应当代的官僚文化。

这里争论的关键就是内在气质问题。据记者威妮弗雷德·嘉勒格（Winifred Gallagher）所说，古希腊的希波克拉底①在2 500年前首次描述的四种基本人格特质的有效性至今仍旧存在。他划分的四种"气质"（temperament）至今仍被广泛应用于非正式地描述人格类型，这就是把所有人分为多血质（乐观和活泼）、抑郁质（多愁善感和内向）、胆汁质（易怒和暴躁的）和黏液质（冷静和缓慢）。事实上，许多人都曾经同时呈现出所有的"气质"和情绪。

即使我们抛弃希波克拉底的"气质"分类法，"肮脏的哈里"（Dirty Harry）［由克林特·伊斯特伍德（Clint Eastwood）在一系列电影中刻画的好斗的警官形象］不应该负责警察局的电脑系统，这也是常识。类似地，一个极其害羞、语气柔和的人也不能是代表组织出现在电视或电台上的最佳人选。而那些倾向于长期焦虑和担心的人，不可能在一个高压力职位上表现出众。然而这些不当的搭配是如此的普遍以至于成为组织无能的主要原因。

7.2　官僚组织对行为的影响

官僚组织对其成员行为的影响，是由成员的独特个性与其必须密切接触的组织结构相互作用而形成。每个组织都用其结构来规定劳动分工的独特方式，规定如何协调不同的专业职能（彼此相互协调并与组织的其他层级和功能相协调），如何使信息在人员与团队之间流通，如何使控制体系（怎样衡量、评估和改变任务）发挥作用。这些结构，通常以"组织图"②（organization chart）的形式予以形象化，确定了任意给定组织中的成员和团队的角色、预期和资源分配。组织结构是组织行为为何不同于日常生活行为的主要原因，也是组织行为为何会发展成为应用行为科学中独立的研究领域的首要原因。然而，结构仅仅是影响组织中成员行为众多因素之一。态度和行为也由同侪团体③（peer group）压力、共同的团体行为标准、工作任务的社会和技术性质、组织内外部的文化等共同塑成。

庞大的官僚组织在本质上是保守的，它们总是不轻易发生变化。因此，关于官僚组织的那些永久的抱怨之一，就是它对变化的情况缺乏回应力。但是，这种对环境变化的迟钝反应却正是其合法的构成部分。在民主国家，没有公共部门可以在没

① Hippocrates，古希腊名医，被称为医学之父。——译者注

② 组织图：组织结构的可视化的表现，通常采用图表的形式。

③ 同侪团体：阶层、头衔或者收入等处于同一组织层次的人们。

有法律规定的前提下做任何事情。从另一种观点来看，这种所谓的迟钝，只是一种对法律的遵守。无论行政首长多么简洁高效，立法机关的权力掮客也将如常地保持膨胀和无效。如果政府工作与他们的选民利害攸关，那么政府的经济和效率将会受损更多。这恰恰正是美国国会成员每次都反对国防部试图关闭军事基地的决定性原因。当工作与其区域选民利害攸关时，国会的"鸽派"[①]（doves）就会突然变成防御的"鹰派"[②]（hawks）。

随着组织从小商店或小机构成长为大公司和大政府机关时，官僚组织严格的等级制度和明确的专业分工逐渐向着理想化结构形式演化。这种结构允许源自组织金字塔顶端的全面控制。但是，这种严格的控制既是好事也是坏事。好的一面是它可以集中地监视和控制雇员行为；坏的一面则是过度控制的高成本，并且严格控制和过度控制之间的界线是非常微妙的。穿上组织约束衣的雇员们不太可能发挥主动性，就像机器人——人类机器人——他们只会完成他们的指定任务，除非有关的官僚制权威告诉他们干点别的。一个设计合理的官僚组织将会非常高效，即使官僚个人从任何方面来说都不是杰出的个体。这也是为什么赫尔曼·沃克（Herman Wouk）在他1951年的小说《凯恩号哗变》（*The Caine Mutiny*）中，称美国海军是"由天才发明，却由白痴操纵的一部机器"。这样的机器，无论是企业的还是政府的，即使由普通人来操控，都可以有令人印象格外深刻的绩效。因此，法国小说家巴尔扎克（Honoré de Balzac）称官僚组织为"由侏儒操控的巨人"。在此意义上的官僚组织，绝非无效，而是一个拥有超级能量的堡垒——它的整体绩效远远超过混杂的人类成员的表现。

7.2.1 官僚组织的机能障碍

不幸的是，官僚组织内部通常会埋下导致其自身低效的种子，就像自身带有一个不好的遗传基因一样。当代作家，如罗伯特·K·莫顿（Robert K. Merton）和维克多·A·汤普森（Victor A. Thompson），提出官僚组织自身存在固有的机能障碍和病态元素，这会导致其运转中的低效。莫顿发现，官僚组织存在一种"训练性无能"（trained incapacity）。这是"一种个人能力不能完全起作用的状态或称盲区。那些曾经运用得很成功的基于训练和技能之上的行动，却可能会在改变了的情形下导致不适当的反应"。根据莫顿的研究，官僚组织向人们不断施加压力，使他们变得有秩序和有纪律，遵守义务模式。这些压力最终会导致人们把服从规则作为一种目的而非一种工具——这就是盲目服从。

正是这种盲目服从使得官僚组织具有第二十二条军规（catch-22）之特质，即对相互矛盾的要求反映出的训练性无能。这条"军规"（catch）——来自于约瑟夫·海勒（Joseph Heller）于1961年出版的同名小说，讲的是关于二战期间美国

---

① 鸽派：隐喻中的和平鸟，自古就象征着和平。

② 鹰派：倾向于军事行动的人们。它的反义词是鸽派。

轰炸机战队的故事——意思就是除非精神错乱才能免于飞行战斗任务。但不想飞行就必须由本人提出申请，而一旦提出申请就证明自己没有精神病，因为试图去避免战斗是理性的而非精神失常的行为。用海勒的话说，一个飞行员“飞行更多的任务可能会精神错乱，不飞才是理智的。但是如果他是神智正常的，他就必须飞。如果他执行了飞行任务，他就可能精神错乱而不用再去完成任务，但是如果他没有飞，他就是清醒的，必须接着飞”。这条“军规”完美地循环在其变态的荒谬中。由于这部书是如此的畅销，以至于“第二十二条军规”进入了英语词典，并成为描述官僚组织机能失调的实质性代码——人们被围困在相互矛盾的官僚制规则之中。“第二十二条军规”的一个常见例子就是这样的双重约束：一个人没有经验就得不到一份工作，但是不先工作就不可能得到经验。

官僚组织也强调非个性化关系（depersonalized relations），权力和权威都是由于组织职位而不是思想或行动来获得。因此，观点和意见并不是依据它们本身的价值而是根据人的职衔来评价的。如果老板真的总是比员工精明，那这种组织才是完美的。毫无疑问，莫顿认为官僚组织不仅影响而且还决定和控制着组织行为和想法。这决定了并非所有的组织脑力成果都会被使用，而那些客观上并不值得关注的东西却仍然被控制着。当然，官僚组织的领导通常都是聪明的和上进的，当他们在官僚组织的职业阶梯上攀爬时，总是能够控制住自己的嘴巴和脑袋。但危险在于他们可能因“蒸发作用”（evaporation）而遭遇痛苦。历史学家 B·H·利德尔·哈特（B. H. Liddell Hart）在他的《我们为什么不从历史中吸取教训?》（*Why Don't We Learn from History*?）一书中注意到，“当那些有野心的官员有条件向高层晋升时，可能会决定控制自己的想法和观点作为一种安全的预防措施，直到他们达到职位顶层时再把这些想法付诸实践。通常，不幸的结果是，经过数年为了个人野心而进行的自我克制后，当瓶子最终被打开时，里面的东西早就蒸发了”。

作为一种组织形式，官僚制有许多优点：秩序、可预测性、稳定性、专业化和连贯性。但是，官僚组织的行为结果却常常是消极性的。汤普森（Thompson）将“官僚制”（bureaucracy）和“病态的”（pathological）两个词合起来构造了一个新词，即官僚制受害者（bureaupathic），用来描述我们司空见惯的那些“深受官僚制之害的官员”。一方面，这样的人“经常夸大关系中正式的和非技术的那些方面，同时贬低关系中的非正式的和技术的方面”。由于不确定性的存在，他“被要求坚持那些不重要的权利和特权，坚持礼节，坚持手续——总之，坚持那些最不可能直接影响到组织目标达成的东西”。这就是最传统的对“官僚”的刻板印象。另一方面，“那些最没有用的但拥有审批权的官员，如果发现自己被忽视，通常会最强硬地坚持自己的核准权，并会像一头受伤的动物那样尖叫”。此外，“如果高层组织有个职权类似的同行，他很可能会坚持与那个高层组织的同行单独联系，以便通过控制这个特殊的沟通渠道来维护他的权威和势力”。毫不夸张地说，这个模式已经存在好几个世纪了。莎士比亚在《以牙还牙》（*Measure for Measure*）（第二幕第二场）中，描绘了一位“心胸狭隘的官员”，这个“傲慢的男人，权威不大，却完全不知道他是最不重要的”。这个“权威不大”的“心胸狭隘的官员”，也许就行动在你身边的官僚组织中——就是现在。

7.2.2 官僚的非人性化

马克斯·韦伯认为，官僚机构的“独特优点”就是“非人性化”（dehumanization）。几乎所有人都认为官僚组织具有非人性化效果，不仅对其雇员如此，而且在一定程度上，对其顾客也是如此。韦伯认为，非人性化意味着将“爱、恨和其他所有纯私人的、非理性的和情感化的因素从公务中”清除出去。在韦伯看来，形式化、等级制和官僚组织的其他核心特征使官僚个人成为“一台永动机器里的一个筒面齿，这台机器规定着个人的常规运行路线”。因此，“所有官员个人被塑造成为与官僚机器融为一体的职员群体”。他不可能“从利用他的组织中逃脱出来”。今天，非人性化这个术语通常被用于特指官僚组织行为中的这个方面。回顾行政组织以裙带关系①（nepotism）、个人压制、反复无常和不明智判断等诸多不理性因素为特色的历史脉络，非人性化可以看作是迈向更为理性的一步，也是进一步迈向亚里士多德理想的“法治政府”②（a government of laws）而非人治政府的一步。

官僚组织的非人性化有三个主要优势。首先，它通过让行政人员做平民百姓很难做的事情来提高组织效能。在他们正常发挥作用的过程中，组织可能会为个人制造相当多的困难。在公共组织中尤其如此，例如承担着处罚、课税和取消食品券、失业补偿金或福利基金等工作的公共组织，这种情况尤为真实。非人性化使人形成一种道德麻木感（moral insensitivity）。比如，从感情上来说，让总参谋部的军事策划人员选择轰炸目标比让一位步兵射击在他前面几米内甚至可以看清面孔的敌人要容易得多。类似地，让一位福利部门预算分析家削减贫困学生的学校午餐资金，要比让一位在学校食堂工作的食品服务工作者去面对因买不起饭而挨饿的孩子们要容易多了。

非人性化的第二个优势，产生于彼得·布劳（Peter Blau）和马歇尔·梅耶（Marshall Meyer）在《现代社会中的科层制》（*Bureaucracy in Modern Society*）中所论述的事实，即“当情感或者私人考虑影响行政决策时，效率就会受损”。比如，如果在组织内的招聘和晋升工作都基于个人偏好，或是归类标准（如种族、阶级）而非能力的话，那么组织的行政过程久而久之就会变得效率低下。

最后，非人性化易于相对公正地运用规则。因此，如果不强调实质正义的话，那程序正义就获得了保障。“照章办事”的行为要求对处于相同情形的人们给予同

---

① 裙带关系：指官员将职位授予其亲密的家庭成员的行为。它来自于拉丁“nepos”，意思是“侄子”或者“孙子”。中世纪教堂的规则被认为是在分配教堂职务时给予他们的侄子特别的优待——就在那时，侄子成为私生子的一种委婉的说法。

② 法治政府：一种管理系统，在其中最高权威是对每个人都同等适用的法律（和人治相对，人治即当权者的个人的突发奇想可以决定任何事情）。“法治而非人治”的思想可以追溯到亚里士多德。最早的美国的参考文献是1779年马萨诸塞州宪法。约翰·马歇尔在马伯里诉麦迪逊案（*Marbury v. Madison*）（1803年）中同样运用了这个简洁的描述：“美国政府毫无疑问是法治政府，而不是人治政府。如果法律不能为对既定的合法权利的侵犯提供任何救济，那法治就是徒有虚名。”

等对待，而不论他们的社会地位如何。尽管这样的态度可能给一些人带来困难，但却长期得到哲学上的极大支持。比如，18世纪的哲学家让·雅克·卢梭（Jean Jacques Rousseau）就不认同按共同意志①（general will）行事是对个人自由的剥夺这种观点。在其著作中，卢梭将自由简单地界定为得到与其他人同等的对待。现代官僚组织对个人现世地位在制度上缺乏尊重，对于这种现实状况，卢梭肯定会举双手赞成的。

尽管非人性化可能会促进程序正义（procedural justice），但同时它可能无法提供实体或实质正义（substantive or actual justice）。官员们所达成的决定，可能在提供一个合理解决办法方面并不适合于具体个案。许多人并不能接受他们的情况与其他人情况一样的看法。他们认为自己并不属于这类人却按照这类人的标准领取待遇，他们对此会感到愤怒。就顾客而言，官僚组织的这种倾向引发了相当多的敌意，有时甚至会引发暴力。但是，情感中立的组织的本质就是这样，即使意识到这并不能为具体问题提供一个公平合理的解决方法，官员们也必须适用已经确立的规则和程序。因此，时常有人声称官僚组织典型的病态就是目的和手段的倒置，遵守规则变得比达成隐含于规则之下的目的更为重要。

尽管非人性化被公认为是官僚组织的行为之主要特征，但仍有关于其可适用性的不同意见。鉴于它既有优点也有不足，那么看起来最可取的方法就是尝试着最大化前者而最小化后者。至少，这要求公共行政的研究者和实践者避免对官僚组织行为一概而论。关注的重点应该是具体官僚机构的运作。同样的道理，严谨的学者必须认识到一些流行的官僚组织行为分析，诸如“工作膨胀只是为了填充可以利用的时间”的帕金森定律②（Parkinson's Law）和“等级制中每个职员都趋向于上升到他所不能胜任的地位”的彼得原理③（Peter Principle）等，这些通常比现实写照更夸张。

7.2.3 官僚主义批判

抨击（bashing）就是对个人、政策或者国家进行的一种极端和公开的批判（经常是无根据的和非理性的）。在国内，抨击常常伴随着“官僚”一词。在20世纪80年代，由罗纳德·里根总统“政府就是问题”的说法开始，带来一系列对政府雇员能力的持续性抱怨和玩笑，对官僚主义的抨击也由此获得认可。里根继1964年竞选加利福尼亚州州长之后，就不断地抱怨“政府像是一个大娃娃——一方面有

---

① 共同意志：让·雅克·卢梭在《社会契约论》（*The Social Contract*）（1761年）中提出的理想：公众的共同意志是所有政治权力的最终目的。

② “帕金森定律”：西里尔·诺斯古德·帕金森（1909—1993），一个严肃的英国海军和历史经济学家，于1957年出版的、夺得畅销书冠军的书的书名。帕金森发现，任何行政部门总是以平均每年5.75%的速度增加成员。预计到自己会被要求给出解决这个问题的建议，他指出，“植物学家的工作并不是清除杂草，他只需告诉我们杂草的生长速度就足够了”。

③ 彼得原理：1969年最流行的一种原理，是由劳伦斯·杰·彼得（1919—1990）提出，彼得后来成为一名晦涩的教育专家，他推论说，“最终，每个职位将被一名不能胜任此职位的人所占据”。

着巨大的胃口，另一方面却完全没有责任感”。

官僚主义批判经常在不同场合被频繁地使用，以至于产生了两种相反的意思。倾向于反对大政府（big government）的右派，用它来指责“懒惰和无能”的政府雇员；而倾向于支持大政府的左派，用它来指责右派对公共部门雇员的“不必要和不适当的”谴责。但它表示的含义远远超出了词语本身的意思。现在这个术语通常也指对某些具体政策的广泛支持，只是这些政策是对公共雇员产生不利影响或贬低公共雇员的政策。比如说，监控电话以防止私人使用，缩减办公室规模，缩减免费停车特权，所有这些政策都降低了在值官僚的生活质量。而被要求进行尿液检测以断定是否吸毒或者签署一项（信息）保密协议，那就可能是对个人人格的冒犯了。

从文化保守主义的观点来看，官僚的问题就是文化保守分子所珍视的价值观，正在受到官僚机构的侵蚀。当政府机构，如国家艺术基金会，资助在他们看来是十分淫秽的艺术作品时，当政府福利机构接受了私生子这种社会耻辱，对那些带着未成年孩子的寡妇（或离婚妇女）与未婚妈妈不加区分都给予资助时，他们无论从字面意义上（意味着危险因素）还是政治意义上都感受到存在着一面红[①]（red）旗。官僚机构将她们简单地归类为“单亲妈妈”的做法，对于许多文化保守主义者而言是一种道德上的侵犯，他们认为这是一项只会鼓励非婚生孩子出生数量不断上升的政策（1995 年占美国出生率的 30%）。因此，官僚机构资助单身母亲的政策被保守主义者谴责为试图破坏传统家庭的行为，因为家庭是社会结构不可或缺的构成单位。

美国政治对官僚组织的攻击实在不是什么新鲜事。事实上，在 1776 年的《独立宣言》中，就有对乔治殖民政府的严厉攻击。但新鲜的是，不仅是政治对手，而且那些运行着官僚组织的人，也开始攻击官僚组织。罗纳德·里根在 1980 年通过攻击联邦政府而赢得大选，在执政四年以后的 1984 年他再次通过抨击政府而赢得选举。比尔·克林顿在 1992 年总统竞选中也发誓要再造联邦官僚机构。到 1996 年他的再造运动裁掉了 200 000 名联邦官员。官僚组织是一个容易被抨击的政治目标，在于其很大程度的政治中立，但它并不回击。

7.2.4 为官僚组织正名

尽管存在着对“官僚组织”的广泛指责和对政府雇员效率的大量取笑，美国人仍然喜欢他们的官僚，同时对他们所接受的服务评价甚高。查尔斯·古德塞尔（Charles T. Goodsell），弗吉尼亚理工大学的公共行政学教授，对盛行的“官僚失效印象”非常愤怒，他写了本题为《为官僚制正名》（*The Case for Bureaucracy*）的著作，揭示出他称之为“对美国政府的最大错误看法”。在参阅了大量研究报告之后，他发现“令人满意的公民服务是常态而非例外”。

---

① 红：共产主义者；红旗是共产主义的国际象征。这也就是为什么有些被认为是倾向于共产主义的人可能被叫做“粉红色的”或者“略带左翼政治观点的人”。

而且，古德塞尔还辩称，“被广泛接受的政治保守主义者的观点，即政府不如私人部门有效，也被证明是个明显错误的思想”。另外，“将美国官僚组织与其他国家相比可以发现，我们正在接受着最好的服务，其服务水平远远超过大多数国家”。古德塞尔的这本书对所有误导大众的或是心怀不轨的官僚主义抨击者进行了坚决的反击。

文摘 7.1　　官僚机构是如何被“构建”的

长期以来，人们对美国官僚机构的表现评价过低，究其原因，主要是我们对它持有不切实际的期望。处于一种习惯于乐观和进步的文化中，美国人倾向于认为，如果政府机构不能像我们期望的那样去改变世界，那么它就是失败的。但是在现实中，我们经常采用这样的方式去“构建”政府机构，以致它们根本不可能取得那种理想中的成功。有时还会给予行政机构不一致或相矛盾的目标，这导致了无论怎样都会失望的结果。有时安排不同的组织负责同一项工作，使得在许多政策领域有效地执行法律都变得十分困难。美国人期望官僚机构能够解决任何问题，无论问题可不可能被解决，甚至是官僚们对导致问题产生的原因都根本无法控制，官僚制被美国人的这种期望进一步地损害了。

资料来源：Charles T. Goodsell，*The Case for Bureaucracy*，3rd ed.（Chatham，NJ：Chatham House，1994）。

7.3　激励

剧场有这样的传统，当一位著名演员在努力寻找适合剧情人物的特征时，他会求助于导演说“我的动机是什么”？导演则讽刺地回答说：“为了保住你的工作。”舞台以外的大多数工作也是如此。自从产业工人抛弃农场而走进城市工厂找工作的那时候开始，“保住工作”就成为他们最主要的目标。而管理者的永恒问题，就是激励工人们做更多的工作，而不仅仅只是保住工作。

尽管对于激励雇员的必要性存在着一致意见，但关于如何诱发更高层面的动机并伴随着生产力的提高的主张却很难说是一致的。不仅盛行的激励观念（或理论）会随着时间推移发生根本性的改变，而且不相容的理论在相同时间点上也常常是相互对抗的。有些理论假设雇员行动是理性的，管理者仅需要符合逻辑地、公平地、一致地熟练操纵奖励和惩罚即可。另外一些理论则从对雇员的管理假设的立场出发——这些假设是奖惩制度的基础——实际上却压抑了雇员的动机。这部分内容将总结一些较为重要的理论。

7.3.1　霍桑实验

20世纪20年代晚期至30年代初期，在芝加哥附近的西部电力公司的霍桑工厂里进行了霍桑实验（Hawthorne experiments）。这项研究由一系列最著名的管理实验组成，由伊尔顿·梅奥（Elton Mayo）和来自哈佛商学院的助手们共同负责完成。这些实验是作为调查工作环境与生产力之间关系的传统科学管理实验而启动的，历时十年之久。但实验最初不能解释研究发现的结果，却偶然发现了今天看来是显而易见的结论，即工厂以及其他的工作关系首先是一种社会关系。正如玛丽·帕克·福莱特①（Mary Parker Follett）十年前所说的，工人们更容易受到同侪压力（peer pressure）的控制而不是管理者的控制。霍桑实验通常被认为是管理思想中人际关系学派的起源，它首次对科学管理认为工人主要是为钱而工作的经济动物的看法提出了以实验为依据的严重挑战。

梅奥的团队是在试图适应古典组织理论的前提下开始工作的，注意到这一点十分重要。这个实验团队为了发现和解释某些问题，如生产力与光亮度、与生产资料流动速度、与可替换的工资支付计划等因素之间的关系，采用了工业中习惯采用的语言和概念来描述它的问题。只有在将霍桑工厂的问题重新定义为社会心理问题后，也即将问题概念化为团队中的人际关系、团队准则、对人自身环境的控制、个人认同等思想后，霍桑实验团队才成功地取得了对上述问题的突破性理解。也只有在梅奥团队取得这个突破性进展后，他才成为组织行为领域和人际关系理论的“鼻祖”或者先驱者。霍桑实验是现代激励理论的情感和智力源泉。它证明了那些复杂的、相互作用的可变因素在激励员工方面会产生不同的作用，比如对员工个体的关注度、工人对他们自身工作的控制力、个人之间的不同需求、管理者的倾听意愿、团体准则和直接反馈等。

霍桑实验得出的一个特别著名的研究成果，就是霍桑效应（Hawthorne effect），即产量的增加归因于可知的善意观察者的出现。研究者对工人们的关注，导致天性地想被友善对待的工人们增加了产量。这个“效应”一开始引起了巨大的困惑，因为物质条件（照明、工间休息等）的改变好像并不起作用。产量只是在继续增加。一旦当他们认识到，工人们对参与的感知（perception of participation）是真正的“变量”，这种“效应”带来的结果才被真正理解了。

7.3.2 需求层次

心理学家亚伯拉罕·哈罗德·马斯洛（Abraham H. Maslow），在1943年《心理学评论》（*Psychological Review*）上发表的《人类动机论》（A Theory of Human Motivation）一文中，首次提出了著名的需求层次（needs hierarchy）理论，将人既是经济动物也是社会动物这一霍桑实验的基本发现给予进一步的深化。马斯洛声称人有五个层次的目标或基本需求，按优先性由低到高排列为：（1）生理需求（食物、水、住房等），（2）安全需求，（3）情感和归属需求，（4）自尊需求，（5）自我实现需求。在满足了这些需求之后，就理论而言，个人就达到了自我实现，成为他可以成为的任何人。一旦较低层次的需求被满足了，它们就不再是人们行为的激励因素。相对地，只有较低层次得到满足时较高层次的需求才能发挥激励

① 玛丽·帕克·福莱特（1868—1933）：早期社会心理学家，她在20世纪20年代预测了很多关于20世纪30年代霍桑实验以及二战后的行为科学运动的结论。

作用。简单地说，就是一个人将愿意承担被一头饿狮吃掉的风险，如果这种风险是唯一可以得到食物和水的方式。只有在一个人能维持生存的前提下，才会去考虑安全以及更高等级的需求。

图7—4 马斯洛的需求层次

依据马斯洛所言，"当没有面包时，人仅为面包而活着就是十分正确的。但是当有很多面包和他的肚子长期可以吃饱时，他会有什么愿望呢？其他（更高层次）的需求立刻就会出现了，这些需求，而非生理性的饥饿，将会支配这个有机体"。当这些都逐一满足时，新的甚至是更高的需求就会出现。马斯洛关于动机的心理分析被证明是许多后来研究的基础。尽管其他的研究者，比如赫茨伯格（Herzberg）、麦克格雷戈（McGrego）和本尼斯（Bennis）都采用了马斯洛的观点，并将其发展成为更加全面的激励理论和组织行为科学，但马斯洛的作品仍旧是研究的出发点。

7.3.3 激励—保健理论

激励—保健理论（motivation-hygiene theory）是关于组织内部员工激励的理论，其思想产生于弗雷德里克·赫茨伯格（Frederic Herzberg）、伯纳德·莫斯纳（Bernard Mausner）和巴巴拉·斯奈德曼（Barbara Snyderman）在1959年的一部名为《工作动机》（*The Motivation to Work*）的研究论著，这是一部基于极其广泛的实证研究基础之上的具有里程碑意义的论著。研究认为，决定工作满意度的主要因素有以下五个：（1）工作中的成就，（2）对工作成绩的认可和赞赏，（3）工作本身的魅力，（4）工作的责任感，（5）因工作取得的进步。与工作不满相关的也主要有五个因素：（1）公司的政策和管理方式，（2）上司的监督，（3）工资，（4）人际关系，（5）工作条件。这些令员工满意的因素全部与工作的内容相关，而令员工不满的因素则与工作环境紧密相关。与工作满意相关的因素和与工作不满意相关的因素完全被区别开来。赫茨伯格后来在《人事行政》（*Personnel Administration*）中提出"激励—保健概念"：

> 由于工作满意（job satisfaction）或工作不满意（job dissatisfaction）需要考虑不同的因素，因此这两种感受并不是彼此对立的。工作满意的对立面并不是工作不满意，而是没有工作满意（NO job satisfaction）；类似的，工作不满意的对立面是没有工作不满意（NO job dissatisfaction）——而不是工作满意。

因为工作环境条件，例如工作条件、人际关系和工资等，主要都是起预防作用的，所以它们是保健因素（hygiene factors），类似预防和保护的医学保健。而工作内容因素，比如成就感、进步和责任感等则被称为激励因素（motivators），因为它们激励人们去更好地表现。赫茨伯格在《工作和人性》（*Work and the Nature of Man*）中这样写道：

> 这些数据分析的结果主要表明，保健或者保养因素导致工作不满意是因为员工避免不愉快的需要；激励因素导致工作满意，则是因为员工成长和自我实现的需要。在心理层面上，工作态度的两面性反映了需求结构的两面性：避免不愉快的需求系统和平行的个人成长的需求系统。

自从该理论提出后，由不同研究者进行的相当多的以观察和实验为依据的调查研究，都趋向于证明保健—激励理论。它的主要缺陷可能就是反对这样一种观点，即将报酬看作是一种独特的激励因素，在有些环境中可能是保健因素，在另外的条件下则可能是激励因素。但是这个理论的主要观点——即员工的激励因素本质上是内在的——大体上仍然是没有异议的。

7.3.4 走向民主环境

据组织未来学的卓越学者——沃伦·本尼斯（Warren Bennis）所言，在组织环境中民主是“不可避免的”。与较为传统的、专制的组织管理方法相比较，民主所具有的由经验证明了的效率决定了它的必然性。尽管这些证据还不完整，但所有关于员工激励和生产力的组织行为研究，其核心成果都倾向于支持民主制向组织最低层级延伸。这些延伸包括分享权力和政策决策权。

在工厂，已经发展出三个基本的管理策略，以满足更加民主的环境要求。首先，从历史上看，普遍存在的情况是，在公共和私人部门的高层管理者试图用象征性的安慰而不是用有实际意义的项目去满足员工表达出来的更多地参与管理的需求。当由于普遍的劳动力异化①（alienation），或是一些具体的原因诸如明显的种族歧视或工作性质的非人性化等引发了雇员“危机”时，管理层会尝试着缓和这种紧张局面。如果不能做一些实质性的改变，那么常常会通过提供有限的满足雇员上进心的项目或在组织的决策委员会中增加雇员代表来缓和现有危机。然而，这些策略只能缓和或减轻当前的问题，而不存在根本的改变。这只会增加赫茨伯格所谓的那些“保健”因素——工资、工作条件、人际关系等。这样做，却会导致雇员要求更多“保健”因素，那些可能无法满足的所有欲望。就像海洛因一样，我们花费越

---

① 异化：这一术语被马克思主义用以描述产业工人不可避免地产生的社会疏离感，这种疏离感来自于工人对他们的劳动产品缺乏控制（进而导致他们走向革命）。这个词现在已经很大程度上不再有马克思主义的意思，而是指任何一种人们与他们的工作、家庭、政府、社会等相疏远的感觉。在政治和竞选领域中，异化则指一种自愿脱离政治生活的意愿，不参加选举，对政府持轻蔑或者冷淡的态度。

来越多却只能产生越来越少的效应。在这样的背景下，经理扮演的是一位道德败坏的毒品麻醉师的角色，而不是更加有良知的组织医生。

然而，这样做并非没有任何作用。将象征性的奖励仅仅视为欺骗明显是一种误解。通过用一种象征性的姿态来补偿一种真实的或想象的不满，管理层可能正不自觉地迈出了实际解决问题的第一步。以一种象征性的奖励回应一位雇员的要求的同时，也承认了要求的适当性并确定了它的合法性。一旦请求的合法性被确立，那么它最终的结果实际已经注定，尽管这可能要在未来许多年后才实现。

然而，在象征性行动的层面来试图解决政策制定中员工参与问题，根本不能解决问题。它只是一种拖延的策略，而当公共部门的工会对参与管理的兴趣不断增加时，拖延越来越不可能成为一种可供选择的办法。因此，那些真的对增加生产力和降低职工流动率①（turnover）感兴趣的管理者将会采取剩下的两个策略之一：由管理层开始实施的由上而下的参与或者与一个雇员组织比如工会，合作共同实施参与。

7.3.5 X理论和Y理论

心理学家们长期以来因其对人类和动物行为动机的研究而闻名，那为什么还让如此众多的老鼠在如此众多的迷宫中迷路呢？不过，组织激励运作原理是哲学。在面对工作时，雇员内心会产生真诚感或恐惧感，那就是他们的管理者所信奉的管理哲学的直接反映。运作中的有效哲学，既不是书面记载的，也不是正式规定的，它与表面形式无关。许多组织都有值得称赞的正式管理哲学（management's philosophy）。官方也会创造一种田园牧歌式的哲学观点，它的员工自由自在地工作于其中，许许多多的文章对这种哲学观点大加赞美。但这些动听哲学的唯一问题，就是它们很少具有操作性，仅仅停留在纸面上。部下们很快就察觉到了情况的真相。

所有管理哲学都基于一系列人类行为假设之上。道格拉斯·麦克格雷戈（Douglas McGregor）在1960年出版的《企业的人性面》（*The Human Side of Enterprise*）一书中，利用他的现在十分著名的X理论和Y理论的一系列假设展现出两类相互竞争的管理哲学观点。麦克格雷戈假设，管理者对人类行为的假设预先就决定着他的管理风格。由于传统理论在管理思想中占支配地位，许多管理者长久以来都接受和奉行那些至多只对少数人正确的人性假设。麦可格雷戈将下列假设称之为X理论（Theory X）：

（1）一般而言，人内在地厌恶工作。

（2）大多数人必须用惩罚来强制或威胁他们努力工作。

（3）人们更喜欢被领导，希望逃避责任。

X理论听起来非常像是传统的军事组织，而事实上它正是来源于此。尽管麦克

① 流动率：雇员离开组织的比率，常常用每年辞职和被解雇的员工在全体员工中的百分比来表示。

格雷戈对现代产业公民的画像可能会遭到批判，因为其隐含着太多的有关管理的人性的悲观主义观点，然而作为一种值得纪念的理论构架，X理论是很有价值的，因为它正好充当了Y理论的对立面。Y理论（Theory Y）的假设如下：

（1）工作中体力和脑力的消耗就像游戏或休息一样自然。

（2）人们愿意实行自我引导和自我控制来服务于他致力完成的目标。

（3）逃避责任、缺乏抱负和强调安全感一般是经验的结果，而非人的本性。

（4）大多数人，而非少数人，在解决组织问题时，都能发挥较高的想象力、聪明才智和创造力。

当然，这些不同的哲学方向的例证都会显得十分的极端。大部分工作情况都需要将两者结合而非简单的认同一种。然而，假设决定命运，它们往往产生自我实现的预言。正像是用学生们进行实验所得到的结果那样，老师对任何一个既定孩子的态度有助于决定孩子在班级的表现，在类似的研究中，管理者的态度具有同样的效果。简言之，如果管理层假设雇员们是“一点都不优秀”，并且在此假设之上行动，他们的雇员就会变成他的管理者所预期的那样“一点都不优秀”。

不同的哲学适用于不同的组织环境和工作条件。适用于军队战斗小组的哲学不可能适用于计算机科学中的研究项目。不幸的是，公共部门人事方案倾向于过于频繁变动，这样的组织环境减缓了管理哲学的连贯发展。最基本的原因与构成组织的员工的本性无关。尽管私人组织能够回应具体目标，但公共组织的目标却很少像私人组织那样明确。实践不断证明，公共部门所公开声称的目标只是大致地与它的使命相关。比如说，监狱的目标可能是改造，但是组织的具体使命却更像是简单的关押。警察部门的目标可能是实施所在地区的法律，但它的具体任务却更可能是维持公共秩序。公共人事部门的目标之一可能是为机构找到一位最胜任的管理者，但有时它的具体任务却可能局限于处理那些需要先进行政审①（political clearance）的那些候选人的文件。当公共政策过程是如此的分裂，那么毫无疑问，连贯一致的管理哲学将很难或根本不可能产生。

那么，那些以一系列夸张性条件为前提的组织政策，如何在运转于矛盾前提的现实世界中予以操作呢？大体上可以粗略地断言，公共管理在这个方面倾向于严厉阻止发展综合性管理战略和目标。这就是目标管理（management by objectives）仍然不能够为公共部门确定方向的这种需求提供完整答案的原因之一。公共行政的目标往往成为权宜的牺牲品。许多政府的组织目标往往在对变化的政治过程作出反应的过程中呈现出内在的不稳定性。

直到20世纪60年代末，个人与其工作的组织之间的基本关系才由单方面的依赖重新定义为相互依赖。组织管理的所有焦点，从行政控制转移到了在组织环境中培养人员、团体和人际关系。管理的新目标是更少的领导，更多的释放组织以前被

---

① 政审：指这样一种过程，即无论是政党分肥制或文官制的有资格的候选人都只有在进行过适当的党派性的政治资助的表示后才能获得雇用。尽管在文官录用制度中要求政审是非法的，但它仍然是一种通行的做法。

压制的能量和创造力。就其过去而言，这个趋势还是很美好的。然而快乐的组织并不必然就是最具有生产力的组织。

7.4 未来的组织

毫无疑问，组织有发展前景，但发展前景如何则难以预测。改变是不可避免的。本节将阐述未来可能会影响政府组织发展的一些主要趋势。

7.4.1 后官僚制组织

1952年，行政史学家德怀特·沃尔多（Dwight Waldo）预言在未来社会，“韦伯主义下的官僚机构将会被更加民主、灵活的组织取代，尽管这些组织更加复杂，规模更大”。沃尔多称这样的社会为“后官僚制”（postbureaucratic）。然后，在20世纪60年代，沃伦·G·本尼斯（Warren G. Bennis）在一系列预言“官僚制的终结”的作品中，对这一概念给出了自己的解释。在《临时社会》（*The Temporary Society*）一书中，他曾这样描述：“未来将会出现适应性强、转变迅速的临时性组织体系。这些组织都是任务小组，由相对陌生的人构成，这些人拥有不同的专业背景和技能，根据要解决的问题来安排。”各种各样的任务小组会“是一种有机组织模式而非一种机械组织模式，这意味着这些任务小组的发展是对问题而非对期望作出回应的”。因此，对雇员的“评估，依据的是工作能力而非等级或身份。组织图将由项目团队而非等级功能团队构成”。

表7—1　　两种官僚机构

官僚机构	消费者导向机构
重视自己的需求	重视消费者的需求
受它所控制资源的约束	受为消费者服务所获得的结果的约束
控制成本	创造价值
遵守规则	遵从不断变化的消费需求
地盘的竞争	商业利益的竞争
遵守标准化的程序	在实际操作中给予选择
思考与行动分离	授权所有一线员工

本尼斯的呼喊，并不是旷野中唯一的声音。许多同时期的组织分析家，如雷纳德·赛耶（Leonard Sayles）、乔治·伯克林（George Berkley）和维克多·汤普森（Victor Thompson）都发出过类似的声音。但是未来冲击①（future shock）理论家

① 未来冲击：艾尔文·托弗勒的理论，来自他的著作《未来的冲击》，即“压力，既有生理上也有心理上的，是由于超出人类基因生理系统的负荷而在决策制定过程中产生的。简而言之，未来震撼，是人们对过度刺激作出的反应”。

阿尔文·托夫勒（Alvin Toffler）在他 1970 年的全球热销书《未来的冲击》（*Future Shock*）中，给缺少结构的后官僚制组织以这样的一个名称："特设自组织团队"（ad hocracy）——由"为此时此地某一特定目的而特设的"①（ad hoc）和"官僚机构"（bureaucracy）这两个合成的一个缩写词——"一种快速移动、拥有丰富信息和生机勃勃的未来组织，由瞬变的机构和流动的个体共同构成"。

组织的官僚制模式真的走上了不可避免的灭绝之路吗？它正在被那些没有等级权威、责任和义务的暂时的民主网络或结构体系所替代吗？如果是这样的话，这个趋势现在还不明显。官僚组织死亡的宣告，再次看起来，可能有点为时过早——或至少是如马克·吐温（Mark Twain）的小说一样"极其夸张"。事实上，官僚组织在实际中运行得很好——尽管这并不是组织理论的主流观点。在公共行政界内，已经有保卫者出现，如考夫曼（Kaufman）、克里斯拉夫（Krislov）和古德塞尔（Goodsell），他们已经着手证明组织的官僚形式是为了在保证效率的同时，推动公平性和代表性。

艾略特·贾克斯（Elliot Jaques）在 20 世纪 90 年代，就以层级官僚制组织形式的前沿捍卫者的角色出现。贾克斯声称那些反对等级制的人"是片面的，错误的，他们所有的建议都是在对等级制甚至对人性未能全面了解的基础之上提出的"。等级结构通过把任务分解成为一系列可操作的小任务而增加了组织的价值。"我们所需要的并不是某种新的组织，而是一个能明了其属性与目的的治理型等级制度。"依据贾克斯所说，等级制是大型组织的最佳选择，"我们需要停止那些对组织所渴望的东西毫无用处的评论，着手于使我们的治理型等级制度有序运行的艰苦工作"。说得太好了！

里昂·E·帕内塔（Leon E. Panetta），来自加利福尼亚州的美国众议员，曾是克林顿总统时期的美国管理与预算局的第一位主任，他曾对等级制结构的长久不变的生命力作了细致的阐述。1994 年，当总统意识到很多对白宫管理的批评确有其合理性时，帕内塔开始受到重用。帕内塔着手开始为白宫创设最古老的组织机构。据《纽约时报》的安利森·米奇尔（Alison Mitchell）报道，"帕内塔和他的两位副手开始在高层创造一个等级制度。他为高层职员安排了每天 7：30 的晨会——会议有着严格的约束，传递着来自命令链的各种信息"。再也没有比像他用指挥链来指导组织秩序更加有效的了——即使是在白宫。

那么，如果传统等级制（就是大多数人认为的他们所听到的"官僚制"）继续发挥作用，这些正处于复苏阵痛中的组织严密的政府机构会发生什么呢？在由愤怒的政客对官僚制进行抨击之后，在未来学家对"没落官僚制"发难之后，改革的核心仍旧是使传统官僚组织向以顾客服务导向的组织转变。在《突破官僚制》（*Breaking Through Bureaucracy*）一书中，麦克尔·巴泽雷（Michael Barzelay）定义了新型政府组织是"有服务价值的、有回应性的、对用户友善的、有活力

---

① 为此时此地某一特定目的而特设的：拉丁语，意为"临时地，一次性地"。它有时用来批判替代了标准程序的方法。

的、有竞争力的提供者”，以此作为传统的韦伯官僚制的替代。事实上，现代官僚组织正在进行一个双向的战争，它们被外部批评的同时，也正在进行内部改革。

7.4.2　后现代主义

没有什么比后现代主义（postmodernism）改变官僚制——无论是公共的还是私人的——更快、更猛。“主义”（ism）就是信奉持续不断地改变并且接受新的生活现状——那就是今天的大型组织都命悬一线，生存在秩序和混沌两者的边界上。然而，在此背景下，“混沌”（chaos）并非“无政府状态”（anarchy）的同义词，而是指一种不可预测性和复杂性普遍存在的情况。这些迈向后现代过程中的混沌和不确定性被飞速发展的信息技术，尤其是信息网络所伴随和加速着。在短短几年的时间里，信息技术已经从巨型计算机发展为私人电脑、局域网、遥控快讯平台、信息网和互联网。

几乎从有时间记载开始，我们就一直经历着技术进步。现在出现什么不同的东西了吗？答案是肯定的。那就是信息和信息技术，它拓展了人们的心智。尽管我们还不能确定信息技术将会对我们所熟知的人际关系、工作团队和组织产生什么样的影响，但正在形成的沟通技术已扩展到了时间与空间。通过观察护照（passport）特性的变化就可以认识到以前、现代和后现代的信息技术的不同。无所不在的文件就具有远古起源的特性，这样的文件实际上就是来自统治者的指示，允许持证者享有“通过”“岗口”（亦即城门）的特权——无论以何种方式。在现代，它成为一本印有签证章和个人信息（地址、血统特征等）的小本。一个可疑的旅行者的护照将可能被详细审查，确认印鉴是真的还是伪造的，旅行者的名字可能在不受欢迎者的名单中被核实一遍。而今天后现代的护照可能包括全面的信息，通过一个塑料芯条，移民官员就可以获取有关持证人生活和医疗史的相关信息。或者文件可以与世界范围内的网络系统的数据信息相一致，甚至可以获取持证人的更多其他信息。官员们用这些信息做些什么呢？它对公民自由的滥用又意味着什么呢？后现代时期的护照，既显示了其潜力也显示了一个完全信息化时代的危险。

接入（同时更新）实时数据库的信息网络系统，为那些自主的、自我管理的工作团队提供了他们安排与协调工作任务以及约束组织成员所需要的信息。不再需要的一层又一层的监督者和中层管理，正逐渐消失。创造传统等级的最初目的，就是为了信息自上而下的有效传递（常体现在战场上）。如果所有的组织成员现在同时获得相同的信息（因为他们每个都在线上），传统的沟通者（传递者）——中层管理者——看来至少即使不是完全多余的也没有什么存在的必要了。

后现代时期的信息网络也造成了某些令人烦恼的问题，即组织进出口退（免）税问题。这些自认为是解构者（deconstructionists）（因他们将事物分解开来分析）的后现代主义者们认为，组织并非实体而只不过是一个关系网。对他们来说，组织可以没有目标，组织只不过是个人追求他们自己目标的工具而已。

科技和后现代主义，也对在组织中工作的人或在组织周围的人的经验技能和经历体验提出了问题。沃恩·本尼斯的预言是否会实现？我们所熟悉的官僚组织是否会因为难以适应迅速变化的环境而消失？是否在家工作和“远程沟通”会成为公共服务职业的模式？如果答案是肯定的话，政府工作人员该如何计算他们的工作时间？通过高速的光纤信息的相互沟通能否建立人与人之间的相互信任关系呢？

我们所熟悉的对组织机器的传统比喻，只是不再适合于后现代时期。个人及其工作、组织之间的关系结构将会不可避免地被信息技术所改变。费修珊·扎波夫（Shoshana Zuboff）在她的《智能机器的时代》（*In the Age of the Smart Machine*）一书中，用她在银行的一次经历描述了这一不可避免的工作关系结构，“我见识了一个场景，这个场景最终可能会司空见惯，整个楼层的人们都坐在各自的工作岗位上，盯着桌上数据终端的屏幕——其中很多人发出沮丧的声音，描述他们的工作就是‘飘浮在太空’或‘迷失在屏幕之后’。他们抱怨说他们不能够看到或摸到他们的工作”。扎波夫“看到了一个充满情感和期望的世界正在不可挽回地被一个新世界替代”。

7.4.3 专家政治问题

当今的组织必须处理在这个“新世界”（new world）中有关参与的复杂困境。在以前的组织中，工人们面对面的交往，现在是“飘浮在空中”、面对电脑屏幕，面对面的交流已被取代。1965 年，唐·K·普莱斯（Don K. Price）提出一个影响决策权威的新假设。在他的《科学财富》（*The Scientific Estate*）一书中，他指出决策权威不可避免地要从决策执行层转移（流向）到技术层，因此必须在用法定权威去制定政策和用技术能力作出同样决策之间作出明确的区分。普莱斯的作品先于约翰·肯尼斯·加尔布雷斯（John Kenneth Galbraith）的《新工业国家》（*The New Industrial State*）（1967 年）一书。在后一本书中，加尔布雷斯对大型组织的决策过程作了类似的阐述。在公共行政领域，这个主题一定会继续发展下去，它涉及多方面的困难，比如控制权、信息和技术专家，许多作者将其称为专家政治问题（the problem of technocracy）。

扎波夫对专家政治这个老问题新近给予了扩充，并引用提供信息（informate）这个词来强调专家政治既是后现代世界的核心议题也是后现代世界的困境所在这种专家政治的二元性。技术可用来使操作自动化，在此之前，人们是用相同的逻辑来实现自动化的。相对于人为操作而言，技术促成的自动化提高了控制力和可预测性。在 20 世纪早期的科学管理运动中，弗雷德里克·泰勒最早提出的自动化就是对工作的一种符合逻辑的和循序渐进的扩充或延伸。

尽管“自动化”代表了 20 世纪 60 年代的信息技术改革，但它并不代表现在。相反，“提供信息”（informating）关注工作内部属性转变时发生的根本变化，并要求采用新的权威观念。扎波夫声称即将到来的“信息时代”需要我们用批判眼光重新审视体制、权力、权威、责任和组织中人的角色这些概念。一个仅仅是按现代的逻辑自动运行的组织被限制在了预测和控制的体系内。一个信息化的组织具有适应后现代时期的变化和不确定性的潜能。

7.4.4　后现代主义的核心主题

组织理论家威廉·伯奎斯特（William Bergquist）全面分析了后现代主义，“在许多方面，后现代主义是一种风尚——同时也是一些关于风尚的东西。尽管后现代主义以表面的、多方面的、同时经常是内在相互矛盾的分析为特征，它仍旧不能被丢弃。因为这些分析提供了关于一个正在出现的时代的有见解的和有价值的观点和批评”。伯奎斯特确认了后现代主义的四个核心主题：

（1）客观主义（objectivism）对构成主义（constructivism）：“客观主义”——在现代占统治地位——就是“理性主义”（rationalism）。它假定存在着可以被发现的客观实在。作为一种后现代现象，“构成主义”，确信我们正在建构自己的社会真实。没有统一的真理或原则，也没有全球性的评判和秩序规范。认知的方式只是随着时间的推移和情况的变化而认识到的。

（2）作为现实的语言：语言，还有口头运用的记号和标志，不仅仅是一种现象信息沟通的方式，它就是（至少部分是）现实。“用来描述不断变化的生动现实的语言本身就是构建社会的一个重要资源。”

（3）全球化（globalization）和分割主义（segmentalism）：“依据后现代主义者的观点，世界全球化的趋势愈加明显，但同时也变得更加支离破碎和与众不同。”与此同时，信息技术使我们知道更多世界人民的共性，社区和组织似乎已经失去意义。所以，我们可能是生活在一个“全球主义和地方主义相互矛盾并充斥着日常生活的方方面面”的时代。

（4）碎片的和不相容的形象：“后现代主义者们被表面现象和趋势所迷惑。”虚拟现实的机器“传递着深度的感觉，就像亲笔书写的工具，实际上它们摹写表面现象，从未有实践的深度。我们被欺骗着相信我们已经经历了深度或是实质上的现实，而事实上我们看到的只是表面”。

这四个主题代表了一个碎片的和不相容的后现代世界的主要现实，“现代的管理者将体系视为摆脱混乱的工具”。相反的，“后现代管理者认为混乱是要管理的对象，而体制只是混乱环境的一部分，尽管它是非常有用的。对于后现代的管理者，混乱无序并非是不好的，它本该就是那样”。

对于有传统官僚敏感性的人来说，后现代世界可能非常的令人害怕。很明确地知道你在组织中的位置和义务是令人安慰的。在可预见的未来，前现代、现代、后现代的组织将继续在世界上同时存在着——有时甚至存在于同一个组织中。比如邮政局，既有以前的户挨户的邮递，也有现代的邮件自动分类，还有伴随它研究和发展的更加深入而出现的后现代时期网上邮政服务的开发。在前现代世界领域，资金是占统治地位的。在现代世界金钱和建筑物变得更加重要，在后现代世界信息是新的资本。这就是为什么世界上领头的电脑软件公司微软公司的比尔·盖茨（Bill

Gates）成为美国最富有的人的原因。

7.4.5 后现代公共行政

到目前为止，我们已经在组织语境中讨论了后现代主义，但是在后现代公共行政（postmodern public administration）的标题下还存在另一个后现代主义语境。这个观点采用社会科学的逻辑实证主义[①]（logicalpositivism）观点，而这种观点自从启蒙运动[②]（enlightenment）以后就进一步得到了演化，依据H·乔治·弗雷德里克森（H. George Frederickson）和凯文·史密斯（Kevin Smith）的看法，它“只不过是被误导了”。毕竟，事实——逻辑实证主义的建构基础——是沉默不语的。它们事实上也不会为自己辩护。“事实代表着源于观察的命题和假设。因此，在陈述事实时，观察者不仅是所发送信息的主动塑型者，也是所接受信息的主动塑型者。”观察事实的参照系同时存在于两个基准上，即现实上和感知事实的那个人的头脑中，这就是众所周知的现象学（phenomenology）的内容。这就是为什么后现代公共行政的核心是关注语义环境（或来自于字面、领悟到的背景信息）。这就意味着后现代主义者必须学习真正的事实和领悟到的事实——这些事实可能并不真实，但对观察者来说却是真实的。

后现代公共行政代表了一些有关现实理论和社会架构的理论。它提供了一种独特的思考社会和行政问题的方式，而不是一系列解决问题的技术。比如，像我们在第3章讨论的那些政府治理结构的变革之类的主题，都是后现代公共行政的主要关注点。在多层政府机构和非政府组织之间的复杂关系方面，后现代公共行政试图提供一个方法来解决由体制改革而引发的问题，但是理解是解决的第一步。

7.4.6 女权主义者的观点

从女权主义者（feminist）的视角来看待组织行为，有两个非要重要的原因。首先，有关性别对组织影响的文献正以不同的方式持续增加。任何管理者，不论是男性还是女性，不论来自私人领域还是公共部门，如缺乏这方面的眼力，他就会走进——用比喻的话来说——无任何标志的雷区。无论他们如何小心，他们最终都将因会触及某些事情而极大地受到伤害。再次强调第一个理由的重要性，是因为事实上美国妇女在公共行政部门中的比例不断增加。在1970年，妇女占所有公共官员和行政人员的比例为24%。截至2005年，这一比例达到了45%。这一增长不仅表现在较低职位上，也表现在专业和管理职位上。人事管理机构证实1992—2002年间，从事管理职位的妇女增加了15%。当前政府雇员的性别构成显示了妇女的社会

---

① 逻辑实证主义：重视经验观察和定量分析的一种科学研究方法，运用逻辑推理为现象提供一种正式的解释。

② 启蒙运动：17—18世纪的欧洲进行的一场文化运动，反对神学，同时最基本的宗旨是将人类从传统观念中解放出来，从而得到发展。

地位在不断上升，并且可能为未来妇女在公共行政领域提供更加美好的前景。依据美国教育部刊登在《高等教育年鉴》(*Chronicle of Higher Education*)(1995年7月9日)的数据显示，妇女在公共行政以及相关领域获得学士学位的人数比男性高出3倍。最近，毕业生委员会调查发现，在2001年，每4个公共行政的毕业生中就有3个为女性。然而，如果除去国外学生的人数(多为男性)，美国女性所占的比例更大。因此，我们可以得出这样的结论，女权主义者对公共行政的观点是很重要的，因为就表面来看，这个职业已经正在被女性化。

女性主义组织分析学家，如琼·艾克尔(Joan Acker)宣称，长期由男性占主导地位的组织已经习惯由组织理论的男性观点来统领和维持。因此，一直以来主要是通过男性的视角来看待和分析组织。至少有四组性别化过程使组织男性化事实得以永恒：

(1) 性别区分：产生了工作性别模式。

(2) 象征和形象：形成男性化的组织象征和形象。

(3) 交往：形成以统治和服从为特征的交往模式。

(4) 个体内在心理活动：他们总是有意识地构建关于工作、机遇等对本组织性别结构的理解，并且要求性别合适的行为和态度。

在组织中，一般工作都不是性别中立的。它们将使“组织内部和更广泛的社会内部的性别化”同组织理论永远联系在一起。那么我们对这些做些什么呢？一个选择就是什么都不做，只是等待。想想肺癌这一事例，肺癌曾一度被认为是一个非常常见的男人病。然而，妇女开始抽烟了。由于肺癌需要几十年才会显现出来，所以它需要一段时间才能赶上来。但是“进度”是缓慢而不明显的。由于坚持不懈的香烟广告和政府对烟草农民的补助，女性患肺癌的几率已经相当公平地和男性越来越接近了。

女性与肺癌这一事例，在当今组织中同样得到体现。由于女性在组织中的地位日渐提高，她们留下了自身的标志——她们逐渐地改变了文化。大量的研究已显示女性倾向于一种不同于男性的管理风格。比如朱迪·B·罗斯娜(Judy B. Rosener)，研究工作中的男女的专家，已经证实女人更加具有合作性和懂得分权，她们较少使用男性比较喜欢的传统的“指挥和控制”权威的领导方式。近30年来的雇佣政策的最大受益者就是妇女，这样的种子已经种下了。由于越来越多地受女性管理风格影响，组织会逐渐改变它们的运作模式以回应持续提高的女性影响。这种转变不是迎合女性的管理文化，而是使女性管理者也适应长期以来对男性采用的激励机制，由此，她们的工作态度会更加男性化，这是在组织生活的激烈竞争下所必须采取的方式。

根据卡米拉·斯蒂弗斯(Camilla Stivers)在她的《公共行政中的男女形象》(*Gender Images in Public Administration*)一书中的说法，“只要我们继续将行政进取心视为无性别差异的，妇女们将会继续面临着霍布森选择[①](Hobson's

① 霍布森选择：一种困境；一种困难的决定；两害相权取其轻的选择。原始的意思是没有任何选择。托马斯·霍布森(1544—1631)在英国经营马厩，谁要租借他的马，霍布森只让他租用靠近栏杆的那一匹。

choice），要么采取一个男性的行政认同要么接受在官僚层级中的边缘地位”。因此，当今的组织领导者有三种选择：（1）什么都不做，等着问题自己解决；（2）有意识地干涉，创造更加有利于女性的组织；（3）希望处在管理层的女性同意变得男性化。这些选择并非彼此排斥。随着时间的推移，会取得一定的成绩。最后，最大的希望是，妇女们不会成为像男人们那样的组织内部争斗者，而是更加包容。

文摘 7.2　女权主义者的理论主张

女权主义理论声称，妇女对劳动力总数的影响将给劳动力带来显著变化：

- 组织中的等级将变得不太明显。
- 组织环境将变得更加具有合作性，竞争性和侵略性减少。
- 信任、开放和包容的价值观念将代替个人权利的寻求。

资料来源：Mary E. Guy，“The Feminization of Pubic Administration，” in *Public Management in an Interconnected World*，eds. Mary Timney Bailey and Richard T. Mayer（New York：Greenwood Press，1992）。

从性别在公共行政中的作用这个角度来看，斯蒂弗斯在其《机关中的男人，社区中的女人：进步主义时期构建的公共行政》（*Bureau Men*，*Settlement Women*：*Constructing Public Administration in the Progressive Era*）一书中探讨了性别角色的作用。在20世纪初期的政府改革运动中，女性社会工作者的这种政策创新，并没有被引入到新兴公共行政领域中，由此造成这个领域的刻板和僵化。斯蒂弗斯证明，对于传统的男性主导的公共行政中的科学管理的信赖限制了这个领域的发展，所以我们应该注意不要让这一幕再次上演。

参考文献

Acker, Joan. (1992). “Gendering Organizational Theory.” In *Gendering Organizational Analysis*, A. J. Mills and P. Tancred, eds. Newbury Park, CA: Sage.

Argyris, Chris. (1964). “T-Groups for Organizational Effectiveness.” *Harvard Business Review* (March-April).

——. (1957). *Personality and Organization*. New York: Harper and Row.

Asch, S. E. (1951). “Effects of Group Pressure upon the Modification and Distortion of Judgments.” In *Groups, Leadership, and Men*, H. S. Guetzkow, ed. Pittsburgh, PA: Carnegie Press.

Barnard, Chester I. (1938). *The Functions of the Executive*. Cambridge, MA: Harvard University Press.

Barzelay, Michael. (1992). *Breaking Through Bureaucracy*. Berkeley: University of California Press.

Bennis, Warren G. (1966). *Changing Organizations*. New York: McGraw-Hill.

Bennis, Warren G., and Philip E. Slater. (1969). *The Temporary Society*. New York: Harper Colophon Books.

Bergquist, William. (1993). *The Postmodern Organization: Mastering the Art of Irreversible Change*. San Francisco: Jossey-Bass.

Berkley, George E. (1971). *The Administrative Revolution*. Englewood Cliffs, NJ: Prentice Hall.

Bernstein, R. J. (1992). *The New Constellation: The Ethical-Political Horizons of Modernity/Postmodernity*. Cambridge, MA: MIT Press.

Blau, Peter, and Marshall Meyer. (1971). *Bureaucracy in Modern Society*. New York: Random House.

Clegg, S. (1990). *Modern Organizations: Organizational Studies in the Postmodern World*. Newbury Park, CA: Sage.

Drew, Elizabeth. (1996). *Showdown*. New York: Simon and Schuster.

Drucker, Peter F. (1988). "The Coming of the New Organization." *Harvard Business Review* (January-February).

Ford, Dan. (1979). *Pappy: The Life of John Ford*. Englewood Cliffs, NJ: Prentice Hall.

Fox, Charles J., and Hugh T. Miller. (1995). *Postmodern Public Administration: Toward Discourse*. Thousand Oaks, CA: Sage.

Frederickson, H. George, and Kevin B. Smith. (2003). *The Public Administration Theory Primer*. Boulder, CO: Westview Press.

Gallagher, Winifred. (1994). "How We Became What We Are." *Atlantic Monthly* (September).

Goodman, P. S., and L. S. Sproull, eds. (1990). *Technology and Organizations*. San Francisco: Jossey-Bass.

Goodsell, Charles T. (1994). *The Case for Bureaucracy*, 3rd ed. Chatham, NJ: Chatham House.

Guy, Mary. (1992). "The Feminization of Public Administration." In *Public Management in an Interconnected World*, Mary Timney Bailey and Richard T. Mayer, eds. New York: Greenwood Press.

Hayles, N. I., ed. (1991). *Chaos and Order: Complex Dynamics in Literature and Science*. Chicago: University of Chicago Press.

Herzberg, Frederick. (1964). "The Motivation- Hygiene Concept." *Personnel Administration* (January-February).

——. (1966). *Work and the Nature of Man*. Cleveland, OH: World.

Hoesterey, I., ed. (1991). *Zeitgeist in Babel: The Post-Modernist Controversy*. Bloomington: Indiana University Press.

Janis, Irving L. (1972). *Victims of Groupthink*. Boston: Houghton Mifflin.

Jaques, Elliot. (1990). "In Praise of Hierarchy." *Harvard Business Review* (January-February).

Kaufman, H. (1977). *Red Tape*. Washington: Brookings Institution.

Keil, L. Douglas. (1995). *Managing Chaos and Complexity in Government*. San Francisco: Jossey-Bass.

Kellert, Steven H. (1993). *In the Wake of Chaos: Unpredictable Order in Dynamical Systems*. Chicago: University of Chicago Press.

Krislov, S., and D. H. Rosenbloom. (1981). *Representative Bureaucracy and the American Political System*. New York: Praeger.

Kurtz, Howard. (2005). "Dressed for Success, Primed for Failure." *Washington Post* (November 4).

Liddell Hart, B. H. (1972). *Why Don't We Learn from History*? New York: Hawthorn Books.

Mayo, Elton. (1933). *The Human Problems of an Industrial Civilization*. New York: Viking.

McGregor, Douglas M. (1960). *The Human Side of Enterprise*. New York: McGrawHill.

Merton, Robert K. (1957). *Social Theory and Social Structure*. New York: Free Press.

Mitchell, Alison. (1995). "Panetta's Sure Step in High-Wire Job." *New York Times*, (August 17).

Osborn, Alex F. (1953). *Applied Imagination*. New York: Scribner's.

Price, Don K. (1965). *The Scientific Estate*. Cambridge, MA: The Belknap Press of Harvard University

Press.

Rheingold, H. (1993). *The Virtual Community*. Reading, MA: Addison-Wesley.

Roberts, Rand, and James S. Olson. (1995). *John Wayne: American*. New York: Free Press.

Rosener, Judy B. (1995). *America's Competitive Secret: Utilizing Women as a Management Strategy*. New York: Oxford University Press.

Sayles, Leonard R., and Margaret Chandler. (1971). *Managing Large Systems*. New York: Harper and Row.

Schein, Edgar H. (1969). *Process Consultation: Its Role in Organization Development*. Reading, MA: Addison-Wesley.

Sorensen, Theodore C. (1965). *Kennedy*. New York: Harper and Row.

Sproull, L. S., and P. S. Goodman. (1990). "Technology and Organizations: Integration and Opportunities." In *Technology and Organizations*, P. S. Goodman and L. S. Sproull, eds. San Francisco: Jossey-Bass.

Stivers, Camilla. (1993). *Gender Images in Public Administration: Legitimacy and the Administrative State*. Newbury Park, CA: Sage.

——. (2002). *Bureau Men Settlement Women: Constructing Public Administration in the Progressive Era*. Lawrence, KS: University of Kansas Press.

Suid, Lawrence. (1978). *Guts and Glory: Great American War Movies*. Reading, MA: Addison-Wesley.

Thompson, Victor A. (1961). *Modern Organization*. New York: Knopf.

Toffler, Alvin. (1970). *Future Shock*. New York: Random House.

Truman, David B. (1951). *The Governmental Process*. New York: Knopf.

Villa, D. R. (1992). "Postmodernism and the Public Sphere." *American Political Science Review* 86.

Waldo, Dwight. (1952). "Development of Theory of Democratic Administration." *American Political Science Review* 44 (March).

Weick, Karl E. (1990). "Technology as Equivoque: Sensemaking in New Technologies." In *Technology and Organizations*, P. S. Goodman and L. S. Sproull, eds. San Francisco: Jossey-Bass.

Wills, Garry. (1977). *John Wayne's America*. New York: Simon and Schuster.

Wilson, James Q. (1989). *Bureaucracy*. New York: Basic Books.

Zuboff, Shoshana. (1988). *In the Age of the Smart Machine: The Future of Work and Power*. New York: Basic Books.

第 8 章

管理主义与绩效管理

引子：苏格拉底发现一般性管理

在古希腊，苏格拉底（Socrates）在发现“未经考验的人生是不值得度过的”时，他便一直致力于构建现代教育考试的理论基础。他还利用一切时间去探求管理的普遍性，比如，成功的商界领袖能够成为同样有效的将军。普遍性或一般性管理（universal or generic management），是指所有的管理活动，无论公共领域、个体经营领域和非营利性部门的管理，都有其共性。这一主张认为，一个合格的经理人一样可以在其他机构胜任，不管是在公共部门还是私人机构，不论是在服务业还是制造业。

在由苏格拉底的门徒色诺芬（Xenophon）记录的一段对话中，一位身经百战的名为尼可马奇德斯（Nicomachides）的士兵向苏格拉底抱怨说：“我身经百战，却没能晋升为将军，”他边说边解开上衣，露出身上的伤疤，“反而将一名商人晋升将军，但这个商人从没有在重武器步兵团服过役，除了赚钱他什么都不知道。”

苏格拉底告诉这个勇敢的士兵，领导人只要“知道需要什么，并知道如何得到它，那他就是一位优秀的领导人才，而不管是让他去指挥一个乐队、管理一个家庭、治理一个城市还是指挥一支军队”。

“天哪！苏格拉底，”尼可马奇德斯哭丧着脸说道，“我真的没想到你会认为一个好商人也会是一个好将军。”

“别哭了，孩子，”苏格拉底继续说，“先让我们看一下他们各自的职责，然后你就会明白他们是否存在着共性，抑或在某些方面有差别。”

“当然可以。”

苏格拉底问道：“这两种人的职责难道不都是让他的下属服从于他并对他负责吗?”

“毫无疑问，是的。”

“难道他们的职责不是在安排不同的人从事适合他们各自的工作吗?”

“是的。”

“我认为，赏善罚恶也应该是他们的职责。”

“是。”

“那么你认为他们是不是都是在为自己的组织和其同盟者争取利益呢?”

“肯定是。”

“为了两者的利益而获得资源有什么不妥吗?”

“没有。”

“那么，难道他们不会因此而在其各自职责范围内而更加用心，更加努力吗?”

尼可马奇德斯说道：“所有这些特殊情形对这两者来说都是相通的，但他们在涉及战争问题上是不同的。”

苏格拉底回应道：“但是，毫无疑问，他们都有敌人。”

“这可能就是问题所在。”

“难道他们不是为了前述两个方面的利益而去赢得对其敌人的优势?”

“当然。但是就这一点，我想知道，出于战争的目的，我们从经商中能学到什么技巧呢?”

苏格拉底说道：“在这一点上，肯定是大有裨益的。对于一个商人来说，只有知道该做什么，不该做什么，才能击败对手。为了避免失败，知道哪些是无益的，哪些是有害的，这些都非常必要。为此，他需要了解他的对手。如果他觉得他能战胜对手，那么他将会积极主动地发起进攻；如果他发现自己准备仍不充分，那么他将小心地避免发生冲突。”

在总结、讨论所有优秀领导者——不管是公共机构还是私人机构——的职责时，苏格拉底都强调他们的相似性。他认为，“个人行为与公共考量的差别仅在于事情的大小程度上，在其他方面他们是相似的”。苏格拉底总结道：“从本质上来讲，那些从事公共事务的人在用人方面与私人企业用人没有区别。两者都知道怎样用人，如果不知道如何用人，那就会出问题。”据说，他是第一个提出管理能力可以转换这一观点的人。所以，一个能够胜任某种机构的领导人也能胜任其他机构的领导工作，尽管他们的目的与功用存有巨大差别。自此，通才管理者（generalist manager）成为一个理想。

苏格拉底并非古希腊唯一对现代管理活动进行深入探究的人。他的学生柏拉图（Plato）——被认为是政治学家——也是这样的一个人。柏拉图的《理想国》（*Republic*）

（公元前360年）一书，是西方世界第一本系统分析政治过程的著作。在这本书中，他为“君权神授”（divine right of kings）提供了理论依据，甚至比基督教对这一概念的认知还早。柏拉图认为，只有精英哲学王（philosopher kings）或者是“护卫者”（guardians）才拥有统治所必需的政治智慧。柏拉图不可能是一个机会平等的雇主，他眼中的正义社会是每一个人都有自己预定的位置，护卫者在上层。从本质上来说，柏拉图的精英论（elitism）是在呼吁一种专业化，而这也是对他同时代人的一个挑战，这些人认为管理公共事务不需要训练与资质。

柏拉图的学生，亚里士多德（Aristotle）在其《政治学》（*Politics*）中提出了劳动分工、部门化、中央集权化、地方分权化和分权的概念。但是，更为重要的是，他第一次对国家以及其他政治实体的本质作了系统的分析。亚里士多德认为，国家是自然发展的产物，因为“人是天生的政治动物”。国家比一个家庭更为重要，因为，家庭为求舒适而存在，而国家可以给人带来荣誉感与美好的生活。

亚里士多德最著名的建构分析，可能就是他对三种基本政府形式的分类。他发现，每个政治实体，要么被一个人，要么被少数人，要么被多数人所统治。这也与他的三种政体相对应，即，君主制、贵族制、共和制（多数统治）。但是，每一种政体都有它的变态形式，当统治者不再为共同利益着想时，也即意味着这一形态堕落了。如君主制经常沦为僭主制；贵族制（有才能有道德的精英阶层统治）沦为寡头制（一小部分人为了他们自己的利益的统治）；而共和政体（最广泛的中间阶层为了共同利益的统治）沦为平民政体（一种为下层社会谋福利的暴民统治）。总之，亚里士多德崇尚的是一种混合政体，在这里，所有的公民轮流执政，没有一个阶层垄断权力，庞大的中间阶层提供了稳定。

只有在最后这种情况下，行政机构才能够回应广大市民的需求。尽管那样，希腊仍然限制着公民参与。体力劳动者、商人与其他的一些“不体面”的人（包括大量的奴隶）是没有公民身份的。因为，这些工作本身就是受鄙视的，从中不会产生专业的管理者。只有相关的少数人，不管胜任与否，轮流管理着公共事务。就像伯利克里①（Pericles）为在伯罗奔尼撒战争②（the Peloponnesian War）中死去的雅典人写的哀悼词中所说的：“我们被称为民主政体，因为政府是在多数人而非少数人的手中。”雅典人假定所有的公民都参与到政府活动中。伯利克里自豪地宣称：“把那些对政治不感兴趣的人视作是无用的而非冷漠的人，我们是唯一的一个民族。”因此，对他们来说，大多数职位由抽签来决定并且任期很短就显得有意义了。上帝决定了谁做什么，这十分有效。但是，某些职位像财务官或者军队指挥官是被选出来的，因为这些职位太重要了，不能由上帝来作出选择。正如任何希腊神话学者都知道的那样，上帝也经常会犯错。

亚里士多德最有名的学生就是亚历山大大帝（Alexander the Great）。他没有任

① 伯利克里（约公元前495～前429），古雅典民主派政治家，出身贵族；公元前444年前后任首席将军，成为雅典国家的实际统治者。——译者注

② 伯罗奔尼撒战争，公元前431～前404，斯巴达和雅典之间的战争，前者获胜。——译者注

何著述，只是用亚里士多德所教授的东西去征服世界。但是，也正因为他没有为他的帝国创建一套完整的机制，所以在他去世后，他的帝国也随之瓦解。希腊人只是缺乏治理大国的才能与理论，他们从未超越过城邦制。所以，在公元前 2 世纪，他们很容易就被组织良好的罗马人所取代。它们仅仅是向世人展示了在文明快速兴衰的过程中，那些拥有最好公共行政信条且组织良好的民族才是最后的赢家。有史以来就一直如此。亚里士多德可以这样说："人就是一种行政动物"（man is an administrative animal），因为国家只有同时发展行政，才能在政治上、军事上走得更远。

讨论题

苏格拉底赞成管理具有普遍性的观点，其有效论证的核心是什么？当今管理的普遍性和一般性与苏格拉底时代的普遍性和一般性还一样吗？

8.1 管理主义

20 世纪 60、70 年代，公共行政在理论发展与技术能力方面都有很大的进步。那些具有较高定量精确度要求的项目评估和政策分析的新工具，开始质疑并改进那些长期实施的公共项目——尤其是那些与社会服务和教育有关的项目——之效力和功用。新的预算方法，从规划—项目—预算法①（planning-programming-budgeting systems，PPBS）到零基预算②（zero-based budgeting）的出现，意味着即使没有更好的控制，行政首长与立法者也能够在很大程度上知道钱被用到哪里去了。传统管理所关注的范围得以扩展，包括了战略规划、内部控制③（internal control）以及伦理道德责任。但是，尽管这一时期在公共行政艺术和科学方面取得了这么多的成就，但是这些成就在 20 世纪 80 年代的公共服务过程中的应用开始衰落，即预算、效能、服务质量以及公共服务本身的声誉都开始衰退了。作为回应，一个新的学说——管理主义（managerialism）——诞生并成长起来了。这一学说即使不能成为一种拯救，但它至少有资格加入各种理论纷争。

长期以来，管理主义作为一个术语，经常被社会学家用来描述那些管理工业社会活动的经济和政治精英的一种理念。詹姆斯·伯纳姆④（James Burnham），在他

---

① PPBS：规划—项目—预算法，即一个预算编制过程，要求机构首长明确项目目标、发展测量项目产出方法、从长远来计算项目总成本、准备好详细的多年项目计划和财务计划，分析备选的项目设计方案的成本和收益。

② 零基预算：即与增量决策预算模型相对立的一种预算过程。它要求对整个预算提案重新审查其合理性（基础为零），而增量预算本质上尊重先前的预算决策结果（全部作为预算基数），重点是审查每年的变动幅度。

③ 内部控制：管理者用来管理内部机构的从会计系统到培训方案等诸多不同项目的总称。

④ 詹姆斯·伯纳姆（1905—1987）：纽约大学的哲学教授，早期是反斯大林主义的共产主义者、托洛茨基派，之后成为一个保守派作家的领头人。

1941 年著述的《管理革命》(*The Managerial Revolution*)一书中，宣称世界正处于一个过渡期，即正在“从资本主义或资产阶级社会向管理型社会过渡”。伯纳姆认为，随着对大型企业的控制由最初的拥有者转移到职业经理人，社会的新管理层将不再是传统的财富占有者——而是那些用专业知识去管理和领导那些大企业的人。几乎在同一时期，社会主义社会也经历着同样的转型过程。

在 20 世纪 80 年代，管理主义——业已成熟为社会学上的“主义”——呈现出新的内涵。当 1979 年撒切尔夫人开始连续十一年担任英国首相时，她马上着手文官制度改革，试图将其从政策层面重新聚焦到管理层面。她试图努力使政府官员对顾客(公民被转变为了顾客)需求更具回应性。管理主义，即企业家的管理，超越参与管理，在所有层面上释放了公共管理者的创造力，成为公共部门的一种流行信念。作为一个持续改革的哲学体系，管理主义寻求防止一个组织持续衰退以至没有了竞争力情况的发生。矛盾的是，管理主义也是参与管理理论的一个倒退，因为它天真地认为管理精英能从根本上改变和控制组织的方向、文化和目标。管理主义天真地认为，唯有英雄才能创造传奇。那么谁是这些新时期的英雄呢？答案是，管理者自身，他们通过裁掉自私自利的协会、效率低下的官员，已逐步使公共服务获得重生。柏拉图与这些现代的哲学家在一起肯定会感到十分自在。

8.1.1 新管理革命

管理主义的核心是管理的权利(management rights)——给管理者足够的自主空间，以完成他们的目标。这个额外的管理空间必然要从老百姓[①](rank and file)中取得。这样，管理主义和独裁管理的风格、科学管理的新形式保持着相当的一致——除了对“最好方式”的寻找已发展成为对最新行为技术与机械技术的持续性应用。为了最大限度地控制人员成本和最小化因引进劳动力节省技术所引起的问题，管理主义寻求尽最大可能地把大量公共事务外包给私人部门。管理主义提倡的改善经营管理技术，比如说内部审计、项目评估等，这些相对来说已经陈旧了。而新颖之处是新瓶装旧酒，即将这些旧技术，就像旧坦克被重新组合一样，通过新的学说或流行哲学，重新予以包装。

对于公共管理者来说，只做一个消极地执行政治家们设定的任务的传统上的“雇来的中立力量”(neutral gun for hire)已远远不够了。查尔斯・G・道斯(Charles G. Dawes)，美国政府的第一个现代预算师(1925—1929 年任副总统)，在 1923 年如实地解释了中立力量的传统概念：“如果议会……通过一项垃圾应该放在白宫台阶上的法律，那它将令我们悔恨万分，因为官僚机构的职责就是通过公平的、非政治的、超党派的方式建议行政首长和议会怎样以最迅速且最经济的方式处

① 老百姓：一个称呼大众的口语表达。在一定组织情境下使用时，指的是那些不是管理者的组织成员、那些工人和在办公室没有身份地位的人们。这个词组最初是一个军事方面的短语，指的是必须按列、行、一个在一个后面排队的士兵。军官，作为绅士，是不在此范围内的。

理掉大量的垃圾。”

8.1.2 政策企业家

现在，高级行政官员若以这样的一种态度对待其职务，那就会使他臭名远扬，不仅是因为垃圾。现代公共管理者都希望成为一名政策企业家（policy entrepreneurs），他们积极地思索新的方案，为之争辩，并加以推广，以求解决那些令人头疼的问题。当前流行的思想呼吁行政人员采取最积极的行动来与从未消失过的浪费、欺诈、滥用职权①（abuse）等威胁作斗争。这些现代的改革者喊着1789年法国革命中“自由、平等、博爱”的口号投入行政战场。但是今天的行政口号，同样是法语词源，是再造、授权、企业化。

行政革命的最新倡导者们，到处传教布道，好像他们是第一个领悟出官僚机构的神圣指导原则的人。但他们竭力鼓吹的都不是什么新颖的东西。弗朗茨·卡夫卡（Franz Kafka），一位描写官僚制压迫的优秀小说家，警告我们说，“每次革命消逝后，留下的只是一个新官僚机构。”在相同的意义上，管理思想和信条的每一次革命过后，留下的只是一个新词。

8.2 再造

再造（reengineering）是一个过时的概念，意味重组（reorganization），它往往会与大学教育革新一并进行。传统的重组要求行政结构或形式上的行政程序的变化，不需要根本性的机制改革、不需要创建立法机关先前没有建立的新机构。很多改组是为了部门整合、行政部门扩展、预算改革和人事管理——主要是促进行政机构对中央控制的有效回应，另外也会促使行政管理事务简化、专业化。当然，所有那些考虑重大改组的组织，首先应该听听约翰·肯尼思·加尔布雷斯（John Kenneth Galbraith）曾经提出的忠告：“当事情不好时，人们总会想象着通过一次检查或许一个改组将会使事情变好。但从没有人问过，那种最好的局面能否从一个糟糕局面中脱颖而出。”

8.2.1 与渐进变革相对的激进变革

再造所传递的“信息”是，所有大型机构必须对其完成什么任务、怎样完成任务以及以什么样的构建完成任务给予激进性的变革（radical change）。由于谨小慎微的步伐，不可能有任何空间来提升效能。组织不需要回答“我们怎样做事才能更

---

① 滥用职权：指给政府项目的受益人提供过多的服务，违背了项目原则，或是执行了不恰当的行为——并不能成为可起诉的欺诈。欺诈，一个更严重的犯罪，是用非法的手段通过故意的误说来获得有价值的东西。

快”或“我们怎样用最低的成本做现在的工作”这些问题，而应该问“我们做这些事情的目的到底为了什么”这样的问题。在《企业再造》(*Reengineering the Corporation*) 中，再造的倡导者迈克尔·海默 (Michael Hammer) 和詹姆斯·钱皮 (James Champy)，称再造“是劳动专门化最终带来的再一次商业革命”。即需要设问一下：“如果让我来重组这家公司，就我所知道的情况和目前的技术条件，我能将其改组成什么样子。”更正式地说，再造是“从根本上重新思索、大胆地重新设计商业运作过程，以实现已有绩效测量上的质的巨大改进，如成本、质量、服务和速度等”。因此，再造是在寻找新的形式重新组织工作。

再造，即通过对如何管理项目、如何最大限度地利用以计算机为代表的新技术等问题的彻底反思和重新确定重心所在，以便超越传统的管理重心，进行组织重整。这确实是值得称道的想法！但是，不论改组还是再造都不可能与政治脱离干系。哈罗德·塞德曼 (Harold Seidman) 在《政治、地位和权力》(*Politics, Position, and Power*) 一书中警告说，所有潜在的再造者应该知道一个立法机关和其执行机构之间的牢固的关系。“一个人在设计行政机构时忽略国会的力量就像在设计飞机时忽略空气动力学原理一样。在看上去像是行政机构中出现的结构上的偏离和畸变，实际上经常是行政管辖权和议会冲突的反映。立法机关和行政机构是相辅相成的，是一个系统的两个方面。”

有关改组的非常有名的警告，同样适用于再造。这通常追溯到公元 1 世纪的罗马作家佩特罗尼乌斯·阿比特 (Petronius Arbiter)。他曾说：“我打算一生都要学习，因为我们易于运用改组来对付所有新情况，一个完美的方法，它能够给我们带来一种进步的幻觉，同时也可能带来混乱、低效和堕落。”

我们注意到，海默和钱皮的畅销书包含着一个自从古希腊时代就众所周知的“再造”。还记得那个特洛伊木马的故事吗？故事讲述了围攻者希腊人最终怎样在小亚细亚打败了特洛伊的保卫者。多年来，希腊人运用传统的包围战术，一直没有成功。于是尤利塞斯①说，围攻的希腊人必须彻底地重新思考他们正在做什么。在智慧女神密涅瓦②的帮助下，尤利塞斯重新组织了围攻。新的途径是假装放弃围攻，但留一个非常大的木马在后面，里面装了一个班的希腊士兵。特洛伊人以为木马是逃跑的希腊人留下的贡品，把它运进了城内，并组织庆祝活动。后来在深夜，藏在木马里面的希腊人出来后作为内应打开了大门。然后他们以传统的方式洗劫掠夺了特洛伊。海默和钱皮提供了最好的例子诠释了“根本性的重新思考和设计”。从此以后，再造者尤利塞斯获得了“狡猾”的名声。

8.2.2 成为一个再造者

再造既是一种过程，也是一种智力训练和哲学。再造者最基本的技能是用新的

① Ulysses，罗马神话中的英雄，即希腊神话中的奥德修斯。——译者注
② Minerva，即希腊神话中的雅典娜。——译者注

视野看待诸如工作流程和组织结构等事物的能力。再造是一种激进式变革（radical change）战略，而不是一种所有雇员参与的渐进式变革（incremental changes）途径。再造一词，词如其意。据海默和钱皮所言，“当有人要我们快速地给企业再造下一个定义时，我们说它的意思是‘从头开始’。它的意思不是胡乱地修补已经存在的东西或是通过渐进式变革从而保持基本机构不变……它包括回到最初，创造一种更好的工作方法”。

尽管再造途径多种多样，但它们通常都包含以下三步：

（1）绘制流程图：一个组织提供服务和产品的流程图。对流程的强调正是为什么再造经常被叫作“流程再造”的原因。

（2）顾客评估：通过专题研讨[①]（focus groups）、调查研究以及顾客会议的方式，对顾客即时与未来的需求进行评估。

（3）流程愿景：彻底地重新思索工作流程应如何运作，并时刻牢记最新技术。

成功再造的关键是挑战现行体制背后的假定。就像所有新办企业面对较高的进入壁垒[②]（barriers to entry）一样，再造也有着类似的障碍，包括官方自身利益的考量、员工对变化的抵制、缺少激励以及在漫长的改革道路上人们普遍对新事物的怀疑。但是，只要有来自高层管理者的一个战略性的信念，这些障碍就都能克服。举个例子，1994 年国际城市管理协会的一份报告提及，弗吉尼亚州的夏洛茨维尔如何重新设计工作流程，以使办理新营业执照的时间从以前的两天缩短到现在不到半个小时；加利福尼亚州的默赛德县怎样重新设计社会服务中的资格认定工作流程，使整个流程只花不到三天而不是先前的 40 天；亚利桑那州（美国西南部的州）的菲尼克斯市怎样重新设计时间使得调出城市房产图流程从五天缩短到五分钟。

罗伯特·米利亚（Robert M. Melia），曾任马萨诸塞州税务局第一任副局长，当他对拖欠的孩子抚养费的收缴方式进行重新设计后，对于 20 世纪 90 年代初很多赖账不还者而言，他成为有名的再造者。根据约翰·马丁（John Martin）所说，因为“没有钱在这个问题上投入更多的社会工作者……米利亚强迫税务局从头开始彻底地重新思考收缴孩子抚养费的执行问题——这就是再造的精髓”。结果，“现在，用一个电脑而不是昂贵的社会工作者来处理众多的联邦孩子抚养案件。电脑在执行收缴拖欠孩子抚养费前，在可及范围内都会发出一个警告：如扣除工资、冻结银行账户和截取退还的税款、失业补助津贴、彩票奖”。收缴已经增长了 30%。但是，更重要的是，有一半家庭被从享受福利的名单中排除出去，因为现在的孩子抚养费月率已提高到以前月率的两倍。

再造，从头开始彻底地给予重新思考，这种做法并不新颖。在 19 世纪吉伯特

---

① 专题研讨：一个相对小数量（6～20 人）的人群，拥有共同的特征，被带到态度中立的地方，在专业研究员的领导下参加关于产品或政治的讨论。专题研讨是市场调查的主要工具。这使得研究者能够深入研究人们购买一项产品或投票给某位政治家的动因。

② 进入壁垒：行业中进一步竞争的障碍，包括合法性障碍（关键的专利权由别人拥有）、经济性障碍（启动成本很高）、政治性障碍（不稳定的政府）或社会性障碍（市场已经建立了品牌偏爱）。

(Gilbert) 和萨利文 (Sullivan) 的轻歌剧《天皇万岁》(*The Mikado*) 的第一场就解释了日本天皇在重新设计日本司法系统时的努力："我们理性的天皇，看到判处罪犯死刑的威严的法官和执行判决的勤奋的执行官没有道德上的差别，于是把两个机关合并成一个，于是法官也就同时成了执行官。"于是现在，再造只不过是将应用逻辑和战略意志结合在一起罢了。

8.3 授权

权力是组织生命的燃料，正是它才使组织中的所有事情运转起来。对于管理者来说，非常容易获得传统的支配权，以此来控制和惩罚他们的下级。而难的是获得实现实际业绩所需要的权力。这类权力不能够通过正式的方式给予或获得，即不能通过组织授权方式而得到。管理者经常能够通过放权而使他们自己更强大有力，这看起来似乎很矛盾。通过授权给别人，领导者事实上获得了更大的"生产力"(productive power)——完成组织目标时确确实实需要的权力。

不善于放权的管理者，也即不信任下级的或不愿授权给下级的管理者，会变得越来越没有权力，同时越来越没有能力，因为他们试图独揽大权。记住，权力非常像金钱——一种权力变量——就像肥料一样，你必须把它撒向土壤才能发挥作用。不合理地保留权力的最常见例子，或许就是管理者因为没有花掉他们所有的预算资金而受到惩罚的方式。最典型的惩罚是通过再分配资金把钱拿走，然后还有责骂，在下一次的预算过程中就会给更少的钱。毫无疑问，管理者已经习惯于把他们分配到的预算花到几乎最后一分。这不仅是浪费，而且是降低成本以实现真正的节约并提高效能的巨大阻碍。授权让管理者自己控制预算结余是美国企业化管理运动的一个主要的推动力。

大学也存在同样的问题。大学管理者一直非常吃惊，学术部门会选择普普通通的或能力不足的教授担任职务。存在这种情况是因为管理者坚持这样一种认识，即只要有职位空缺，预算主管当局就自动取消该部门的教授职位，这实际上正是学校的政策之一。因此，从该部门的角度看，由平庸之才填充相应的教师空缺总比缺人手好。所以部门职位的任命，很多时候不是基于这个人的优点或能力的考虑，而是建立在对于有这个人是不是比没有好的这种情况的考量上。

8.3.1 授权团队

事实上，现在提倡的所有这些所谓"新"的管理方法——以此解决"生产力问题"——实际上融合了传统的管理方法和新形式的员工参与管理法。在过去20年里，我们已经看到了一系列"新"的管理方法，特别是通过个人与团队的发展与授权①

① 授权：给予一个人或组织正式职权以便完成某事。

(empowerment) 来强调组织弹性化。

所有这些建立在团队基础上的管理方法都假定团队为个人提供了机会，这些机会有利于个人和组织的成长、有利于自我表现和提高工作满意度①（job satisfaction)。它们还假定，这些机会在传统等级制度组织中的工人们是得不到的，因为团队会为个人工作规定制度和纪律。因此，允许授权的组织，不需要更多层级的管理人员来协调、控制和监督生产。

尽管授权是一个已被证明能提高生产率的方法，不过马克·霍哲（Marc Holzer）教授还是警告说："在员工参与中，尤其是在全面质量管理②（TQM）中，存在着某种危险，即其参与将在多大程度上与工会一致或超过工会。在一些例子中，从参与中得到的好处，会被对工会组织的政治疏远带来的损失所抵消。"由此，我们有理由说："最有效率的体制是不把工会与员工相分离的体制。在二者中，最有效率的组织是那些把工会当作真正的合作者，而不是假想之敌。良好的工会关系在工会组织更多和更有力量的公共部门尤其重要。"

8.4 企业主义

变革信条中最后一个也是最强大的一个潜在要素就是企业主义（entrepreneurialism)。这需要管理者成为变革型领导（transformational leaders)，能够努力地去改变组织文化。领导人必须为组织设计出新的愿景，然后把它变为现实。

乔治·布什总统并非一位不经意间创造很多新用语的人，但"愿景这个东西"（the vision thing）却在不经意间成为他自己创造的一个新的专用语。就在 1988 年他第一次抱怨"愿景这个东西"之后，因为他看起来缺乏"愿景这个东西"，他也知道自己缺乏"愿景这个东西"又无法通过努力得到它。缺乏愿景使他在国内政策上显得无能，这很大程度上导致了他在 1992 年的竞选连任失败。或许布什总统应该更多地关注圣经里的摩西。那是一个有预见的人。他在埃及率领着一群奴隶，然后把他们转变成了一个独立民族。现在，我们不可能都成为摩西，从燃烧的灌木丛中获得愿景，但是我们能够避免成为一个没有愿景的布什。

企业主义愿景不能也不应该局限于上层领导。在每一个组织层面上，管理者需要愿景和梦想，需要评价现状、计划更好未来的能力。不能做到这些的管理者，不能想象变化且不能为变化制订计划的管理者，由此被认为是无能的。毕竟，不变的组织最终会消亡——即使在公共部门也是如此。此外，如果你没有梦想——如果你没有愿景——你怎么知道梦想是否能实现呢？

但是，记住，任何真正地信仰哲学规律或意识形态的人经常会陷入一个深渊。这用在管理理论方面再准确不过了。我们一直在愚弄自己，认为我们正在努力的事

① 工作满意度：员工对其工作的各个方面感觉的总和；对于一个工作是否达到员工期望的情感上的评价。

② 全面质量管理：确保组织的所有方面都在以最理想的状态运行的一种管理方法。

情都是新的，直到了解了古代圣人的思想——比如说苏格拉底在古希腊时期就赞成普遍性管理的价值，亚里士多德预见到企业文化的潜在前提，在意大利文艺复兴时期马基雅维利写的《君主论》成为第一本“怎样成功”系列的关于管理建议的书籍——我们才清醒了过来。

太多的组织着迷于新的管理方式以及随之而来的那些口若悬河的顾问们。这些组织为它们的管理者买书并让他们接受新的培训——然后期望他们能够通过目标管理[①]（MBO）、组织发展[②]（OD）、零基预算[③]（ZBB）、质量循环[④]（QC）、全面质量管理（TQM）等管理方法来管理组织。

但是，当心不要一口喝下整碗汤。你和你的组织会成为消化不良的一个反面例子，因为把管理哲学推向极端就是导致无能的起因之一。比如，泰勒的科学管理理论提出一个思想假设作为其理论基础，即任何给定的工作都有“一个最好方法”来完成它。然后，一旦“最好的方法”被员工发现，生产线管理者的工作就是把这个工作程序强加给组织。传统科学管理的问题是家长式作风的“爸爸知道最好的”这个态度。它意味着管理者在智力上是垄断的，工人们的想法被看作是一种工作上的分心，而应避免。但是每位工人都有一个大脑。只有一个无能的组织才会浪费或是不理睬这一重要资源。因此，科学管理大体上是一个很好的思想，但当它走向极端时就变得无能了。

总的来说，公共行政和公共管理最近所关心的问题——实际上是被其困扰——就是那些诸如质量、能力、价廉物美产品和满足顾客需要等有不同说法的问题。管理主义的发展趋势，来源于一种推动力，即在组织中慢慢灌输一种关于能力开发的意识——避开无能带来的不幸。但不幸的是，能力和无能是同一个魔法硬币的两面。这是一个愚弄人的硬币，因为哪面赢并没有共识——对于无能与胜任，同样不存在共识。这个问题很像最高法院的波特·斯图尔特（Potter Stewart）大法官在对色情文学作出定义时的两难境地。他声称尽管他不能定义它，但他看到它时就会辨别出它。能力胜任遇到了同样的概念性问题。毕竟，对于同样一份官方文件，有的人会认为它是一个障碍，而有的人则会把它作为程序上有力的保护。

在公共行政中推行企业家精神同样潜藏着危险，或许能在 20 世纪 90 年代加利福尼亚州的橘郡找到这方面的最好例证。回顾股市繁荣的飞涨时期，橘郡财务员罗伯特·西城（Robert Citron）试图以一种被叫作金融衍生品的具有极大风险的投资形式来运作公共资金，以此进入繁荣的股票市场。虽然西城对于决定投资金融衍生品负有责任，但这样做也获得县政府的默许。他的这一投资得到了丰厚的回报，那

① 目标管理：一种管理方法，其特点是组织的下属与上级之间相互设定一系列可测量的目标，个人与团队在规定的一段时间内达到该目标。

② 组织发展：一种增加组织效率的方法。作为方法，它没有任何的价值偏好，但是它经常与这样的想法联系起来——最大的效率需要通过将个人的自我成长需要和组织目标融为一体才能实现。

③ ZBB：以零作为基础的预算。

④ 质量循环：在组织的同一个车间工作的小群体员工，赞成管理，自愿地例行会面以认识、解决直接影响他们工作的问题。

些收入自从20世纪70年代末就成为橘郡越来越重要的预算组成部分。随着这样成功的不提高税收就能提高财政收入局面的到来，关于如何投资资金的规则出现疏于监督的情况也就不足为奇了。对于地方政府的官员来说，稳定的投资收入允许他们"有自己的蛋糕并享用蛋糕"。然而，在1994年西城的投资策略开始失效，最终导致了16亿美元的损失，橘郡成为全国第一个申请破产的曾经极为富裕的县政府。从本质上来说，这个县一直依赖着西城的企业化技能来赚钱，而忽略了这样的企业化行为所带来的风险。

8.4.1 走向竞争性公共行政

管理主义的最大缺陷在于它对待改革的逻辑性。问题不在于服务于公共部门的那些优秀的工作人员，而是他们所处的那种工作体制。仅仅引进一个精明的管理者，假定还有相当不错的私人部门管理经验，他将很快把所有事情整顿好。毫无疑问，公共服务的业务水平能够提高，但是没有必要大规模地采用私人部门策略来做工作。那些想要成为改革家的人经常忘记的是，政府工作并非因为愚蠢的人在那里工作而低效，他们无法胜任是因为他们必须按照立法机关所规定的那样去回应那些竞争性的政治捐助利益集团和议员，还得遵守正当程序的要求。效率不得不让位于这些因素。没有哪位新近来自于大牌公司的行政首长自命不凡，敢于忽略这些因素的存在，因为这些因素，如同效率一样，同样都是行政机构法定要求中的一部分。

这就是管理主义为什么最初会在20世纪80年代出现，因为它是骑在保守派政府或者中间偏右政府的背上进城的，那时的英国由撒切尔政府执政，而美国则由里根政府执政。他们都谈到行政的改革，但做得没有说得好。然而，他们的影响都是久远的，而且最后都很好地代表了政府中的中间派和左派的利益。在20世纪90年代初，美国、澳大利亚、新西兰都引入了管理主义。作为管理主义的领袖，克里斯托弗·波利特（Christopher Pollitt）曾争辩说："管理主义是新右派国家理论中'较好看的脸面'……它贴了一个标签，在此标签下私人部门的做法被引入到公共部门，这样就能够加强政治控制、平衡预算、减少专业自主权和弱化工会联盟，建立起类似竞争的框架以彻底冲掉官僚机构'天然的'效率低下。"

管理主义者提出的无数的创意都获得公众热烈的拥护，因为他们憎恶"官僚制"，因为公民越来越不愿意付更多的税，因为公众普遍地坚信（经常是错误的）私有化将让公众掏得少，因此任何此类的改革措施都被认为是好政策。

实际上，管理主义者的所有目标都能够通过业已存在的人们称之为竞争性公共行政[①]（competitive public administration）的方法得以实现。各级政府，政体有别，政治哲学理念也有很大的不同，政府机构的各种构成要素，如建筑维修工、废物回收业务等，都受到诸多自我约束，但它们都被迫与私人部门承包者进行价格竞

① 竞争性公共行政：公共部门的一种政策，使不同组织之间竞争来获得完成公共事务的机会。所以会有私人承包者和政府机构的竞争，政府机构之间相互竞争等。

争，而这些承包者已经做好准备并愿意由私人部门来承担仍在争论中的这些公共事务工作。各种凭单制①（voucher systems）允许同样的策略用于公共教育和住房——甚至为无家可归者提供食物。这样的“最便宜者生存”的达尔文环境确实正在引进私人部门的做法，正在加强政治控制，正在缩减预算，正在压缩工会和专家主义的空间。曾经的右翼成为现在的主流。在美国这经常被认为是“政府再造”（reinventing government）运动，这是与戴维·奥斯本（David Osborne）和特德·盖布勒（Ted Gaebler）的书名同名，这种称呼也由此而来。

美国政治的一个不变的主题，就是一旦那些成功的企业领袖告诉那些官员如何去做，政府行政中的问题就会迎刃而解。然而，管理主义的这种可转移性学说——其一般性理论可以追溯到苏格拉底——其结果通常远远不如起初预期的那样成功。在私人公司，类似的一般性理论已经同样被证明是失败的。精于财政的管理者逐渐掌控了企业的生产部门，而产品与销售最终都出现了问题。上层管理干部精于数字计算而忽视产品制造方式，这个问题变得很严重，以至于让人质疑一般性理论的核心理念。确实，我们现在谈到的正是经济学家罗伯特·萨缪尔森（Robert Samuelson）所说的“管理的死亡”（death of management），即拥有 MBA（工商管理硕士）学位的管理者“应该在任何地方、任何时候都能够管理任何企业”这种观念的死亡。

8.4.2　新公共管理

作为一个学说，管理主义继续发展着自己，其精华已经被“新公共管理”（new public management）所吸收。根据克里斯托弗·波利特的看法，新公共管理主要包括以下四个方面：

（1）在那些不能直接转变成私人所有的公共部门，更为大胆地和更大规模地运用类似市场的机制（准市场）。

（2）强调管理和服务性生产在组织和空间上的分散化。

（3）持续性地强调提高服务“质量”之要求。

（4）同样需要严格坚持的是，更多地注意服务的个人使用者/“顾客”的诉求。

新公共管理野心勃勃，它远比传统公共行政在管理方面［可以被称为“传统”（old）公共管理］更有雄心，而且欧文·休斯（Owen Hughes）还在他《公共管理与行政》（*Public Management and Administration*）一书中指出，它预示着社会中政府角色重大转变的新范例。和任何新范例一样，它试图代替早期的公共行政模型，因为这个模型“已经在理论和实践上遭到质疑”。尽管人们可以赞赏休斯的强烈感情，但也不应忘记那个形象的说法：“不要把小孩和洗澡水一起倒掉。”

---

① 凭单制：一种政府项目，发行可赎回的购货券给符合条件的公民，让他们在开放的市场上购买公共服务。举个例子，住房凭单意味着是公共住房的替代品，教育凭单意味着公共教育的替代品。用凭单的想法是经济学家米尔顿·弗里德曼（Milton Friedman）在《资本主义与自由》（*Capitalism and Freedom*）（1962 年）中提出来的。

所有改革运动都试图寻求一种媒介来改变、教育新的皈依者。最著名的媒介就是奥斯本和盖布勒的《政府再造》。这本 1992 年的畅销书令人惊奇地成为新公共管理运动的圣经。正如原始的《圣经》警告我们的“在阳光下没有新事物”（《传道书》）一样，奥斯本和盖布勒的圣经用十条原则鼓吹它的福音。约米尼（Jomini）的幽灵再次重申了它自己的观点！

文摘 8.1　　政府再造的十条原则

1. 催化型政府——掌舵而不是划桨。
2. 社区型政府——授权而不是服务。
3. 竞争型政府——将竞争机制引进服务当中去。
4. 使命型政府——对规则导向型组织的改变。
5. 结果导向型政府——按结果而不是按投入进行拨款。
6. 顾客导向型政府——满足顾客而不是官僚机构的需要。
7. 企业家型政府——挣钱而不是花钱。
8. 前瞻型政府——预防而不是治疗。
9. 分权型政府——从等级制到参与和协作。
10. 市场导向型政府——通过市场力量进行改革。

资料来源：David Osborne and Ted Gaebler，*Reinventing Government*（Reading，MA：Addison-Wesley，1992）。

这些新原则，会像它们的作者意欲所为的那样，“解决我们遇到的官僚政府的那些重大问题吗”？为了找到答案，让我们转向公共行政史上另一令人兴奋的历史篇章！没有官方的“新公共管理”，也没有哪个政府正式地赋予某些学说这个头衔。仅有一系列折射出管理主义学说的全然不同的结构改革和非正式的管理活动习惯性地被归到“新公共管理”的名下。

后面的章节还会回到这些主题，不是因为它们可能替代“不足信的”公共行政，而是因为它们差不多是人们所期望的一百多年前就开始的传统进步主义运动中的公共行政的复兴。进步主义论者因创立学说而出名，他们坚信通过引进科学来解决公共问题可以完善治理机构。它是一场全然不同的运动，每个改革团体都致力于某个层面的政府问题，致力于某项特别的政策等。人们普遍认为，建立一个好政府是可能的，“治愈民主的良药就是更多的民主”。为达到这一点，他们会“把流氓无赖扔出去”。是进步主义者的影响最初创建了公共行政理论原则的雏形。

各种学说出现又消失，一直在推动着公共行政理论的进步。管理主义、新公共管理和政府再造运动，都只是进步主义黄砖路①上的最新地标。所有这些改革就像麦克白②所说的，“可怜的表演者在舞台上炫耀和消磨时间，然后再也没有人观看”。伦纳德·怀特（Leonard D. White），美国杰出的公共行政史学家，1933 年出版了他的《公共行政发展趋势》（*Trends in Public Administration*）一书，其中他用好几章来写自 1900 年以来就兴起的“新公共管理”。在 1971 年，弗兰克·马里尼

① the yellow brick road，意味着成功之路或幸运之路。——译者注
② 莎士比亚四大悲剧之一《麦克白》中的主人公。——译者注

（Frank E. Marini）出版了他编著的极具影响的《迈向新公共行政》（*Toward a New Public Administration*）。新的！新的！新的！但是所有这些新的东西都是对进步主义学说的再次肯定。公共行政学说的发展永远没有尽头，只有不断的学说改革。

8.5　何谓绩效管理？

绩效管理（performance management）是领导者要做的一项工作，是组织领导者的一项主要责任。它对组织行动系统地进行整合以完成其目标。绩效管理和单项管理的不同之处就在于它强调系统整合。因此，它包括对组织行为进行全方位的控制、监督和评估。绩效管理的内容是早已确立起来的那些管理工具，包括在公共部门管理语言中使用绩效这个术语的大多数其他意义。这些内容包括：

（1）确立清晰和可量化的组织目标，而这是战略管理（将在第 9 章讨论）的本质。

（2）系统地运用绩效指标来组织绩效测量，以评估组织的产出［这与绩效标准的概念密切相关，将测量得到的组织绩效与工业平均水平、最佳做法①（best practice）、基准进行比较——在组织之间或组织内部对绩效进行系统的比较］。

（3）通过对员工绩效进行评估，来协调行动，以便与组织目标保持一致。

（4）绩效激励的使用，如绩效工资②（performance pay），来奖励个人为完成组织目标而作出的突出贡献。

（5）将人力与财力合理配置于年度管理与预算周期内。

（6）每一个计划结束时，定期回顾目标完成程度和计划做得好或坏的原因。这为帮助制定下一个计划提供反馈。

8.5.1　绩效管理的政治

绩效管理始于计划（a plan）。人们想当然地把计划当作是一个理性的、线性的和简单易懂的过程，这个过程包括收集和分析数据、确立战略目标并分配优先权、评估为达到最终目标的替代方案、设计执行方案、方案评估等环节，从而运用信息来发挥项目以及相关机构的作用及提高其效能。然而，这只是一个想象。计划不是简单易懂的，也不是线性的。计划从来不会在一个真空环境出现，它天生就是一个政治过程。所以，任何类型计划的成功经常取决于策划者的政治智慧。1788 年，亚历山大·汉密尔顿在《联邦党人文集》第 70 篇中写道，“人们反对某事，往往因为在制订计划的过程中没有自己的代言人，或因该计划出自于自己讨厌的人”。

在公共部门，计划经常出自政治需要。公民只是为政客在其竞选承诺中的计划投票。比如说，吉米·卡特承诺，如果他被选上总统，将执行零基预算。他被选上

① 最佳做法：一般所认为的完成一项工作的最佳方法。

② 绩效工资：对工作上特别的努力给予的额外补偿。

了，他确实做到了——但是他的继任者，罗纳德·里根在他上任的第一天就发出一道行政指令废除了联邦政府的零基预算。鲁道夫·朱利亚尼（Rudolph W. Giuliani）在1993年竞选纽约市市长时，承诺要降低犯罪率。在他任期的第一年里，犯罪率——尤其是谋杀犯罪率——降低了。这是因为改变人口统计方法的还是因为改善治安管理，没有人真正知道底细。可以肯定的是，这位市长——像其他市长一样——将因为这个犯罪率的下降而获得人们的信任。1994年，共和党提议发起一场“与美利坚签约”（contract with America）的运动，它从根本上影响联邦预算的传统惯例。因为他们选举的胜利，许多联邦机构不得不开始计划缩小规模。反对党克林顿总统同样野心勃勃，用他的再造政府计划来大刀阔斧地缩减联邦政府的人员编制。

绩效管理计划不需要等待获选的官员来制定。在20世纪90年代初期，邮政总局局长不必去竞选职位，只是观察着政治风向。他需要做的全部事情，就是阅读报纸上对邮政服务越来越多的批评，议员呼吁分割邮电业，企业领袖们也在呼吁取消政府对第一类邮件（first-class-mail）的垄断。他得到这些信息。绩效——意味着准时的邮政服务——开始提高了，而同时抱怨、呼吁分割的声音也开始减少了。

迄今为止，关于绩效管理，美国政府最广泛采用的就是1993年《政府绩效与成果法案》——有时被大家称为“成果法”。这项法律的制定是一个典型的绩效管理系统，因为它试图把资源分配和成效联系起来，试图提高项目绩效，试图为议会的政策制定提供更好的信息；试图使各个机构细化它们的任务、目标和战略，并且试图要求他们向议会报告他们是怎样做到这些的。

8.5.2 管理控制

管理信息与控制[①]系统（management information and control systems）应用于公共机构有两个原因：（1）使得管理者能够知道组织运行的具体情况并以此为据来对其他工作进行管理；（2）对需要向机构外的部门作报告的问题作出回应。控制系统用来监督计划是否按预期计划执行、监控目标导向的行为、当行为和结果偏离计划目标时进行修正。这个监控是很有必要的，因为简而言之，组织经常会迷失目标。发生这种情况的一部分原因是组织——是一个由人组成的实体——不可能有真正的目标，只有个体的人才有目标。个人，尽管他们在创建一个组织或加入一个组织时，都有一定的目标，但太多的时候他们自身的目标与组织的目标是相冲突的。

组织的利益相关者们（stakeholders）——受组织活动直接或间接影响的那些利益主体——越是为了他们各自的与组织的“官方”目标对立的目标努力工作，组织必然会变得越没有活力。当员工变得更多关心他们能从组织中得到什么，而不是他们必须向组织贡献什么时，组织目标就会发生偏移或替代。因此，管理者最基本

① 控制：管理职能之一，关注实际绩效和计划的对比，也包括纠正不合标准的行为的程序的发展和执行。控制是所有层级管理固有的职能，在理想状态下只报告意料外的情况的这样一个反馈过程。

的任务——也就是切斯特·巴纳德所称的"经理人员的职能"——就是保持组织需要和员工个人需要之间的动态平衡。

8.6 提高生产率

无论私人部门还是公共部门，生产率已经成为最高管理层和议会权力走廊[①]的最重要议题。所有绩效管理的最终目标就是为了进一步提高生产率。生产率（productivity）是生产成果的数量（和质量）与生产该产品和提供相应服务所需的资源数量之间可测量的比例关系。从本质上而言，生产率就是对个人、工作单位或者整个组织工作效率的测量。

8.6.1 生产率测量

在公共部门，对任何管辖区域、组织、项目、个人的生产率进行测量，都会存在极大的问题，因为很难界定公共部门的产出、效率、效果及其影响。

提供公共服务的组织常常有多重的产出，有时甚至是无形的产出。在对效率进行评估时，从诸多可能的投入产出比中作出选择是一件劳心费神的事情。若只选择某几个投入和产出变量，就会存在一个相当大的危险，因为单独计算某个效率，也许会真的是一个无意义的或者过分简单化的绩效测量。

生产率测量问题是非常复杂的，因为需要选择不同的效率、效果进行测量，而这又是由某些组织变量决定的，如高度常规性工作与非常规性工作不一样，员工的高度自由裁量权和员工低度的自由裁量权导致不一样的结果，标准的、法定的和简单的工作产出与复杂的工作流程形成鲜明对比。还可以从另外一个角度来说明这个问题，就是各种各样的生产率测量方法。用于测量生产率的方法，必须能够对中间产出（提供给组织内其他机构的产出）和最终产出（被外部环境所吸收的产出）加以区分，必须能够对参谋职能和直线职能（一些个人/单位执行的是支持性职能，他们的影响只能通过直线部门绩效的增长加以评估）给予区分。生产率测量困扰于诸多障碍，并不仅仅局限于管理者在进行绩效评估时产生的不安全感。

所有这些都没有什么新颖的。1776 年，亚当·斯密就曾在他的《国富论》中写道："社会中有某些值得尊敬的阶层，如卑微的仆人阶层，这些阶层的劳动者不会产生任何价值，也没有确立自己的任何长久目标，又没有自己的被普遍接受的产品，但这项劳动却一如以往地永恒地存在着。"一个永恒的问题是，在某些领域，当政府提供服务时，其中投入的劳动却不能像工业产品那样测量其影响和评估其质量。所以，当公共行政像工厂似的一样运作时，那它就适合于使用工作测定标准[②]

① corridors of power，意思是暗中左右决策的权力中心。——译者注

② 工作测定标准：一个数量化评价，被用来表示员工或工作单位在给定的时间内能够完成的任务量。

(work measurement standard)，这时，测量甚至提高政府生产率就是一件很简单的事情了。但是那些服务性质的工作者，如警察、社会工作者和小学辅导员，并非总会创造出能够直接给予测量的产品，除非通过广泛的社会指标①（social indicators）予以测定。

8.6.2 提高生产率的障碍

提高公共雇员生产率的障碍因素有很多。这些因素经常显得不可克服，如冗繁呆板的行政事务程序规则阻碍了管理的再分配和再组织；公共人事管理办法造成了烦琐呆板的职位说明、工作分工、工作测试、就业机会均等以及反对就业歧视等，由此共同导致华莱士·塞尔（Wallace Sayre）所说的“技术对目的的胜利”；工会的不妥协行为；加之程序性与结构性规则相结合使得管理者不能对员工的工作表现进行奖励或是实施惩罚。

公共部门的生产率问题，也经常直接牵扯到有关私有化的争论中。因为存在着这样的一种假定，即认为公共部门的生产率要比私人部门差。尽管研究员如乔治·唐斯（George W. Downs）和帕特里克·拉基（Patrick D. Larkey）已经很努力地解释了为什么不能这样做比较，为什么这样做比较是不正确的，从一开始就不应该进行这样的比较，但一个简单的事实是，证明自己的生产率并不比私有部门低已经成为公共部门组织的一个负担。这无疑是很困难的，因为公共部门的生产率经常涉及多样化的顾客群体、冲突的目标及其优先权问题。相比之下，私人部门喜欢做单一的横向比较，把一种产品或服务捆绑起来与另一种产品或服务进行比较。

公共部门组织无疑会因不愿意进行生产率测量而备受指责，但是我们必须清楚这种不愿意的背景和原因。对生产率进行测量有太多的体制性“障碍”——从担心减少预算、压缩人事层级、因超出预算而受到惩罚，到基于对公共部门物品或产品的内在偏见而带来的一系列测量问题。

长久以来，对于已经陷入财政困难的政府组织很难筹集到资金来提高自身的生产率（尤其是新技术），所以很多行政辖区创立了一种“创新基金”（innovation funds），以此来对其提供资金上的支持。如美国国税局与佛罗里达州就采用这样的方式。而费城则通过削减成本而节省下来的资金来推进提高生产率的工作。爱德·伦德尔（Ed Rendell）市长告诉国家绩效评估委员会：“我们告诉一个部门，‘你们去那里努力工作，创造更多的财政收入，杜绝浪费，那么我们将会把某些节省下来财政收入留给你们’。”

这位市长说，照惯例，“他们节约的每一分钱都会回到总资金中去……然而他们除了得到一次表扬外，不会得到任何东西”。现在市政部门可以用他们节省下来的资金的一部分来支持生产率改进项目。比如说，费城许可与检查局（Department

① 社会指标：数字化的度量标准，用于帮助描述社会环境条件（如对收入分配、贫困、犯罪、健康、自然环境的测量）。

of Licenses and Inspection）在 1992 年所取得的财政收入比预期的多 280 万美元，于是该市让这个部门保留 100 万美元来雇用更多的检查员，这又反过来使得下一年的收入增加。

文摘 8.2　　喀里古拉（Caligula）帝王发现政府的“两倍节约”

在古罗马钱花得越来越快，最后，喀里古拉决定采取节约措施。例如，有一天他说，“把犯有伪造罪、盗窃罪和破坏和平罪的罪犯关在监狱里有什么用呢？他们待在那里并不愉快，同时养活、看守他们对我来说花费也很多；但是如果我让他们出去，他们只会再次开始他们的犯罪行为。今天我将访问监狱，研究一下这件事”。他去了。他清除了那些他认为最强硬的犯罪分子，把他们处死。他们的尸体被剁碎为一种肉，喂给了在竞技场将要被杀死的野兽：这就是一个双重节省。

资料来源：Robert Graves，*I*，*Claudius*（New York：Modern Library，1934）。

8.6.3　全面质量管理

尽管全面提高生产率的运动已发展出不同形式，创造出很多专业术语，并在 20 世纪八九十年代还区分为很多方向，但所有这些，其来源都能追溯到威廉·爱德华兹·戴明①（W. Edwards Deming）和他在 1950 年到日本的一次旅行。戴明，一位纽约大学教授，被日本一些首席执行官们邀请来给他们讲授统计质量控制②（statistical quality control）方法。一直强调“质量”在“管理”方面问题的约瑟夫·朱兰（Joseph Juran）也跟随戴明一同于 1954 年来到日本。随后，阿曼德·弗根堡姆（Armand V. Feigenbaum）也来到日本，他强调的是“全面质量控制”（total quality control，TQC），这是要求所有的员工——从董事局主席到小时工——都参与到提高质量活动中的一种管理方法。

到 1975 年，在改进质量和提高生产率的领域，日本已经发展成为世界的领先者。相反，“质量教育”在美国却没人给予注意。凯基·博特（Keki Bhote）在《世界级品质》（*World Class Quality*）一书中提到，“戴明在日本受到的欢迎程度与在美国几乎完全不被理睬的情况形成鲜明对比……戴明的质量管理在美国整整一代人中都是一片荒野”。

如果说有一个事件引发了美国全面质量管理运动的话，那就是 1980 年 6 月 24 日美国全国广播公司（NBC）的电视纪录片《如果日本能……我们为什么不能呢?》这个节目记录了戴明在日本的经验和成功。这在美国引起强烈反响。几个月之内，数百个美国大公司和政府机构争先恐后地加入到这场运动中，并以此为

① 威廉·爱德华兹·戴明（1900—1993）：管理学教授，20 世纪二三十年代他在 AT & T 的霍桑工厂工作时，发展了他的顾客服务理论和统计质量控制。

② 统计质量控制：一种统计学的技术，不通过 100％的检查仍保持产品质量在要求的水平上。统计质量控制使用可接受的样本来决定一大批的成品是否达到事先确定好的质量水平。用统计学技术，从一大批产品中随机抽取样本来检查。从对样本的分析，可以作出对整批产品质量水平的一个推论。这项技术经常被用在生产线的定期检查环节，允许在最终组装产品前采取更正行为。

时尚。质量研讨小组（quality circles）——那些跨越组织层级，打破组织界限，以此分析和推荐解决组织问题的方法的志愿工作团队——神奇般地出现在每一个角落。

1991年美国联邦政府审计总局给出了关于“质量管理”（quality management）的定义：

> 一种领导哲学，要求为了工作各个方面的持续性改进而需要不停地追求质量和企业发展的持久力：包括产品、服务、过程、交流等方面。质量管理的主要内容是领导力、以顾客为导向、持续性改进、员工授权……

有关“如何做到”全面质量管理的资料，现在比比皆是，但是戴明的有关管理的14点内容是它最为经典的表述。请注意，戴明的“全面质量管理理论”是如何成为吉米尼战争原则——组织胜利而非军事胜利之指南——的精神遗产的。在《走出危机》（*Out of the Crisis*）一书中，戴明为未来的管理者提供了我们已经熟知的14条领导原则：

（1）创立改进产品和服务的恒久不变的目标。（长期的关注才是最重要的。）

（2）接受新的理念。（准备好全面的改革。）

（3）不依赖于大量的检验。（必须保证质量，缺点必须被预防而不是等到检查出来才行动。）

（4）不根据价格高低来做生意。（低的出价导致低的质量。必须与每个提供商建立长期关系。）

（5）通过持续不断地改进生产和服务系统来实现质量与生产率的改进及成本的降低。（不断完善是一种组织哲学，而不仅仅是一个目标。）

（6）做好培训。（组织各个层级的培训是一种必需项目，而不是一种可选项目。）

（7）进行领导。（管理者必须领导，而不是监督。）

（8）驱除恐惧。（所有的员工必须有足够的安全感来表达想法和问题。）

（9）拆除部门间的壁垒。（组织工作本来就是团队工作。）

（10）取消面向一般员工的口号标语、劝告训词和目标。（问题是由制度引起的，不是个人。海报和标语会导致憎恶。）

（11）取消工人的数字定额或者管理者的定量指标。（生产配额产生次品；用有才能的领导来代替工作标准。）

（12）消除使工人丧失工作自豪感的障碍。（个人工作评估就是生产力的一个障碍而不是帮助。）

（13）鼓励每个人参与教育和自我提高。（教育从来不能停止——对于组织任何层级的任何人。）

（14）采取行动从而实现转变。（高层管理者和雇员双方组成的委员会是必不可少的。）

戴明，作为一个“定量型学者”，喜欢以列举的方式来表达自己的思想。所以当他提出这 14 点来组织改革措施时，他同时也对可能约束或阻碍改革的 7 个致命弊病和 16 个障碍作出警示提醒。正如俄亥俄州的质量服务办公室主任史蒂文·沃尔（Steve Wall）在《治理》（*Governing*）一书中，告诉乔纳森·沃尔特斯（Jonathan Walters）说，“这（TQM）不是棒球中的全垒打，而是在击出一记安打之后再击出一记安打，连续不断地击出一记安打。用那样的方法打的安打越多得的分越多”。问题是，太多的管理者仅想用 TQM 打一些全垒打，从而使他们看起来很优秀，然后升到更高的职位。

TQM 还会因为对短期利润（在私人部门）或短期“好看的”结果（在公共部门）的强调而受到不利影响。TQM 最为关切的事情就在于改变组织文化，养成重视长期、长久效力的组织文化。这就是为什么戴明认为用短期的数字来表示对生产率或个人的评定结果都是无效的。戴明相信，年度绩效评估和绩效管理由数字来说明，其影响是破坏性的。“借助于恐惧来管理也许是更为妥帖的一种说法。”这样的制度迫使管理者注重瑕疵或缺点，而非领导企业注重永久的质量。

这个问题是必然要问的，正是布鲁金斯学会的阿尔伯特·C·海德（Albert C. Hyde）提出的那个问题：“它是一时的狂热还是严肃认真的?”海德为这样的事实感到悲哀，即“20 年来，公共管理经历的似乎是在复制一波接一波的管理热潮，每一波似乎都是更有前途，但传达的东西却一波比一波少。对质量管理会有这么多的冷嘲热讽不足为奇。”但是，质量管理现在看起来还是一场声势浩大的运动。菲利普·克劳斯比（Philip Crosby）在《质量是免费的》（*Quality Is Free*）一书中，督促每个组织应坚持不懈地努力，关注顾客的需要。之所以它是“免费的”，是因为作为个人或组织努力完善自己实际上不会花费更多。

8.6.4　傻瓜，关键是顾客！

克林顿的 1992 年总统竞选活动的总部，把一个现在已经很有名的标语贴在墙上：“傻瓜，关键是经济！”这是为了保证竞选主旨不发生偏离而设计的一个口号。类似的，所有的公共管理者都可以在他们的墙上贴这样一个标语：“傻瓜，关键是顾客！”顾客已经成为政府新的聚焦点。各级政府如果忘记这一点，那它将会成为“傻瓜”。

顾客服务导向一直是工作质量运动的一部分。这是与 TQM 理论一致的，它意味着不仅是暂时的优质服务，而是通过不断的努力来持续提供更好的服务。1993 年的《国家绩效评估》（National Performance Review）列出了以下八条原则来统领顾客服务规定：

（1）经常进行顾客调研，了解他们想要什么种类和什么质量的服务。

（2）将标准和测量的结果邮寄给顾客。

（3）用“最优企业”的标准作为绩效基准。

（4）在服务来源和提供方式上给顾客提供多种选择。

(5) 畅通信息、服务和投诉机制。

(6) 处理咨询和提供服务时要谦恭有礼。

(7) 为顾客提供舒适的环境。

(8) 为劣质服务提供赔偿。

所有直接和公众打交道的联邦机构，根据前面提到的第二条原则，现在必须向公众公布他们所期待的绩效标准。比如说，美国邮政服务标准包括以下内容：

(1) 在美国，第一类邮件（first-class mail）无论要送到哪里，都将在三天之内送达。

(2) 在当地范围内，第一类邮件将连夜送到。

(3) 在邮局，接受柜台服务的等待时间不超过五分钟。

(4) 一天 24 小时都可以通过拨打当地电话获得邮政信息。

在读到第三条标准的时候，你可能会窃笑——尤其是如果你在午餐时间去过任何一个大城市的邮政局的话。但是，至少现在有一个标准，你可以抱怨。有标准总比没有标准好。但是，多数人对邮政服务还是满意的。根据发表在《美国新闻和世界报道》（*U. S. News & World Report*）1995 年 3 月 13 日的美国新闻/美国有线新闻网（CNN）的民意测验显示，8/9 的美国人基本上满意邮政服务。10%的公民在圣诞节给个人邮递员小费作为礼物。你能够想到其他的公共服务人员群体能够这样固定的收到“小费”吗？事实上给其他公共服务人员现金是相当危险的——尤其是给因为触犯交通规则而阻拦你的警察或检查你纳税申报单的美国国内税务局的稽核员。他们和当地的律师可能会认为你在行贿，而不是认为你在向他们表示友好，就像许多美国人向他们的个人邮递员在圣诞节表示的那样。

在 20 世纪 50 年代，罗纳德·里根，那时候还是一名演员，正在主持一个名为《通用电气剧场》（*General Electric Theater*）的电视节目，他在每档节目结束时都以主持人的身份告诉观众，“进步是我们最重要的产品”。现在许多政府重拾这一理念，宣称“服务是我们最重要的产品”。为谁服务？公民。这就是为什么这些服务的提供者被恰当地称之为公仆（public servants）的原因所在。这里唯一新颖之处就是公共部门引入了一个传统上在私人企业使用的词语：顾客。因此，公众现在就是顾客。顾客服务导向就意味着所有的活动都体现在要使顾客满意上。这一直以来都被成功的企业所熟知，现在政府也逐渐明白了这一点。

文摘 8.3　　管理时尚的循环

一般的管理时尚就像一般的风流韵事似的，经历一个基本上可以预测的循环周期，从热恋到幻灭。首先，一个管理领袖提出一个想法，创造一个时髦术语，然后谄媚新闻界。其次，一个或两个大公司被破产或绝望所威胁，发现了这个想法，并给了这些想法试行的机会。有关轰动性的结果的故事被公布了，企业界大声要求和建议，于是这个管理领袖拥有了百万美元的咨询工作。最后，商学院教授做一个权威性报告，认为这个热潮是一个欺骗，新闻界也发现了大量的失败案例，这个管理领袖小声地抱怨说他被误解了，然后提出另外一个想法。

资料来源：The *Economist*，July 2，1994。

8.7 电子政务

公共行政在许多方面反映着它所运转于其中的更为广泛的社会。从实施法律的人到他们使用的各种类型的工具，政府的工作与其所身处的更大的社会之间存在着许多明显的相似之处。因此，在公共政策及其执行的领域中，发现许多同时代美国人生活的关键特征，就不足为奇了。最为明显的是，科技在公民日常生活中越来越普及的国家，那么在实施国家法律的工作中，科技也将扮演一个重要的角色。随着汽车上的全球定位系统以及家中高速互联网的普及，公民们越来越难以逃离国家的电子版图。并不令人惊奇的是，公共行政已经开始使用科技来改善它们为公民服务的绩效。随着警方巡洋舰上的全球定位系统（GPS）的设置以及道路勤务工人手中的黑莓手机（BlackBerries）的使用，政府雇员已经完全加入到依赖科技的美国大众中。正如即将在接下来的讨论中发现的那样，政府部门技术工具的快速普及产生了很多好处，同时也为公民和公共行政人员自身带来了许多成本。

8.7.1 从电子商务到电子政务

电子商务（e-commerce）已经出现。最简单的证据就是现在你可以在网上买到几乎任何东西——从手机到拉链。而那些不能直接在网上买的东西，如房地产，也可以在网上进行研究调查，从而使意欲购买者了解更多的情况，便于最终作出购买决定。电子商务并非只是零售，同样也有批发——企业与企业之间。尽管对于电子商务活动和个人经营活动，哪个将更加繁荣或者说哪个将更加衰落，有某些模棱两可的争辩，但毫无疑问，电子商务是成功的，是能站得住脚的。

电子商务另外一个很重要的方面，就是互联网使顾客很容易和很便利地获得自己财务事项账目的信息。任何一天，上百万的公民都能够因各种各样的卖主而访问他们自己的账目，并且查看他们要求执行的命令的准确状况——他们什么时候被装载的、哪些货已经被预订、信用卡上欠多少钱或已经还了多少等。类似地，客户可以进入他们的支票和退休账户，查询什么支票已经兑现、他们的退休金计划的股票投资组合［401(k) stock portfolios］在变化无常的股市上的业绩如何。技术上的这个奇迹，迫使人们提出这样一个严肃的问题：如果一个持有很多有价证券股票共同基金能够在每个交易日结束时结算它的资产的价值，并且在几个小时内告诉（在网上）每一个客户他们的账目，并精确到分，那么为什么政府不能同样对待他们的无数的账目呢？答案是，当然，他们可以做到。但是，正如我们所知，他们在很大程度上没有做到。所以问题应该这样问："他们为什么不做呢？"

政府组织天生就是保守的——不一定是指政治意义上的政治权利取向方面，而是在法律意义上通过信托人[①]（fiduciary）责任以一种审慎态度来管理政府资产和

① 信托人：受托为别人管理钱或财产的人。例如，任何一个对退休金计划的管理拥有自由决定权或责任的人都是一个受委托者。

项目。因此，政府不能承担各种各样的正在发展的新技术所带来的风险，而企业却一直都是这样做的。政府不能在一项新技术上“赌一把”，因为这确实是不负责任的。所以在顾客服务上，政府一直倾向于提供一些过时的技术，因为他们必须等到新的技术已经被证明是成功的时候为止。只有到这时，那些“谨慎的”公共管理者才会购买和使用它们。这就是为什么电子政务（e-government）远比电子商务出现得晚的原因。所以，“为什么他们不做呢”这个问题的答案是，“他们愿意——只是政府中创新制度化所需的时间较长”。

8.7.2 电子政务的两面性

电子政务的两面性是指内部的和外部的两个方面。内部方面是指政府自己的运转——如运用网络建立电子采购、电子表格和网络信息管理系统；外部方面指的是为公民、企业提供的在线服务——如社区日历、账单支付入口、求职申请表等。尽管电子政务有两个不同的方面，它很少会表现出独立的主动性。电子政务本质上是一个总括性的词语，代表所有运用互联网来为公众和政府雇员简化政府活动的努力。

8.7.3 网上公民

自从互联网作为主流文化的一部分出现以后，它被认为是美国民主的主要促进因素而收到了很多喝彩。由于网络所具有的信息共享和对话的能力，这项技术被认为是在连接政府与公众中主要扮演了一个有益的角色。由于互联网发展而产生的一些联系是完全单向的，例如政府网站提供的关于会议、服务和程序等的信息。但是随着时间的流逝，政府对于网络的运用也逐渐丰富起来，包括了很多双向的运用。公共行政人员开始使用那些允许公民在线提出投诉、支付费用、申请服务、递交电子表格申请等的技术。从费城的在线购买车票到西雅图的警察考试登记，美国政府已经完全接受了电子政务。

当然，政府与公民的电子接触是以公民能够使用例如互联网等电子工具为基础的。然而，就在十年前，四个美国人中只有一个人使用互联网，而到了 2007 年几乎有 3/4 的人在线。同时，美国不仅建立了越来越多的网络系统，而且几乎半数以上是宽带网络，使得人们可以更快更有效地访问网络。无疑，也还有一些进入信息空间的障碍。佛罗里达州一个偏僻村庄的八九十岁的老人的能力肯定不如加利福尼亚大学洛杉矶分校的一个 20 岁的学生，但是总体而言，各种背景的美国人已经越来越有能力将上网作为他们日常生活的一部分。

美国公众使用互联网的范围在日渐扩大，使用互联网的质量也在提升，这些都构成他们利用电子政务的兴趣和信心的基础。根据皮尤互联网与美国生活项目（Pew Internet & American Life Project）的研究结果，仅在 2003 年就有 9 700 万成年人或是 77%的互联网使用者访问了政府网站或向政府官员发送电子邮件。由于互联网在几乎所有当代美国人的生活领域都在持续增长，所以未来它在政府中的作用也将得到进一步的发展。公共行政人员尤为感兴趣的是，如何将互联网与其他技术结合起来为公民更高效地提供服务。在过去的几十年中，政府已经进行了看来好像是对公民有利的信息通信试验。

8.7.4 一站式政府

对诸如互联网和电子邮件等普通技术的使用，开启了连接公民与政府的综合性技术努力的大门。但是，如何能使所有的科技手段联合起来运用，使得公民能够得到他们希望从政府获得的服务呢？对于许多人而言，这个问题的答案就是一站式政府。从社区公民的观点来看，一站式政府（one-stop government）指的是公共服务的一体化。在一站式原则下，当公民寻求政府帮助时，政府绝对不能够用各种借口搪塞。相反的，公共行政人员能够通过在其工作处理中采用技术工具来克服很多在公共服务传送中的障碍。

也许关于一站式政府最具有宣传效应的例证，就是很多自治市现在正在使用的 311 系统①。几乎所有超过五岁的美国人都能告诉你，当需要紧急服务时可以拨打 911。但是当街道下水道被树叶堵塞时，或者当操场的秋千生锈时，你知道可以拨打什么号码？在过去，你可以拨打数百种可能的号码来联系市政府提供服务。绝不是这些号码都有其特殊的服务性质，而很可能是公民们完全不确定哪个部门能够最好地满足他们的需求。那些部门之间相互推诿的完全真实的经验将阻碍政府服务的及时提供，也会使公众产生对政府的不好的印象。

在 311 系统下，这个十分好记的号码成为公民知识库（a citizen's knowledge base）的一个非常基础性部分。就像拨打 911 成为美国人生活中面对紧急情况时的本能反应一样，对 311 的希望就是愿它成为政府回应力的信号灯。在 311 模式下，公民将会联系到一位市政官员，该官员熟悉所有能够有效满足公民需求的市政服务和项目的布置。市政官员将公民指引到合适的办公室或机构，并且创建一个有关这项事务的记录，以跟踪政府处理该问题的表现。终端数据库将提供给选任官员或公共行政人员关于居民的需求、愿望和忧虑的有效信息，帮助政策制定者作出更为信息充分和有效的决定。根据国际城市管理协会（ICMA）2007 年的一份报告指出，得克萨斯州的圣安东尼奥市政府处理的公民客户服务电话的数量翻了两倍，与此同时，市政府的服务效率也提高了。

纽约市的 311 系统也许是最著名的例证。如果有这样一个城市，那里的公民可能被市政府的复杂性压倒，那它一定是纽约。当迈克·布隆伯格（Michael Bloomberg）竞选纽约市市长时，他宣称纽约市运转着 40 个公民电话中心，并且电话本上有 14 页政府官员的联系号码。由于其商业背景和提高纽约市政府效率的强烈愿望，布隆伯格首次在他的政府中采用了全市范围的 311 系统。在 2003 年 3 月启动的纽约市 311 系统为将近 800 万居民在线服务。在 2007 年 6 月纽约市的 311

① 所有市政服务要求的非紧急电话号码，类似于中国的市长热线之类的电话。——译者注

系统接到了它的第 5 000 万个电话，并且布隆伯格宣布了增强该系统的计划。他尤其强调在 2008 年纽约市民将能够选择通过电话还是网络（纽约市政府网站）的方式来联系 311。布隆伯格甚至对 311 系统提出了另外的建议，包括允许居民通过私人手机发送图片或录像到 311 系统，以此来共享信息。

8.7.5 技术与政府生产率

对于公共行政人员来说，预算限制构成其日常行政的一部分。由于选任官员反对税赋增加却仍然要求提供卓越的政府服务，公共行政人员总是面对用更少的钱做更多的事的持续性压力。在这些压力下，政府雇员总是求助于技术手段，以便在没有增加财政收入的情况下保持政府服务的质量。让我们简单考虑一下，让所有公民在线纳税和缴纳用户费用得到的潜在节约。如果一个机构在公民缴费的前台窗口使用更少的职员，同时在后台办公室也使用更少的职员来打开信封并检查核对，那么这个机构的人力成本将大大降低。而且如果使用较少的办事员，那么也只需要较少的诸如警卫和清洁工等后勤人员来支持他们。从而再一次减少了人力成本。另外较少的职员只需要较少的办公室设备，这也意味着更多的节约。

但是，账单网上支付（bill paying online）只是冰山一角。在许许多多的其他领域，也还存在着巨大节约的可能。例如，职业执照可以在网上更新，建设计划的建筑学上的检查可以不通过穿越乡镇送达设计图就可以完成，健康和建筑检查结果报告在他们被写出来时就可以发送给那些有关人群——节省了邮寄和处理。电子政务并未、不能、也不会取代人际互动。但是，越少的相互接触就会带来更大的节约和更多的效率增长。当政府提高其生产率后，就意味着稳定或较低的税收。这就是为什么乔治·布什总统在他的 2002 年联邦预算提案中，建议用由综合服务管理局（General Services Administration）管理的专门资助机构内部电子政务计划的 1 亿美元基金中的 2 000 万美元作为第一部分投资。尽管布什想要减税、缩小政府规模，但他认识到这上面花费的增加是一种可以产生巨大回报的投资。总统的建议帮助了 2002 年《电子政务法案》（e-government Act）的通过。该法案正式建立了协助全国电子政务发展的联邦基础设施。

当联邦政府越来越多地运用电子技术时，地方政府也在跟着做。法律执行是一个特殊的领域，在此领域，科技被认为是效率提高的关键。由于美国城市的执法官员承受着来自不断增加的暴力犯罪和持续不断的恐怖袭击威胁的巨大需求，技术提供了一种重要的协助方式。从繁华的十字路口的摄像头到公共停车场的流动录像，警察监视着整座城市。仅仅在纽约就有 3 000 个摄像头扫描着城市的非法活动。而且不仅在像纽约这样的特大城市才有摄像头。在那些小城市，例如宾夕法尼亚州的阿伦敦，这里紧张的财政预算和不断上升的犯罪率使警方能力捉襟见肘，而监控摄像头被奉为公共安全领域的关键组成部分。诚然，公共监控录像的运用激怒了那些愤怒的公民自由团体，如美国公民自由联盟（ACLU），这些组织把录像视为对隐私的侵犯。但是除非最高法院要求将摄像头从街道移走，否则监控摄像头将日益成为美国的一道独特风景线。

参考文献

Abramson, Mark A., and Grady E. Means, eds. (2001). *E-Government 2001*. Latham, MO: Rowman & Littlefield.

Aristotle. (1952). *Politics*, trans. B. Jowett. Chicago: Great Books, Encyclopedia Britannica.

Barnard, Chester I. (1938). *The Functions of the Executive*. Cambridge, MA: Harvard University Press.

Barzelay, M. (1992). *Breaking Through Bureaucracy: A New Vision for Managing in Government*. Berkeley: University of California Press.

Bhote, Keki R. (1991). *World Class Quality*. New York: Amacom.

Borick, Christopher. (1998). "Going to Market: The Relationship Between Fiscal Constraints and State Investment Management Policies." *State and Local Government Review*, 30, No. 3.

Boorstin, Daniel J. (1961). *The Image: A Guide to Pseudo-Events in America*. New York: Atheneum.

Bowen, D. E., and E. E. Lawler III. (1992). "The Empowerment of Service Workers: What, Why, How, and When." *Sloan Management Review* (Spring).

Burnham, James. (1941). *The Managerial Revolution*. New York: John Day.

Coates, Breena E. (2001—02). "Smart Government Online, Not Inline." *The Public Manager*, 30, No. 4 (Winter).

Congressional Research Service. (2003). A Primer on E-Government: Sectors, Stages, Opportunities and Challenges of Online Government. http://www.fas.org/sgp/crs/RL31057.pdf (January 28).

Cornwell, Elmer E. (1965). *Presidential Leadership of Public Opinion*. (Bloomington, Indiana: Indiana University Press).

Crosby, P. B. (1979). *Quality Is Free*. New York: McGraw-Hill.

——. (1984). *Quality Without Tears*. New York: McGraw-Hill.

Dawes, Charles G. (1923). *The First Year of the Budget of the United States*. New York: Harper & Brothers.

Deming, W. E. (1986). *Out of the Crisis*. Cambridge, MA: MIT Press.

——. (1993). *The New Economics*. Cambridge, MA: MIT Press.

Djilas, Milovan. (1957). *The New Class*. New York: Praeger.

Downs, G., and P. D. Larkey. (1986). *The Search for Government Efficiency*. New York: Random House.

Dynes, Michael, and David Walker. (1995). *The New British State*. London: Times Books.

Feigenbaum, Armand V. (1983). *Total Quality Control*. New York: McGraw-Hill.

Galbraith, John Kenneth. (1998). *Letters to Kennedy*, ed. James Goodman. Cambridge, MA: Harvard University Press.

Gallup, George. (1939). *Public Opinion in a Democracy*. Princeton, NJ: Princeton University Press.

Goodwin, Doris Kearns. (1994). *No Ordinary Time*. New York: Simon & Schuster.

Halachmi, Arie, and Geert Bouckaert, eds. (1995). *Public Productivity Through Quality and Strategic Management*. Amsterdam: IOS Press.

Hammer, Michael, and James Champy. (1993). *Reengineering the Corporation*. New York: HarperCollins.

Holzer, Marc. (1955). "Productivity and Quality Management." *In Handbook of Public Personnel Administration*, Jack Rabin, et al., eds. New York: Marcel Dekker.

Horrigan, John. (2006). "Home Broadband Adoption 2006: Home broadband adoption is going mainstream and that means user-generated content is coming from all kinds of Internet users," Pew Internet and American life Project 9 (March 26).

Hughes, Owen. (1994). *Public Management and Administration*. London: Macmillan.

Hyde, Albert C. (1991). "Productivity Management for Public Sector Organizations." *In Public Management: The Essential Readings*, J. S. Ott, A. C.

Hyde, and J. M. Shafritz., eds. Chicago: Lyceum Books/Nelson-Hall.

——. (1992). "Implications of Total Quality Management for the Public Sector." *Public Productivity and Management Review* 16 (Fall).

International City Management Association. (1986). 1985 *Municipal Year Book*. Washington: ICMA.

Juran, J. M. (1992). *Juran on Quality by Design*. New York: Free Press.

Juran, J. M., and F. M. Gryna, eds. (1988). Juran's *Quality Control Handbook*, 4th ed. New York: McGraw-Hill.

Katzenbach, J. R., and D. K. Smith. (1993). *The Wisdom of Teams: Creating the High-Performance Organization*. Boston: Harvard Business School Press.

Lasswell, Harold, D. (1927, 1971). *Propaganda Technique in World War I*. Cambridge, MA: MIT Press.

Lawler, E. E. III, S. A. Mohrman, and G. E. Ledford Jr. (1992). *Employee Involvement and Total Quality Management*. San Francisco: Jossey-Bass.

Lemov, Penelope. (1995). "Managing Cash in a Post-Orange County World." Governing 8, No. 8.

Linden, Russ. (1994). *MIS Report: Re-Engineering Local Government*. Washington: International City/County Management Association.

Lippmann, Walter. (1922). *Public Opinion*. New York: Macmillan.

Lueck, Thomas, J. (2005). "City's 311 Help Line Plans to Add Data on Social Sevices." *New York Times* (November, 11)

Marini, Frank E. (1971). *Toward a New Public Administration*. San Francisco: Chandler.

Martin, John. (1994). "Robert M. Melia: The Soul of a Child Support Machine." *Governing* (December).

M. I. T. Commission on Industrial Productivity. (1989). *Made in America: Regaining the Productive Edge*. Cambridge, MA: MIT Press.

Mitroff, I. I. (1987). *Business Not as Usual*. San Francisco: Jossey-Bass.

Orsburn, J. D., L. Moran, E. Musselwhite, J. H. Zenger, with C. Perrin. (1990). *Self-Directed Work Teams: The New American Challenge*. Homewood, IL: Business One Irwin.

Osborne, D., and T. Gaebler. (1992). *Reinventing Government: How the Entrepreneurial Spirit Is Transforming the Public Sector*. Reading, MA: Addison-Wesley.

Pascale, R. T., and A. G. Athos. (1981). *The Art of Japanese Management*. New York: Simon and Schuster.

Peters, T. J., and R. H. Waterman Jr. (1982). *In Search of Excellence*. New York: Harper and Row.

Plato. *The Republic*. (1925). Oxford: Clarendon Press.

Pollitt, Christopher. (1993). *Managerialism and the Public Services*, 2nd ed. London: Blackwell.

Pollitt, Christopher, and Geert Bouckaert, eds. (1995). *Quality Improvement in European Public Services*. London: Sage.

Samuelson, Robert J. (1993). "The Death of Management. "*Newsweek*(May 10).

Sayre, Wallace S. (1948). "The Triumph of Techniques Over Purpose. " *Public Administration Review* 8 (Spring).

Seidman, Harold. (1980). Politics, *Position, and Power*, 3rd ed. New York: Oxford University Press.

Tichy, N. M. , and D. O. Ulrich. (1984). "The Leadership Challenge-A Call for the Transformational Leader. " *Sloan Management Review* 26.

Tye, Larry (1998) *The Father of Spin: Edward L. Bernays & The Birth of Public Relations* New York: Crown.

U. S. General Accounting Office. (1997). "Performance Budgeting: Past Initiatives Offer Insights for GPRA Implementation. " Washington: GAO (March).

Walters, Jonathan. (1994). "TQM: Surviving the Cynics. " *Governing* (September).

Weisbord, M. R. (1991). *Productive Workplaces: Organizing and Managing for Dignity, Meaning, and Community*. San Francisco: Jossey-Bass.

Wendt, Theodore Otto Jr. (1986). "Presidential Rhetoric: Definition of a Field of Study. " *Presidential Studies Quarterly 16, No. 1* (Winter).

White, Leonard D. (1933). *Trends in Public Administration*. New York: McGraw-Hill.

Xenophon. (1859). *The Anabasis or Expedition of Cyrus and the Memorabilia of Socrates*, trans. J. S. Watson. New York: Harper and Row.

第 9 章

战略管理和政府规制

引子：运用政府商业管制对环境进行战略性管理

战略管理——实现组织的长期目标——并不是一项简单易行的任务，不是管理者不想使战略管理简单易行，而是管理环境，特别是公共部门的管理环境，其本身就严重缺少这种有序性。这并非像苏格兰诗人罗伯特·伯恩斯（Robert Burns，1759—1796）所认为的，"计划再完美"也难保万无一失那样，而是说这些计划即使真的存在，也很少用综合性文件的形式详细地表述出来。全面性战略常常只出现在一场竞选演说、一份模糊的文件或一种不成文的哲学中。战略性计划的全面落实，通常需要几年、几十年乃至更长的时间。战略性计划的作用，在于它提供了长期发展的宗旨以及全面性的指导，这对于短期性管理决策或策略性管理决策来说非常重要。

战略管理并不是新鲜事物。比如，古罗马就非常热衷于战略管理。当然，并没有一本名为"罗马帝国的战略性计划"（The Strategic Plan for the Roman Empire）的单独文献，但战略管理的所有要素在古罗马的各种法律、政策和公告中都可以找到。这就像是现今的英国宪法一样，虽不成文却能被执行的人完全理解。的确，作为战略管理核心的战略规划，往往一开始就已确定，在军事中尤为如此。把战略概念应用于非军事性大规模的政府活动，古代罗马人也是最早这样做的古代人之一。

美国人，也正如他们的先祖罗马和大英帝国一样，也整合某些战略方法去应对国家所面临的最重大和最顽固的问题。从 19 世纪工业革命开始以来，环境污染问题已经成为决策者们面临的最大挑战，同时它也促进了美国环境战略管理的发展。工业革命初期就出现了污染问题，这是好事，是吗？是的，因为污染是所有大规模商品生产的副产品，这些商品给现代生活带来的欢乐要远远超过工业革命以前。然而，这些低廉的食物、厨房用具、服装和运费，让我们付出的额外代价就是环境污染。

20 世纪初期，环境和自然资源保护运动是美国政府为“拯救”环境做出的初次努力。越来越明显的是，经济繁荣的代价就是工业化泛滥造成的疤痕，我们很显然需要利用一种战略来保护环境。然而，不存在单一的优势战略用来指导政府努力去管理国家自然资源。相反，国家采用两种广泛性战略去保护和保存环境资源。工业化浪潮在吞噬着我们的国家，在传统保护主义管理原则的指导下，政府运用自身的力量让土地避免受工业化发展浪潮的侵蚀。在这种战略之下，大量的土地对工业开发来说是“禁入”的。这样，我们很多的国家公园和州公园才得以保存下来。

传统保护主义战略[①]就是让土地避免遭受掠夺成性的资本家们魔爪的摧残，与此形成对照的是，环境资源保护主义方法[②]则是寻求一种对土地开发的管理方式，它允许那些有社会责任心的企业家们通过合理开发土地来生产国民的必需品。环境资源保护主义者强调，科学管理是有效利用国家森林、河流和耕地的关键。这种战略承认了这样一个事实，即美国人若想要继续提高他们的生活质量，拥有较大的住房和更多产的土地，那他们就不再会把资源看作是取之不尽和用之不竭的。取而代之的是，环境资源保护主义意味着把长期的环境状况看作是经济繁荣的更为强劲的驱动力。

从那以后，环境资源保护和传统保护运动塑造形成了自然资源政策，在接下来的 20 世纪 60 年代，主要是战略性地努力应对环境问题，当时政府已经转向重视新的污染问题。城市中浓烟弥漫，河流里填满了极易引发火灾的化学物质和油料，于是公众开始疾呼更强的政府力量去控制污染。20 世纪 70 年代初，联邦政府开始着手一个为期十年的立法和行政努力，目标瞄向遍及全国的环境污染问题。这些努力的标志表现在对政策的运用，而这些政策确立了公民和商人必须遵守的强制性标准。这种命令一控制方法（command-and-control approach）的确能让环境质量有所提高，但同时也激怒了很多政府官员——甚至更多的企业领袖，他们认为这些努力极度地拖累了国民经济——也极度地侵犯了个人利益。

现在，环境战略管理的第三次浪潮即将来临，它运用经济刺激的方法来鼓励企业做一些对环境有益的事情。随着像全球变暖一样的问题考验着政府解决问题的能力，其他战略性方法已经变得必不可少。正如美国的方式一样，经济刺激方法的运用已经成为环境拯救途径背后的最新驱动力。如果你只是告诉美国人他们不应做什么，很可能他们仍会去做，这行不通！但如果你给他们提供一种省钱的方法，美国

---

① preservationist strategy，传统保护主义者是指主张保持传统者，即主张对野生动物、古迹、自然区等方面进行保护。——译者注

② conservationist approach，环境资源保护主义方法是指主张对国家自然资源进行保护的方法。——译者注

人节俭的天性就会促使他们按你所想的去做。在环境保护领域中，激励人们购买混合动力车、使用节能灯炮和太阳能，这已经成为一个绿色世界的可取之路。这种方法对于古典自由主义、公共行政的公共选择途径和通向未来的逻辑路线来说，都是一种胜利。

环境只是政府规制性战略管理途径的一个事例。相似的分析也可以用于对减少香烟的管制，即通过管制香烟广告、管制销售地点、对公众进行教育和对香烟进行征税同样可以解决香烟问题。所有政府规制都是一种法律控制、广告审批、税收、教育和道义劝说的结合体。当然，偶尔出现一个高度曝光的入狱判决案件对此也有帮助。最理想的情况是所有战略管理都有一个综合性战略计划，但实际上它是政策制定过程几十年来断断续续累积的产物。规制，就像香肠和法律一样，生产中往往无滋无味，但现实中却美味可口。

9.1 何谓战略管理？

战略（strategy）——古代领军艺术——是指管理及运用所有资源（古代指士兵）去达到整体目标的活动。策略（tactics）是指运用这些资源中的一部分去实现整体目标中的一部分的活动。战略管理（strategic management）是将这种古代管理艺术运用到当代工商管理与公共行政领域当中。它是由管理者有意识地选择政策、发展能力和解释环境，以便将组织活动聚焦于实现预先设定的那些目标上。这些目标在不同组织中有所不同。在私人部门里，目标有可能是在几年内使得股东的红利翻番。在非营利部门，目标有可能是建立一个报告厅或是提高交响音乐厅的上座率。公共部门的目标则可能是降低犯罪率、提高学校毕业率或是取得反恐战争的胜利。

所有战略管理活动都采取实质上类似的规划方法以实现组织预期的目标。与非战略管理方法不同，战略管理方法有以下六个特征：

（1）确定未来要实现的目标（往往以愿景宣言的方式陈述出来）。

（2）确定实现目标的时限（或是“计划时限”）。

（3）系统分析组织当前状况，尤其是组织能力。

（4）评估目前和计划时限内组织周围的环境。

（5）对比各种备选方案、确定未来实现目标的战略。

（6）整合战略的组织工作。

总体战略（overall strategy）本质上就是一个行动包（package of actions），即在分析备选方案、评估外部环境、确定组织本身能力之后所决定采取的一系列行动，通过整合组织活动以完成具体的未来目标。战略管理过程（strategic management process）常常由组织的战略规划小组来领导。最终，研究结果作为一种战略计划被详细地记录在文件中。公共部门在应用战略管理的时候，我们需要考虑很多独特的战略管理的核心要素。

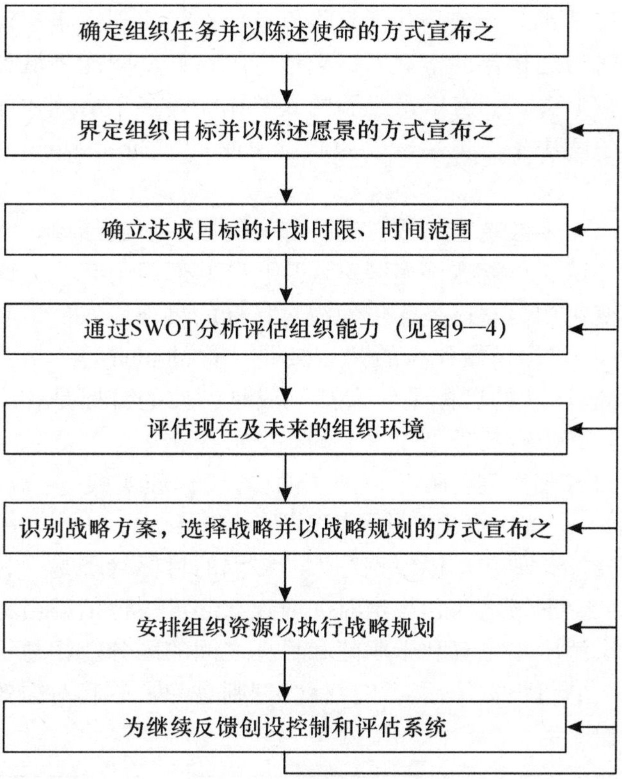

图 9—1　战略管理过程

9.1.1　目标

基于目标的管理思维很普遍，因而没有目标的管理就像没有电视的房间一样让人难以想象。起初，目标（objectives）是军事思想的一部分，拿破仑时代出生于瑞士的亨利·约米尼将军在 1838 年的《战争艺术》（*The Art of War*）一书中分析了如何为了战略利益（提高长期对敌作战的质量，特别是在与敌人面对面作战的时候）或是策略利益（通过短期行动解决眼下战斗中的问题——为下一场战斗创造更好的条件）而指挥战士的行动。

在这里，可以将策略性目标（tactical objective）想象成为“45 号高地”，即为了更进一步实现整体战略意图，战士们必须从敌人那里夺得特定位置。而战略性目标（strategic objective）可以是在整个战场或战争中取得的胜利。这些军事词汇现在经常用于商业领域。如 20 世纪 60 年代早期，日本本田企业集团开始在美国销售摩托车，这就相当于实现了一个战术性目标。当它将英国摩托车挤出美国市场，这就相当于取得了一个战略性胜利。

公共部门较私人部门在拥有战略管理（strategic management）理念方面慢了一些。这是因为在传统意义上，公共行政人员应注重他们的法定职能与责任，而非试图要达成的目标。的确，从传统意义上讲，公共行政人员被定义为公共政策或法律的执行者与实施者。传统公共行政将焦点放在了实现法定职能的责任上。故论资排辈的原则往往与之相伴。毕竟，详细地了解在某个职能领域如何执法是非常重要的，这样从逻辑上讲，拥有丰富经验的人要比需要多年磨炼才能获得相关知识的新人要强得多。了解法律法规甚至成为职位说明书（job descriptions）规定的首要选择准则。

相反，当今大多数老道的选任官员都会渴望一份成绩单，并不特别想要了解法律法规方面的知识。尽管在许多国家，某些公共部门的某些方面的公共行政人员承担的职责仍无变化，但它还是逐步地被对目标的重视所取代。我们不再会对公共行政人员这样提问："你是做什么的?"（或是"你的职责是什么?"）现在，我们更有可能会问："你想达成的目标是什么?"（或是"你的目标是什么?"）这种视角的转变有很多原因，其中有三条是很重要的。

第一，彼得·德鲁克[①]在 1954 年出版的《管理实践》（*The Practice of Management*）一书中，首次提出"目标管理"（management by objectives，MBO）的概念并随之得以普及。现在，德鲁克等人所提倡的目标管理是一种管理方法，其特征是组织、个人或上下级之间在规定时间内建立起可被评估的目标。目标管理概念在世界范围内的广泛应用更有利于职能和目标之间的区分。相对于较为传统的守护人更多地关注个人的组织责任而言，目标管理则是为了激起对绩效的关注，这一点已为大家所熟知。

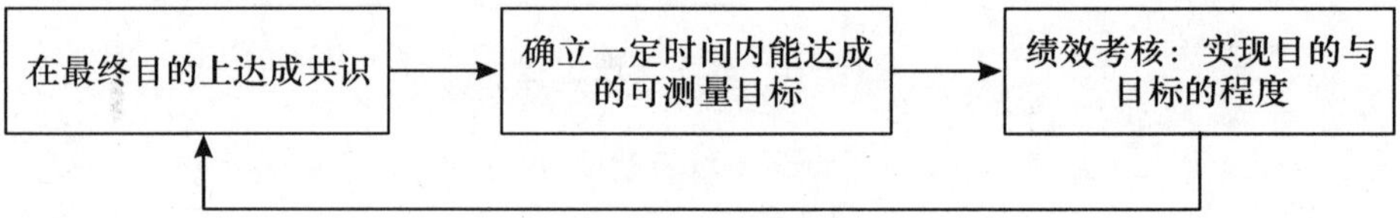

图 9—2　目标管理过程

第二，公共部门服务的社区正在发生迅速的改变，这就意味着现在没有什么职能可以恒久不变。今天的公共组织必须在一个公平的环境中打拼，只是"执行"永恒职能的那种享受几乎已经荡然无存。公共部门的组织目标趋向动态化，公共部门的管理者必须与之保持一致。

第三，战略管理思想以及目标的运用在私人部门广泛流传。由于各部门之间不存在柏林墙[②]（Berlin Wall）（即交往障碍），工作人员频繁往返于各部门之间，因而各部门之间的语言、概念、标准迅速走向整合。

尽管如此，公共部门的许多组织对职能（或责任）与目标的表述仍然各不相同。你可以大致分辨出每一种语言。一般而言，由于职能陈述（a statement of functions）的是该组织要承担什么样的法律责任，这也就回答了"我们是做什么的"这个问题。这通常是一种无时间性、无指向性的静态描述。目标陈述（a statement of objectives）（经常被称为使命陈述）则是回答了"我们要完成什么"这个问题，它并不是一种静

① 彼得·德鲁克（1909—2005）：第二次世界大战之后卓越的管理哲学家。

② 柏林墙：1967 年由民主德国砌成的一堵带有铁丝网的水泥墙把柏林分隔成东、西柏林，1989 年被拆除。

态描述。它通常运用具体措施来表明所要寻求的方向，这样就可以知道完成任务的状况。职能陈述可能表示“我们负责看护孩子”，而目标陈述则是表示“我们将在2008 年为社区的孩子提供一所幼儿园”。目标陈述需要遵守以下四点：

（1）有限性：限制组织的影响范围。

（2）方向性：未来达到的明确状态。

（3）时限性：达到目标所需时间的说明。

（4）可衡量性：可以评估结果与进步情况。

9.1.2　计划时限

有时当应聘某个职位时，招聘官员或选拔委员会可能会这样问你：“十年之后你认为自己会在哪儿?”这通常会被认为是一个愚蠢的问题，而且涉及女性的职业生涯安排时，这就可能成为一个歧视性问题。但在提出这个问题时，选拔委员会意在考察应聘者是否有个人的职业规划，或者应聘者是否是一个没有战略、没有个人目标、没有职业计划的机会主义者。

同样的问题对于公共部门组织而言，则是非常明智的。要评估公共部门组织是否有战略意图、是否塑造未来愿景而非仅是被动地适应变化，回答这个问题就非常重要。组织的计划时限（planning horizon）——意味着组织计划的时间长短，即计划视野，人们对于超出这个时限的未来事情，因不可确定或不太重要而认为不必要在那样的事情上浪费时间——是评估组织长期与短期发展能力的一个重要因素。尽管私人公司享有自主计划的决定权，可以自行决定其计划时限，但公共部门在提倡最合理计划的道路上却显得困难重重。公共行政与生俱来的政治属性使其更看重短期思维。正如前任英国首相哈罗德·威尔逊①所说的“政治活动瞬息万变”。因而，他将自己的注意力集中在公众反复无常的认知特性上，集中在上个星期的议题有可能在下个星期被遗忘的事实上。政治领导的权力——即使在位——可能瞬间即逝，往往无法预期。“今天是鸡明天就是鸡毛掸”（意味成功只是暂时的）的谚语，概括了这些政治领域主导者们变化莫测的政治命运。因此，发达民主国家的政府都对短期民意调查结果很敏感。所有这些因素都使公共政策制定工作受到短期的关注而忽略了战略管理的努力。

在公共财政制定过程中，公共预算的年度属性强化了短期思维趋势。国家、州和地方的立法者在年度预算制定与审核过程的事务上，习惯于行使监察权威。对他们而言，两年或是长期的预算，意味着对于他们政治权力和任免特权的一种威胁。亚伦·威尔达夫斯基（Aaron Wildavsky）在一篇著名的文章《长远预算——为什么传统预算得以持续》（A Budget for All Seasons：Why the Traditional Budget Lasts）中讨论了这个问题。传统预算得以持续的原因，在于它是很多立法者政治

① Harold Wilson，20 世纪一位最重要的英国政治家，曾分别在 1964 年、1966 年、1974 年的大选中胜出。——译者注

权力的基础。或者说，提倡长期预算的合理改革并不符合他们个人的政治利益。尽管在引入长期预算上做了很大努力，但成效仍然十分有限。因此，短期预算仍然在强化着短期政策制定，并遏制了战略计划固有的长期性。

图 9—3 计划的本质

尽管存在上述的限制，长期计划在公共部门活动的某些领域仍是不可避免地存在着。由于一些计划需要逐步地发展和大量的资本投入，所以它们显然需要更为长期的计划周期。公共的电力设施、水设施、输送设备都必须依此途径得以实施，必须通过长期规划与多年时间的筹备去完成新的传输系统、动力设备或是水净化工厂。这里，传统的短期政府规划因为有所限制而不能适用。像此类设施，如果已经不属于私人部门，则往往被归属于半自主的公营公司或委员会，由于受到较长时间的限制，这使得这些公营部门要比传统的政府部门享有更多的自由去思考、计划与实施。公共设施需要大量的投资与长期领导，这就说明在公共部门，长期战略以及与之相伴的长期计划也是不可避免的。

当一个公司、城市、局或由总统倡议而采取了战略管理时，那么一个选择就是理性决策。从这个意义上说，现在的美国机构要比以前更加信奉理性计划。比如，1993 年《政府绩效与效果法案》（Government Performance and Results Act）就要求“联邦机构必须准备并向管理与预算局及国会提交战略计划”。州议会随之通过类似的法律。比如，根据 1991 年得克萨斯州议会通过的众议院 2009 号议案，所有州政府机构必须把战略计划当作申请立法机关拨款的基础，并通过计划的产出与结果来检测机构的效率。

9.1.3 能力

伊戈尔·安索夫（H. Igor Ansoff）曾将战略管理描述为“一个适应的过程”，这个观点为人们所熟知。在战略管理中，战略、能力以及环境诸多变量相互适应从而使组织能够通过战略以应变环境。安索夫认为，由于环境从稳定走向不稳定，所需能力（capability）应该从“守护型”（custodial）能力转向“创造型”（entrepreneurial）能力。在稳定的环境中，守护型的稳定不变的能力就足够了；而当环境开始突变和不稳定时，则更需要具有创造型的冒险能力。

当环境与能力不协调时，我们应努力采取行动以使人力资源能力能与新的环境相适应。在采取的必要行动中，包括雇用性格适合的新人或是培训新人去适应新的环境，对于现有雇员也应该给予更多的培训教育。不幸的是，我们常常能看到一些不符合现实环境要求的雇员。举个例子，一个少年劳教机构，如果其雇员都是一些严格的守护型官员的话，那么就很难向咨询与支持型模式转型。同样，公共部门中的许多组织，传统上拥有一些技术或专业特长的雇员，但在顾客导向的要求下会发现一些新的需求，这就要求组织对老雇员安排一些培训计划，当然，更有可能的是雇用一些拥有新观点与新技术的新人。

与人力资源能力相配套的，很可能就是制度的性能或者财政能力——确实，无论从何种角度来看，能力对于组织适应环境的变化是非常关键的。举个例子，以前人们认为灯塔的维护任务——这是一种传统公共组织职能——是必须能够维持一支船队到达遥远海域。这种能力后来被直升机的远航定位能力所取代。随着全球定位系统的发展，这种能力又变得过时了。

文摘 9.1　　联邦机构现在必须制定战略规划

战略管理途径不再只是一个选项，如果你在美国联邦机构工作，那么战略管理就是强制性的。1993 年的《政府绩效与效果法案》（GPRA），要求每个联邦机构询问自己“你的任务是什么”、“你的目标是什么”和“如何完成你的任务和目标”。

GPRA 要求每个联邦机构的战略规划须包括以下六点：

- 对综合性使命进行描述。
- 为机构范围内的所有职能和运行系统设计长期的目的和目标。
- 完成目的和目标的方法（或战略手段）。
- 长期目的/目标与每年绩效目标间的关系。
- 识别那些明显影响结果的不受机构控制的外部关键因素。
- 对如何运用项目评估来确立或修改战略规划进行描述。

根据 GPRA 的要求，战略规划途径的一个最重要特征就是机构不能“妄自独行”——他们必须咨询国会和其他利益相关者的意见。管理与预算局的一个文件（1995 年 9 月 A-11）也要求他们将其规划建议书送给国会，并附信说明已经咨询的利益相关者、顾问、顾客以及承包商的意见。

SWOT 分析——对组织优势、劣势、机会和威胁进行评估——被广泛地用来检测组织战略发展能力的另外一种技术。SWOT 分析法是由咨询专家或中高级管理群体以一种相互影响的头脑风暴方式进行指导，这个群体把其注意力有序地依次转到组织状况的各个方面。对于优势与劣势的分析可以凸显组织能力的问题，而对于机会与威胁的关注则是将视角放在关乎组织生存的机遇和逐利的方面。SWOT 分析常常承担起检测部分局势的任务，即从绝对意义上或从与之相似或竞争组织之相对比较中对组织绩效进行的评估。

优势（Strengths）	劣势（Weaknesses）
●覆盖所有潜在客户的投递网络 ●每个重要地区建立了分支机构 ●每天完成其核心任务（递送邮件）的持续能力	●较差的高端管理核心 ●缺乏积极性和团结精神的工作人员 ●难以维持稳定服务品质的大型组织 ●给公众留下“庞大无能”的印象
机会（Opportunities）	**威胁（Threats）**
●每位公民都是潜在客户 ●拓展新的服务技术 ●与私人邮递公司结盟	●国会推行私有化 ●与私人部门（联邦快递、全球特快专递等）的竞争 ●敌对的工会组织

图 9—4　美国邮政局的 SWOT 分析

9.1.4 博弈论

近年来，公共行政人员开始将博弈论作为战略管理的一个关键构成部分。博弈论（game theory）在国际关系、工商管理和经济领域中已经为学者们长期使用。现在又因为罗恩·霍华德（Ron Howard）的电影《美丽心灵》（*A Beautiful Mind*）（2001年奥斯卡最佳影片）而获得广泛的关注。在这部影片中，优秀的博弈理论家约翰·纳什（John Nash）的生活引起了广泛关注。博弈论的核心乃是在合作与竞争中作出决策。它假设个人的理性行为在作出决定的时候追求个人利益最大化。所以，当一个人可以在游戏中辨认出其他参与者的目标时，就可以策略性地调整自己的决定。举例来说，在电影中扮演纳什的拉塞尔·克劳（Russell Crowe）在酒吧里向他朋友解释如何运用博弈论去选择女伴。他说："如果我们所有人都去争夺那位金发女郎并相互设置障碍，那么没有任何一个人能得到她。没有得到金发女郎的我们退而求其次，选择接近她的朋友，由于她们讨厌成为次选而会拒绝接受我们。但是，没有一个人去争夺这位金发女郎又会如何呢？我们不会彼此设置障碍，而且我们也不会侮辱其他女孩。这就是我们走向共赢的道路。就是我们能够得到我们想要的唯一的道路。"

对公共机构或公共组织中的管理者而言，这种决策方法也许会得以广泛应用。公共管理者可以把博弈论应用到和民选官员进行预算协商的地方。多数政治家都希望获得连任，借助于政治家这个基本目标，公共行政人员可以通过对民选官员施压以满足其预算要求。例如，通过把预算要求构造成"赢家通吃"（all-or-nothing）的形式，管理者可以将国会议员置于两难境地。如果国会议员支持全额拨款的项目，那么政府的资源将变得紧张；如果国会不支持，那么在依赖于某种服务的选区将会引起诉求。公共行政人员可以通过提供一个"赢家通吃"的建议，从而在自己与国会之间构建一场"博弈"游戏，以使全额拨款的可能性最大化。

9.2 战略管理工具

在政治学研究中，分析层次是关键问题之一，因为它提出一个永久性疑问：政治分析的焦点能否放在个体政治行动者、地方政府、全国性政府或是整个国际政治体系这个整体上呢？发挥作用的这些力量及其之间的联系使得只做单一层次的分析是不行的。因此，孤立地对个体政治行动者进行政治分析是没有意义的，因为政治因素从来都不是孤立的，他或她经常是一个公民或是某个大型组织的一员。各个层级的政府和各类社会群体之间有着大量的联系，相互之间也产生着影响。

战略管理也呈现出类似的分析层级问题。战略管理实际上也是由不同层级构成。最一般性观念来自于高层，然后通过中层到达底层，层层推进，使这个一般性观念具体化为现实。当总统对美国的敌人下达“正义的”命令时，这个命令将沿着命令链条传到每一个士兵直到他们扣动扳机，使应得惩罚的人得到足够的惩罚。战略以各种各样的方法或途径得以实施，在这个过程中，有人最终被击毙、有人获得食品券或者有人得到医疗救治。无论结果是子弹还是便盆，所涉及的战略将沿着相似的轨道得以执行——从宏大战略层（国家政策制定），到战略层（最高组织层级），再到操作层（计划或管理），最后到战术层（提供服务）。每个层级都接受来自于上一层级的战略指导并通过自主性创造出子战略或者特定战略以利于执行。与此同时，每个层级都会发展其各种测量技术和报告技巧，以便对整体战略得以实施的情况进行评估。在评估有效性上有三个工具：最佳做法、标杆管理和管理计分卡。

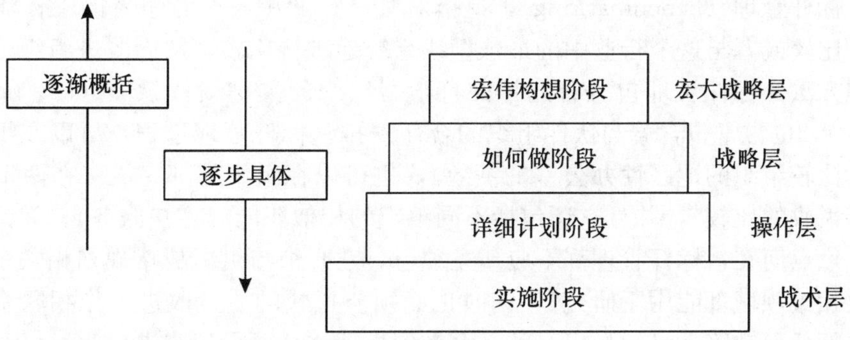

图 9—5 战略层次理论

9.2.1 最佳做法

这可能是在战争与管理中最古老的思想——看看你的竞争对手是怎么做的，然后去模仿他们的创新成果。在还没有产权说法之前，无论军队或者工商组织，它们都会窃取、借用或复制别人伟大的创意。记住：科学管理运动（见第 6 章）的核心在于发现“一条最佳途径”。但“最佳”本身具有暂时性。改革家一个成功的创新，将带来一个阶段的效率增长，直至竞争对手也进行类似的改革。但是，不断进步的技术和变化着的环境将使得创新会破坏现有的安排，使得组织从一开始的部分不适应到最后的完全不适应。因而，引进并且维持最佳做法（best practices）将是关乎组织生死存亡的大事。

我们经常会提出这样一个重要的问题：组织效率是工业标准之一吗？对于公共部门的管理者来说，保持运行效率最大化的挑战至关重要，这是因为如果管理者们无法通过这样的方法完成这些目标以显示自己能力的话，公共组织就可能会失去信用甚至生存权。前些年，管理者们有时会以公共组织性质特殊、难以评估和公共部门存在的复杂性为由，不愿正面回应胜任能力这一话题，常常做模糊处理。尽管上述的所有原因，导致评估公共部门的效率十分的困难，但通过比较绩效的标杆分析和研究，现在有大量数据可以表明这样一个事实：特别是在公共部门测量和对比最为容易也最为“确定”的一些部分，的确存在着某些可测量的结果。除了检测公共部门成效的问题和细节之外，如果管理者或政府想获得更佳绩效的话，一个客观的基线是必不可少的。这一基线是对同一领域中不同人开展工作的情况进行系统比较的必要条件。接下来的问题并不只出现在公共部门，所有管理者都会遇到。这种比较技术被称为标杆管理，它是由施乐公司（Xerox Corporation）基于此目的而采用的，现在已经传播到整个世界并被广泛应用于政府部门。

9.2.2 标杆管理

标杆管理（benchmarking），是指对某个行业中各个竞争者的工作流程系统地进行比较或者与这个行业中的最佳做法系统地进行比较，从而改进组织工作流程的管理方法。标杆管理包含着选择并且学习组织的关键绩效领域（key performance areas），也常常包含着与伙伴组织的合作安排。标杆管理过程，可以在组织内部完成（比较组织的地区性办公室的绩效），也可以在组织外部完成（在两个城市之间进行税收的比较），并且它还包括不同组织的相似职能（客户服务）。无论比较的范围或焦点何在，标杆管理都不应孤立独行。它必须与组织战略规划相联系（以确保多数相关领域都能用于研究），同时也必须与正式的质量改进工作相联系，因为绩效中的任何缺陷一旦被指出，就必会受到批评并从而得到改进。

俄勒冈州的公共部门对标杆分析的应用最具创意。俄勒冈州标杆项目由州长办公室负责实施和运作，它要求每个部门确定其长期目标、比较基准、使命陈述和绩效测量办法。总之，俄勒冈州在这个过程中实现了其一体化战略规划（可以在www.econ.state.or.us/opb上看到这些比较基准）。俄勒冈州创造性地运用这个概念，甚至还把“公民参与”量化为基准。

澳大利亚在20世纪80年代，中央政府就将标杆管理作为促进私人企业更具国际竞争力的方法首次在工业领域内加以推广。随后，为了促进公营企业或公营事业（public enterprises）更具效率，政府也将标杆管理引入公营企/事业的管理中。20世纪90年代，许多关于标杆管理的研究比较了澳大利亚公营企业（如铁路、港口和电力事业）之间的绩效以及澳大利亚公营企业与其他国家相关公营企业的绩效。紧接着，标杆管理也被广泛运用于地方政府。标杆管理在评价公共组织的效率上是一种有用的工具。但是，如果进行了不恰当的比较或是在发表的成果中并未对变化作出充分解释，此项技术就容易被误用与错用。

凡公共部门和私人部门的组织能在“一个公平竞争环境”中——即在法规控制、政策范围和其他关键因素是公平的情况下——彼此相互竞争的话，公共部门组织的表现并不比私人部门差。这点已经在澳大利亚得到了验证。航空业和银行业中公共/私人的竞争已存在多年了，而且在相同的工作条件下，大型公共运营商常常击败大型私人运营商。这些事例强化了这样一种假设：在组织效率的先决条件中，竞争比所有权更为重要。

重　点

公共、私人和非营利组织如何相互比较。战略标杆管理几乎不受企业重视。它横跨企业和城市，决定着一流的战略性成果。

公共、私人和非营利组织如何相互比较产品和服务。绩效标杆管理通常关注价格、技术质量、副产品或服务特性、速度、可靠性和其他绩效成果。

公共、私人和非营利组织，如何通过确认工作程序相似的组织中的最佳操作方法，进行过程标杆比较。

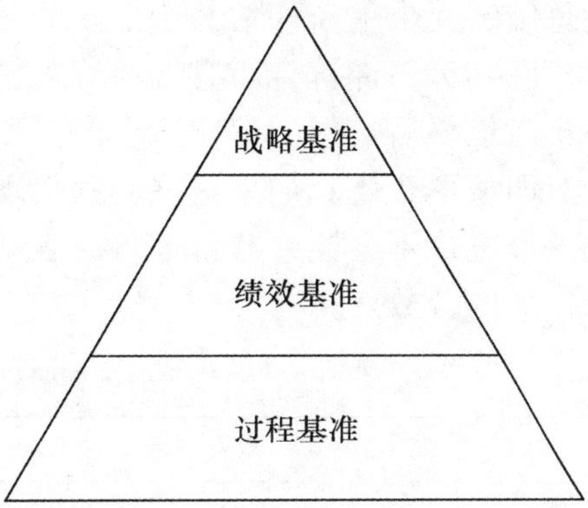

图 9—6　基准的三种类型

9.2.3　管理计分卡

简言之，管理计分卡（management scorecard）就是一张计分单，就好比高尔夫或者保龄球的成绩记录单。不过，它记录的是绩效，不是个体行动者的绩效，而是大型组织各个单位的绩效或大型组织的职能绩效。管理计分卡方法，使得高层管理者检查组织战术管理层的"工作"情况更加的方便。计分卡方法的主要意义，在于让首席执行官们通过看分数而迅速知晓组织中的各个单位现在的状态。

20 世纪 90 年代初期，"平衡计分卡"（balanced scorecards）首先在私营企业中流行，这种方法同时从不同角度对公司绩效进行评估。传统评估的重点在于财务绩效（盈亏一览表），而平衡计分卡在财务绩效之外又加上对顾客满意度、内部过程、学习能力的评估。尽管这种性质的报告卡与学校一样古老，但这种计分方法直到 2002 年成为总统管理议程的一部分之后才突然在政府内"火"了起来。现在，联邦政府的所有主要部门（总共 50 多个）都从五个管理创新措施方面进行计分，表示各个机构取得的进步。这五个方面包括：

(1) 战略性人力资源管理。

(2) 竞争性服务。

(3) 财政绩效的改善。

(4) 电子政务的扩展。

(5) 预算与绩效的整合。

分数将通过相应的红、黄、绿三种颜色的圆圈①来表现出每种措施的完成情况。2001 年的首次评估，也称起点评估（Baseline Evaluation），所得到的第一份计分卡几乎都是红色圆圈。管理与预算局（OMB）解释说："第一次的计分卡显示出许多差的表现，但反映着行政部门的一贯状态。"每六个月，管理与预算局都会

① 分别表示不合格、部分和各部分不合格、合格三种情况。——译者注

根据总统的要求重新评估并给出新的分数。2005 年 3 月底的 OMB 报告显示，只有国务院和劳工部符合所有五项管理措施标准。与此同时，国防部和退伍军人事务部排名最靠后，国防部在三个方面不符合标准，而退伍军人事务部在这五项中更是有四项不合格。如果这些问题出现在伊拉克和其退伍军人事务部，这些低级别的评分也许不会让人非常惊讶。表 9—1 显示出所有 15 个联邦政府各部以及环境保护局的分数。

表 9—1　　联邦政府各部管理计分卡（2007 年 3 月）

	人力资本	竞争性服务	财政绩效	电子政务	绩效预算
农业部	合格	合格	不合格	居中	合格
商务部	合格	居中	合格	居中	合格
国防部	居中	居中	不合格	居中	居中
教育部	居中	居中	合格	居中	合格
能源部	合格	合格	不合格	居中	合格
环境保护局	居中	合格	合格	合格	合格
健康与人力服务部	合格	合格	不合格	合格	合格
国土安全部	居中	不合格	不合格	居中	居中
住房和城市发展部	居中	居中	合格	合格	居中
内政部	合格	合格	不合格	居中	居中
劳工部	合格	合格	合格	合格	合格
国务院	合格	合格	合格	合格	合格
交通部	合格	合格	不合格	居中	合格
财政部	合格	居中	不合格	居中	居中
退伍军人事务部	合格	不合格	不合格	不合格	居中

注：合格＝符合标准；居中＝部分符合标准；不合格＝不符合标准。

资料来源：http://www.whitehouse.gov/results/agenda/fy07q2_scorecard.pdf。

那么，这种做法的意义何在？主要意义在于在公共部门中人为地创造出一种原本存在于私人部门的竞争动力。在很大程度上，这是依据“羞愧”意识在进行管理，因为没有一个组织愿意在排名上落后于其他部门，落后于他人就会有羞愧感。毫不意外，这些年来各部得分一直向上攀升。OMB 在画圈的同时还加上了箭头符号。比如一个黄圈加上一个向上的箭头就代表着 B+。尽管红圈、黄圈、绿圈在表面上看似很丑，但是它们将有助于实现如下的三个关键目标：

（1）聚焦于高层管理者认为的关键问题上。

（2）激励各个组织机构改善工作状况。

（3）及时对进步予以评估。

我们很难去反驳布什政府的五项政府革新措施，因为所有目标都值得去评估！

但是，这些目标能否伴随着“达到绿色”的管理评分制度得以实现？管理者是否会像学生一样主要为了分数而去学习或工作？在这里，我们只能明确两点：(1) 没有东西是可以再造的，就像先前的行政目标再造一样；(2) 以后的行政将采用一套新的战略管理工具。

9.3　政府对健康、安全和经济公平的管制

政府最重要的角色之一就是对社会进行管制，通过这种管制最大限度地实现和提升社会福利。作为公共利益的守护者，公共行政人员拥有相当大的权力去制定并执行那些管制美国生活各个方面的规则。为了阐明这一观点，让我们来思考一下政府管制对我们日常生活的影响方式。

想一下去麦当劳买汉堡或沙拉的简单行为。你走出按照当地建筑法规——管制——建造的房子或公寓，上了具备联邦政府法规规定——管制——的安全性能的汽车。你开车到一个十字路口并且见红灯就停——管制。在麦当劳，你就会看到门上当地公共卫生机构的贴示，上面提示此店已经检验合格并无虫蚁鼠害——管制，墙上还有框起来的由当地政府部门颁发的营业执照——管制——来证明此地有权从事商业活动。然后，你向一位店员购买食品，而这位店员的最低工资保障和最大工时要求都由法律规定——管制，他的上司必须遵守平等就业机会委员会的规定，维持一个没有性骚扰的工作场所——管制，他还要从自己的工资收入中缴纳个人所得税和社会保障金——管制。若饭后需要去洗手间时，你将会发现一个专为残疾人设计的超大型的厕所隔间——管制。你看，到处都有政府管制。

正如以上情节所描述的那样，无论你是否留意，管制都无处不在。这并不出人意料。为了方便政府进行战略性目标（如清新的空气和安全的道路）管理，管制成为公共行政人员可以利用的最有效的工具之一，也成为当代美国公共政策的一块基石。但当管制失效时，如 2007 年明尼苏达州的 35 号州际大桥倒塌，公众很快就会意识到并要求解释法规没能执行的原因。也许以看待棒球裁判的方式来思考管制，这对你来说会更有用。在比赛中，除非哨声响起或者你的球队在赛场上吃了亏，否则你很难会注意到裁判。同样，我们很少想到管制，除非政府机构未履行其职能。

当我们从餐馆检查到卫生强制执法事无巨细地来详查管制时，它往往成为改善公共卫生更高战略活动的一部分。图 9—7 描述了各种管制是如何反映之前所讨论的战略管理过程的。值得注意的是，管制并非孤立存在，它通常是更高战略目标的构成部分。

本章剩余部分中，我们将研究在联邦、州和地方层级中构成管理成效的那些关键因素、过程和工具。政府对医疗卫生、安全和经济公平的管制，必然会检验各级政府行使的多种管理方法的优劣。

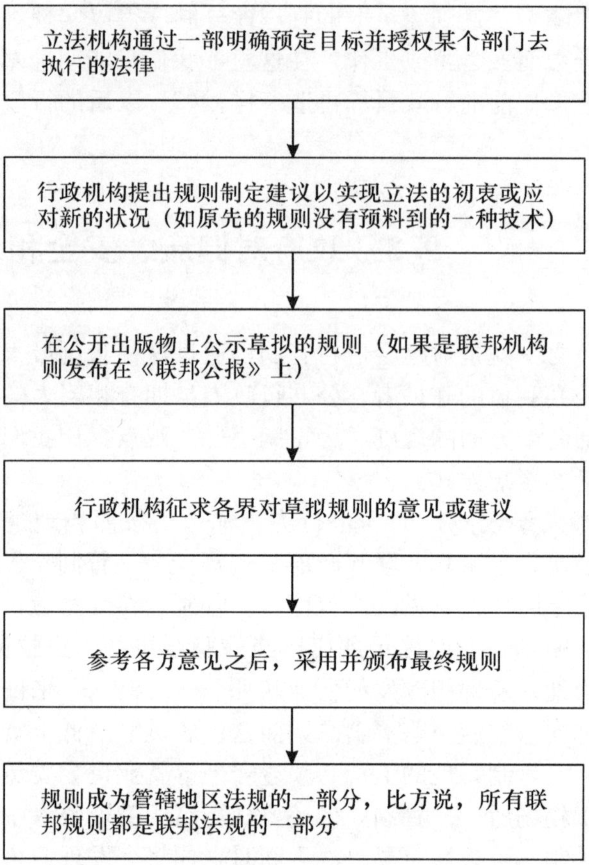

图 9—7 规章制定过程

9.3.1 独立管制机构

当今的管制非常普及与常见，我们每天都能遇到并不假思索地加以接受。一般来说，一个地方的人越多且经济越发达，则这个地方的管制也就越多。社会需要管制，以便使人们不能粗心大意地与他人的车相撞，以便防止人们住在因结构不牢固而可能倒塌的房屋中，或者防止人们因为食用污染的肉品而发生食物中毒。这些灾难在政府实施管制之前很常见，政府管制——至少在发达国家——使这类灾难在减少。

想想 2003 年 12 月加利福尼亚州中部和伊朗南部发生的相同震级的地震。加利福尼亚州只有两人死亡，然而伊朗的死亡人数却数以万计。埃里克·基尔申鲍姆（Erik Kirschbaum）引述伊朗官员的话说，“建筑设计差、原料次以及建筑法规不受重视是导致高死亡率的重要因素”。在加利福尼亚州，政府法规规定，建筑房屋必须得到建筑审批，建筑过程严格遵守建筑法规以及接受严格的监督与检查，这些都是挽救生命的重要因素。

管制源于立法。但立法并不能对任何问题都规定得那么具体，这就需要用规则来处理这些成文法中没有明确的细节问题。因而，行政机构具有行政规章制定权，并且这种权力完全具有法律效力。行政机构首先获得立法委任权，然后它再把这种立法委任权转化为政策制定、法规要求、处罚和执行条款的说明等具体行动。行政程序法只是简单地规定了规则制定的必经过程。行政程序法区别了需要听证的规章制定和只需公示和提供机会征询公众意见的规章制定之间的不同。是否采用正式或非正式程序是由授权法决定的：在美国诉佛罗里达州东海岸铁路案（*United States v. Florida East Coast Railway*）（1973 年）中，最高法院在判决中认为，只有当授权法表示要求行政机构听证优先于规则制定时，才需要遵循正式的规章制定程序。《行政程序法案》也要求法规在其生效之前必须公示 30 天，并且行政机构必须允许任何利益相关方申请颁布、修订或废除某项规则。实际上，行政程序法在创设意见征询的公示和时间程序的同时，也使得行政法规制定者与立法机关在制定规章方面享有同样的特权。当然，附带条件是制定的法规必须与指导规章制定的授权法相一致。

所有新的联邦法规必须在《联邦公报》（*Federal Register*）（创刊于 1935 年）上公开刊载，公众通过这个媒介能够了解即将实施的联邦法律法规，以及行政部门的其他法律文献，如总统公告和行政命令。当然，任何有争议的建议法规很快都能进入主流刊物，尤其是 1992 年《联邦公报》开始发行网上期刊以来更是如此。各州政府也都有相似的规章制定程序，包括建议法规公示、意见征求机制和最后告知。

9.3.2　规则制定过程

在美国，大部分管制工作是由那些组成联邦官僚体系的许多机构来完成的。尽管联邦政府的行政部门在国家管制中起着重要作用，但还有许多其他政府机构也在实施管制活动，这些机构最初就是为了管制社会各种事务而创设出来的。这类机构被归类为独立管制委员会（independent regulatory commissions），其中包括了联邦通信委员会（Federal Communication Commission，FCC）和证券交易委员会（Securities Exchange Commission，SEC）这样重要的政府机构。独立管制委员会由参议院批准和总统任命的若干委员组成，由主任、主席或者局长负责召集。但与那些独立的行政机构的行政官员不同，他们有着固定任期并且不能按总统的意愿来随意罢免他们。在富兰克林·罗斯福（Franklin Roosevelt）总统试图解雇持不同政见的联邦贸易委员会的委员时，最高法院在汉弗莱执行官诉美利坚合众国案（*Humphrey's Executor v. United States*）（1935 年）中裁定认为，联邦贸易委员会“并不具有行政部门的地位”。因而，这些委员会的委员们只要不遭到国会弹劾，一般都能任职到任期届满。这种不受直接行政控制的独立性成为管制委员会强大的个人力量之源泉。这种权力在美联储（Federal Reserve Board，FED）及其专门小组中表现得更为突出。众所周知，美联储有权调控国内货币政策，因此它直接影响国家的经济状况。毫不奇怪，当前美联储委员会主席本杰明·伯南柯（Benjamin Bernanke）通常被认为是国家最有权力的政府官员之一。

请注意，传统的政府部门也能执行很多管制职能。比如，美国食品药品管理局（Food and Drug Administration，PDA）就设在健康与人力服务部中并且处理像新药审批之类的事务。除非他们批准了一种副作用大于治疗效用的新药，否则公众将再次忽略PDA的工作。万络（Vioxx）和喜乐宝（Celebrex）这样重要药品带来的备受关注的危害，揭露出PDA监管体制的严重问题，也促使公众更加担忧他们健康生活中必备药品的安全问题。

文摘9.2　为何管制源于肉类加工业

我们不会忘记香肠是用什么做成的。……猪肉堆积在满是泥土和木屑的地上，工人们走来走去并往地上吐着痰，痰里带有数以万计的结核病菌。猪肉大量地堆积在房间，水从漏雨的房顶上滴到猪肉上，还有成群的老鼠在上面窜来窜去。储藏室太暗视线不好，但工人们仍能用手在成堆的肉上拂去那些干巴的老鼠屎。这些老鼠非常讨厌，致使包装工须用那些有毒的面包来毒死它们。在它们死后，老鼠、有毒面包和肉一起装入料斗器。这并不是在编故事或开玩笑。肉被铲进货车中，而且铲工们即使看到老鼠也懒得把它铲出来——与毒老鼠相比香肠中其他的添加物变成了一种珍品。工人们吃饭之前没有地方可以洗手，于是他们在将要放入香肠的水中洗手。熏肉、咸牛肉碎料和工厂废料倒进储藏室的旧桶里拉走。包装工遵照严格节约成本的规定，很长时间才去清理一次废料桶。每年春天他们清理一次。灰尘、指甲和臭水与肉类制品混在一起被装进桶里，再一货车一货车地送到人们的餐桌上。

资料来源：Upton Sinclair，*The Jungle*（1906）。这本小说引起很大的轰动，以至于当时的总统西奥多·罗斯福（Theodore Roosevelt）下令对肉联厂主进行调查。这也给联邦检查机构带来了《1906年食物和药品法案》（Pure Food and Drug Act of 1906）。

9.4 州政府管制

尽管公众常常把注意力放在联邦政府，但我们也不应忽视州政府的管制职能。由于第十修正案为州政府留有权力，因而州政府在很多政策领域都扮演着重要角色。从交通运输到教育，州政府对许多领域的管制政策负有主要责任，包括制定许多专业性标准和服务准则，以便使医生、牙医、教师和会计等专业人员更好地为公众服务。

9.4.1 职业认证（谁为注册会计师颁发"证书"?）

你相信自己的医生吗？你觉得自己的牙医或药剂师如何？经过多年来与他们的接触，你们可能早已建立了一种关系。但是谁担保这些专业人员对公众的信誉呢？大多数情况下，正是州政府通过提供认证和制定法规的办法来管理这类专业人员。请记住，只有在会计出示专业学历和经验资格证明，接着通过州政府的考试之后，才能由州政府来颁发注册会计师（Certified Public Accountant，CPA）"证书"。

和美国宪法一样，为了维护公共利益，几乎每个州的宪法也都详细规定了政府的职责。尽管你可能马上就会想到保护公共利益的那些追捕罪犯的警察，但是这种对公共利益的保护也包括制定一些措施让那些保护公众的人免受罪犯的袭击。州政府运用自己的管制权来规定一些标准，并在这些标准下授予个人从业资格证书——无论这份职业是大卡车司机还是脑科医生。

众所周知，医生、护士和会计等专业人员需要政府颁发资格证书，但还有很多职业同样受到州政府的监管。比如，你不会想到像运动教练、室内设计师和按摩师这些类型的职业会出现在受监管职业的名录上，但实际上受到州政府监管的职业数量远远超乎我们的想象。

对专业人员的管制并不止于资格认证，它贯穿于整个职业生涯。为了保护公众，州政府的管制者们确立了提供服务的诸多条件。从要求按摩师书写交易记录到命令药剂师按照顾客需求来变换处方，州政府为很多职业设定了操作程序。当这些提供的服务明显没有遵守交易的规则要求时，它们就会遭受行政机构的管制处罚。现在你也许好奇，行政机构会对不守法的医生给予什么样的处罚。处罚可能会是吊销或取消执照、强制性的继续教育培训或者罚款。在按摩师对其顾客进行按摩之前，必须获得行政管制部门的许可，以便于按摩师可以继续其工作。

9.5　地方政府法规

正如我们在第 4 章看到的，地方政府在提供各种各样的形式明显的公共服务方面也扮演着重要角色。从雪后铲路到教学生微积分，地方政府每天都会提供重要的公共服务。但是，市政府和县政府不仅提供公共服务，而且它们还管着市民生活中的方方面面。在日常生活中，地方政府管着你家后花园水池的大小，管着你在街边的中国餐馆里吃的食物，而且还管着你下班路上开车的速度。尽管地方政府管制你生活的方式多种多样，并且数以百计，我们在这里仍然可以选出三个有意思的领域进行更加深入的研究。

9.5.1　分区

美国公民有一项最珍贵的权利，那就是能够拥有并使用土地。自从近五个世纪前欧洲的第一个土地权得到认可以来，个人已经获得了土地所有权并可以随心所欲地处置自己的资产。拥有并使用土地的权利尽管很珍贵，但却是美国生活中管制最为严厉的一个方面。20 世纪，州政府和市政府逐渐运用它们的权力去限制私人土地的使用方式。特别是通过分区①（zoning）这一过程，政府让土地主们知道其土地的使用范围、何时可以建房以及建什么样的房。考虑到土地管制的重要性，它已成为政府管制中一个最具争议的方面也就不足为奇了。

当土地充裕而且人口稀少时，对土地利用的管制就不会成为政府的一项紧急事务，也即不是政策制定者的一个主要优先考虑事项。但很明显，随着国家的发展且美国人居住得更加密集，政府对土地利用的管制就变得很迫切。想象一下，你已购买一幢好地界的漂亮房子并且在此安家落户享受“美国梦”，却发现相邻的地产主已经决定使用他的土地去盖一个肉类加工厂，那会是什么样的感觉。或构想一下，

---

① 分区（Zoning）：地方政府规划特定地区的建筑类型和用途类型的过程。分区始于 20 世纪 20 年代，目的在于保护小区不受工商业的侵吞，保护小区经济和社会的完整性。分区包含着极其复杂的法律程序，也常常受到地方政治的冲击。

你站在山上看日出的美景，周围是一个 20 多层高的公寓大楼，而你父亲留给你的破旧农舍就紧邻这幢高楼，那又有什么样的感受。如此情景在 19 世纪末期越来越突出，并且让政府深陷到土地管制和分区的烦琐事务之中（始于 20 世纪初期）。

所以，首个重要的分区条例（zoning ordinance）是在美国人口最多、密度最大的大城市——纽约通过的，这就不足为奇了。随着城市的发展和扩大，土地拥有者们之间的冲突越来越普遍。最终，在百老汇大街上建造的庞然大物（指那个时代）——公正大厦（Equitable Building）——激起了对这件事的城市行动。公正大厦完全占据了其拥有土地中的每平方英寸并且 36 层的高度让它在周围的建筑物中“鹤立鸡群”。它的高度和位置遮掩了邻近建筑的窗户且使阳光照射不到近处的大楼。作为回应，1916 年市政府制定了一系列规则来限制纽约的建筑类型，限定了建筑尺寸和用地等方面的发展，这些规则从纽约开始并很快就遍及全国每个角落。到 20 世纪 20 年代，美国分区办法的运用已遍布整个国家，土地使用法规的数量和明确性逐年增加。然而，分区办法的发展并不被普遍接受和理解。即使某件事情是美国人所公认的，他们也不愿被政府规定如何去处理自己的生活和财产问题。于是，不断膨胀的政府土地管制职能受到各方面的挑战，这包括了法律诉讼的介入。

在分区的历史重大案例中，美国最高法院必须确定分区办法是否与美国宪法的个人财产保护原则相冲突。当俄亥俄州的欧几里得（Euclid）村采用分区办法计划对土地用途进行专业分区（如居住区和商业区）时，本地的一位开发商要求废止这条法规，理由是分区办法违反了第十四修正案中司法程序保护原则和同等法律保护原则。在阿布勒房地产有限责任公司诉欧几里得村案（*Ambler Reality Co. v. Village of Euclid*）（1924 年）中，最高法院确认了分区的合法地位，大多数法官的意见认为，“管制——一种智慧——其必要性和合法性十分的明显，它们有必要在当今复杂的环境中持续地维持下去”。事实上，阿布勒判决已成为法院同意土地管制的标志，并承认现实世界需要这样的政府干预。可以确信，自阿布勒案件以来已有很多案件有助于确定管制的范围，即什么能被管制什么不能被管制，欧几里得分区①（Euclidian Zoning）已变成美国生活固有的一部分。

9.5.2 建筑规范

家就是一个人的城堡，若想住在里面，这座城堡最好要符合法规的要求。正如分区告诉我们地产的使用规则一样，建筑法规（building code）明确了我们的家和建筑物内部必须遵守的内容。社会日益拥挤的现实迫使大城市采取分区制度，同时高大建筑的发展也促使建筑法规的产生。建筑法规或建筑控制标准是用于确定建筑物最低安全标准的一系列规则。建筑法规的使用由来已久，可以追溯至公元前 1760 年的《汉

---

① 欧几里得分区：让商业办公楼置于家庭住宅区之外的一种分区政策。这种分区办法是由俄亥俄州的欧几里得市采用，并且在阿布勒房地产有限责任公司诉欧几里得村［判例 272 U. S. 365（1926 年）］案例中，最高法院宣称分区是地方政府有效行使其权力的表现。

穆拉比法典》[①]（*The Code of Hammurabi*）。《汉穆拉比法典》制定了以下规则：

（1）如果为他人盖房却没有把房盖好，导致所盖房屋倒塌砸死房主，那么盖房子的人将会被处死。

（2）如果砸坏了物品，那么他就必须赔偿所有的损失，而且由于他没有把房盖好致使房子倒塌，因此他必须自己出钱重新盖房。

（3）如果为他人盖房——尽管他并未盖完房——若墙看上去要倒塌，那么他必须自己出钱去把墙加固。

《汉穆拉比法典》的确很好，然而建筑法规在美国并没有很快被采纳。尽管两位美国前总统华盛顿和杰菲逊都赞成采用建筑法规去保护生命健康和财产安全，但在 20 世纪初期以前仍然缺少成文的建筑规范。很多令人难忘的灾难促使大城市去采用建筑规范。最著名的是，1911 年纽约市三角衬衫厂（Triangle Shirtwaist Factory）的巨大火灾唤起人们对美国危楼状况的关注。这场可怕的大火造成 146 名工人丧生，他们被火困在九楼，从而迫使很多女工冒着生命危险从九楼跳下来，这场大火造成的严重损害促使政府加大力量去制定更好的建筑安全法规。1915 年，来自全国各地的执法官员齐聚一堂，联合制定建筑安全标准法规。这些会议创设了建筑官员与标准管理员（Building Officials and Code Administrators，BOCA）协会，制定了建筑法规，美国北部许多大城市也都以这项建筑法规为标准。多年来，建筑标准的制定工作不断增加。现在，国际建筑标准委员会[②]（The International Code Council）是承担美国以及国外建筑标准制定的主要机构。除了要求安全逃生通道和自动洒水装置等这些基本的安全要素外，现在建筑法规还包括能源的标准和对特殊人士的便易性。

9.5.3　公共卫生（你想在薯条里看到蟑螂吗？）

也许在政府管制领域中，公共卫生政策更能代表我们所生活的时代。在这个世界上，健康的威胁每天都有可能进入我们的家庭，公共卫生问题在美国社会占据了突出的地位。从禽流感到带有大肠杆菌的汉堡，国家需要关注太多的卫生问题。大家都很清楚，公共卫生问题有时需要政府的干预，特别是在关闭蟑螂随处可见的餐馆或防止消费者买到有毒食品这样的情况下，政府管制尤为需要。但是，在其他方面政府管制的作用并不明显且充满争议。让我们举例来说明这点。

过去 25 年来，肥胖问题已成为对美国人健康的最严重威胁。根据美国急病防治中心（Centers for Disease Control，CDC）的报告，美国大约 30%的人属于过度肥胖。这种肥胖程度是 1960 年的 13%的两倍多。高肥胖率严重地影响着美国生活的各个方面。CDC 估算，肥胖症造成每年 11.2 万以上的美国人死亡，每年耗费几乎 1 000 亿美元的额外医疗费用。显而易见，肥胖症严重威胁着国民的健康，同时

---

① 《汉穆拉比法典》：该法典始于大约公元前 1760 年的美索不达米亚，并且它是最早的一部关于社会管理的法典。法典包括罪行的列举、处罚的方式以及社会争端的解决和对公民行为的指导。

② 国际建筑标准委员会：这是一个致力于建筑安全和防火的委员会。它制定的标准适用于对包括住宅和学校在内的民用或商业建筑的建造。美国大多数市、县和州都选择由国际建筑标准委员会制定的国际建筑标准。

处理这个问题也是相当的困难。政府通过限用和“罪孽税”①（sin taxes）等手段来管制带有其他健康风险的产品——比如烟酒。然而，这些管制手段很难适用于肥胖症的根源——饮食过量和嗜睡的生活方式。你会想到限制巨无霸汉堡购买者的年龄或对麦当劳出售的每份薯条征收一美元的税吗？这样的想法在政治上是行不通的，这迫使卫生官员在解决问题的方法上变得更有创造力。

一种控制肥胖的方法，就是要求餐馆在菜单价目表旁边贴上营养成分。例如，2007 年 7 月在华盛顿的金县（King County）卫生局制定了一项法规，要求有十人或十人以上座位的餐厅必须把营养成分放在菜单项目名称和价格的旁边并与价格的字体和大小相同。而且，虽然政治上很难去禁止在餐厅出售薯条和比萨，但市政府已开始控制速食中最有害健康的配料。在像纽约和西雅图这样的城市，地方政府已经禁止在餐厅使用反式脂肪酸以便限制这种造成肥胖和心脏病的最关键食品的消费。这些禁令引起了餐馆和一些市民的强烈不满，他们认为这样的规则是对个人自由和选择的一种侵犯。纽约市市长麦克尔·布隆伯格（Michael Bloomberg）反驳了这些批评，他说：“没人想要夺走你的薯条和汉堡，但如果它们对你的健康有一点伤害，我们就会那样做。”不是每个人都喜欢这个市长的态度，很多人认为这是一个“保姆政府”（nanny state）的良好例证，它将很多很多的东西摆在我们面前——尤其往我们嘴里塞太多太多的东西。

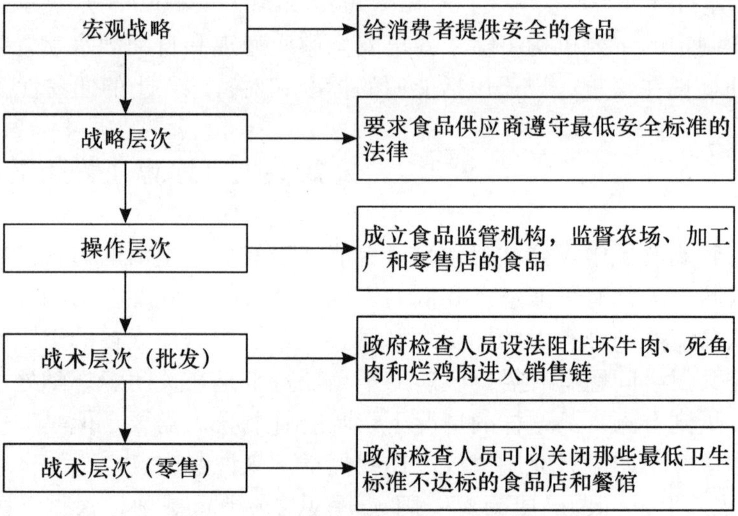

图 9—8　政府监管食品的战略方法

参考文献

Ansoff, H. Igor. (1965). *Corporate Strategy*. New York: McGraw-Hill.

Bryson, John M. (1995). *Strategic Planning for Public and Nonprofit Organizations*, 2nd ed. San

---

① 罪孽税：一种特别针对某种被认为有违大众健康的行为所征收的税。罪孽税主要包括烟、酒消费税和赌博税等。

Francisco: Jossey-Bass.

Dickson, Paul. (1971). *Think Tanks*. New York: Atheneum.

Dror, Yehezkel. (1964). "Muddling Through—'Science' or Inertia." *Public Administration Review* 24 (September).

Drucker, Peter F. (1954). *The Practice of Management*. New York: Harper.

Gordon, Gerald C. (1993). *Strategic Planning for Local Government*. Washington: International City Management Association.

Keegan, John. (1993). *A History of Warfare*. New York: Knopf.

Kennan, George F. ("X") (1947). "The Sources of Soviet Conduct." *Foreign Affairs* (July).

Lindblom, Charles E. (1959). "The Science of Muddling Through." *Public Administration Review* 19.

Lueck, Thomas and Kim Severson (2006). "New York Bans Most Trans Fats in Restaurants," *New York Times* (December 6).

Luttwak, Edward N. (1976). *The Grand Strategy of the Roman Empire*. Baltimore: Johns Hopkins University Press.

McMillan, John. (1996). *Games, Strategies, and Managers*. Oxford, England: Oxford University Press.

Mintzberg, Henry. (1994). *The Rise and Fall of Strategic Planning*. New York: Free Press.

Osborne, David, and Ted Gaebler. (1992). *Reinventing Government*. Reading, MA: Addison-Wesley.

Ostrom, Carol M. (2007). "New Rules: Menus Must Say What's In Your Meal," *Seattle Times* (July 20).

Pascale, Richard T. (1993). "The Honda Effect." In *The Strategy Process*, James Brian Quinn, Henry Mintzberg, and Robert M. James, eds. Englewood Cliffs, NJ: Prentice Hall.

Perret, Geoffrey. (1999). *Eisenhower*. New York: Random House.

Porter, Michael E. (1980). *Competitive Strategy*. New York: Free Press.

Pressman, Jeffrey L., and Aaron Wildavsky. (1973). *Implementation: How Great Expectations in Washington Are Dashed in Oakland; Or, Why It's Amazing that Federal Programs Work at All*… Berkeley: University of California Press.

Roberts, Nancy C. (1993). "Limitations of Strategic Action in Bureaus." In *Public Management: The State of the Art*, Barry W. Bozeman, ed. San Francisco: Jossey-Bass.

Rumelt, Richard. (1992). "The Evaluation of Business Strategy." In *The Strategy Process*, James Brian Quinn, Henry Mintzberg, and Robert M. James, eds. Englewood Cliffs, NJ: Prentice Hall.

Seward, Desmond. (1988). *Napoleon and Hitler: A Comparative Biography*. New York: Viking.

Smith, Bruce L. R. (1968). *The RAND Corporation*. Cambridge, MA: Harvard University Press.

Smith, James A. (1993). *The Idea Brokers: Think Tanks and the Rise of the New Policy Elite*. New York: Free Press.

Toffler, Alvin. (1970). *Future Shock*. New York: Random House.

Weigley, Russell F. (1984). *History of the United States Army*, enlarged edition. Bloomington: Indiana University Press.

Wettenhall, Roger, and Colm O. Nuallain, eds. (1990). *Public Enterprise Performance: Seven Country Studies*. Brussels: International Institute of Administrative Studies.

Wildavsky, Aaron. (1978). "A Budget for All Seasons: Why the Traditional Budget Lasts." *Public Administration Review* 38, No. 6 (November-December).

第 10 章

领　导

引子：刺猬、狐狸或者亨利五世

刺猬是一种类似于豪猪的小动物，当受到威胁时，它的身子就缩成一团小球，以便用全身的尖刺来保护自己。众所周知，狐狸是一种非常聪明、机灵和敏捷的动物，因而“像狐狸一样的”（foxy）一词就成为这些形容词的象征。古希腊诗人阿尔基洛科斯[①]曾经写道：“狐狸知道许多事情，但刺猬却懂得一件大事。”2 600 年后，英国政治哲学家以赛亚·伯林（Isaiah Berlin，1909—1997）把阿尔基洛科斯这一简短诗句作为《刺猬和狐狸》（*The Hedgehog and the Fox*）一文的基础，这是一篇现今都很有名的关于智力类型、领导者思维方式以及人类特征拟物化描述的散文。

伯林的文章激发了政界一个十分流行的玩笑，即把领导者分为刺猬或狐狸两种类型。刺猬是指那些思想专注于一件事的人，他们就像刺猬一样只知道“一件大事”。罗纳得·里根总统就像是一只刺猬，他认为资本主义更有利于世界人民的繁荣富强。这个基本信念指导着他的对内政策（低税收、小政府）和对外政策。他从不干涉政策执行的细节是出了名的，这当然就是把他定义为一只刺猬的原因所在。刺猬就像是重大局轻琐事的领导者。

① Archilochus，公元前 7 世纪的古希腊抒情诗人。——译者注

现在，我们把里根和在他前后的民主党总统作比较，吉米·卡特和比尔·克林顿都沉迷于政策的细节问题中，他们就像聪明的狐狸，了解当前所有政策中的细枝末节。然而，问题就在于他们知道得太多。在执政过程中，他们太过纠缠于各种细节以至于从未给下属以及人民指明一个清晰的方向。他们的思考和行动太过战术性而缺乏战略性，对外政策对于他们来说基本上只是一些即兴之作；相反的，里根的对外政策可以概括成一句话：打击共产主义。而他的确做到了！

刺猬型领导者会将其全部的行动哲学灌输到组织当中。伊丽莎白一世（Elizabeth I）“强烈地鄙视”1588年企图入侵英国却失败的西班牙舰队。海军将领霍雷肖·纳尔逊（Horatio Nelson）在1805年特拉法加海战（Battle of Trafalgar）前对他的船长们说：“如果能把船靠在敌人的旁边，就没有一位船长会做错事。”亚伯拉罕·林肯总统1863年在为宾夕法尼亚州的葛底斯堡一座坟墓的题词中对这个国家提出要求：“由于他们的光荣牺牲，我们更要坚定地致力于他们曾经为之作出全部贡献的那个事业；我们在此立志宣誓，不能让他们白白死去。”这是“让我们赢得这场战争”这句话的另一种颇具想象力的说法。富兰克林·罗斯福总统通过无线广播告诉全体美国国民（1940年12月19日）：“我们必须成为民主国家的伟大军火库。”罗纳得·里根总统在一次共和党代表大会的晚宴上（1982年5月4日）说：“我们是这样一个政党，一个想要美国国民都能够富裕的政党。”这就是刺猬型领导的远见。

所有这些话都具有刺猬的眼力。这些语言是对于行动的召唤，虽然简单但却内涵深刻，它们给我们明确的指示并且往往令人备受鼓舞。毕竟，领导者（leader）的工作就是去激励他人，而在这方面刺猬做得比狐狸好，因为它们更加专注、更加有目的性。他们不会紧盯着那些小事的细目清单，不管其中每一项具有多大价值。就政策的细枝末节而言，狐狸可能是一个有效的管理者和组织者，但管理并不等于领导。从词源上来说，管理者（manager）的原意是指驯马师，渐渐地这个词的意思延伸至各种技术性操作。所以，尽管狐狸处理事务的能力被得到广泛认同，处理事务也并不等于领导。对细节的所有关注可能还不及一句“跟我来”！有着刺猬型远见的领导者鼓励他人，而管理者仅仅委派他人。

2000年的总统大选提供了一个在刺猬和狐狸之间进行直接对比的机会。那时，州长乔治·W·布什懂得诸如减税、强军以及改革教育和社会保障体系等一些大事。他的对手——那时的副总统阿尔·戈尔却沉溺于各种琐事之中像是无所不知、无所不能。尽管很显然是戈尔手中掌握更好的资讯，然而布什却似乎赢得了总统辩论，因为他以其刺猬型的远见保留着信息。正如专栏作家迪克·莫里斯（Dick Morris）所说：“不是布什不知道细节，而是他并不十分在乎。他本能地知道，细节不如宏伟的计划重要。”（《纽约邮报》，2001-01-02）。现在，总统布什成为白宫的一只刺猬。他显露出前总统里根刺猬型传统的各种迹象——唯一不同的是，每个下午年老的里根要打个盹，而精力充沛的布什则是去体育馆健身。请记住，领导者应有独特的管理风格并且非常注重目标。他们只是看问题的方式不同。他们设法让其员工们来处理那些狐狸型领导所关注的细节。

请注意，在这方面布什模仿的是里根而不是他的父亲。老布什总统尽管学习刺猬型领导者里根的角色长达8年，但为了自己的利益他还是变得太狡猾了。当老布什提高征税时，他失言于美国人民（竞选时他说过“仔细听好——不增加新税”）。他构想了一个“世界新秩序”，但其外交政策十分的模糊或庞杂，因而直到今天他这句话所表达的意思仍然令人困惑，更别提这个词组还使人们联想到纳粹用过的语言。儿子不再模仿父亲的最好证据是这样的一个明显事实，1992年老布什第二次竞选总统时输给了来自阿肯色州的比尔·克林顿这只“狐狸”。老布什提出一个又一个的细节，但却没有一个总体构想。所以，公众更愿意跟随一个刺猬型总统，特别是没有性丑闻或财政丑闻缠身的刺猬型总统。

文摘 10.1　　狮子和狐狸

在政治分析中，对领导者予以动物性描述有着悠久的历史。最著名的可能要数尼克洛·马基亚维利（Niccolo Machiavelli）的《君主论》（1532年），在书中他将狮子和狐狸进行了对比：

> 因此，王子必须懂得如何像野兽一样行动，一定要模仿狐狸和狮子，由于狮子不能防止自己落入陷阱，而狐狸则不能保护自己免受狼群的攻击。所以，一个人必须既是能够意识到陷阱的狐狸，又是能够威胁狼群的狮子。

富兰克林·D·罗斯福（1882—1945）总统就是近来最有名的具有这两种动物特性的政治领袖。尽管罗斯福在1921年得了小儿麻痹症以后基本上只能坐轮椅，但他还是到达了政治权力的巅峰。然而，由于他拄着拐杖仍可以站立起来做演讲，并且禁止新闻记者拍摄那些能看出他残疾的画面，因而许多美国公众不知道他残疾的情况——尽管这并不是一个秘密。批判家们攻击他和他的妻子埃莉诺（Eleanor）是法西斯主义者。但他是那个时代中的实用主义者。他是这样一位美国总统（1933—1945年）：他的“新政”政策经常被认为拯救了资本主义制度；他引领这个国家度过了20世纪30年代的大萧条并且在二战中取得胜利；他同亚伯拉罕·林肯、乔治·华盛顿一起作为美国历史上最杰出的总统出现在每个主要历史学家的名单上。因此，历史学家詹姆斯·梅格瑞格·伯恩斯（James MacGregor Burns）将他1956年写的罗斯福传记取名为《罗斯福：狮子和狐狸》（*Roosevelt：The Lion and the Fox*），就不足为奇了。

在世界文学作品中，用策略性语言支持战略性目标，没有比莎士比亚的《亨利五世》(*Henry V*)更好的例子了。总统乔治·W·布什常常被视为现代的亨利五世。年轻时的亨利王子过着放荡堕落的生活，整天与流氓无赖为伍，吃喝嫖赌，饮酒作乐。这令他的父亲很失望，认为注定要继承王位的儿子不会有太大的成就。在他弥留之际，亨利四世国王劝告他要通过“一心热衷于对外征伐”的行动来应付他即将面临的国内问题。年轻的哈尔王子（Prince Hal）在他父亲死后被加冕为亨利五世，他完全地采纳了父亲的建议。莎士比亚的书中提到这位新国王命令他的官员去寻找一个合法理由挑起法国战争。接着亨利召集他的“兄弟连”（band of brothers）并迫使他们聆听莎士比亚作品中最有名、最鼓舞人心和最经常被引用的那些台词。诗歌中，他召集他们要“再次挺身而出”，把它们比作“航行中的远洋船，一开始就要绷紧弦”，让他们进攻时大喊“游戏即将开始”！多亏了莎士比亚激动人心的台词和1415年阿金库尔战役①中亨利战胜了法国，于是他成了历史学和文学中描述一个浪子如何转变成伟大的民族英雄的最佳典范。

自乔治·W·布什成为一名强劲的总统竞选人以来，政治评论家就把他比作亨利五世（但没人把他的口才与亨利五世相比）。布什的父亲曾是一位国家总统。一个频繁酗酒的青年浪子也是一位权位最高的人，所有这些都把第43届总统与传说中的英国统治者联系起来。然而，问题仍然存在，布什最终会成为像亨利五世一样的英雄吗？当然，他发起的阿富汗和伊拉克战争就遵循着亨利的“专注于国外战争”的思想。但是，乔治·W·布什会通过赢得同样的决定性胜利继续与亨利五世相提并论吗？不论是否是决定性的，这一方面的相提并论让人感到非常的焦躁不安。亨利五世的伟大胜利只是百年战争历史之中的一场战役而已。

讨论题

为什么刺猬与狐狸的比喻是描述领导类型的一种很有用的简单方式？在你熟悉的组织中看到过符合刺猬型和狐狸型的领导者吗？

10.1 为绩效而领导

公共部门的管理特征多少有些与私人部门不同，两类管理所要求具备的知识和技术也多少有些不同。我们已经看到公共部门中的政治环境和治理结构如何约束和限制决策的，并且这些约束和限制理应得到公共官员多方面的理解与“维护”。我们也已经讨论了公共部门战略管理中的特殊问题，即把政治性项目和管理性规则转化成一个良好有序的路径安排，以便遵照执行。同时，也已经检查了政府治理的内部和外部结构——即府际关系和政府体系——如何给公共部门管理者有效工作提供一个其必须了解和适应的框架。

所有这些方面，尽管都是最基本的内容，但也确实构成了公共部门管理者真实工作环境的一部分。这就好像我们检查一个剧院那样——它的灯光、销售状况、所有权、演出阵容和聘用或解雇舞蹈家们的方式如何。但现在我们要关注一个核心问题：绩效如何？剧院老板、导演和管理者怎样才能让剧团取得最好成绩？

在这里，管理界和戏剧界都在运用“绩效”（performance）一词，同时这个词也扩展到体育界。在体育界，运动员的任务就是取得个人最好成绩或者一个团队的任务就是实现最好的成绩。像训练、团队运作、领导能力、追求卓越、在绝不错过任何机会意义上的意志品质、当然还有战略等这样的一些议题同样也是体育界的

① Battle of Agincourt，阿金库尔战役发生于1415年10月25日，是英法百年战争中著名的以少胜多的战役。在亨利五世的率领下，英军以由步兵弓箭手为主力的军队于此击溃了法国由大批贵族组成的精锐部队，为随后在1419年收服了整个诺曼底奠定基础。这场战役成为英国长弓手最辉煌的胜利之一，也对后世战争的依靠火力范围杀伤对手密集阵形这种战术留下了深刻影响。——译者注

核心议题。总之，绩效意味着一项技能的演示和一种能力的展示。公共部门管理也在使用这个词，其含义也有多个方面。在诸多含义当中，公共部门领导者们最为关心的是，我们正在取得何种绩效，为个人和团队提供什么样的方法和手段会使他们做得更好，更有利于达到那种绩效。因此，绩效管理（performance management）确实首先从领导力开始。

10.1.1 定义领导

作为一个缺乏经验的年轻人，本书其中一位作者选了一门关于中世纪历史的大学本科课程。在看到几十部电影中都有数千名士兵袭击城堡的情节后，这位学生问教授："在看起来似乎而且的确经常必死无疑的情况下，他们是如何让大批活生生的人去袭击城堡的?"教授的话让人记忆深刻："那就是你的领导力!"

确实如此，任何组织的领导者，其工作就是让下属去做之前从未做过的事情，去做非常规的事情，去为共同利益冒险，有时甚至是牺牲生命。这个组织一旦接受了大仲马"三个火枪手"的信条——"人人为我，我为人人"，到那时人们就已被领导，也只有那时他们才形成了一个磐石般的组织。实际上，领导者的最基本工作，就是创建一个组织以摆脱原先的无序状态并让那些孤立的个人组成一个有凝聚力的团队以变得更有整体的战斗力。

领导（leadership）是指运用正式的或非正式的权威（authority）来指导和协调其他人的工作。最好的领导者能同时运用这两种权威类型：正式领导和非正式领导。正式领导是基于组织的等级或职位权威，而非正式领导即基于其他人的自愿服从，这种自愿服从是因领导者拥有令人崇拜的权威特质。与那些能动员组织或国家的非正式力量的领导者相比，只能依靠正式权威的领导者处于不利地位，这一点早为人们所了解。莎士比亚观察到了这一点，在《麦克白》（第五场第二幕）中，他用安格斯（Angus）描述了麦克白逐渐丧失对其军队实权的控制能力：

> 他指挥的那些人只有在接到命令时才会行动，
> 毫不热爱军职：就在现在，他的确感觉到他别有军衔的军服
> 在他身上悬空摇晃，就像侏儒盗贼
> 穿着巨人的长袍一样。

麦克白已经变成无能领导的恰当代表。一旦失去了追随者的尊重和崇拜，他的组织就会像他一样遭到厄运。

在领导者所拥有的权力中，隐含着一个强者控制弱者的等级制度。弗伦奇(J. R. P. French）和雷文（B. Raven）在"社会权力基础"（The Bases of Social Power）一文中，提到五种主要权力基础：（1）专家权力，它基于领导者具备某些技能或技术专长这种信念之上；（2）认同权力，它基于追随者对领导者的喜爱、崇拜或者认可；（3）奖赏权力，它基于领导者给予追随者奖赏的能力；（4）合法权

力，它基于追随者认为领导者拥有合法的权利或者权威来对他施加影响的这种观念之上；(5) 强制权力，它基于追随者认为一旦不顺从领导者的意愿就将会遭到惩罚这种担忧之上。后来对这些权力基础的进一步研究表明，与后三种权力（奖赏权力、合法权力和强制权力）相比，前两种权力（专家权力和认同权力）与下属的成绩和满意度的相关度更高。

10.1.2 领导和管理

需要将领导和管理区分开来，尽管这两种功能和角色有很多相似之处。管理（management）是上级组织机关授予任职者的权力（通常是正式权威）。伴随这种管理权力而来的是运用组织资源的职能和义务。相反，领导（leadership）则不能由上级机关授予个人。有效率的管理者必定也是一位领导者，而且许多领导者将会成为管理者，但是这两种角色和功能还是各不相同的。

领导这个主题引起了许多复杂的困扰了几代行为科学家的问题。比如，是什么赋予管理者或领导者合法性？简单地说，合法性（legitimacy）是政府、家庭或组织等社会机构的特征之一，社会机构正是借助于这种合法性，享有了作出约束性决策的法律权利和认知权利（a perceived right）。于是，管理者一般具有合法性，因为法律权利与认知权利与他们的组织职位相生相伴。与此相反，领导者的合法性——与管理者的合法性相分离并截然不同——如果没有"超凡魅力"（charisma）这一概念就很难描述出领导者的合法性，领导依靠的是领导者那种令人敬佩的人格而不是他在组织中的职位。

最后，"超凡魅力"概念是由我们的老朋友马克斯·韦伯首次提出——他不愧为一个多才多艺的天才——他把魅力型权威与君主的传统型权威和基于法律之上的法理型权威区别开来。"超凡魅力"一词源于希腊语，原意为神的恩惠。魅力型领导即使存在最终也会被制度化或者惯例化。因而，一个组织或一项活动的创始人可能就是一位魅力超凡的优秀演说家，而其继任者们往往必定成为相对呆滞的官僚主义者。

尽管还有一些差异和未解决的问题，但是有两件事情是显而易见的。第一，领导涉及人与人之间的关系，在这当中影响力和权力被不均衡地分布在一个合法性基础之上；第二，领导者不能孤军奋战，想要成为一位领导者，他身后就必须有人追随。

也许，关于组织领导职能受人欢迎的最纯粹的定义，来自切斯特·I·巴纳德（Chester I. Barnard）。他在1938年《经理的职能》（*The Functions of the Executive*）一书中，明确了领导者或者经理的三项基本职能：

(1) 建立沟通系统。

(2) 提高成功的信心。

(3) 提出并定义组织的目的和目标。

请注意，巴纳德的论证很有远见，超越他那个时代数十年。他的核心观点是，行政首长最重要的职能是在组织成员中建立和灌输该组织的价值体系。"形成和说明组织目的是一项分布广泛的职能，其中的最为一般性的职能才是最高层首长的职能。事实上，在协作系统运行中最重要的内在性困难，就是必须将组织的一般性目的灌输给那些下级。”在这里，巴纳德认为，高层管理必须为组织建立和灌输一个战略远景。“若缺少从上到下协调一致的与目的性相符的决策，那总决策和总目的只不过是组织真空中的一个智力过程而已，因层层误解而远离了现实。形成目的并准备重新解释目的的职能，需要有一个灵敏的信息交流、经验阐释、想象以及授权责任的体系。”由于巴纳德是一位真正的首席执行官，因而他了解如果组织的价值体系既清楚又强大，那么日常问题就能自行解决。

10.1.3 特质理论

特质理论（trait theories）认为，领导者具有的某些特质——个性特征——使得他们从根本上区别于其追随者。特质理论的倡导者相信，某些人拥有独特的领导特质和素质，这些特质使得他们能够承担起不是每个人都能够履行的责任，因而他们“天生”就是领导者。

因为这些人拥有某些特质——不再考虑影响领导效能的其他变量——所以他们终将会成为有效的领导者，特质理论的这种观点已不再流行。人们可以从不同角度反对特质理论，而且这些反对观点的理由也具有说服力。首先，由于特质理论总是不能很好地解释现实，因而这种理论非常不受欢迎。取而代之的是，20 世纪 50 年代末，将领导视为一种人与人之间的互动过程和相互影响关系的观点开始流行。这种相互影响关系被称之为互动，因此“互动型领导”（transactional leadership）这个词就变成包含诸多领导理论的伞形标记。其次，情境强烈地影响领导，人们认为情境在决定领导者所需要的品质、特征和技能方面有着巨大的影响。甚至还存在着一条处理这种情景的情势法则①（law of the situation）。

文摘 10.2　什么样的领导者最好

当鲜有人知道他的存在时，这样的领导者最好。
当人们顺从着他并为他欢呼喝彩时，这样的领导者不太好。
当人们鄙视他的时候，情况更糟。
要记住，优秀领导者，说得很少，
当他工作做完时，目标随之实现，
人们会说：
是我们自己完成了任务。

资料来源：老子，公元前六世纪，中国哲学家。参见 Charles C. Manz and Henry P. Sims Jr.，“Super Leadership：Beyond the Myth of Heroic Leadership，” *Organizational Dynamics*（Spring 1991）。

---

① 情势法则：此概念是由社会心理学家玛丽·帕克·芙丽特（Mary Parker Follett，1868—1933）提出的，意思是一个人不应该给另一个人发号施令，而是双方都赞同命令来自于情境。如果命令只是情境的一部分，那么一个人发令而另一个人听令的问题就不会出现。

然而，对特质理论最具毁灭性的批判，可能是它缺乏鉴定高效领导者应具备哪种特质的能力。甚至在那些经常被提及的特质中——智慧、精力、成就、可依赖性和社会经济地位——研究结论也缺乏一致性。领导所涉及的不仅是具有某些特质，最显著的证据是这样一种情况：一位领导者在某种情形下可能是高效率的，而在另一种情形下却完全相反，这说明情境对于领导效能的影响。

10.1.4 互动方法

特质（trait approach）的核心问题是确定什么样的人可以成为领导者，而互动方法[①]（transactional approaches）则是确定如何建立和实施领导。领导风格取向的互动方法继承了著名的卢因（K. Lewin）、李皮特（R. Lippitt）和怀特（R. K. White）（1939年）的研究传统，他们对一群十岁儿童在业余活动中的群体行为所表现出来的领导类型进行了研究。领导者分别被划分为具有专制主义、民主主义和放任主义三种倾向的领导者。

专制型领导者（authoritarian leaders）制定所有政策和布置所有工作任务都奉行独断专行方针，属于产品（或任务）取向型的人。民主型领导者（democratic leaders）与下属分享决策权，把任务的安排留给整个团队并且主动参与到集体活动中而尽量避免独断。最大限度地考虑到他人是民主型领导者的特点。放任型领导者（laissez-faire leaders）则给予个人和组织自由决策权，只有需要时才会提供信息，并且只有在被要求时才参与到团队当中，他们更像是一个服务者。

民主型领导的那些团队的满意度和效率最高。专制型领导的那些团队行为最激进但满意度最低，不过他们的生产力也很高（可能是由于害怕领导者）。放任型领导的那些团队的满意度和生产力都很低，并且它们对团队成员和其他团队的行为很激进。之后的上千次研究得出了基本相同的结论：民主型领导——即意味着参与管理（participative management）——行得通。

具有专制型人格特征和风格的管理者，重视秩序、精确性、一致性、服从、规则、法律和组织之价值。对他们而言，从组织中获取的权力是至高无上的。建立在统治与依赖基础上的关系是有等级序列的。专制主义体系——通过结构进行控制——是十分僵化的体系。然而，专制主义者往往一开始很成功，但是不能长久地生存下去。他们无论规模很大（希特勒和斯大林）或者很小（一个强迫性监督者），最终都会失败，因为"民主是必然趋势"。这不只是因为民主很好，更是因为它的效率很高，特别是在充满高科技劳动力的现代社会中更是如此。与此同时，专制主义者还会对个人心灵造成巨大伤害，并且使组织内部政策的效率降低，但在对外政策中专制主义[②]往往得以存活。

---

① 互动方法：一种领导风格的分析手段，它主要研究领导者们如何相互影响以及如何对待受其领导的人。

② 专制主义：依靠那些执行统治者命令从而维持系统控制的下属和那些不情愿或没有能力反抗这种控制的公众的支持，取得个人的极权统治。统治者的个性可能是保持忠诚和害怕之间必要的平衡的重要因素。专制主义不同于极权主义的地方仅仅在于，后者可能有一个将之合理化的专门思想体系，尽管它可能要求一个具体表达那个思想体系的领导者来维持公众的支持。基于这样的事实，专制主义国家可能会进一步区别于极权主义国家，在某些情况下，只要政权没有感觉到威胁，专制主义国家可能允许有限的言论自由和政治对立的自由。

对于专制型人格来说，攫取权力较为容易并且容易沉迷于权力之中，再加上他们固有的破坏性倾向，因此他们必定会遭到反抗。个人、团队或者组织必须不断调整以适应他们的环境。专制主义者不愿意适应变化的环境和新思想，显得极为保守。因此，他们倾向于保护和维持过去以及抑制结构上的变化，这就导致了组织的僵化和无能。专制主义者独裁，而他们的信徒只有服从。组织中的专制主义和民主主义不能相互协调，而是相互排斥。

民主主义无论采取代议制还是参与制的管理形式，它都是截然不同的。它允许和平地演进和变革。异议不但不会遭到压制，反而还会成为一种动力，进一步提高效率和减少不称职现象。1991 年苏联及其共产主义政党解体，是因为这个国家专制的计划经济制度越来越不能为国民提供适当的生活水平。民主制度更有竞争力，是因为它们能让那些不可避免的错误在导致变革之前就逐渐地得以改正。

专制主义的僵化是导致组织无能的重要制度性因素，因为它抑制组织学习和适应环境的能力。它把决策权和责任集中在个别职位和少数人身上，而且否定作为雇员或者个人的其他人影响组织发展的权利与机会，否定他们个人成长的权利与机会。在此可以用英国的例子来说明专制组织的僵化性。1775 年，尽管英国在美国殖民地的神枪手队伍有所缩减，但英国士兵小分队仍然在殖民地马萨诸塞州来克星敦市和康科德市之间继续行军。为什么这些注定牺牲的战士们仍继续依次地前进？因为那个组织（规则、权力链条、政策和程序）在说，战争将要进行，士兵必须行动。英国僵化的结构——在 18 世纪英国与美洲殖民地关系中的所有方面——不仅导致美洲人的革命，还导致了英国试图压制革命时惨遭失败。

文摘 10.3　　寡头政治的领导

“组织就意味着寡头政治。”这是罗伯特·米歇尔（Robert Michels）在其《政党》（*Political Parties*）一书中所阐述的“寡头政治铁律”（iron law of oligarchy），它认为组织本质上就是主张寡头政治的，因为组织中的大多数人都不能自我统治：

> 组织暗含有寡头政治的倾向。在每个组织中，不管它是政党、专业联盟还是其他类型的协会，都非常清楚地显示出贵族政治倾向。尽管具有稳定的结构，但组织机制在有序安排的群众中发生了重大变化，完全地转换了领导者和被领导者各自的位置。由于组织化的结果，每个政党或专业联盟都被分成少数指挥者和众多被指挥者。

资料来源：Robert Michels，*Political Parties*（Glencoe，IL：Free Press，1915，1949）。

互动领导理论认为，应该训练领导者按照组织要求的恰当方式行动。但事实证明，这只是一厢情愿的想法。当领导者结束其领导培训课程返回组织时，他们的行为几乎没有发生什么变化。尽管接受了训练，若部门领导者的上司不以行动支持他的话，那么这些部门领导者也必定不会对他们的下级体贴行事。一个明显的暗示，就是变化必须贯穿于整个组织机构，而不仅仅是传达给某些雇员了事。实际上，领导者在不同情境下会采用不同的风格。因此，对“纯粹”领导风格的强调已经让位于权变方法。

10.1.5 权变方法

我们都了解英雄式领导者的诸多例子。领导前线部队的将军和监督生产线车组的管理者是同类型的领导者。他们都发现，授权责任几乎是不可能的并且最终都会失败。这种天生的有意识的领导风格与古代军队相仿，在那个时代，手握长剑的亚历山大大帝第一个与敌人交战。但到了20世纪中叶，这种领导风格已经受到质疑。诚然，组织中总会有英雄，但是他们的英雄行为更多的是由环境形成的，是对紧急情况或者危机的回应，而不是组织生活的常态方式。

英雄式管理者（heroic-style managers）承担着压力。他们给自己创造极大压力并把这些压力转移给身边的其他人。最为典型的事例是，管理者将一封手写信交给秘书打印，然后站在那里观看，秘书在打印这封信的时候，会变得越来越紧张。这类管理者把任务交给下属，并精确地告诉他们如何做。他坚持处于整个组织信息沟通的中心并成为一名控制者，在创造信息瓶颈的同时也使得组织机能不全。当英雄式领导在组织中得到上级领导的认可时，下级主管就会支持并效仿这种领导方式。尽管没有组织会主张自我毁坏的领导风格，但容忍这种领导风格也会产生同样的结果。现代组织的领导方式，实际上更多的是根据情境变化或偶然性而变化，更少采用英雄式的领导方式。

不同于特质理论和互动方法，权变方法（contingency approaches）考虑到影响领导者风格的许多因素。有一种看法认为，由于组织之间互不相同，因而在某个组织中取得成功的领导者不一定在其他组织中还会取得成功。概因情景（或者背景）之不同，因而风格的选择就需要视情境而定。正如领导史学家拉尔夫·史多迪尔（Ralph Stogdill）所写的，权变理论强调（以下几点）：

（1）组织的类型、结构、规模和目的。

（2）组织运行所处的外部环境。

（3）领导者、上级和下级的取向、价值观、目标和期望。

（4）职位所需的经验知识和专业知识。

这种权变方法主张，不同的领导风格在不同情境下将产生不同的效果。这种情境（不是自身的特质或风格）决定着一种领导风格或一个具体领导者的有效性。因此，权变理论学家们认为，正如泰勒的科学管理中所说，高效领导并不存在“一个最好的方式”。想一想美国内战中获胜的将军尤利塞斯·格兰特①，他由于战绩显赫而在1868年被选为美国总统。他被列为美国历史上最好的将军之一，但是历史学家也普遍承认，他是一位最糟糕的总统。从军队跨越到文官领导的美国将军中最有名的领袖包括：乔治·华盛顿、安德鲁·杰克逊（Andrew Jackson）和德怀

---

① Ulysses S. Grant，（1822—1885），西点军校毕业，美国军事家、政治家，第18任总统。1864年他被任命为南北战争联邦军总司令，与罗伯特·李的南方叛军作战，并最终于1865年接受李的投降，结束了内战。1869—1877年任美国总统，他在总统任期因腐败受贿、对奴隶主的妥协而饱受批评。——译者注

特·艾森豪威尔（Dwight D. Eisenhower）。但是可怜的格兰特却没有能够成为这样的领袖。他作为一名文职官员不能自发地重新改进自己的思想。尽管格兰特本人非常诚实，但他总是愚忠于那些腐败的朋友们。

罗伯特·坦南鲍姆（Robert Tannenbaum）教授和沃伦·施密特（Warren Schmidt）教授进行了首次研究，研究实际上表明，在采用某一特定的领导风格之前领导者先要估计情景因素。他们总结道："一个成功的管理者……既不强势也不纵容下属。"的确，"他或她非常成功地准确评估了那些最佳行为类型的决定性因素以及实际的行为方式"。

尽管坦南鲍姆和施密特主张领导者应该调整他们的风格以适应下属，但华盛顿大学教授弗雷德·费德勒（Fred Fiedler）却发现事实正好相反。有时候改变工作环境和情境以适应领导者的风格更容易。固有的领导风格取决于个性。根据费德勒所说，领导者的个性不可能因为几个小时或几周的强化培训而改变。因此一个组织不应该选择一位适合某种情境的领导者，而应当改变情境去契合这位领导者的风格。但是，说来容易做时难。一位新任老板告诉员工们说，"你们可以按我的方式、你的方式或者大家的方式来做事，但如果你以我的方式做事的话，我们能够很好地相处"。他的这句话清晰地表达了领导风格的这些不同选项。

10.1.6 变革型领导

变革型领导者（transformational leader）有能力通过为组织创造一种新理念，并获得适当的支持，把这一理念变为新现实来改变组织的内在文化。最有名的变革型领导者是小乔治·S·巴顿[①]（George S. Patton Jr.）将军，他在二战期间带领北非的一支士气低落的美国战败军队并把它转变为一支战无不胜的军队。20 世纪 70 年代末，李·艾科卡（Lee Iacocca）负责管理濒临倒闭和瓦解的克莱斯勒公司并让它转亏为盈，这项任务与巴顿的任务相比虽然不同，但也很不容易。1984 年，美国电话电报公司（AT&T）的领导者也面临着类似的挑战，那时该公司从一个垄断性公共事业单位转变成一个不得不改变公司文化以在开放市场中进行竞争的公司。

文摘 10.4　　马基雅维利论领导风格

这里提出一个问题，是受人爱戴还是令人畏惧更好。答案是，一个人应该既受爱戴又令人畏惧，但是由于这两者很难融合在一起，如果不得不选择其中之一的话，让人畏惧比受人爱戴要更安全一些。……而且人们在冒犯让他爱戴的人时，比冒犯让他害怕的人更没有顾虑；因为爱是由责任链条支撑的，由于人是自私的，一旦能满足他们的目标，这条责任链就会被打破；但是，因害怕惩罚而产生的恐惧是永远不会失效的。

资料来源：Niccolo Machiavelli，*The Prince*（1513）。

---

① 小乔治·S·巴顿（1885—1945），美国四星上将，第二次世界大战时期历任美国第 1 装甲军军长、西线特遣部队司令、第 2 军军长、第 7 和第 3 集团军司令等职。——译者注

1992年，爱德华·G·伦德尔（Edward G. Rendell）在担任费城市市长时也面临过一个类似的问题（但是在内容上有所不同）。在雇员、潜在的雇主、债券持有人、供应商以及市民的心目中费城几乎在所有方面都是一个“失败者”。人们认为这座城市比不上其他城市。伦德尔必须改变的不仅是组织文化，也要改变人们对组织文化的看法。他明确地告诉市工会联盟（the municipal unions），要么接受这项计划，要么“离开”。市工会联盟在举行一个缺乏公众支持的短暂罢工之后，接受并着手实施这项计划。费城需要并且得到了伦德尔这样一位变革型领导者，通过创造一种新的组织理念并成功推销这种理念，以及通过汇集承诺和忠诚让理念转变成为现实，他完全转变了组织的深层文化。

社会学家诺埃尔·迪驰（Noel Tichy）和大卫·乌尔里克（David Ulrich）认为变革型领导就是能够领导雇员战胜恐惧和困惑去实现新远景的那些人。这就需要利用战略领导来成功地改变人们对组织的看法。这是一种转型式的变革，远远超出那种理性的、技术的、渐进的改变方式。领导者的主要作用就是引入并支持经过详细构思的变革，然后扮演一个拉拉队的队长或扮演一个信念坚定的榜样，持久性地口头和非口头地表达这样一个信念：所有人都能从这场变革中受益。

其实，互动型领导理论主要适用于一种现有组织文化当中的领导角色、功能和行为，而变革型领导则是指改变一种文化的领导。互动型领导关注渐进的改变，而变革型领导关注激进的改变。有时激进的变革同样需要合作，需要把新的潜在的持不同政见的团体成员包容在组织的政策制定过程中，以防止这些因素成为组织或其任务的威胁力量。变革型领导更多的是对一个新战略性理念和远景的实现过程进行的领导。

有趣的是，我们发现变革型领导理论和特质领导理论有许多类似之处。变革型领导与“伟人”（great man）论相似。“伟人”论相信领导者是天生的，而不是后天塑造的。在许多方面，领导理论再次涉及寻求领导特质的基础，而不是理性的和文化的因素。我们绕了一圈又回到这个点上了！

10.2 过度领导

组织结构的僵化性经常会导致管理者过度管理（overmanage）——给予太多的指导。微观管理（micromanage）是监管过于严格的一个贬义词。任何管理者都有可能由于不授予下属任何实权或责任而犯有微观管理的过失，使得下属既不能像有效管理者那样发挥作用，也不能使他们成长为有效管理者。更有甚者，管理者是这样的忙于微观管理以至于他们从没有时间去做一个管理者应当做的事情，比如构思长期战略和总体设想。各级政府的立法者经常运用微观管理，他们通过把项目规则详细地写成法律条款，通过从提供者那里获得那些特殊项目并放到自己所在地区，或者通过委任或晋升某些雇员，从而否定了公共管理者很多实际的行政裁量权，而行政裁量权却正是所有高效管理者所必需的。

10.2.1 微观管理

菲利普·霍华德（Philip Howard）提供了一个有关立法机关微观管理的恰当例证。在《常识的终结》（*The Death of Common Sense*）一书中，他公开抨击政府的微观管理。在书中，他叙述了这样一个故事，特雷莎修女的仁爱传教修女会（Mother Teresa's Missionaries of Charity）打算在纽约市建造一个收容所，传教修女会的修女们计划翻新一栋废弃的四层建筑物，修缮后可以容纳 64 人居住。但根据法律规定，纽约所有的四层建筑必须安装电梯，这势必会增加 100 000 美金的建筑成本。这些修女们准备舍弃现代化设施，也根本不想要电梯，因为这栋建筑将是一个不提供不必要服务的避难所。但是规定就是规定。特雷莎修女的传教会来回往返于市政机构，但 18 个月的努力过后仍没争取到不安装电梯的许可，因而最终她们放弃了这项计划并另行其他善事。

尽管立法者和领导们仍会为微观管理进行正当性辩护（毕竟他们是政府或者公司所有者的合法代表），但在传统层级权威链条中，微观管理根本没有存在的正当性理由。虽然严格监视对新手或实习生来说是恰当的，但它对于较能干的雇员来说却是一种侮辱，也会使得这些本来胜任的雇员变得无能。微观管理还可能带来危险，因为它迫使雇员跨入暴力的边界。比如，近年来美国邮政局中有一群愤怒的员工变得十分狂暴，并杀死了监督他们的长官。许多行业都普遍存在这些雇主与员工间的紧张关系。根据新闻记者彼得·基尔伯恩（Peter Kilborn）的说法，在邮政局，他们“全身浸透了一种军队般的陈腐文化，许多高层领导者只是通过命令传达信息，而一线主管们经常犹豫不决，不能果断履行责任，坐等错误的出现，他们只负责计算员工们进出盥洗室的时间”。从 20 世纪 80 年代中期到 90 年代中期，美国邮政局枪杀案件层出不穷，共有 36 人遭枪杀。1994 年，联邦疾病防控中心（Federal Centers for Disease Control and Prevention）发现，谋杀已经成为邮政人员在工作中死亡的第二个主要原因。

微观管理不会使胜任的雇员变得更有能力，它只会浪费时间，只会破坏人际关系，只会证明微观管理者自己不具有监督管理的能力，只会使管理者分心从而不能一心一意地从事防止组织无能的各种活动，最终使得事情变得更糟。微观管理——以及过度管理——都导致了过分承担义务和过度的官僚控制，这是组织无能的两个典型症状。

10.2.2 过度管理

就组织的本性或者任务的本质来说，管理者太多了——过度管理（overmanagement）——这不仅与微观管理和组织僵化相关，而且必然导致微观管理和组织僵化的结果。近年来，随着计算机控制信息系统的发展，曾经有用的中间管理层变得没有太大的作用，变得过时了，过度管理也因此成为一个特别重要的问题。这些受到威胁的中层管理者们，努力地在为自己寻找新的角色，寻找那些维持他们长期权威——这些权威依赖于他们对组织知识基础的独有控制——的途径。他们阻止形成更高效率的组织单元，直到周期性裁员行动将他们永久地解雇。但这样的中层在被淘汰并被逐出组织之前，他们就是组织无能的主要的结构性原因之一。

10.3 道德型领导

政治学家盖瑞·韦尔斯（Garry Wills）在《大西洋月刊》（*Atlantic Monthly*）中提醒人们说："如果领导者能够满足其他人的要求，提供给他们所需要的资源，那么这些人就不是在被领导（led）而是在被服务（serviced）了。"因此，领导就是将人们引向新的方向——将他们带到陌生的但却是他们所向往的地方或者他们必须要去的地方——这就是领导的本质，并且自古以来一直如此。修西得底斯（Thucydides）在他的《伯罗奔尼撒战争史》（*History of the Peloponnesian War*）一书中，把古代雅典的领导者佩里克利斯（Pericles）描述成这样的一个人：因为他非常"清廉，因而被授予权力，别人敬重他，也拥护他的明智决策，他能赢得多数，并让大多数人自愿受约束"。因此，"他领导着他们，而非他们领导着他，而且因为他并不是以妥协的方式来赢得权力，所以他能凭借别人对他的敬重，随心所欲地做自己想做的事"。

10.3.1 第一号讲坛（白宫）

佩里克利斯实行的是道德领导（moral leadership），他能够为人们找到新的行动方向和思想方向，因为这就是领导者应做的正确和恰当的事情。在1932年总统竞选中，时任纽约州州长富兰克林·D·罗斯福讲道："总统职位不仅是一种行政公职，那是最基本的事情，无论高效或是无效，它远远不只是一种技术性工作，它显然是道德领导之地。在清楚地阐释国家生活中的某种历史观念时，总统们都是当时伟大的思想领袖。"他的这句话是替所有政治官员们（political executives）讲的。传统上，总统都会利用西奥多·罗斯福所谓的"第一号讲坛"（The Bully Pulpit）来清晰地阐释他们这些伟大的思想。

10.3.2 雄辩式领导

政治学家詹姆斯·恺撒（James Caeser）、格伦·瑟罗（Glen Thurow）、杰弗里·图里斯（Jeffrey Tulis）和约瑟夫·毕塞特（Joseph Bessette）在他们的著作《雄辩式总统的兴起》（*The Rise of the Rhetorical Presidency*）中论证道，历史上雄辩式领导并不可信，总统们很少直接与人民对话，为了选举和项目方案得到支持，总统总是更多地依赖于国会中的政党和政治领袖们。但是，现今的总统们却不同了，他们试图通过演讲来感动民意以规劝公众支持他们的政策和方案。总统出于三个原因不得不这样做：（1）现代的总统学说声称总统职位是道德领导之地，需要运用雄辩来引导民意；（2）现代大众传媒的出现特别是电视的出现为雄辩的运用提供了便利；（3）现代总统竞选模糊了竞选活动和统治活动的界限。

恺撒等人说："通俗化的或大众化的雄辩演讲，过去的总统们很少运用，现在却成为他们试图统治国家的主要工具之一。无论美国人民现在对总统领导的局限性产生什么样的怀疑，但他们也不认为总统通过纲领性的演讲倡导并提出宏大而杰出的观点以试图'感动民众'的做法不合适或不恰当。"但是，正如古代的佩里克利斯一样，只有民众认为他们是高贵的、可尊敬的和清廉的，那么他们的观点才会被看作是"宏大而杰出的"。

"双面总统"（two presidencies）现象在这里被提出来了。亚伦·威尔达夫斯基把总统职权划分成两种不同的影响领域，即对外政策领域和对内政策领域。威尔达夫斯基主张，一般来说总统在对外政策方面的领导比对内政策的领导会得到公众更多的支持。为了检验这个假设，威尔达夫斯基详细地检查了1948—1964年间国会关于总统提案被批准的情况。在此期间，国会批准了58.5%的对外政策议案，73.3%的防卫政策议案，70.8%的一般外交关系、国务院和对外援助议案或条约。同期，国会只批准了40.2%的总统对内政策提案。因此，双面总统命题已得到证实。威尔达夫斯基的研究结果衍生出了一大批的论文，尽管威尔达夫斯基自己在1989年《再议双面总统》（Reconsidering the Two Presidencies）一文中承认这一命题显然具有"时代和文化限制"，然而1966年提出的原始命题之精髓在本质上并未被真正减弱。总统在对外政策方面更为成功的原因在于他总是似乎带着一双干净的手来到谈判桌前，这时他更多的像是一位高贵的政治家而不像是一名老谋深算的政客。

但是，很多人要比总统更善于运用道德领导。比如，健康与人力服务部部长路易斯·W·萨利文（Louis W. Sullivan）曾被认为是布什政府中最无能的一名内阁成员，但到1990年，当他开始抨击烟草公司以妇女和少数民族为香烟营销的目标市场时，他的地位和声望立即得到提升。更重要的是，他工作效能很高。R. J. 雷诺兹（R. J. Reynolds）——美国最大的香烟公司之一——正在试销一种新的"上城"（Uptown）牌香烟，它明确地把目标锁定为非洲裔美国人。萨利文说："这种品牌故意讽刺性地把目标指向美国黑人。……每当我们必须要培养市民更大的责任感时，上城牌香烟阴险狡诈的广告却相反地倡导个人的高度无责任感。"在萨利文抨击之后，这个品牌被取消了。虽然道德领导不能撼动高山，但是它有时能撼动香烟公司。

参考文献

Ambrose, Stephen E. (1994). *D-Day*. New York: Simon and Schuster.

Barnard, Chester I. (1938). *The Functions of the Executive*. Cambridge, MA: Harvard University Press.

Berlin, Isaiah. (1953). *The Hedgehog and the Fox*. New York: Simon and Schuster.

Caeser, James, Glen Thurow, Jeffrey Tulis, and Joseph Bessette. (1981). "The Rise of the Rhetorical Presidency," *Presidential Studies Quarterly* (Spring).

Cohen, Jeffrey E. (1982). "A Historical Reassessment of Wildavsky's 'Two Presidencies,' " *Social Science Quarterly* (September).

Dynes, Michael, and David Walker. (1995). *The New British State*. London: Times Books.

Edelman, Murray. (1967). *The Symbolic Uses of Politics*. Urbana: University of Illinois Press.

Edwards, George C., III. (1986). "The Two Presidencies: A Reevaluation," *American Politics Quarterly* (July).

Fiedler, Fred. E. (1967). *A Theory of Leadership Effectiveness*. New York: McGraw-Hill.

Fielder, F. E., and M. M. Chemers. (1974). *Leadership Style and Effective Management*. Glenview, IL: Scott, Foresman.

Fielder, F. E., M. M. Chemers, and L. Mahar. (1976). *Improving Leadership Effectiveness: The Leader Match Concept*. New York: Wiley.

Fink, S. L. (1992). *High Commitment Workplaces*. New York: Quorum Books.

French, J. R. P., and B. Raven. (1959). "The Bases of Social Power." In D. Cartwright and A. Zander, eds., *Studies in Social Power*. Ann Arbor: University of Michigan, Institute of Social Research.

Howard, Philip K. (1995). *The Death of Common Sense*. New York: Random House.

Ignatieff, Michael. (1998). *Isaiah Berlin: A Life*. New York: Henry Holt.

Kilborn, Peter T. (1993). "Inside Post Offices, the Mail Is Only Part of the Pressure," *New York Times* (May 17).

Kotler, Philip. (1982). "The Responsive Organization: Meeting Consumer Needs." In D. Gies, ed., *Marketing for Nonprofit Organizations*, 2nd ed. Englewood Cliffs, NJ: Prentice Hall.

Kotler, Philip, and Sidney J. Levy. (1969). "Broadening the Concept of Marketing," *Journal of Marketing* (January).

Lewin, K., R. Lippitt, and R. K. White. (1939). "Patterns of Aggressive Behavior in Experimentally Created Social Climates," *Journal of Social Psychology* 10.

Light, Paul C. (2005). "Rumsfeld's Revolution." *Govexec.com* (August 8). http://www.govexec.com/dailyfed/0805/080805ol.htm.

Livingston, J. Sterling. (1969). "Pygmalion in Management," *Harvard Business Review* (July-August).

Marinucci, Carla. (2001). "Gingrich Says GOP Has a Handle on High Tech," *San Francisco Chronicle* (January 27).

Metcalf, Henry C., and Lyndall Urwick, eds. (1940). *Dynamic Administration: The Collected Papers of Mary Parker Follett*. New York: Harper.

Morgan, Arthur E. (1974). *The Making of the TVA*. New York: Prometheus Books.

Mustafa, Husain, and Anthony A. Salomone. (1971). "Administrative Circumvention of Public Policy," *Midwest Review of Public Administration* 5, No. 1.

Myers, Steven Lee. (1995). "City Hall's Going Retail in Wholesale Fashion," *New York Times* (July 9).

Oldfield, Duane M., and Aaron Wildavsky. (1989). "Reconsidering the Two Presidencies," *Society* 26 (July-August).

Peterson, Christopher. (1993). Learned Helplessness: *A Theory for the Age of Personal Control*. New York: Oxford University Press.

Popkin, James. (1993). "Wasteline: By the Book," *U. S. News & World Report* (May 24).

Riccucci, Norma M. (1995). *Unsung Heroes: Federa Execucrats Making a Difference*. Washington: Georgetown University Press.

Rosenbloom, David H. (1993a). "Have an Administrative Rx? Don't Forget the Politics!" *Public Administration Review* 53 (November-December).

——. (1993b). *Public Administration*, 3rd ed. New York: McGraw-Hill.

Sayre, W. (1948). "The Triumph of Techniques Over Purpose," *Public Administration Review* 8 (Spring).

——. (1991). *Learned Optimism*. New York: A. A. Knopf.

Seligman, Martin E. P. (1992). *Helplessness: On Depression, Development, and Death*. New York: W. H. Freeman.

Slater, Philip E., and Warren Bennis. (1964). "Democracy Is Inevitable," *Harvard Business Review* 42 (March-April).

Stogdill, Ralph M. (1974). *Handbook of Leadership: A Study of Theory and Research*. New York: Free Press.

Tannenbaum, Robert J., and Warren H. Schmidt. (1973). "How to Choose a Leadership Pattern," *Harvard Business Review* 51 (May-June).

Tichy, N. M., and D. O. Ulrich. (1984). "The Leadership Challenge—A Call for the Transformational Leader," *Sloan Management Review* 26.

Wildavsky, Aaron. (1966). "The Two Presidencies," *Trans-Action* (December).

Wills, Garry. (1994). "What Makes a Good Leader?" *Atlantic Monthly* (April).

第 11 章

人事管理和劳资关系

引子：一名男青年的人事部门就业记

1965 年，我无意中发现了人事行政的某种阴暗面。当时，我想找一份工作却没有一技之长，因而事情进展得不是很顺利。只有天普大学（Temple University）的英语硕士学位以及一份表现平平的成绩单使得我找工作更加步履维艰。我想做个图书馆管理员可能会很不错，于是就动身去了费城自由图书馆。我向一个无所事事的流通部人员问道："请问我需要找谁申请图书管理员职位?"她则把我带到人事处，在那里我见到了格林伯格（Greenberg）先生。

我走进格林伯格先生的办公室，并且很有礼貌地向他询问是否有做图书管理员的工作机会。格林伯格先生十分热情地接待了我，这令我记忆深刻，因为在我随后 30 年来出入很多人的办公室，却再也没有感受到过格林伯格先生如此的温暖和真诚的关怀。事实上，我连个正式的约谈都没有。后来我知道，格林伯格先生当时十分需要一名男性职员，而我不仅是刚大学毕业的男生，而且符合图书管理员实习职位的所有条件。即使在今天，职业馆员仍以女性居多，男女比例严重失调。20 世纪 60 年代中期，这种情况更为严重。那时，流动图书馆这一新项目已经正式启动，但这却使得图书馆的人员编制问题更为严重，因为女性馆员们非常不愿意在穿越费城各个贫民窟的那个流动图书馆工作。她们感觉到——当然有充分的理由——在流动图书馆工作实在太危险。这就是格林伯格先生当时立刻热情地关注我的原因，因为他非常需要一位勇敢的男性馆员把文化送到那些贫民窟小区去。

上任之前只有一件事情不得不办，那就是我必须得通过文官考试。格林伯格先生告诉我，考场安排在市政大楼里，结果我却发现考场设在文官委员会（Civil Service Commission）的持续测试室（continuous testing room）里，他对由此造成的不便感到十分抱歉。应届大学毕业生若要申请各类专业的初级职位，都必须在这个测试室接受一般性录用考试，我也将在那儿完成考试。他确定地告诉我，答完题后分数马上就会出来，接着很快就能让我成为正式雇员，过几天就可以到流动图书馆工作。利用这种不怎么受人欣赏的但却很传统的守株待兔式的手段解决人事上的燃眉之急，对此他感到非常高兴。

然而，我却命里注定不会成为一名图书管理员，命定不会在流动图书馆工作，从而也不会再见到格林伯格先生了。当然，这在我的人事经历中只是一个开端。我参加了那个见习岗位的考试，这是由市政府安排的12种不同专业见习岗位考试的其中一种。考试时，考生必须先在考卷首页查看一下所有的职位名称并在自己所申请的职位上打钩，我按他们要求的做了。在做完一个小时的选择题考试后，监考老师对我说已经顺利通过，之后我就回去等待流动图书馆的通知。然而没过多久，我却接到了文官委员会认证职员马戈利斯（Margolis）小姐的通知。她的工作是把那些通过考试并且具有面试资格的求职者的名字登记下来，只要市政部门列出的职位名单中还有空缺，她就会从符合面试条件的名单中联系成绩最好的人，询问他们是否仍有兴趣在这儿工作。如果愿意，她就会安排面试。当我向她谈起我与格林伯格先生的会面以及想要在流动图书馆工作的愿望时。她立马送了我一句很经典的职业忠告："别傻了，它不适合你。"

接着她解释说，凭我的成绩应该能在所有适合我的初级职位中拿到最高薪。她认为我适合做管理见习员（management trainee）。它要比图书馆见习员多出高达20%的薪酬，年薪6 000美元而不是5 000美元。当我跟她说我非常了解图书而对于管理却一无所知时，她却说这无关紧要。他们将会培训我，这也是为什么被称为管理见习员的道理所在。工作之前就能加薪20%以及不做傻瓜的诱惑相当的大，于是我同意了。

"好的，"她说，"明天下午三点钟我给你安排口试。"

"什么口试?"我不解地问。

"所有管理见习职位的申请人都必须参加一个面试，明天穿上你的西服，三点钟赶到市政服务大楼六层就可以了。"她命令我的口气就像是我妈一样。直到今天，我仍然搞不懂她怎么知道我有一套西服。

第二天，我按照她的要求穿上了那套西服，之前我从未参加过面试，也不知道要做什么。我还非常认真地刷了刷牙。当我准时到达指定地点时，接待员把我带到一个小房间，房间里有三个男人坐在一张桌子后面。后来我才知道他们都是费城的人事官员。他们每人穿着一套深色西服，白色衬衫外面打着浅色的领带。这种穿着很容易被误认为是美国联邦调查局（FBI）成员或美国国际商业机器公司（IBM）

的推销员，在那个年代这些人都必须留短发、穿白色衬衫以及系浅色领带。经过一轮握手之后他们让我坐下，接着他们问了我许多很难回答的问题。我以前从未考虑过老是迟到的雇员和拥挤的打字室之类的问题，甚至也不知道还允许打字员犯晕。所以只好随便编造些内容来应付这些问题，同时脑中一直在想："流动图书馆，我来了。"

更糟糕的是，有一位考官从一开始就不喜欢我。他非常无礼，也总是问一些恶意的问题来刁难我。他总是打断我的表述，甚至说我的回答很愚蠢。很快，我就意识到这次考试完了。于是，我放松下来并且轻松自在地应对着这场考试，我尽量平静地回答所有的问题。无论那个烦人的考官行为多么怪异，我都尽量不让他影响到我的情绪。结果，我表现出了自己独有的自信。

几周后我才明白，口试只是想考察一下应聘者的行为举止和随机应变的能力而已。甄试委员会中总要有一个考官扮演"黑脸"去制造不愉快的交流环境，以查看口试者的情绪波动状况。我所遇到的那个考官并非真的讨厌我，只是这次轮到他扮"黑脸"了。不管怎样，当走出市政服务大楼时，我就已经肯定这次是没戏了。

口试后的第二天早上九点，马戈利斯小姐打来电话。我还没来得及为口试那天糟糕的表现感到抱歉时，她说，"恭喜你，通过了。"

"你一定是在开玩笑，"我以对抗性的口吻回答道，"我表现得糟透了。"

"不，你表现得相当出色，他们甚至想让你到人事部门工作。所以你今天下午两点来面试吧。"

"我昨天不是已经面试过了么？"我报怨道。

"那只是口试（oral exam），今天才是面试（job interview），再穿上你那套西服吧。"

接下来的面试是我第一次接触的职位分类工作。人事局（文官委员会的下属部门）的两位和蔼的看上去已过中年的高级主管花了一个小时的时间来了解我的全部经历。21 岁，还没有什么太多的内容可谈。当谈话快要结束并准备给我分配工作时，我直截了当地询问我的工作职责是什么。他们说我首先到职位分类与薪酬处作分析报告，这些报告最终决定着城市雇员的工资多少。

"但我认为那是市长做的事啊，"我诚实无知地说道。

"错了，"有人纠正我，"这个城市有 3 万多名雇员，市长不可能全部顾及，这也正是我们要进行职位分类的原因所在。"

"嗯，好的。"我这样回答，虽然我仍不知道职位分类到底是什么。他们似乎看出我不太适应这种陌生的工作性质，于是问了我这样一个问题："如果我们要求你说出一个你最熟悉的领域，那会是什么？"

我很快就想到了大学里所学的一切，并且谨慎但很真诚地回答道："我最熟悉的是现代美国小说。"

他们随即雇用了我，工作是为费城雇员撰写职位说明书。第二周的周一我就报到上班并且成为人事技术人员职系的一名管理见习员，这就意味着以后我将有资格沿着一级人事技术员、二级人事技术员等这样的职业路径发展。我本想去图书馆寻求一份可以有余暇写小说的工作，不料想却在中途捡到了一份付薪请我写小说的工作——虽然这样描述这份工作似乎并不合适。

我努力把工作做好并尽力讨好上司。这是我大学毕业后的第一份工作，我决心要成功。但不幸的是，只有八周我就变成了雇主的一个难题，我将丢掉这个饭碗。

职位分类与薪酬处占了市政服务大楼六层的四分之一。处长及其助理各有一间个人办公室，其余所有的人——十二个职员和四个打字员——共用一个开放的大房间，每个人的办公桌都用文件柜围成墙与其他人隔开。周一早晨八点半，我准时向副处长 L. 女士报到，她把我介绍给办公室的同事们并安排了一张紧挨她办公室门前的一张桌子给我。接着她告诉我要先培训一周，说完递给我一本很厚的书——《公职人员职位分类》（*Position Classification in the Public Service*），是伊斯马·巴鲁（Ismar Baruch）在 1940 年写的书，她称之为职位分类的“圣经”。这就是我的培训课程——在 L. 女士的眼皮子底下读“圣经”。除了只能看这本书之外，我感觉这和在图书馆没有什么区别。

职位分类基本理论的实证性与逻辑性非常强。在以前那段糟糕的岁月里，文官的工资主要是由掌握预算权的机构——通常是立法机关——来决定。任何人的工资都会受到立法机关的影响。那时为政治系统工作的公职人员，他们工资差距逐年扩大；在相同工种中，一个职员的工资可能是另一个职员的两倍，这仅仅是因为前一个职员的叔叔或是阿姨就在立法委员会工作。20 世纪初期，改革者们提出职位分类用以抵制旧制度中根深蒂固的腐败状况。按照工作的职责不同对工作进行分组，以实现同工同酬。

一周的“圣经”学习之后，接下来的一周我将跟随在一位经验丰富的分类员身边，向他学习案面审核（desk audits）工作——就是到雇员的“办公桌”或工作场所检查工作以确认其工作分类是否合理。与职员及其上司交谈之后，分类员就会写一份详细的报告，这份报告严格来说是给文官委员会的一份记录。工作的再归类过程只能采纳升级、降级或平级三类建议中的某一种。由于再归类建议最终决定着工资水平，所以每个人都想升级。事实上，职位分类与薪酬处的许多工作就是借助案面审核报告来处理再归类要求的。

几周的培训结束后，我已经熟知了这个城市政权机构的各个领域。于是，我被分配做一些相对较简单的案面审核工作，对那些想要晋级的初级文书打字员进行审核，这注定我成为一名年青的调查报告员。

几天后，马戈利斯显得十分生气，她拿着我的报告面露不悦地质问我：“你知道你做了些什么吗?”

“这话是什么意思?”我非常无辜地反问道，没想到这让她更加恼怒。

“你知道我什么意思。”她咆哮道。

“我确实不明白。”突然间我意识到自己一定是闯了大祸。

“你案面审核报告的信息都是从哪里来的?”

“我都是按你说的那样做呀，我和职员以及他们的领导谈话。”

“但是，这些肯定不全是他们告诉你的。”

“确实有许多信息是我从其他人那里得到的，他们办公室的同事、秘书或是收发室雇员以及保安这些人。”

“谁让你去找他们谈的?”

“那我应该找谁谈?”

“当然是职员和他们的领导。”

“但是他们撒谎。”我解释道。

“这不关你的事。”她不耐烦地说。

“你的意思是说我只应该记下他们的谎言，并在报告中把他们当作真实的来写么？你不会是在开玩笑吧。”

“我从不拿它开玩笑!”

“恕我直言，我也从不为任何人撒谎!”

“没人让你撒谎。”她解释说，“我们只是想让你和对的人谈话，然后得出正确的结论。”

“但我跟其他人谈话是件好事啊，否则我可能永远也写不出事情的真相来。”

“你不懂，你的工作是和指定的人谈话并记录下他们所说的就可以了。”

“要是他们撒谎怎么办啊?”

“那不是你管的事情。”

“那由谁来决定。”

“你还是别管这么多了。”

“那我还要继续工作么?”

“不用了，先在这儿待着吧。”

于是，我就坐在桌子旁想着到底是哪里出错了。作为一个有理想的年轻人，我真心地想为这个城市作些贡献，结果却让自己闯了祸。不一会结果出来了。人事局副局长告诉我，他们认为我现在不适合职位分类的工作。我本以为他接下来会说“你被解雇了”，于是就在想流动图书馆还有没有空缺。但让我吃惊的是，他把我转到录用与考试处（Division of Recruitment and Examinations）。所以我还没被彻底开除。真走运！好心人的仁慈挽救了我初露头角的公共行政职业生涯。作为处罚，接下来的一年我得为文官考试命题，像停尸间服务员和下水道维修员一样，这是多么令人兴奋的工作。

许多年后我才真正明白职位分类到底是怎么回事。我是偶然发现的这个阴暗面，一般情况下它不容易被发现。当然，也没有人这样称呼它。“阴暗面”（netherworld）是我自创的词汇，我用它来形容所有大型政府组织在人事决策方面的地下活动或者秘密活动。我第一次在费城发现了它，这纯属偶然。然而它却无处不在。比如领导者因为缺乏薪酬自由裁量权而无法嘉奖那些特别能干的雇员，于是他们就玩起职位分类的把戏，从而非正式地赢得那个曾经被正式地否决掉的薪酬自由裁量权。

假如你有一位很好的秘书，但现在如果你不给他加薪，他就有可能辞职。接下来更糟糕的是，他将会被一个不及他一半好的人替代。而这种素质的秘书通常就是来自文官名单中。那么，你不得不想办法留住这个秘书，甚至是使用撒谎、欺骗或窃取的做法。幸运的是，你只需在职位分类游戏中获胜就可以了。

这一切，我只是到了后来才明白的。一直以来，我只知道我曾碰到了一些奇怪的道德规范。同时我也感觉非常幸运能够被分配到文官考试领域，我将花费一年的时间出选择题试卷，同时也逃避了职位分类的道德迷失。然而，这种生活对于一个爱冒险的人来说实在是有些单调。在图书馆工作可能会更令人兴奋。我渴望更多的东西，这时我恰好看到了《纽约时报》的一条消息，说是可以申请纽约城市大学（City University of New York）工商管理和公共行政巴鲁学院的研究生奖学金。于是 1966 年 10 月我发出了申请。圣诞节前我收到了一封贺信，恭喜我的学术成就为我赢取了一份研究助学金，这个助学金从一月份开始。我感觉像是一场梦，但同时我下定决心要充分利用这次机会。于是，我去纽约攻读公共行政博士学位。

几年后我获得了博士学位，并作为教授助理出席一个专业会议。恰巧我遇到了塞缪尔·托马斯（Samuel Thomas）教授，那时他是巴鲁学院（Baruch School）的院长，也正是他录取我的。我们随便聊了一会，等时机适当时我提出这样的问题："为什么我的成绩平平却得到了助学金?""噢，其实很好解释，"他面带顽皮笑容地说，"因为你是唯一的一个申请人。"看起来，伍迪·艾伦是对的，"展示自己就等于成功了 80%"。

讨论题

为什么说公共人事行政的阴暗面是非常重要的往往也是很有益的一种公共人事实践？你是否曾经遭遇过组织活动中或好或坏的阴暗面？

11.1 人事职能

一位人事职员甚至整个人事部门的职能就是服务于直线管理工作，具有代表性的服务内容包括招聘、甄选、培训、评估、赔偿、惩戒和辞退。人事（personnel）是集合名词，指一个组织的所有雇员。这个词源于军事上——传统军队是由装备和人员两个部分组成，现在通常用来指称人事管理职能或者指称负责人事管理程式的组织机构。尽管现在人事行政（personnel administration）和人事管理（personnel management）往往交替使用，实际上两者还是有差别的。前者主要关心如何保证一个组织满员，偏重技术层面；后者则更关注较为宏观的问题，比如关注组织人力资源的活力，即人力资源的积极性和创造性。

不久前，把公共人事行政人员这一职业看作是一种专业实践活动还被人们视为一件荒唐的事情。传统的专业都含有大量的正式培训来为专业实践活动作准备，而且这种实践活动突出从业者的个人自主性和独立判断能力。正如那令人讨厌的毛毛虫变成蝴蝶一样，人事管理也经历了这样的一个蜕变过程。它从开始的文书职能逐渐演变成组织内部的咨询职能，组织向其咨询如何管理劳资关系、工作再设计、平等就业机会法规、组织发展、生产率评价以及一些其他急迫的事情。高层管理重视并咨询人事专家的专业性意见，因为专家提出的建议密切关系到组织的兴衰成败。不幸的是，在美国的大多数部门中这种变化趋势只是刚刚开始。组织内部要么没有人事专家，要么有也得不到政治领袖们的重视。蜕变还需要很长的时间。因而，目前最紧要的就是提高人们的人事管理职业意识。

与公共行政的许多问题一样，由于想要让几种相互矛盾的价值同时实现，这样的企图使得如何安排所有公共人事职能这件事变得非常困难。公共行政最重要的价值理念包括“功绩”观或中立能力、行政领导力、政治责任、灵活管理以及代表性等。主要人事机构的结构布局和政策推进重点所遇到的最大问题是，这些价值中的某些价值的最大化安排则有碍其他价值的实现。因此，要想保持公职人员中立的能力，就需要创建一个相对独立的机构以使他们免受政治首长的党派要求，然而这种结构安排又会阻碍行政领导以及政治领袖的管理能力。反过来，为了促进行政领导力，主要人事机构应该附属于总统、州长或是其他行政首长而不应成为独立机构。相似地，要想使代表性价值最大化，那就不能过于强调传统功绩观和传统的考试，而且这些人事职能的配置正在对平等就业机会或人权机构产生着影响。然而，这样做也可能使得传统上所设想的那种强大的行政领导力和高度的中立能力的问题更加复杂化。

公共部门集体谈判的兴起使得事情变得更加复杂，集体谈判强调雇员—雇主双方共同决定①（codetermination）人事政策，并要求在公共部门建立独立的劳资关系机构。人们希望同时最大限度地发挥这些互不协调的价值功能，以解决组织中主要人事职能的种种疑难问题。一些价值得以实现的同时另外一些价值却未能得到足够重视，这种现象必然会引起人们的不满。

11.1.1　招聘

招聘（recruitment）是指公布职位空缺并鼓励人们报名的过程，旨在为组织提供足够多的合适候选人，以便从中甄选人才。公共职位的申请人数反映着这个社会的经济健康状况。当经济萎靡的时候，申请政府部门的人数总是多得惊人。

招聘，首先就要有足够多的符合要求的申请人。申请人就是指任何一位提交了一份完整申请表以供审查的人。事实上，填写申请表通常被认为是第一个考察阶段。如果申请人没有提供足够的资料证明符合职位的最低标准，那么他们将不会被进一步考虑或者说他们将没有资格参加正式考试。然而，符合所有条件的申请人被拒的现象也很常见。初级以上的很多职位只对内部工作人员开放，外部人员即使符合条件也不可能有机会参加这样的晋级考试。例如，只有在职警员才能参加警司考试，只有警司才能参加警督考试。

---

① 共同决定：是指工会参与各个方面的管理，甚至在某种程度上工会代表在组织董事会中享有平等的成员资格。

11.1.2 人才甄选

甄选（selection）是一种最古老的公共人事行政职能。1883年的《彭德尔顿法案》（Pendleton Act）促使联邦政府走上了功绩制的道路，这种制度拓宽了选才的范围，它提出“考试本身必须具有实用性”的要求，已经预示着考试的程序特征。英国文官制度是一个最佳典范，并对美国改革运动产生了巨大影响，因而，人们自然地非常担心以英国竞争性学术考试制度为基础的功绩制会有利于大学毕业生。因为当时的美国高等教育基本上是一种上层阶级的教育，这令人回想起功绩制实施的50年前杰克逊总统改革运动中曾强烈反对的贵族型文官。要求所有的考试本身必须“具有实用性”大概会削弱一些大学毕业生的考试优势，因为那时在大学里所学的知识几乎都不“实用”。的确，直到1934年美国文官委员会（U. S. Civil Service Commission）才第一次举行专门针对文科毕业生的入职考试。

这些年来，考试实用性的首要地位经常遭到破坏。然而，在1971年葛瑞格斯诉杜克·电力公司案（*Griggs v. Duke Power Company*）的判决中——这是一项最著名的关于就业考试合法性的判决，美国最高法院郑重地重申了它的首要地位。最高法院全体大法官一致裁定：“《1964年公民权利法案》第七条不仅禁止表面歧视而且也禁止实际工作中存在的歧视。”因此，在雇用过程中排斥少数族群而“不能证明它与工作表现行为有关的行为则是被禁止的”。该裁定沉痛打击了限制性资格主义[①]（restrictive credentialism），并且表明尽管文凭和考试很有用，“但国会已经通过了一个常识性观点，即文凭和考试并不是决定性因素”。实际上，最高法院认为，法律规定的就业考试“是用来衡量人们是否适合这个工作，而不是用来衡量他们懂多少抽象的理论”。葛瑞格斯判决一开始只适用于私人部门，《1972年平等就业机会法案》[②]（Equal Employment Opportunity Act of 1972）之后才将公民权利法案第七条规定的适用范围扩展到公共雇员。

现在，开发甄选手段时要首先考虑工作关联性（job relatedness）。考试的合法性（legality）取决于它对工作成功的预测能力，而有效性（validation）则是一个证明过程，它证明一种测试设计能实际预测工作成功的程度。过去考试仅仅是人事部门简单的技术性和行政性问题，而现在它也受到了司法部门的同等关注。《1972年平等就业机会法案》的实施，借助于法律上的救济，阻止了有关在雇用、分配工作、晋升机会以及其他就业条件或利益等方面的歧视行为。理论上说，功绩甄选程序与平等就业机会法律之间并没有内在冲突，两者都要求甄选不能涉及种族、肤

---

① 限制性资格主义：对弱势群体造成负面影响的任何甄选政策的总称。在这些政策中，虽然某一职位其实本身并不需要正规资格证书，但是弱势群体却由于缺少这些资格证书而受到负面的影响。

② 《1972年平等就业机会法案》：该法案是《1964年公民权利法案》第七条的修正案，增加了平等就业机会委员会的权力并且把反歧视就业法案延伸到拥有15人及以上雇员的州、地方政府和劳工组织部门，以及延伸到公共和私人职业介绍所。

色、信仰、性别、配额或者补偿性雇用（compensatory hiring）（尽管法院保留着对已经被证实的过去的歧视方式予以强制性救济的权利）。尽管没有任何法律限制组织使用考试手段，然而现在所有的考试手段实际上都有可能形成歧视。工作成功是一个复杂的问题，通常不能归因于一个因素。为了确保工作关联性，组织必须弄明白“促成”工作成功的适当标准是什么，也必须确保考试设计能够准确地衡量这些标准。基于免遭司法挑战的假设，出题人不得不去提高他们的出题技巧。

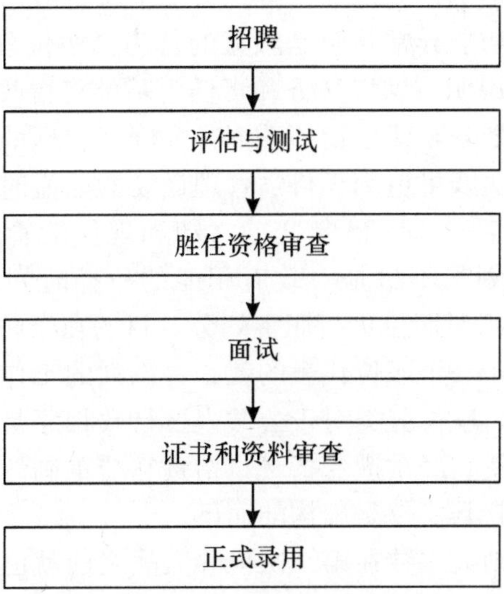

图 11—1　甄选过程

在美国，所有重大的公共问题都会成为法律问题，文官考试的核心问题就是考试的合法性。这类考试的合法性，理论上能够通过心理学家和社会学家给出自己的专业意见来加以认定，而联邦法官的意见则可以给这类考试提供具有约束力的社会合法性（social legitimacy）。历史学者回顾近几十年的人事管理历程时，他们无疑会认为法庭显然促进了能力测试的成熟化，使能力测试变得如此完善又非常有效，因而也能承担大量的诉讼工作。

11.1.3　职位分类与薪资

有一个故事讲述了职位分类的事。很久以前，市动物园新来了一只老虎并被关在另一只老虎的隔壁。到了吃饭的时间，一块重达十磅的鲜肉被扔进了隔壁的笼子里。“真好！”这只老虎急切地期待着它的第一顿美食。但是管理员扔给它的并不是鲜肉而是二十磅的香蕉。可以想象，这只老虎是多么的震惊。吃了几天的素食之后，它忍不住询问管理员，为什么它的邻居吃鲜肉，自己却只能吃香蕉。管理员答道：“这可是市动物园，我们的预算里并没有买另外一只老虎的钱，但是我们申请到了六只猴子的预算。现在我们却买了你，所以你就只能得到那六只猴子的香蕉了。”

尽管这只是一个故事，但确实也包含着一定的真实性。比如一家位于美国东海岸的市医院，曾经以门卫的名义雇用了一位来做脑外科手术的医生。这就像“老虎和猴子”的故事一样，这家医院得到了雇用一位全职门卫的预算，但医院却非常需要一位兼职的脑外科医师。于是这家医院就雇用了一位脑外科医师，这位医师一周只工作一天却拿到一份全职门卫的工资，并且他也是以一个门卫的身份被医院登记在册的。当然，人事部门可能认为用这种方法来解决现实中的管理问题实属荒诞，但它却揭示出了——并且也补充说明在本章引子中所讲故事的内容——职位分类制度为何会产生这么多的功能异常甚至是愚蠢的行为。职位分类（position classifications）是指正式的工作说明，即以义务和责任为基础将行政机关中的所有工作进行分类，并以此进行权力划分，建立指挥系统，并确定合理的工资等级。在公共服务中，职位分类的理论和实践可追溯至科学管理运动的鼎盛时期。它们产生于管理思想学派占统治地位的时期——1920 年之前，却和现代的管理思想很难兼容。就其本质而言，一项分类计划只不过是对政府职能的一种时间与动作研究（time-and-motion study）。大型组织对职位进行职责划分，目的在于防止职能重叠并提高工作效率。从这个角度来说，一个职位代表的就是一系列的工作和责任，而非职位上的人。尽管人们普遍认为，职位分类对于公共人事行政程序是十分必要的，但是职位分类仍然保有的旧观念使它经常遭受指责，指责它严重制约了高层管理者，并压抑着雇员的士气，甚至说它其实仅是虚构的而已。

职位分类的基本原则大多数在第二次世界大战之前就已确立，因而当前的实践忽略了从那以后出现的管理科学与管理理论取得的许多进展。除此之外，原来与职位分类相适应的那种劳动力也不存在了。在最佳科学管理传统中，分类原理假定，如果效仿工业机制并且创设可互换的人力制度，那么工作的效率就会是最高的。因而，特定职位等级上的人之间被认为是绝对平等的。然而，由于社会科学的不断进步以及劳动力本身的根本性变化，常见的那些分类制度对于很多工种来说都过时了，简单来说，它不再像其他组织模式一样有效了。这些分类制度自身也证明在完成组织使命时往往不能达到预期目的。

文摘 11.1　　职位分类原则

职位分类的基本原则构成政府中大多数职位分类系统的基础。1919 年，国会联合委员会（Congressional Joint Commission）就薪资的再分类提出的职位分类原则是：

1. 对职位而非对人进行分类。
2. 职位的责任和义务是构成区别于或类似于其他职位的显著特点。
3. 职位工作性质决定着履行义务的任职资格，如教育、经验、知识和技能等。（因此，任职资格是职位分类决定中的一个重要因素。）
4. 占据某个职位的雇员之个性特征对职位分类没有影响。
5. 同级职位的雇员应当具有同等任职资格。

资料来源：*Report of the Congressional Joint Commission on Reclassification of Salaries*，66th Cong.，2nd sess.，1920，H. Doc. 686。

由于美国教育水平的不断提高，大量的高科技专业人才加入到了普通劳动力大军的行列，不应该把这些劳动者视同于半熟练工人、佣工或者办事员。然而，由于不知道如何更好地组织和激励这样的知识雇员等不可避免的因素，这项针对普通劳动者需要而设计的职位分类制度现在就被强加于行政、职业和技术雇员身上。以往管理者与工人之间的二分法现在已不再有效，传统意义上的工人人数急剧减少，他们都被技术人员或是专业人员所取代，而这些人更倾向于把自己当作是管理的一部分而不是被压迫的无产阶级。

即使处在组织等级最底层的工人们，也已经意识到了组织不能随意地像过去那样把自己当作可互换的机器零件一样换来换去。这个时候如果还是依靠那种一成不变的职位分类方法，就会像交通运输业在超音速时代还使用一战前的福特 T 型汽车一样荒谬。在美国还有其他如此落后的领域么？事实上，如果技术还停留在 20 世纪 30 年代，那么工程师和建筑师们就不可能设计出现在的世界。然而，公共部门的人事行政人员们就是正在使用二战前的技术对公共雇员们进行管理。

11.1.4　绩效评估

绩效评估（performance appraisal）通常是指组织用来正式地记录雇员工作表现的一种方法。对雇员的评估直接关系到其晋升、留任或开除这样的管理决策。不幸的是，绝大部分的绩效评估制度并非十分成功，主要原因就是主管人员很难写出有用且客观的绩效评估报告。这些主管们提交的评估报告往往很主观、仅凭个人印象，与其他评估者提交的评估报告没什么太大的差别。

绩效评估具有多种功能，其中包括：(1) 改变或修正不良的工作行为；(2) 与雇员沟通管理者对其工作质量和数量的看法；(3) 评估雇员的潜力，从而提供适合的培训与发展规划；(4) 评估雇员当前的工作职责是否达到相应的报酬水平；(5) 为惩戒和解雇行为做好证明性文件记录。

从评估主体来看，有以下五种基本的评估方式：

(1) 主管评估：这是最普遍的评估类型，即上级监督者评估下级的绩效。

(2) 自我评估：通过填写标准表格、撰写工作陈述报告或提交工作成果作为绩效证明而对自己作出评价。

(3) 同级评估：每个人对于他所在部门或机构与自己处于同一层级的其他人作出评价。

(4) 下级评估：由下级对上级的绩效作出评估。

(5) 专家评估：由独立的评估者（通常是合格的评估专家）在随机访谈或现场观察的基础上对整个工作单位的绩效作出评估。

当需要评估的雇员数量非常多时，往往采用表格评估的方式进行，这种评估表提供了多种选项以供评估者选择。这种评估方式只是要求评估者在评估表格上对合适的选项打钩。这些选项都是预先锁定的不同行为——即它们都是预设的不同绩效等次。下面的例子就是对网球选手的行为预先锁定的数值评定量表：

表 11—1

等级	行为锁定
1.	明白网球比赛规则，能够发球并击球过网
2.	能够稳定地正手击球，反手较弱
3.	正手与反手都能稳定地接球、击球
4.	准确地处置球，包括发球、截击和半截击
5.	所有击球都是准确、稳定和一致的，根据需要使用上旋击球和下旋击球

相对于要求标准较低或者不那么专业的主管们来说，那些要求标准较高且固执己见的主管们更有可能使表现较好的雇员感到不公正。这样，评估的结果只是形成了一堆夸大其词的报告，以至于对绩效评估的任何审查都将简化为这样一种考虑：谁写的报告、他们还准备了其他什么报告以及还有什么没写出来。在更多的情况下，呈送上来的雇员评估报告会首先反映出评估者的优点和缺点。这个因素的影响大大地限制了个人绩效评估的有效性及其使用。使事情变得更复杂的是，评估者常常不能确定真正需要评估的是"什么"——是其下级的工作绩效还是他们自己利用关键事件法①（critical-incident method）进行评估的能力。不过，只要文官法律法规仍然普遍要求绩效评估作为每年加薪的前提，评估制度就将持续发挥作用，那些评估结果达不到满意等级的雇员甚至不能按照工龄"自动"加薪。

我们看下面的这个问题：差评（poor evaluations）是迈向解雇的第一步，然而为什么很少有雇员得到差评呢？原因在于，一线主管没有足够的动机对雇员采取应有的惩戒措施，他也不用对自己的这种失职行为负责。有什么理由会使上级评估者只是为了那些模糊的公共利益概念而冒着与下级关系僵化的危险惩戒下级？除非有非常迫切的生产率压力，否则不可能使得所有管理者都采取那样的行为。公共管理者毕竟不像私营企业主一样管理的是自己的企业。雇员的作为或不作为只要不出现重大错误，就不会直接影响到这些公共管理者们的利益。为什么管理者要对公共资金的浪费（这对他们的切身利益并没有任何影响的事件）引起高度重视并切实采取措施？其他人都持反对意见而管理者仍按自己的信念行事，这难道不需要管理者具有强烈意识形态信仰吗？在对那种只是宽容地评估雇员的系统进行干涉之前，有理智的人必须确定自己采取行动的合法性。秩序产生合法性。扰乱事物自然演变生成的秩序可能在社会上和道义上就是不合法的，但同时在法律上则可能是适当的。

11.1.5 培训

培训（training）工作常常为组织所忽略，尤其在资金紧张时，组织往往会砍

① 关键事件法：识别、分类并记录雇员行为的关键事件以进行绩效评估。关键事件法背后的理论主张，某种关键的行为动作可用来区分成功和失败。关键事件选定后，它们将按照发生频率、重要性和指定权重的顺序排列起来。一旦得出分数，它们就像对正式评估一样用于雇员发展和雇员的咨询服务。

掉培训经费以支持考试事务和分类职能，因为这些职能往往是通过立法或章程加以规定的，不得不履行。培训则被认为是一个可有可无的选项，是一件奢侈品，更糟的则认为是一项不合法的事务。在 20 世纪 50 年代以前，许多政府都认为，通过功绩制选聘的雇员都很称职，因而培训根本就是多余的，行政部门没有必要非得花费大量资金来对个人进行职前培训以使他们在正式工作前拿到一个工作胜任证明。然而，随着功绩制的完善，随着公共服务需要的专业或职业越来越多，随着公共职位开始被认为是需要不断丰富其内容而非其职责固定不变的职业性岗位时，这样的态度也发生了转变。

1958 年，美国国会通过了《政府雇员培训法案》(Government Employees Training Act)，该法案要求联邦机构必须为其雇员提供培训。大约十年以后，美国文官委员会才被授权创立联邦政府第一个住校式管理培训基地——联邦行政学院(Federal Executive Institute)，该学院位于弗吉尼亚州夏洛茨维尔市。直到 1970 年的《府际人事法案》(Intergovernmental Personnel Act) 通过以后，联邦政府才能够为各州、地方政府的雇员培训计划提供培训资金。但这也只是暂时的，20 世纪 80 年代中期里根政府就中断了这些拨款。从这几十年来对人事深度忧虑的发展史来看，培训技能或艺术还未练达成熟也就不足为怪了。

培训计划中也要包含对其培训的有效性 (effectiveness) 和实用性 (usefulness) 进行评估。大多数政府的培训工作，只是停留在培训本身，对培训效果的评估却十分的草率。评估虽然是一个培训计划的最后阶段，但它必须在培训计划开始前就做准备工作。所以，如若培训之前没有建立相应的绩效基点 (base points of performance)，那么要想随后衡量进步情况就只能是自欺欺人。

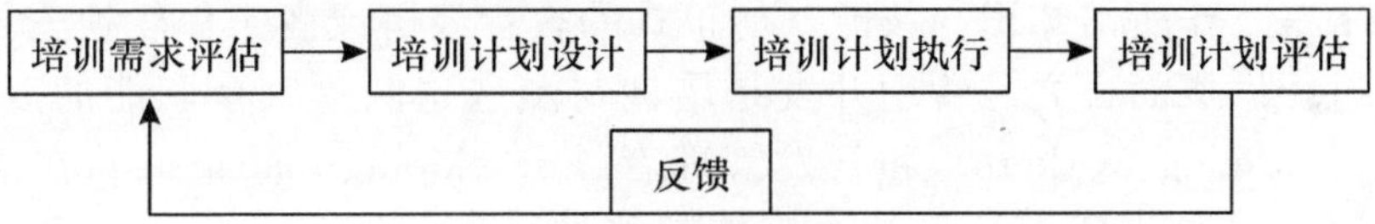

图 11—2 培训系统

问题的关键在于培训效果是否能够达到既定的目标。尽管对文字处理器 (word processors) 使用的培训效果进行评估相对容易些，但当培训对象包括警官、研究员或行政人员时，评估工作就变得相当的复杂。因为测量和评估后者的培训计划要求非常精妙、专业性极强且耗时较长。使用文字处理器的培训计划可以随后立即进行评估，而客观地评估警官、研究员和行政人员的培训成效则有可能需要花费几个月甚至几年的时间。

培训类型有很多，大体可以概括为以下几类：

(1) 技能培训：培训专门技能，例如文字处理器的使用、焊接技术或是计算机操作技术。

(2) 在岗指导：即个人指导，指专家对受训者的工作进行监督并不断提供建议。

(3) 正式或非正式的课堂讲解：传统的课堂教学，包括一群受训者在附近院校参加培训课程（组织往往为与工作相关的大学课程提供补贴）。

（4）敏感性训练或"T 型团队"训练：把雇员分成不同小组，让他们来处理人际关系上的一些问题（通常需要一位专业的"调解人"，并且主要依赖于个人愿意面对他们在交往过程中的感情冲突）。

（5）职位轮换：为了增加雇员的工作经历，让他们定期轮换岗位（这种岗位轮换培训方法可以让雇员全面了解办公室里的所有工作）。

（6）专题会议及研讨会：雇员群体或专业团队为讨论和交流共同的作业程序、问题和技术等方面的思想而召开的会议。

（7）模拟训练：模拟真实的工作情景，为雇员提供多种多样的工作经历。

（8）交换和休假计划：花费几个月甚至一年的时间，让雇员完全脱离原来的组织环境，而到一个完全不同的环境中去生活。

以上这些培训形式的选择都受到资金因素的制约。虽然大型组织都有培训预算，不过一旦组织资金紧张，培训资金就会首当其冲地遭到削减。尽管如此，组织在年终报告中仍会对过去一年里的雇员培训数量夸夸其谈。不过，报告中的统计数据相当不可靠。人们常常错误地认为，参加培训的人数就等于受到实际训练的人数。事实上，组织并不会认真地完成培训工作，毕竟现在还没有比较成熟的评估手段。

11.1.6 管理开发

管理开发（management development）是指任何有意识的努力为组织的管理者提供其未来工作所需知识与技能（如正式的教育经历或者工作轮换安排等）的一个行为过程。概而言之，管理开发是培训与甄选这两项人事职能的混合产物。培训职工（training workers）和开发管理者（developing managers）在语义上有着很大的区别。培训职工的目的在于使其能够更好地履行他们当前的职责，而开发管理者的目的则在于使其能够为组织现在的和未来的工作带来更大的价值。这样，组织对年轻管理者的开发投资或许只有当他晋升到局长这样的位置时才有可能获得收效。管理开发的第一个重点，也是开发管理者一个常用的方法，就是为他们分配各种各样的工作任务和提供各种各样的工作经历机会以增长他们的专业才干。不幸的是，美国人事制度中的职位—等级规范却根本不允许这样做。

表 11—2　　培训和开发之比较

	培训	开发
时限	短期	长期
目标	掌握具体的技术、方法和程序	了解管理环境、提高判断力以及增强个人能力
效能测评	绩效评估、考试、资格认证	已开发人员的晋升，组织拥有一个胜任的管理团队

管理开发的第二个重点就是甄选。管理者多年来在工作内外表现出来的一系列

经验被记录为具体分数或者获得主观评价，而这些成绩和评价都是未来晋升发展的依据。尽管我们很容易就能根据这些依据作出晋升决定，但是组织应以什么样的标准来从那些经验相对较少的管理者中挑选出作为开发投资的对象呢？通过测评中心[①]（assessment centers）来建立标准以作为管理开发方案选择的依据，这种方法已经日渐流行起来。测评中心通常让候选人处在模拟的管理环境或者压力环境中，对他们在其中的表现进行为期多天的观察评估。这样的测评，对于发现管理者的能力和潜力具有十分显著的效果。

测评中心并不是什么新概念，一战期间德国军队就用它来选拔指挥官，二战期间战略情报局（Office of Strategic Services）也用它来挑选间谍。然而，测评中心的理念直到 20 世纪 50 年代中期才由 AT&T 公司率先引进美国，20 世纪 60 年代开始流行，但直到 1969 年美国国税局才开始大规模地使用测评中心。现在，这项技术已被所有行政辖区的各类政府机构迅速采用。

11.2 苦乐参半的文官制度改革史

滥用文官功绩制度以达成个人的目的或者是行政的目的，特别是达成党派的目的，这虽不成文却是政府中公开的秘密，也是生活中一个肮脏的小秘密。（说它“肮脏”是因为这种事情绝不光彩，说它“小”是因为这种事情实际上已不是什么秘密——只是一个太容易被忽略的话题而已。）有关政府管理方面的书籍，在讨论这个问题时，常常视其为文官制度的一个不正常的恶性肿瘤，而非视其为文官制度固有的且常常有益的一部分。然而，这种观点是错误的。滥用功绩制的情况很正常甚至也很健康。的确，如果在功绩制中实际成绩能够得到奖赏的话，那么这种滥用也是必不可少的。

“文官”（civil service）和“功绩制”这两个概念经常会被人们搞混淆。文官是指所有为政府工作的文职人员，政府雇员（government employee）（除了在军队供职以外）都属于文官。如果一个行政辖区存在着功绩制的话，那么这个文官队伍中的所有成员都是经过正规人才甄选程序挑选出来的。当然，我们在理智上还是诚实的，在“功绩制”前面应该加上个“所谓的”，应该继续推行“所谓的功绩制”，因为功绩可能是也可能不是任何“所谓的功绩制”的不可分割的一部分。由于人事行政存在着阴暗面，因而在任何一个功绩制中确定真实的功绩水平几乎是不可能的。

11.2.1 公共人事行政的阴暗面

在美国，公共人事的功绩制度在同一行政辖区内往往在三个不同面向上起作

---

① 测评中心：不是指某个特定的场所，而是指一个过程，即连续数天对处在各种模拟情况和各种压力状态下某个人的表现进行观察的过程。

用。事实上，平行的行政世界——未经训练是看不出来的——占据同一个实际空间。平行世界（parallel universes）这个概念，来自于 20 世纪 60 年代后期电视连续剧《星际迷航记》（*Star Trek*）中的一个情节，即“善良的”进取号星舰总有一个“邪恶的”胞弟隐随其身边。人事行政与此相同，其优点和缺点、长处和短处都处于同一空间，只是面向不同而已。功绩制中，绝大多数文职雇员的录取、履职和晋升都是基于他们自己的才干和这项制度的设计。然而，即使是同一时间的相同制度下也还会有两类人员，无论在其录取方面还是在其晋升方面，他们所依据的标准完全不同于功绩制规则所规定的标准。

第一类人员，主要是指那些不用经过适当性审核而被任命的雇员。在那些行政首长依法拥有特权的政策制定和机要职位中隐藏着大量的这种政治任命的职位。只有经过数月辛苦的政治上的努力——如协助市长、州长或总统参加选举或者设法博得其他一些有影响力的政治人物的好感——并有很好的政治表现之后才能获得这些职位。《华盛顿邮报》（*Washington Post*）的专栏作家马克·考西（Mike Causey）这样描述白宫和国会：“一旦他们的朋友或妻弟非常需要得到一个职位，职业文官制度就会遭到破坏，所以这项制度时常需要得到保护。”这样的说法同样适合于州长和州议员以及市长和市议员。

在功绩制的职位中设法安插数量有限的政客，这种做法由来已久。“设法安插”（fudge）——意味着作弊或者严重夸大——是人事管理中最重要的词语之一。事实上，可以明确地说，公共人事的这种阴暗面之所以能够存在，就是因为人事行政官员似乎能够提供无限的这种“安插”职位。这种安插的程度取决于很多因素，如功绩制的强度和寿命、这个共同体的政治文化以及行政首长的个人操守等，这些行政首长曾宣誓维护所管辖地区的所有法律，但如果只是一个宣誓而没有正式的确切措辞的话，那么违背誓言的这些职位安插就是不可避免的事情了。

表 11—3　“篡改”文官制度的若干例证

类型	过程
“量身定做”任用型	确定“首选”候选人，改编空缺职位的任职要求以符合这位“首选”候选人的条件，然后录用或提升这位“首选”候选人。这种做法在技术上并不违法，但却违背了文官法的精神
“过渡”任用型	机构瞄着高素质（即“首选”）候选人，为了不耽误雇用，先临时雇用这位早已确定的候选人，之后再转到或过渡到长期职位。这种做法在技术上并不违法，但却违背了文官法的精神
临时任用型	这种做法技术上并不违法，但却违背了文官法的精神
“劝说”拒绝任用型	说服高级文官拒绝聘任。为此，一定要使他认为工作既讨厌又无趣。或者向他许诺现在或未来的其他职位以达成协议。这种显然是一种违法行为。

注：这只是一个技术样本，而且所有这些情况至少在联邦政府的任用中都出现过。

资料来源：改编自 Carolyn Ban，“The Realities of the Merit System.” In *Public Personnel Management*：*Current Concerns*，*Future Challenges*，eds. Carolyn Ban and Norma M. Riccucci（White Plains，NY：Longman Press，1991）。

功绩制往往受到传统政治目的的扭曲，它同样由于比较审慎的目的而遭到滥用。在大多数功绩制中，录用和晋升的程序过分的严格，这已经很长时间以来被认为是有效管理运行的障碍。为了弥补这种严格程序而导致的管理上自由裁量的缺失，职业文官以及功绩制以外的其他优秀人才通过篡改文官规章制度而获得晋升提拔或职位任命，这同前述的在功绩制中安插政客的过程十分相似。简而言之，具有严格程序规定的正式功绩制不允许存在诸如及时晋升或安置优秀人才之类的情况。

因此，尽管没有获得官方的正式承认，但事实上存在着一等文官和二等文官。这既不能代表任何个人素质，也不能代表每个等级的生产价值，而只不过是作为这种功绩制是如何对待人民的一种参考。那些无权无势的普通文官在其职业生涯中经常受到规章制度非常无理且极其严格的制约，而另外一些人——因其才能或因其才能以外的东西而幸运地得到认可——他们却可以免除遵守、假意地遵守或干脆忽略同样的那些规章制度，并显然从中获益。

11.2.2 从分赃制到功绩制

当然，所有这些——正式的文官功绩制与非正式的人事阴暗面——都是由文官制度改革运动引发的。联邦文官制度改革大体上始于南北战争以后的时期，而改革尝试的政治根源则可以追溯到更早的共和国初期。托马斯·杰斐逊（Thomas Jefferson）是首位面对在理性上就怀有敌意的官僚组织问题的总统。当支持者极力劝说他免去联邦党人的政府官员的职务并让共和党人来接任时，杰斐逊却坚决反对仅仅因为政治原因而免去行政官员的职务。杰斐逊坚持主张只有“渎职行为”才能成为免职的正当理由：纯粹的政治观点不同则不能。由于这项原则偶尔也会遭受背弃，即使对杰斐逊自己而言也是如此，所以这项政策只是准则而非例外，而杰斐逊的偶尔例外则由安德鲁·杰克逊（Andrew Jackson）政府传承了下去。杰克逊总统关于公共服务性质方面的花言巧语比其在行政上的实际操作更有影响力。杰克逊宣称，所有的人，特别是为最近参选做了很多工作并享有公民权的那些人，应该具有同等的机会担任公职。他竭力迎合他的平民选区并告诉那些贵族型文官说，公职并非天生就属于他们。杰克逊只是适度地采用了分赃制（spoils system），但这在他的继任者手中却得以遍地开花。职位轮换制学说逐步流行开来，并取代了早期的稳定性公职之理念。

现代功绩制的出现，是由于经济、政治的发展抑或道德的进步的原因，这要看你的观点和看法了。经济史学家认为，工业的扩张——如可信赖的邮电业和便利的交通网络等——使政府服务必须以功绩制为基础。政治分析家的观点也相当具有说服力，他们认为试图用功绩制替代任人唯亲式的任命是扩大选举权[①]（suffrage）和言论自由的需要。经济和政治因素相互交织，错综复杂，不可能说出哪个因素才是功绩制真正的催生婆。改革背后的道德推动力则更加难以界定。由于道德推动力

① 选举权：也称投票权。美国早些时期投票者通常都会有财产权的限制，但到了 1829 年安德鲁·杰克逊总统时期白人妇女的选举权得以充分普及。自此，很多宪法修正案都致力于扩大公民的选举权。1870 年第十五修正案规定，“不得以种族、肤色或过去的奴隶身份为由”剥夺公民的选举权。1920 年第十九修正案规定，女性公民和男性公民享有同等的选举权。

往往会暗藏经济和政治动机，因而根本无法衡量出纯粹道德力量的比重。然而，道德寓意的装饰性效果显然促进了文官制度改革运动，因为它突出了改革建议的社会合法性。

用最少的税金得到最多的公益服务，这种长期的推动力促使商业利益获得者在支持文官制度改革时十分的慷慨，而且文官制度改革也是他们从政客手中获取权力的众多策略之一。当时的政党几乎完全依靠于对党内公职人员工资的摊派款①（assessments）来筹集资金。由于捐助不断减少，政党不得不去寻求新的资金来源，美国工商业非常愿意承担这项新增的财政负担——以及随之而来的影响力。

11.2.3 彭德尔顿法案

毫无疑问，即使没有詹姆斯·A·加菲尔德②（James A. Garfield）总统1881年遇刺身亡事件的发生，文官制度改革也将会发生，不过这个谋官未成者的刺杀行为确实起到了对文官制度改革的推波助澜的作用。刺杀加菲尔德的人叫查尔斯·吉托（Charles Guiteau），是一位精神失常的落魄律师，他自诩曾协助加菲尔德参选却因求职未遂而感到愤怒。尽管加菲尔德总统的死亡确实为《彭德尔顿法案》的通过营造了一种有利的氛围，但历史学家们坚持认为，1882年中期选举期间共和党的形势逆转对该法的通过起着更为直接的作用。在众多的国会纷争中，文官制度改革已经是决定性事项。因此，当切斯特·A·阿瑟（Chester A. Arthur）总统于1883年1月16日签署《彭德尔顿法案》使之成为法律并依此法律创立了美国文官委员会时，它本质上是不太情愿的政治家们用来缓和民意与变革力量所作的一种姿态。

《彭德尔顿法案》——亦称"美国文官规制与完善法案"（An Act to Regulate and Improve the Civil Service of the United States）——已经变成一部具有持久性特征的重要法律。在人事管理制度框架内，它仍然是联邦文官制度的核心。这部法律创建了美国文官委员会来协助总统进行人事管理。尽管美国文官委员会的称谓是委员会③（commission），但并不意味着它是独立机构，它实际上受到总统行政裁量权的支配。公开竞争性考试、试用期以及免遭政治压力等要求都写入了这部法律。尽管人事管理仍保持着分权的状态并由政府各部控制，但委员会仍有权监督考试过程以及调查政府各部门实施人事法律法规的情况。

对于改革者而言，《彭德尔顿法案》并不是大获全胜，因为它当时仅仅覆盖了联邦政府10%的机构。实际上，改革者们根本就不担心功绩制的全面普及，他们认识到了创建适当的行政机构过程中存在的问题，也担心如果所有机构同时尝试全面

---

① 摊派款：依据收费表向政党提供献金，并按顺序决定保留文官的恩惠职位。

② 詹姆斯·A·加菲尔德（1831—1881）：美国第20任总统，共和党领袖，内战时任少将，主张提高关税，重建南方，就任仅四个月即在华盛顿火车站遇刺。

③ 委员会：是指临时或长期负责执行某种政府职能的机构。当需要两党领导体制时，当其职能是一个准司法性质时，当广泛的民族、国家地区和不同技能等代表性被认为非常重要时，就会倾向于运用委员会。

改革，这个改革目就会负担过重从而可能遭到失败。这些年来，越来越多的联邦雇员受到文官委员会的管辖，或者受到其他联邦功绩制（机构），如驻外机关事务局、田纳西河流域管理局等机构的管辖。

在改革期间，联邦政府的总统们通常会充分利用任免特权，在离任时利用功绩制来分配官职，增加官员们对他的信任。从阿瑟（Arthur）到威尔逊（Wilson），每位总统都是这样。功绩制的覆盖范围 1884 年仅有 10%，到一战结束后已经超过 70%。一般而言，即将卸任并由不同政党者继任其职务的总统，为了减少敌对政党的官职数量都会将功绩制覆盖[①]（blanket-in）到大量的政府雇员。具有讽刺意味的是，这样的覆盖显示出最初的文官制度改革趋向于让那些乏善可陈的雇员受益。

11.2.4　州与地方改革

受 1883 年《彭德尔顿法案》范例的影响，州政府与地方政府也开始创建文官委员会，但是过程却很缓慢。尽管纽约州和马萨诸塞州分别于 1883 年和 1884 年采用了功绩制，但直到 1905 年才有另外一个州这么做，这中间大约相隔了 20 多年。到 1935 年为止，只有 12 个州正式建立了功绩制。功绩制的这些早期的发展，并不是很顺利。康涅狄格州废除了它早先制定的文官法，而堪萨斯州虽然给这项法案予以立法但却“拒绝投票拨款而使得这部法律实际上没有什么效用”。即使这些法律保留在法典中，有案可查，但是这些法律也不必然有效。例如，自 1883 年起纽约州就已严令禁止对文官薪水进行的政治性评估，但至少在 20 世纪 30 年代这个州还对政党进行了广泛的“自愿性”捐款。二战过后，大多数州确立了功绩制——州政府最初设置功绩制大多数只是为了获得联邦政府的资助——情况才有所好转。现在，几乎所有州政府都将功绩制范围扩大到其所有雇员。

到 1900 年，只有 65 个城市创建了文官委员会。到 1930 年，城市数量增长到了 250 个。现在，在拥有超过 50 000 人口的城市中，也只有不到 12%的城市没有实行功绩制。在所有拥有 25 000～50 000 人的城市中，功绩制的未覆盖率几乎是前者的两倍。到 1933 年，3 000 多个县中只有 6 个采用了功绩制，甚至现在也只有不到一半的县政府实行了功绩制。

需要注意的是，所有关于功绩制覆盖范围的统计资料天生地都具有欺骗性。尽管这些数字本身非常精确，然而它们仅仅表明功绩制只是“有案可查”，并不能说明它们真正地存在于实践当中。各种善政组织通常使用邮寄调查问卷的手段每年对功绩制的覆盖范围进行调查，这些统计资料并没有经过实地考证。所以，虽然这些调查数据的计算可能无可挑剔，但得出的结论却常常与功绩制真实的覆盖范围不相符合。请不要忘记，芝加哥市从统计册上看实行了完善的功绩制，但它仍保留着美

---

① 功绩制覆盖：意指大规模地把之前非职业的工作纳入到正规的文官功绩制中。从短期来看，这种覆盖可以（已经）使政治宠儿在下届政府中仍然得到保护；从长期来看，这种覆盖是扩大文官功绩制所运用的一个最主要手段。

国最臭名昭著的一个滥用任免权的城市这个恶名。

文摘 11.2　　乔治・华盛顿・普伦凯特论“恶咒附身的文官改革”

文官法是这个年代最大的骗局，它是这个国家的祸根。只要它继续存在，就不可能有真正的爱国主义精神。如果为政党工作的那些人却得不到公职，那么你又将如何激励年青人去效忠国家呢？看一下现在这个城市发生的事吧。这里有 10 000 个优秀的职位候选人，但是我们只有几百个空余职位。我们又将如何为这成千上万名为坦慕尼协会工作的人准备公职资格呢？这做不到。前一段时间，他们满怀爱国主义精神，希望服务于这个城市，但是当我们告诉他们没有职位时，你认为他们的爱国主义精神还会持续吗？几乎不可能。他们说：“不管怎样，为你的家乡工作又如何？反正你什么也得不到。”而且他们能做什么？不知道，但是我可以告诉你我所了解的情况。在过去几年里，我认识不止一个为这种资格而工作并且满怀爱国主义精神的年轻人，但当他们被文官制度踢出门外时，他们就开始仇视自己的国家，并变成了一个无政府主义者。

这并非没有夸大，但我有充分的理由坚持认为，现在这个城市中大部分的无政府主义者都非常反对文官考试。如果他想为国家服务的话，就必须得去回答许多关于大西洋海水有多少立方英尺和撒哈拉沙漠沙子特征之类的问题。难道这不足够使一个人憎恨国家吗？我们那儿就有一个非常聪明的年轻人曾经参加过这种考试，之后我就听说他整天泡在赫尔姆斯特的沙龙里抽烟、喝啤酒，而在那之前他只喝威士忌。当一个年轻的爱尔兰人丢掉威士忌并在一个德国沙龙里喝啤酒和抽长烟管，我明白这意味着什么。现在这个年轻人是镇上最疯狂的一个无政府主义者。想想看！要不是那该死的文官制度，他可能就变成爱国主义者了。

资料来源：William C. Riordon，*Plunkitt of Tammany Hall*（New York：McClure Phillips，1905）。

11.2.5　文官委员会的兴衰

全国性政府以下的各类行政区，在许多方面都效仿了联邦政府的功绩制，由两党构成的文官委员会变得很普遍，考试方法与相关的行政细节往往也很相似，而且在一般性依存模式（a general pattern of compliance）出现之前，有关评估和其他各类政治干涉的禁令多年来也一直具有法律约束力。在某些方面，如职位分类和退休规定，各类地方行政区都先于联邦机构很多年。然而，在地方政府层级上，独立性较强的文官委员会模式在改革中逐渐演变并生成，文官委员会虽具有行政性质，但关键是其在政治上基本不受辖区行政首长的控制。

授权文官委员会独立运行，这是基于政治上而非行政上的考虑。当时，就像现在一样，人们也认识到让人事脱离行政权威的控制是非常不合理的。然而，由于防止分赃制的影响是更直接的也是最重要的目的，所以这样设置文官委员会就显得非常合乎常理。委员会不仅独立于政党控制的政府，而且由 3～5 名成员组成的委员会抵抗政治压力的能力要比任何一个单个的管理者强得多。比如，审判委员会要比单个法官能够更好地承担上诉①（appellate）的职能。委员会通过给种族或雇员团体之类的特殊利益代表提供机会的方式，从而在政治上形成一个安全阀，这种做法是很必要的。

---

① 上诉：要求上级法院复审下级法院的裁决的行为。

但是不久，独立委员会的理论基础受到了严重挑战。随着一战后早期城市管理运动的发展，管理者——特别是那时的那些无党派的改革型管理者——发现他们自己同样在人事权方面受到限制，尽管这种权力设计是专门用来对付分肥者的。他们认为，当然具有充分的理由，应该将人事职能与其他行政职能整合在行政首长手中。

这条思路，在那些城市管理者思想深深扎根的地方取得很大的进展，但对于那些实施功绩制的规定仅仅几年就已形同虚设的大多数较大城市来说它并不适用。在这些较大城市中，这种状况主要是通过把反对功绩制思想的人委任为委员会成员以及否决足够的拨款以限制委员会的活动这种双重过程来实现。针对这种“断绝其财政而使其屈服”策略，许多行政区随后就制定了一些条例①（ordinances），规定每年预算的固定比例将用于实施功绩制。

尽管开端颇为有些不顺，但功绩制现在已经在绝大多数行政区得以实施。功绩制之所以在州与地方政府得以不断发展，究其原因可以从以下两个方面加以说明。第一，随着州与地方政府雇用的范围与性质的改变，接受恩赐性委任者必然会让位于那些受过良好的技术训练并有兴趣从事文官职业的人。这里要记住，甚至在联邦政府的分赃制最盛行时期，它也从未大量滥用技术性工作职位，而且通常是较为复杂的政府职能而非文官改革者的思想导致了分赃制这种做法的相对消亡。第二，联邦政府全面支持州和地方政府大力发展功绩制。从 20 世纪 30 年代初开始，联邦政府就采取多种措施强制或诱导各州政府实施以获得联邦资金支持的功绩制计划。为此，1939 年首次颁布了为达到此目的的联邦标准，而且以后一直进行定期修改。

具有讽刺意味的是，在联邦政府推动州和地方政府采用并加强功绩制的同时，基于与联邦政府废除文官委员会相似的理由，州和地方政府负责实施功绩制的文官委员会制度也日渐衰落。简单地说，就是因为其独立性，体制上和政治上的孤立性使得具有监管性质的独立人事机构很难满足选任官员和公共管理者的需求。

就这点而论，作为政治手段而设计的文官委员会，并不等同于人事行政发展本身。委员会的动力非常消极且具道德主义，其目标是击毁分赃制这种“邪恶”的化身。冷静客观地来看，我们可以认为，这种邪恶的分赃制消除了行政自由裁量权名下的很多优点。行政史学家弗雷德里克·C·莫舍（Frederick C. Mosher）从文官委员会的广泛运用中看到两种持久的努力。它们不仅“使公共人事部门及其行政与道德的结合永远存续下去”，而且也“将人事行政与一般管理——行政首长负责执行政府项目和活动——区分开来”。不同于私营部门的人事职能，政府人事职能具有两种经常相互冲突的角色，即其不可避免地需要考虑到人事服务和人事控制这两个方面。它可以同时兼具管理团队成员和这个组织的警察两种角色吗？在当今公共人事行政中，这是其核心困境所在。

---

① 条例：是指由地方政府颁布的具有法律效力并且符合州和国家法律规定的规章制度，这些条例是由一个主权实体（如州）授权（如城市宪章）的权力机构颁发的。

11.2.6 1978年的文官改革法案

1978年3月2日，在其文官委员会领导的热情支持下，吉米·卡特总统向国会提交了文官改革提案。当天，他还在全美新闻记者俱乐部（National Press Club）面前进一步呼吁国会对这一提案的关注，并指责现在的联邦人事制度已经变成“一个官僚迷宫，它忽视功绩、容忍低效、允许雇员滥用其合法权益以及使人事行动陷入繁文缛节和拖拉混乱的困境”。

这部改革法遭到联邦雇员工会（他们认为该法太过倾向于管理）和退伍军人团体（他们担心该法会损害退伍军人的利益）的强烈反对，结果是工会失败而退伍军人获胜。这部法律在国会几乎未作修改就通过了，这在很大程度上要归功于艾伦·K·“斯科特”·坎贝尔（Alan K. “Scotty” Campbell）的努力。他是美国文官委员会的前任主席，既是这部改革法的设计师，又是在国会面前对这部改革法最热忱的倡导者。（随后在1979—1980年，坎贝尔担任人事管理局的首位新任领导人。）

1978年的文官改革法案（Civil Service Reform Act of 1978）将先前的美国文官委员会一分为二，即创立了人事管理局和功绩制保护委员会，前者充当行政首长的人事助手，后者则负责向权利受损的雇员们提供帮助。另外，这部法律还创建了联邦劳资关系局来监管联邦劳动管理政策的实施情况。

难道人事管理局只是以前委员会的翻版？只是换了个面孔？事实上，这部文官改革法只不过是装腔作势地做做样子而已，换句话说就是换汤不换药。有些人批评这部法律太微不足道也来得太迟，有些人则承认有些顾虑并认为“象征性的法律总比没有法律强”。这种表演必将继续下去。因为尽管这部法律事实上是失败了，但从其表面来看却非常成功。由于尼克松—福特期间的丑闻事件，美国文官委员会变为腐败和无能的象征。当然，只有少数个人参与了腐败活动或者是不称职，但这已足够能对它的名声造成破坏。

委员会的“好名声”不可能得到挽回，因而只有新的名称才能消除过去不慎言行带来的耻辱。这些耻辱非常大，以至于改革者甚至出面正式声明说它并不是接替委员会的那个庞大的人事管理局，而是那个渺小的功绩制保护委员会。人事管理局将是一个全新的独立机构，它历史清白并且会有一个全新的开始。这个想法很好，却很不真实，其实它只是作为消除过去罪恶的一种象征。然而，从象征性行动这方面来看，它已经是一个相当大的成功了。坎贝尔和同伴赢得了许多信任。你不得不佩服一名联邦管理者，他在接管了一个麻烦不断和堕落无能的机构后，摧毁了它，结果却发现他自己和先前那个麻烦机构的所有人，再次出现在了白宫的组织图上。

11.2.7 重塑公共人事行政

政府人事管理受到重塑政府运动的实质性影响。确实，1993年国家绩效评估

(National Performance Review)(即《戈尔报告》)的主旨就是文官改革。报告指出,“为了创建一个高效的联邦政府,我们必须改革整个人事制度,包括招聘、雇用、分类、晋升、薪资和奖金制度”。如果用一个词来概括整个改革议程的重点,那就是分权(decentralization)。据此,联邦政府做了以下五项事情:

(1)废除 10 000 页的联邦人事手册和所有机构的执行指令,解除人事政策的诸多限制。

(2)把职位招聘与考试的权力下放到各个部门和机构,并且取消所有的中央登记册和标准申请表。

(3)简化现行分类制度,使机构在如何对雇员分类和付酬方面具有更大的灵活性。

(4)允许机构以改善个人和组织的绩效为目的来设计自己的绩效管理和奖励制度。

(5)设法把因故①(cause)解聘联邦管理者和雇员所需的时间减半。

过去的 100 年中,功绩雇用观念日渐深入人心,遍及美国政府的各个角落。然而,1996 年佐治亚州提出参议院 635 号法案要“废除”该州曾于 1943 年引入的功绩制。实际上,这项立法引入了权力下放、灵活就业和便利雇用与解雇等诸多共同主题。但它走得更远,并且废除了州政府的功绩制,包括就业保护和申诉上诉程序。

这是一种异常还是一个转折点?变革的倡导者更加注重人事管理活动的便捷性,特别是便捷的解聘程序,但是这样做也为政治分赃制重返官场提供了机会。未遵循雇员的正当法律程序,并大量减少少数族群的权利,这样的一种制度是否能承受住宪法的审查,这一点很让人怀疑。

然而,要通过重塑政府开创一个裁员和私有化时代的美丽新世界是很难的。裁员是指一个部门雇员的总体数量大规模地削减,常用的方式有:自然减员②(attrition)、买断工龄(货币激励退休或辞职)和临时解雇等。私有化则需要将职责和执行职责的雇员一起分派到私有公司。美国人事管理局已经采用了这些人事措施。(克林顿政府的第一个联邦项目的私有化发生在 1995 年,当时美国人事管理局的劳工培训部有大约 125 名的前雇员开始为农业部的研究生院工作。尽管这个“研究生院”隶属农业部,但它是一个非营利性组织并且其经费来源于学费而非联邦基金。)

公共人事行政重塑者的最终目标是促使政府人事部门永远为顾客着想,正如《戈尔报告》中所述:“人事官员必须把自己从被动的文书处理器转变成积极回应的咨询师和顾问。”这一新的重点要求人事官员应把联邦管理者视为“顾客”,不仅要预先考虑到他们的需求,并且要做好回应性服务的工作。

请注意这里的显著变化。管理者是顾客,也是被优先服务的对象。传统人事部

① 因故:意指用来免去某个人的官职或职位的理由。列举出来的原因可能是也可能不是免职的真正原因。

② 自然减员:是指组织中的在职雇员因为自愿辞职、退休和死亡等原因而出现人员自然减少的现象。

门对保护雇员权利和维护功绩制完整性的关注现在已经被转交到了像功绩制保护委员会这样的上诉机构和公共雇员工会的手中。

11.2.8 公共人事私有化

政府现在越来越多地运用私有化手段促使公共人事部门更有效地回应“顾客”的需求。私有化需要将职责和执行职责的雇员一起分派到私有公司，美国人事管理局已经采用了人事私有化这种方式。这不禁让人回想起在第 8 章讨论过的管理主义传奇故事。在克林顿时期，当时的副总统戈尔开始小范围地启动了重塑政府改革，到了乔治·W·布什政府期间，这种改革愈演愈烈，因为共和党人对于任何带有私有化气息并能减少政府人员总数的事物都表现得极为狂热。

1995 年以后，私有化已经成为美国各级政府十分普遍的做法。一项最重要的政府服务和人事事务的私有化项目已经进入人力资源管理领域，那就是 2004 年联邦人事管理局（OPM）把合同签订给远程终端设备全球政府事务公司（TMP Worldwide Government Services）让其运作联邦职业网站“USAJobs”。这个公司最有名的业务就是 Monster. com，一个最大、最流行的在线求职网站。现在，不是由 OPM 的工作人员而是由 TMP 的雇员负责处理联邦政府的“招聘公告”事务，每月大约要发布 17 000 个职位公告。政府职责私有化背后的真正原因是基于这样一个信念：私人公司能提供更加物美价廉的服务。教育、惩戒和安全等领域的事务私有化其背后的原因也是如此。

雇用非政府雇员执行政府职能的做法虽然越来越流行，可也并非毫无争议。首先，工作外包给私人公司已经成为政治恩赐制的一种新的表现形式。就像曾经的政治职位那样，公共服务合同也可能被用作为对竞选支持者的奖赏。其次，政府工作外包给私人公司是否能够真正节省纳税人的钱尚且不明。许多研究已经在试图衡量外包政策的成本效益，结果却是五花八门、各不相同。20 世纪 90 年代期间，美国审计总局在其对签约外包的详细调查中并没有提供关于这种做法会产生经济利益的确凿证据。就像审计总局的报告指出的，“我们并不能有说服力地证明或反驳说，联邦机构签约外包的决定会产生物有所值的良好结果”。最终，政府雇员私有化带来了很多责任问题。更具体地说，与政府雇员直接为纳税者服务相比，签约外包的雇员只是间接地与他们理应为其提供服务的市民相联系。

11.2.9 人事外包

尽管人事事务私有化问题备受争议，这种做法仍然得到了乔治·W·布什政府强有力的支持。布什在 2001 年上任时引入竞争性采购计划（competitive sourcing initiative），并制定出一项政策，即政府机构必须提供证据证明政府雇员能比签约外包的私人雇员更好更有效地执行政府职能，该机构方可不纳入这项计划中。在竞争性采购过程中，管理与预算局（OMB）将 80 多万个联邦政府职位归类为“商业性”职位，从而要求政府机构提供证据证明其雇员要比私人承包者或有风险的工作外包更有工作效率。2006 年，OMB 公布的一份竞争性采购的报告中显示，联邦机构已经完成 1 060 个职位的竞争，并有 40 147 个联邦全职岗位有待于承包商参与竞争。OMB 计算出，这些竞争在 2003 和 2005 财政年度之间为联邦政府净节约了 55 亿美元。人们意识到了这些节省的款项，但却忽视了当时的这样一个事实，即一个机构 83%的雇员被发现比那些参与竞争的私人承包商会更有效。

布什政府时期关于签约外包有一个最著名的例证，就是伊拉克战争。就像战争本身一样，在战场上使用合同工也一直遭到人们的非议。2007 年，超过 12.5 万个政府雇佣工在伊拉克执行各种各样的任务。其中，使用雇佣兵执行与战斗相关的任务最具争议。五角大楼已经确定有 2 万个护卫服务承包商（security contractors）在伊拉克直接参与军事行动。这些现代雇佣兵为后勤活动（如卡车运送）提供了安全保障，但他们也与美国军队一起在战地进行工作。

由于伊拉克战争已经演变成为一种长期的拉锯战，因而国防部越来越多地依赖于这些护卫服务承包商。随着常任军的短缺以及武装分子袭击的不断升级，雇佣兵已成为战术工作的重要组成部分。在快速为军事活动增补兵力方面，这些私人保安部队（private security forces）确实给予军事将领相当大的灵活性，但同时也出现了许多问题。最引人注目的问题就是，这个行业基本上不受美国和伊拉克政府的控制，因此“雇佣兵”也不接受军事人员必须遵守的规则的管制。据《华盛顿邮报》报道，人们关注的主要问题都与这些私人保安部队的专业素质和他们战地的行为表现这两个方面相关。一个私人餐饮公司没能给军事人员提供可口的饭菜，这可能不会引起高度重视，但如果这些承包商没能为战地的美国士兵提供支持，那情况可就大不相同了。

尽管大政府（big government）总是遭到最严厉的批评，但士兵工作也一直被视为国家真正必需的职能之一。为了保护公众利益，有人愿意为国家而不惜牺牲自己的生命，这才是最重要的。而且，在过去两个世纪中，数百万的美国人为了保卫国家而用尽全身最后一丝力气。相反，没有几个人愿意为自己的公司而死。比如，你根本就看不到一个男人为微软公司背黑锅，一个女人为通用汽车公司担风险。因此，像黑水（Blackwater）这样的公司雇人与战场上的军队一起工作时，人们自然会担心在关键时刻这些雇佣兵不可能像他们的敌军一样献身于这场战争。甚至，一个私人保安公司的首席长官也会对在伊拉克战争中“雇佣枪手”进行作战的事情有所保留。2006 年，新月保安集团（Crescent Security Group）的合伙人弗朗科·皮格（Franco Picco）在《华盛顿邮报》中谈到：“我们保护军队，这不令人吃惊吗?”而且“我也正在讨论护送士兵的问题，这不可怕吗?”

虽然联邦政府在很多方面已经进行了竞争性采购，就像国防部那样，但这种竞争性的做法似乎在其他更多的方面未能展开。管理与预算局在其 2004 年的报告中指出，超过 1/4 的联邦部门在 2003 年根本就没有在这方面做任何工作。这些机构怎么能够不理睬总统亲自下达的指令呢？答案是，在联邦人事管理中，事情进展得非常缓慢。工会已经成为阻击竞争性采购强有力的对手，它努力阻止竞争性采购方案的通过。此外，许多法令或法律的限制都使联邦政府在许多情况下无法引入竞争。比如，许多拨款法的条文都规定了竞争性采购活动资金的限额。

实际上，布什政府也认识到了将竞争引入联邦官僚机构、为了竞争性采购的试验而放弃积极进取的总体目标以及允许机构设定更合理的目标等方面困难重重。最后，在这种情况下，联邦人事政策哪怕出现一丝的变化也会被认为是一种成功。作为布什政府的OMB竞争性采购的前负责人，安吉拉·斯戴尔斯（Angela Styles）在一次《政府管理》（*Government Executive*）杂志的采访中指出，"如果你得到一些，那么你已经取得了进步。在某些方面，这比任何其他人在50年中做的都好"。

11.3 恩惠式任命

2001年1月20日，乔治·W·布什宣誓就任美国总统。同一天，新任总统的办公厅主任小安德鲁·H·卡德（Andrew H. Card Jr.）给行政部门和行政机构的所有负责人和代理负责人每人发送了一封备忘录。他在这份备忘录中指出："获总统委任的人将有机会让人事决策与他的目标相一致。"因此，他下令："2001年1月20日以后，所有与雇用有关的决定都得经过总统委任的部门或机构负责人的审查和核准，方可生效。"这是新的政府控制联邦官僚机构的第一步。同样的命令也可以由新任州长或市长发出，因为任何新政府控制其官僚机构的方法都是首先要控制这些恩惠式职位（patronage positions）。

恩惠式任命权是民选官员和任命官员的一种特权，即民选官员和任命官员通过党派任命把公职、合同、荣誉或其他的利益授予他们的政治支持者。这种做法尽管经常受到改革者的抨击，但恩惠式任命已经成为一种传统方法，成为政治领袖的常用方法，政治领袖们使用这种方法以确保他们自己能够获得行政人员和助选人员的忠实支持。恩惠式任命俗称为分赃制。1832年，威廉·L·马西（William L. Marcy，1786—1854）议员在一次参议院讨论中声称："美国的政治家们……不认为这种规则有什么错误，也即胜利者可以瓜分从敌人那里掠夺的赃物。"分赃制由此得名。

现代文官改革已经大范围地削减了分赃制的影响范围，但仍然在所有政府机构的最高层保留了一些被称为"政策性和参谋性的职位"或"政策性和机密性职位"的分赃性质的职位。每当政府发生更替时——不管这种更替是否发生在华盛顿，在任何州的首府或者任何市政厅——那里马上就会伴随着对这些分赃职位的疯狂啃噬。当全国性政府更替执政时，这种疯狂就被"肥缺簿"（the Plum Book）激发出来。正式的名称是《美国政府：政策性和参谋性职位》（*United States Government: Policy and Supporting Positions*），这本书由政府印刷局每四年紧随总统大选后出版一次，它列举出新任总统在其自由裁量权内能够任命的大部分职位。

2000年，这个肥缺簿首次成为梅红色封面的版本，列出了6 722个高级政策性职位，不是政务官职位就是职业文官职位。新政府只能支配到这其中不到一半的职位，其余的或是功绩制下的高级行政官职位，或是传统政治因素胜任不了的科学或技术性职位。然而，这仍然为政党的信徒保留了大量的职位。据《华盛顿邮报》记者斯蒂芬·巴尔（Stephen Barr）说，当一位专业性公务人员离职时，而且如果政府想要增加恩赐职位数量的话，那么这个原来由联邦专业性公务人员占据的高级行政人员职位就会扭转它的政治属性。

乔治·W·布什总统任命一位官员，让他去辨别他人对政党的忠诚度和对政党的贡献大小，这个人就是克莱·约翰逊（Clay Johnson），他既是布什在耶鲁大学时期的大学舍友，又是布什担任得克萨斯州州长时的首席参谋。作为总统人事部门的负责人，约翰逊坦率地对《纽约时报》记者马克尔·莱西（Marker Lacey）说："当我到奥斯汀为官时，对政府或政治一无所知。来到这里，我同样对联邦政府一无所知。我了解自己没有政治天分，但是我知道谁有。而且我来这里不是为了做政治领袖，而是帮助政府识别人才并让其他人确信这些人才在政治上没什么问题。"在此，这个人很享受他的这种"无知"。实际上他的意思是说，如果某位候选人已经通过了政治审查，这位官职申请者必定在"政治上是正确的"。

约翰逊拐弯抹角地描绘出的这种用人过程，其实每届新政府都是如此。像"农业部部长行政助手的机密档案室助理"和"美洲热带金枪鱼委员会委员"之类的职位现在对外公开招聘，招聘消息一经发布，即刻招致成千上万名爱国市民往白宫投送他们的履历。然而，对于大多数人来说，这样做只是白费力气。1993 年，根据《华盛顿月刊》（*Washington Monthly*）主编查尔斯·彼得斯（Charles Peters）的看法："克林顿政府从那些希望成为新政府一分子的市民投送的 40 000 份履历中丢弃了 25 000 份未经阅读和处理的履历。"先前的布什政府和里根政府也做过同样的事。尽管每届新政府都声称要雇用本国最优秀的人才，但我们却不能认为仅仅提交一份履历——无论它是多么令人印象深刻，就能让你得到"肥缺簿"中的那些好职位。残酷的政治现实是，如果你得不到政治上支持的话，根本没有人会去理会那些你主动提供的高级职位资格证书。只要那些有权势的人打电话或写封信关照一下，你就会成为他们认真考虑的对象。称这种做法为恩惠制（patronage）的理由所在，就是你需要一位庇护者（a patron）。

11.3.1　恩惠制的合宪性

恩惠制一直是各级政府行政首长和各个部门行政首长用于巩固他们权力并控制官僚机构的主要工具之一。在 1990 年鲁坦诉共和党案（*Rutan v. Republican Party*）中，美国最高法院判决认为，传统的恩惠制运用于公共雇用过程是违宪的。法官小威廉·J·布伦南（William J. Brennan Jr.）的话代表了多数法官的意见，他说："只有那些合法得来的战利品才真正属于胜利者。"在早期的案例中——1976 年的埃尔罗德诉伯恩斯案（*Elrod v. Burns*）和 1980 年的布兰提诉芬克尔案（*Branti v. Finkel*）——法院认为，第一修正案禁止政府官员仅仅因为公务人员不是执政党的支持者而解雇或威胁解雇他们，除非这个职位正好有党派的条件要求。

在鲁坦案中，法院需要裁决许多相关政治恩惠制的做法之合宪性——“涉及低级公共雇员的晋升、转任、重录和雇用等的决定，无论是以政党派系还是以政党支持为基础，我们都认为是违宪的”。法官安东宁·斯卡利亚（Antonin Scalia）则强烈地反对，“法院今天宣布的新原则是由全体法官（包括本法院的法官在内）来执行的，而这些法官们的职位又全都归功于这种违宪行为。这肯定是某些地方出现了错误，而我认为错在法院。”尽管最高法院对这类案件作出如此判决，但恩惠制将会变得像卖淫一样：它可以被宣布为违法，却不可能被终止。这些法律的禁止行为都只是将活动驱赶到了地下，由此形成了人事行政的阴暗面。

11.3.2 退伍军人优先权

恩惠式任命本身是实现社会价值观的一种方式。美国一直设法提高退伍军人的利益，于是退伍军人优先权（veterans preference）——因光荣地服兵役所赢得的特殊权利——已经成为恩惠制的一种特殊变异体。退役军人一直由政府给予特殊津贴，优先权概念正式始于 1865 年，当时南北战争临近结束，国会通过颁布法律坚持认为，“因公受伤或生病引起的残疾而从陆军或海军部队光荣退役的人，如果具有履行文职部门职务的适当能力的话，那就要让他们优先任职于文职部门”。这部 1865 年的法律在 1919 年被新法所取代，新法将优先权扩大到了所有“光荣退伍”的军人、军人遗孀和残疾军人的妻子。1944 年的《退伍军人优待法案》（Veterans Preference Act）扩大了对退伍军人的优待范围，该法案规定所有光荣退役的退伍军人在联邦考试的得分中可以额外加五分（因公伤残的退伍军人则可以额外加十分）。此外，退伍军人在联邦政府任职中还享有其他特权。（例如他们不能被随意解职以及在大规模裁员事件中拥有优先保护权。）

所有的州和许多其他的行政辖域都制定了不同程度优待退伍军人的法律。新泽西州是一个极端的例子，该州授予退伍军人绝对优先权。该州规定，若退伍军人通过了初试，那么无论得分多少都必须优先雇用之；若退伍军人之间相互竞争的话，就要使用一定的排序，残疾退伍军人要优先于其他退伍军人。然而，《退伍军人优待法案》也遭到了抨击，因为这样的法律使得政府部门很难再去雇用和提拔更多的女士和少数民族人士。尽管在 1978 年的《文官改革法案》初稿中试图限制联邦政府部门中的退伍军人优先权，但是最后的定稿却包含了很多增强退伍军人优先权的新规定。

在 1979 年马萨诸塞州人事主管诉菲尼案（*Personnel Administrator of Massachusetts v. Feeney*）中，最高法院裁决，州政府的一项法律给予退伍军人终身在州政府就业的优先权并因此提高了男性的地位，但这样一项法律并不违反第十四修正案的平等保护条款。法院认为，退伍军人优先法对女性造成的不利影响并不能证明存在蓄意歧视的现象。

11.3.3 变质的恩惠制

恩惠制几乎同国家一样古老，是用来奖励政治忠诚者的一种有效工具。然而，当恩惠制变质时，它就会对选举官造成威胁。从 2005 年联邦紧急事件管理局局长迈克尔·布朗（Michael Brown）的案例中我们意识到，恩惠制与政治成本和绩效成本相生相伴。布朗对卡特里娜飓风灾难轻描淡写的处理，加上他极其有限的危机管理经验以及伴随着墨西哥海湾沿岸地区的毁灭，这些都使他受到来自媒体和国会的严格审查。这种审查不仅对布朗自己不利（被迫辞职），最终也损害了总统布什的形象。毕竟是布什总统亲自任命布朗担任这个职位的，而且总统还要对联邦官僚机构的最终绩效负责。虽然布朗这一案例不可能终结政治官员们的这种悠久的任用历史，但它可以作为一个警示故事，迫使未来的民选官员们将他们最娴熟的恩惠式任命权用在不具有重大责任的公职上。

不仅恩惠制任用常常遭到很多人的批评和关注，而且恩惠制解雇也会引起人们关注公共人事管理。2007 年就发生了这样一件事情。当时，布什政府解雇了八名联邦检察官，但立刻引起一场重大的骚乱。这些联邦检察官就职于司法部，他们于 2006 年 12 月 7 日收到解雇通知书。重要的是，解雇这些检察官完全是在布什总统的职权范围内，这位行政首长的喜怒哀乐就决定着他们的职务。但是，有时恩惠任用的法律保护并不等于恩惠任用的政治保护。

在这种案例中，八名被解雇的检察官中至少有六名最近曾经受到过司法部的正面评价，但不管怎样，他们却被检察总长阿尔伯特·冈萨雷斯（Albert Gonzalez）开除了。尽管检察官的工作无论做得多好其职务也不受法律保护，但是解雇这件事还是使布什政府处于非常尴尬的境地。很显然，解雇事件最根本的原因就是白宫希望有更多忠诚的共和党人来担任联邦检察官，就此来讲忠诚度要比能力更重要，并且布什政府似乎认为忠诚度只能通过告发民主党人来证明。布什政府如此高调宣传的优先偏爱并没有和民众很好地达成共识，哪怕很天真的民众也会知道法律应高于政治。布什和冈萨雷斯有权在这个检察官案件中作出这样的人事决定，但是舆论法庭也会对这种做法的民众接受程度作出裁决。

具有讽刺意味的是，当国会就此事展开调查并且检察总长为其行为进行辩护时，人们却发现冈萨雷斯对自己行为的解释漏洞百出。这些前后不一的说法导致参议院司法委员会（Senate Judiciary Committee）的成员对此进行了更加严格的审查，而且整个 2007 年夏天要求冈萨雷斯辞职或解除其职务的呼声越来越大。当然，检察总长这样做是为了博取总统的欢心，也因此他的命运就归结为布什总统的另一种恩惠式决定。于是，冈萨雷斯“自愿地”辞职了。

11.4 公共部门的劳资关系

工会是雇员组成的正式团体，与管理当局分庭抗礼以代表他们的利益。劳资关系（labor relations）这个术语，囊括了代表雇员的工会领袖和代表公共部门或私营部门的管理当局之间的全部相互关系。在公共部门，劳资关系的重要性是显而易见的，任何人只要经历过因清洁工罢工而饱尝垃圾场臭味、因司机罢工而不得不徒步出行、因“蓝色流感”① （blue flu）而头疼不已等这样的事，都会对此刻骨铭心。当公共部门出现激进好斗的工会时，任何有理智的人都会感到悲喜交加。一方面，这类工会有能力利用自己手中那点与提高生产率无关的职权，通过罢工行动引起财政瘫痪以达到加薪的目的，这无疑是令人悲观的。但另一方面，工会在一定程度上作为取代过时王权的手段，以及作为提高生产率的领导力量之源泉，其前景又是令人非常乐观的。

为什么在这么多的情况下工会都能取得如此成功呢？最简单的一点原因就是，与选举产生的政治官员相比较，工会领袖则是更加出色的政治家。他们接纳激进态度是基于这样一种认识，即采用非传统的政治行为方式往往对于其他利益集团——尤其是 20 世纪 60 年代早期公民权运动的倡导者们，他们通过娴熟地运用公民不合作权而取得成效——会更加有效。

公共人事部门传统上担任着双重功能——代表管理当局的同时也执行、解释人事规章。公共人事部门在何种情况下应当担任何种角色时刻面临着冲突，这种冲突的惯例化程度经常受到人们的关注，还好，这个问题正在趋向解决。在公共利益的确定问题上，工会倾向于选用多元矛盾模型，而反对公共部门的人事机构对雇员和管理当局承担相等的责任。一位长期担任公共雇员工会主席的杰瑞·沃夫（Jerry Wurf）曾坦率地说过，“文官无非就是管理当局的人事系统而已”，而也有管理者持这种观点。工会把代表公共雇员的利益视为其首要职责，其他任何站在人事部门立场上否认这一观点的意见，最终都将在谈判中被剔除。随着工会的不断觉醒和其地位的不断提高，就连昔日神圣不可侵犯的独立文官委员会，也只能坐视其职权在大幅度削减。这种情况又引发了一个严峻的问题，即如果文官委员会在两个集团的利益之争当中起不到任何作用的话，又怎样维持二者的和谐呢？全国文官联盟（National Civil Service League）——起草了 1983 年的《彭德尔顿法案》初稿，该法创建了美国文官委员会——总结说，其他力量已经过度地削弱了这个独立文官委员会的作用，所以联盟最近的《标准公共人事行政法》（Model Public Personnel Administration Law）正在建议废止这样的委员会。

11.4.1 美国劳联—产联

美国劳联—产联（American Federation of Labor-Congress of Industrial Organizations，AFL-CIO），即美国劳工联合会—美国产业工会联合会，简称劳联—产联，是由百余个全国和跨国工会自发组织的联合会，在美国运作并代表了总数超过 1 300 多万工人的权利。AFL-CIO 本身并不是工会，也不与资方讨价还价，其

① 蓝色流感：警官们发起的一种非正式的罢工，具体做法的在同一天同时号称生病而请假。“蓝色”指的是他们的制服颜色。

最贴切的定义或许应当是众多工会的工会。众多分支工会缔造了 AFL-CIO，以代表它们制定和执行内容广泛的全国和跨国的政策，并协调涉及范围广阔的联合行动。美国劳工联合会（AFL）组建于 1881 年，由手工艺同业工会、贸易和劳工组织共同构成，1886 年与这些手工艺同业工会合并后改成了现在的名称。当时，这些手工艺同业工会已经对那个更具有理想主义色彩的全国性劳工组织——劳动骑士团（the Knights of Labor）失望至极，转而加入劳联。1995 年，劳工联合会与产业工会联合会合并成为 AFL-CIO。其中每个会员工会都保留各自的自主权，按照各自会员确定的方式处理自己的事务。每个工会都拥有自己的总部、官员和职员，并独立地决定其经济政策、开展协议磋商、设定职责、提供会员服务等。每个会员工会都有权随时自由撤出联合会，如 2005 年 7 月就曾出现过这样的例子。当时劳联—产联中最大的三家工会，即服务业雇员国际工会（SEIU）、国际卡车司机协会（IBT）和零售业联合工会（USCW），公开脱离劳联—产联。尽管这次脱离对于美国劳工的谈判地位会造成什么影响尚不清楚，但是劳联—产联由此产生的大改组，已经向代表工人利益的组织化劳工团体的未来提出了疑问。然而，通过这种自愿参与的方式，以华盛顿为基地的劳联—产联，在为全美工人运动建立整体性政策方面发挥了作用，这也相应地促进了每个工会的利益。

11.4.2　管理机构

在劳资关系这个语境中，管理机构（administrative agency）是指任何能够公正地监管和促进劳资关系进程的私人或政府组织。无论在公共部门还是私人部门，当前的劳资关系模式都依赖于管理机构在两个集团进行利益谈判时提供一种持续性的监管。尽管这些管理机构的领导小组通常只有区区的 3～5 人，但它们仍然能够对不公正的劳动规章、谈判单位的适当性、有时还有对某项协议的适当解释以及谈判范围的合法性等问题作出裁定。此外，它们还要监管授权选举①（authorization elections），并代表某个谈判单位的全体雇员，为在该次谈判中脱颖而出的获胜者颁发证书。全国劳资关系委员会（NLRB）根据国会在 1935 年通过的一项法案而创立，是处理劳资关系管理机构的原型。全国劳资关系委员会力图保护雇员和雇主双方的利益，鼓励两个团体就利益问题展开谈判，并消除偏重于工人和管理任何一方而造成的有害于整体福利的做法。全国劳资委员会设立了专门的程序，以使工人能够通过秘密投票的方式作出选择，以确定雇主或工会的某些做法是否对工人不公正。全国劳资委员会模式，已经被联邦政府和若干州政府的公共部门所采纳。

① 授权选举：由全国劳资关系委员会（或其他管理机构）所指导的民意调查，以确定是否一个特定的工会能代表一群特定的雇员。授权选举可以与认证选举（因为如果工会获胜，管理机构就会认证它是作为工人的代表）和代表选举（因为一个获胜的工会就会成为工人的代表机构）互换使用。

表 11—4　　劳资关系法律体系

部门	法律基础	管理机构
私营企业	全国劳资关系法案修正案	全国劳资关系委员会
铁路和航空公司	铁路劳资法案修正案	国家调解委员会
邮政服务	1970 年邮政重组法案修正案	全国劳资关系委员会
联邦政府	1978 年文官改革法案	联邦劳资关系局
州和地方政府	一系列公共雇员关系法案	公共雇员关系委员会

资料来源：Jay M. Shafritz，*Facts on File Dictionary of Public Administration*（New York：Facts on File，1985）。

为联邦雇员服务的对应机构是联邦劳资关系局（FLRA），它是依据 1978 年文官改革法案而成立的，任务是监管谈判单位的成立并监督选举，除此之外，还要处理联邦机构的劳动—管理问题。联邦劳资关系局由三人小组领导——一名组长和两名组员——他们在两党联立的基础上任命产生，每届任期五年，但任期交错。联邦劳资关系局取代了原来的联邦劳资关系委员会（FLRC）。这个委员会也是任命产生，每届任期五年，职责是调查已经提请的不公正劳动行为，并向联邦劳资关系局提起诉讼。此外，在联邦劳资关系局内部还设有一个独立运作的实体——联邦机构僵局处理小组（FSIP），其职责是解决谈判僵局等问题。

在有些州，这样的机构通常被称作公共雇佣关系委员会（PERBs）。一般来说，该类委员会的职能与联邦劳资关系委员会是一致的，比如成员的任命方法、职务的任期，以及管理程序等。这类公共部门有一个重要的特点，那就是可以通过具有约束力的仲裁，来解决劳动合同的解释问题，从而避免了罢工这种解决争议的极端方式。当这种局面形成之后，公共雇佣关系委员会在监管仲裁权的行使方面就能发挥其作用，而当其对公共政策的谈判范围问题提出重大意见时，它对仲裁者的判决等重大问题也能发挥相应的作用。

11.4.3　集体谈判

相对于个人谈判（individual bargaining）中每个工人仅代表其各自的利益而言，集体谈判（collective bargaining）是代表群体的一种谈判。集体谈判是一个复杂的谈判过程，它涉及雇主和雇员之间就有关工资、工时和其他雇用条件以及对随后所签订合同的执行和解释等方面的问题，最终达成协议。集体谈判实际上是在工会代表和雇主之间保持了一种持续性关系。集体谈判有以下四个基本阶段：

（1）谈判组织之建立。

（2）需求之表达。

（3）需求之谈判。

（4）劳资协议之管理。

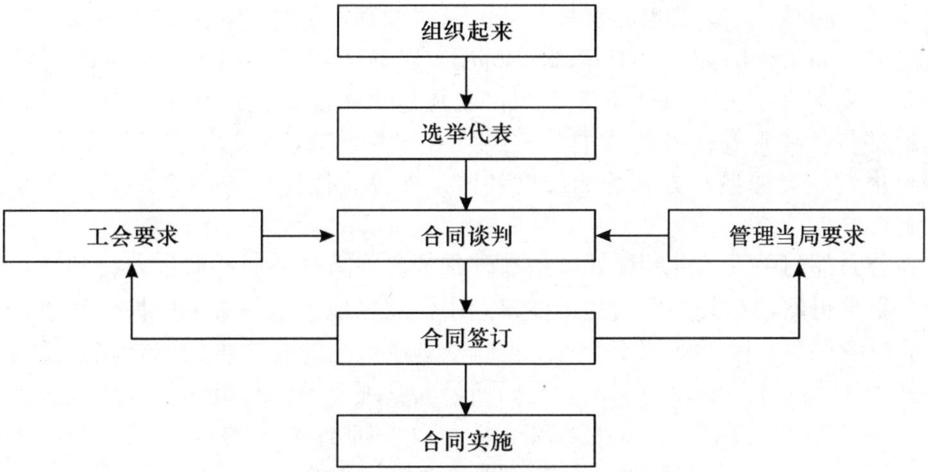

图 11—3　集体谈判循环总览

集体谈判是 1935 年《全国劳资关系法案》[①]（National Labor Relations Act）（即《瓦格纳法案》）的基石之一。该法案宣称，美国劳资关系政策旨在：

> 鼓励集体谈判的实践与程序，以及通过保护工人的结社自由、组织自由和自由选择代表等措施使得其在谈判时确保相关雇用的条款、条件以及相互之间的帮助和保护得到落实。

公共部门流行的劳资关系模式源自私营部门，但这种模式也并非完美无缺。这也就是为什么公共部门的劳资关系模式起初遭到反对，后来形成会面协商讨论[②]（meet-and-confer discussions）模式而不是集体谈判过程的原因。“集体谈判”这个术语往往带有避免进一步实际谈判的意思。但是，今天那些拥有良好劳资关系程序的行政辖区都依赖于私营部门模式，这种情况也值得关注。

这些地方往往采用私人部门中很常用的对立性谈判模式，不在谈判过程中把“公共利益”或诸如此类的美好目标挂在嘴边。对立性谈判模式假定谈判双方只能是一赢一输，从本质上讲，双方都参与竞争组织的利润分成。但政府本身并没有法定利润，因而以冲突和自利主义为基础的私人部门模式能适用于公共部门吗？

私营部门的劳资关系模型在全国劳资关系法案中得到了强化。这部法律基于结果将反映双方谈判实力[③]（bargaining strength）之假定，规定了职方和管理当局之

---

① 全国劳资关系法案：在日常使用中，全国劳资关系法案不仅指 1935 年的法律，而且也包括 1947 年的劳资关系法案（塔夫特-哈特利法案）和 1959 年的劳工—管理报告及信息披露法案（兰德拉姆-格里芬法案）修正后的法律。

② 会面协商讨论：这一模式主要用于公共部门确定雇佣状况。借此，雇主代表和雇员组织代表举行定期讨论，寻求在代表范围的事项上达成协议，任何书面协议都采用了一种不具约束力的谅解备忘录的形式。它通常用于正式集体谈判未经授权之处。

③ 谈判实力：是指谈判方在谈判期间各自拥有的相对力量。如果管理当局认为短期罢工是可以接受的，则它要比工人的谈判实力强。最终的结果往往反映双方的谈判实力。

间的谈判。同时，该法案也为公平劳资关系实践制定了规则，并成立全国劳资关系委员会[①]（National Labor Relations Board）以裁决实际应用中所产生的纠纷。因此，工人们拥有了罢工权和平等谈判权，凡是法律没禁止的几乎所有与就业有关的问题都包括在平等谈判的范围内。虽然双方关系被认定为对抗性的，但该模型相信自由市场会加强双方利益的最终和谐，即没有任何一方会希望雇主在经济上失败。

在公共部门中采用这种模式是值得怀疑的，因为其中一些假设对公共部门并不适用。很难想象，在公共部门的集体谈判中，双方地位是平等的。换句话说，工会与政府或者说与人民大众处于平等地位吗？选举产生的立法机构和行政首长通常被认为是美国公共部门的政策制定者，因而公共管理者不会与组织起来的雇员平等地进行谈判。在劳资纠纷方面，必须承认，政府拥有更大的权力限制谈判范围[②]（scope of bargaining）来实现其双方不平等地位的调整。

既然假定在公共部门的集体谈判中，双方原则上是不平等的，那争论的结果也不应该取决于他们的相对实力，因此也没必要罢工。公共部门罢工的意图未必是要对雇主造成经济上的危害，不过它们造成的政治危害会比经济损失更大一些，至少在短时期内可以这样认为。这是因为政府这个雇主的财政收入主要来自税收，而并不完全依赖于用户付费。当罢工中断了政府服务时，税收既不能被退还，也不能支出作为对于罢工雇员的补偿。所以，罢工可能还会暂时改善了政府的经济状况。总之，公共部门与私人部门之间罢工的功能截然不同。

总体来看，集体谈判在公共部门中并没有统一的形式，也不存在任何与之相关的全国性法律。不同的州和城市之间的做法差异很大，各地之间的法律规定也是各不相同，所以大量的负担被推到全国性劳工组织和在不同行政辖区的纠纷调解人身上。在这种情况下，因地制宜就显得非常的重要，这种分散性使得我们不得不高度概括化地谈论“公共部门的集体谈判”。

11.4.4 罢工

罢工（strike）是指工人们（不论是否是工会的成员）为了改变或反对改变自身的工作条件而相互达成一种临时停工的协议。这个词通常认为起源于航海，因为船员通过落下（striking）或收起（taking down）船帆的方式停止工作。罢工或潜在的罢工被认为是集体谈判过程的一个重要构成因素。许多工会领袖声称如果没有罢工权，集体谈判就只是一种猜谜游戏。近些年来，随着工会在公共部门和私人部门中都失去了大量的经济支持和政治援助，大规模罢工的频率也在呈下降趋势。当然，公共部门罢工频率的下降，同时还有另外的原因。20 世纪六七十年代初，公

---

① 全国劳资关系委员会（NLRB）：该联邦机构是依据 1935 年全国劳资关系法案成立的。这是一部主要管理私人部门和非营利部门劳资关系的国家法律，美国邮政服务也在其管辖范围内。NLRB 被授予组织的权力、通过选举决定工人们是否想让工会作为他们的谈判代表的权力，以及防止和纠正不正当劳动行为的权力。

② 谈判范围：是指集体谈判过程中管理和劳动协商的事项。

共部门的大多数罢工事件都针对一个问题，即承认工会在集体谈判中的作用。由于承认罢工往往是一次性议题，并且因为许多州在过去 30 年中颁布了综合性的公共雇员关系法，致使公共部门的雇员罢工已经比以前少得多。

罢工的运用逐渐变得多少有些过时了。在当今，经济力量的运用可能具有太大的破坏性和不可预测性，因此罢工被看成是达成协议的最后一种手段。此外，有些人认为罢工的根本性质会随着集体谈判关系的日益成熟而不断发生变化。当今的罢工有时会出现暴力，但是暴力不再发挥重要作用。相反，各方往往将罢工看作是谈判进程的延续。事实上，谈判可能会在整个罢工期间持续存在着。同样重要的是要记住，双方有着共同的重大利益，即雇主的经济活力和雇员的就业维护。另外一个影响罢工行为的基本因素，就是歌手鲍勃·迪伦（Bob Dylan）称之为"工会落日"（Union Sundown）的现象。由于公共部门的工会形象已经发生了变化，他们不再被认为是弱势群体追求正义的场所。相反，多数群体认为他们过于强大和贪婪。因为有组织的工人现在通过游说和拉票之类的政治方法来实现目标，所以不能不在意其公共身份。

参考文献

Argyris, Chris. (1964). "T-Groups for Organizational Effectiveness," *Harvard Business Review* (March-April).

Ban, Carolyn, and Norma Riccucci, eds. (1991). *Public Personnel Management*. New York: Longman.

Barr, Stephen. (2000). "A Barrel of Plum Jobs for One Side or the Other," *Washington Post* (November 9).

Branigan, William. (2007). "Gonzalez Defends Actions on U. S. Attorney Firings," *Washington Post* (April 19).

Business Wire. (2005). "U. S. Office of Personnel Management Awards Monster Government Solutions Contract for Federal Government's Online Job Sites," (April, 02).

Fainaru, Steve. (2007). Cutting Costs, Bending Rules and a Trail of Broken Lives. *Washington Post* (July 29).

General Accounting Office. (1995). *An Overview of the Federal Contracting Out Program* (March).

Government Accountability Office. (2004). *Competitive Sourcing: Greater Emphasis Needed on Increasing Efficiency and Accountability* (February).

Gruber, Amelia. (2004). "George Bush's Ambitious Management Reforms Agenda Is Only Beginning to Show Results," *Government Executive Magazine* (July 15, 2004).

Hays, Steven W., and Richard C. Kearney, eds. (1995). *Public Personnel Administration: Problems and Prospects*, 3rd ed. Englewood Cliffs, NJ: Prentice Hall.

Ingraham, Patricia, and Carolyn Ban, eds. (1984). *Legislating Bureaucratic Change: The Civil Service Reform Act of 1978*. Albany: State University of New York Press.

Kearney, Richard. (2000). *Labor Relations in the Public Sector*, 3rd ed. New York: Marcel Dekker.

Kingsley, J. Donald. (1944). *Representative Bureaucracy: An Interpretation of the British Civil Serv-*

ice. Yellow Springs, OH: Antioch Press.

Krislov, Samuel. (1967). *The Negro in Federal Employment*. Minneapolis: University of Minnesota Press.

Lacey, Marc. (2001). "Public Lives: Old Ties Give Bush Aide Cachet; Job Gives Him Power," *New York Times* (February 19).

Mosher, Frederick. (1982). *Democracy and the Public Service*, 2nd ed. New York: Oxford University Press.

Mosher, William E., and J. Donald Kingsley. (1936). *Public Personnel Administration*. New York: Harper.

Office of Management and Budget. (2006). *Report on Competitive Sourcing: Fiscal Year 2005*.

——. (2007). *Report on Competitive Sourcing: Fiscal Year 2006*.

Peters, Charles. (1993). "Tilting at Windmills," *The Washington Monthly* (May).

——. (1994). "Tilting at Windmills," *The Washington Monthly* (November).

Rosenbloom, David H. (1971a). *Federal Equal Employment Opportunity*. New York: Praeger.

——. (1971b). *Federal Service and the Constitution*. Ithaca, NY: Cornell University Press.

Rosenbloom, David H., and Jay Shafritz. (1985). *Essentials of Labor Relations*. Reston, VA: Reston.

Shafritz, Jay M. (1973). *Position Classification: A Behavioral Analysis for the Public Service*. New York: Praeger.

——. (1975). *Personnel Management in Government: The Heritage of Civil Service Reform*. New York: Praeger.

Shafritz, Jay M., Norma Riccucci, David H. Rosenbloom, Katherine Naff, and Al Hyde. (2001). *Personnel Management in Government*, 5th ed. New York: Marcel Dekker.

Tompkins, Jonathan. (1995). *Human Resource Management in Government*. New York: HarperCollins.

Van Riper, Paul P. (1958). *History of the United States Civil Service*. Evanston, IL: Row, Peterson.

Wurf, Jerry. (1966). "Personnel Opinions," *Public Personnel Review* (January).

第 12 章

社会公平

引子：性骚扰三千年

圣经给我们讲了这么一个故事：约瑟夫（Joseph）的哥哥把约瑟夫以“二十舍客勒银子”的价格卖为奴隶（《创世纪》第 37 章第 28 节），奴隶贩子把约瑟夫带到了埃及，并把他卖给法老的护卫长波提乏（Potiphar）。约瑟夫靠着自己的才能赢得了主人的赞赏，波提乏“让他管理家务”。

约瑟夫是一个天生的管理人才。他从一个奴隶开始，平步青云，快速发展，一直升到管家。是一次毫无理由的性骚扰（sexual harassment），结束了他的这项事业。波提乏的妻子“总是向约瑟夫目送秋波”。有一天，约瑟夫和波提乏的妻子单独在家，“她抓住了他的衣裳，并说要和他同寝”。约瑟夫立刻躲开，但“衣裳却留在了她手中”。

可怜的约瑟夫！他继续着工作，也意识到下一步自己应该离开这个地方。但是能往哪里去呢？在那个时代，也没有平等就业机会委员会，约瑟夫能以工作场所的性骚扰向它提出申诉。此外，奴隶也根本没有权利去抱怨任何事情，尤其是没有权利摆脱性胁迫。虽然被骚扰已经是够坏的了，但是更可怕的可能还要被栽赃陷害并被监禁入狱——而这样的事情就恰恰发生在约瑟夫身上。波提乏的妻子声称，约瑟夫有意接近她，是在她大声呼救时不得已才逃跑的，波提乏的妻子以约瑟夫的衣裳作为证据。当波提乏听到他妻子对约瑟夫的不实指控后，

“他被激怒了，火冒三丈”，怒不可遏地把约瑟夫投进大牢。

幸运的是，这个特殊的性骚扰故事有一个圆满的结局。当约瑟夫还在大牢时，他对长远事情的预测技能引起了法老王（Pharaoh）的注意。法老王需要一个解梦者，给他解释七只瘦牛吃掉七只肥牛的梦。约瑟夫警告说，这意味着将要来临一场饥荒。他的预测给法老王留下了深刻印象，约瑟夫也因此成为政府官僚，并开始向埃及官僚组织的顶端攀升。这恰好也表明，曾经被判过刑的人也可以成为一名高效的雇员。

3 000 多年以后，工作场所的性骚扰问题被提上了美国最高法院的议事日程。尽管对约瑟夫来说为时已晚，但是法院在 1986 年裁定了一个相似的案件。在美驰储蓄银行诉文森案①中，性骚扰导致了敌对性或虐待性的工作环境，即使被骚扰者没有因为性骚扰而产生经济上的损失，性骚扰行为也会被认为是非法的。因为它违反了《1964 年的民权法案》第七条规定（即禁止因种族、肤色、宗教、性别和出身而产生的就业歧视）。

这个案例试图通过确定一些办法来判断在任何给定情形中是否存在性骚扰行为。因此，法院认为，当工作场所充满了非常严峻的或普遍的歧视行为，以至于形成敌对性的或虐待性的工作环境时，那就是违反了《1964 年民权法案》第七条的规定。法院主张，是否构成性骚扰，其标准就是正常人可以感受到的客观存在的敌对性（hostile）或者侮辱性（abusive）的工作环境。工作环境是否具有“敌对性”或“侮辱性”，主要是通过观察以下各类情形来确定：发生歧视行为的频率、歧视行为的严重程度、是否存在对人身的威胁或者侮辱（或者只是侮辱性的语言）、是否不合理地影响了雇员的工作绩效等。对雇员的心理健康的影响，也被认为是判断是否为敌对性环境的一个相关因素。

但是，这个标准不够详细和清晰，很难给雇主和联邦基层法院提供足够的指导。因此，最高法院只好在 1993 年哈里斯诉铲车设备公司案（*Harris v. Forklift Systems*）中，对 1986 年所制定的标准进行扩大性解释。特里萨·哈里斯（Teresa Harris）在一家设备租赁公司担任经理职务两年多。在受雇工作期间，公司的男性总裁总是因其女性性别而侮辱她，并且经常使她成为不必要的性暗讽靶子。例如有好多次，他当着其他员工的面对哈里斯说：“你是个女人，你懂什么？”和“我需要一个男性的租赁经理。”

还有一次，他当着很多人的面，建议哈里斯和他一起去假日酒店谈谈她晋升的问题。他甚至要求哈里斯和其他女雇员，从他裤子前面的口袋里掏硬币。当哈里斯抱怨这种行为时，这位公司总裁则表示他只是开玩笑，并没有冒犯哈里斯的意思，并且还道歉了。他也保证，以后再也不那样做了。哈里斯基于总裁给予的这些承诺，决定留下来继续工作。但是几周后，问题又重新出现了。这时，哈里斯辞去了工作，然后起诉了铲车租赁公司。她认为，总裁因其性别所做出的行为是工作场所

---

① *Meritor Savings Bank v. Vinson*，即美驰储蓄银行女职员文森状告副行长西德尼·泰勒强迫自己与其发生性关系案。——译者注

的一种侮辱性行为。联邦基层法院则认为，那种情况下并没有形成侮辱性的环境。法院认为，这些语言虽然会冒犯任何正常的女人，但是还没有到“十分严重，以至于影响到（哈里斯的）心理健康”。

最高法院同意再审这个案件，以解决是什么构成“性侮辱”（sexually abusive）工作环境的这一争议。大法官桑德拉·戴·奥康纳①以书面形式综合了法院大多数法官的意见，宣称第七条必须在“骚扰行为导致精神崩溃之前”起到相应的保护作用。受害者不必证明存在“有形的心理伤害”，只需要冒犯行为“可能严重影响了一个正常人的心理健康”即可。因此，新的标准认为，只要工作环境可能被认为或者已经被认为是具有敌对性和侮辱性，就不需要证明存在心理上的伤害。事实上，对性骚扰的断定，没有必要等到产生了精神崩溃。奥康纳由此得出结论：“心理伤害，就像其他相关要素一样，也是其中的一个考虑要素，没有任何一个单一的要素是必需的”，因为这并不是在本质上也不可能是“一项精确的数学测试”。

约瑟夫的故事，可能是工作场所性骚扰的第一个有记录的案例。3 000 多年以后，法院依然在讨论这类事情。进步的确缓慢。但是，设法寻求工作中的社会公平，似乎终于进入到了解决问题的阶段。

讨论题

禁止性别歧视的 1964 年民权法案如何应用于性骚扰案件？最高法院裁决的雇主关于性骚扰的最低义务是什么？

12.1 何谓社会公平？

社会公平（social equity）是公正地获得公共服务，它是实际运作中的平等主义（egalitarianism）——其基本原则就是每一个公民，不管其经济地位和个人特质有多大差异，都应得到且有权利得到政治系统的同等待遇。虽然美国还没有实现这一理想，在其历史发展过程中还未曾实现所有人获得同等待遇，但是它仍然在坚持不懈地努力，试图实现这一理想。政治理论家让·雅格·卢梭（Jean-Jacques Rousseau）在其《社会契约论》（*The Social Contract*）（1762 年）一书中警告说，“正是由于环境的力量（the force of circumstances）易于摧毁平等，那么立法的力量就必须倾向于精心地维护平等”。美国有这样的悠久传统，它总是通过立法来缓和那些阻碍平等的“环境力量”。例如，在 19 世界早期，逐渐实现了使所有阶层都可以享受到公立学校的义务教育。1862 年颁布实施的《宅地法案》（*Homestead Act*）规定，任何公民都可以拥有一块 160 英亩的公共土地，只要他在这块土地上

① Sandra Day O'Connor，美国法学家，联邦最高法院首位女性法官。——译者注

居住超过五年。发生在 1861—1865 年的内战，可以被看作是有关政府间关系本性上的冲突，也可以看作是为了给受奴役的人们带来“平等”的一场道德改革运动。20 世纪，源源不断的立法给工人、妇女、少数民族授予了新的权利。这就是到目前为止取得的进步，社会公平，还有效率，已经成为当前评判公共政策或公共项目合理性的主要标准。

政府组织有一个特殊的责任就是维护公平——既为政府雇员也为公众追求社会公平——因为它们代表着公众。这与代表私人利益（如股东利益）的商业组织是截然不同的。人们经常宣称公司是有社会责任的，也就是说，公司有为社会福祉作贡献的道德义务——此义务远远超出了以合法的方式获取利润这一狭窄的意义。但是其他一些人，例如经济学家米尔顿·弗里德曼（Milton Friedman），则认为社会问题的解决是政府的任务，而不是工商企业的任务，让经理花钱来缓和社会问题的行为是不负责任的行为。

12.1.1 维护社会公平

政府强迫私人组织更好地对待其雇员，这一传统具有较长历史。不过，社会达尔文主义者（social Darwinism）抑制了更好地对待雇员这一思想，因为达尔文（Charles Darwin，1809—1882）的生物进化论思想被其他国家应用到人类社会组织和经济政策发展领域。美国的社会达尔文主义者，也把达尔文的“自然选择”和“适者生存”的思想大体应用到了社会领域。因此，类似于以有害于儿童健康和社会发展的方式雇用童工这样的做法，一直被认为是有道理的。劳工运动和社会改革者，为防止在工作场所对儿童进行剥削做了很多工作，这些努力可以追溯到 19 世纪。早在 1842 年，康涅狄格州和马萨诸塞州已经立法规定，儿童一天最多只能工作 10 个小时。1848 年，宾夕法尼亚州设定了 12 岁为在工厂工作的最低工作年龄限制。但是，大概一直到 20 多年后，各州才有专门的检查员来执行有关童工的法律。直到 20 世纪 30 年代末期，联邦法律才禁止使用童工（主要是通过了 1938 年的公平劳动标准法）。使用童工的做法如此根深蒂固，以至于早期联邦政府企图禁止使用童工的做法，曾被最高法院解释为侵犯了州制定工作场所规则的权利之违宪行为。为儿童争取社会公平，是一场持续了一个多世纪的艰苦战争，因为社会达尔文主义者在很大程度上认为“适应”环境的儿童能够生存下来，这也是“自然选择”的组成部分之一。

童工问题只是如何把政府监管职能用于推动社会公平（social equity）的例子之一。始于 19 世纪的劳工运动和妇女运动以及二战之后的民权运动，目的都是为了能够使就业机会实现均等化，为了能够使工会、妇女和少数群体成员在社会提供的成功机会面前均等化。这些公共政策的调整是一个持续性过程。在本章引子中曾经讨论过的被联邦最高法院判定为性骚扰的案件，就是性别歧视的一个变种。虽然面对着未来案件的不确定性，但是可以肯定的是，在本世纪法院将能够更好地处理这类事件。对社会公平的追求是永无止境的。立法寻找解决侵犯公平的总原则，而具体的细节问题则留给了法院去解释。

12.1.2 新公共行政

到 20 世纪 60 年代末期，有些学者对有关公共行政学科状况和公共行政职业方面所存在的一系列严重问题进行了质疑。那时，德怀特·沃尔多（Dwight Waldo）教授提出公共行政正处在“一个革命的时代”的观点。并且，他以《公共行政评论》（*Public Administration Review*）主编身份，发起一个主要由年轻的公共行政学者参加的会议，这次会议由锡拉丘兹大学麦克斯韦尔学院赞助。会议举行的时间是在 1968 年，地点在锡拉丘兹大学的明诺布鲁克（Minnowbrook）会议中心。这次会议所提交的论文，由《公共行政评论》的编辑弗兰克·马里尼（Frank Marini）负责编辑整理，并且在 1971 年以《走向新公共行政：明诺布鲁克的观点》（*Toward a New Public Administration*：*The Minnowbrook Perspective*）为书名出版。此次会议的目的，就在于辨别出与公共行政相关的主题是什么，并确定这个学科怎样变革才能迎接 20 世纪 70 年代的挑战。乔治·弗雷德里克森（H. George Frederickson），现任堪萨斯州大学教授，为本次会议提交了一篇名为《走向新公共行政》的论文，论文对公共服务的执行和供给提出了社会公平的要求。

弗雷德里克森的新公共行政，呼吁行政人员应积极主动地行动起来，且行动应具有前瞻性，要用实现社会公平的强烈愿望代替非人格化、中立的、只是雇来做枪用的这种传统官僚倾向。然而，这种呼吁引来的却是很多的质疑，而不是赞同。新公共行政在呼吁社会公平的同时，也引起了反抗，因为官僚机构无法容忍也不会轻易接受这种要求。维克托·汤普森①（Victor Thompson）在其《没有同情也没有热情》（*Without Sympathy or Enthusiasm*）一书中，就立即对新公共行政运动进行了抨击，认为这是“窃取了人民主权”的左翼激进分子的一次反击。

汤普森的担忧多余了。他们这些“激进分子”可以做的一切就是说和写。从 20 世纪 70 年代至今，公共行政依然由弗雷德里克森的观点所主导，他们在源源不断地撰写会议文章和学术论文，敦促公共行政人员在应对变革的力量时应表现出敏感性，在应对顾客需求时应表现出敏感性，在应对服务供给中的社会公平问题时应表现出更强的敏感性。这产生了积极的影响，道义地和公平地对待公民，目前已经成为公共机构和公共行政人员关注的最前沿问题。通过改变公众态度、政府再造运动、民权法得以加强，新公共行政在 25 年后获得胜利。因为种族问题而不让一个人得到福利或者是因为性别问题而不让一个人获得就业机会，这在

① 维克托·汤普森（1912—）：在公共行政文献方面最具独特风格的一位作者。汤普森因其能灵巧地处理官僚部门间的相互作用和功能障碍而闻名。在他最有影响力的作品《现代组织》（*Modern Organization*）一书中，他提醒我们“绝不能忘记，顾客对官僚机构的需要是出了名的不敏感”。

今天是无法想象的，当然这样做也是非法的。的确，当今的社会公平不再需要年轻的激进分子付出如此多的努力了，因为有关社会公平的工作已经由各种各样的行政人员在负责实施。

12.2 对公平的挑战

平等是美国人的理想。1776 年的《独立宣言》宣称："人人生而平等，是造物主赋予了他们某些不可剥夺的权利。"这些权利源于自然法①，人人享有，并且不能被剥夺或者转移。然而，这部宣言以及后来的宪法却剥夺了一大群居民的这些权利。由于宪法从一开始就没有注意到非裔美国人所处的困境，最高法院大法官瑟古德·马歇尔②（Thurgood Marshall），尖锐地驳斥了这样一种观点，即美国人应该赞美宪法，因为它是我们这个国家中一切美好事物之源泉。相反，他谈到那些宪法奠基者时说："从一开始，他们设计的政府就是有缺陷的，需要通过一些修正，甚至需要通过内战和重大的社会变革来实现宪政体制，来实现我们目前推崇的尊重个人自由和人权。"马歇尔的言辞尽管很犀利，但是在美国，所有与公平有关的讨论都必定始于种族问题。

12.2.1 种族偏见

种族（race）是指具有某些共同特征的一大群人，并且假定这些特征可以通过遗传方式被传承下来。但争论的焦点是，到底哪些特征应该被包括在内。他们的共同点，既包括看得见的物理特性，如头发、皮肤和眼睛的颜色，也包括看不见的感情和态度的细微特征。甚至某些疾病和生理障碍也会成为某些种族的基因易感性。所有种族中的正常人，都会觉得讨论种族问题是一个很不舒服的话题。将对过去不公正的感触，带到表面礼貌的交谈中是非常危险的。然而，在多种族的社会中管理公共事务，没有什么能比种族问题显得更加重要了。必须面对和讨论这些问题，即使不能立即解决。

直到 20 世纪中叶，种族一直被用作区分民族群体的一种方式。这种做法可以追溯到根据语言来区分人群的 18 世纪。它试图成为定义种族等级的一种方法，也就是所谓的盎格鲁撒克逊人③在顶部，然后按照想象中的进化路径安排其他种族的

① natural law，最早提出自然法思想的是古希腊的哲学家们。他们认为，自然法被认为是人类本性中永久不变的部分，作为对政治和法律进行评估的基础，它被认为是亘古不变和普适的。——译者注

② 瑟古德·马歇尔（1908—1993）：曾为布朗诉教育委员会案（*Brown v. Board of Education*）成功辩护的民权律师，并在 1967 年被约翰逊总统任命为最高法院的首位非洲裔成员。

③ Anglo-Saxons，指 5—6 世纪入侵不列颠的古代北欧日耳曼诸部族的人，包括盎格鲁人、撒克逊人和朱特人。——译者注

地位。在美国新近的政治语言中，种族用来指称与起源于非洲的那些公民相关的问题和态度。其他少数群体被称为民族[1]。原来，民族（ethnics）这个词只适用于欧洲民族。但现在这个词更可能是指新的民族，既指那些已经久居这里的民族，又指那些最近新来的民族——例如西班牙裔美国人和越南裔美国人。从技术上讲，除了白色盎格鲁撒克逊新教徒以外，每个美国人都是某个族群的成员之一。现在，白色盎格鲁撒克逊新教徒只有少数一部分人，他们中许多人也已经开始声称他们是一个民族了。当一位政治家告诉他的爱尔兰裔选民他支持爱尔兰统一，告诉他的犹太裔选民他支持以色列成为一个强大的国家，告诉他的西班牙裔选民他支持双语教育的时候，我们可以认为他在搞种族政治（ethnic politics）。种族政治未必有实质性内容，有时候只不过是比政治家在吃民族特色食物或者出席某个民族文化日或婚礼而带来的这样一个"拍照机会"有更多的内容而已。

种族主义者（racist）是指无论自觉或不自觉地以种族（或种族划分）为基础，针对某人或者支持某个种族高于其他种族，而实施种族歧视[2]（discrimination）行为的任何人或任何组织。最臭名昭著的美国种族主义团体，就是过去的三 K 党[3]（Ku Klux Klan，KKK）。但是，任何对少数民族不友好，以及使用种族贬低词或者出于真正的无知，也一样被认为是种族主义者。这些人也许会否认自己是种族主义者，然而被冒犯的少数群体依然会认为他们是种族主义者。尤其是所谓的隐形种族主义（stealth racism）——种族主义行为对非裔美国人来说很明显，但事实上对白人来说是看不见的。小康中产阶级中的非白人，经常会在购物场所受到更严密的监视，经常发现他们很难等到的士，自动地被认为是危险的，并且总会在餐厅和机场被给予不公平的服务。人格如此缺乏尊重，荣誉被如此诋毁，这些都很难通过立法加以处理。1964 年的民权法案，规定昂贵的酒店和餐馆应给任何人提供平等的机会。但是，当身穿礼服的非裔美国人客户被误认为是服务员或代客停车服务员的时候，仍然让人非常的伤感。这就是隐形种族主义。

非裔美国人同其他族裔的区别，并不在于肤色——许多其他群体也都是非白人——但是他们的祖先并不是"渴望呼吸自由的大众"，不是作为在自由女神像上刻写自由的人，而是作为奴隶来到美国的。奴役至今仍然是非裔美国人的一种独特感受。

---

① ethnics，在美国，指既非白种盎格鲁-撒克逊人又非黑人的美国人。——译者注

② 歧视：偏执，不能容忍其他种族或者其宗教信仰的存在。

③ 三 K 党：最臭名昭著的美国恐怖主义组织，成立于美国内战之后的南方。它有着种族主义信仰，认为白人优于其他种族。这个三 K 党有着恐吓、殴打、谋杀黑人和其他种族及其他宗教成员的悠久历史。动用私刑是三 K 党的一个标志，例如他们为了使旁观者感受到恐惧而焚烧十字架。三 K 党的成员总是披着长袍，并用遮光罩隐藏自己的面孔。20 世纪初，有着相当大政治权力的三 K 党控制着十多个州的政治和几十个国会议员成员。今天，三 K 党的政治影响力极其微弱。因此，它已经不再成为主流，而是被边缘化了，它的成员从数以百万计减少到了现在的几千个。近年来，其受害者获得了诉讼上的成功也给了这个组织沉重的打击。

12.2.2 奴隶制的苦涩遗产

在宪法的各个部分都曾提及到（即使是隐含地或间接地提到）始于殖民时期的奴隶制度。第一条第二款规定，在分配众议院代表人数的时候，奴隶只按其“五分之三”的人数计算。第一条第九款规定，国会在1808年以前，不得通过任何法律禁止进口奴隶。第四条第二款规定，“服劳役者”——意味着逃跑掉的奴隶——应该被遣送回原服劳役的地方。最高法院在对德雷德·斯科特诉桑福德案[①]（*Dred Scott v. Sandford*）的裁决中坚持了这些规定。

亚伯拉罕·林肯早在他成为总统之前，就是坚定地反对奴隶制的最雄辩的发言人。1858年6月16日，他在伊利诺伊州的共和党州会议上说道：“‘自行分裂的房子是不能挺立的（《圣经》，《马可福音》第3章第25节）。’我相信，一个坚持一半是奴隶制度一半是自由制度的政府，是不能长久存在的。我不希望联邦被解散——我不希望房子倒塌——但是我希望它停止分裂。这将成为众望所归的一件事情。”他是对的。

1862年9月，林肯总统以战时三军总司令的身份，颁布了《解放黑奴宣言》[②]（Emancipation Proclamation）。该宣言1863年1月1日起生效。宣言宣布，奴隶“都是自由人，并且从今以后将永远地获得自由；美国行政当局，由此包括陆军和海军当局，将承认并维护这种自由”。1865年通过的第十三宪法修正案，目的就是为了终结对《解放黑奴宣言》是否合宪的争议并永久性地解决了美国奴隶制问题。

美国奴隶制的历史依然与当今有关，因为这是非洲裔美国人要求特殊待遇的根本基础。有人认为应当赔款，并且指向1988年的《公民自由法案》（Civil Liberties Act）。这部法律授权政府对二战期间被美国关押过的日裔美国人给予赔偿，每人可以获得20 000美元的赔款。这部法律批准了12.5亿美元的赔偿金。当此部法律颁布的时候，被关押过的120 000名日裔美国人中尚且有70 000人健在。这些给日裔美国人的赔偿金，已经到了还活着的受害者手里。不会有奴隶制的直接受害者仍然活着。大多数美国人并不是奴隶主的后裔，而是在南北战争后仅仅在肩上搭着自己的衣服来到美国的那些人的后裔，故对奴隶制的受害者进行赔偿并没有得到很多的同情。不过，奴隶制遗留问题的未竟事务导致了第二次重建。

---

① 德雷德·斯科特诉桑福德案（1857年）：这是美国最高法院宣布国会所颁布的法律（密苏里协定）违宪的第二个案例（第一个是1803年马伯里诉麦迪逊案）。德雷德·斯科特（1795—1858）是一个被带到北方的某个自由州的奴隶。法院所面临的问题是，居住在这个自由州是否可以成为宣布他是一个自由人的充分条件？最高法院在7票对2票的绝对优势下裁决认为不可以。首席法官罗杰·布鲁克在法院意见书中写道：“奴隶作为一种财产权利在宪法中得以明确。……宪法并没有赋予国会超过财产权利的更大的权力，也没有关于可以给予奴隶这种财产权利以比其他财产更少保护的任何描述。”虽然这项决定有助于加强法院的司法审查权，法院的观点——黑人不能成为公民，并且美国不能禁止不稳定地区的奴役制度——使得南北战争不可避免，特别是因为这一决定使得通过合法途径解决奴隶问题几乎是不可能的。

② 《解放黑奴宣言》：林肯提早半年，也就是在1862年7月22日，就向他的内阁宣布了他的宣言，但是他认为应该保密直到北方的军事局势得以改善。在1862年9月17日的安蒂特姆战役（the battle of Antietam）基本上以平局收场时，林肯认为这已经足够了，于是颁布了《解放黑奴宣言》。

12.2.3　从重建到第二次重建

虽然第十三修正案、第十四修正案[①]和第十五修正案[②]，都试图解决奴隶制和公民权利问题，但先前的奴隶问题依然存在。重建[③]（Reconstruction）后，许多州都颁布吉姆·克罗法[④]（Jim Crow laws），这些法律有效地使非洲裔美国人成为二等公民[⑤]（second-class citizens）。

非洲裔美国人二等公民的地位得到最高法院隔离但平等理论的支持。在普莱西诉弗格森案（*Plessy v. Ferguson*）（1896 年）中，法院认为，提供给非洲裔美国人和白人的铁路设施在质量上是同等的，并没有违反第十四修正案的平等保护条款。持反对意见[⑥]（dissenting opinion）的约翰·马歇尔·哈伦（John Marshall Harlan）法官写道："我们夸耀我们的人民享有自由。……但是，一边是我们制定了带着奴隶制烙印和对一个庞大阶层同胞存有歧视的法律，一边是我们主张的法律面前，人人平等，这二者之间怎样才能协调一致。在铁路车厢中，提供给乘客的是'平等'的设施，这种薄薄的伪装不可能蒙骗任何一个人，或者不能赎回今天所犯下的错误。"

半个多世纪后，法院推翻了普莱西案件的判决，并宣称隔离是"天然的不平等"，由此废止隔离理论。在布朗诉堪萨斯州托皮卡教育委员会案（*Brown v. Board of Education of Topeka*，*Kansas*）（1954 年）中，法院认为，公立学校因种族而依法隔离的儿童，因其在社会中少数种族的地位会产生自卑心理，甚至可能会深深地影响到他们的心灵和思维方式。因此法院认为，"在教育设施上将儿童分离开来在本质上是不平等的"，违反了第十四修正案的平等保护条款。根据终审法院首席大法官厄尔·沃伦（Earl Warren）的观点，"我们针对现在这种情况可以

---

① 第十四修正案：内战后美国宪法的修正案，这个修正案定义了公民权利和正当程序，以及平等保护所有公民的权利。通过的第十四修正案中有了正当程序和平等保护的条款，美国最高法院逐渐在国家范围内广泛地适用这些条款。

② 第十五修正案：即 1870 年为了保障所有种族、肤色、受奴役制度影响的公民的选举权而进行的对美国宪法的修订。这也是联邦选举权合法化的起源。

③ 重建：内战后，当时的南方被分成两部分——军事区和先前已被并入联邦的若干个州。当联邦军队于 1876 年撤出的时候，重建正式结束。

④ 吉姆·克罗法：所有维护种族分离的法律的统称。现在看来，所有的这些法规都是违宪的。但是在 1964 年民权法之前，南方许多州法律要求黑人和白人适用不同的饮水机、分离的休息室、隔离的剧院等。"吉姆·克罗"这个名字来自于 19 世纪的一个名字为吉姆（一个普通的名字）·克劳（一种黑色的鸟）的杂技演员。因此，这个名字被用来指代与黑人相关的一切。

⑤ 二等公民：不能享有其他公民所享有的所有公民权利的一类人。历史上，非洲裔美国人就被称为二等公民，由于隔离和被歧视等原因他们也认为自己是二等公民。但是，由于民权运动和修正这些偏见的新的法律的颁布，使得美国不可能继续存在二等公民。然而，这个词组在很多情况下仍被使用，如强调经济差距的少数民族、认为自己没有得到和男人同等的社会地位的妇女们、没有选举权的囚犯们。

⑥ 反对意见：一个法官的与法院的裁决不一致的意见。在美国最高法院，这些意见有时候是极其重要的，因为他们往往为随后的逆转决定建立了知识构架。终审法院法官查尔斯·伊万斯·休斯（Charles Evans Hughes，1862—1948）指出："不同意见是呼吁沉思法律的精神，呼吁充满智慧的新的一天。"

提出这样的问题：不同种族的人被单独分隔在不同公立学校受教育，即使体育器材和其他有形设施和其他种族的学生是平等的，是否还依然存在剥夺少数民族儿童平等受教育机会的现象呢？我们认为确实依然存在。”

这是20世纪最重要的一项判决，它给第二次重建创造了一个十分有利的环境，即为20世纪60年代的民权运动和民权立法创造了良好环境。尽管南北战争后的第一次重建给了非洲裔美国人脱离奴隶制的自由，但是在法律执行和实施的过程中并没有给予公民充分的权利。直到20世纪60年代，公众高昂的情绪被唤醒，国家也采取法律行动，从而确保所有美国人的平等权利，这以后公民方享受着充分的权利。

12.2.4 反种族歧视的行政措施

伴随着第二次重建，伴随着平等就业机会法和公民权利法的颁布，政府可以正式地承担起检查个人血统这一事务。1964年《民权法案》创设了平等就业机会委员会，这个机构成为官方的种族分类机构。南方曾经规定有异族结婚的法律，但在洛文诉弗吉尼亚州案（*Loving v. Virginia*）（1967年）中，该法被法院宣布违宪。《异族结婚法案》规定，如果你的祖先中有一位是非洲人，你就不能和祖先都是欧洲人的人结婚。现在，倒转过来了，如果你的祖先之一是非洲人，你都有权根据平等机会法律规定的平权行动[①]条款获得优先就业待遇。

最高法院也承认了联邦民权法所保护的额外增加的种族类别。在沙奥勒·特菲勒圣会诉柯布案（*Shaare Tefila Congregation v. Cobb*）（1987年）中，最高法院认为，犹太人可能会控告那些也被认为属于白人的高加索人对他们的种族歧视。圣·弗朗西斯学院诉阿尔-海兹拉吉案（*Saint Francis College v. Al-Khazraji*）（1987年）中，最高法院认为，具有阿拉伯血统的人受到各种公民权利法规的保护，可以免遭种族歧视。

除了在就业上的优势外，还会特意给予少数民族成员一些帮助——政府在采购时或在合约签订时，会预留特定的比例份额给少数民族成员或者妇女所开办的公司。这种特意给予的照顾，最高法院在富利洛夫诉克鲁茨尼克案[②]（*Fullilove v. Klutznick*）和新城广播诉联邦通信委员会案[③]（*Metro Broadcasting v. FCC*）中都给予了支持，但是却在列治文市诉克罗森案[④]（*City of Richmond v. J. A. Croson*）和埃德雷德建

① 平权行动，affirmative action，指在就业或教育中对妇女、黑人、少数民族成员等受歧视的社会人群提供均等机会的行动计划。——译者注

② 富利洛夫诉克鲁茨尼克案（1980年）：在这个诉讼中，高等法院认为国会有权使用配额，以纠正以前政府公共项目工程中所存在的歧视，理由就是第十四修正案对平等保护的要求，也就是说历史上受到歧视的团体应该被给予特殊待遇。

③ 新城广播诉联邦通信委员会案（1990年）：在这个诉讼案中，最高法院坚持认为美国联邦通信委员会可以用“良性种族意识的措施”以使更多的少数民族成员获得广播执照。

④ 列治文市诉克罗森案（1989年）：在这个诉讼中，最高法院认为预留少数民族成员这一旨在使30%的建筑合同预留给少数民族成员所成立的公司的计划过于死板，过去所存在的歧视行为也不能为这一计划提供合理的辩护。

筑公司诉佩纳案[①](*Adarand Constructors v. Pena*)中有所限制。

12.3 平等就业机会

平等就业机会(equal employment opportunity, EEO)的概念充满着政治、文化和感情色彩。一般来说,它适用于一套能够有效地防止任何个人因种族、肤色、性别、宗教、年龄、民族血统或者其他被认为是非法的因素而被排除在就业机会之外的程序和做法。虽然平等就业机会委员会的理想,是建立一个不存在有意和无意歧视的雇佣体系,但是实现这个理想却由于难以界定而在政治上是不可能的。一个人的平等就业机会可能造成其他人的种族歧视或者性别歧视。因为难以界定,仅仅只有法院可以说平等就业机会在什么条件下、在什么时候、在哪里才存在。

然而,人们必须记住,有关平等就业机会的法律和程序的建立,其目的就是为了纠正实际上真正存在并且今天依然存在的偏见和性别歧视。歧视(discrimination)这个词概括的就是工作场所令人难以容忍的不同等待遇的情形。在就业方面,很难给予同样个体以同等对待。无论故意的还是无意的,任何因为性别、种族、肤色、年龄、国籍、宗教、身体残疾或者其他不相关的标准,而限制一个人的就业机会和晋升机会的做法,都被认为是歧视和非法的。

12.3.1 平权行动的起源

直到肯尼迪当政,平等就业机会才成为公共人事行政的一项核心内容。1961—1965年,民权运动(civil rights movement)在其政治重要性上达到了顶峰,而且成为突出的全国性问题。的确,这已经成为时代象征,肯尼迪也宣布:"在我当政期间,我会致力于通过政府雇用来推进平等就业机会这项事业。"他在1961年3月6号发布10925号行政命令[②](Executive Order),第一次要求联邦政府及其承包商在其雇用活动中,执行反歧视雇用政策,实施"平权措施"。

实施平权行动,首先意味着必须消除在雇用妇女和少数民族群体成员时"人为设置的障碍"。为了使更多的少数群体成员能够获得联邦所提供的服务,人们做了许多艰苦的努力。这些措施包括出台激励措施吸引大量少数群体成员到高中和大学接受教育,鼓励各类机构给少数群体成员提供更好的培训机会。

肯尼迪的计划继续前行,并被约翰逊政府所继承和发展。1964年的《民权法案》宣称,确保联邦雇员的平等就业机会应该成为美国的国家政策。为了同私人领

① 埃德雷德建筑公司诉佩纳案(1995年):在这个诉讼中,最高法院认为预留计划只能在少数民族成员受到实质性的歧视时使用,因此他们只能作为对过去歧视做法的补救方法。

② 行政命令:美国总统实施行政行为的一种基本模式。总统发布行政命令的权力来源于要求总统"忠实地执行法律"这一总括式宪法条款,这项总括式条款和国会章程明确地赋予其这项权力。

域的歧视作斗争，该法还创设了平等就业机会委员会。此外，还将联邦雇员的平等就业活动的所有协调工作职能配置给文官委员会。

文摘 12.1　　为何是“平权”行动呢？

1961 年，在得克萨斯州社会各界就职庆典舞会上，新任副总统林登·约翰逊（Lyndon Johnson）正在迎宾列队中不断与到会的人们握手。当一名来自底特律的名为霍巴特·泰勒（Hobart Taylor Jr.）的年轻黑人律师……来到他身边时，约翰逊把他拉到了一边，并说自己需要他帮个忙。当时，禁止联邦承包商的雇用歧视的行政命令正在起草中，并等待肯尼迪总统签字，约翰逊问泰勒是否可以在这件事情上为自己提供帮助。

第二天，泰勒和另外两位未来最高法院的法官——亚瑟·戈德堡（Arthur Goldberg）和亚伯·福塔斯（Abe Fortas）——一起躲进威拉德饭店（Willard Hotel）的一个房间里，开始撰写一个文件，一个标题不太醒目的编号为 10925 的行政命令。泰勒后来对林登·贝恩斯·约翰逊图书馆（Lyndon Baines Johnson Library）档案馆的一位采访者说：“当时我就把‘平权’（affirmative）这个词用在标题的地方。不过，我一直在思考执行这个行政命令时怎样才能给人一种确定无疑的感觉，而且我在‘积极行动’（positive action）和‘平权行动’（affirmative action）两个词组之间摇摆不定。……最终我选择用平权行动是因为它押韵。”

资料来源：Nicholas Lehmann，“Taking Affirmative Action Apart,” *New York Times Magazine* (June 11，1995)。

林登·约翰逊总统于 1965 年 6 月 4 日在霍华德大学（Howard University）发表演讲，演讲中他说明了政府批准的将平权行动继续下去的逻辑依据。他讲道：“你不会把一个已经被锁链束缚而蹒跚数年的人，在解开他的锁链后直接带其到一场比赛的起跑线上，并告诉他，‘你可以与他人自由竞争了’，而这时你却仍然认为自己是完全公平的。”

在平等就业机会计划的演变过程中，接下来的一个重要发展阶段是在 1969 年，当时尼克松总统发布了一项行政命令，要求各机构“建立和维护平等就业机会的平权计划”。也是在尼克松当政期间，联邦法院把雇用少数民族的平权行动与具体的目标 ①(goals) 和时间表联系起来，这样就使得平权行动这个术语的外延扩大了，包括对迄今为止一直处于不利地位的弱势群体提供补偿性机会。

1972 年《平等就业机会法案》，既巩固了文官委员会在这一领域中的权威，也首次为这项计划奠定了坚实的法律基础。这部法律不仅重申了传统的不包含歧视内容的政策，而且还授权文官委员会执行该法的这些条款，即“通过适当的补救措施，包括对无论是否欠薪的雇员给予复职或雇用。……并且在认为必要和适当的时候，发布这种规则、规章、命令和执行细则”的方式执行这些条款。这部法律还授权文官委员会，负责年度评估，负责批准各机构的平等就业机会计划 ②(EEO

① 目标：一个组织为了通过平权行动试图实现的现实目标。相反的，配额的目标则是管理人员有责任不顾就业机会平等而通过建立一个确定的数目和比例的代表权来实现对特定群体成员的就业和发展机会进行限制。有意义的是，任何目标或者配额都必须有一个具体的时间表——目标和配额实现的期限。配额往往是由法院授权从而实现对过去歧视行为的补救。

② 平等就业机会计划：一个组织为纠正过去的歧视做法，或者对妇女和少数民族的保护不足的情况而制定的书面计划。该计划本身通常包括一项明确的目标，实现这些目标的时间表和具体项目。

plans)，还负责对各机构平等就业机会活动进行评价。这部法律还首次使州和地方政府处于联邦平等就业机会的保护之下。迄今为止，主要涉及私营部门管理的平等就业机会委员会，被给予了对非联邦公共部门进行管理的同样权力。但 1979 年，作为联邦文官改革的一部分，平等就业机会计划的执行职能被转移到了平等就业机会委员会（详见第 11 章）。1964 年创设的平等就业机会委员会，当时只负责对私营部门的执法权力，而到了 1979 年，它则同时负责各级政府平等就业机会的实施。

12.3.2　平权行动的正当理由

对平权行动的论证，即特意努力招聘和推动少数民族和妇女就业的正当理由，一直都是建立在统计数据之基础上的。根据联邦人口普查统计局（Bureau of the Census）的统计，2004 年，大学毕业的白人男性可以赚 65 000 美元，但同等教育水平下的黑人和西班牙裔男性却要相对少赚 30%。甚至高中毕业的黑人要比高中毕业的白人少赚 25%。这些经济收入上的差距，发展下去会导致自有住宅比率上的差距。2002 年，全国自有住宅的比率是 68%，而在黑人中的比率却是 48%（1990 年仅为 42%）。

表 12—1　**2004 年具有学士学位者的平均收入**　单位：美元

民族	男性	女性
所有民族	63 753	38 766
白人	65 652	49 318
黑人	47 648	38 612
西班牙裔美国人和葡萄牙裔美国人	53 814	34 849
亚洲裔美国人	57 236	38 438

资料来源：U. S. Bureau of the Census（2005）。

这些悬殊差异的存在，是由于奴隶时代遗留下来的歧视模式。克服和超越习惯性歧视①（systemic discrimination）之不利影响②（adverse impact）的方法，就是实施一个强有力的平权行动计划。若取消平权行动并强迫少数族群在众所周知的那种“公平竞争环境”（level playing field）中参与竞争，那就只会使现有的歧视状况延续下去。

平权行动不仅只是能够向其直接受益人提供好处。正如民权活动家罗杰·威尔

① 习惯性歧视：所使用的雇用方法（包括招聘方法、选择试验、促进政策等）产生了非故意性效果，即排除或者限制了那些被保护阶层的人的就业前景。由于法院对 1964 年《民权法案》第七章的解释，所有这些内化的歧视，尽管出于无知，也必须被消除，除非这些行为可能给雇主带来不合理的负担或者这种做法不能被其他不会产生负面效果的做法所替代。

② 不利影响：当某一特定工作或者许多工作的甄选程序，导致的结果是选择了某一种族、民族、性别的人们的比率比其他群体的比率低时，那么这个程序就被认为是有不利影响的。平等就业机会的联邦执行机构认为，任何群体的被选择比率少于其他群体的 4/5 或者说少于 80%，这样就产生了不利影响。

金斯（Roger Wilkins）所言："种族歧视和性别歧视的白人，不能够接受其他人的丰富的人性，他们本身就是有人格缺陷的矮人——先天的道德发育不良的人。"他们也是种族主义和男性至上主义的牺牲者。平权行动计划能够使他们接触到一个更加多样化的群体，能够帮助他们从自己的无知中解放出来。他们可以从"道德上的侏儒"变成道德高尚者。

人是这样的，组织也是这样的。越是少受种族歧视和性别歧视的影响，这样的组织就将越是有前途。这是多样性管理的结果——引导多种族员工和多文化组织的工作能够给组织带来更加多样化的解决问题的观点。这种多样化能够转化为更高的生产率。对多样化的关切已经成为平等就业机会计划的一个组成部分，但是现在这种关切更多是关系到组织生存问题，还未成为事关社会公平的问题。人口统计学上的简单事实表明，白人在全国劳动力中呈现不断递减状况。大型组织将来的发展之路，可以概括为，要么选择多样化，要么走向死亡。

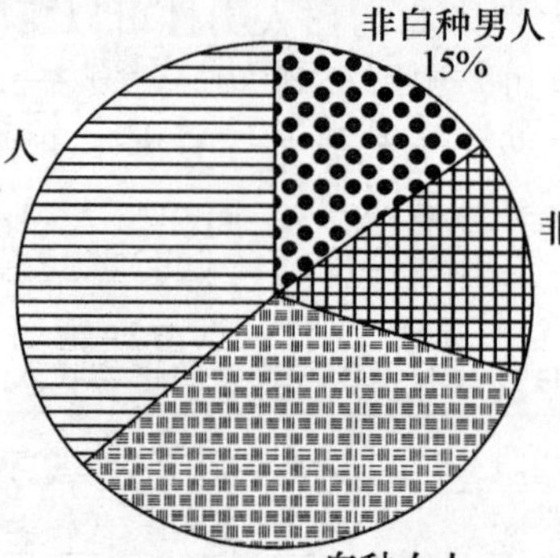

图 12—1 对多样性的数值论证：2008 年美国就业情况（预计）

资料来源：U. S. Bureau of Labor Statistics（2003）。

12.3.3 反平权行动的正当理由

反对平权行动的原因很简单，认为平权行动是不公平的。平权行动使得马丁·路德·金[①]博士的梦想——"将来有一天，我的四个孩子能够生活在一个不会根据他们的肤色而是根据他们的内涵来评价他们的这样的一个国度里"——变成了现实。平权行动的善意反对者们（同样也反对极端种族主义者）支持平等就业机会。他们认为，无论谁怀有种族歧视和性别歧视都是不对的。在雇用妇女、黑人或者其他少数民族成员的过程中，存有的种族偏见和性别偏见，不仅是一种内在的歧视，同时也违反了禁止歧视任何人也包括白人在内的 1964 年美国《民权法案》。

尽管平权行动计划的意图是好的，但是却也遭到非难，因为少数族群员工获得

① Martin Luther King，美国黑人运动领袖。——译者注

工作不是因其自身的内在价值，而是因为所在单位要完成一个正式的或非正式配额的任务。因此，这项计划既导致了被拒绝了这些就业机会的那些人的反感，也伤害了这项计划的受益者的自信心和自我感觉。批评家指责说，支持平权行动的少数族群成员，本质上就承认了自己缺乏竞争力。

最后，反对平权行动的人们认为，如果要提供补偿，则应该给予阶层而不是种族。为什么一个来自年收入超过100 000美元黑人家庭的孩子可以得到特殊的教育和特殊的就业机会呢？而在另一个来自年收入接近全国平均水平的白人家庭的孩子是否更加需要这些机会呢？此外，平权行动在目前似乎缺乏能够获得广泛政治支持的阶级基础。

12.3.4　代表性官僚制

1944年，唐纳德·金斯利（J. Donald Kingsley）与人合著，出版了《代表性官僚制：对英国文官的解读》（*Representative Bureaucracy：An Interpretation of the British Civil Service*）一书。该书是第一本全面介绍公共人事行政的教科书，他在书中从历史的角度对代表性官僚制进行了分析。1967年，宪法学者塞廖尔·克里斯洛夫（Samuel Krislov）扩展了金斯利代表性官僚制这一概念，认为在政府机构雇用中应该引入所统治地区人口代表这一要素。在《黑人就业于联邦政府》（*The Negro in Federal Employment*）这本书中，克里斯洛夫考察“在个人化身意义上的代表”之优势所在，也描绘了最充分体现民权的政府雇用运动的目标，并给这场运动的目标起了个名字——代表性官僚制。

克里斯洛夫继续研究着代表性官僚制，1974年，他出版名为《代表性官僚制》（*Representative Bureaucracy*）的著作，书中他还探讨了功绩制、人员选拔和社会公平等诸多问题。克里斯洛夫更直接地质问道，如果官僚机构并不能代表由各类群体组成的整个社会，那它怎样才能够获得合法性和公信力？因此，在很大程度上要感谢克里斯洛夫，是他继续发展了代表性官僚制概念，这意味着所有的社会群体都有权参与到政府治理机构中来。近年来，这个概念已经发展成为一种规范——所有的社会群体应该根据他们在总人口中的比例占有相应的公共职位。今天，代表性官僚制成为以实现平等就业和平权行动计划为目标的一种常用缩略语。

12.3.5　逆向性歧视

逆向性歧视（reverse discrimination），大体上是指对白人男性的歧视，也包括对接受优惠待遇的那些女性和少数族群的歧视。逆向性歧视行为在民权法中没有合法性地位。事实上，1964年《民权法案》第七章第703条第10款规定，不存在任何理由，允许雇主“以种族、肤色、宗教、性别或者出身为基础而提供优待待遇给任何个人或群体”。然而，平权行动计划必然把一些白人男性置于不利地位。在平权行动政策与以资历、分数等为基础提供优惠待遇的传统政策之间存在冲突时，这时通常能够敏锐地觉察到逆向性歧视行为。

文摘 12.2 **“其他”平权行动**

一位年轻的白人男子……每当提到那些“能力不足”的少数族群竟然要求特惠待遇时，不仅感到困惑而且感到愤怒。他想知道，他们为什么不能和其他人公平竞争呢？为什么像他这样努力工作的白人却被挤到平权行动的第二个序列中呢？为什么为了照顾他们而使他受到歧视呢？他攻击性的演说持续了很长一段时间……

我趁着这个年轻人停下来休息的时候，利用这个机会观察到，他对特惠待遇的愤恨似乎远远超过了他那一点点的伪善。他只是个普通人，却凭借其家庭关系进入哈佛大学。他第一次暑期实习在白宫，就是他家人帮助安排的。他第二次暑期实习在世界银行，同样由其家人帮他安排。由于他具有丰富的实习经历和哈佛学位，他已经被一家大公司列入行政人员培训计划之内。简而言之，他已经走在通往杰出职业生涯——可能靠特惠待遇铺就的职业生涯——的路途上。

我的话似乎没有给他留下印象，这一点都不令我奇怪。很明显，他从来都没有意识到自己是特惠待遇的受益者，毫无疑问他也不愿意承认。这位能力不足的人，以不正当的优势取得进步，并且使那些能力很强的人失去了工作，尽管这样，他的同事或者上级也不太可能倾向于看不起他。然而，有关黑人成为“平权行动”受惠者的假设，正是构建于这些日常生活之中。

资料来源：Ellis Cose，*The Rage of a Privileged Class*（New York：HarperCollins，1993）。

在约翰逊诉圣克拉拉县案（*Johnson v. Santa Clara County*）（1987年）中，美国联邦最高法院支持了这样一项平权行动计划，即先于一位客观上更为合格的男士而提拔了一名女士。最高法院的这个判决，实际上使得逆向歧视的做法最终取得了合法地位。批评者争辩说，由于法院首次许可并赋予逆向歧视行为以合法地位，导致了第七章有关不允许优惠待遇之规定的混乱。因为保罗·约翰逊（Paul Johnson）并没有受到实际伤害，所以这不是非法的性别歧视。法院理由充足地认为，他“并没有完全的道路调度员职务的绝对权利。七个申请者都是合格的和有资格的，这位机关负责人有权提拔七个人中的任何人。因此，对于约翰逊来说，这次没有提拔并非意味着希望被提拔就是不合法的”。虽然，约翰逊没有被提拔，但仍然以同样的薪水和资历被雇用，并且仍然有资格获得其他提升。

种族一直是美国政治的热点问题。尽管平权行动政策不能得到公众的积极支持，但还是能够被大部分公众接受，不过到1990年，公众意见就发生翻天覆地的变化。就在这一年，北卡罗来纳州的杰西·赫尔姆斯（Jesse Helms）在与夏洛特的黑人市长哈维·甘特（Harvey Gantt）竞选共和党参议员，由于哈维·甘特在竞选活动的最后一周使用了臭名昭著的电视商业广告节目，使得赫尔姆斯最终获得连任。但赫尔姆斯却接到一份皱皱巴巴的工作拒绝信，一个声音在宣布：“你需要这份工作，你也是最有资格的，但是这份工作却只能因为种族配额而给了少数民族。”

平权行动成为导致人们分裂的楔子。20世纪80年代以来，共和党一直很精明地使用这一楔子，他们给民主党戴上了一顶少数族群的特权捍卫者的帽子。这个楔子推动着许多支持传统民主的蓝领选民倒向了共和党的政治怀抱。

平权行动失去了白人的支持，明显地成为一个政治事实。2003年的《新闻周刊》调查显示，73%的白人反对平权行动。甚至少数民族中的大多数（56%）也反对平权行动。在绝大多数公民都反对逆向性歧视（对许多人来说，这恰恰是平权行动的另一个代名词）时，若把这大多数都戴上种族主义者帽子的话，那就显得十分的荒谬。诚然，反对平权行动是种族主义的信条。但是，大多数反对它的人并不是种族主义者，他们只是认为目前的平等就业机会计划并没有促进公平，最终将会被认为是违宪的。虽然曾经需要它来使黑人融入经济主流，但是到了现在，它从总体上来讲弊大于利。

表 12—2　　平权行动年代表

1941	富兰克林·罗斯福总统所发布的 8802 号行政命令，要求(1) 国防部承包商不能因其工人的种族、信仰或者国籍而歧视他们；(2) 要求建立一个对平等就业进行调查和对违反平等就业进行补救的委员会。
1944	唐纳德·金斯利的代表性官僚制的观点认为，任何社会群体都有权根据其在总人口中的比例来参与到他们的治理机构中。
1948	哈里·杜鲁门总统发布 9981 号行政命令，要求美国陆军和海军部队施行种族一体化，并要求联邦政府所有雇用过程不得存在歧视。
1961	约翰逊·肯尼迪总统发布 10925 号行政命令，第一次提出"平权行动"概念，并将其用作对联邦政府及其承包商雇用过程中的反歧视政策的补充。
1964	《民权法案》禁止私人部门雇用过程中基于种族、肤色、信仰、性别或者国籍而产生的歧视，并授权成立了平等就业委员会。
1965	林顿·约翰逊总统发布 11246 号行政命令，要求联邦政府承包商支持平权行动计划。
1969	理查德·尼克松总统的"76 计划"，要求在费城的联邦建筑商必须按照平权行动所规定的配额行动。
1971	在格里格斯诉杜克电力公司案（*Griggs v. Duke Power Company*）中，最高法院依据 1964 年的《民权法案》第七章抨击了限制性文凭主义，不仅禁止公开的歧视，也禁止操作性的歧视。因此，如果排斥少数族群的雇用活动"不能证明与工作绩效有关，那它就会被禁止"。
1972	《平等就业机会法案》修正了《民权法案》第七章的内容，包括禁止公共部门中的歧视行为。
1978	在加利福尼亚大学董事诉巴克案（*Regents of the University of California v. Bakke*）中，最高法院判决，白人男性申请人拒绝进入支持具有更低资格的少数族群的医学院，必须承认这是歧视行为。但与此同时，法院认为种族只是决定是否被录取的众多因素中的一个。
1979	在全美国钢铁工人联合会诉韦伯案（*United Steelworkers of America v. Weber*）中，最高法院鼓励，在雇员培训计划选拔过程中给予了黑人特殊待遇的平权行动计划。
1980	在富利洛夫诉克鲁茨尼克案（*Fullilove v. Klutznick*）（1980 年）中，最高法院认为，美国国会有权使用配额计划来对过去政府公共建设项目中的歧视行为进行补救。
1984	在消防员第 1784 号地方工会诉斯托茨案（*Fire Fighters Local Union No. 1784 v. Stotts*）中，最高法院判决，法院不可以干涉年资制度，以保护新被雇用的少数民族雇员不被解雇。
1987	在审理约翰逊诉圣克拉拉县案（*Johnson v. Santa Clara County*）中，美国联邦最高法院最终赋予逆向性歧视行为合法地位，并鼓励先于客观上更胜任的男性提升女性职务的平权行动计划。
1989	在沃兹科夫包装公司诉安东尼奥案（*Wards Cove Packing v. Antonio*）中，最高法院提出，在与平等就业机会有关的案件中，应由原告负举证责任。

1991	1991年的民权法推翻了沃兹·科夫案（*Wards Cove*）中的裁决。
1995	在重申政府对平权行动的支持时，比尔·克林顿宣称："平权行动不应该永远继续下去。"
1996	加利福尼亚州通过投票决议的方式废除了平权行动。
1998	华盛顿州通过投票决议的方式废除了平权行动。
2003	在与密歇根大学有关的两起案件，即格鲁特诉博林杰案（*Grutter v. Bollinger*）和格拉茨诉博林杰案（*Gratz v. Bollinger*），最高法院重申，录取决定要考虑种族问题，但否决了格拉茨案中的自动计分制度。

12.3.6 为多样性进行辩护

平权行动的法理基础——实际上也是逆向性歧视的法理基础——在于针对过去的歧视行为提供一个补救办法。但是，随着时间的推移，所设计的补救办法越来越多地应用于实践中时，你该如何为这种补救办法的继续实行进行辩护呢？这就是最高法院在2003年审理的涉及美国密歇根大学的两起案件所遇到的问题。

在格鲁特诉博林杰案中，法院认为，密歇根大学法学院可以在少数民族申请入学方面继续给予优待。但这个时候可以给予优待的理由，并不是因为要纠正过去的歧视做法，而是为了进一步推进多样化（diversify）本身。大法官桑德拉·戴·奥康纳按照多数判决的意见写道，宪法"并不禁止法学院在作出准予入学决定的时候仔细地考虑种族问题，目的是为了引起人们对教育效益感兴趣，因为这种教育效益产生于多样性的学生群体"。根据5票对4票的决定（共九名大法官），法院在判决中宣称，"要想在我们国家实现一个各民族不可分割地构成一体的梦想，那么不同种族和族裔群体在公民生活中的有效参与就是必不可少的"。刘易斯·鲍威尔（Lewis F. Powell）法官在1978年的巴克案判决（Bakke decision）中，最先对多样性进行了辩护。在2003年的案子里，法院采用了鲍威尔法官的"观点，认为学生群体的多样性关乎重大而迫切的国家利益，这为大学招生时考虑种族问题提供了正当辩护的理由"。

但是，在接受了多样性是一种迫切的国家利益的同时，法院也断言，这项利益不管多么的"迫切"，也必定是暂时性的，因为这种迫切性是公然违反第十四修正案平等待遇之要求的。大法官奥康纳对未来最高法院发出一个不同寻常的呼吁，她说，"种族意识的招生政策必定受时代所限制。无论政策目标多么的迫切，但这一要求却反映出种族分类潜在的危险，这些政策也许不再会超出这些利益诉求而获得更为广泛的应用。请记住，为种族特惠提供辩护的那个永久性理由，恰好违反了平等保护这项基本原则"。她总结道，"政府对种族的所有政策运用必定都有一个逻辑终点"。然后，她毫不夸张地指向那个终点，"我们预计，从现在起的25年内，政府的种族特惠政策将不再成为当今所支持利益之必需"。

尽管法院裁定种族特惠因多样性缘故可能延长25年，但并没有为这种终止提供明确的判断标准。另外，安东尼·斯凯利亚（Antonin Scalia）大法官也持有异常严厉的反对意见。他宣称，为种族特惠“正当辩护所用的那个神秘的‘临界规模’理由”，“甚至挑战了最易上当受骗的头脑（gullible minds)”。“临界规模”(critical mass）是指人们反复宣称的那个“事实”——相当数量的少数族群为了每个人的进步都需要求学。“最易上当受骗的头脑”似乎包括支持奥康纳大法官意见的那五名多数的大法官。斯凯利亚注意到，那些坚决倡导多样性的专业学者们，可以容忍在他们自己的校园存在有“部落主义和种族分离”，包括“只有少数族群的学生组织、少数族群单独居住的宿舍、独特的少数族群学生活动中心，甚至少数族群独特的毕业仪式”。

在格拉茨诉博林杰案（*Gratz v. Bollinger*）中，存在着与密歇根大学本科生招生过程相似的情形，法院认定，在招生中自动给予黑人学生巨大优惠，这样的分数制度是违宪的。种族仍然可以作为参考因素，但是不应该以这样一种“非个人化和机械化”的方式进行。这意味着，平权行动/逆向性歧视所支持的招生（和招聘）程序可以像以前一样继续使用——只要没有确凿的数据听起来好像是配额附着于他们身上就行。奥康纳大法官期望“有一个高度个人化的全面审查每个申请人文件的程序”。种族只是众多因素中的一个。对于因种族是一个因素感到恼火的那些人而言（因为他们认为宪法应该平等对待不同肤色的人），需要消消气，事实上法院已经说了，“只要再等上 25 年”。

小布什总统已经让其政府正式地要求法院驳回密歇根州这两所大学的招生程序，因为它们的招生程序几乎就是伪装了的配额制（quota systems)。在法院举行的支持其这种版本的多样性的第一次听证会上，白宫（2003 年 6 月 22 日）发表了一项总统声明。声明称赞法院“认识到了多样性给我们国家的大学校园所带来的价值”。然后它说，“像法院一样，我也期待有一天，美国能够真正成为一个‘色盲社会’”。你几乎能从总统声明的字里行间里听到无可奈何的呐喊：“但为什么我们还要等待 25 年呢?”

新闻报道

布朗诉教育委员会案（1954 年）已经被推翻了吗?

在你认为事情的结局在未来 25 年不会有所改变的时候，桑德拉·戴·奥康纳大法官从最高法院退休了，新组成的法院则试图扭转她关于多样性的意见。法院以 5 票对 4 票的投票结果决定驳回西雅图、华盛顿和肯塔基州路易斯维尔的公立学校多样性计划。2007 年，在参与社区学校的家长诉西雅图学区案（*Parents Involved in Community Schools v. Seattle School District*）和梅雷迪斯诉杰斐逊县教育委员会案（*Meredith v. Jefferson County Board of Education*）中，法院认为这两个学区都不能证明他们的行为是合宪的，也就是说，这两个学区在分派学校的时候，“采用了他们所选择的极端手段从而在学生之间制造了种族歧视”的行为是违宪的。然而，这些判决并没有消除学区向当地学校分配学生时依据的种族因素，这表明，消除种族歧视即使是可能的也是极其困难的。

约翰·罗伯茨（John Roberts）首席大法官的主要观点是这样的："将种族平衡作为迫切的国家利益，以此为在全国推行按种族比例入学的行为进行正当性辩护。"此外，"虽然学区可以寻求一个值得追求的目标，但这并不意味着他们可以通过实行种族歧视来实现此目标。"在布朗诉教育委员会案（*Brown v. Board of Education*）（1954 年）之前，"学校的孩子们被告知，因为他们肤色的不同，哪些学校可以去，哪些不可以去。在这些情形下，学区并没有对我们应当再次认可这种情形而肩负繁重的举证责任——即使基于完全不同的理由"。最终，他得出的结论说："阻止种族歧视之途在于禁止出现种族歧视。"

毕竟，"种族歧视是如此的邪恶、如此的武断和令人反感，以至于一个国家不得不从法律上捍卫平等，保证在任何公共领域都不出现种族歧视的行为"。然而，这句话并不是最高法院当时的意见，而是瑟古德·马歇尔（后来的首位最高法院黑人法官）所说。马歇尔当时是全国有色人种促进协会（National Association for the Advancement of Colored People）的首席律师，他在法院门前评论布朗案判决时说出上述那些话。所以从本质上说，很难说布朗案已经被推翻还是再次被肯定？

12.3.7 公共行政中的种族角色

如果说 2005 年以前种族歧视在美国扮演的角色已经从大多数美国人的日常思想中流逝，那么卡特里娜飓风产生的后果却在提醒国民，种族仍然在政府和社会中扮演着重要角色。虽然卡特里娜肆虐以前的数天和数小时里，整个新奥尔良都在疏散人口，但很多居民并未来得及撤离，他们躲在超级穹顶体育馆里艰难度过这场暴风雨的那些图像，证明了一个明显的事实，即种族隔离。排队站在那个庞大体育场馆外的人，几乎都是非裔美国人。虽然这个城市正在设法利用一个"作为最后手段的庇护所"保护其居民，但是我们还是禁不住会问，为什么无法撤离出城市的绝大部分人都是黑人？恰恰是在以黑人为主的城市里，没有白人面孔的电视画面非常的引人注目。在卡特里娜飓风着陆后的一周内，数以千计的非裔美国人，在令人窒息的路易斯安那的闷热中遭受着没有食物和水的折磨的画面，更加显得严酷可怖。这些令人震惊的照片或画面，重新激起国内关于种族和政府政策之间关系的辩论。这次辩论必然会对负责给三亿美国人依法提供平等保护的公共行政人员产生影响。

12.4 种族歧视之外的其他歧视

对种族问题的争论不休，导致平等就业机会也始终处在争议漩涡中。不过，除种族歧视不合法外，因性别、年龄、残疾而产生的歧视同样也是不合法的。

12.4.1 性别歧视

性别歧视（sex discrimination）是指一个人在就业中因其性别而受到的完全不同的对待或者非常不利的对待。1964年的《民权法案》（由1972年平等就业机会法修改）使得性别歧视在大多数就业情况下成为非法行为，涉及实际职业资格①（bona fide occupational qualification，BFOQ）限制的就业情况属于例外。

20世纪60年代初，就业中的性别歧视还未受到民权支持者们的关注。正是由于弗吉尼亚州的国会议员霍华德·史密斯（Howard Smith，1883—1976）这个人，禁止就业中的性别歧视行为才成为1964年《民权法案》的一部分。1964年，史密斯是众议院规则委员会（House Rules Committee）主席，虽是国会中最具影响力的一名议员，但并不太像妇女运动（women's movement）中涌现出的那些英雄。作为南方反民权的领袖人物，他在有关对种族、肤色、宗教和国籍歧视的禁止性规定上补充了一个不太起眼的小词，即性别。他认为，这样的一个小小修改就会使得拟议中的这部法律显得特别的荒谬并导致它最终不会被通过，史密斯对此充满信心。史密斯是一位"老式的"顽固不化的人：在他看来，比给黑人平等权利更荒谬的事情就是给妇女平等权利。

禁止"性别歧视"的修正案遭到国会中大多数自由主义者们的反对。他们也没有把它太当回事，只是认为，这可能会是阻止新民权法案通过的一块绊脚石。而支持采纳这个修正案的主要力量，则是来自当时反对改革的南方机构和团体。参议院中并没有关于禁止性别歧视的争论。新民权法案的推动力量如此之大，以至于史密斯所附加上的那个内容不仅没有阻止该法律，而且也没怎么引起人们太多的注意。赋予妇女运动合法性的这个根基，在几乎没有争论和媒体关注的情况下就通过了。史密斯和他的支持者们，也曾经意识到他们所做事情产生的现实影响，并试图在最终表决之前收回这个修正案，但是少数女性国会议员们坚持说应该通过投票来作这个决定，从而阻止了他们撤回。男性国会议员不想因为向妇女投反对票而产生尴尬局面，所以这项修正案依然保留于议案中。

虽然几乎是在秘密的状态下将禁止性别歧视列入新民权法，但是其影响却迅速地传播开来。新法律创设了美国平等就业机会委员会执行其各项规定。在新委员会运行第一年里所收到的投诉中，有1/3的投诉涉及就业中的性别歧视。典型的投诉包括对妇女申请晋升的处理不当、区分男性工作和女性工作的"招工"广告以及男性工作者获得相对较高的退休福利。所有这些做法，还有其他的一些做法，都是第七章规定的非法行为。在接下来的30年里，史密斯并非有意送给全国妇女们的这份礼物，变成了无数经庭审案件和庭外调解案件的参考标准。

远远超过少数族群人数的妇女们，已经成为平权行动的最大受益者。妇女几乎占了从事医疗和法律行业人员的1/4（几乎占了医学院和法学院学生的一半），30%

① 实际职业资格（BFOQ）：平等就业机会法所规定的善意例外。如果任职资格限制与那份工作的业绩无关，则是歧视性的和非法的。例如奶妈工作只能是女人来做，这种限制就是职业所造成的对性别的限制。

的自然科学家和40%的大学教授都是女性，并且约60%的公职人员是女性。虽然有人抱怨存在着女性难以突破的玻璃天花板①（glass ceiling），但是其他人却高兴地注意到玻璃天花板的消失只是一个时间问题。

12.4.2 性骚扰

当1964年《民权法案》明令禁止就业性别歧视时，任何人都没有想到这部新法律能与性骚扰扯上关系。甚至在当时的语言里都还没有“性骚扰”（sexual harassment）这一词汇。然而到了今天，就所有法律意图而言，性别歧视包含了性骚扰——处于一定职位的个人，通过利用手中的权力来控制或者影响另外一个人的工作、职位或者等级，从而获得性利益（sexual favors），同时惩罚那些拒绝提供性利益的职员。工作中的性骚扰行为变化多端，从不适当的性暗示到强迫性的性关系。

法院只能让我们逐步地大致了解到，那些行为在工作中是不允许出现的。虽然人们普遍认为性骚扰是不好的行为，但是在性骚扰的开端和两性吸引的终结之间正常交往的界线在哪里，人们却没有统一的认识。在这种情况下，有一句古老的格言非常适用：“问对方是否可以满足自己的要求是没有害处的!”但实际上，只是询问一下也还是有害无益的。很多妇女就是因为不愿意听到这样的问话而离职。还有很多妇女，因经济上的需要，而继续生活在屈辱和恐惧之中。

20世纪80年代，联邦基层法院已经在数起案件中认定性骚扰就是性别歧视，平等就业机会委员会也颁布了界定和禁止性骚扰的规则，这些规则具有法律约束力，包括：不受欢迎的性接近、要求性利益以及与生理性征联系的口头表达和身体接触，在以下情况下均构成性骚扰：

（1）通过明示或者暗示职员的雇用期限或者工作条件会发生变化，而迫使个人屈从于此种行为。

（2）基于职员屈从或者拒绝此种行为而作出影响此职员的雇用决定。

（3）此种行为的目的和结果就是不合理地干涉职员的工作绩效或者形成一种充满恐惧、敌意或者侮辱性的工作环境。

最后，最高法院在1986年作出有关性骚扰案的首个判决。在美驰储蓄银行诉文森案中，法院主张，“违反第七章（1964年《民权法案》）可能被裁定为两种性骚扰类型中的一种。一种性骚扰类型，是通过影响他人的工作福利或者工作条件来获得性利益；而另一种类型则虽然与经济利益无关，却创造出一种敌对性的或者具有侮辱性的工作环境”。敌对性工作环境的评价标准，在哈里斯诉铲车租赁公司案中得以扩大，这在本章引子中已有论述。

1998年，在对四个性骚扰案件的审理中，最高法院进一步完善了其判决。在安

① 玻璃天花板：看不见的晋升屏障，也就是说透过这个屏障就可以看得到但是却达不到的组织的高级职位。妇女和少数群体的成员，常常认为有一个玻璃天花板阻碍他们晋升到组织的最顶端。

凯尔诉桑德纳海外服务公司案（*Oncale v. Sundowner Offshore Services*）中，法院认为同性之间也存在着性骚扰。在盖尔巴诉拉戈维斯特独立学区案（*Gebser v. Lago Vista Independent School District*）中，法院认定，在学校管理当局并不知情的情况下，若老师骚扰学生，那么所在学区不应当承担责任。在法拉格诉佛罗里达州博卡拉藤市案（*Faragher v. Boca Raton, Florida*）中，法院认为，雇主可以要求实施性骚扰行为的主管负经济赔偿责任。在柏林顿工业公司诉埃利瑟案（*Burlington Industries v. Ellerth*）中，法院认为，雇主应该对主管的威胁性性骚扰行为承担赔偿责任，即使没有具体实施所威胁的行为，也没有使被骚扰的雇员遭受到任何不利影响。

尽管法律明确规定了性骚扰是非法的，但是这种行为仍然存在。美国功绩制保护委员会（U. S. Merit Systems Protection Board）公布了一项调查结果，根据 8 000 名联邦政府雇员所填写的调查问卷显示，40%的女性雇员和 19%的男性雇员，都认为他们是这方面的受害者。然而，大多数人抱怨的都是轻微形式的性骚扰——性挑逗、黄色笑话和其他隐晦的话语。男性雇员称其女性同事为“宝贝”、“甜姐”或者“靓妞”等，都不能构成刑事上的性骚扰。但这种口头上的骚扰，若认为不构成性骚扰则是不合适的，这种骚扰也应该是可诉的①（actionable）。

12.4.3　对孕妇的歧视

根据 1978 年对 1964 年《民权法案》第七章所作的修正来看，对怀孕、分娩或者相关医学方面的歧视也属于非法的性别歧视。在通用电气公司诉吉尔伯特案（*General Electric Co. v. Gilbert*）（1976 年）中，最高法院裁定认为，雇主将与怀孕相关的残疾排除在其综合性残疾计划之外并没有违反第七章的规定。1978 年的修正案正是对这一判决作出的回应。

该修正案规定，因申请人或者雇员处在怀孕、分娩或者其他相关生理条件下而剥夺其就业机会的成文和不成文的政策或者做法，都可以初步判定②（prima facie）违反第七章的规定。

虽然这次第七章修正案并没有明确规定产假的时间期限，但 1993 年《家庭与医疗休假法案》（Family and Medical Leave Act），要求雇员在 50 人以上的雇主——不管是公共部门还是私人部门——都应该提供给每位已经任职一年以上的雇员（无论男女）12 个月内满 12 个星期的无薪假期（分娩、照顾配偶或者父母、收养儿童等）。

新闻报道

一项新的公民权利——妇女在公共场合给婴儿哺乳的权利

医生们一致认为，母乳是最好的！如果孩子们由母亲哺乳而不是由保姆喂养奶

---

① 可诉的：给投诉或者诉讼提供充分的理由。

② 初步判定：拉丁语，意味着“初看起来”、从表面来看或推测起来。除非有反证就被认为是真实的事实。

粉，那么他们可以远离腹泻和口腔传染疾病。通过母乳喂养，还可以降低妇女患乳腺癌和卵巢癌的危险。问题在哪儿呢？太多的母亲都选择用自然方式来喂养婴儿的情况，引起人们激烈而持久的争论，人们认为这一自然过程令公众反感，甚至可能违反那些公共猥亵的法律。

这是文化问题。大多数公民都会把哺乳与成年人的性联系起来，而不是把它与婴儿的食物联系起来。即使了解母乳喂养对婴儿、妈妈和社会都有好处的人们，当他们在公众场合看到哺乳过程的时候也会感觉很不舒服。然而，人们的态度正在变化着，政府则处在此项变革的前沿。根据《新闻周刊》（2007 年 6 月 11 日）的报道，38 个州正在努力保障妇女母乳喂养的权利。2007 年，《母乳喂养促进法案》（Breastfeeding Promotion Act）进入国会的立法议程。这部法律，一旦获得通过，将构成对 1964 年《民权法案》的修改。1964 年通过《民权法案》的时候，任何人都想不到将来的某一天会提倡母乳喂养。还记得，也是联邦政府通过新的法律和大规模的公共宣传活动，才使得人们改变了对吸烟的态度。是否这一方面也会发生相似的变化？美国政府能否全方位地改变人们对在公众场合哺乳喂养的看法？

12.4.4 年龄歧视

年龄歧视（ageism）主要是指对那些所谓"年龄大"的人产生的歧视。在 1984 年总统大选的第二轮辩论时，人们对里根以他当时的年龄[①]是否仍有足够的精力担当总统大任持有极大的怀疑态度。里根巧妙地回答了有关"年龄大"的问题，并扭转了竞选局面。他当时这样说："我不会让年龄成为此次竞选的问题。我也不会为了政治目的而利用我的对手的年轻和不成熟。"里根最终以压倒性的优势击败了比他年轻很多的沃尔特·蒙代尔[②]。

因为并不是每一个人都有足够的沟通能力可以甩掉年龄问题，故就业年龄歧视法（Age Discrimination in Employment Act，ADEA）由此出台。这部法律在 1967 年首次通过，并通过多次修改，它禁止在就业中出现年龄歧视，并禁止强迫退休（mandatory retirement）（但有某些例外）。这部法律适用于所有公共部门、20 名及其以上雇员的私人部门、职业介绍所和超过 25 名成员的工会组织。

就业歧视法还禁止基于年龄的所谓优先、限制、说明和歧视的广告。例如，"35～55 岁的女士"这些词语就不能使用，因为这表明对年龄作了限制或要求，从而排除了很多可能是合格的申请者。许多州也有关于禁止年龄歧视的法律或者是在其公平就业法中有关年龄歧视的条款。在各州的这些法律中，有的与联邦法律平行并且没有受保护的年龄上限，其他的州则保护工作人员到 60 岁、65 岁或者 70 岁。

---

① 里根（1911—2004），当时 73 岁高龄。——译者注

② Walter Mondale（1928—）当时 56 岁。蒙代尔是美国政治家，卡特时代担任第 42 任美国副总统。在担任副总统前他于明尼苏达州任过两届参议员。在 1993—1996 年，他担任美国驻日本大使。——译者注

最高法院在 1983 年审理平等就业机会委员会诉怀俄明州案（*Equal Employment Opportunity Commission v. Wyoming*）中，坚持适用联邦政府在 1974 年对《就业年龄歧视法案》的扩展来保护州和地方政府的工作人员。

12.4.5 残疾人歧视

联邦政府在很久以前就非常关注为残疾人在就业方面提供法律保护。在内战结束后，伤残军人是第一批享受就业方面特殊待遇的群体。在 1919 年第一次世界大战结束后，就业方面的特殊待遇扩大到了伤残军人的妻子。然而，直到 1973 年的《职业康复法案》（Vocational Rehabilitation Act）的颁布，才要求联邦承包商和分包商采取积极行动，为合格的残障人员寻求就业机会。该法还提供了以下目前被公认的残障人（handicapped）或残疾人（disabled）的定义：

（1）具有生理上或者精神上的损伤从而限制其一项或者多项主要行为的人。

（2）曾经有过这种损伤记录的人。

（3）被认为是有过这种损伤的人。

根据这项法律的规定，符合就业条件的残疾人，可以在适当的便利设施[①]（reasonable accommodation）的帮助下解决工作中的基本问题。

但是，直到 1990 年通过了《美国残疾人法案》（Americans with Disabilities Act，ADA)，才有了一部在就业、交通、通信、公共膳宿过程中全面禁止对生理残疾者或者心理有缺陷者歧视的联邦法律。雇员超过 15 名以上的雇主——不只是之前仅要求的联邦承包商——都被要求为残疾雇员提供相适应的环境；新的公共汽车和火车都必须承载需要坐轮椅的残疾人；电话公司必须向有听力障碍或者语言障碍的人们提供能够打出或者接听普通电话的设备；新装修或者新建的宾馆、商店和餐馆必须有方便轮椅进入的通道。如果“很容易做到”的话，现有的障碍必须清除。如果企业可以证明做出这些变化的费用过高或者具有破坏性，则可以免除其法律责任。

根据《美国残疾人法案》的规定，“符合条件的残疾人在工作申请程序、雇用、晋升、离职、雇员赔偿、工作培训等方面或许享有特权，任何人都不应该因这些特权而歧视这些残疾人”。该法案保护的是已经从滥用药物或者酗酒中完全康复的人们，该法还规定“同性恋和双性恋并不是残疾人，因此不受本法保护”。为了限制有人滥用《美国残疾人法案》，该法案还明确规定其所指的残疾人不包括异性装扮狂、恋童狂、强迫性赌博狂、盗窃狂、纵火狂等。

虽然，美国最高法院还没有裁决艾滋病人是否属于《美国残疾人法案》所保护的对象，但它已经给出了艾滋病人有可能受该法案保护的信号。在纳苏县学校董事会诉阿兰案（*School Board of Nassau County v. Arline*）(1987 年）中，法院裁定

---

① 适当的便利设施：雇主需要提供一些能够方便残疾雇员工作的设施（如给只能坐轮椅的雇员提供适合的工作场所），除非提供这些设施会导致雇主不必要的困难。

一个有传染性肺结核疾病的老师属于康复法所规定的“残障人士”（a handicapped individual)。这起案件成为下级法院适用康复法来保护艾滋病人免受就业歧视的依据。在 1998 年的布拉格登诉阿博特案（*Bragdon v. Abbott*）中，法院第一次对《美国残疾人法案》进行了实质性审查。法院认为，感染了可能会引发艾滋病的艾滋病毒的人们——还尚无艾滋病的症状——应该受《美国残疾人法案》保护。虽然能够受到保护的案例有限，但法院态度明朗，坚持认为艾滋病人应受到保护。

负责具体实施《美国残疾人法案》的平等就业机会委员会，要求雇主在向申请者提供附条件的工作机会后，才可询问申请人是否有残疾、何种残疾或者残疾的严重程度，也才可以对其进行医疗检查。这项禁令可以保证那些非明显残疾的申请者，在评估其非身体状况的资格之前，不考虑其生理状况。在提供工作之前，雇主可以询问申请人是否具有履行特定工作职能的相关能力。在确定这个附条件的工作机会后，雇主可以要求申请者进行医疗检查，也可以要求所有进入此工作类别的雇员都做与残疾有关的调查。如果通过检查或者调查而筛出残疾人，那么将其排除出来的原因必须是与工作相关的——雇主必须能够证明即使为他提供适合的设备，他也不能履行基本工作职责。

12.4.6 性取向歧视

人们对同性恋者（homosexuals）——包括男同性恋者和女同性恋者——的歧视和敌意，虽然已经有很长的历史，但近几年来对他们的歧视和敌意已经大大减弱了。虽然性取向①并没有受到联邦民权法的保护，但是许多联邦机构通过内部条例来禁止基于性取向的歧视。此外，至少有 15 个州和 140 个地方行政辖区，都在法律或者行政命令中禁止就业中因性取向而产生的歧视。

许多州都将同性恋（同性成员之间的性关系）认定为犯罪行为，这涉及同性恋者公民权利这个核心问题。然而，人们的观念已经发生了变化。在 2003 年劳伦斯诉得克萨斯州案（*Lawrence v. Texas*）中，最高法院宣布得克萨斯州禁止“自愿鸡奸”（consensual sodomy）是违宪的，并声明性私权（right to sexual privacy）是一项宪法权利。大法官安东尼·肯尼迪（Anthony M. Kennedy）在裁决中写道：“两个成年人双方自愿，陷入爱河，共同进入到同性恋的生活方式之中。请愿人有尊重他们私人生活的权利。国家不能以通过认定其私人性行为是一种犯罪的方式来贬低他们存在的价值或者控制他们的命运。”

安东宁·史凯利亚（Antonin Scalia）大法官则持完全不同的意见，认为这项判决不仅“有效地结束了所有的道德立法”，而且还会为在“司法上为同性婚姻铺平了道路，正如最近在加拿大所发生的那样”。这起案件的判决推翻了 1986 年法院使用佐治亚州的鸡奸法（sodomy law）[在鲍尔斯诉哈德威克案（*Bowers v. Hardwick*）中] 而

① sexual orientation，指个人的情欲吸引指向，以情欲指向的对象，人们可以被分为异性恋者、同性恋者和双性恋者三类。——译者注

得出的结论。2003 年的决定成功废除了 13 个州的鸡奸法，只有得克萨斯州仍然有此种法律。2003 年的劳伦斯判决认为，同性恋的权利起源于 1965 年格瑞斯沃尔德诉康涅狄格州案①（*Griswold v. Connecticut*），法院在该案例中第一次声明，性隐私（bedroom privacy）是一项宪法权利，即使隐私（privacy）这一词语在宪法中并无记载。

参考文献

Armas, Genard. (2003a). "Census Figures Show Economic Gains by Blacks," *Las Vegas Review-Journal* (April 26).

——. (2003b). "Earnings Potential Still Subject to Gender, Race Gaps," *Las Vegas Review-Journal* (March 21).

Bishop, Peter C., and Augustus J. Jones Jr. (1993). "Implementing the Americans with Disabilities Act of 1990," *Public Administration Review* 53 (March-April).

Boller, Harvey R., and Douglas Massengill. (1992). "Public Employers' Obligation to Reasonably Accommodate the Disabled Under the Rehabilitation and Americans with Disabilities Acts," *Public Personnel Management* 21 (Fall).

Cose, Ellis. (1993). *The Rage of a Privileged Class*. New York: HarperCollins.

Fineman, Howard, and Tamara Lipper. (2003). "Spinning Race," *Newsweek* (January 27).

Fletcher, Michael A. (2003). "Changes to Title IX Considered: Proposal Would Allow Scholarship Limits," *Washington Post* (January 24).

Frederickson, H. George. (1980). *New Public Administration*. University: University of Alabama Press.

Henry, William A., III. (1994). *In Defense of Elitism*. New York: Doubleday.

Jamieson, David, and Julie O'Mara. (1991). *Managing Workforce 2000: Gaining the Diversity Advantage*. San Francisco: Jossey-Bass.

Kingsley, J. Donald. (1944). *Representative Bureaucracy: An Interpretation of the British Civil Service*. Yellow Springs, OH: Antioch Press.

Klein, Joe. (1995). "The End of Affirmative Action," *Newsweek* (February 13).

Krislov, Samuel. (1967). *The Negro in Federal Employment*. Minneapolis: University of Minnesota Press.

——. (1974). *Representative Bureaucracy*. Englewood Cliffs, NJ: Prentice Hall.

Marini, Frank, ed. (1971). *Toward a New Public Administration*. San Francisco: Chandler. Marshall, Thurgood. (1987). "An African-American's Perspective on the Constitution," *Vanderbilt Law Review* 40.

① 格瑞斯沃尔德诉康涅狄格州案（1965 年）：美国联邦最高法院在审理这起案件中，认为州政府对节育设备的管制侵犯了人们的隐私权，并根据第九修正案和第十四修正案的规定，使隐私权成为一种宪法权利。威廉·道格拉斯（William O. Douglas）大法官在裁决书中写道："第一修正案在保护隐私权免受政府侵犯方面规定得不明确。"他问道："我们是否可以允许警察在合法夫妇的卧室里搜查是否使用了避孕药具呢？"这个想法与婚姻关系中的隐私观念是格格不入的。

Marshall, Thurgood. (1987). "An African-American's Perspective on the Constitution," *Vanderbilt Law Review* 40.

McAllister, Bill. (1995). "The Problem That Won't Go Away: A New Survey Finds Complaints of Sexual Harassment Are Still Widespread in Federal Offices," *The Washington Post National Weekly Edition* (November 20-26).

Pellicciotti, Joseph M. (1991). "Exemptions and Employer Defenses Under the ADEA," *Public Personnel Management* 20 (Summer).

Riccucci, Norma M. (2002). *Managing Diversity in Public Sector Workforces*. Boulder, CO: Westview.

Robinson, Robert K., et al. (1993). "Sexual Harassment in the Workplace: A Review of the Legal Rights and Responsibilities of All Parties," *Public Personnel Management* 19 (Spring).

Schlessinger, Arthur M., Jr. (1965). *A Thousand Days: John F. Kennedy in the White House*. Boston: Houghton Mifflin.

Sowell, Thomas. (1984). *Civil Rights: Rhetoric or Reality*. New York: William Morrow.

Thomas, R. Roosevelt, Jr. (1990). "From Affirmative Action to Affirming Diversity," *Harvard Business Review* 68 (March-April).

Thompson, Victor A. (1961). *Modern Organization*. New York: Knopf.

——. (1975). *Without Sympathy or Enthusiasm*. University: University of Alabama Press.

Waldo, Dwight. (1968). "Public Administration in a Time of Revolution," *Public Administration Review* 28 (July-August).

Weisberg, Jacob. (1996). *In Defense of Government: The Rise and Fall of Public Trust*. New York: Scribner.

Wilkins, Roger. (1995). "The Case for Affirmative Action," *The Nation* (March 27).

Williams, John. (2001). "The Clint Eastwood Verdict Makes My Day," *Business Week Online* (October 6). www. businessweek. com.

第 13 章

公共财政管理

引子：带我去看棒球赛而门票由你来买：公共体育场融资

20 世纪晚期，美国各大城市为了获得职业运动特许经营权，普遍地开始运动设施的建设。争论也由此而起，如当前纽约市关于修建两座耗资 16 亿美元的新棒球场的提案还在争论中，遭到飓风破坏的新奥尔良市有关超级穹顶体育场的未来也有激烈的辩论，可以看出，全国的城市都在继续着这种存有巨大争议的话题。尽管公众介入资金投放这个问题可以从许多角度加以分析，但它本质上仍是一场博弈，在这场博弈中，主要由私人享有的运动特许经营权，试图通过从政治官员那里获得公共资金将自己的财务盈亏底线最大化，而这些政治官员们也期望花费最小的成本将运动特许经营留在自己执政的城市里，以便满足自己选民们的需要。在许多情况下，这些博弈终结于公众选举过程，因为在公众选举中，公民决定着那些通过特许经营和政府之间的谈判而形成的协议的最终命运。

为职业运动设施建设获取公共资金有两大途径：公众赞同或非选举性协商。在最常见的办法中，运动特许经营权可以通过非选举方式获得政府的资金支持。在这些途径中，体育组织和政府机构达成一项“协定”(deal)，即运动特许经营需要承诺只在特定的城市、县或州的地理范围内经营，才能获得运动场所修建和装修的一系列资金。在过去 20 年中的 77 个运动场馆建设项目中，有 60%都是通过协商机制敲定，而不是经过公众的直接赞同途径。

在某些情况下，如果是通过协商获得最终批准，公众就没有机会对公共资金的使用进行投票（如2000年费城的棒球和橄榄球场馆项目），而在其他情况下，组织和政府之间的协商结果，是在公民投票反对把财政收入用于投资体育场所建设之后得出的（如1995年密尔沃基棒球场项目）。亚利桑那州钱德勒市的前任市长杰伊·迪布拉尼（Jay Tibshraeny），在谈到本市春季训练设施修缮一事时，对《凤凰报》（*Phoenix Gazette*）说的一句话，很好地体现了没有获得直接公众支持但仍将计划执行下去的力量。迪布拉尼说："我认为公民们应在这一问题上享有话语权。如果选民们说通过，我们会向前迈进。如果提议没有得到选民的准许，我们仍旧要前进。"

对于运动特许经营来说，在运动场馆融资的问题上避免公众投票是一种很有吸引力的选择，但对于政策制定者来说，这种选择就不那么有吸引力了。对于各种组织来说，在获得资金的同时又省去了为扭转公众意见而开展各种活动，这可以降低他们承担的风险，也成为项目获取资金的首选办法。尽管这对运动特许经营来说风险是小了，但对选任官员们来说却存在风险，因为将公共资金用于私人运动经营实体会引起政府对外负债，这也解释了为什么许多政治人物在分配资金之前要征得公众的赞同。因此，在40%使用公共资金修建运动场馆的项目中，都需要公众投票表决。

尽管从表面上看，体育场融资的决定权从立法会议厅转移到投票箱，可能会让组织在获取公共资金时冒一定的风险，可记录显示，通过投票途径表决却经常让特许经营权获得胜利的果实。在所有31个提交给投票人的决议中，26个（84%）提议最终获得通过。剩下的5个（16%）没有得到投票人支持的决议也最终通过公—私联合融资或完全私人融资的方式获得批准。经过对这5个案例更为详细的考查，我们找到了在这些情况下解决问题的办法。

在密尔沃基、西雅图和匹兹堡的体育场项目中，公众投票没有获得通过。其中，密尔沃基和匹兹堡都以接近1：2未能通过公投，而西雅图的建议项目则以49.9：51.1没有通过公投。不过，它们所在的威斯康星州、宾夕法尼亚州和华盛顿州的立法机构最终以通过某些方案（措施）的办法为这些项目提供了足够的公共资金。在另一个案例中，俄亥俄州首府哥伦布市想为职业曲棍球特许经营修建运动场，但在1997年的公投中，这个融资项目以44：56未能通过。这一计划在投票中落败后，全美保险公司（Nationwide Insurance Company）和其他私人投资者提供的私人融资使这一项目得以开展下去，同时还允许蓝夹克特许经营（Bluejackets franchise）扩张到全美曲棍球联盟中。

对于选任官员来说，如果他们的城市里有职业体协特许经营，则标志着这个城市是有声望的，同时也展现了这个城市的经济活力。因此，城市和州政府都试图保留运动特许经营并把它们吸引到自己的行政辖区内。选任官员虽然重视运动队的存在，可他们在理性上还是偏向于用尽可能低的成本维持这种情况。在本质上，选任官员（如市长）的最终设想是，他所管辖的城市有一个充满活力的运动特许经营，但公众又不用为他们的训练场地付出任何代价。这种情况对那些选任官员来说可谓是最优解，因为如果场馆建设需要政府提供资金，那么这些选任官员们就面临两种选择，一是增加财政收入，二是将已经支配到其他方面的收入进行再分配。而不需要政府提供资金的情况下，他们就能免于这些麻烦。

对于运动特许经营来说，情况更为简单。作为追求利益最大化的实体，组织在场馆修建和运营时希望尽可能多地获得公共资金支持，从而能在它所在的联盟中保持一个更为合理的经费底线和更有竞争力的地位。

如此相冲突的一些目标，可以使我们将特许经营和政府官员之间的谈判看作是一个零和博弈[①]（zero-sum game）。在这场博弈中，特许经营希望获得更多的公共资金而政府官员希望能够利用更多的私人资金。考虑到这种情形，我们可以把注意力转移到谈判双方的相对谈判立场以及这些立场给公民投票安排问题带来的影响。说到谈判能力[②]（bargaining strength），体育组织明显处于上风（至少感觉如此），因为它可以选择搬到别的城市去。只要其他城市公开宣布接纳特许经营权搬迁到自己的城市，那些选任官员们就会陷入囚徒困境。原华盛顿市市长莎伦·普拉特·凯莉（Sharon Pratt Kelly）清晰地描述了这样的情境：

> 美国的市长们就面临着这种囚徒困境。假如没有市长屈服于特许经营寻找新家的要求的话，那么运动队就会住在原先的地方。然而这是不大可能发生的，因为如果A市长不愿埋单，那么B市长可能会觉得为此掏腰包是有利的。接下来，为了保护自己的利益，A市长最终也经常不得不答应特许经营的要价。

尽管搬家威胁的存在的确给了特许经营巨大的谈判优势，但由于公民投票的真实存在，选任官员不期望动用公共资金这种精神力量也就不再那么强而有力。更确切地说，鉴于公民会投票赞同公共资金的使用，选任官员们就不会再迫切地去达成一个由特许经营负担大部分设施成本的协议。除了将财政收入用在运动场馆建设上产生的机会成本和因失败的公民投票而导致的声望降低的可能性，选任官员能用投票通过的方式体现“公民意愿”的理由来证明将大量资金投入到体育设施建设上是正当的。

讨论题

为什么明知道运动场馆主要由私人运动队使用，地方和州政府还要将公共资金投入到运动场和竞技场的建设中去？城市是否因运动场和竞技场的经济活动产生的额外收入得到了投资回报？

---

① 零和博弈：“可获得的利益”是固定的博弈。一个参与者的收益等于另一个参与者的损失。因此将所有收益和损失加总得到的结果是零。

② 谈判能力：在谈判过程中各方体现的相对能力。最终的谈判结果经常是每一方谈判能力的体现。

13.1 公共财政管理的重要性

资金的流动和管理是公共行政体系的生命线。无论政策设计得多么有远见，也无论行政执行体系设计得多么精细，如果没有资金的流动，这些就都无法正常运转。就像到现在为止我们阐述过的公共行政的其他部分一样，公共财政管理体系也是建立在多年来的设计和改革成果之上的。管理者们需要了解这一体系是如何设计的，它的目的是什么，它能为我们做些什么，尤其要知道它不能做的事情。正如政府机构和府际关系制度那样，美国公共财政管理体系设计的许多方面都可以追溯到影响最为深远的政治传统和政治协定（compacts），即制宪会议创始人的思想。其他的，如福利国家的思想只能追溯到几代人以前。还有，如“使用者付费”（user pays）的观念也正处于盛行期。

公共财政管理（public financial management）是一个动态的、充满活力的和具有吐故纳新功能的体系，公民们每天都要和这个体系打交道。不如将这一体系想象成是一个灌溉系统：它将在大坝蓄积的雨水收集起来，并通过大大小小的管道将水流分配到许多不同的社区中去，即分配到商业用户、学校和医院、公共场所和慈善机构、企业和个人、海滨区域和沙漠地区。像这样的系统应在其全部范围内得到管理和管制，这个系统中的消费者也应在某个合乎政治要求的框架下为他们所得到的服务付费。如果降水充沛，如果大坝和管道不会泄露或爆裂，如果水源供给在送达用户之前不被改道或偷窃，这个系统就会成为生活、发展甚至富裕的前提。至少在某一维度上，公共行政人员和相关公民是这一系统的看守人。他们都依靠这一系统的流动维持生存。

表 13—1　　联邦政府财政状况

联邦政府获得收入的渠道		联邦政府资金支出领域	
来源	百分比	支出领域	百分比
个人所得税	40%	国防	19%
借款	12%	社会保障	21%
社会保险收入	32%	医疗保险（老年人和残疾人医疗保险）	14%
企业所得税	10%	医疗补助（低收入人群医疗保险）	7%
消费税	3%	其他可自由支配的开支	30%
其他税收（例如，房地产税、赠与税）	3%	联邦债务利息支出	9%

资料来源：美国财政预算（Budget of the United States），2007 财政年度（估计数字）。

13.1.1 六项原则

在 1773 年的波士顿倾茶事件中，美国的先驱们把英国东印度公司的茶叶倒入波士顿海港，以拒绝向英国政府缴纳合理的茶叶税，自此他们开始谋划这个国家的公共财政管理体系。当他们大声呼喊着“人民没有参与政府就无权征税”的口号时，也在为美国将来的公共财政管理体系主张一个重要的价值观，即设计原则（a design principle）。税收和公共支出必须经过公众的投票表决，也就是必须经过民主程序以获得批准。而这在当时并不是大多数政府所采取的运行方式。政府和当权者将征税和榨取税收作为行使权力的一种方式，然后他们随意地将税收收入留存或支出。美国的这些奠基人认为，这些事情必须获得民众的认可，并将此作为民主政府的基本特征之一。这就是为什么宪法要求所有的税收立法都必须来自于美国众议院，因为它是最能对民主意愿作出响应的立法部门。

以下六项原则是美国公共财政管理体系设计的核心原则：

（1）民主认同：税收和财政支出必须得到被统治者的明确认同①（consent of the governed）才能够获得通过。

（2）公平：政府应以公正的态度（在相同情况下以同一种方式对待公民）对待征税和税收支配的问题。

（3）透明：政府在征收和支配资金时应对公众公开并接受公众的审查。

（4）正直：政府必须以谨慎的诚实态度处理公共资金。公共资金的管家是立法者和行政人员，不是资金的所有者。

（5）审慎：公共资金的管家们不能拿公共资金去冒过度的风险。

（6）问责：那些管理公共资金的官员能够也应该定期接受立法检查和审计过程，以此展现他们行使管家职能的情况。

虽然相关人员“应该”遵守以上这些规范性原则，但在实际生活中这些原则却经常被违反。公共财政管理是会被滥用的。例如，政府私下开展活动，则说明民主认同没有得到体现。公平原则也经常屈从于政府对一些地区、客户或团体的猪肉桶（pork barrel）式的偏爱②。没有了透明、正直和审慎原则，就好比将对公共财政管理如此重要的内在警示抛到了九霄云外。政府也会因有风险的投资或是对问题的疏忽而招来巨大的损失。

13.1.2　平衡预算

平衡预算（balanced budget）就是收入等于或大于支出的预算③（budget）。政府若是达到了平衡预算则表示其在财政上是健康的。开销不超过收入显然是平衡预算的优势。但是“不平衡”的预算也有它的优势，在这种预算中政府需要公开借

---

① 被统治者的明确认同：对政府所设定的制度必须是建立在公民意愿的基础之上的主张。

② 猪肉桶式的偏爱：政府分配利益或资源时表现出的偏爱，立法通过提供公共建设工程资金或其他项目（例如邮政局或国防建设合同）来表示它对某个特殊立法者所在行政区的偏爱，这些举措会给这一行政区带来经济利益也会给这个立法者带来政治上的支持。

③ 预算：给未来的经营做示范和施加控制的财务计划——对未来可能产生的成本的估算或对劳动力、材料或其他资源利用的系统规划。

款。在经济衰退期，这些“额外的”支出可以刺激经济，并提供社会需要的公共建设工程和为贫困人口提供公共援助。但在这些想法被实施之前，我们必须结合可能引发的危险做个权衡。这一风险就是，在某个重要时期，实施大规模的赤字财政可能会导致货币贬值、通货膨胀，并对资本市场产生挤出（crowding out）效应①从而造成经济衰退（萧条）。注意，只有联邦政府才有权选择实施长期赤字支出政策。所有州政府受相应宪法或法规的约束，必须执行平衡预算（至少是在每个财政年度开始的时候）。

13.1.3 财政年度

财政意味着与征税、公共收入或公共负债（国债）相关。财政年度（fiscal year）是一个时间为 12 个月的会计年度，而不是我们通常指的历年。自 1976 年，联邦政府财政年度从每年的 7 月 1 日开始到次年 6 月 30 日为止。但是，部分原因是由于空调设备的发明，国会在华盛顿停留的时间日益增长直至整个夏季。因为国会通常是等到最后一刻才通过各种拨款申请，联邦机构只能越来越依赖于这些持续性决议案②（continuing resolutions）以获取资金。最终，国会也意识到这样做是多么的愚蠢，于是就把新财政年度的起始移至夏末。从 1977 财政年度开始，联邦政府财政年度从每年 10 月 1 日开始到次年 9 月 30 为止。财政年度的年份就是所在历年结束的那一年（例如，2001 财政年度的终止日是 2001 年 9 月 30 日）。不是所有的州和地方政府都要遵循联邦政府财政年度惯例。大多数州政府的财政年度开始于 7 月 1 日，但少数州政府财政年度始于四月、九月或十月的第一天。

财政的（fiscal）这个词是用来指代任何与政府财政相关的通用形容词。因此，财政稳健性（fiscal integrity）是支出不大于预期收入的政府预算的一个特征。平衡预算就具有财政稳健性，所以若财政预算存在重大赤字，那它就不具有稳健性。若别人对你的财政政策表示赞同，你会被认为是有财政稳健性。如果同样的人反对你的政策，那么你会被认为是财政职责缺失以至于是在财政工作上的失职。

13.2 预算理论和实践

预算在公共机构中是最重要的决策过程。预算本身也是行政辖区内的最重要的

① 挤出效应：通过出售政府证券（政府债券）获得增加公共投入的资金来源，而公共投入的增加会取代私人投资支出。事实表明，随着联邦赤字的增加，政府向公民借款，这样私人投资因缺乏资金来源而变得难以实现。这样的挤出效应可能会导致经济不景气甚至更糟。

② 持续性决议案：当某些特定且正在进行中的活动的定期财政年度拨款没有在财政年度开始之前获批，立法将为这些活动批准预算。持续性决议案通常指定一个最大比率，在这一比率之内，机构可以基于上一年的比率、总统预算要求或经美国两会议院中的一个或全部批准的某项拨款对外负债。

参考文献。在愈发多样的形式中，预算同时扮演了多个角色，记录政策决议结果、提出政策重点和项目目标，并描绘了政府的所有服务工作。

公共预算具有四个方面的基本作用。第一，它是政府对辖区内社会和经济需求分配稀有公共资源的政治工具。第二，预算是一个管理或行政的工具。它明确了公共项目和服务供给的筹款方法①（ways and means），确定了项目成本并设定了项目效率和有效性评估的相应标准，它还确保项目在每个预算年度或预算循环周期②（budget cycle）中都至少接受一次检查或评估。第三，预算是能够指引辖区经济增长和发展的经济工具。当然在国家层面上——或更小的范围如州和地区层面上——政府预算是重新分配收入、刺激经济增长、促进充分就业、对抗通货膨胀和保持经济稳定的主要工具。第四，预算是让政府官员对被委托的公共资金的支出负起责任的一种会计工具。总的来说，预算也让政府负起责任。预算的概念暗示着存在一个最高限度或是支出限制，这实际上（但在理论上）要求政府在其职权内行使职责。

13.2.1　塔夫特委员会

1900 年以前，美国公共财政管理流程缺乏总体目标。某项特殊需要——比如修路、战争融资或负担行政和军事事务费用——会激励国会对公共资金做出合理分配。到了 20 世纪，政府的规模和复杂性的日益增大引发了预算改革的呼声。1912 年，塔夫特委员会③（Taft Commission）建议美国建立一个国家预算体系。塔夫特委员会的成员之一威廉・F・威洛比（William F. Willoughby，1867—1960），在 1918 年就描绘出发展纲要，并由此引导创立了全国性政府的现代预算体系。在《美国预算改革运动》（*The Movement Towards Budgetary Reform in the States*）一书中，威洛比认为，预算改革应包含三个思路：（1）预算怎样才能促进民众的控制，怎样才能够为民众的控制做好准备？（2）预算将如何加强立法和行政之间的合作？（3）预算应如何确保行政和管理效率？当你对每天出现在报纸头条的一些话题陷入沉思时，你会觉得这些话题是很有预见性的，例如：纳税人的反抗、“第 13 号提案”④（Proposition 13）运动和其他形式的支出和收入限制法（思路 1：民众控制）；行政和立法分支之间在预算控制、赤字和平衡预算问题上的持续斗争（思路 2：行政—立法合作）；以及负担过重的预算体系在维持管理实践的过程中所体现出的有效性或有效性缺乏的问题（思路 3：管理的有效性）。最终，在

---

① 筹款方法：一个国家获得资金、供给品和其他必需品的方法。英国下议院从 1644 年起就成立了筹款委员会。美国众议院从 1795 年开始成立了筹款委员会。国家所有的税收立法必须源自众议员筹款委员会。

② 预算循环周期：预算过程的固定步骤，包括准备、批准、执行和审计。

③ 塔夫特委员会：1912 年经济和效率委员会，由总统担任委员会主席，它呼吁成立一个国家预算体系。它的建议被纳入 1921 年的《预算和会计法案》中。

④ “第 13 号提案”指美国加州 1978 年的一项旨在降低财产税的提案，后以压倒性多数票通过这项旨在降低财产税的州宪法修正案。——译者注

1921年通过了《预算和会计法案》，并成立预算局和审计总局，分别负责预算和审计事务。

最初，预算及其须遵守的流程还较为简单，预算由“明细支出”（line items）构成，即将资金分配到每个部门的各个支出类别中去——不过是分为员工工资、办公室家具、纸张等。相应地，审计过程也较为简单，审计的重点在于检查支出在多大程度上遵循了资金分配所要求的目标。

20世纪30年代出现了越来越庞大的政府国内项目并随之引发相应庞大的支出，因此预算就变得越来越重要。然而，预算理论——即如何理性地分配政府资源——在当时却体现得极为不足。那时预算工作的重点，强调的是预算过程和明细支出预算（line-item budgeting），强调过程和预算的可问责性和可控制性。绩效预算（performance budgeting）（即将资金分配给几组活动），强调工作量测定，这与科学管理非常类似。绩效预算变得越来越先进，并被作为恰当的以管理为导向的预算过程。然而，预算过程与理性的政策制定和决策制定过程几乎没有被综合在一起。1940年，小科伊①（V. O. Key Jr.）写了一篇文章哀叹预算理论的缺失。因为对过分强调那些技术性细节感到非常忧虑，他提出：“我们决定将X美元分配给A活动而不是B活动是基于什么原因呢?”这个问题不久就被公认为是预算的核心问题。科伊继续对在他看来发展预算理论所应研究的主要领域进行了详细阐述。这和开展愈加庞大的政府项目的呼声一起为迎来预算理论的重大进展创造了条件——然而它们直到第二次世界大战后才出现。

13.2.2 凯恩斯的影响

英国经济学家约翰·梅纳德·凯恩斯②指出政府支出在管理一国经济过程中所起的重要作用，在资源没有被充分利用和失业率高的情况下政府支出可以刺激需求从而达到振兴经济的目的。他的思想主张将预算政策作为一种经济工具——在某些方面还可以将其作为主要工具——通过这个工具，国家可以执行宏观经济③（macroeconomic）政策。从富兰克林·罗斯福开始的所有美国总统，他们自己承认的或不承认的都采用凯恩斯的理论，通过政府赤字支出的方法刺激经济。理查德·尼克松总统甚至承认，“现在我们都是凯恩斯”。凯恩斯在他的《通论》一书中评论说：“讲求实际的人自认为他们不受任何学理的影响，可是他们经常是某个已故经济学家的俘虏。”当他宣称“以后我们都会不

---

① 小科伊（1908—1963）：政治学家，他是致力于发展经验的方法来研究政治和行政行为的先锋。

② 约翰·梅纳德·凯恩斯（1883—1946）：英国经济学家，20世纪他最有影响力的经济学作品是《就业、利息和货币通论》（*The General Theory of Employment, Interest, and Money*）（1936年）。凯恩斯创立了名为凯恩斯经济学的思想流派，它提倡利用政府财政和货币政策对资本主义经济产生好的影响。他还建立了现代宏观经济学的理论框架。

③ 宏观经济：对主要的经济趋势如收入、储蓄、支出、资本投资、就业、货币供给、价格、政府支出和国际收支之间关系的研究。宏观经济尤其关注政府在影响这些经济趋势的过程中所起的作用。

在”时，他甚至给未来经济作出了确切预测。

亚伦·威尔达夫斯基[①]在《预算过程的政治学》(*The Politics of the Budgetary Process*) 的后续版本中，更是突出强调了预算在多大程度上是一个政治和经济的过程而非一个机械的过程。后来，“公共选择”学派的代表人（支持者）詹姆斯·布坎南（James M. Buchanan）和戈登·塔洛克（Gordon Tullock）认为，政府预算是各利益集团之间为了获取各自的资金而进行的斗争。现在我们并不像 1940 年那样缺乏预算理论，而是被预算理论充斥着。

13.2.3 预算目标

经济学家理查德（Richard）和佩吉·马斯格雷夫（Peggy Musgrave）在《公共财政理论与实践》(*Public Finance in Theory and Practice*) 一书中的分析为理解公共财政管理的目标提供了答案。他们假设政府的财政收入和支出是为达到以下四种目标中的一个：

（1）拨付：确保将合理数额的资金拨付所需的各个经济部门。

（2）分配：保证公共资金在地区之间、社会各个阶层之间、公共和私人部门之间以及政府和商业部门之间的平衡是公共政策的体现。

（3）稳定：如凯恩斯所说，利用公共支出稳定宏观经济（或者在一些情况下稳定宏观经济的部分领域）。

（4）增长：用政府支出的力量促进经济增长和财富创造。

当我们看美国政府预算——或州、地方政府预算时——我们可以采用上述观点对问题加以分析。这一预算是不是为了支持经济增长？如果是，它采取怎样的策略——是降低企业税收还是减少政府管制？这一预算是不是出于分配的目的？或许它试图帮助居民和长期失业人口？抑或它可能是出于稳定经济周期的目的而设计的——在经济衰退时刺激需求或在经济繁荣时起到缓和的作用。恰恰是如何实现国家目标的问题上经常存在着分歧。那些供给经济学（supply-side economics）的支持者们认为，降低税率，尤其是降低边际收入的税率，能够鼓励资金流入经济，这将意味着就业机会的增加、经济的增长和新的税收收入。由于这一概念被里根政府采纳，它被广泛地称作里根经济政策。但实际上，里根的经济政策是供给学派、货币学派、旧保守主义甚至凯恩斯理论的大杂烩。虽然人们认为是经济学家亚瑟·拉弗（Arthur Laffer）“创造了”供给学派，但供给学派的根本前提却是在约 200 年前由亚历山大·汉密尔顿在《联邦党人文集》第 21 篇（1787 年）中提出的。汉密

---

① 亚伦·威尔达夫斯基（1930—1993）:《预算过程的政治学》(1964 年第一版，1984 年第四版）的作者，此书披露了公共管理者们运用怎样的策略使预算获得通过，并解释了为什么预算过程改革的理性尝试都会遭遇失败。单凭这一经典著作，威尔法夫斯基就能在公共行政领域占据一席之地。并且，他还在美国总统的任期、政策分析、项目执行与评估的研究中作出了里程碑式的贡献。由于作品的数量多、质量高并具有多样性，他成为当时在公共事务学界最有影响力，且作品受到最广泛关注的学术分析家。

尔顿表述的观点是：

> 这是税收的一个明显优点……即规定了税赋限度，如果扩大财政收入的建议未被通过的话，那就不能超越这个限度。有句话说“在政治算术中，二加二并非总是四”。这句话若用于这个目的则是诙谐机智的。如果关税太高，消费就会减少，这样政府就征不到税，于是纳入国库的收入还不如把税收限于适当范围内的时候多。

诚然，一个人的供给学派思想在另一个人眼中就可能成为巫术经济学[①]（voodoo economics）。政治家们在表述预算策略的价值和目标时，并非总是十分清楚的。有时，当这些目标带有愚钝的政治动机时——竞选资金捐助者的税收漏洞——对此公开承认则既不礼貌也不光彩。由于预算变得如此巨大、复杂和详细，毫不夸张地讲，从预算案角度来说，那些负责预算的人，并非完全理解他们所做工作的意义何在。记得里根执政时期，1981—1985 年担任管理与预算局局长的戴维·斯托克曼（David A. Stockman），在 1981 年向《大西洋月刊》（*Atlantic Monthly*）的读者坦白承认：“没有人真正知道这些数据是什么意思。”

13.2.4 预算的两种类型

预算有两种基本类型。最常见的，也是大多数人在“预算”一词浮现在脑海中时所想到的，就是行政活动经费预算。行政活动经费预算（operating budget）是管理项目实施所需资源的短期计划。“短期”在这里可以指从几星期到几年之间的任何期限。通常每个财政年度都会编制业务预算，同时也会根据需要对预算进行修改。

第二种预算类型是公共投资预算（capital budget）过程，它是用来为大的资本项目的支出做计划的。资本支出应用于长期投资（例如修建桥梁和建筑），而这些投资一般在完成数年后才能获得收益。典型的公共投资预算包含 5～10 年的计划，并且每年都要进行更新。公共投资预算中包含的项目可以通过举债（免税的市政债券）、储蓄、拨款、收入分享、特别捐税等方法获得融资。公共投资预算是为了将资本支出或公共投资支出的融资与短期的或业务性支出区分开。联邦政府从没有过真正意义上的把资本项目融资从短期支出中分离开来的公共投资预算。

---

① 巫术经济学：总统候选人乔治·布什在 1980 年将他的最主要竞争对手共和党候选人罗纳德·里根的经济政策提议描述为巫术经济学。在 1980 年（和 1984 年）的选举中他加入里根政权并被提名为副总统之后，布什觉得他最好不要再说这些。他也确实没有再这么说了。但是评论从没放过他。1982 年当他矢口否认自己说过这样的话——“我没说过。我打保票你们是找不到任何证据的”——之后全美广播公司（NBC）的新闻就披露了一份有关他使用了这一表达的录像（《新闻周刊》，1988-05-23）。从那以后，他再也没有否认过自己说过那样的话。

13.3 预算编制改革浪潮

持续性的预算编制（budget making）改革浪潮，贯穿于 20 世纪，它以政府预算的结构和形式改革为主题。为什么会这样呢？这纯粹是因为，政府有关其主张和有关其开支的最终报告必须落实在预算上。预算是公共行政的焦点。它赋予那些塑造它的人极大的权力。对行政首长、官僚和“预算编制者”来说，由于预算的力量是永恒的，所以预算能带给他们持续不断的利益。

13.3.1 行政预算

在预算问题上，首个观念性突破实际上就是创设政府预算概念——即用一个文件将政府的收入、支出和融资计划全部包括在内。直到 20 世纪，代议制政府[①]（representative governments）的预算才被确定为是立法职能而非行政职能。国会或州立法委员会[②]（legislative committees），可以拨款给某个机构而不考虑其他的政府机构。如果没有做好总体协调，就会造成相当多的困惑，并给渎职和腐败创造充足的机会。美国行政预算（executive budget）（或全面预算，comprehensive budget）运动始于各个州，并最终在 1921 年的预算和会计法中被联邦政府采纳。除了南卡罗来纳州，现今所有的州政府执行的预算都是由行政预算演变而成的。

行政预算，既是一个技术过程，也是一种客观存在的物质形态。首先，机构通过行政预算过程准备拨款申请，再将申请提交给预算局，接受预算局执行官的审查、修改并被并入一个单独的预算文件，从而在把申请提交给立法机构之前将它与预期收入和行政优先做比较。于是，行政预算就变成了一个有形文件，即由辖区的最高行政首长提交给立法机构进行审查、修改并颁布实施的政府行政部门的全面预算文件。总统预算是特殊财政年度的行政预算，根据 1921 年《预算和会计法案》的修正案，该预算应由总统送达至国会。有些部门的预算（比如立法部门和司法部门的收支概算），按照规定，可以不经过管理与预算局的审查或总统的批准而被采纳。毕竟，总统在其他政府部门的预算问题上是没有发言权的。因而，将其他部门相对数额较小的预算纳入总预算文件中是很方便的。总统预算可以被称作总统的“愿望清单”——即他对国会的建议。

---

① 代议制政府：在代议制政府制度下，公民能够自由选择立法机构并由立法机构代表公民行使巨大的权力。

② 立法委员会：立法机关的一个分支，它为参众两院的立法行动做准备或者按照两院的指示进行调查。大多数常设委员会（专门委员会）被分为多个小组委员会，它们的职责是研究立法、举办听证会并向常务委员会提出建议。只有常务委员会才能汇报整个立法机构的立法行动。

然而，当总统将预算提交到国会山[①]（Hill）的时候，他的每个预算计划也就处于“到达即死”状态了，因为国会总是对总统提交的预算作大范围的修改。对于州长们来说，也存在同样的忧虑。因此，州长预算也是一种由州最高行政首长为州议会准备的行政预算。

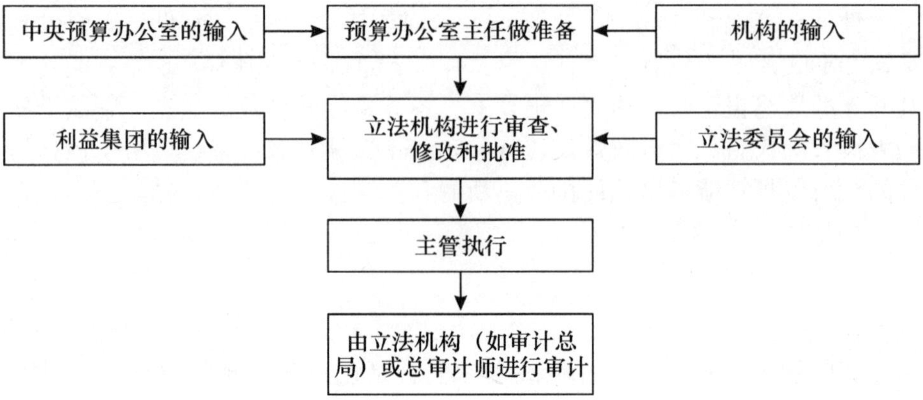

图 13—1 行政预算过程

要知道，并不是所有的国家预算都接受公众审查。“黑色预算”（black budget）就是联邦预算的一个机密（保密）部分，它掩盖了敏感的军事和隐蔽项目。蒂姆·威纳（Tim Weiner）在他的《检查空白》（*Blank Check*）一书中说：“黑色预算对宪法所承诺的公开政府原则是一个挑战。当今五角大楼购买新式武器的预算有接近1/4都被掩盖在黑暗中。……秘密支出的每一美元都是对宪法制定者要求政府公开所有财务报表意图的违抗。”

13.3.2 明细支出预算

明细支出预算有着原始的预算格式——每项支出都在分类账簿中独占一行。它根据政府中每个具体机构的细小而详细的支出对象（例如汽车、文员、纸张）给预算账户分类，并且一般不会涉及这些支出的最终目的和目标。明细支出预算，不仅用于明晰地记录各项支出，而且还是审计评估其是否合法的标准。

分项预算现今仍被广泛使用。大多数地方政府，要么将其作为它们的基础预算形式，要么将其作为更为复杂的预算形式的辅助形式。由于它能提供有关被提议支出的全面详细资料，那些对微调型行政预算建议感兴趣的立法者们对明细支出预算情有独钟，因为它让更严厉的控制和监察变得可行。

虽然传统的明细支出预算是一个巨大进步，但它有一个严重的缺陷。它也许可以被用来测试资金是否被用于拨款目的，当然这也的确是一项重要测试，但是它却无法描述这些拨款的使用情况，即拨款是否达到了“物有所值”。

---

① 国会山：指美国国会，因为国会实际上是位于一座山上。这座山海拔 88 英尺，而美国白宫海拔 55 英尺。现在我们不难确定它们中的哪个在政府中具有更高地位。

13.3.3　绩效预算

绩效预算（performance budgeting）概念，最早用于 20 世纪初期的纽约市，它是跨越明细支出预算的重要一步。绩效预算要求在每个项目的旁边规定相应的绩效指标，这样就可以对单位成本和效率做初步计算。各个项目根据职能的不同划分组别或加以分类。例如，一个卫生（垃圾收集）部门的工作量，可以由它所负责服务的居民住宅和商户的数量来决定，这样就可以较为简单地计算出每周、每月或者一年的垃圾产量。利用这一测量方法，垃圾收集的效率就可以和某个基准期间和基准成本进行比较。在这个初步层次上，可以每年对相对效率进行比较，而且从概念上来说，还可以每年对政府间的效率进行比较（在实践中，政府间的比较需要将测量方法标准化，而这通常是无法实现的）。

绩效预算，在 1949 年获得胡佛委员会的批准后，达到了它的鼎盛时期，它强调将预算过程作为工作测定和效率分析的工具。绩效预算的兴盛时期从 20 世纪 50 年代一直延续到 60 年代，甚至在今天一些地方政府仍旧使用绩效预算的方法。然而，虽然明细支出预算和绩效预算能够帮助解决控制性、服从性和效率性问题，但它们在规划方面、在确认总体资源按目的进行分配方面或是在效果评估方面（即目标在多大程度上得以实现），却无法真正地起到帮助的作用。

13.3.4　项目预算对渐进主义

紧跟在绩效预算后面的下一个预算改革的浪潮，在本质上弥补了绩效预算的不足。1954 年，加利福尼亚州兰德公司①（RAND Corporation）的经济学家戴维·诺维克（David Novick），提出了“项目预算”（program budgeting）概念——另外一种预算形式，它允许对支出的目的有一个全面的了解，并且将支出整合到“项目”（program）中，这样就为关注预算的有效性奠定了基础，因为这时更容易看清楚服务于某个目的的资源的支配情况。诺维克将项目定义为：“为了达到一个特定目标而进行的步骤和相互依赖的行为的总和。”

如果预算是由大量的支出构成，即项目，而这些支出是为了达到某些特定目标，那么在明细支出预算中常见的断裂问题就能被克服。服从性（compliance）仍可以受到监控，还可以促进对效率性（efficiency）和有效性（effectiveness）的监控。预算将成为一种计划文件，一种在一个有意义的集合水平上支持不同支出选择进行比较的文件。上述这些都是预算观念上的重要突破。

---

① 兰德公司：1947 年由美国空军创立的智库，总部设在加利福尼亚州的圣莫尼卡。这一名字是研究与发展（research and development）的首字母缩写，并源自兰德计划。在这一计划中，道格拉斯飞机公司同意对美国空军提供有关发展新式轰炸机的民间建议。1948 年从道格拉斯分离出来并在圣莫尼卡成立兰德公司，这一决定部分是源于想要建立一个远离华盛顿政治压力的智囊团的想法。兰德公司主要采取科学的和社会科学的方法解决核武器时期的策略和安全问题。它成为发展核战略民间专业技术的重要机构，并且一直是有关国家和国际安全问题的最重要的智囊团之一。

推出项目预算概念的兰德公司团队有个雄心勃勃的计划，因为他们不仅提出要改写预算结构，还要求将新的框架运用于政策分析和业绩评估。他们不仅提议项目预算，还提出了规划—项目预算（planning-programming budgeting）。规划—项目预算是一个由各种要素联系在一起的体系，这些要素包括远期规划——他们称之为“对不同选择的分析比较”、多年周期框架下资源的分配以及大项目组的预算而不是个别项目预算。这个“预算包”被称作规划—项目—预算制（简称 PPBS），其目的是“创造一个新的选择环境”。在这一目的的指导下，文件不再是关于“我们在哪”而是有关“我们想要到哪里去”。理论家们似乎终于作出了贡献，这一贡献在于通过根本性的改造途径对政府的预算、规划和资源分配进行改革。

20 世纪 60 年代的预算体系由 PPBS 主导——即规划—项目—预算体系。它首先被运用在肯尼迪政权时期的美国国防部，PPBS 似乎代表了预算过程的高度理性。根据希克（Schick）的说法，预算改革进程从预算理论的发展开始，这个阶段关注的问题是问责性和控制性，这也是明细支出预算的特点；到绩效预算，它的重点是强调管理效率；再到 PPBS，它着重于目标、规划和项目的有效性。

1965 年，林顿·约翰逊（Lyndon Johnson）下令所有联邦机构都要采用 PPBS。PPBS 的应用要求除了个别机构外，所有机构要有具体的项目目标、评估指标、五年期的支出预测、各项目的成本—收益分析和对项目活动所作的零基评估（zero-based reviews），对 PPBS 的应用也许标志着将管理系统方法运用于公共行政达到了顶峰。然而，PPBS 的执行过于草率，同时对它的理解、培训和开发也不足，由此导致 PPBS 在全面执行过程中很快遭到了失败。多年来，犬儒主义者（cynics）和渐进主义者（incrementalists）们借助这个平台对倡导 PPBS 的先驱者和他们规划的不利进行了猛烈抨击。

PPBS 从未摆脱外界对它的批评。1964 年，亚伦·威尔达夫斯基出版《预算过程的政治学》（*The Politics of the Budgetary Process*）一书，他在书中认为，预算实际上是一个深受政治思考影响的渐进过程，他的这一观点也被广泛接受。渐进预算是着眼于现有项目预算的增加量和减少量的预算审查方法。渐进预算（incremental budgeting），也经常被称作传统预算（traditional budgeting），与较理性和系统为导向的方法相背，例如 PPBS 或零基预算。但是这种老式的方法很好地顾及了预算过程的政治本性，因此就算得不到预算理论家们的认可，它也会继续博得立法拨款委员会的推崇。就像威尔达夫斯基所言：“今年预算规模和内容的最大决定因素是去年的预算。”直到现在这句话仍旧非常正确，尽管在 20 世纪 90 年代发生了重塑政府运动和下放权力的革命。

1969 年，威尔达夫斯基还撰文对 PPBS 进行了毁灭性的批判。除坚定地指出 PPBS 是不可行的之外，威尔达夫斯基还论证了 PPBS 的规划和分析功能是如何与预算本质相悖的。

PPBS 曾是所有联邦机构必须执行的预算体系，并被州和地方政府广泛采用，然而在 20 世纪 60 年代末联邦政府将其正式“弃”用，并普遍认为 PPBS 的原始形式是不可用的。尽管如此，PPBS 作为一个重要预算方法或过程，其影响依旧存在。

在那些还在使用 PPBS 的地方，它趋向于以一种与其他预算方式混合的形式存在而不是纯粹的形式。

在这之后不久，威尔达夫斯基组建了加州大学伯克利公共政策研究生院，并担任该研究生院首任院长。威尔达夫斯基曾在耶鲁大学攻读博士学位，师从查尔斯·林德布洛姆（Charles Lindblom）并深受其思想的影响。预算的渐进式方法（之后被叫做“传统预算”）在思想上与管理系统思想相背离。渐进主义者（例如威尔达夫斯基和林德布洛姆）的主要观点就是预算在本质上是政治的，并且承认研究预算和预算编制是有用的，因为它能够解释选择是如何作出的和作出了什么选择（这里选择的意思指政治上的妥协）。威尔达夫斯基甚至对科伊的经典问题——“决定将 X 美元分配给 A 活动而不是 B 活动是基于什么原因呢?”——给予反驳。他认为这个问题是无法回答的，而且是不相关的。重要的是，预算过程应推动决策的制定并帮助人们在政策和项目目标上达成统一意见。

13.3.5　零基预算

1952 年，威恩·B·刘易斯[①]（Verne B. Lewis）沿着 12 年前科伊开创的理论探索之路，继续探寻预算在理论上的发展。在“向着预算理论迈进”中，刘易斯提出了可选择性预算（alternative budgeting）概念。他的分析与 20 世纪 60 年代的 PPBS 体系，尤其是与 20 世纪 70 年代的零基预算体系建立起重要的联系。

刘易斯主张，在准备预算意见书的时候，应该本着便于比较的态度和目的，提出一系列有关服务水平和资金配套的备选方案，同时，最终选择的预算方案要预备有现实可行的合约文本——也就是，要对各个项目管理者提出具体明确和现实可行的期望。这一过程背后隐藏的基本原理，几乎是对科伊的经典预算方程式的重述，即 X 水平的资金可以提供 Y 水平的服务，X+1 水平的资金可以提供 Y+Z 水平的服务等。

可选择性预算，作为刘易斯的首选方案，能够解决传统预算中的审查技术问题，即注重每一项的明细支出控制而非注重将项目服务状况和服务目标与所需资金数额对应起来。作为一个现实主义者，刘易斯认清了其他因素，（如“傲慢和偏见、地方风气和政治”等）对预算决策的影响。他希望形成的预算体系能够成功克服这些非经济和非理性因素的影响。

零基预算（Zero-Based Budgeting，ZBB）作为继 PPBS 之后的预算改革方案，充分地融合了刘易斯的可选择性预算概念。管理咨询师彼得·斐瑞（Peter A. Phyrr）最先是为得克萨斯州仪器公司开发了这种预算体系，之后将其用于吉米·卡特当政时期的佐治亚州。1976 年，总统候选人卡特将采用零基预算作为自己的竞选承诺。他当选后，于 1977 年宣布联邦政府正式采用零基预算。零基预算获得的最初反应和 20 世纪 60 年代对 PPBS 的反应相似，只不过零基预算更为迅速

---

① 威恩·B·刘易斯（1913—2001）：联邦预算官员。从美国农业部退休后，他在华盛顿大学讲授公共行政。

地走上了下坡路。

零基预算是一种预算编制过程，它首先否定了预算的渐进决策模型。它要求为整体预算申请（从零开始）重新伸张正义，而渐进预算在本质上要考虑先前的预算决策（合起来可以叫作预算基础），并注重对每年边际变化（the margin of change）的检查。因此，在零基预算体系下，机构不得不根据重要性对所有项目进行排名，同时最不重要的项目将面临被终止的可能。

导致ZBB失败的最主要原因，是它改变了在以往多数预算体系改革中盛行的那些条件。在资源极其缺乏的时代，ZBB难以派上用场，原因是为任何项目发展提供资金的可能性几乎为零。评论抨击ZBB是个骗局，有些甚至称ZBB缺乏组织性，根本不成体系。ZBB在联邦政府中的命运与卡特政府紧密相连。1981年新总统（里根）宣布就职，ZBB也悄悄地退出了历史舞台。许多州和地方政府仍旧使用ZBB技术或ZBB的变化形式。既然风波已经平息，ZBB仍是公共预算的主要组成部分。

13.4 当代预算改革

当代预算中有三个重要问题，认真地思考这些问题对我们会有帮助，因为它们至今还没有答案并且可能在很远的将来也得不到回答。第一个问题是，是否应创造一个综合性的国家预算和财政决算？第二个问题是，能否通过短期政治过程有效地控制多年度的预算循环？最后一个问题是，能否创造一个关注较长期政策重点的预算过程？

13.4.1 综合预算

综合性的国家预算和财政决算（an integrated national budget and financial statement）是一个重要的概念。没有公司希望它的股东仅仅满足于一个综合性资金平衡表[①]（balance sheet）和预算执行情况表。然而，政府却经常出现资金平衡表的缺失和预算执行情况表[②]（operating statement）不完整的情况。毕竟，营业报表的完整性是最初创立预算概念的原因，即呈递一个独立文件，它将所有内容综合为一点，那就是要筹集和支出多少资金。1967年，总统预算思想委员会（President's Commission on Budget Concepts）再次重申需要这样一个统一预算的思想，并于1969年采纳了统一预算的思想。

在统一预算里，联邦资金和信托基金（例如社会保障基金）的收入和支出被合

① 资金平衡表：用资产（拥有的部分）和负债（欠债的部分）对个人或组织的资产价值做总结。也称资产负债表，如此称呼是因为总资产等于总负债加上净资产。

② 预算执行情况表：对资产负债表起补充作用的详细财务信息。

并在一起。当合并这两个资金群以显示预算总额时，则会扣除由一个资金群转移到另一个资金群的交易（也叫资金内部交易）从而避免重复计算。预算外联邦机构①（off-budget federal agencies）的财政活动不计入综合性预算。这恰恰是问题所在。由于成亿万的“预算外”美元支出被置于综合预算之外，可见预算并非完全是“综合的”。这一类型的支出，有些是为了躲避对新项目成本的政治审查，有些是美国情报界的“黑色”支出，还有些是公共企业预算，因为只要有助于行政部门低报政府支出总额（行政部门经常这么做），公共企业的财务状况就可以不被纳入综合预算。追求公共财政管理透明度一直是这个领域改革的激烈争论主题之一，改革的最终目标是形成一个年度综合决算表（an annual consolidated financial statement）——包括资金平衡表和预算执行情况表——即统一包括所有信息的决算表，并在独立有效的会计、估算和评估准则下进行编制。只有这样我们才能说生成了与社会期望和私营部门规范相一致的成熟的预算文件。

13.4.2　多年度预算

第二个长期存在但在本质上没得到解决的预算问题，是有关一些项目领域需要多年的资金支持——即融资时间长达许多年。就像工商企业需要政府给它一个确定性的游戏规则一样，公共行政在众多领域中也是这样的，从主要的基础设施投资到战略研究都是如此。联邦政府在各种各样的项目中有效地采用多年度周期预算的方法，例如根据法定公式对各州的转移支付、权益项目②（entitlement programs）、对建设项目的多年期政府拨款③（appropriations），当然，还有长期借款授权。可是，我们的立法者可能会争论说，如果没有机会每年分配公共资金，他们又如何从综合视角看待预算，并将资金用在今天优先解决的问题上的呢？

两年期或三年期预算可以形成一种强有力的经营局面。这种预算视野具有诸多优势，包括可以更好地将已知的融资与长期项目和资金分配的需要匹配起来；让政府和企业都能在未来几年里制定明确的计划；还在一定程度上牵制了预算编制的政治争论，减少了讨价还价的次数。这就可以给政客、说客和官僚们更多的时间去做其他事情——考虑长期政策、参与深入的项目执行情况审查，而且可能更专注于他们职能的可合作方面而不是相互敌对的方面。

---

① 预算外联邦机构：由联邦政府全部或部分掌管的机构，它们的交易活动依照法律规定不被列入预算总额。（如联邦融资银行）这些机构的财政活动将被体现在联邦预算的附录中。

② 权益项目：任何给那些符合法定条件的个人、组织的项目或者提供福利的其他政府项目。社会保障就是面向个人的最大的联邦权益项目。其他权益项目还包括农产品价格支持、医疗保险、公共医疗补助、失业保险和粮食券计划。权益项目在预算上的意义重大，因为它们锁定了每年联邦预算中相当大的一部分。

③ 拨款：美国国会的一项法案，它允许联邦机构负债，并用财政收入为特定目的买单。拨款通常是在授权立法通过之后才有的，并且是最常见的预算授权形式，但在某些情况下，授权立法也能发放预算授权。拨款的类别通过多种方法进行划分，例如根据有效期来划分（一年期、多年期、无年限），根据国会行动的时间来划分（当前的、永久的），决定拨款金额的方式划分（确定的、不确定的）。

表 13—2 美国联邦预算实践的里程碑事件

1921	预算和会计法为财政部和审计总局设立预算局，作为国会的审计机构。
1939	按照《重组法案》规定，将预算局从财政部转移到白宫。
1950	胡佛委员会倡导，《预算和会计程序法案》下令采用绩效预算概念。
1961	国防部建立规划—项目—预算体系（PPBS）。
1965	约翰逊执政期间，下令所有联邦机构都采用 PPBS。
1970	规定预算局要担负起更多的管理职责，并被更名为管理与预算局。
1971	尼克松执政期间，PPBS 被联邦政府正式废弃。
1974	《国会预算草案和截留控制法案》对国会预算过程和时间表进行修订并建立国会预算局。
1977	卡特政府的所有联邦机构采用零基预算。
1981	零基预算被里根政权废除。预算与管理局主任戴维·斯托克曼对《大西洋月刊》说“没有人真正知道这些数据是什么意思”。
1985	通过《格拉姆-拉德曼-霍林斯法案》；该法案通过在接下来的几年中强制执行全面预算削减，从而平衡联邦预算。
1986	美国最高法院在鲍舍尔对西纳尔案（*Bowsher v. Synar*）中宣布《格拉姆-拉德曼-霍林斯法案》中的某些条款无效。
1990	《财政预算执行法案》对《格拉姆-拉德曼-霍林斯法案》做了修正，要求新的支出必须由新的税收或支出缩减来平衡。 《信用改革法案》（为回应储蓄和贷款丑闻而颁布的）提高了联邦借款和贷款担保要求。 《财务总监法案》要求联邦机构设置一个财务总监的职位，以监管机构的财务状况。
1993	《政府工作绩效法案》要求机构以将要获得的结果或成果为基础，证明它们预算请求的正当性。
1997	机构被要求提交战略规划，包括任务说明书和绩效目标。
1998	政府绩效规划首次与联邦预算一起被提交。
2000	机构必须告知国会它们在多大程度上达到了绩效目标和战略计划中设定的目标。
2004	管理与预算局不再做超过五年期的预算预测，结束了自 1971 年就有的十年期预算预测的实践。

13.5 公共支出融资

公共财政管理的三个基本要素是：（1）税收，（2）支出和（3）储蓄。是的，与联邦政府不同，许多州和地方政府并不是每年把资金都用光。设立偶然事件和“雨天”（rainy day）账户在它们中间是再常见不过的事了。尽管如此，税收和支出仍是公共财政的主要元素。讨论税收和支出哪个先发生就像争论鸡生蛋还是蛋生鸡一样没有意义。但最后它们之间必须达到某种程度上的协调。支出必须总是等于税收加上借款。由于税收收入是有弹性的①（elastic），我们只有估计每年的税收收入。经济繁荣期带来的税收收入会多一些；而当经济处于衰退时期时，税收收入也会随之减少。这也是为什么预算制定者们要经常绘制玫瑰般的景象——即对经济增长和利率水平的估计过于乐观，从而使估计的赤字看上去小于现实中将要实际产生的赤字。但是一定要提防这种玫瑰景象！作为一个预算制定者，它会导致公众对你

① 有弹性的：税收收入上下浮动的性质，它们会根据国家的总体经济情况的好坏而增加或减少。

的信任度大大降低。作为预算的消费者，玫瑰景象则给你设下了陷阱。不管景象是玫瑰般的、中立的还是苛刻的，事实依旧是预算编制的任务包括让收入和支出相匹配，这样政府在来年才能够行使职能。

政府有六个基本途径为财政支出需求进行融资。这与圣经时期相比有了很大进步，在那时，征税官和被强制扣押的财产是主要的可行策略。今天，政府必须从以下这些方式中选择：

(1) 征收直接税①（direct tax）。

(2) 征收间接税②（indirect tax）。

(3) 通过对政府顾客收取使用费来获取收入。

(4) 从另一级别的政府或援助机构获得补助。

(5) 从公共企业的活动中获得利润。

(6) 通过发行债券向公众筹集资金，或是向私人贷款。

(7) 运用创新的财政技术，公私伙伴关系③（public-private partnerships）、特许经营权或是给私营部门颁发营业执照。

(8) 如果可能，动用储蓄和投资收入。

每一种为政府的财政支出筹资的方法都包含复杂的政策问题，例如影响范围（纳税群体的范围）、有效性（税收能否产出应有的收益）、公平性（税收是否公平）和行政的便利与成本。如果这些融资方式仍旧不能满足需要，政府可以通过私有化、成本削减或终止项目以达到缩小筹资范围的目的。

13.5.1 税收

普通税（或是地方政府征收的一般财产税）是解决公共服务融资问题的最传统办法。税收是政府出于为公众服务的目的强制收取的份额。税收不包括雇员和雇主为退休和社会保险支付的款额（支付的固定金额），这些被列为保险信托收入（insurance trust revenue）。

一般来说，如果税收是由公众选举代表来征收，公众才承认其合法性。的确，美国独立战争的众多原因之一，同时也是广大人民主要呼吁的，就是"人民没有参与，政府就无权征税"，因为"人民没有准许的征税是专制的体现"。因此，几乎所有层级政府的税收都由公众选举出的立法机关来颁布。

从古代开始，人们就对税收给予尖锐的批评。例如，公元1世纪罗马历史学家斯威托尼厄斯④（Suetonius）向维斯帕西安大帝（Emperor Vespasian）报告说，

① 直接税：由纳税人直接向政府缴纳的税收（例如所得税）。美国宪法第一条第九款提出，"除依本宪法上规定的人口普查或统计的比例，不得征收人头税或其他直接税"，这阻碍了联邦所得税规则的颁布，直到1913年宪法的第十六修正案出台后，政府才被允许征收直接税。

② 间接税：首先支付给第三方，然后由第三方支付给政府的税收（如营业税）。

③ 公私伙伴关系：地方政府和企业界联合起来规划、提供公共支持并为主要社会项目或建设项目提供资金，从而实现共赢。

④ 又译作苏埃托尼乌斯（75-150），古罗马历史学家、传记作家。——译者注

民众对罗马公共厕所征税（实际上就是对公共厕所的使用者收取费用）感到不满。皇帝从税收中取出一枚硬币，将它放在抱怨者的鼻子前，问道："臭吗?"还没等他回答"不"，皇帝接着说："但这来自于尿。"从那以后，没有什么比逃税的名声更坏。有时，税收改革与增加新的税收项目不同。新的税收项目源自财政专家们的创造或是源自新技术。詹姆斯·肯德尔（James Kendall）在迈克尔·法拉第①（Michael Faraday）（电力发展的先驱者之一）传记中列举了一个生动的例子。在法拉第最初向英国财政大臣解释自己的发明时，财政大臣打断他"并不耐烦地问道：'但是，它究竟有什么用呢?'法拉第灵机一动，回答说：'干吗要这么问呢，先生，反正你很快就可以拿它来征税了啊。'"不管是尿还是电，它们都是政府收入的一部分。

税收是政治问题中最具多变性的问题之一。1984 年，沃尔德·蒙代尔在接受民主党总统提名时说道："税负只会越来越重，那些说不加税的人都在撒谎。"结果，他在竞选中大比例输给了对手。而在 1988 年，乔治·布什在接受共和党总统提名时信誓旦旦地称："相信我的话，绝不增加新的税收!"结果他以巨大的优势获胜。从这件事我们领悟了一个教训。但是，布什还是在撒谎，因为他后来提高了税收，这当然也给他 1992 年的第二次总统竞选带来了极大的负面影响。

联邦和州—地方政府的收入体系有着很大的区别。联邦政府收入体系的收入来源缺少多样性，总税收的 2/3 以上都来自联邦所得税和几个保险信托基金（如社会保障）。相反，州—地方政府的收入体系却建立在多种收入来源之上（如财产税、收入税、营业税、使用者收费、彩票和联邦教育拨款）。尽管地方政府仍主要依赖于财产税，它们的州政府——除了少数特例外——基本依靠州个人所得税。除此之外，州营业税也是收入的重要来源。税收当局的混杂造成州—地方税负的巨大不平衡。纽约州居民可能会缴纳成百上千美元的州个人所得税，但由于得克萨斯州不征收个人所得税，居民就不用缴纳个人所得税。弗吉尼亚州人缴纳的营业税是佛蒙特州人的两倍还多。在财产税上存在的差异则更大。在一个行政辖区内的房子所要缴纳的财产税可能是另一行政辖区内同样房子的三倍。

13.5.2 支付能力原则

历史上，征税的艺术被定义为："拔最多的鹅毛，听最少的鹅叫"。虽然这一定义常被归功于让-巴蒂斯特·柯尔贝尔②（Jean-Baptiste Colbert），减少"叫声"的努力从未减退过。达到这个目的的两个经典办法分别是使用"支付能力"原则或"隐藏"税收。

征税的支付能力原则（ability-to-pay principle）是指税负的分布应根据个人的贫富状况来确定。这一原则是基于以下假设，即当某人的收入增加，他（不论是个人还是公司）就能够也应该将更大比例的收入贡献给社会，支持政府的活动。累进所得税（progressive income tax）就是建立在支付能力原则上的。

---

① 迈克尔·法拉第是电力发展的先驱者之一。——译者注

② 让-巴蒂斯特·柯尔贝尔（1619—1683）：国王路易十四的财政大臣。

个人所得税（personal income tax）是建立在支付能力原则上的，即税率是根据收入来定的。但收入不仅指金钱，它指的是可以使一个人净资产增加的任何资产。所得税也不一定是对某人在特定年份中的所有收入直接征税。还记得新闻每年揭露的那些没有为自己的收入缴任何税的百万富翁吗？能这么做的原因是，他们只需为调整后的总收入缴税。所有纳税人都有权将某些种类的收入排除在总应税收入之外。例如，州和地方性债券的利息收入就免征联邦税收。因此，如果一个百万富翁的唯一收入来源是对这种债券的投资回报，那么他就不用缴纳联邦所得税［为了确保这类公民至少要缴纳税款，现在出现了一种叫做“替代性最小赋税”（alternative minimum tax）的税项①——但只是强调“最低”］。纳税人也可以从应税收入中扣除税收的减免。纳税人在税法允许的情况下，还可以从总收入中扣减许多费用，如医疗费用、州和地区税（如果联邦返还）、住房按揭贷款利息和慈善捐款等。纳税人可以逐一列出扣减项目或采用最低标准扣减系数，即预先计算好的一个加权平均值。之后，累进税率与应税收入相乘，从而计算出应缴税款。

除了阿拉斯加州、佛罗里达州、内华达州、南达科他州、得克萨斯州、华盛顿州和怀俄明州之外，美国其他的州的公民都需要缴纳个人所得税，许多城市也征收个人所得税。因此，巴尔的摩、克利夫兰、底特律、纽约和费城的居民须分别向三个级别的政府缴纳个人所得税，即联邦政府、州政府和地区政府。在多级政府的多项征税制度下，难怪避税②（tax avoidance）已经成为一个甚至可以和棒球运动一争高低的全国性消遣活动。真正的富人皮尔庞特·摩根（J. Pierpont Morgan, 1836—1913）提出了避税的理论基础，他说：“公民没有维持政府运作的道德义务。如果国会坚持犯愚蠢的错误，批准各种愚蠢的税法，百万富翁们就不该因利用这些法律钻空子而受到责难。”1968 年的《税收改革法案》通过填补许多税收漏洞③（tax loopholes），使避税变得更为困难，这项法律被人们非正式地、愤世嫉俗地也精确地称作“税收会计师们的充分就业法案”。

13.5.3 单一税

所得税，如果采用单一税制就没有税收等级的划分，也就是说，它对每一个纳税人征收的税率都相同。在联邦所得税改革中，单一税制（flat tax）的概念已经在多项提案中被提及。长期以来，许多著名的共和党人，例如 20 世纪 80 年代纽约州的国会议员杰克·凯普（Jack Kemp）和 20 世纪 90 年代得克萨斯州的国会议员理查·阿米（Richard Armey），也都提倡单一税制。单一税制甚至成为 1996 年总统竞选的主要问题，百万富翁斯蒂夫·福布斯（Steve Forbes）的出版商就是将他的共和党总统提名竞选建立在单一税制问题上。

---

① 实际上就是矫正性赋税。——译者注

② 避税：设计个人财务从而利用所有的减税条款，例如税收减免和税收庇护。

③ 税收漏洞：税法中有意识或无意识的前后矛盾现象，利用这种矛盾可以躲避一些税收。有意识的税收漏洞也叫税收支出。对一个人来说是税收支出，而另外一个人看来就可能是漏税。税收漏洞是完全合法的，但它们却有个难听的名声——特殊利益游说者的杰作。

单一税制在很大程度上具有吸引力，因为它很简单，而且看上去是公平的。每个纳税人缴纳的所得税占收入的比例都是相同的。在一张明信片上就可以完成所得税申报。然而，民主党成员却对此表示反对，因为单一税制彻底违反了支付能力原则。单一税制在本质上是倒退的，因为它相当于穷人缴纳所得税的比例比富人还多。这成了1996年共和党预选的主要问题，普华永道会计师事务所（accounting firm of Price Waterhouse）对此作出分析，其分析报告被刊登在《美国新闻与世界报道》（*U. S. News & World Report*）上。普华永道分析指出，如果将当前的所得税制度改为21%的单一税制，那么年收入6万美元养育两个小孩的夫妇将会多缴纳2%的所得税。然而，如果是同一个家庭，但是收入为30万美元，他们实际上是享受了31%的税减。

经济中的许多势力都是单一税制的真正天敌。慈善和宗教组织不想失去税收减免，因为正是这种优惠制度才能鼓励人们向它们捐款。住宅产业也不希望看到抵押贷款利息减免的政策被取消，因为这会引起住房价格的下跌。企业也担心如果没有了新设备购买的税收减免，公司的利润会受到影响。同样，公共财政分析师也对17%的单一税制难以为政府的运营获取足够的财政收入表示担忧。

13.5.4 使用者付费

使用者付费（user charges）是政府服务的使用者或消费者为了获得这样的服务而缴纳的特殊费用。例如房主的水费，如果它是按使用量来收取，那么就可以被称作使用者付费。其他例子还有收费公路和桥梁，以及收费的公共游泳池。如果运动队在被铁丝（或栅栏）围起来的公共用地上打比赛，门票收入就应该成为运作资金的主要来源。在公共交通方面则有些不同，它的有些成本需要由乘客负担。但由于公共交通的存在让政府省去了修建新高速路的麻烦，而对私人汽车数量的限制也减轻了空气污染，所以公共交通也有明显的优势。因此，公用交通系统通过使用者付费和征税的方法获得融资也是符合惯例和恰当的。高速公路的筹资方式是征收燃油税（gasoline taxes）。高速公路提供了一些明显的公共产品，例如方便了那些拥有汽车的公众的流动，提高了企业运输产品的能力。但是从另一方面来说，某些特殊的高速公路对其服务对象的确是有选择性的，只给能够为它的往返者们（通行者）提供便利。有些人争论说，应该对这些往返者们收费——即他们需支付通行费——但这在政治上并非总能行得通。

尽管从理论上说使用者付费是自愿的，但在实践中，它往往是迫不得已的。几乎没有人认为，市政上下水管与家庭的连接是可以自愿选择的。本质上，使用者付费就是变相的税收。许多使用者付费较容易避免。例如，如果你不在州立大学读书，你就不必支付相应的费用——但是你要通过缴纳普通税收为这些机构提供你应承担的那份资助。如果你不打猎或捕鱼，你就不用为此购买州许可证。如果你不扩建自己的房屋，你就不必为获得地方建筑许可而掏钱。

使用者付费通常被作为指定用途税①（earmarked tax）收入，因为通过对使用

---

① 指定用途税：按照法律规定必须用于特殊目的的一种税收收入，例如，州燃油税可能被专门用于公路建设。

者付费筹集的资金只能用于法定目的。因此，打猎和捕鱼许可证收费经常被用于野生生物保护计划。

13.5.5 补助金

在美国，补助金（grants）代表了州和地方政府的一个重要收入类别，在其他联邦体系中也一样，如澳大利亚和德国。正如我们在第 4 章里学习到的，美国有几百个联邦补助金计划，深入到卫生、福利和基础设施建设领域（有关交通、水利和排水设施的项目）。同样，还有为支持（改进）较贫穷州和地区的财务状况而设计的分类财政补贴（block grants）。分类财政补贴可能是自动运行的，根据每个州和地区的人数来划拨。但是，当补贴成为人口数目的函数，计算人头数就好比数钞票。地方辖区，尤其是那些大城市，经常抱怨它们少拿了补助金，因为人口普查少计了当地的人口——这些没有被计入人口普查的人可能是由于搬家、不识字或是害怕填写政府表格，抑或是出于其他原因。由于人口计数情况对国会选举区的划分和许多政府间补助金项目的融资级别的决定都非常重要，因此，各个行政辖区易于对他们认为少计人口总额的问题大做文章。

13.6 债务问题和预算运作

在债务管理（management of debt）中，我们更能感受到制定公共财政管理和报告的适当标准的紧迫性。举债能力，从许多方面来看，都是政府的一大特点。举债常常存在，部分是为了帮助政府开展那些今后许多代人都能从中受益的项目。这就是为什么亚历山大·汉密尔顿在 1781 年 4 月 30 日写给罗伯特·莫里斯（Robert Morris）的一封信中会提到这样一种观点，即“一个国家的债务，只要不是过多，对我们来说是值得高兴的事”。当然，总是有许多人不认同汉密尔顿的这一著名观点。1824 年 4 月 26 日，当安德鲁·杰克逊还是总统候选人的时候，他上书给 L. H. 克尔曼（L. H. Colman）说：“我不同意国家债务是一件值得高兴的事这个说法，因为它试图让行政部门变为有钱的贵族统治阶级，而这对国家的自由很危险。”直到今天，这个实质性问题仍然是当代政治家们争论的话题。

负债是一种将成本与那些从这种举债中受益的人相匹配的方式，是一种保证未来几代人为现在修建好的公路和建筑承担他们理应支付的成本的方式，是一种确保“两代之间的公平性”的方式。在美国，成千上万的政府可以通过发行债券借款，这些政府包括从联邦政府到最小的地方政府。

国债（national debt）是中央政府未偿债务的总额。国债与指定年度的国家预算赤字（budget deficit）经常被混淆。负债实际上等于所有年度未偿还的赤字（借款）总额加上累计应付利息。“应该感到高兴的是那些年轻人，因为他们将继承国家所欠下的债务。”据说这是赫伯特·胡佛（Herbert Hoover）总统首先讲出这句话的。

赤字财政（deficit financing）是指这样一个情形，即政府通过向公众借款，为指定期间内超出财政收入的过度支出筹集资金。赤字财政，尤其在被经济理论家们普遍接受之后，成为过去百年中的一种主要经济现象。经济学家们在赤字财政问题的研究上分成了两大阵营，一方认为赤字财政会给经济带来巨大拖累；另一方则认为它可以有力地刺激经济。

13.6.1 公共债务的滥用

在公共行政中，借款（borrowing）是一个具有明确目的的工具。在正当情况下，公共行政官员们应自信地使用这个工具。同时，借款也是一个容易被公共行政官员滥用的工具。滥用（abuse）借款主要分为以下六个种类：

（1）将借款用于业务性（或“经常发生的”）支出。

（2）借款数额超过社会能够承受的偿还水平。

（3）由于借款协议设计得很糟糕，以至于借款人在面对贷款人以高利率贷款的情况下自身利益得不到保护。

（4）为不能产生收益的项目举债（如修建公共纪念碑）或为投机性很强的项目举债（如为举办运动会修建体育设施，但体育设施的保有期不确定）。

（5）借款被用于政府缺乏行政能力去管理或执行的项目。

（6）借款存在大范围的腐败，所得资金中的很大比例用于贿赂政治家和行政官员，而不再是服务于表面上的借款目的。

这些风险，再加上政治家们常常认为相对于增加税负而言举债在政治上更为可取，这样一来，情况就会变得更糟。选民们实际上是看不见政府举债的。如果项目的进展给人留下了深刻印象，政治家们就能以无痛的方式“买”到选票——尤其是恶果报应要等到下届政府上台的时候才会显现，就更是如此。

克服这些问题可不那么简单。由于社会上对这些问题的理解和争论还没有达到一个高的层次，所以确实很难对项目拥护者们散布的大量令人费解的数据进行评估。民主通过立法委员会行使的监督作用的有效性也不尽相同。而且对相关问题的审计也经常来得太迟。

13.6.2 市政公债

债券（bonds）是由借方向贷方发行的债务证明书，它形成了到期由借款人向贷款人偿还本金和应计利息的法律义务。市政公债（municipal bonds）是地方政府使用的债务工具。这一定义容易使人产生误解，认为市政公债仅指由地方政府发行的公债。然而，由州、没有被归为任何州的行政区域（地区）、美国的殖民地，或者由任何市政当局、行政区域（包括市、县、学区和出于消防、水利、下水道、灌溉和其他目的的特殊区域)、公共机构或执行部门(例如某个权威机构或委员会)发行的公债都属于"市政公债"。虽然市政公债的利息免于联邦税收,但州和地方政府发行的市政公债的免税待遇可能不尽相同。免税公债允许行政辖区以低于市场水平的利率借款。市政公债尤其对购买者有吸引力,因为他们的高边际税率使免税投资比那些支付更高利息但却要缴纳利息税的投资更有利可图。

13.6.3 评级机构

公债滥用问题,对公民、行政官员和诚实的政治家们至关重要,对贷款机构也非常重要。毕竟,借款是一个涉及双方的活动,即如果没有机构同意把资金贷出,需要资金的一方就借不到款。国际金融市场由几千个贷款机构组成。这些贷款机构对政府举债投资的项目价值的评估能力有很大不同。为大型政府提供贷款的大型机构对项目价值和借款人信用的判断可能较为敏锐,但是许多小政府和小型贷款机构之间只能像"雾里看花"一样看待对方——那样的确太不完美。

纽约的评级机构——标准普尔公司和摩迪公司(Standard and Poor's and Moody's)——的存在填补了这一空白,它们通过评级和评估借款人(公共或私人借款人)的信用,给它们做出信用评级——就和长期以来评级公司给个人和公司的信用评级一样。然而,在政府采用的借款规模上,AAA 资信(triple A)评级和 AA 资信(double A)评级结果之间的差异可能导致百万美元的偿债差额。债券评级体系之间有差异,但是具有最高信用等级或最金边①(gilt edge)的债券被评为 AAA 级,投资级别②(investment grade)债券的最低评级是 BBB 级。如果评级结果低于 BB 级,那么这样的债券普遍被认为是投机性债券或垃圾债券。评级机构都有独立的分析团队,并长期地对借款人进行再评级,同时政府借款人渴望通过采取谨慎的财务管理手段说服评级机构认可债券的安全性。

这些评级机构在政府财政管理方面所扮演的角色是至关重要的。一方面,它们是信息和信心的清算中心。毋庸置疑,评级机构的行为对借贷产生了推动作用,如果没有它们的存在,这些借贷交易可能无法发生。另一方面,评级机构并非是价值中立的。通过提高行动与思想一致的政府的信用等级,评级机构给影响遍及全球的政策决定附上了价值尺度。在这一价值尺度中,平衡预算和政府支出削减意味着可以获得更高的信用评级。这样的价值尺度有利于形成"公平赛场"。当然,评级机构都是秘密工作的,并不承担任何形式的民主责任。1995 年,当标准普尔公司给底特律评定为 BBB 级、巴尔的摩 A 级、明尼阿波利斯 AAA 级,它作出了将会影响这些城市未来许多年整体生活质量的判断。明尼阿波利斯市因为有着最高评级将节省数百万美元。与底特律和巴尔的摩相比,明尼阿波利斯就能将更多的资金投入

---

① 金边:用来指代有着最高信用评级(为了投资的安全性)的股票、债券或其他证券的流行术语或有着类似安全性的票据。

② 投资级别:是指属于前四个信用等级的证券,按照标准普尔公司的评级标准是从 AAA 级到 BBB 级,按照摩迪评级标准是从 Aaa 级到 Baa 级。有些机构依据法律要求只能购买有投资级别的债券。

到治安和公园建设上，而前者却不得不将那些“额外”的美元用于偿付债券利息。

13.6.4 债券、债务和紧急救援

2001年9月11日的恐怖袭击和2005年卡特里娜飓风造成的巨大破坏，对市政公债和金融领域造成了重大影响。“9·11”事件和卡特里娜飓风，都给地方和州政府留下了巨大的财政困难，不幸事件的发生使投资者们不愿意投资于那些政府和行政当局发行的市政债券。在纽约和路易斯安那州的灾难发生之后，城市政府需要大量资金重建损坏的基础设施，同时，由于削弱的经济税收收入日渐枯竭。不出意料，标准普尔公司对投资者们提出警告：在遭遇灾难之后，纽约市和新奥尔良的市政债券可能会被降级。

为了帮助纽约从“9·11”事件的影响中恢复过来，国会、纽约州和地方政府联合建立了特殊的融资机制，这一机制确保私人投资者投资纽约市和纽约港务管理局（Port Authority）发行的债券是安全的。实际上，一种全新的市政公债，自由债券[①]（Liberty Bonds），被用来为恐怖袭击破坏之后的下曼哈顿区（Lower Manhattan）的恢复性建设埋单。这些债券是综合性经济刺激法的一部分，综合性经济刺激法（a broader economic stimulus law）是由布什总统在2002年3月签署的一部法律，它让纽约市房地产开发商通过在市政债券市场上发行债券的方式获得较低的贷款利率。尽管舆论对募集资金的使用情况颇有争议，但自由债券对地区“从零开始”的重生性建设非常重要。

尽管这种新型债券帮助纽约市从“9·11”事件中恢复过来，但新奥尔良市在卡特里娜飓风之后的重建恢复可能需要更长时间。飓风灾难破坏的广泛性造成新奥尔良市的课税基础损失巨大——尤其是财产税的损失。根据国会预算局（CBO）的数据显示，新奥尔良市有接近8亿美元的未尝付债券，供水和排污管理局（the water and sewer authority）还持有1.98亿美元的未尝付债券，会展中心（the convention center）的债务也超过了5亿美元。如果新奥尔良市在恢复期间没有财政收入，它就很难偿付这些债务。例如，会展中心是通过对宾馆和酒店税收偿还它的债券负债。然而，由于灾难极大地抑制了当地的旅游业，会展中心管理局便很难履行对债券持有人的偿债义务。所有主要的评级公司都对新奥尔良市及其那些特定目的行政区（special purpose districts）发行的公债发布了警告，但并没有对任何债券进行降级。这是因为评级机构认为，州和联邦政府都会介入并确保新奥尔良市及其所有机构不会陷入偿付困境。当联邦政府提供近10亿美元以帮助新奥尔良和其他地方政府清偿债务时，这些信心的确立就是有充分根据的。

在后卡特里娜时代，联邦政府也回到“9·11”事件恢复重建的办法上，发行特殊用途的公债，来帮助这个海湾滨海地区恢复重建。作为恢复重建工作的一部分，联邦政府采取了一类特殊的私人活动债券，称之为海湾地区机会债券（Gulf

---

① 自由债券：用来为2001年9月11日恐怖袭击后纽约市投资方案筹资的免税私人行为债券。

Opportunity Zone Bonds)。与自由公债一样，允许州政府和市政府发行债券，用所得收入来购买、建造、改造非住宅性质的不动产。这个海湾机会地区立法授权，为饱受卡特里娜飓风蹂躏的地区发行不超过 80 亿美元的免税债券，与在下曼哈顿区刺激恢复重建的那种类似的情况，这次在墨西哥湾沿岸再次出现。

13.6.5　绝密预算：伊拉克战争背后的真实成本

战争是地狱，也是极其昂贵的游戏。在多数国民对伊拉克战争的怒火被理所当然地集中在成千上万美国士兵伤亡情况的时候，庞大的战争费用却并未引起公众太多的注意。财政对战争的重要影响并未在公众的心目中凸现出来，可以部分地归结于战争费用的计算方式。

在伊拉克战争开战之前，布什政府的经济学家们估计战争的总花费介于1 000 亿到 2 000 亿美元之间。有趣的是，管理与预算局局长却认为，他们估计的费用过高了，结束这场战争需花费约 600 亿美元。最后的结果证明，2 000 亿美元也是一个可笑的数字，太低了。

尽管战争的不确定性总是使得人们不能够准确地估计其对财政的影响，但现实是很清楚的，这场战争的花费约在 2003 年布什政府估计值的 5～10 倍。让我们从政府本身的最佳推算数开始。2006 年，国会预算局（CBO）估计战争费用将超过 5 000 亿美元。虽然远高于 2003 年白宫的预测数，但 CBO 的测算仍然遭到人们广泛的抨击，因为它隐藏了这场战争真实成本中的许多内容。在对 OMB 和 CBO 估计数给予严厉抨击的那些人中，有一位是前任总统克林顿的经济顾问和诺贝尔奖获得者约瑟夫·斯蒂格利茨（Joseph Stiglitz）。尤其是，斯蒂格利茨和他的哈佛大学同事琳达·比尔米斯（Linda Blimes）争辩说，政府对战争花费的预测数排除了这场战争冲突中的许多真实的财政支出。

首先，斯蒂格利茨和比尔米斯指出，布什政府的预测数字并未将这场战争中许多真实的财政支出包括在内，并指出了若干种隐藏战争费用的途径。例如，在这位行政首长估计的费用中，并未包括所需要给予关爱的 16 000 多名受伤退伍军人的终身残疾护理费用和卫生保健费用。在这些受伤退伍老兵当中，大约有 20%的人受到严重的脑外伤，长期的护理成本将会是非常昂贵的。这些受伤的战士中，许多人在他们余下的岁月里，将需要长期地给予细心的呵护，这不仅需要掌握熟练技术的护理人员，还需要很好的护理设施，而这都需要公众支出实质性的费用。

其次，斯蒂格利茨和比尔米斯还指出，政府也未包括在战争期间征募士兵的递增费用和留住士兵服役于国家的武装部队所递增的费用。让美国的年轻人在一个不受欢迎的和非常危险的战争中参加军队，五角大楼不得不求助于增加招募途径和办法，以完成征募任务。在众多吸引年轻战士的策略中，经济刺激办法较为常用而有效，如征兵激励奖金和更多接受教育的权益。更为重要的是，为训练士兵使之成为军事经验丰富的战士，布什政府雇用了许多经验丰富的退伍老兵，对这些再入伍的老兵采取了提高奖金和改善他们的权益福利包的办法，这也花了一大笔钱。

由于远远低估了征募和医疗两方面的费用，战争对整个联邦预算的影响通常就会被忽略。尤其是，因为大部分战争都是通过借款支付战争费用的，因此对这笔债务的利息支出也应该列入这场战争的总体费用之中。然而，在官方的政府估计数字中，却未包括这些“间接的”战争成本。同样，官方估计的伊拉克战争的费用，还忽视了更为复杂的经济方面的权衡，例如，军事人员丧失了挣钱的机会，国家丧失了将庞大战争资金用于发展的机会，如发展交通、教育和环境保护等。

布什政府千方百计地想向公众表明，我们以尽可能低的费用赢得了这场战争，这样的现象看来不足为奇。因为公众对这场战争的信任程度本来就不高，任何高费用战争成本的话题都只会激发美国公众的具有负面效应的紧张状态。并且，尽管布什总统因不阅读大量的历史书籍而可能饱受批评，但他也充分意识到，当公众反对战争的时候，他们就可能向指挥这场战争的那些领袖开火。

林登·约翰逊总统也明白这个道理，所以他最终竭力掩饰美国政府用于越南战争的费用。20 世纪 60 年代，随着用于越南战争费用的不断攀升，约翰逊总统变得很绝望，他不顾一切地降低这场战争给他的政府带来的损害。虽然他不能隐瞒每天战场上的死亡人数，但是他却在竭力地隐瞒这场战争的费用。为了做到这些，他利用一种会计手法，但这涉及巨额的社会保险信托基金（Social Security Trust Fund）。美国人多年来一直在缴纳社会保障费用，这些费用会进入这个信托基金，还没多少人已经从信托基金中受益，因为信托基金积累了很多财政剩余。而社会保障信托基金实际上并不盈余，但庞大数额的现金却成为约翰逊手中的一个有效政治工具。在其 1969 年的财年预算中，约翰逊将信托基金的收入加在了政府经常性预算上，这样就使得战争形成的不同性质的财政赤字变成了一种表面上的财政预算盈余。

对于约翰逊而言，这种会计魔咒并不足以抵消公众对有关越南战争冲突的愤怒，并且他也未再寻求他的政党再次提名他为总统候选人。尽管布什总统是在 2004 年赢得连任，但他的领导能力和他留下来的好东西已经被伊拉克战争所削弱。最终，会计上的伎俩和经济上的算计走不了多远，因为真实的数字会时刻尾随着你。

13.7 经济政策

孤立主义（isolationism）是外交政策的一种选择，但绝不能把它作为政府的财政政策。当今的财政政策并不是孤立的。它们本质上是一个国家全面经济政策的一部分。

经济政策（economic policy）体现为国家管理贸易、商业和金融的过程，它通常由以下三个方面构成：（1）财政政策，（2）货币政策，（3）对经济产生影响的公共政策，例如能源政策、农业政策和工会政策。经济政策各个方面之间的相互作用至关重要，因为没有哪个政策是在真空中运作的。货币政策（monetary policy）主要用来控制经济中货币和信贷的数量和成本（也就是利率），而财政政策（fiscal policy）是用来控制预算、赤字和税收的规模。其他政策领域，如住房政策（也是由利率决定的）和依靠赤字财政开展的项目，都与财政政策和货币政策紧密相关，反之亦然。然而，在实施层面上，各种政策之间不存在相互关系。货币政策主要从总统和其他行政机构接收主要信息，制定货币政策是联邦储备委员会（Federal Reserve Board）的职责，它是一个独立的机构。财政政策从联邦储备委员会接收类似信息，制定财政政策主要是总统和国会的职责。它们的平等程度以及后来的责任划分都不相同，但都保持在一个相对稳定的范围内。尽管总统可能希望财政能够支出这样或那样的数额，但只有国会才有宪法能力征税（虽然税法和其他法律一样必须由总统签署或否决），同样，对总统经济政策的决断自由产生限制的是先前的资金决策，例如福利、权益和养老金项目，而这些都很难改变。

13.7.1 货币政策

货币政策（monetary policy）是政府为实现特定经济目标所采取的管理本国货币的官方活动。三个基本的货币政策决策分别是：（1）有关流通中的货币数量的决策；（2）有关利率水平的决策；（3）有关信贷市场和银行系统运转的决策。

毋庸置疑，货币供应量是货币政策控制中的重要变量。1931 年，美国通过《联邦储备法案》，该法案创立了一个强大的中央银行，即美国联邦储备委员会。像大多数中央银行一样，美国联邦储备体系的职能是通过创造或减少美元的方式控制流通中的货币量。执行货币量控制是通过买卖政府证券实现的，这一过程通常被称作公开市场操作，这意味着在买卖证券的过程中美联储要与其他报价人竞争。不同之处在于，当美联储购买证券时，它是以增加流通中的货币量的形式完成的。如果美联储卖出一些证券，它就减少了经济中的可用货币量，在实际操作中，它实际上是吸收了别人持有的货币。但这并不意味着货币存量会有剧烈波动。货币量一般是逐渐增加的。货币供给量①（money supply）主要是对货币量的边际增长产生影响。通过使用其他两种工具，美联储可以试图影响投资和贷款。一是美联储可以改变贴现率——即美联储对商业银行的再贷款利率（商业银行可用从中央银行借来的资金放贷，因此商业银行从中央银行借款的这个过程被叫作再贷款）；二是美联储可以改变存款准备金要求——相对放贷总额，商业银行的手中必须持有一定数量的货币。

13.7.2 财政政策

财政政策（fiscal policy）是指操纵政府财政，通过提高或降低税收或支出水平促进经济的稳定和增长。经济的稳定和增长必须相结合，如果有稳定却没增长，经济就陷入停滞。通过运用财政政策达到经济目标无疑是新近产生的现象。在美国两百多年历史的绝大部分时间里，财政政策都没有被作为经济的影响因素。国家预算

① 货币供给量：经济中的货币总量。

政策建立的基础是支出等于收入（即平衡预算）。实际上，除了战争年代，1900 年之前的预算主要是决定如何摆脱主要由关税[①]（tariffs）带来的过度收入。这并不是说现代财政政策在当时无法帮助国家改善经济衰退和消沉的局面，只不过在 19 世纪时，经济政策坚持奉行自然规律，而不动用外界干涉。随着联邦所得税的征收和美国联邦储备体系的成立，1913 年自然规律第一次遭受了重大破坏。20 世纪 30 年代的经济大萧条和社会保障与失业补偿金计划的开展，第一次让管理者们认识到运行国家经济政策的重要性。然而，国家经济政策目标的最终合法化是受助于 1946 年的《充分就业法案》（Full Employment Act）。此法案不仅为总统建立了经济顾问委员会（Council of Economic Advisers），还为经济繁荣立下了目标，并让总统负有完成经济目标的职责。

财政政策主要提供相机决策和内在的行动过程。相机决策的财政政策包含政策变化，它主要指两个方面：收入水平和支出水平。近年来的主要财政政策行动为减税和暂时性的税收减免。因为税改在立法上存在时滞，这就不难明白为什么总统们都偏向在政府支出方面发动财政政策战争。财政政策的另一方面涉及内在的财政稳定器——即事先设定的或自动的政策。这些稳定器包括转移支付[②]（transfer payments）、累进税率[③]（progressive tax）和不断变化的联邦预算赤字和盈余以抵抗经济下滑或调控过热的需求和商业活动。例如，在经济衰退期，随着越来越多的员工下岗，失业补偿金支出也跟着增加。这将使联邦预算赤字增加，但也能刺激经济并抵减经济的下滑趋势。在经济过热的情况下，人们的常规工资和加班工资都会增加，这样就会刺激人们加大对商品和服务的需求，从而引发通货膨胀。然而，当个人所得税增加，越来越多的人步入更高的税级。由此可以看出，税收结构通过吸收更多个人收入和抑制人们对商品和服务的需求来行使其作为自动稳定器的职能。

参考文献

Anderson, Martin. (1988). *Revolution*. New York: Harcourt Brace Jovanovich.

Basler, Roy P., ed. (1953). *The Collected Works of Abraham Lincoln*, vol. 2. New Brunswick, NJ: Rutgers University Press.

Blais, Andre, and Stephane Dion, eds. (1991). *The Budget-Maximizing Bureaucrat*. Pittsburgh: University of Pittsburgh Press.

Boettke, Peter J. (1992). "Friedrich A. Hayek (1899—1992)," *The Freeman* (August).

Buchanan, James, and Gordon Tullock. (1962). *Th Calculus of Consent*. Ann Arbor: University of

① 关税：对进口产品征收的税。关税（duty）与关税（tariff）的唯一区别是，关税（duty）是要实际征收和收取的，而关税（tariff），技术上说，是关税的时间表。然而，在实践中这两个说法可以交替使用。

② 转移支付：政府对个人的支付，且不要求个人提供产品或服务作为回报。在所有级别政府层面上开展的提供生存性收入的所有社会福利项目都是转移支付项目。它们也经常被称作权益项目，因为如果某一个体符合授权立法制定的标准，他/她就有资格接受转移支付。

③ 累进税率：那些让富人比穷人支付更大比例税收的任何税种都叫累进税。所得税通常是累进税。

Michigan Press.

Caiden, Naomi. (1983). "Guidelines to Federal Budget Reform," *Public Budgeting and Finance* 3 (Winter).

Cassidy, John. (2000). "The Price Prophet," *The New Yorker* (February 7).

Dror, Yehezkel. (1964). "Muddling Through— 'Science' or Inertia," *Public Administration Review* 24, No. 3 (September).

Frederickson, H. George. (1995). "Misdiagnosing the Orange County Scandal," *Governing* (April).

Galbraith, John Kenneth. (1981). *A Life in Our Times*. Boston: Houghton Mifflin.

Gingrich, Newt. (1995). *To Renew America*. New York: HarperCollins.

Gore, Al. (1993). Report of the National Performance Review, *From Red Tape to Results: Creating a Government That Works Better and Costs Less*. Washington: U. S. Government Printing Office.

Grieder, William. (1981). "The Education of David Stockman," *The Atlantic Monthly* (December).

Hayek, Friedrich A. (1944). *The Road to Serfdom*. Chicago: University of Chicago Press.

——. (1960). *The Constitution of Liberty*. Chicago: University of Chicago Press.

Hunt, Michael (1997). *Lyndon Johnson's War: America's Cold War Crusade in Vietnam, 1945—1968*. New York: Hill and Wang.

Hyde, Albert C., ed. (1992). *Government Budgeting: Theory, Process, Politics*. Monterey, CA: Brooks-Cole.

Kendall, James. (1955). *Michael Faraday*. London: Farber and Farber.

Key, V. O., Jr. (1940). "The Lack of a Budgetary Theory," *American Political Science Review* (December).

Lewis, Verne. (1952). "Toward a Theory of Budgeting," *Public Administration Review* (Winter).

Light, Paul C. (1985). *Artful Work: The Politics of Social Security Reform*. New York: Random House.

——. (1994). *Still Artful Work: The Continuing Politics of Social Security Reform*, 2nd ed. New York: McGraw-Hill.

Lynch, Thomas D. (1995). *Public Budgeting in America*, 4th ed. Englewood Cliffs, NJ: Prentice Hall.

Lynn, Jonathan, and Antony Jay. (1984). *The Complete Yes Minister*. New York: Harper and Row.

Miranda, Rowan. (1994). "Privatization and the Budget Maximizing Bureaucrat," *Public Productivity and Management Review* (Summer).

Musgrave, Richard R., and Peggy B. Musgrave. (1984). *Public Finance in Theory and Practice*, 4th ed. New York: McGraw-Hill.

Mysak, Joe. (1995). "Winking at Debt," *New York Times* (June 23).

Novick, David. (1968). "The Origin and History of Programming Budgeting," *California Management Review* 11 (Fall).

Owen, Jeffery G. (2003). "The Stadium Game: Cities Versus Teams," *Journal of Sports Economics* (August).

Phyrr, Peter A. (1977). "The Zero-Base Approach to Government Budgeting," *Public Administration Review* 37 (January-February).

Quinn, K., P. Bursik, C. Borick, and L. Raethz. (2003). "Do New Digs Mean More Wins?: The Relationship Between a New Venue and a Professional Sports Team's Competitive Success," *Journal of Sports Economics* (August).

Regan, Tom. (2006). Iraq War Costs Could Top $2 Trillion. *Christian Science Monitor*. (January 10).

Schick, Allen. (1966). "The Road to PPB: The Stages of Budget Reform," *Public Administration Review* 26 (December).

——. (1973). "A Death in the Bureaucracy: The Demise of Federal PPB," *Public Administration Review* 33 (March-April).

——. (1977). "Budget Gap," *Public Administration Review* (September-October).

——. (1978). "The Road from ZBB," *Public Administration Review* 38 (March-April).

——. (1983). "Incremental Budgeting in a Decremental Age," *Policy Sciences* (September).

Shenk, J. W. (1995). "Hidden Kingdom: Disney's Political Blueprint," *American Prospect* (Spring).

Strop, Leigh. (2003). "Report: Social Security Deficit to Boom," *Washington Times* (July 29).

Suetonius. (1931). *The Lives of the Twelve Caesars*. New York: Modern Library.

Stiglitz, Joseph and Linda Bilmes (2006). *The Economic Costs of the War in Iraq: An Appraisal Three Years After the Beginning of the Conflict*. Harvard University Faculty Working Paper Series. http://ksgnotes1.harvard.edu/Research/wpaper.nsf/rwp/RWP06-002/$File/rwp_06_002_Bilmes_SSRN.pdf.

Weiner, Tim. (1990). *Blank Check: The Pentagon's Black Budget*. New York: Warner Books.

Wildavsky, Aaron. (1969). "Rescuing Policy Analysis from PPBS," *Public Administration Review* 29 (March-April).

——. (1984). *The Politics of the Budgetary Process*, 4th ed. Boston: Little, Brown.

Willoughby, William F. (1918). *The Movement Towards Budgetary Reform in the States*. New York: D. Appleton and Company for the Institute of Government Research.

第 14 章

项目审计与项目评估

引子：布莱舰长的“邦蒂号”兵变项目评估

两个多世纪以来，终极南海历险故事一直讲述的是“邦蒂号”(Bounty) 军舰和军舰兵变事件的传说。但这不是虚构，1789 年英国皇家海军军舰“邦蒂号”的确发生了兵变。舰长威廉·布莱 (William Bligh) 和叛乱军官弗莱彻·克里斯坦 (Fletcher Christian) 也是真实存在的人物。好莱坞的三位著名演员，即 1935 年的查尔斯·劳顿 (Charles Laughton)、1962 年的特雷弗·霍华德 (Trevor Howard) 和 1983 年的安东尼·霍普金斯 (Anthony Hopkins)，均饰演了布莱这个角色——这个角色最初以一个虐待狂的形象出现，第二次被表现成一个专横的官僚，在最后一部电影中则被刻画成在组织中的一个竭力向上攀爬的但很沮丧的人物。和布莱这一角色搭档的克里斯坦的扮演者是当时最著名的浪漫派领军人物克拉克·盖博 (Clark Gable)、马龙·白兰度 (Marlon Brando) 和梅尔·吉布森 (Mel Gibson)。这两个关系不和的朋友之间充满着戏剧性的紧张气氛，是整部电影、叛乱事件和传奇故事的核心。

布莱被选为船长，是因为詹姆斯·库克[①] (James Cook) 舰长在 1777 年拜访塔希提岛[②]的时候，布莱就是跟随在他身边的一

① 詹姆斯·库克 (1728—1779)：第一个将英国航船航行到澳大利亚、新西兰、南极洲和众多太平洋海岛的探险家。他在访问夏威夷岛时不幸遇难——几乎被抵制旅游的当地人剁成肉酱。

② Tahiti，南太平洋社会群岛的主岛，波利尼西亚的最大岛屿。——译者注

位年轻军官。库克被夏威夷当地居民杀害之前曾这样写道：“这种面包果树的植物（breadfruit plant）将成为英属西印度种植园奴隶们的绝佳食物。”这就是牙买加的奴隶主们游说英国海军去塔希提岛的目的。布莱是英格兰海军军官中为数不多的曾去过塔希提岛并了解当地居民的军官之一。此外，布莱妻子的一个叔叔，是当时成功游说政府航行的种植园主中之一。他接下来代表布莱继续他的游说活动。虽然他的政治支持者们使布莱成为航海的最佳人选，然而毋庸置疑的是，布莱与其他任何英格兰军官一样，有充分的资格成为这次航海的舰长。任命为“邦蒂号”舰长，的确被认为是一项能赢得声誉的任务，以至于在那时作为商船船长的布莱以接受大幅降低薪水（从每年500英镑到每年50英镑）为代价并以海军上尉头衔接下了这项任务。这就是说，在布莱担任“邦蒂号”舰长的时候，他在皇家海军的头衔仅仅是上尉。之后，布莱选择克里斯坦同行，原因是他希望曾在前两次西印度群岛航海中陪伴他的克里斯坦继续陪伴他完成新的航行任务。公海航行中能有志趣相投的伙伴可能是很少见的，可是布莱早就计划好了。

在众多叛乱中，“邦蒂号”兵变（Bounty's mutiny）在现实中不过是一次微不足道的哗变。尽管叛乱者热情高涨，可并没有人因这次冲突而流血。全体海员一共44人，但他们中间只有12人参与了叛乱。除了布莱的自尊遭受蹂躏以外，没人真正受到伤害。叛乱没有发生流血事件，也没人动用枪支。在长时间的争吵之后，叛乱者们把布莱和其他18个船员推进只有23英尺长的救生船，满怀希望地以为他们能够从此消失。但作为历史上有着最精湛航海技术之一的布莱，却将那只小而超载的救生船航行了3 618海里，到达了当时的荷属殖民地帝汶岛，如今这个岛隶属印度尼西亚。在那儿，布莱设法找到回家的办法，回到了英格兰。试想，如果当时布莱和救生船上的其他船员全部遇难，整个世界也就永远不可能知道军舰上发生了兵变。这样，布莱也就会被推测为在航行时不幸失踪——这在当时是再正常不过的事了。

经布莱的叙述，叛乱在当时成了一件引起满城风雨的诉讼案，他的项目评估报告——《英国海军皇家舰艇“邦蒂号”上的兵变》（*The Mutiny on Board H. M. S. Bounty*），在1790年他回到英格兰不久以后就出版了。这本书迅速成为当时的畅销书，书中讲述了别有异国风情的南海航行：性滥交、背叛和绝望的求生之旅。之所以这次小小的叛乱产生了如此大的轰动，是因为这种事在皇家海军里从来没有出现过。叛乱用来形容不顺从、反抗或是对命令的抱怨。但夺取——偷窃——国王的一艘军舰是难以想象的，这出于两个原因。首先，根据战争条款①（articles of war）的规定，叛乱分子会被处以死刑。其次，几乎没有任何地方能够躲得过庞大的皇家海军搜捕网。因此，克里斯坦和他的叛变同伙们，只可能是由于他们被塔希提岛的魅力深深吸引而发疯了，才犯下了这样的罪行。布莱的报告，首先支持了精神错乱理论，并永远地解释了这些叛乱条款。他写道：“叛乱分子认为他们将在塔希提岛

① 战争条款：治理军事和海军人事行为的传统法律。美国1775—1950年都使用战争条款，直到后来它被军事审判统一法典取代。

过上比在英格兰更幸福的生活。”尽管布莱对叛乱的潜在原因的分析显得含糊其辞或模棱两可，并且有些夸大其词，但布莱的分析从未被推翻：

> 塔希提岛上的女子美丽、温柔、举止谈吐优雅、心思细腻敏锐，她们举手投足间的精致足以赢得男人们的仰慕和爱恋。酋长们和我们的船员相处得如此融洽，他们恨不得要把我们留在那里。……在诸如此类令人愉悦的附带境况下，尽管叛乱很难预料到，但它真的发生了也不必惊讶。一部分船员，他们中的大多数都与亲属疏于联系，会盲目叛变；更不必说，在如此强有力的引诱下，他们梦想着生活在世界上最好的岛屿上，用自己的力量在遍地富饶中改造自己，在那里，他们不需要劳动，对他们来说放浪生活带给他们的诱惑，远比任何他们可以想象得到的美事还多。

布莱知道，当饱受性压抑的船员们，尤其是那些性饥渴的船员们，遇到性解放的塔希提人时，将不可避免地产生文化上的冲突。不过几个星期，他们就会重回航海。问题是布莱在塔希提岛上停留了将近六个月——主要是因为布莱想确保面包果树已经完全生根，这样它们就能在接下来长达七个月的牙买加航行中成功地存活下来。时间上的延迟使得船员们有充足的时间与当地的女子们建立极为坚固的关系。在分析中，布莱所暗示的“放荡生活的诱惑”是后来发生叛乱的根本原因。除此之外，布莱看不出任何叛乱的端倪。就像他写得那样，“若是他们的叛变是由任何公愤所引起的，不论是真的还是想象的，我肯定能察觉出他们不满的征兆，这样我会有所警惕”。观看有关这一叛乱电影的观众们，通常会认为船员们是因为不堪忍受布莱的苛刻纪律要求和频繁的鞭笞惩罚而奋起抗议的。但这却是用 20 世纪的视角来看待 18 世纪的军事管理。布莱实际上远没有那个时代其他船长那么刻薄。从对使用鞭笞的次数和严厉程度的统计分析看，布莱很少实施体罚。历史学家斯文·华鲁士（Sven Wahlroos）如是说，“在那个个人荣誉比生命还重要的时代，布莱言语上对船员的羞辱才是造成历史上最著名叛乱的主要原因，而不是他对船员们严酷的体罚”。事实上，有证据可以证明，布莱远称不上苛刻，相反，他是过于仁慈了。他允许船员几乎完全自由地在岸边或是在船上和塔希提岛上的人交往。这使得在返回的航行中无法将传统纪律重新树立起来。但是，电影中对鞭笞的刻画和扮演布莱的演员们在实施鞭笞体罚时脸上愉悦的神情，让布莱的名字成了航行于海上的严峻的军纪官①（martinet）的代名词。

布莱在组织中是一位机敏的竭力向上攀爬的人。他不打算让那些一生放荡的人毁掉自己的海军生涯。布莱知道，任何因为叛乱而失去军舰的军官都会面临军事法庭的审判②（court-martialed），因此他开始狡猾地寻求开脱，当还在救生艇上的时

① 严峻的军纪官：这个词源自法国国王路易十四军队一个名叫吉恩·马蒂奈特（Jean Martinet）的监察长。他因为自己过分注重纪律而备受鄙视，以至于 1672 年他在领导一次军事袭击的时候被自己手下的士兵杀害。

② 军事法庭的审判：用于审判海陆空三军违反军事法规的军人。

候，他就着手撰写项目报告。任何军事法庭的审判，本质上都是对军官的行为是否恰当的评估。布莱已经恰当地履行了职责。但他知道自己仍不得不在下面三个法庭上为自己辩护：

(1) 正式的军事法庭。对这个法庭，布莱有充分的理由相信它不过是例行公事，所以他会被赦免（事实证明也的确是这样）。

(2) 海军意见的非正式法庭。这将决定皇家海军是否还会指派他去执行其他任务。

(3) 公众意见的法庭。

最初，他在这三个法庭上均获胜诉。他被正式军事法庭判定无罪；海军决定继续提拔他（最终他被提升为海军上将），同时还给他指派了日益增多且责任重大的任务；公众最初也将他视为一位了不起的英雄。但两年之后，在对被逮捕的几名叛乱分子进行审判时，最新发掘的信息使得他获得了坏人的声誉。

尽管从未有人使用过这样的表达方式，但布莱的确称得上是“自我防御性项目评估”的开先河者。他对叛变的评估当时获得各方普遍认可，是因为那时没有人能拿出反对性评估报告。英国首相丘吉尔在二战时曾吹嘘道，历史会以善意的目光看待他的行为，因为他作为一个专业的作家，打算把这段历史记录下来。当然，布莱不是丘吉尔，但他们都知道先于其他人撰写自己亲身经历的历史所能带来的好处。

然而，布莱在他的分析中并没有完全准备好。他仅陈述了叛乱原因之一。海军历史学家理查·霍夫（Richard Hough）认为，还存在另外两个导致叛乱的主要因素，即弗莱彻·克里斯坦温和的敏感性和布莱在航行中被所有船员憎恨的事实。布莱似乎脾气极坏，异常地令人不悦。布莱可以称得上是X理论①（Theory X）中最糟糕的管理者，他下达了许多相互冲突的命令。结果变得十分的混乱，到难以收拾的时候，他只会责难他人，却看不见自身存在的问题——同时，他还不停地用猥亵和侮辱的言语来责备船员，以至于使得这些船员十分的震惊——是的，十分震惊——而他们作为船员彻底地经历了被人在言辞上猥亵和侮辱地对待。通过不断地打击每个船员和军官的荣誉感和自尊，他给自己制造了这样的尴尬情境，就是在生死关头，没有一个军官愿意站在他这一边。叛变必须由军官领导的一个简单理由，是因为只有军官们才知道如何航海。如若不知道将来的行驶方向，夺取军舰是没有任何意义的。这就是为什么叛乱者的动机分析主要集中在克里斯坦身上。下层的船员们鼓励并支持克里斯坦叛变，因为船员们知道他心里也委屈，同时他们也想回到塔希提岛上。确实，面对布莱对船员们言辞上的虐待，克里斯坦作为一名绅士，感到有责任去挑战布莱并和他决斗。

在没有发现任何叛乱的迹象这一点上，布莱是绝对正确的。因为叛乱并未经过秘密商讨，而是自然而然爆发的。在克里斯坦对他和布莱的关系感到绝望的时候，他有效地采取了自杀性行为，准备跳到救生船上。这时，一个船员察觉到了他的准

① X理论：传统管理理论假设，即人们厌恶工作的假设，因此需要被强制或威胁才会付出足够的努力。

备工作，并对克里斯坦说，船员们“为任何事情做好了准备”。这样，叛变就自然地爆发了，因为布莱对待克里斯坦的方式已经将他推到了公认领袖的边缘上。

1789 年发生在“邦蒂”号上的事情，与美国邮电业似乎每年都要发生几次类似事件没有什么区别——专横的长官在心理上给一名脆弱的职员造成过大的打击。终于有一天，这名职员在上班的时候用枪打死了这个长官，周围有几个旁观者，或许这个职员也是旁观者中的一个。是的，塔希提岛的无限诱惑催化了这次叛乱，但潜在原因主要在于管理不善而非主要是布莱对船员们施虐狂般的变态行为。最重大的一个管理失误，就是没有给军舰配备海军陆战队，而给军舰配备海军陆战队在那时几乎是例行常规。陆战队（marines）一词在当时的意思是军舰船员的看守人，而不是登陆敌方海岸作战的士兵。不幸的是，“邦蒂号”是一艘小军舰，它的长度不足 90 英尺，宽只有 24 英尺。除了船员一共 44 人外，几乎没有任何多余的空间。其他许多海军舰队在“邦蒂号”之行前后都访问过塔希提岛和其他态度友好的波利尼西亚群岛。他们的军舰却没有爆发叛乱，但他们配备有海军陆战队。

邦蒂兵变还蕴涵着另一个时代元素。在对叛乱的叙述当中，最受人瞩目的来自于理查·霍夫的《布莱舰长和克里斯坦先生》（*Captain Bligh and Mr. Christian*）一书。这本书认为，造成这场叛乱的根本原因是性骚扰。这样的解释是源于事实和推测。事实是，当时皇家海军的传统是众所周知的“朗姆酒、鸡奸和鞭子”。在“邦蒂号”上，朗姆酒和鞭笞都是常事。但是由于鸡奸是犯死罪的，所以几乎不被人谈论。根据葛瑞格·德宁（Greg Dening）的说法，在之前的两次航海中与克里斯坦共事的船员有评论说，“布莱对这位活跃的且有魅力的年轻人（克里斯坦）非常痴迷。克里斯坦曾乞求布莱能让他加入到航海成员中以求得航海经验，哪怕不要任何报酬，但前提是布莱要允许他能够和绅士们厮混”。事实上，布莱对克里斯坦表现出了极度的宠爱——然而，这样的宠爱也在回程开始时就结束了。霍夫还推测说，26 岁的克里斯坦并非像好莱坞电影所塑造的那样具有男子气式的浪漫，而是与布莱在塔希提岛航海之前就保持着同性恋关系，然而在塔希提岛插曲之后，他便不愿意再让这种关系继续下去了。所有对布莱之旅的描述（其中也包括布莱的描述），都对全体船员中唯有布莱没有和塔希提岛女子发生关系的这一事实表示认可。霍夫的结论是，布莱想要和克里斯坦重温旧梦，并给克里斯坦施压，这让克里斯坦极度焦虑，最终导致他精神崩溃。如果是这样，他就不会是这个对下属实施性骚扰的上司手下的最后一个牺牲品。

军事法庭判决海军上尉布莱本人对叛乱不负任何责任。之后，他被提升为舰长，皇家海军还给他指派了另一艘军舰——这艘军舰配备了海军陆战队。他回到塔希提岛准备第二次运输面包果树，并在 1793 年成功地将面包果树运送到了牙买加。具有讽刺意味的是，尽管第二次航行成功地完成了任务，但它并未获得预期结果，西印度奴隶们不喜欢面包果树，并拒绝食用。整个面包果树计划以失败告终，可由此产生的电影大片和超过 2 500 本探险书的发行却产生了很大反响，这一航行还让塔希提岛的旅游业从此繁荣起来。

撇开布莱上尉广受人喜爱的形象不谈，仅他的历险经历就可以给现代的公共行政者们就项目评估问题提供以下五节有价值的课程。

（1）第一时间采取行动。布莱以最快的速度回到英格兰。对于叛乱的描述大多已经在他回来的途中完成，这实际上是给出版社提供了现成的素材。一个重大项目的首次评估起了限定性作用并立下了别人无法不遵循的基调。布莱断言，叛乱者的行动是由于寻求性自由的强烈欲望而不是对鞭子的反抗，而这一论调从未被完全推翻过。尽管之后许多分析表明，叛乱的主要原因在于布莱的领导风格，但布莱对事件的导向性意见[①]（spin）仍旧在引导着舆论。

（2）让友善的人做你的评估人。在评估的时候，你的好朋友就好像你自己的笔或者电脑。想象这样的一个连续统一体，你在其中一端，最仇视你的敌人在另一端，剩下的人都根据他们对你的喜爱程度来选择和哪一边结盟。在这样的连续统一体中，如果能让支持你的人撰写评估，你的形势就会大大好转。那么安排一个偏袒你的评审算是欺诈还是有效的公关[②]（public relations）呢？我们并不是在这里讨论客观的社会科学，而是在谈论管理人员的生存问题。他们的方法论在本质上就有区别。

（3）把你的评估宣传出去。一句俗话说得好，那就是“公开总是有好处的”。因此对评估进行再多的宣传也不为过，它可以使你臭名远扬也可以让你名扬天下。在娱乐业，不论你做了什么，好还是不好，总有人会雇用你或者和你签订出书协议。对于布莱，我们无法分析广泛地宣传叛乱给他带来了多大的好处，但是肯定给他带来了好处。他被授予一个又一个荣誉，获得一次又一次晋升。可见对评估进行宣传很可能带给了他很大的好处。除此之外，这还证明了他很会写，以至于若现实生活——尤其是公共政策及其管理——是一场写作竞技的话，布莱必定是这场竞技的大赢家。弗莱彻·克里斯坦在这场竞技中失败了，因为他从未从自己的角度为自己辩解，他的名字在很大程度上等同于那些不忠的军官。如果他当初回到英格兰接受军事法庭的审判并向布莱提出挑战，他可能会被处以绞刑，但至少布莱的名誉也会因此受损。

（4）不要什么都说。相比布莱写进报告的内容，他掌握着更多促使叛乱发生的事件。他知道自己在塔希提岛停留的时间过长。他知道因为自己的管理不善使船上的纪律变得松懈，以至于甲板变得污秽不堪，一些船帆甚至因为他的忽视而腐坏。相比他所承认的部分，布莱知道更多有关克里斯坦当时叛乱的动机和精神状态。他的报告并没有撒谎，只不过是为了保护自己而变得不够完整。布莱，并没有比当今许多管理者更偏执，他知道自己没有必要说自己的坏话，因为太多他的敌人会很乐意向他发起攻击，敌人们也的确这样做了。叛乱分子和自称是叛乱分子的人在塔希提岛被抓获，他们被戴上枷锁并遣送回国接受军事法庭的审判。而在军事法庭上，

---

① 导向性意见：管理层或者个人政治势力为了能够包容、扭转、最小化一个尚未揭穿的丑闻或其他尴尬的或政治上有不良影响的事件而操纵媒体所做出的努力。这样做的目的是使局面不至于失去控制。

② 有效的公关：处理公众对政治人物或某个政府机构产生的看法和观点。历史上狡猾的政客们都本能地采取了有效的公关手段。其中的一些技巧也是屡试不爽。当威廉·莎士比亚笔下的理查德三世想要深化他在人民心中的国王形象时，他便手捧圣经四处奔走。同样，当1998年和莫妮卡·莱温斯基性丑闻事件曝光后，比尔·克林顿总统也手拿圣经与他的妻子手牵手去教堂做礼拜。圣经，除了其他用途以外，也是经受得住时间考验的公关道具。

这些叛乱分子控诉了布莱的管理风格。也就是在那之后，布莱才成为了公众心目中的“布莱舰长”，而这一印象到现在都没有发生改变。

(5) 质疑那些批评家们的诚实度或控诉他们的方法论——或者直接忽略他们。军事法庭对布莱的审判是形式上的[①] (pro forma)。然而，当布莱执行第二次为期两年的面包果树远征任务的时候，十名在塔希提岛上被抓获的“邦蒂号”船员走上了英格兰军事法庭。克里斯坦和其他一些叛乱分子驾驶着“邦蒂号”逃亡到了皮特凯恩岛 (Pitcairn)，他们在那儿渡过了余生。船员们对“邦蒂号”事件的描述充实了布莱早先对叛乱事件的评估，以至于布莱丧失了他“民族英雄”的形象。爱德华·克里斯坦 (Edward Christian) (弗莱彻的兄弟) 在他的《对布莱舰长问题的简短回应》(*A Short Reply to Captain Bligh's Answer*) (1795 年) 一书中，用激烈的言辞批驳了布莱的评估。之后，布莱也出版发行了一个小册子，用来攻击控诉者的方法论和事实。接着，爱德华·克里斯坦也出版发行了一个小册子，用来反驳布莱对自己的攻击。双方各自的支持者们的斗争一直延续到今天。

如果你认为叛乱事件和由此引发的争论已经成为了遥远的历史，那你就错了，试想事件的实质性内容实际上每天都会在当今的美国再次发生。整个国家就像是一艘航船，我们都乘坐这艘航船航行。实际上，“国家之船”是一个自古代就有的有关航海的隐喻。所有公民在生命的航行中都有服从船上法律的义务。许多人尤其是与“邦蒂号”船员年龄相仿的年轻人通过违反法律的方式制造“叛乱”。他们偷、杀、强暴。那些为克里斯坦和他的同伙作辩护的人，也同样会为这些新式叛乱分子们提供类似的辩护。他们居住在一个受压制的环境中，被那些“掌控”权利的人苛刻地对待。而那些支持布莱并认为叛乱不能被原谅的人们在今天也会主张违法乱纪是不能被开脱的。

更有甚者，我们整个社会拒绝宽容犯罪行为，并要求延长条件日益苛刻的牢狱刑罚，所以我们都是“布莱舰长”。换句话说，对叛乱事件的争论，实际上是对叛乱本身是否合法的辩论。克里斯坦的拥护者们会想办法将犯罪合理化，会试图理解罪犯们的动机，还会要求更多的改善性项目，例如增加公共住房。而布莱的拥护者们则认为，不论在何处，任何犯罪都不能得到原谅。对于那些需要更多公共住房等作为预防措施的人们，他们说国家自 20 世纪 80 年代起就开始了建造公共住房的热潮——只不过这些所谓的“公共住房”被叫作监狱。

讨论题

布莱对叛乱和之后事件的描述是否是第 1 章讨论过的“公共行政是一场文笔大赛”的一个优秀实例？布莱有关项目评估政治的五节课程在今天是否依旧适用？

---

① 形式上的：拉丁文，用来表示例行公事或仅仅拘泥于形式。这个词语用来形容那些被认为对行为不能产生任何实际影响的需求或协议。

14.1 何谓审计？

布莱知道当自己回到英格兰时将面临审查（audit），审查这个词源于拉丁语中的讯问（auditus），意思是“听证会”（hearing）。听众席（auditorium）一词保留了它原本的意思。布莱身为海军军官，所以对他的审查是以军事法庭的形式进行的。就算叛乱没有发生，布莱的行为仍将受到审查——即接受行政长官的检查。在今天，审计（audit）一词用来指任何一种独立进行的检查或所有的对事物的客观评估。在公共行政领域，审计是指以下两种常见活动中的任意一种。

（1）对个人或组织提交的财务报告进行官方核查。通过这种核查决定它是否准确地反映了由法律法规决定的支出、扣减或其他限额。

（2）政府预算过程的最后阶段。在这个阶段中将会审查机构的运行，尤其是财务往来事项，以此决定机构是否依照法律以最有效的方式使用资金并获得预期结果。

在所有情况下，审计都意味着与某个标准进行比较。布莱知道他的行为会被拿来和其他海军军官相比。管理者们会将他们的表现与那些和他们有相当职责的管理者的表现作比较。同样财务报告经审计后确定它们是否与公认的会计准则相一致。由此看出，审计的本质在于将某事与一个范例作比较，以作出至关重要的、可评价的判断。

实际上，当代所有组织，从地方的网球俱乐部到美国政府，都有自己的审计师以保证组织的财务账目符合标准。审计已经成为了会计职业的重要分支，并有着复杂的职业标准、准入程序、实际操作和报告制度。但凡规模大的会计师事务所，例如普华永道会计师事务所，都被当今世界发达国家广泛认可。这些会计师事务所本身就是规模庞大且极其复杂的跨国组织。这些事务所出具的审计认证被附着在所有大公司的正式财务报表中。对组织的财务账目进行独立审查是为了证明它们遵循了法律和国家会计准则。而对一个组织财务状况的描述则是高级管理者、董事会和股东们作出正确决策的基本要求。

14.1.1 多种应用

审计处于持续发展中。除了传统意义上对财务报告进行的审计外，现在出现了许多对审计的新的应用。因此，可以建立管理审计（management audit）——即对组织的管理状况（组织的政策、实践、管理绩效）进行独立检查——或者还可以建立绩效审计（performance audit）或效率审计（efficiency audit）。对单个组织进行的审计，可能需要将财务审计、效率审计和管理审计这些元素结合起来。审计范围如此全面，因此我们经常使用综合审计（comprehensive audit）这个词。

独立审计（independent audit）的概念并不仅限于财务和管理方面。许多其他类型的独立评估也可以被称作审计。例如，环境审计（environmental audit）可以检查组织是否遵守环境法规并采取了有效的环保措施；能源审计（energy audit）则可以独立评估一个组织如何使用或浪费能源；水资源审计（water audits）或电信审计（telecommunications audits）也同样能够帮助个人或组织减少他（它）的事业费用；社会审计（social audit）能够在一个组织背景下评估社会问题。审计过程都无一例外地将重点集中于现在和最近的过去。当审查未来某项提议，如新建飞机场或公路，将产生怎样的社会和环境影响时，我们通常将它叫作社会或环境影响报告书。在逻辑上，我们无法对一个还没有发生的事情进行审计，尽管我们经常能分析并预测它的未来影响。

对组织财务或绩效的独立检查——即审计——可以由组织内部员工或来自公共会计师事务所（属于私人部门）的外部人员分别进行内部审计和外部审计。对于政府来说，这里的外部人员，可以是政府的一个独立审计部门，例如审计总局。大型组织通常都要接受内部和外部审计人员的审计。内部审计群体独立于各级管理层并直接向组织中最高层汇报，并迅速给他们提供客观的建议。这样，组织中存在的问题就能在恶化之前及时被发现并得到修正。外部审计人员，不但来自组织之外，而且经常要向外界——如选举产生的代表、股东或任何为组织命运负最终责任的人汇报审计结果。一般情况下，高效的内部审计单位可以简化并准备好外部审计工作的基础，从而使外部审计人员开展工作的时候更有效率并有的放矢。然而并不是单独的内部审计或外部审计就能满足一个规模庞大、复杂的组织的需要——在那些可核查性（可问责性）起着重要作用的公共部门更是如此。

14.1.2　审计的历史

政府审计（government auditing）可以追溯到远古时代。据历史记载，在公元前 11 世纪，中国就有了行使审计职能的单位，公元前 4 世纪的雅典也存在类似的职能单位。然而现代审计直到 19 世纪才在政府部门发展起来，由于当时的公共部门活动变得非常复杂，以至于对财务管理进行独立和客观的评估变得尤为重要。到了 19 世纪，随着大量资金在全球帝国之间流动，贪污腐败的机会几乎不受限制。在这样的背景下，建立强大的并与政府最高层保持紧密联系的政府审计单位是有财政意义的。英国在 1857 年就建立了审计局。审计局与政府账目议会委员会和强大的立法支持保持独立的联系，从而能更充分地获得账目和信息披露。美国审计总局成立于 1921 年。它由美国政府审计总长领导，是属于国会并向国会直接报告的政府机构。不过在这之前，美国就已经存在许多政府审计的例子。20 世纪早期的进步主义运动，经常能成功地要求州和地方政府通过建立行政事务委员会来减少滥用赞助事件的发生，并选举出能够抑制财务渎职的审计师。

享有较高声望且相对独立的国家审计机构的建立，如英国的主计审计长（Comptroller and Auditor-General）和美国的审计总局，都促使审计职能立于反腐防腐的立场上并且超然于当今政治管理的约束。掌控审计大权的官员，其个人威信和名声会对整个审计署的正直性和可信性的塑造产生重要作用——尤其是当（这是不可避免的）审计署的结论对执政政府不利的时候。

14.1.3 政府问责局

如今，人们大多假定总统对联邦官僚机构的绩效和可核查性全权负责。但在19世纪，人们则认为国会对国家行政管理负最大责任。1901年，西奥多·罗斯福担任美国总统，在他执政的20年中，他一直呼吁总统应被授予更大的权力。最终，在多个高层委员会认可总统应被给予重大行政职责的主张之后，国会于1921年通过了《预算和会计法案》。法案的前半部分（即"预算"部分）响应改革呼声，决定在财政部内成立预算局。这一新成立的职能单位被授权行使编制行政预算的职责，并配备专门人员进行持续性效率问题研究。早在1970年预算局被更名为管理与预算局之前，它就扮演着重要的管理角色。

然而，国会却从制度的角度对总统的权力产生了质疑。因此，法律的后半部分（即"会计"部分）决定成立联邦审计总局，作为国会的支持性机构，它的职责是审计联邦政府支出，并协助国会行使立法监督职责。由于这两个机构对联邦政府的良好行政运行有着如此核心的作用，赫伯特·埃默里奇（Herbert Emmerich）在《联邦机构和行政管理》（*Federal Organization and Administrative Management*）一书中称这两个机构的成立"或许是除宪法本身以外行政史上最重要的里程碑"。

联邦审计总局于2004年正式被更名为政府问责局（Government Accountability Office，GAO），并受美国国家审计总长（comptroller general）节制。审计总长由总统建议并经参议院批准后任命，任期为15年。虽然美国审计总局的职能最初仅限于审查财务报告从而确定资金是否被合理使用，但从1960年开始，它重新定义了自己的使命，将综合（全面）项目评估纳入它的职能范围。它的职责包括对所有联邦政府机构进行财务和绩效审计。职能的扩大的确是众望所归。1921年的法律就特别授权审计总长"为实现强大经济和提高公共支出效率提出建议"，除此之外，在审计总长"或他的任何助手或员工"提出要求的情况下，"所有政府部门和机构"都要遵照法律的要求，将"任何账簿、文档、文件或记录"上交。早在里根总统就与苏联核武器条约问题上普及"信任，但要核实"之前，国会就已经对总统采用了这种态度。可以把GAO想象成国会的"核实局"（Office of Verification）。一般来说，GAO一年要为国会成员完成将近1 000份主要报告。

通常说来，政府问责局提供的信息都以书面报告的形式提交给国会，其中还包含具体的建议。根据GAO自己的估计，它在2000—2004年共提出2 700项建议来改善政府的运行，其中83%的建议都得到了执行。但GAO官员每年都有很多机会为国会委员会提供证词（2004年有217次），或者给国会成员提供正式的简报。GAO官员所覆盖的问题可能涉及常规的财政管理，但是报告和简报的内容往往涉及重大政策的引入问题，如果不是这些报告和简报，国会可能认识不到这些问题的重要性。例如，在 2004 财政年度中，GAO 向国会报告了有关社会保障改革、国防部采购、在伊拉克使用私人承包商、军事维和行动、《不让任何一个孩子掉队法案》(No Child Left Behind Act)、《婚姻保护法案》、可再生能源政策、税收政策、计算机政策、禽流感疫苗、人力资源管理、联合国石油换食品计划、联邦机构安全性丧失等问题。这些话题所涉及的范围之广，说明一个现代国家的审计机构，已经远远脱离了那个只有过去才有的绿色眼罩（eyeshade）——会计人员在最后计算分类总账时，一般都佩戴那种绿色长帽檐的帽子，趴在账本上专心致志——和鹅毛笔式的审计。这些变化可真算得上是公共政策的不寻常经历，审计人员已经不仅被作为“个人”而是被当作“公众的”侦探，并且享受这项服务的客户不是有钱的寡妇而是山姆大叔①本人。

文摘 14.1　　名字中暗含了什么？

2004 年，审计总局在其成立 83 周年的时候被正式更名为政府问责局。虽然在简写上依旧是 GAO，但这个组织名称的改变可以说是一次“名副其实”的举动。尽管会计一直都是 GAO 的重要角色，这一职能也仅仅是它广泛使命中的一个方面。据审计总长戴维·沃克（David Walker）介绍，GAO 工作量中仅有 15%与会计领域相关。实际上，与为政府做账相比，GAO 则更多地参与到为政府计划做评估和分析的工作中。对机构人员状况的调查可以帮助展现当今 GAO 的多面性本质。在 GAO 员工中，你会发现注册会计师们，更常见的，你还能发现经济学家、政策分析师和律师占据很多机构的办公室。GAO 员工的确会行使他们的审计职能以确定纳税人的钱被政府合理利用，但他们则更为频繁地参与到度量政府计划实施的效率和效能的工作中去。例如，GAO 高度参与到对社会保障体系和其他联邦权益项目的评估工作中去。除此之外，机构还深入调查美军在伊拉克的后勤和资源开支分配情况。它以这个资格去评估这些工作的效能问题，其设于立法部门内，由此保障了其地位的独立性。因此，当今 GAO 的工作已经远远超越了一群头发斑白的会计师们核对账本的工作。正是 GAO 这个机构，肩负着确保国家有效利用税收收入并给这个国家带来最大成就的责任。

资料来源：摘自 GAO 网站 www.gao.gov/about/rollcall07192004.pdf。

尽管 GAO 承担了大范围的政策和绩效调查任务，但财政管理仍旧是其备受关注的核心问题。在收入方面，GAO 发现了许多关于政府机构没有收到纳税人应缴税款的案例。例如，在它的一项研究中显示相比低收入群体中不报税的人，高收入群体中不报税的人更难被国税局（Internal Revenue Service，IRS）抓到；医疗保险签约人会懒得去找其他承保人（保险公司）索取赔偿。在支出方面，GAO 每年都会新发现浪费的现象——例如，斯坦福大学是如何向美国海军研究局索要高价的，国防部对转包商管理不善是如何造成联邦政府每年几百万美元的损失。总的来说，经 GAO 测算得出 2003 年它给政府带来的财政资金节约大概是 354 亿美元，相当于财政预算里的每 78 美元都有 1 美元的回报。

GAO 拥有 4.64 亿美元的预算，包括会计师、律师、工程师和其他员工在内的总共 3 200 名职员，是美国最大的政府审计机构。GAO 不论在规模还是名誉上都有着很高的地位。它非常透明，也有制度上的正直名声，这使它成为其他级别政府的榜样。州和地方各级政府都有自己的审计师。审计师的范围从入选的州政府总审计

① Uncle Sam，美国、美国政府或美国人的绰号，也指美国政府的执法机构和执法官。——译者注

师到由教育局管理的地区性会计师事务所。确实，州层次的审计师是州复合主管机构（a plural executive）的有效组成部分，多数州政府实际上也是这样安排的，这是因为多数州长与其他被独立选举出的官员——例如州务卿、州财政部长、州总检察官和州审计师——共享行政权力。

14.2 审计的类型

政府问责局在其制定的《政府机构、项目、活动和职责的审计准则》（*Standards for Audit of Governmental Organizations, Programs, Activities, and Functions*）中认为，一个综合性审计项目应包括以下三种类型的审计：

（1）财政性和服从性审计（financial and compliance）：（a）确定被审计机构的财政报告是否依照公认会计准则如实地体现财政状况和财政运作结果；（b）确定机构是否遵循那些对财政报告有实质性影响的法律法规。

（2）经济性和效率性审计（economy and efficiency）：（a）确定机构是否经济而有效地管理和利用它的资源（例如人力资源、财产、时间）；（b）确定造成无效率或非经济行为的原因；（c）确定机构是否遵循与经济和效率问题相关的法律和法规。

（3）项目结果审计（program results）：（a）确定是否达到由立法机关或其他权力主体确立的预期结果或收益；（b）确定机构是否考虑了其他能够以更低成本达到预期结果的替代方案。

新闻报道

审计伊拉克

2002年，一个巨大的财政丑闻导致安然有限公司（Enron Corporation）迅速瓦解，这件事震动了整个企业界。从审计师们已经公布出来的东西可以看出，这是一场精心制作的骗局。在这场骗局中，公司官员们，通过操纵公司会计运作，一直在隐藏债务和夸大利润。安然公司是美国第七大公司，因为这种非法行为已经进行了很长时间，政府检查人员若要理清公司复杂的财务账目，需要数年的时间。揭露安然公司的骗局，似乎成为政府审计师们和会计师们的一项艰巨任务，想一想伊拉克战争的财政审计吧，困难重重啊！

首先，没有人制止对安然公司的高官们进行个人审计。但是，在伊拉克，审计财务往来情况的过程却很不易，需要会计师们带上电子计算一览表，还要穿上耐高温纤维做成的防弹衣。从本质上讲，战争本身就是混乱的，在这种混乱的情况下，试图寻找财政舞弊是一项极其复杂的任务。在战争的舞台上，必然发生不规则的财务交易，这更加重了审计任务的困难程度。例如，考虑一下，审计跟踪巨大数额的现金交易会有多么大的困难。

在 2003 年 5 月至 2004 年 6 月期间，将近 120 亿美元的现金，主要是百元钞票，从美国运到了伊拉克。这些现金到伊拉克后，分配给了少校军衔及以上的陆军军官。这些军官使用的都是“本杰明”这个名字，来帮助伊拉克境内的诸多重建项目。现在了解到的，就是没有什么真正的分配标准，也没有什么适当的会计记录，无法跟踪钱到哪里去了。这次行动导致民主党国会议员亨利·韦克斯曼（Henry Waxman）告诉全美公共广播电台（National Public Radio）说：“甚至现在都很难想象，120 亿的百元钞票，打包成像砖头一样，然后放在巨大的装盘上，由运载士兵的飞机运到海外，分散到战争所在地区的各个角落。”这种情形使得美国政府检查员们惊愕不已，不知所措。

在伊拉克，不乏欺诈和腐败案件发生，所以人们期望五角大楼很快就会加大其对战争进行审计的力度。但是，国防部的领导人做的似乎刚好相反。2003 年，伊拉克战争开始后不久，在美国国防部将审计师送到战场上负责检查之后，国防部监察总长就于 2004 年突然撤回了这些审计师。“撤回”军队审计师证明是正当的，因为还有其他政府机构，如美国政府问责局，在盯着美国军队在伊拉克的财务交易情况。然而，批评家们却炮轰“撤回审计师”的事情，认为国防部在以这样一种方式，掩盖其在军事行动中的许多舞弊、腐败和浪费现象，以避免被揭露出来，因为在一个缺乏诚实行政的好政府传统的国家里更有可能出现这些情况。

虽然国防部将其审计师们撤回国内，但政府问责局及其伊拉克重建特别检察官却已经发现好几例在伊拉克异乎寻常的财务不法行为。例如，政府问责局发现部队没能对 190 000 多支 AK-47 突击步枪和手枪实施跟踪。这些武器是运来给伊拉克安全部队的，现在失踪了。更可怕的是，这些失踪的武器最有可能落在那些专门对付美国的武装分子手中。政府问责局还发现，军事承包商，如哈里伯顿①，有大量源源不断的开支由美国政府支付服务和供应。这些公司雇用的平民雇员将政府支付的资金用于奢侈的用途，如整天待在科威特的五星级酒店里。这样的财务管理措施，激怒了政府问责局的审计总长戴维·沃尔克，他大骂国防部的管理是“十足残暴的财务管理”，指责他们对每周花在战场上的 10 亿美元无力给予任何适当的监督。根据沃尔克的说法，“如果美国国防部是一个企业，那它一定会从企业中被淘汰出去”。但是，将和平时期的审计标准用于战争地区，这样公平吗？

14.2.1 服从性审计

服从性审计（compliance audit）被认为是审计活动中最古老最传统的一种形式。在这类审计中，审计师的职责是在组织的财政管理中寻找财政收入管理在多大程度上遵循了相关法律、公认准则和会计信息处理惯例。在过去，传统的服从性审计具体表现为审计师每年对组织的最枝节部分进行审查，即检查每个财务日记账和

① Halliburton，财富 500 强公司之一，总部设在美国，主要经营工程建筑。——译者注

分类账的录入并确定算数和试算平衡是正确且没有任何差错的。在这一过程的最后，审计师将保证财政报告也是正确的。

这种传统审计的价值是显而易见的。官员们在使用资金的时候不能简单地任由自己处置，不记账或账目不易阅读都是不可取的。传统审计的出现，意味着每个公共官员都应（1）期待并为审计师的造访做好准备，（2）以官方指定的方式（通常由法规来约束）记账，（3）使财务报表方便审计师详细审查。在某些行政辖区中，审计可能伴随着库存和设备的盘点——因此，人们总是嘲笑服从性审计工作就是数夹纸的回形针。实际上，服从性审计是用来防范多种类型腐败的重要而有力的工具。

但是，服从性审计并非总是局限于财政评估（financial reviews）。自愿服从是文明社会的基石。政府无法强制所有公民都服从刑法和民法。因此，所有的政府都更依赖于公民的服从，只是它们不想承认罢了。大范围自愿服从的最好例证就是美国联邦所得税体系，这一体系实质上是通过自我评估和自行纳税的方式执行的。由联邦政府税收机构即美国国税局①执行的令人畏惧的审计，不仅用来评估公民是否已缴纳应缴税金，也用来评估各个税项是否以合理的方式计算。那些提供资金的机构（funding agencies），也通过服从性审计来判断资金接收者是否遵循资金授予者制定的政策或按照事先设定的指导方针行事（如使用其拨付资金）。例如，美国劳工部的联邦合同执行情况办公室，要确保（1）政府承包人没有因种族、宗教、肤色、性别或国籍产生雇用歧视；（2）采取切实的行动雇用越南退伍老兵和残疾工人。

但是，服从性审计具有内在的局限性。从概念上来看，它是控制体系的一部分，强调“输入”或行政资源，而不是强调“输出”或结果。一个组织能很好地遵循公共资金会计法律条文，但似乎得不到成效。直到20世纪60年代，各级政府审计官员开始越发对现有的受限职能表示不满，因为这无异于“大难临头却歌舞升平”。由于职能受到限制，他们往往只是将精力集中在财政交易记录上而不是在组织的总体表现上。

文摘14.2　审计卡特里娜

就在联邦政府开始向墨西哥湾地区投入巨资以抵御卡特里娜飓风时，关于资金使用的不法行为也不可避免地受到人们的关注。在暴风雨登陆的几个月内，媒体开始对财政资源滥用问题进行报道。例如，许多媒体报道称，承包商花两个小时搭建防水布的工作却获得了2 500美元的报酬。基于此事，国会和政府问责局立即举行了听证会，并对灾难救援和重建费用管理进行深入调查。2005年11月，一个住宅专门委员会（a House special committee）对墨西哥湾地区联邦救援资金的使用情况举行听证会，来自美国国土安全部、联邦应急管理署和美国军队工程师协会的领导们都做了证词陈述。证词显示，这些机构对用于灾后

① 美国国税局（IRS）：成立于1862年，是隶属于财政部的联邦机构，负责对国税法中除与酒精、烟草、军火和爆炸物（这些都归美国烟酒枪械管理署管理）有关的规定之外的其他规定的执行情况进行管理。美国国税局的使命是鼓励并最终取得全民对税收法律法规最大程度上的自愿服从。美国国税局是对每个公民财务数据信息的最大掌控机关，因而对这些数据和税收体系的滥用情况始终存在。比如，在杜鲁门和尼克松当政期间都发生了利用国税局达到其政治目的的相关丑闻。

重建的 600 亿美元财政拨款管理不善。国土安全局检察长理查·斯金纳（Richard L. Skinner）在委员会面前的陈述足以将路易斯安那州和密西西比州的情况变得明了："在不稳定的环境下，负债以每天 2.75 亿的速度激增。当把它们混在一起时，就为诈骗、浪费、滥用提供了一个潜在的完美途径。"这些担忧，也正好回应了之前 GAO 做出的一个初步报告。这项报告指出，重建工程项目合同的授予存在许多问题。比如 GAO 发现，一个总价为 3 900 万美元的移动课堂独家合约签给了一家总部设在北卡罗来纳州的阿拉斯加本土公司，而一家密西西比的公司的竞价只有此合约的一半。鉴于重建工作需要长期努力，这些发现可能也仅仅是冰山一角，政府审计师和监管人员会在很长一段时间内都忙于查处这些违规行为。

资料来源：摘自 the *Washington Post*，November 3，2005。

14.2.2　绩效审计

直到 20 世纪 60 年代后期，有关审计师的职责范围从根据法规评估服从性扩展到对效率和效能进行评估的可能性，才开始成为讨论的话题。1972 年，GAO 正式倡导行使更宽泛的职责。GAO 自身具有的立法权一开始就赋予它扩展使命的法律基础。效率和效果审计（efficiency and effectiveness audits）是绩效审计链的两个步骤，但在实践中它们可能会被压缩成对组织单独的绩效审计或者综合审计。效率审计将组织的行为与其被指派的任务相比较。在某种意义上，效率审计仍需要服从性审计——只是现在所关注的问题是组织在多大程度上遵循并实现被审查的目标。审计师的角色扩展与行政工具论观点是一致的，因为它是对政治领导领袖设立的并且接受审查的目标的执行。这些政治领袖和他们的选民想知道组织对他们的意愿作出了多大的回应，以及这些组织在作为州的行政工具时发挥作用的效果如何。

如果审计的范围从组织的效率扩展到组织的效能，我们的注意力就会从政治目标在多大程度上被实现转向一个更广泛的问题，即首先是这些政治目标正确与否。这种审计范围的进一步扩展受到了争议，因为它将审计师摆在了一个政策评估者的位置上。由审计师担当这样的角色是否合适呢？这一问题会不会引发有关审计独立性的政治论战呢？如果审计师批评政治领袖或指出政府政策的不恰当性，审计机构有可能会丧失审查项目的能力，因为人们认为审计机构不仅应该是客观的，而且还应该超越正常的政治冲突和摩擦。因此，政府的效能审计或绩效审计是一种穿着非政治服装的政治活动。从科学角度看，它必须免受方法上的偏见；从策略角度看，它应该免受政治上的偏见。

14.2.3　内部审计

到目前为止，我们的讨论重点，都是由外部审计师（如政府问责局）实施的政府项目和活动的审计。然而，直线管理者往往不愿坐等外部审计发现组织机构存在的问题。因此，我们通常会在较大的政府组织内部发现内部审计团队。这样的团队，需要在组织中向高层直接报告（比如，直接向行政首长或最高层次的审计委员会报告）。内部审计团队需要有充分和明晰的职权、需要获得支持和资源以及深入组织各个部分的权利。内部审计职能有所不同，主要体现在任务和分配任务方式的不同。有时（尤其是当组织本身是一个重要的资金管理者的时候），内部审计团队需要行使重要的服从性审计职能。在其他情况下，他们实际上扮演了故障排除者的角色，向最高管理层对暴露出的问题作早期预警。这样的内部审计单位必须有相应的审计程序①（audit program）来表明审计的重点是什么，行政首长们有时会给内部审计师们充足的自由，让他们在组织内部不受限制，并在没有最高管理层批准的情况下，给他们的审计程序中加入新的项目。从这个意义上说，他们的职能是监察总长②（inspectors general）。

在直线管理层的压力下，内部审计师总是面临丧失其独立性的危险。为了维持审计工作的有效性，保证所需要的独立程度，必须注意以下三个原则：

（1）选择直线管理层以外的场所开展审计工作。

（2）审计报告结果需直接向高层汇报。

（3）合理地选择任务的范围。

私人会计事务所为公共部门做审计事务有着重要的意义。大的公营公司，尤其是那些依照公司法运营的公司，通常会聘用会计师事务所帮助它们行使部分或全部的审计职能。政府问责局本身就是一个很好的例证，它接受普华永道会计师事务所的审计。很多情况下，这些事务所能够运用它们广泛的网络和专业技能在公共审计中发挥巨大的作用。

然而，那些认为整个政府的审计工作能够并应该由私人会计事务所来做的人只是少数。只要公共行政仍旧处在复杂而且专业的领域，并有着自己的问责构架，而民主选举的代表们可以在这种构架中施以问责，那就仍旧需要专业的内部和外部审计单位，例如政府内部的政府问责局。

14.3 项目评估

项目评估（program evaluation）是系统地检查政府活动并对其活动的短期和长期影响的结果做出一个决定的过程。项目评估与管理评估（management evaluation）不同，后者也被称作组织评估（organization evaluation），因为管理评估仅限于对项目的内部行政流程进行评估。尽管项目评估使用管理和组织的数据，但其评估主旨必定是整个项目的目标及其产生的影响。

14.3.1 政策分析不是项目评估

政策分析（policy analysis）和项目评估经常被交替使用，但它们的意义有所不

---

① 审计程序：在执行审计和撰写报告书的过程中需要遵照的详细的步骤和程序。每项审计都应准备一个书面的审计计划书，计划书应包含以下信息：审计的目的和范围、理解审计目标和实体的任务所需的背景信息、特殊术语的定义、目标以及报告流程。

② 监察总长：一个较大机构下属的监察和调查单位管理者的头衔（源于军事）。

同。政策分析是用一系列技术探寻某个政策未来可能产生的效果。如果某个项目已经在实施过程中，那么这个项目采取的政策分析被称作项目评估显得更为恰当。然而，许多人却把事前和事后的公共政策分析都叫作项目评估。所有的政策分析都涉及把整套研究技术（这些技术主要来自于社会科学，是以项目效果、质量、成本和影响的度量为基础的）运用于公共政策的形成、执行和评估，由此创造一个更为合理的或最佳的行政系统。正式的项目评估成果，通常意味着项目和负责评估项目的人之间建立起了一种“保持一定距离”的独立性。然而，内部评估不论开展得多么出色，还是可能被怀疑成是评估人员为相关机构作特殊辩解。

当然，项目评估总是由行政首长、议员和他们的船长们（还记得布莱船长吧！）作出的。但随着传统政府项目的扩张和 20 世纪 60 年代新项目的启动，项目评估走出了阴影。到了 20 世纪 70 年代初期，大家普遍承认，在约翰逊执政期间启动的伟大社会①项目并没有像最初期望的那样产生作用。在伟大社会项目和其他社会项目受到越来越多指责的背景下，项目评估得到了越来越多的重视。

亚伦·威尔达夫斯基于 1972 年在《公共行政评论》上发表一篇文章，名为“自我评估组织”（The Self-Evaluating Organization）。这篇文章，就动态政治环境中公共项目评估所面临的困难，作出了有深刻见解的探讨。威尔达夫斯基写道：“理想的组织（ideal organization）会自我评估。它会不断地监控自己的行为，从而确定它是否达到了所定目标，甚至决定是否要继续保持这些目标。如果评估结果显示，改变目标或项目能获得更好的结果，最高决策者们会认真谨慎地研究这些提议。他们会进行必要的变化。”

但是，根据威尔达夫斯基的观点，评估的问题在于，不论情形对于变化而言具有多么大的强制性，变化恰恰是评估强调的重中之重，当然也是组织最痛恨的。他认为，多数公共管理者被日常运行需求压得喘不过气来，所以他们力求稳定——而不是对项目进行不断的调整和重新建立。改变是有成本的，而评估者们很少能考虑到这个问题。最终，由于大多数政治上可行的组织策略都是使破坏最小化，管理者们往往倾向于抵制或忽略项目评估。

尽管威尔达夫斯基对项目评估有这样的评论，评估本身并不应该被否定。1967 年，哥伦比亚大学的爱德华·萨齐曼（Edward Suchman）出版了有关评估理论的第一部主要作品，即《评估研究》（*Evaluative Research*）。萨齐曼认为，评估在本质上是一个研究领域，在这一领域中，需要把评估研究和实践置于各领域专属的评估应用之外的通常情况下进行研究；这样的评估是具有一般性的。一般性的？是的。但是，不论在哪种情况下，评估总不失是一个激烈的政治行为。评估研究员卡罗尔·维斯（Carol H. Weiss）发现了下面的四个“较少合法性”的——用最难听的话来说就是完全政治性的——评估理由：

（1）拖延时间：决策者们会想方设法推迟一项决策。虽然更为通常的办法是任

① Great Society，指美国前总统约翰逊提出的社会福利计划。——译者注

命一个委员会去研究然后等待这个委员会的报告，但为了达到推迟的目的，决策者们会委托项目评估来做研究，而这会消耗更长的时间。

（2）规避责任：有时，在项目组织中，一个小集团支持一项行动而另一个小集团却持有反对意见。因而管理者们希望借助项目评估，通过提供客观冷静的证据来帮他们作出决策，从而摆脱困境。有时，虽然在评估者们被请来之前，管理者们就已下定决心，但他们可以通过评估让整个项目显得合乎法律规定。

（3）公共关系：有时评估被认为是自吹自擂。管理者们相信他们的项目是相当成功的并想办法将它展示在公众面前。如此而来，一个漂亮的研究报告就可以让管理者们实现愿望。报告的副本（当然是对项目有利的报告）可以上交给理事会、立法委员会成员、对优秀项目慷慨解囊的慈善基金会的执行官以及其他有影响力的人们……项目管理者的动机并非一定是耍花招或自私的。只是他们经常需要对为项目埋单的人证明项目是正当合理的，同时他们也在寻找对他们所信任的理念和项目的支持。开展评估的一个常见动机，就是获得对现有项目的支持。

（4）满足拨款的要求：评估决策越来越多地产生于项目以外的原因。许多示范性项目和创新项目的联邦拨款都附带一份评估需求，例如，依照美国《初等和中等教育法案》第一条的要求而开展的所有对贫困学生的资助项目都需要接受评估……在项目运作者的眼里，新项目启动和运行会被优先考虑。可他们常常会因员工安置、预算、物流、社区关系和所有其他开拓者的试验等紧急问题而忽视评估。他们只是把评估需要看作是安抚投资方的方式，而并不会给投资方带来任何实际的价值。

14.3.2 立法项目评估

由埃尔默·斯坦茨[①]（Elmer Staats）领导的联邦审计总局（也称政府问责局），通过设定评估标准并积极将项目评估专业化作为审计范围扩大[②]（expanded scope of auditing）后的一部分，从而提高项目评估的整体质量和价值。许多州政府会依据 GAO 的思想启动立法评估委员会（legislative evaluation commissions）。有些州的立法机关——最值得关注的是夏威夷州、威斯康星州和密歇根州——已经配备了与 GAO 类似的单独进行项目审计的人员。州政府立法机构所采取的另一个办法是成立立法委员会。纽约支出审查立法委员会（New York's Legislative Commission on Expenditure Review）在这一方面堪称先锋，他们的具体做法是，独立的项目评估人员在一位执行委员的带领下工作，并向立法机构的联合领导层汇报。新泽西州、伊利诺伊州和弗吉尼亚州现在都采用由这个做法变化而来的替代做法。除此之外还存在第三种形式，即评估职能由一个独立的委员会行使，而这个委员会与几位拨款委员相联系。康涅狄格州和北卡罗来纳州采用的就是这个形式。

---

① 埃尔默·斯坦茨（1914—）：1966—1981 年担任美国总审计长。

② 审计范围扩大：除传统审计中所要求的财务状况服从性审计外，还要对政府行为结果和有效性作出评估。

1976 年，经过同道会（Common Cause）① 的游说，科罗拉多州成为第一个颁布日落法（sunset law）的州政府——日落法规定政府机构和项目都要有终止日期。接着，许多其他行政辖区也纷纷颁布了同样的法律。它们规定，如果机构或项目想继续，就需要经过正式的评估和立法认可。法律规定有效年限，比如五年，目的是为了对项目进行强制评估并加强立法监管，效果则是让项目受自动终止的约束，除非重新设置时间。尽管这一法律规定享有广泛的知名度，但这样的定时炸弹式评估并非没有风险。立法机构人员的能力有限，因此想让日落法变得有意义而进行彻底的评估是在他们的能力之外的。当然，政治上的现实情况是评估可能变成两党的内部斗争。要求机构提交评估资料并证明项目的合理性，不过是让立法机关淹没在无关紧要的文件中——在这方面，这些组织已经证明了自己的威力。此外，像警署、监狱和心理健康这样的机构也不会怀疑自己的项目会被停止。然而，到 20 世纪 70 年代中期之前，项目评估一直是公共行政的一个重要部分。

14.3.3 评估类型

项目评估的类型有很多，评估的角度也有很多。事前评估（ex ante facto evaluation），比如一份环境影响报告可以试图在项目实施之前对其影响和结果进行评价，即如果报告认定项目的结果或产生的影响存在问题，那么这份研究报告会导致项目流产或者至少需要大幅整改。过程评估（process evaluation）是在项目实施的过程中，对其运行情况的各个方面进行检查，评估的结果可能直接被纳入机构管理过程中。事后评估（ex post facto evaluation）、事后剖析或任务报告是在项目完成之后，审视项目本身或它的运行情况，若某一行为本质上是会反复发生的，例如森林火灾救援，或者严重的热浪灾难——1995 年发生在芝加哥的热浪灾难夺走了上百条生命，在这些情况下事后评估尤其具有重要意义。这样的研究是为了对现有的政策、基础设施或运营作出整改，这样当类似情况再发生的时候，就可以获得更好的结果。

根据学科和范式的不同，项目评估出发的角度也会发生变化。管理者们经常会从管理范式（managerial paradigms）的角度考虑问题，并注重目标的合理性和实现目标所需的效率和效能。律师们在研究一个问题的时候会将重点放在权威性、服从性、公正性、流程和罪责方面。政治分析则会着眼于代表性和问责性。无疑，执行项目评估需确定采取哪种评估方式和评估小组所需的相应技能。此外，还需要确定辅助数据的类型以及要采用怎样的研究方法（还包括为其提供的资金支持），公共听证会和咨询会在整个评估过程中被使用的程度，以及是否存在隐秘的议程使项目得以进行、终止或改变。

① 同道会：1970 年在华盛顿成立的公共利益游说组织，它的使命是让政府官员真正对公民负起责任并提高政府工作的绩效。

热衷于评估的人都有一个基本信条，即任何事情都是可以被评估的，无一例外。然而，许多公共部门的管理者虽然同意多数项目是可以被评估的，但他们仍认为有很多例外。实际上，问题的本质在于程度上的差异。许多项目具有高度的“目标不确定性”，这在很大程度上对评估造成阻碍。由于公共部门提供服务而非生产商品，所以它很难定义自己的产出——即测度自己的目标。更为复杂的是，政府的不同职能部门总是采用不同的评估度量标准。在对公路项目进行评估的时候，我们可以着重考察事故、受伤、死亡率，而这些公路项目评估的“硬数据”在评估类似于公园、心理健康、老年人服务、教育、失业人员培训等项目时却失去了作用。

14.3.4 评估标准

一般而言，有以下三个评估标准：服从（compliance）、效率（efficiency）和效能（effectiveness）。这些标准意味着在评估任何项目的时候都需要提出相应的基本问题。

第一类问题是有关服从标准的。主要提出审计问题：政府的业务往来是否符合相关法律的规定？这可以被划分为以下三个更具体的问题：

（1）是不是所有涉及资源采购和支出的财务事项往来都与相关立法和行政授权/规定保持一致？

（2）财务记录和报表是否遵照指定的会计准则？

（3）它们是否准确且不存在欺诈？

大多数确保服从的评估都是定期进行的，且由各种各样的评估机构或控制机构实施。有关效率标准的问题是：政府机构是否通过使用资源达到了最佳产出？此外还可以提出以下问题：

（1）对具体任务是否做到了分工明确？

（2）员工是否具有充分的资格去执行任务？

（3）是否避免了资源的浪费？

效率评估也易被应用于比较分析：让不同的单位、地区或类似的机构一争高下，然后确定谁的效率更高，当然也得出谁的效率较低。但有时这种竞争可能无法达到预期效果。例如，阿尔伯特·海德（Albert Hyde）和戴维·罗森布罗姆讲述了 GAO 审计美国邮政服务公司的故事。新一任邮政局局长①（postmaster general）试图通过将生产力排名靠前的邮政局列入名单，鼓励邮政局之间进行竞争，此后全国范围内邮政服务公司的生产率和邮件数量都有了增长。华盛顿邮政局最初的排名在名单上垫底，但在这之后它的报告显示自己的邮件数量和生产率都有了持续增长直至它的排名几乎到了第一位。然而，据邮政检查服务部门估算，其上报的总邮件量被夸大了 60%以上。有时总量甚至被夸大了 110%。根据 GAO 所说，“数小时的录像显示邮政员工们反复给同一个信件称重以虚增邮件数量；监督人和员工们也都

① 邮政局局长：美国邮政服务公司的总裁（CEO），他是由九名成员组成的董事会任命的。

对伪造记录的事实供认不讳。而这些都是支持邮政检查服务部门估算的证据”。由此GAO得出结论：“在员工参与造假的各种原因里，最常见的就是他们迫于高层管理者不切实际的高生产率要求的压力，而且他们相信如果产量达不到要求，对他们的工作会有不利影响。”现在，“迫于高产量压力”成了通用的免责借口之一，其他借口还有“恶魔逼我做的”和“狗吃了我的家庭作业”。

但是，现在主导项目评估环境的似乎是第三类问题，即效能问题。关于效能问题可以这么提问：“为某一特殊目的而产生的政府资源支出是否对目的的实现作出了充分贡献?”这个一般性问题可以被细分为以下问题：

（1）项目中的各种目标是否前后一致?

（2）问题被减少了多少?

（3）投入额外资源的承诺能否使结果更显著地接近预期目标?

（4）如果没有这个项目，结果会是什么样?

尽管项目运行的效果和效率之间有着紧密的关系，但它们两者间也会存在反向关系。所以，有可能一个项目相对效率较低但效果显著（项目浪费了大量资源但完成了任务）或者相对效率较高却没有效果（项目以最有效率的方式使用资源但对最初想要改进的问题几乎没有产生改进的效果）。

14.3.5　管理控制：微观世界评估

控制（control）属于管理的一个方面，它着重于将实际绩效和计划绩效进行比较，以及不合规绩效的修正程序的开发和实施。控制是各层管理者的固有职能，是在理想情况下只汇报意外情况的反馈过程。有些控制体系会定期汇报紧急绩效指标，从而让管理层能够提前关注潜在问题。

正如我们看到的，通过审计和评估所提供的重要观点，管理者和选任官员可以对项目和机构的效率和绩效作出评价性判断。然而，它并不仅仅提供这样的观点。在组织内部的日常工作中，管理者须获得持续不断的反馈、作出判断并实施纠正和指示性的控制。赫伯特·考夫曼（Herbert Kaufman）在《行政反馈：监督下属行为》（*Administrative Feedback: Monitoring Subordinates' Behavior*）一书中，提到并不是所有反馈都是受欢迎的。如果组织中充斥着腐败，即公共行政的常见现象，领导者们“会采取阻止对行政行为的反馈的策略，因为他们私下认可了这些行为，但按照法律和道德的要求，领导者们应避免这类行为”。这样的领导人想做管理者但最不愿意在“下属违法行为被揭露”的情况下显露自己的“掌门人地位”，而是想作出“一个能令人信服的申诉，即他们也是受害者”。在1941年的一部电影《卡萨布兰卡》（*Casablanca*）中，警察局局长——由克劳德·雷恩斯（Claude Rains）扮演——也采用了这种策略，当他发现在亨佛莱·鲍嘉的夜总会盛行赌博时（他同时也将赢得的钱放进口袋中），却感叹：“太震惊了，太震惊了!”

管理控制（management control）是用来确保管理者能够了解项目和组织内部

的日常进展情况的，这样就能做出合理判断和相应修正。这一过程可以被描述为一种“微观世界的评估”。与正式、外部评估一样，管理者可能从战略目标的角度出发，对目标完成的程度和速度形成连续性的但却逐渐成形的判断。如果它们没有被完成或是完成得过于缓慢或是使用的方法不正确，管理者会通过介入项目并给项目管理者提供指导的方式对项目实施控制。这种指导的本质体现了管理风格和形势的重要性。指导可能从讨论可行办法到管理者激愤的最后命令：“要么使项目成形要么走人!”

审计过程通常将精力集中于对管理控制体系整体的完备性进行评估。实施有效的控制是为了保证组织内部的所有成员都向着组织目标共同努力。如果战略假设被证明是错误的或者是环境发生了变化，有效的控制应提供早期预警系统。有效的管理控制系统（management control system）能够有效地利用许多长期评估工具，也就是说，这涉及目的和目标、对绩效标准的选择性使用和体现目标是否完成和完成情况的工作指标。它还会运用非正式网络和小道消息①（grapevine），这些能帮助提供及时的信息和可靠的预感，从而知道“战壕里”的当前情况。一个构思严密、使用及时的信息并且具有灵活性的控制框架能帮助项目或组织避免灾难。另一方面，如果管理控制系统笨手笨脚，使用不完备的信息，操作过于死板，它可能会把创新思想吓退且无法实现短期评估和整改的重要使命。“挑战者号”航天飞机灾难事件就是这一情况的体现。

14.3.6 评估和民主进程

在民主社会里，公共行政的一个特征就是政府的透明程度，即在“玻璃鱼缸”（fishbowl）里行使其职责。有选举权的人和被选举出的立法机构成员，都希望能看清楚政府项目和政府组织，是如何在“现实”中发挥作用的，这样就可以对政策作出相应调整和改变——这就引发了有关项目执行的可行性和政策在理论上正确性的争论。

行政部门的内部评估——也就是“自我”评估——通常是被包含在管理过程中的。越来越多的预算机构开始承担起这一角色。机构需要在确保它们即将达到目标的同时还要保证工作有进展。当然，这种对评估的“渴望”可能是由多种动机引发的。最冠冕堂皇的动机是，对评估过程的优良管理能够保证问题被及时发现并得到矫正。同样重要的另一个动机，虽然它听上去不那么高贵，就是出于政治上的考虑而进行项目评估。这里最常用的优先制胜策略是“防御性项目评估”（defensive program evaluation），通过这样的评估可以为有争议的项目创造有效的“优质”报告，将其呈现给立法委员会或者至少给其他可能对项目产生不利影响的评估结果提供抗辩。这便是布莱船长本能地意识到他不得不做的事情。作为一个项目评估人，

① 小道消息：组织成员通过非正式方式散发或获取消息。这个词源于早期的电报线按照攀缘植物生长的方式缠绕于树与树之间。

他走在了那个时代的前沿。

政府的审计和评估过程，以及公共组织内部日常管理控制实施情况的许多方面，都不再对外保密了。相反，他们期望决策和行动能接受公开审查、评估、争论和探讨。《阳光法案》正是因这个目的而存在的。许多州和当地政府都颁布了这个法律。1977 年的联邦政府《阳光法案》（Sunshine Act）要求所有的独立管制委员会（independent regulatory commissions）对它们会议的日期、时间、地点和行程做预先通知。如果情况不允许公开，可以举行秘密会议，但如果公民们觉得秘密会议的理由不正当，他们则有权将机构告上联邦法院。总的来说，这是一条健康稳定的发展之途，它有利于及时抑制腐败和发现不称职的情况，因为这些东西只能滋生于那些黑暗的地方。

参考文献

Bagby, Meredith. (1994). *The First Annual Report of the United States of America*. New York: Harper-Collins.

Ball, Ian M. (1973). Pitcairn: *Children of Mutiny*. Boston: Little, Brown.

Bligh, William. (1961). *The Mutiny on Board H. M. S. Bounty*. New York: New American Library.

Bowring, John, ed. (1962). *The Works of Jeremy Bentham*, 11 vols. New York: Russell and Russell.

Brown, Judith R. (1984). "Legislative Program Evaluation: Defining a Legislative Service and a Profession," *Public Administration Review* (May-June).

Brown, Richard E., and Ralph Craft. (1980). "Auditing and Public Administration: The Unrealized Partnership," *Public Administration Review* (May-June).

Chelimsky, Eleanor, ed. (1984). *Program Evaluation: Patterns and Directions*. Washington: American Society for Public Administration.

Comptroller General of the United States. (1981). *Standards for Audit of Governmental Organizations, Programs, Activities and Functions*. Washington: General Accounting Office.

Dening, Greg. (1992). *Mr. Bligh's Bad Language: Passion, Power and Theatre on the Bounty*. Cambridge, England: Cambridge University Press.

Emmerich, Herbert. (1971). *Federal Organization and Administrative Management*. University of Alabama Press.

Hodge, G. (1993). *Minding Everybody's Business: Performance Management in Public Sector Agencies*. Melbourne, Australia: Montech Pty.

Hough, Richard. (1973). *Captain Bligh and Mr. Christian*. New York: E. P. Dutton.

Hyde, Albert C., and Jay M. Shafritz, eds. (1979). *Program Evaluation in the Public Sector*. New York: Praeger.

Kaufman, Herbert. (1973). *Administrative Feedback: Monitoring Subordinates' Behavior*. Washington: Brookings Institution.

Kearns, Kevin P. (1996). *Managing for Accountability*. San Francisco: Jossey-Bass.

Kelly, Paul Joseph. (1990). *Utilitarianism and Distributive Justice: Jeremy Bentham and the Civil

Law. New York: Oxford University Press.

Konigsberg, Eric. (1993). "Waste Watchers," *The New Republic* (April 5).

Morrison, Philip, and Emily Morrison, eds. (1961). *Charles Babbage and His Calculating Engines*. New York: Dover.

Normanton, E. L. (1966). *The Accountability and Audit of Governments*. Manchester, England: University of Manchester.

Postema, Gerald J. (1986). *Bentham and the Common Law Tradition*. New York: Oxford University Press.

Rivlin, Alice. (1971). *Systematic Thinking for Social Action*. Washington: Brookings Institution.

Shafritz, Jay M., Albert C. Hyde, and David H. Rosenbloom. (1986). *Personnel Management in Government*, 3rd ed. New York: Marcel Dekker.

Suchman, Edward. (1967). *Evaluation Research*. New York: Russell Sage Foundation.

Wahlroos, Sven. (1989). *Mutiny and Romance in the South Seas: A Companion to the Bounty Adventure*. Topsfield, MA: Salem House.

Webber, Carolyn, and Aaron Wildavsky. (1986). *A History of Taxation and Expenditure in the Western World*. New York: Simon and Schuster.

Weiss, Carol H. (1972). *Evaluation Research*. Englewood Cliffs, NJ: Prentice Hall.

Wildavsky, Aaron. (1972). "The Self-Evaluating Organization," *Public Administration Review* (32, No. 5, September-October).

附录：

公共行政大事件[①]

1776年	·签署《独立宣言》。
	·亚当·斯密在《国富论》一书中提出赋税的“支付能力”原则。
1781年	·正式通过《十三州邦联宪法》。
1787年	·《西北条例》规定未来各州加入美利坚合众国，并规定联邦政府补贴地方公立学校。
	·制宪会议在费城召开。
1798年	·正式通过《美国宪法》。
	·国会首次设立联邦行政机关（国务院、陆军部、财政部和总检察官办公室）。
	·《联邦司法法案》创设最高法院。
	·纽约市成为美国的第一个首都。
1790年	·首次人口普查确定美国人口为400万。
	·美国首都从纽约迁到费城。
1791年	·《人权法案》（首次十个修正案）补充到宪法中。
	·国会通过第一个国内税收法；对酒课税。
1800年	·美国首都从费城迁到华盛顿特区。
1803年	·最高法院在“马伯利诉麦迪逊案”中首次提出司法复审权。

① 摘自 Jay M. Shafritz and Albert C. Hyde，*Classics of Public Administration*，4th ed.（Fort Worth，TX：Harcourt Brace，1997）。

1819 年 ·最高法院在“麦卡洛克诉马里兰州案”中创立了默示宪法权力学说和联邦政府免除州政府税收的原则。

1829 年 ·安德鲁·杰克逊就任总统。

1832 年 ·参议员威廉·L·马西在参议院辩论会上坚持认为，政治家们“对‘对敌人战利品属于胜利者’这种规则中的错误视而不见”。他将这种制度称之为分赃制。

1836 年 ·亚力克西斯·托克维尔出版《美国民主》一书，该书出色地研究了美国的政治制度和政治文化。

1840 年 ·马丁·范布伦总统为大多数联邦雇员创建了 10 小时工作日制度。

1844 年 ·创建纽约市警察局。

1849 年 ·创建美国内务部。

1851 年 ·马萨诸塞州通过第一部允许城镇将税收用于维持免费图书馆的法律。

1861 年 ·亚伯拉罕·林肯就任总统；内战开始。

1862 年 ·《莫里尔赠地法案》规定联邦政府赠送公用地给各州用于设立农业和工业学院。

1863 年 ·林肯总统发布《解放黑奴宣言》。

1865 年 ·纽约市第一个创建拥有全日制职业消防战士的消防部门。

·内战结束；重建开始。

·第十三修正案废除奴隶制。

1868 年 ·安德鲁·约翰逊总统遭到众议院弹劾，但被参议院竭力无罪开释。

·国会正式下令联邦雇用的劳工和技师实行八小时工作日制。

1881 年 ·詹姆斯·加菲尔德总统遭到一位谋求官职的精神错乱者的刺杀而被害。

1883 年 ·《彭德尔顿法案》创建美国文官委员会。

1886 年 ·亨利·R·汤尼的文章《作为经济师的工程师》激发了科学管理运动。

·美国劳工联合会成立。

1887 年 ·国会创建州际商务委员会，这是美国第一个联邦管制委员会。

·伍德罗·威尔逊的《行政之研究》一文发表于《政治学季刊》。

1901 年 ·得克萨斯州的加尔维斯顿市第一个实行政府委员会制。

·俄勒冈州第一个通过公民立法提案权并实行全民投票。

1903 年 ·美国政治学会成立。

·美国商务和劳工部成立。

·波士顿警方第一个使用汽车——蒸汽汽车——进行定期巡逻。

1904 年 ·林肯·斯蒂芬揭发名人丑闻的《城市的羞耻》一书认为费城“腐化堕落而心安理得”，由此煽动起市政改革的情绪。

1905 年 · 纽约市第一个使用摩托车进行巡逻。

1906 年 · 纽约市创建市政研究局以促进政府管理运动。

· 通过《纯净食品和药品法案》。

1908 年 · 弗吉尼亚州的斯汤顿市任命第一位城市经理。

1910 年 · 俄亥俄州成为第一个授权州长为立法机构准备预算的州。

1911 年 · 弗雷德里克·W·泰罗的《科学管理原理》一书出版。

1912 年 · 塔夫脱委员会呼吁建立国家行政预算。

· 职位分类第一次在芝加哥的市政层面上采用。

· 南卡罗来纳州的萨姆特市第一次将议会—经理制运用于城市管理。

· 国会批准对所有联邦雇员实行八小时工作日制。

1913 年 · 雨果·闵斯特伯格的《心理状态和工业效率》呼吁将心理学运用于工业。

· 伍德罗·威尔逊就任总统。

· 第十六宪法修正案创设第一个永久性联邦所得税。

·《联邦储备法案》创设对货币政策负责的中央银行。

· 美国商务和劳工部被分成两个独立的部门。

1914 年 · 城市经理协会成立。

· 密歇根大学创设第一个市政管理硕士项目。

· 俄亥俄州的代顿市是第一个拥有城市经理的大城市。

· 第一次世界大战爆发。

1918 年 · 第一次世界大战结束。

1919 年 · 波士顿警察罢工的失败延缓了城市工会联盟化进程，但却使卡尔文·柯立芝——马萨诸塞州州长——成为民族英雄。

1920 年 ·《退休法案》创设首个联邦文官退休金制度。

· 第十九修正案赋予妇女投票权。

1921 年 ·《预算和会计法案》创设财政部预算局和国会的审计总局。

1922 年 · 马克斯·韦伯对官僚制的结构性解释在其身后出版。

1923 年 · 根据《分类法案》对华盛顿范围内的联邦雇员实施职位分类，该法还创建了同工同酬原则。

1924 年 · 霍桑研究在位于芝加哥的西方电气公司的霍桑工厂展开；这项研究一直持续到 1932 年，并在有关工作环境与生产率关系方面形成一种新思维。

1926 年 · 伦纳德·怀特的《公共行政研究导论》是第一本公共行政著作。

· 玛丽·帕克·福列特——呼吁与“权力控制”形成鲜明对比的“权力分享”——期望这场运动向着更多参与管理风格的方向发展。

1929 年 · 南加利福尼亚大学创设第一个独立的公共行政专业学院。

- 股市崩盘；大萧条时期开始。

1930 年 • 南卡罗来纳州的达勒姆县第一个在县政府实行县—经理制。

1933 年 • 富兰克林·D·罗斯福总统的新政开始。
- 弗朗西丝·帕金斯——总统内阁的第一位女性——被任命为劳工部部长。
- 田纳西河流域管理局由国会创建，是一个独立的政府公司。

1935 年 •《国家劳工关系法案》《瓦格纳法案》赋予私人部门的雇员组织工会和进行集体谈判的权利。
- 社会保障计划出台。

1936 年 • J·唐纳德·金斯利和威廉·E·莫舍的《公共人事行政》成为这个领域的第一本著作。
- 约翰·梅纳德·凯恩斯出版《就业、利息和货币通论》，呼吁运用政府财政和货币政策积极地干预资本主义经济。
- E·彭德尔顿·赫林在《公共行政和公共利益》一书中坚持认为，在默认情况下，官僚经常可以成为公共利益的裁决者。

1937 年 • 布朗洛委员会的报告认为“总统需要帮助”，并呼吁对行政部门进行重组。
- 卢瑟·古利克总结出管理工作的各种职能，并用 POSTCORB 缩写之以帮助记忆。

1938 年 •《公平劳动标准法案》规定最低工资、加班费和对童工的限制。
- 切斯特·巴纳德的《经理的职能》一书预示着战后在有关组织行为思想方面将发生革命。

1939 年 • 美国公共行政学会成立。
- 《重组法案》使得组建总统行政部门以及将预算局从财政部转移到白宫等成为可能。
- 颁布《哈奇法案》以禁止联邦雇员的政治行为。
- 联邦政府首次要求各州将雇员功绩制列入计划，实施这种计划可以获得联邦资金补贴。

1940 年 •《公共行政评论》首次发行。

1941 年 • 詹姆斯·伯恩汉姆的《管理革命》一书断言，当对大型组织的控制由所有者手中转移到职业管理者手中的时候，新的社会统治阶层将不会是那些持有财富的人，而是那些拥有技术专长的人。
- 日本袭击珍珠港使美国卷入第二次世界大战。

1943 年 • 亚伯拉罕·马斯洛的“需求层次”概念第一次出现在《心理学评论》杂志上。
- 预扣联邦所得税开始作为一项战时临时措施。

1944 年 • J·唐纳德·金斯利的《代表性官僚制》一书提出这样一种思想，即所有社会组织都有权按照其人数占人口总数的比例参加到其统治机构中。

1945 年 • 随着原子弹投下广岛和第二次世界大战结束，突然公开的曼哈顿计划标志着联邦政府第一次大范围地将科学运用于政策制定中。

• 保罗·阿普尔比在《大民主》一书中认为，不关心政治的政府过程是与美国的历史背道而驰的，由此使他成为战后对政治—行政二分法进行猛烈抨击的引领者。

1946 年 •《就业法案》创设经济顾问委员会，并且认为保证充分就业是联邦政府的政策。

•《行政程序法案》使得联邦政府许多机构的行政方式和做法趋于规范化。

• 赫伯特·A·西蒙用“行政谚语”这个词抨击一些管理原则，因为它们之间相互矛盾并且常常不适用。

1947 年 • 哈里·S·杜鲁门总统发布其同名政府申明。

1949 年 • 第一届胡佛委员会建议增强总统行政机构的管理能力。

•《国家安全法案》创设国防部。

1951 年 • 戴维·特鲁曼的《政府过程》一书呼吁将利益集团视为公共政策之真实的决定性因素，并且呼吁将利益集团作为公共政策的研究焦点。

• 库尔特·勒温在其《社会科学场论》一书中提出组织变革三阶段的一般模式，即“解冻—改变—再冻结”模式。

1954 年 • 彼得·德鲁克的《管理实践》一书使得目标管理概念流行开来。

• 最高法院在布朗诉教育委员会案中认为，按人种分置教育设施是不平等的，违反了第十四修正案的平等保护条款。

• 参议员约瑟夫·麦卡锡（实际上麦卡锡主义）受到美国参议院的谴责。

• 加利福尼亚州的莱克伍德市是服务合同的拓荒者，在那里，一个小管辖区从邻近的一个大管辖区买到多项政府服务。

1955 年 • 第二届胡佛委员会建议缩减或取消那些与私人企业竞争的联邦政府活动。

• 创建卫生、教育和福利部。

• 美国劳工联盟和产业工会联合会合并组建美国劳工联合会—美国产业工会联合会。

1957 年 • C·诺斯科特·帕金森研究发现帕金森定律，即“工作会扩张到占满可用于工作的所有时间”。

• 克里斯·阿吉里斯在《个性与组织》一书中断言，在成熟的成年人的个性与现代组织的需要之间存在着一种固有的冲突。

• 道格拉斯·M·麦格雷戈的论文《企业的人性面》将独裁主义

（传统）的管理哲学和人文主义的管理哲学分别提炼为 X 理论和 Y 理论。

1958 年 • 美国国家航空航天局成立。

1959 年 • 纽约市是第一个允许与雇员进行集体谈判的大城市。

• 威斯康星州是第一个颁布处理公共部门劳工关系综合性法律的州。

• 府际关系顾问委员会成立。

• 查尔斯 · A · 林德布罗姆的《‘渐进决策’科学》一文排斥理性主义决策模型并支持渐进主义决策模型。

• 赫兹伯格 · 莫斯纳和斯奈德曼的《工作动机》一书提出激励—保健理论。

1960 年 • 理查德 · 诺伊施塔特的《总统权力》一书认为，总统（和任何行政首长）的权力实质上就是说服他人的权力。

1961 年 • 德怀特 · D · 艾森豪威尔总统在其告别演说中提醒人们可能会出现“军工联合体”。

• 约翰 · F · 肯尼迪总统颁布的 10925 号行政命令要求在就业中采取“平权行动”。

• 美国和平部队组建。

• 艾伦 · B · 谢帕德成为第一个遨游太空的美国宇航员。

• 兰德公司帮助国防部使用 PPBS。

1962 年 • 约翰 · F · 肯尼迪发布 10988 号行政命令鼓励联邦劳工工会化。

1963 年 • 在“向华盛顿进军”期间，小马丁 · 路德 · 金发表其《我有一个梦想》的演讲。

• 约翰 · F · 肯尼迪总统遇刺；副总统林顿 · B · 约翰逊接替总统职位。

1964 年 •《民权法案》禁止在私人部门就业和公共接待设施中出现歧视行为。

• 亚伦 · 威尔达夫斯基的《预算过程中的政治》一书出版，这本书对公共管理者们为使预算获得通过而使用的策略进行研究，由此成为这方面的经典之作。

•《经济机会法案》成为林顿 · B · 约翰逊总统的“向贫困宣战”和其他“伟大社会计划”的依据。

1965 年 • PPBS 被强制性运用于所有联邦机构。

• 创建住房和城市发展部。

• 通过社会保险法修正案创建医疗保险制度。

1966 年 •《情报信息自由法案》使人们有更多机会接触联邦机构的档案。

• 莫顿 · 格罗津斯的《美国体制》一书认为，联邦体制更像一块有大理石花纹式的蛋糕而非一块夹心蛋糕。

1967 年 • 通过《反就业年龄歧视法案》。

• 组建国家公共行政学院；其最初的成员都是美国公共行政学会仍健在的前会长。

• 爱德华·A·萨奇曼的《评估研究》一书认为，评估是一个类属（通用）研究领域。

• 特里·桑福德的《横扫美国的狂风暴雨》一书提出“木桩栅栏式联邦主义”这个概念，认为不同政府层级上的官僚专业人员在府际项目上实质性地行使着相当大的权力。

1968 年 •“较年轻的”公共行政学者们在锡拉丘兹大学召开明诺布鲁克会议，呼吁一种“新公共行政”，借此强调社会公平。

• 小马丁·路德·金遇害。

• 罗伯特·F·肯尼迪遇害。

• 理查德·M·尼克松当选总统。

1969 年 • 劳伦斯·J·彼得总结出彼得原理，即“官僚制中的每位雇员会一直晋升到其不能胜任的级别上去”。

• 希欧多尔·洛威的《自由主义的终结》一书抨击多元主义的利益集团使得政策制定过程处于瘫痪状态。

• 宇航员尼尔·阿姆斯特朗成为第一位离开地球踏上月球的人。

1970 年 • 预算局被赋予更多的管理监督职责，并且更名为管理与预算局。

•《邮政重组法案》创建美国邮政总局，这是一个隶属于行政部门的政府公司。

• 夏威夷州成为第一个赋予州政府和地方政府雇员罢工权利的州。

• 创建环境保护局。

1971 年 • 最高法院在格里格斯诉杜克电力公司案中抨击限制性文凭主义。

• 尼克松政府正式放弃在联邦政府运用的 PPBS。

1972 年 •《平等就业机会法案》修正《民权法案》第七章将其扩大到公共部门，即禁止公共部门就业中的歧视行为。

• 水门事件爆发，当时尼克松总统重选委员会的有关人员闯入位于华盛顿水门大厦民主党竞选总部全国委员会办公室而被捉。

• 国会通过《平等权利修宪案》；因为没几个州批准这个协议，所以它也从来没有成为法律。

• 随着《州和地方财政援助法案》（有效期到 1986 年）的通过而引入了收入分享制度。

1973 年 • 副总统斯皮罗·安格纽因对逃税指控“不予辩驳”而辞职；杰拉尔德·R·福特成为副总统。

• 普里斯曼和威尔达夫斯基出版《工具》一书，并为公共行政和政策分析拓展出一个新的分支。

1974 年 •《国会预算和扣押控制法案》修订国会预算程序并创设国会预

算局。

- 最高法院在美国诉尼克松案中否认尼克松总统的无条件行政首长特权的主张；尼克松面对因水门事件必然带来的弹劾而被迫辞职。
- 杰拉尔德·R·福特就任总统并完全赦免前总统尼克松所有可能的罪行。
- 《社会保险法案》修正案规定按照生活费用自动调整社会保障金。

1976年 • 科罗拉多州第一个颁布“日落法”，这是一种项目评估方法。

1977年 • 新任卡特政府要求所有联邦机构都实行零基预算。

- 总统管理实习生计划被确立为将公共行政硕士毕业生引进联邦机构的一种特殊手段。
- 《阳光法案》要求所有多头（委员会制）联邦机构将它们的业务会议向公众公开。
- 创建能源部。

1978年 • 《文官改革法案》撤销美国文官委员会，将其一分为三：(1) 人事管理办公室；(2) 功绩保护委员会；(3) 联邦劳动关系局。

- 《政府伦理法案》通过对前联邦雇员的再就业活动进行限制从而寻求处理可能产生的利益冲突。
- 第13号提案——旨在降低地方财产税的州宪法修正案——在加利福尼亚州投票获得通过而成为法律。
- 《反孕期歧视法案》获得通过。

1979年 • 卫生、教育和福利部被拆分为：(1) 教育部；(2) 健康与人力服务部。

1980年 • 平等就业机会委员会发布具有法律约束力的指导方针，认为性骚扰就是《民权法案》第七章所禁止的性别歧视，并且认为雇主有责任提供不受性骚扰和性恐吓的工作场所。

1981年 • 罗纳德·里根总统废除卡特总统要求实行的零基预算。

- 管理与预算局局长戴维·斯托克曼向《大西洋月刊》讲道：“没有人真正知道这些数据是什么意思。”
- 职业航空管制员罢工；里根总统以解雇11 500名航管员的方式对此事作出回应，他认为罢工违反联邦法律。

1982年 • 格蕾丝委员会——总统私人部门成本控制调查委员会——认为联邦政府普遍存在着低效率现象。

1983年 • 小马丁·路德·金的诞辰日成为国定假日。

1985年 • 《格拉姆-路德曼-霍林斯法案》签署通过成为法律；它通过全面地消减多年期预算从而寻求联邦预算的平衡。

1986年 • 最高法院在美驰储蓄银行诉文森案中认为，性骚扰是被《1964年民权法案》所禁止的行为。

- “挑战者号”航天飞机起飞时爆炸。
- 国债突破 2 万亿美元。
- 伊朗门丑闻开始显现。

1988 年
- 乔治·布什当选总统。
- 美国和加拿大达成自由贸易协定。

1989 年
- 《金融机构改革、复苏和强制法案》获得通过，以帮助清除5 000亿美元的存贷丑闻。
- 国家公共服务委员会——沃克尔委员会——呼吁复兴公共服务。

1990 年
- 修正了《格拉姆-路德曼-霍林斯法案》的《预算强制法案》要求新的支出必须与新的税金或者消减的支出相平衡。
- 国债突破 3 万亿美元。
- 《信贷改革法案》（对存贷丑闻作出的回应）紧缩联邦放款和贷款担保的需求条件。
- 《首席财政官法案》要求联邦机构创设首席财政官职位，以便监督机构财政资金的使用。

1992 年
- 比尔·克林顿当选总统。

1993 年
- 国债突破 4 万亿美元。
- 奥斯本和盖布勒的《重塑政府》一书出版。
- 《政府绩效成果法案》要求各机构基于取得的产出成果证明其预算请求的合理性。
- 《北美自由贸易协定》获得批准。

1995 年
- 共和党控制国会两院。

1996 年
- 国会赋予总统单项条款否决权。
- 国债突破 5 万亿美元。

1998 年
- 最高法院否决总统的单项条款否决权。
- 联邦政府自 1969 年以来首次出现预算盈余。
- 克林顿总统受到美国众议院的弹劾。

1999 年
- 美国参议院竭力裁定克林顿总统无罪。

2000 年
- 乔治·W·布什当选总统。

2001 年
- 反恐战争开始。

2003 年
- 伊拉克战争开始。

2004 年
- 乔治·W·布什再次当选总统。

2005 年
- 国债突破 8 万亿美元。

人大版公共管理类翻译（影印）图书

公共行政与公共管理经典译丛

书名	著译者	定价
公共管理名著精华："公共行政与公共管理经典译丛"导读	吴爱明　刘晶　主编	49.80 元

经典教材系列

书名	著译者	定价
公共管理导论（第三版）	［澳］欧文·E·休斯　著 张成福 等　译	39.00 元
政治学（第二版）	［英］安德鲁·海伍德　著 张立鹏　译　欧阳景根　校	49.80 元
公共政策分析导论（第二版）	［美］威廉·N·邓恩　著 谢明 等　译	49.00 元
公共政策制定（第五版）	［美］詹姆斯·E·安德森　著 谢明 等　译	46.00 元
公共行政学：管理、政治和法律的途径（第五版）	［美］戴维·H·罗森布鲁姆 等　著 张成福 等　译校	58.00 元
比较公共行政（第六版）	［美］费勒尔·海迪　著 刘俊生　译校	49.80 元
公共部门人力资源管理：系统与战略（第四版）	［美］唐纳德·E·克林纳 等　著 孙柏瑛 等　译	49.80 元
公共部门人力资源管理（第二版）	［美］埃文·M·伯曼 等　著 萧鸣政 等　译	49.00 元
行政伦理学：实现行政责任的途径（第五版）	［美］特里·L·库珀　著 张秀琴　译　音正权　校	35.00 元
民治政府——美国政府与政治（第二十版）	［美］詹姆斯·麦格雷戈·伯恩斯 等　著 吴爱明 等　译	69.80 元
比较政府与政治导论（第五版）	［英］罗德·黑格　马丁·哈罗普　著 张小劲 等　译	48.00 元
公共组织理论（第五版）	［美］罗伯特·B·登哈特　著 扶松茂　丁力　译　竺乾威　校	32.00 元
公共组织行为学	［美］罗伯特·B·登哈特 等　著 赵丽江　译	49.80 元
组织领导学（第五版）	［美］加里·尤克尔　著 陶文昭　译	49.80 元
公共关系：职业与实践（第四版）	［美］奥蒂斯·巴斯金 等　著 孔祥军 等　译　郭惠民　审校	68.00 元
公用事业管理：面对 21 世纪的挑战	［美］戴维·E·麦克纳博　著 常健 等　译	39.00 元
公共预算中的政治：收入与支出，借贷与平衡（第四版）	［美］爱伦·鲁宾　著 叶娟丽　马骏 等　译	39.00 元
行政过程的政治：公共行政学新论（第二版）	［美］詹姆斯·W·费斯勒 等　著 陈振明 等　译校	49.00 元
公共和第三部门组织的战略管理：领导手册	［美］保罗·C·纳特 等　著 陈振明 等　译校	43.00 元
公共行政与公共事务（第八版）	［美］尼古拉斯·亨利　著 张昕 等　译　张成福 等　校	58.00 元
公共管理案例教学指南	［美］小劳伦斯·E·列恩　著 郄少健 等　译　张成福 等　校	26.00 元

书名	著译者	定价
公共管理中的应用统计学（第五版）	［美］肯尼思·J·迈耶 等 著 李静萍 等 译	49.00元
现代城市规划（第五版）	［美］约翰·M·利维 著 张景秋 等 译	39.00元
非营利组织战略营销（第五版）	［美］菲利普·科特勒 等 著 孟延春 等 译	58.00元
公共财政管理：分析与应用（第六版）	［美］约翰·L·米克塞尔 著 白彦锋 马蔡琛 译 高培勇 等 校	69.90元
企业与社会：公司战略、公共政策与伦理（第十版）	［美］詹姆斯·E·波斯特 等 著 张志强 等 译	59.80元
公共行政学：概念与案例（第七版）	［美］理查德·J·斯蒂尔曼二世 编著 竺乾威 等 译	75.00元
公共管理中的量化方法：技术与应用（第三版）	［美］苏珊·韦尔奇 等 著 郝大海 等 译	39.00元
公共与非营利组织绩效考评：方法与应用	［美］西奥多·H·波伊斯特 著 肖鸣政 等 译	35.00元
政治体制中的行政法（第三版）	［美］肯尼思·F·沃伦 著 王丛虎 等 译	78.00元
政府与非营利组织会计（第12版）	［美］厄尔·R·威尔逊 等 著 荆新 等 译校	79.00元
政治科学的理论与方法（第二版）	［英］大卫·马什 等 编 景跃进 张小劲 欧阳景根 译	38.00元
公共管理的技巧（第九版）	［美］乔治·伯克利 等 著 丁煌 主译	59.00元
领导学（亚洲版）	［新加坡］林志颂 等 著 顾朋兰 等 译 丁进锋 校译	59.80元
领导学：个人发展与职场成功（第二版）	［美］克利夫·里科特斯 著 戴卫东 等 译 姜雪 校译	69.00元
二十一世纪的公共行政：挑战与改革	［美］菲利普·J·库珀 等 著 王巧玲 李文钊 译 毛寿龙 校	45.00元
行政学（新版）	［日］西尾胜 著 毛桂荣 等 译	35.00元
官僚政治（第五版）	［美］B·盖伊·彼得斯 著 聂露 等 译	39.80元
理解公共政策（第十二版）	［美］托马斯·R·戴伊 著 谢明 译	45.00元
公共政策导论（第三版）	［美］小约瑟夫·斯图尔特 等 著 韩红 译	35.00元
应急管理概论	［美］米切尔·K·林德尔 等 著 王宏伟 译	55.00元
公共行政导论（第六版）	［美］杰伊·M·沙夫里茨 等 著 刘俊生 等 译	65.00元
城市管理学：美国视角（第六版）	［美］戴维·R·摩根 等 著 杨宏山 陈建国 译 杨宏山 校	49.00元
公共经济学：政府在经济中的作用	［美］林德尔·霍尔库姆 著 顾建光 译	待出
公共部门管理（第八版）	［美］格罗弗·斯塔林 著 常健 等 译 常健 校	待出

公共管理实务系列

书名	著译者	定价
新有效公共管理者：在变革的政府中追求成功（第二版）	［美］史蒂文·科恩 等 著 王巧玲 等 译 张成福 校	28.00元
驾御变革的浪潮：开发动荡时代的管理潜能	［加］加里斯·摩根 著 孙晓莉 译 刘霞 校	22.00元

书名	著译者	定价
自上而下的政策制定	[美] 托马斯・R・戴伊 著 鞠方安 等 译	23.00 元
政府全面质量管理：实践指南	[美] 史蒂文・科恩 等 著 孔宪遂 等 译	25.00 元
公共部门标杆管理：突破政府绩效的瓶颈	[美] 帕特里夏・基利 等 著 张定淮 译校	28.00 元
创建高绩效政府组织：公共管理实用指南	[美] 马克・G・波波维奇 主编 孔宪遂 等 译 耿洪敏 校	23.00 元
21 世纪非营利组织管理	[美] 詹姆斯・P・盖拉特 著 邓国胜 等 译	28.00 元
无缝隙政府：公共部门再造指南	[美] 拉塞尔・M・林登 著 汪大海 等 译	30.00 元
职业优势：公共服务中的技能三角	[美] 詹姆斯・S・鲍曼 等 著 张秀琴 译 音正权 校	19.00 元
全球筹款手册：NGO 及社区组织资源动员指南（第二版）	[美] 米歇尔・诺顿 著 张秀琴 等 译 音正权 校	39.80 元

政府治理与改革系列

书名	著译者	定价
新公共服务：服务，而不是掌舵	[美] 珍妮特・V・登哈特 罗伯特・B・登哈特 著 丁煌 译 丁煌 方兴 校	28.00 元
公共决策中的公民参与	[美] 约翰・克莱顿・托马斯 著 孙柏瑛 等 译	28.00 元
再造政府	[美] 戴维・奥斯本 等 著 谭功荣 等 译	45.00 元
构建虚拟政府：信息技术与制度创新	[美] 简・E・芳汀 著 邵国松 译	32.00 元
突破官僚制：政府管理的新愿景	[美] 麦克尔・巴泽雷 著 孔宪遂 等 译	25.00 元
政府未来的治理模式	[美] B・盖伊・彼得斯 著 吴爱明 等 译 张成福 校	26.00 元
民营化与公私部门的伙伴关系	[美] E.S. 萨瓦斯 著 周志忍 等 译	39.00 元
持续创新：打造自发创新的政府和非营利组织	[美] 保罗・C・莱特 著 张秀琴 译 音正权 校	28.00 元
政府改革手册：战略与工具	[美] 戴维・奥斯本 等 著 谭功荣 等 译	59.00 元
公民治理：引领 21 世纪的美国社区	[美] 理查德・C・博克斯 著 孙柏瑛 等 译	19.00 元
公共部门的社会问责：理念探讨及模式分析	世界银行专家组 著 宋涛 译校	28.00 元
公私合作伙伴关系：基础设施供给和项目融资的全球革命	[英] 达霖・格里姆赛 等 著 济邦咨询公司 译	29.80 元
非政府组织问责：政治、原则与创新	[美] 丽莎・乔丹 等 主编 康晓光 等 译 冯利 校	32.00 元
市场与国家之间的发展政策：公民社会组织的可能性与界限	[德] 康保锐 著 隋学礼 译校	49.80 元
建设更好的政府：建立监控与评估系统	[澳] 凯思・麦基 著 丁煌 译 方兴 校	30.00 元

学术前沿系列

书名	著译者	定价
后现代公共行政——话语指向	［美］查尔斯·J·福克斯 等 著 楚艳红 等 译 吴琼 校	22.00元
官僚制内幕	［美］安东尼·唐斯 著 郭小聪 等 译	38.00元

案例系列

书名	著译者	定价
公共管理案例（第五版）	［美］罗伯特·T·戈伦比威斯基 等 主编 汪大海 等 译	28.00元
组织发展案例：环境、行为与组织变革	［美］罗伯特·T·戈伦比威斯基 等 主编 杨爱华 等 译	29.00元
公共部门人力资源管理案例	［美］T·赞恩·里夫斯 主编 句华 主译 孙柏瑛 统校	22.00元
非营利组织管理案例与应用	［美］罗伯特·T·戈伦比威斯基 等 主编 邓国胜 等 译	23.00元
公共管理的法律案例分析	［美］戴维·H·罗森布鲁姆 等 著 王丛虎 主译	33.00元
公共政策分析案例（第二版）	［美］乔治·M·格斯 等 著 王军霞 等 译	待出

学术经典系列

书名	著译者	定价
新公共行政	［美］H·乔治·弗雷德里克森 著 丁煌 方兴 译 丁煌 校	23.00元

公共政策经典译丛

书名	著译者	定价
公共政策评估	［美］弗兰克·费希尔 著 吴爱明 等 译	38.00元
议程、备选方案与公共政策（第二版）	［美］约翰·W·金登 著 丁煌 方兴 译	38.00元
公共政策工具——对公共管理工具的评价	［美］B·盖伊·彼得斯 等 编 顾建光 译	29.80元
第四代评估	［美］埃贡·G·古贝 等 著 秦霖 等 译 杨爱华 校	39.00元
政策规划与评估方法	［加］梁鹤年 著 丁进锋 译	39.80元

当代西方公共行政学思想经典译丛

书名	编译者	定价
公共行政学中的批判理论	戴黍 牛美丽 等 编译	29.00元
公民参与	王巍 牛美丽 编译	45.00元
公共行政学百年争论	颜昌武 马骏 编译	49.80元
公共行政学中的伦理话语	罗蔚 周霞 编译	45.00元

当代世界学术名著

书名	著译者	定价
政策悖论：政治决策中的艺术（修订版）	［美］德博拉·斯通 著 顾建光 译	58.00元
公共行政的语言——官僚制、现代性和后现代性	［美］戴维·约翰·法默尔 著 吴琼 译	49.80元

书名	著译者	定价
公共行政的精神	［美］乔治·弗雷德里克森　著 张成福　等　译	45.00元
公共行政的合法性——一种话语分析	［美］O.C.麦克斯怀特　著 吴琼　译	48.00元

卓越领导

书名	著译者	定价
领袖	［美］詹姆斯·麦格雷戈·伯恩斯　著 常健　等　译	49.00元
特立独行：从肯尼迪到小布什的总统领导艺术	［美］詹姆斯·麦格雷戈·伯恩斯　著 吴爱明　等　译	39.80元
创新型领导艺术：激发团队创造力	［英］约翰·阿代尔　著 吴爱明　等　译	25.00元
创造性思维艺术：激发个人创造力	［英］约翰·阿代尔　著 吴爱明　等　译	25.00元

公共管理英文版教材系列

书名	作者	定价
公共管理导论（第三版）	［澳］Owen E. Hughes （欧文·E·休斯）　著	28.00元
理解公共政策（第十二版）	［美］Thomas R. Dye （托马斯·R·戴伊）　著	34.00元
公共行政学经典（第五版）	［美］Jay M. Shafritz （杰伊·M·莎夫里茨）等　编	59.80元
组织理论经典（第五版）	［美］Jay M. Shafritz （杰伊·M·莎夫里茨）等　编	46.00元
公共政策导论（第三版）	［美］Joseph Stewart，Jr. （小约瑟夫·斯图尔特）等　著	35.00元
公共部门管理导论（第六版）	［美］Grover Starling （戈文·斯塔林）　著	49.80元
政治学（第三版）	［英］Andrew Heywood （安德鲁·海伍德）　著	35.00元
公共行政导论（第五版）	［美］Jay M. Shafritz （杰伊·M·莎夫里茨）等　著	58.00元
公共组织理论（第五版）	［美］Robert B. Denhardt （罗伯特·B·登哈特）　著	32.00元
公共政策分析导论（第四版）	［美］William N. Dunn （威廉·N·邓恩）　著	45.00元
公共部门人力资源管理：系统与战略（第六版）	［美］Donald E. Klingner （唐纳德·E·克林纳）等　著	待出
公共行政与公共事务（第十版）	［美］Nicholas Henry （尼古拉斯·亨利）　著	待出

更多图书信息，请登录 www.crup.com.cn/gggl 查询，或联系中国人民大学出版社公共管理出版分社获取

地址：北京市海淀区中关村大街甲59号文化大厦1202室
邮编：100872
电话：010－82502724
传真：010－62514775
Email：gggl cbfs@vip.126.com
网站：http：//www.crup.com.cn/gggl

图书在版编目（CIP）数据

公共行政导论：第六版/（美）沙夫里茨，（美）拉塞尔，（美）伯里克著；刘俊生等译. —北京：中国人民大学出版社，2011
（公共行政与公共管理经典译丛. 经典教材系列）
ISBN 978-7-300-14344-6

Ⅰ. ①公… Ⅱ. ①沙…②拉…③伯…④刘… Ⅲ. ①行政学-研究 Ⅳ. ①D035

中国版本图书馆 CIP 数据核字（2011）第 184103 号

公共行政与公共管理经典译丛
经典教材系列
公共行政导论（第六版）
杰伊 · M · 沙夫里茨（Jay M. Shafritz）
［美］E. W. 拉塞尔（E. W. Russell） 著
克里斯托弗 · P · 伯里克（Christopher P. Borick）
刘俊生 欧阳帆 金敏正 等 译
刘俊生 校
Gonggong Xingzheng Daolun

出版发行	中国人民大学出版社		
社　　址	北京中关村大街 31 号	**邮政编码**	100080
电　　话	010－62511242（总编室）		010－62511398（质管部）
	010－82501766（邮购部）		010－62514148（门市部）
	010－62515195（发行公司）		010－62515275（盗版举报）
网　　址	http://www.crup.com.cn		
	http://www.ttrnet.com（人大教研网）		
经　　销	新华书店		
印　　刷	涿州市星河印刷有限公司		
规　　格	185 mm×260 mm　16 开本	**版　　次**	2011 年 10 月第 1 版
印　　张	28.75 插页 2	**印　　次**	2011 年 10 月第 1 次印刷
字　　数	618 000	**定　　价**	65.00 元

PEARSON

北京培生信息中心
北京市东城区北三环东路36号
北京环球贸易中心D座1208室
邮政编码：100013
电话：(8610)57355171/57355169/57355176
传真：(8610)58257961

Beijing Pearson Education
Information Centre
Suit 1208, Tower D, Beijing Global Trade Centre,
36 North Third Ring Road East,
DongchengDistrict, Beijing, China100013
TEL: (8610)57355171/57355169/57355176
FAX: (8610)58257961

尊敬的老师：

您好！

为了确保您及时有效地申请教辅资源，请您务必完整填写如下教辅申请表，加盖学院的公章后传真给我们，我们将会在2～3个工作日内为您开通属于您个人的唯一账号以供您下载与教材配套的教师资源。

请填写所需教辅的开课信息：

采用教材			□中文版　□英文版　□双语版
作　　者		出版社	
版　　次		ISBN	
课程时间	始于　　年　月　日	学生人数	
	止于　　年　月　日	学生年级	□专科　□本科1/2年级 □研究生　□本科3/4年级

请填写您的个人信息：

学　　校			
院系/专业			
姓　　名		职　　称	□助教 □讲师 □副教授 □教授
通信地址/邮编			
手　　机		电　　话	
传　　真			
official email(必填) (eg: xxx@ruc.edu.cn)		email (eg: xxx@163.com)	
是否愿意接受我们定期的新书讯息通知：		□是　　□否	

系/院主任：__________(签字)

(系/院办公室章)

______年______月______日

Please send this form to: Service.CN@pearson.com

Website: www.pearsonhighered.com/educator